中国合同库

ICT互联网软件

优质文本 · 条文批注 · 风险提示

张天文　付晓明　谢　阳　编著

法律出版社
LAW PRESS · CHINA

张天文

1990 年至今先后在石化、快消食品、商业零售、信息技术及互联网等多家企业从事内部法务工作，涉及包括生产制造、采购、销售、服务、营销及运营等多个业务领域。参与多家企业的标准合同文本设计、制作、整理和维护，并长期从事合同起草、审阅、谈判及管理等实践工作。现任联想集团法务部资深法律顾问。

付晓明

2002 年至今先后在跨国及民营信息技术行业公司、空中客车中国从事内部法务工作，历任法律顾问、法务总监、法务部负责人，并曾在律所工作服务于科技、娱乐、互联网行业公司，有丰富的合同文本起草、审核、谈判及法务管理经验。

谢　阳

现任北京志霖律师事务所合伙人。曾在联想集团法务部担任法律顾问，并曾在北京某人民法院工作，参与审理了数百件再审案件。谢阳律师的主要执业领域包括：商业诉讼与仲裁、知识产权、并购、公司治理、劳动法。

法治社会离不开合同。

英国历史学家梅因的《古代法》中有一句法律人耳熟能详的名言：我们可以说，所有进步社会的运动，到此处为止，是一个“从身份到契约”的运动。确实，在现代社会中，方方面面都离不开契约与契约精神。除市场交易外，大到国家治理、国际条约，小到婚姻家庭、交通出行各个领域，无所不在契约或契约精神的笼罩之下。可以说，一个现代人，无时无刻能与合同脱离干系。

在具体生活层面，我们也不难发现合同与社会经济之间的密切关系。从普通人很少见到正式合同，到越来越多地签订书面合同，到合同越来越厚、条款越来越多，与之相应地，是经济交易越来越活跃、交易金额越来越大，经济越来越发达。如果作这么一个判断：“合同的质量与数量，与一个社会的经济水平成正比”，这应该是基本成立的。

希望中国合同库成为标准。

合同需要标准。国际贸易术语（Trade Terms of International Trade），就可以理解为是一套合同条款的标准术语。有了这套术语，交易各方在谈判以及拟定条款时，就可以大大节省时间，减少争议。

经济生活中的大量交易，完全可以使用比较标准的、完备的合同范本。这些合同范本符合一般交易惯例，条款相对完善、规范，能减少不必要的合同纠纷。

当然，交易往往都有自己的特殊性。即便如此，以标准合同为基础，合同各方在彼此关心的重点条款上谈判、修订，而对一般性问题采纳标准合同的条款，这也能大大节省合同各方的精力。

在运输领域，集装箱标准的推出，大大提升了运输效率、降低了物流成本，整个社会都为之受益。而如果在社会各行各业的交易、合作中，都能大力推行标准合同，无疑也将大大降低交易成本，促进交易的进行，减少争议。这其中的社会意义是巨大的。这也是工商等政府部门不断推出政府示范文本的目的。而现在，“中国合同库”这一项目，更是利用互联网技术，将合同示范文本这一工作往前推进了一大步。

标准之所以能成为标准，既需要社会各界的推动与接受，也需要标准本身能不断完善、符合需求。我在此希望中国合同库的主办方能持之以恒地推动合同库的建设、完善与推广，使之成为名副其实的“中国合同库”。

此为序。

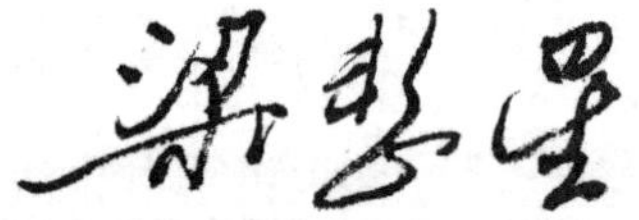

中国社会科学院教授，博士生导师

在互联网、大数据时代，应思考法律服务如何与技术结合，推动法律智慧的融合与共享。在倡导律师专业化建设、倡导律师“工匠精神”的同时，应注重用技术手段，帮助律师提升法律服务的效率。

《中国合同库》系列图书，可以看作这方面的有益尝试。不同于一般的合同范本书，它充分利用了互联网开放、迭代、互动的特色：每个合同范本，对应一个二维码，读者扫描识别二维码，就可以获得合同范本的电子版；而合同范本的作者，可以实时更新电子版，以确保内容的与时俱进。如此一来，这套书不再是一般意义的纸质读物，而是与电子数据协同互动的新型出版形态。

一直以来，高品质的合同范本和法律文书，是一种有价值但流通不畅的资源。律师与律师之间，团队与团队之间，律所与律所之间，缺乏知识资源的互通和共享。另外，高质量的文件模板几乎可以说是律师的核心竞争力之一，甚至是行业壁垒之一，每一份好的文件模板都倾注了律师的智慧和心血。《中国合同库》聚合各领域专业法律人，把这些优质的模板进行逐字逐句地修改、整合，进而分享，真正体现了互联网时代的共享精神。

不久前，中华全国律师协会刚刚与法律出版社签署战略合作协议，现在欣喜地看到法律出版社偕同法天使推出这项具有创新精神的出版计划，在此表示由衷祝贺！

是为序。

中华全国律师协会会长

金杜律师事务所管委会主席

目　录

CONTENTS

1.开发协议

使用场景

本《开发协议》样例文本可用于厂商间委托或合作执行产品（整机、部件、材料或技术）开发工作。

产品开发在此是指创造一个全新的满足新定义的客户需要或市场空缺的产品，或者指通过对现有产品的修改，添加新的或不同的产品功能或特征，从而为客户提供新的或额外利益。

而产品（技术）开发协议，则用于某一厂商委托另一厂商为其开发软硬件产品、部件或技术，不同应用场景所使用的开发协议，其条款将会各不相同，有时可能还会有较大差异。

为了尽可能全面地体现开发协议所可能涉及的各种典型条款，本样例文本选择针对以下这种较为复杂和灵活多变的场景拟定：

1. 某电子设备厂商（委托方）计划自己设计、开发并制造一款具有特定功能的电子设备（合同中被定义为“产品”）；

2. 该产品需要使用某种具有特定功能的部件，例如，板卡、芯片、软件或其他内外部组件（在合同中被定义为“电子器件”）；

3. 产品上采用的电子器件，需要配套的软件和硬件设计的支持；

4. 同时，为配合上述电子器件的使用，产品上还需要集成某款专用集成电路套件（合同中被定义为“内嵌套件”），为此，委托方与开发方通过本协议达成了如下业务安排：

（1）委托方委托开发方为委托方新引入的产品开发上述定制的电子器件和软件，并提供相应的电路板及其他硬件设计；

（2）开发方有意保留内嵌套件的专供权，不允许委托方自己或委托他人制造该内嵌套件，为此，委托方只能向开发方购买该特定内嵌套件。

在移动互联网和物联网时代，这样的协作可能将会是一种越来越普遍发生的场景。

法律要点

开发协议可以进一步区分为委托开发协议及合作开发协议，两类开发协议在职责划分、风险和费用承担等方面可能会稍有差异，但这两类协议的大部分

16271

条款都是类似的。根据开发协议的特点，此类协议通常需要关注以下问题。

一、项目管理

产品开发是一个由参与项目各方协同工作，将一方或双方共同的需求实现的一个过程，这个过程需要双方互相配合，特别是对于某些基于具体需求的开发活动，可能有时间进度的要求；产品开发还会有成本费用方面的考虑，因此，通常会将开发工作作为一个项目进行管理，开发协议则需要以法律文件方式，明确约定协议各方在开发项目中各自承担的职责、完成各自工作的进度计划以及需要达成的目标等。

产品开发可能由一方提出需求，委托另一方完成，也可能是由双方合作进行，需要根据不同情况明确约定开发费用投入、报酬或费用补偿以及成本分摊等信息。

二、知识产权

无论对开发协议的任何一方而言，知识产权权属及许可使用都是起草开发协议时需要考虑的关键问题。

开发项目执行过程中，可能会产生新开发技术或新创作的作品，需要对其中所包含知识产权的归属作出约定，特别是对于投入费用委托他方开发新产品或新技术的一方来说，更应注意这个问题，如果未能在开发协议中对新开发技术或新创作作品的知识产权归属作出约定，那么新产生的知识产权，其所有权将归开发方。①

很多厂商在签署此类合同中，往往将新开发或创作的知识产权约定为由双方共有，这样的安排对于非专业人士而言看似公平，而且较为容易达成协议，看起来是有益无害的选择，但这样的安排可能会在未来给双方的知识产权管理带来麻烦，或者导致知识产权排他使用的效益大打折扣，或者使各方对知识产权的使用受到各种掣肘，如果新开发的知识产权对委托方可能具有重要意义，应避免使用此类共有知识产权条款。对新开发技术由各方共有知识产权，只能作为一种退而求其次的选择。

各方为执行开发项目，可能会提供自己的创意、设计及概念，披露某些可能并非受版权或专利保护的商业秘密信息，这些信息一经披露，即不可回收，为此，此类合同需要包含一个必要和充分的保密条款或援引一个双方另行签署的保密协议，以保护其自己的或获得许可的第三方保密信息，此类用于支持开发项目的保密条款或保密协议，可以考虑包含

---

① 见《合同法》第339条；《著作权法》第17条；《专利法》第8条。参见孙海龙、姚建军：《委托开发的专利权归属——西安中院判决王增禄诉恒泰公司等专利权归属纠纷案》，《人民法院报》2008年6月20日，第5版。

不使用、不披露和不绕行的限制。[①]

如果开发方在开发成果中包含其自己的或第三方的现有知识产权，那么委托方在今后使用开发成果时，可能会涉及获得开发方或第三方权利人许可的问题，否则对开发成果的使用可能会导致被指控侵权的隐患。为此，委托方需要考虑在合同中包含一个条款，即要求开发方保证不会在未经事先明确告知的情况下，在开发成果中包含此类现有知识产权，如果包含此类现有知识产权不可避免，则需要明确约定对此类开发方或第三方知识产权的许可，或如何获得此类知识产权的许可。

三、物料和资产管理

在开发项目执行过程中，委托方可能会提供某些自己的或第三方的材料，此类开发协议通常还需要约定此类托管物料的所有权、使用和管理。

四、规格和需求变更

一个开发项目执行过程中，可能会遇到各种事先无法预料的因素，影响事先预期规格和需求的实现，因此一个开发项目往往是一个迭代升级、往复推进的过程，通过在每个阶段，循环执行需求输入、计划、执行、检验和分析、反馈和改善等过程，使项目在不断校正中推进，从而最大限度地确保预期的目标得以精准实现。由于这个特征，开发协议在签署时所约定的开发成果的具体规格，往往无法完全实现，由此导致一个开发项目的成本费用以及进度计划，可能都会受到相应影响。

有些从业人员因此认为，开发协议无法在项目启动前签署，只能等到开发项目执行到一定阶段，待这些悬而未决的问题确定后才有可能签署，但这样以打哪儿指哪儿方式签署的马后炮式的开发协议，已经在很大程度上使签署开发协议失去了其应有的意义。委托方甚至可能失去其本来意欲拥有的对新开发或创作知识产权的权利。

开发协议应当在项目启动前签署，但为了应对开发项目的不确定性，可以考虑在签署协议时只确定一个大致的需求和目标，或者仅对初始规格作出约定，同时在合同中对需求和规格变化的流程作出约定，包括需求提出、影响评估以及决策作出等。

五、开发费用

开发协议中需要考虑有关开发费的计算和支付，包括：

1. 合理的前期费用（预付款或启动费），但应注意整个项目执行过程中工作范围、规格以及外部环境变化的可能性；

① 此类条款的特征见本书《不披露、不使用和不绕行协议》（NNN）。

16271

2. 成本控制，防止费用超标，明确附加工作相关费用的计算方法；

3. 如果费用按进度支付，应明确付款进度，并约定清楚进度款的支付条件，如何审批以及何时为到期应付；

4. 如果就费用有争议或付款延误，开发方是否可以停止开发；

5. 最好能事先约定清楚就持续的维护和支持服务所支付的费用。

六、风险承担

某些开发项目可能具有创新或探索性，此类项目存在因事先可以预见或无法预见的因素导致失败的可能，双方应在此类协议中考虑约定对项目失败风险如何承担，例如，项目失败的，开发费用由哪一方承担，开发方是否需要对开发失败无法交付预期工作成果承担责任，以及如何承担责任等。

七、协议或项目终止

同样由于开发项目的不确定性，双方需要考虑在开发协议中包含一个协议或项目终止的条款，明确约定协议或项目终止时善后事宜的处理。

八、其他

保险、补偿条款以及协议终止权等条款，通常也是开发协议中需要包含的条款。

本协议中包含内嵌套件采购和供应的内容，有关采购和供应的条款，法律要点请参见本书有关采购协议的相关提示。

关键条款（检核清单）

一个完善的开发协议，通常需要约定以下内容：

1. 约首部分。合同应确保正确和完整地指明了合同签约主体。合同列明的各方签约主体应当是双方完整和准确的法定名称及各方的法定注册地址或主要办公地址。

2. 鉴于或简述。用于简要说明协议签署的业务背景和双方的意图，这个条款将有助于各方以及其他可能相关的人员事后对这个合同业务背景及签约目的的理解。

3. 定义。对协议中使用的关键术语进行定义，可以避免因某些术语的使用引起混淆或者不必要的争议。需要定义的术语通常是那些在业界对其含义可能会有不同理解的词语，或者虽然词语本身含义明确，但为了使合同表述简洁方便，需要在协议中另外对其含义作出定义的词语。合同中定义的术语应当简洁，通常应当是一个单一的词语或一个简单的词组。如果定义的术语是一个句子或复杂词组，将失去定义条款的意义。

4. 工作范围。开发协议应当对开发项目的工作范围、各方在开发项目中各自所承担的工作作出约定。

5. 进度计划。合同需要对各方完成各自工作的时间进度和期限等作出约定。

6. 规格和需求。开发协议需要对拟开发的客体（产品、部件或技术等）做必要的描述，需要注意的是，此类描述仅仅体现为对开发客体名称的提及是不足够的，还需要对开发客体的功能及特性等做必要的描述，这通常以规格文件的形式体现。

7. 设计评审和规格变化。规格在开发过程中可能会不时变更，以此为理由延误签署合同是不妥当的，可以通过在合同中约定变更流程解决这个问题。

8. 认证和审批及其他法律合规。很多产品在市场上销售，都需要符合目标市场当地某些强制法律或标准，有些则可能需要获得政府或权威民间机构的认证、许可或审批，为获得这些认证、许可或审批，产品规格和特性以及使用的材料等需要符合特定的要求，开发客体无论是其本身即为最终产品，抑或是部件或材料，作为最终产品的组成部分，对产品的法律合规均可能会有影响，为此开发协议中需要约定开发方对法律合规以及获得上述认证、许可或审批的职责、工程化支持的范围、期限及成本费用分担。

9. 物料单及货源列表审批。开发的客体中采用来源于不同上游供应商（货源）的物料，不同来源的物料，对最终产品的定价、可靠性、供应的稳定性等可能都会有较大影响，有时对不同来源的物料或上游供应商的使用，也可能会使采购方面临一些法律和道德合规方面的问题，如原料如来源于某些受禁运制裁的地区，或者由某些使用童工或违反环保法律的供应商供应，都可能会使采购方形象受损，甚至也可能因此受到法律制裁，因此，委托方可以考虑要求开发方披露开发客体中所使用物料及物料供应商的信息，可以要求对开发客体中所使用物料及物料供应商及其任何变化进行审批。而且一旦物料单及货源列表发生变化，应该及时通知，并重新审批。

10. 第三方托管。如果开发客体中包含有某些开发方的软件或其他专有技术，委托方需要考虑，一旦开发方无力继续经营、被第三方并购或发生其他变化等，上述保密信息、软件或其他专有技术可能会成为第三方的财产，可能会给委托方继续使用这些技术造成妨碍，对于某些需要确保长期供应的产品来说，委托方可能需要考虑对这些软件源代码及专有技术的资料进行第三方托管。

11. 可交付物和交付。开发协议中应明确约定各方需要提交哪些可交付物，包括委托方的可交付物，以及用于表明开发方阶段性和最终工作成果的开发可交付物，并约定清楚可交付物的交付方式及验收。

16271

12. 支持服务。在开发可交付物交付后，无论是作为最终产品还是作为最终产品的组成部分，在实际使用过程中可能会遇到各种问题，这些问题可能只有开发方才会有相应的技术能力解决。委托方需要考虑在开发协议中明确约定，需要开发方在开发可交付物交付并验收合格后继续提供哪些维护和技术支持服务，以及提供技术支持的流程及服务水准，例如，按问题严重级别提供的响应时间及问题解决周期等。开发方也同样需要考虑明确其提供技术支持的范围，并明确列出不提供技术支持的例外事项，避免协议执行过程中因职责不清发生争议。

13. 开发费计算和支付。开发协议需要考虑明确约定委托方就开发项目应当向开发方支付的开发费金额，如事先无法确定准确的开发费金额，则应在协议中约定清楚开发费的计算和确认方法。实践中，根据不同的业务场景，开发费有多种计算方式，例如，按固定费用支付、按开发完成产品的实际销售数量，采用按比例提成摊销的方式支付开发费、委托方不支付开发费，但将采购开发方相关部件或材料的方式作为回报等。委托方通常希望在开发方提供符合标准和约定的开发成果后再完成付款，而开发方则希望尽可能早地收到全部开发费，可以根据具体业务背景以及双方的地位，采用按进度付款等能够更好地平衡双方利益的方式来支付开发费。

14. 知识产权保护。为执行开发项目，可能需要双方分别提供自己的原有技术以及其他可能包含作为知识产权法或反不正当竞争法保护客体的版权作品、保密信息及其他专有材料（统称为“技术”），合同中应当对各自提供的技术中所含有或与之相关的知识产权归属以及许可范围和限制作出明确约定。

产品开发过程中，还可能会产生新技术，需要双方事先明确约定新技术中所含有或与之相关权利的归属。

开发成果中的新开发技术的知识产权，可以约定归委托方或开发方双方的任何一方所有，也可以约定由双方共有，这通常是根据开发成果的性质由双方协商确定的。但需要注意，将新开发技术约定为双方共有，看似公平合理，签署合同时或许容易被各方接受，但这个做法可能会在未来给各方带来很多麻烦，特别是一些新开发技术对一方未来业务发展可能会有关键影响的情况下。[①] 应当尽可能根据公平合理的原则确认新开发技术的归属，例如，如开发成果是完全基于委托方的投入开发的全新技术，那么委托方可以主张拥有开发工作成果，这种情况下，需要进一步明确约定开发方向委托方披露和移交开发成果相关技术资料的义务。但如果新开发技术与开发方的原有技术在功能上不可分，那么，开发方可能会

① 参见《共有专利权行使法律问题研究》，载http：//ln.sinotrans-csc.com/art/2013/7/19/art_4319_88640.html；参见刘珊、沈佳鹏、余翔：《中美合作创新中专利共有法律风险及对策》，载《科研管理》2019年第2期。

倾向于坚持拥有新开发技术的所有权。如新开发技术归开发方，那么需要明确约定新开发技术的许可及使用限制，特别是需要明确约定未来对此类归属开发方的新开发技术的使用是否收取许可费以及收费标准等。

开发协议中还可根据需要约定新开发技术由哪一方申请专利或做其他权利备案或登记。

如果开发可交付物或开发成果中，包含开发方原有技术，需要约定清楚对开发方原有技术的使用条件，包括未来的使用是否需要支付许可费，以及许可费标准等。

委托方在接受开发成果时，应当要求开发方说明其中是否含有任何第三方技术，如果含有此类第三方技术，需要明确约定由哪一方负责获取第三方许可以及相关费用如何承担。

15. 陈述和保证。如果任何一方同意签署和执行开发协议，依赖另一方宣称的某些事实作为先决条件，可以将这些宣称的事实以陈述条款在合同中予以记载和确认，如果事后发现这些陈述不真实，那么作出陈述的一方可能构成欺诈或误导。

在开发协议中，各方可以要求另一方就其在协议执行过程中的某些作为和不作为，以及开发成果、可交付物及服务应当符合的状态作出保证。开发协议的保证中，通常会包括不侵权保证，包括委托方保证其提供或指定的材料、设计或技术不侵权，以及开发方保证其交付的开发成果及按预期方式的使用不侵权。

但有些情况下，例如，在某些创新性或探索性的开发项目中，对某些技术的在先权利状态可能并不明了，这种情况下，一方可能也会要求，而另一方也可能会同意，不就可交付物或技术作出不侵权保证，但双方同意一旦发生被第三方指控侵权的索赔，将就自己提供的可交付物或技术，为另一方提供抗辩和补偿。这个选择的意义在于，被指控侵权将只作为一个客观事件，而并不必然构成违约。

16. 抗辩和补偿。在开发协议执行过程中，可能会发生合同一方因使用了对方的可交付物导致了任何第三方针对自己提出的侵权或其他索赔（包括调查、处罚、诉讼及其他法律行动），而由于该方对可交付物的来源可能并不清楚，对其中的技术原理可能并不了解，因而需要提供可交付物的一方提供抗辩，也就是对可交付物不侵权或者不存在索赔所针对的其他问题进行说明、解释和证明，并对由此发生的任何费用及损失进行补偿。而提供可交付物的一方也需要考虑，在己方提供的可交付物被第三方索赔的情况下，需要尽早介入索赔的处理，避免因法院作出针对其可交付物的不利判决，或者接受可交付物的一方与第三方达成违反自己意愿

16271

的和解，从而对己方的财产、产品和品牌形象等造成不利影响。抗辩和补偿针对的并不一定是违约行为，某些情况下针对的可能是一些客观事件，因此，抗辩和补偿条款并不能完全等同于违约责任，也不能用违约责任条款替代。

17. 违约责任。开发协议中需要明确约定哪些情形属于违约事由，比如逾期交付、延迟付款、瑕疵履行等，并约定相应的违约责任，包括但不限于违约方承担违约金，以及守约方有权解除合同等。合同中可以约定违约金的数额或违约金的计算方法，但违约金应是对违约行为可能导致损失的合理预估，应避免被视为是惩罚性的。

18. 期限和终止。由于开发项目的不确定性，开发协议的委托方应当考虑在协议中保留可以随时终止协议的权利。相应地，如果委托方希望拥有这项终止协议的选择权，开发方应考虑要求在合同约定，一旦委托方无因终止合同，委托方应如何对开发方已经发生的成本和费用给予合理补偿。

19. 其他。开发协议中，还应具有作为一般合同通常应当具有的样板条款。此类样板条款通常包括对责任限制、准据法、不可抗力、税收问题、进出口管制、通知、优先文本、合同权利义务转让及争议解决等问题的约定。

关联合同

保密协议

第三方托管协议

维护和支持服务条款

合同正文

开 发 协 议

本开发协议（本协议）由以下双方在______年______月______日（生效日）签署：

（1）____________（在此处填写［公司］完整法定名称），其注册或主要办公地址在____________（［公司］完整法定地址或主要办公地址）（以下简称［公司］①）；

> 条文注解：起草及设计制作合同条款时，应尽可能避免使用甲方、乙方、买方、卖方、许可方、被许可方等这样容易导致混淆的词语指代合同各方，使用各方字号来指代各方是一个避免混淆、提高起草和审阅效率的好选择。一方在制作合同模板时，则可以考虑使用一个与协议中任何可能用到的词汇均不相同的词汇来临时指代另一方，正式签约时，如果认为有必要，可以用另一方的字号批量替换这个用于临时指代的词汇。

（2）____________（在此处填写开发方完整法定名称），其注册或主要办公地址在____________（开发方完整法定地址或主要办公地址）（以下简称“供应商”），

供应商和［公司］单方分别被称为“一方”，共同被并称为“双方”。除非另有规定，本协议所使用术语的含义见第 1 条 [①] 规定。

> 条文注解：虽然本样例合同文本中大量使用了条款间的相互援引，但由于使用援引需要大量的核对，为提高合同起草和审阅的效率，起草合同时应尽可能减少和避免使用此类援引。

简述

鉴于，

A.［公司］致力于从事包括____________（这里填写［公司］在市场上营销的产品）在内的多种电子产品的制造和销售业务；

B.［公司］正在开发某款新的智能设备产品（“产品”，见下面定义），该产品需要使用特定的电子控制件和软件；

C. 供应商有意，根据本协议规定的条款和条件，为［公司］开发上述电子控制件（“电子器件”，见下面定义）和相关软件，用于作为［公司］产品的部件，同时，供应商将向［公司］交付供应商设计所要求的定制集成电路芯片（“内嵌套件”，见下面定义），并根据本协议条款和条件授予［公司］相关知识产权许可；

D.［公司］希望委托供应商设计和开发其产品需要的电子器件和软件，从供应商购买供应商设计要求的定制内嵌套件，并按本协议条款和条件获得制造、使用和销售上述电子器件、软件和定制内嵌套件的许可；

为此，根据友好协商，双方达成以下协议，以昭信守：

1　定义

除非根据上下文另有解释，否则在本协议中下列术语的含义如下：

1.1　本协议：包括本协议条款和条件、附件以及根据本协议签发的订单，以及上述文件所援引的其他附件、附录及其他文件。

1.2　接受日：是指根据本协议第 4.2 款（3）项规定接受［公司］可交付物或供应商可交付物的日期。

1.3　关联机构：是指任何由一方直接或间接控制，直接或间接控制一方，或与一方直接或间接受共同控制的实体或人士。这里的“控制”是指直接或间

16271

接地拥有影响所提及公司管理的能力，无论是通过所有权、有投票权的股份、协议或其他方式。

1.4　内嵌套件：是指由供应商开发并提供在［公司］产品中使用的专用集成电路套件。

1.5　物料单和货源列表：即物料单（BOM）和货源列表（Source List），是指根据制造商和型号对特定组件和子系统（例如，仅作为示例，而不限于，调制解调器、集成电路或扫描装置等）的识别以及符合规格的上述物料的供货来源。临时物料单见附件工作说明。

1.6　可交付物：是指为履行本协议，由本协议一方向另一方交付的文件、样品、模型、软件及其他物品，包括［公司］可交付物和供应商可交付物。

1.7　电子器件：是指由供应商开发并将与［公司］产品结合的电子控制器件和第 1.16 款定义的软件。

1.8　文档：是指附件工作说明中指明的技术、供应商和服务文档。

1.9　错误：是指（a）在任何可交付物中存在且可复现的，将导致可交付物无法按规格书运行的瑕疵；（b）可复现的导致软件不能按规格书运行的软件编码错误；以及（c）导致文档错误、不正确或不可靠的文档中的瑕疵。

1.10　硬件设计：是指供应商根据规格书开发的电路板设计，包括内部电路测试装置的信息。

1.11　供应商可交付物：是指供应商开发的电子器件、软件、硬件设计及物料单和货源列表。供应商可交付物的详细描述和要求在本协议附件工作说明中规定。

1.12　产品：是指本协议附件工作说明及其援引的规格书所描述的，［公司］正在引入的具有特定功能和特征的电子设备产品。

1.13　项目进度计划：是指本协议附件工作说明规定的各方履行本协议的进度和坐标时间。

1.14　里程碑：是指开发项目中完成阶段性工作的标志，标志着上一个阶段结束、下一个阶段开始，将一个过程性的任务用一个结论性的标志来描述，明确任务的起止点。一系列的起止点就构成了引导整个项目进展的里程碑。

1.15　服务：是指为履行本协议项下双方各自的义务，各方所进行的必要工作和劳动。

1.16　软件：是指根据规格书设计的软件目标代码。运营软件，是指非用于验证和测试目的的，可以在正式量产的产品上商业化使用的软件版本。

1.17　规格：是指本协议附件工作说明规定的产品、电子器件、软件和硬件设计的工程、操作和/或功能描述、详细说明和要求，规格可能会按本协议规定被不时修改。

1.18　[公司]可交付物：是指为配合供应商开发本协议项下电子器件的目的，由[公司]向供应商提供的支持材料，包括产品中包含的第三方组件、产品总体工业设计、控制盘和用户界面设计以及供应商和服务文档等，可交付物均应符合规格以及本协议附件工作说明的进一步详细规定。

1.19　公共软件：是指任何人均可作为被许可方使用、复制、修改、再分发及制作派生作品，并且其分发包括其派生作品的分发均应披露源代码或以源代码形式进行，以及其再分发通常应当免费的软件，通常被称为开源代码软件，包括但不限于那些基于 GNU（通用公共许可证）或 LGPL（“宽通用公共许可证”，旧称“库通用公共许可证”）以及其他在开放源码促进会（Open Source Initiative）批准备案的许可证（http：//opensource.org/licenses/alphabetical）分发的软件。

1.20　法律：是指任何法律性文件，包括法律、法规和规章以及其他有强制效力的行政及司法的命令、决定和法律解释。

1.21　司法管辖区[1]：是指拥有单独司法管辖权的地理区域，一个司法管辖区可能是有统一法律体系的一个国家，也可能是一个国家内分别拥有各自最高法院司法终审权的地区，例如，中国有四个司法管辖区，中国大陆地区、香港特别行政区、澳门特别行政区和台湾地区。

条文注解：在某些跨司法管辖区执行的业务中，严格区分司法管辖权可能是有必要的，例如，如果当事人的本意是将某些权利或义务仅适用于中国大陆地区，并不适用于中国香港特区、澳门特区和台湾地区，那么，简单是声称这些权利或义务适用于中国可能就是不准确的。因为，从法律意涵上，中国包括中国大陆、香港特区、澳门特区和台湾地区，而这些地区之间的法律制度是不同的，而且很多业务往来会受到出入关境的管理。

1.22　工作说明：是指作为本协议附件的以及双方可能不时签署确认的被指明为工作说明的工作层级合同文件，用于描述本协议项下开发项目及其变更的范围、进度、费用以及各方所承担工作、可交付物及应当符合的规格、标准、规范和其他要求。

16271

关注法天使

2 工作范围

2.1 服务。［公司］及供应商同意，双方将根据本协议条款和条件执行本协议附件工作说明所描述电子器件的开发，根据本协议附件所规定的各自职责完成各自的相关工作，并向对方提供各自的可交付物。除本协议另有规定者外，各方应自行负责获得为完成其各自工作所需要的所有技术、人力、材料、工具和设施。

2.2 进度报告。自生效日起至供应商可交付物被全部最终接受之日止，各方应根据另一方的合理要求向另一方提供进度报告。每个报告均应采用双方同意的格式，并应包含双方同意的信息，包括但不限于，进度计划中当前里程碑的进展、导致里程碑延误问题的描述（如有），并且如有导致进度延误的任何问题，还应提供建议的解决方案。

2.3 认证和审批。双方同意，供应商将为本协议项下所开发电子器件提供工程变更支持，以便使［公司］产品能够符合并获得本协议附件工作说明所规定司法管辖区内任何必要的政府或权威民间机构[①]的认证或审批（如CCC、FCC、UL等）。在本协议规定的区域内，以及双方另外书面同意的［公司］产品将进入的其他司法管辖区内，办理上述审批和认证的实际费用，包括但可能不限于相关测试费、申请费、咨询费及为满足审批或认证要求所做的重工费，将由［公司］承担。此外，本协议生效日后二十四（24）个月期限内，供应商同意尽合理努力设计电子器件，以符合［公司］产品计划进入的其他司法管辖区相关机构的认证和审批要求。供应商进一步同意，在上述二十四（24）个月之后，如果获得了相关认证审批的司法管辖区相关认证审批要求发生了任何变化，供应商将尽合理努力就电子器件提供设计和工程变更服务，以满足任何司法管辖区的认证和审批要求。［公司］将按照通常的费率对供应商在上述二十四（24）个月期限届满后所提供的此类设计服务进行补偿。为使供应商能够履行本协议项下的合理努力义务，［公司］应以符合通常商业标准的中文或英文语言，向供应商提供每个司法管辖区相关认证和审批规格要求的摘要信息。［公司］应就获得产品的认证和审批向供应商提供合理协助，包括允许供应商使用［公司］产品的相关检测报告、技术文件以及审批和认证文件。

条文注解：业界很多产品及服务认证都是由民间机构而非政府实施的。

2.4　物料单和货源列表审批。电子器件及硬件设计的物料单和货源列表[1]应由[公司]审核和批准，并且所有部件供货商均应按照［公司］当时有效的供应商认证标准进行资格审查。此类审批不得被不合理地延误和拒绝。除本协议另有明确约定者外，［公司］保留选择部件供货商的最终决定权。无论本协议是否有相反规定，［公司］对物料单及货源列表的批准，以及［公司］对上游供货商资格的认证，不得做为依据第 4.2 款（1）项或第 4.3 款作出拒绝的理由，也不构成本协议项下可交付物接受的先决条件或接受延误的理由。

> 条文注解：物料单（Bill of Materials/BOM）用于说明产品将由哪些部件和材料构成，有时还会说明这些构成部件和材料的成本。请参见维基百科相关词条：https：//en.wikipedia.org/wiki/Bill_of_materials。货源列表（Source List）在这里是指一个用于说明产品中所有或某些关键部件或材料可能的货源或供应商的文件，通常在供应货源管理中使用。物料单及货源列表是用于评估开发的产品是否可商业化的重要资料，需要由采购方确认其是否合理及可接受。

2.5　软件及第三方托管。[2]

（1）本协议生效日后，供应商应立即将全套包含在供应商可交付物中的所有软件、专用集成电路、现场可编程逻辑阵列以及任何其他可编程装置（包括供应商现有的任何用于对设计进行确认的原理图捕获、硬件语言描述、测试模式、测试参数等）的源代码、目标代码和支持文件等（“托管材料”），以密封方式提交某个独立的第三方托管机构进行托管。

> 条文注解：委托第三方对软件源代码进行托管，通常是为了防止源代码的持有方，在因破产或其他原因无法继续对软件提供支持的情况下，软件的使用方可以获得软件的源代码，以便能够继续对软件提供维护和支持。但也可能为其他目的而对源代码进行托管，请参见《360将其源代码交由第三方公开托管》，载 https：//article.pchome.net/content-1090905.html。源代码第三方托管通常适用于专有 / 私有软件，对于开源软件而言，则此条款将没有意义。随着国内知识产权保护的立法和实践不断强化，源代码第三方托管对于专有 / 私有软件的使用方而言将会越来越重要。

（2）托管材料应由选择的托管机构按照托管协议的约定以严格保密的方式进行管理。托管协议应经供应商和[公司]共同确认接受，并应与本第 2.5 款规定一致。除非发生本第 2.5 款（3）项明确规定的情形，否则托管机构不得向［公司］披露托管材料。所有与托管相关的费用，包括托管机构的费用，均由［公司］承担。

（3）只有在发生任何下面规定的事件之一时，［公司］方可根据其选择，通知托管机构向［公司］提供托管材料：(a) 供应商停止对本协议第 5 条所要求的软件和硬件设计提供支持和维护，并且此类违约在［公司］发出书面通知

16271

后六十（60）天期间届满后仍未得到有效纠正；（b）由于供应商未能履行其在本协议项下义务，在项目进度表中列明应由供应商履行的特定软件和硬件设计工作，在项目进度表规定的期限到期九十（90）天后，仍然未能按照第4.2款（1）项和（2）项的规定通过验收；（c）供应商事先书面同意此类发放；或（d）供应商依照法律规定进入了破产或清算程序，或事实上进入了停业状态，并且以上情况在六十（60）天内未能停止、纠正或发生正向改变的。

（4）［公司］应同时根据本协议第21.10款规定，将此类向托管机构发出的通知告知供应商，说明披露托管材料要求所依据的事实和理由。此外，托管机构将向供应商告知［公司］所提出的披露托管材料的要求。

（5）托管机构将在［公司］根据本协议第21.10款规定向供应商发出通知十（10）天期限届满后，向［公司］发放托管材料，除非根据有合格管辖权的法院命令禁止此类发放。

（6）［公司］仅限于为制造本协议提及的［公司］产品以及对［公司］产品提供维护和支持的目的使用托管材料，或在第2.5款（3）项（b）子项所描述的情形发生时，为开发部分完成的［公司］产品的替代产品（无论是否由第三方协助）以及为维护、支持和生产此类替代产品的目的使用托管材料，以及按本协议第7条授予的许可使用托管材料。［公司］对托管材料的任何使用，均应始终受本协议条款和条件的约束。供应商同意按月对由托管机构管理的托管材料进行更新和维护，以使托管材料能够反映根据本协议条款所做的所有变更。

3　设计评审和规格变化

3.1　设计评审。各方同意按照本协议附件工作说明关于项目进度计划的规定，对执行中的工作进行定期评审，以确保双方了解和满意本协议的履行进度。根据任何一方的合理通知，双方同意在双方认可的时间和地点对设计和工程化问题进行评审和讨论。各方进一步同意，如任何一方对另一方履行其在本协议项下义务有任何实质性疑问，则经一方要求，各方应立即会面并商讨解决。

3.2　规格变更。供应商应尽合理努力确保硬件设计具有良好的成本效益。在本协议期限内，各方均有权要求以变更或添加形式对规格进行修改。此类修改要求应以书面形式提交，并应经另一方书面接受，否则不具有约束力。如果双方同意了任何此类对规格的修改，双方将进一步协商讨论对本协议做公平合理的调整，包括确定任何额外开发、测试或模具费用的分摊。双方对规格变更达成一致后，双方将实施规定的变更，并对规格及本协议的其他附件做相应修改，以反映双方同意的变更。

3.3　基于实际接受对规格的修改。供应商和［公司］同意，可交付物根据本协议第4.2

款被接受后，双方将根据双方所接受的可交付物的现状，对规格做必要的修改，以便使规格与被接受的可交付物相符，① 但经双方一致书面同意的对规格的实质性偏离除外，对可交付物负责的一方，将通过进一步的工作解决此类偏离，以便使可交付物与规格相符。② 在可交付物根据第 4.2 款被接受后，本协议中使用的“规格”一词在所有情况下均应指经双方同意修改后的规格。

条文注解：①在产品开发过程中，项目启动时定义的规格可能会随时发生变化，当双方认为实际阶段性的或最终开发成果更具有合理性，更符合需要，则双方需要根据实际接受的工作成果对规格进行变更。

条文注解：②某些情况下，由于客观条件限制，某些定义的规格可能暂时无法实现，双方可以同意按现状接受与定义的规格不符的开发成果，而通过进一步的工作使开发成果与规格相符。

4　可交付物和交付；验收和拒绝

4.1　可交付物。[公司] 和供应商同意将尽合理努力，根据项目进度计划的规定履行其各自的义务，并交付他们各自的可交付物。双方知道，各方履行其各自的义务，可能会以另一方按规格及时和合格交付作为先决条件的可交付物为前提（见项目进度计划）。所有的可交付物均应在项目进度计划规定的时间前交付。各方应仅限于为测试、验收和营销 [公司] 产品的目的使用此类可交付物，任何一方均不得将可交付物单独销售、出租或转让给任何第三方。

4.2　接受。（1）各方将对另一方的可交付物（和 / 或其特定部分）进行检查和测试，另一方应根据要求提供合理协助。接收方在可交付物交付后，应尽可能快地但无论如何不晚于收到交付后十五（15）个工作日内：(a) 接受可交付物（或其特定部分），并书面通知另一方；或（b）如可交付物（或其特定部分）包含实质性错误，拒收可交付物（或其特定部分）并向另一方就此类实质性错误提供一个书面说明。一方未能在上述十五（15）个工作日期限内答复的，将被视为接受可交付物（或其特定部分），但并不因此减免供应商在本协议第 5 条项下的维护和支持义务。任何一方均可申请合理延长上述检验时间，以完成此类检验，如根据情况需要的话，双方应对此类申请进行合理考虑，此类延长应由接受申请一方充分授权代表书面签署确认后方为有效。

（2）提供可交付物的一方应立即对另一方所指出的可交付物（或其特定部分）的实质错误进行纠正，并在合理的期限内向接收方重新交付可交付物（或其特定部分），该合理的期限将由供应商与 [公司] 考虑所有影响可交付物的情况协商确定。接收方应在收到重新交付的可交付物后尽可能快但无论如何不

16271

晚于收到交付后十五（15）个工作日内，根据第4.2款（1）项规定的流程接受或拒绝重新交付的可交付物，该流程将重复执行，直至可交付物（或其特定项目）被接受，或接收方调用本协议第4.2款（4）项的规定。

（3）在下列情况下产品将被视为接受（以较早者为准）：（a）所有供应商和［公司］的可交付物根据本第4.2款被接受；或（b）［公司］首次向供应商或其他第三方销售、出租、许可或以其他方式分销或转让任何一个含有可交付物的产品（不包括第7.1款（1）项第二段中提及的任何［公司］的替代产品），但仅为测试目的的除外。［无论本协议是否有任何相反规定，产品接受并不以供应商任何可交付物的设计或开发符合除中国大陆司法管辖区之外的任何认证或审批机构的审批和认证标准为前提。］

（4）双方进一步同意，如就任何可交付物（或其任何部分）根据第4.2款（1）项和（2）项规定的流程是否可接受发生争议，且双方经诚信协商未能解决此争议的，双方同意将此争议提交各方一致同意的独立第三方，该第三方将对可交付物（或其任何部分）进行检验，并确定该可交付物（或其任何部分）是否符合可交付物的规格以及是否可接受。该独立第三方就可交付物（或其任何部分）是否可接受所做的决定将被视为是终局的。聘雇此类独立第三方的费用（如有）将由败诉方承担。

4.3　拒收。如根据第4.2款（4）项规定，任何可交付物被确定为不可接受，交付方将被视为违反本协议，守约方可根据第14.2款（1）项的规定选择终止本协议，或选择接受进一步重新交付合格的可交付物。

5　质量和安全要求

5.1　资格要求。供应商应遵守［公司］规范文件中提及的以及相关工作说明中规定的质量、安全及监管要求（如有）。如没有这些要求，则供应商应遵循良好的商业惯例及相关法律。

5.2　检测要求。供应商应按［公司］相关规范文件中提及的或相关工作说明中规定的测试要求（如有）对开发可交付物进行测试。如没有这样的测试需求，则应以足以证实可交付物符合所有相关规格的方式对可交付物进行测试。如果［公司］要求，供应商将向［公司］提供用于测试的交付物。

5.3　环境符合。就所提供的可交付物及电子器件，以及所有与此相关的工艺流程及包括包装在内的材料，供应商将遵守：（a）与使用、声明、制备和营销有毒有害物质以及与能源消耗效率有关的所有法律规定；以及（b）［公司］规范文件及相关工作说明所规定的与以上事项相关的所有要求。

6　维护和支持

6.1　使用供应商电子器件的［公司］产品，在设计、开发及制造阶段，以及直至［公司］产品最终量产上市后一（1）年内，供应商将根据［公司］的要求，为［公司］就使用供应商在本协议项下交付的电子器件及相关硬件设计和软件进行产品制造提供合理的工程技术支持。供应商为提供此类支持，对［公司］工厂进行必要的访问而发生的所有合理的差旅、住宿和相关费用（供应商员工的工资和福利除外），均由［公司］承担，前提是此类费用必须符合［公司］同意的标准，且必须事先经［公司］同意。在上述一（1）年期间后，供应商将以通常和合理的费用标准为［公司］提供合理的工程支持，［公司］将向供应商支付合理的和符合惯例的人员、服务和其他相关费用。

6.2　在［公司］产品首次量产之日起两（2）年内，供应商将尽合理努力免费为［公司］纠正硬件设计和软件中的所有实质性的、有记录可查的和可复现的错误。［公司］将根据供应商的合理要求为供应商的此类纠正行动提供合理协助。所有此类对软件和硬件设计进行纠正产生的可交付物，均应被视为已经包含在根据本协议第 8.1 款授予的许可中，并且供应商应立即将所有与此类纠正有关的文件和资料，按本协议第 2.5 款规定提交给托管机构。供应商对供应商之外的任何其他个人或实体，以及物料单和货源列表指明的供货商所导致的软件或硬件设计错误不承担本第 6 条规定的义务，供应商应对导致软件不能按规格运行的错误进行修正，但除非软件中的错误或缺陷将导致软件不能按规格运行，否则供应商没有义务修正软件中的所有错误。

6.3　供应商应按附件工作说明的规定，对供应商在本协议项下供应的内嵌套件提供保修及其他维护和支持服务。

7　关键物料供应保障

7.1　内嵌套件采购。［公司］将按照本协议条款和条件向供应商采购，且供应商同意按上述条款和条件向［公司］供应［公司］或其关联方需要的内嵌套件。

7.2　材料成本估算。如［公司］无法按供应商同样的价格获得本协议项下所开发电子器件的关键半导体组件，供应商将尽合理努力，按供应商成本加上处理、运输、包装和保险费构成的价格，向［公司］提供此类组件。

8　知识产权及许可

8.1　软件和硬件设计及其他。（1）根据本协议的条款和条件，且在本协议第 9.1 款项下到期价款已全部支付的前提下，供应商在此授予［公司］一个非排他的、世界范围的，并且自上述价款完成支付之日起五（5）年期限的许可，

16271

据此,［公司］可以使用软件和硬件设计自行或委托他人制造、分销、销售产品（包括其任何改进和修改）及为产品提供服务，但上述许可不包括制造内嵌套件的权利，该权利将由供应商保留。所有与硬件设计和软件，包括文档、设计、电路图和软件中的知识产权的所有者权利均由供应商保留并拥有。尽管有上述规定，如果根据本协议第 2.5 款约定向［公司］发放了托管材料，则适用于上述产品的许可将自动扩展至［公司］对部分完成产品的替代产品（及其任何修改变体），并将自动包含所有的托管材料。在此情况下，本协议约定的许可费，也将适用于此类替代产品的许可。在此情况下，供应商应及时和充分地向［公司］披露和交付全部或部分完成的供应商可交付物。

（2）根据上述第 8.1 款（1）项授予［公司］的非排他权利，将包括向［公司］的关联机构、制造商、销售商及服务商授予分许可的权利，但不包括向任何其他第三方授予分许可的权利。尽管有上述分许可，［公司］应继续对履行本协议项下的义务承担全部责任，包括但不限于，支付第 9.2 款项下到期价款的义务。

（3）［公司］不得对软件、包含在硬件设计中内嵌套件及现场可编程门阵列进行修改、反向工程、反编译或反汇编。供应商保留对软件、硬件设计和相关知识产权的全部所有者权利。

8.2 ［公司］可交付物。对［公司］开发并包含在［公司］可交付物中的或与之相关的所有知识产权，［公司］保留全部所有者权利。根据本协议的条款和条件，［公司］在此授权供应商使用［公司］可交付物以及［公司］在本协议项下为协助供应商开发本协议项下供应商可交付物的目的披露给供应商的［公司］保密信息（定义见下面）。在本协议期限内，除非另有明确约定，供应商可以仅限于为开发本协议项下供应商可交付物的目的，对［公司］提供的软件进行反向工程、反编译或反汇编。

8.3 第三方保密协议。如［公司］为执行第 8.1 款（1）项规定的委托制造许可，需要向任何第三方披露任何供应商可交付物，在作出此类披露前，［公司］应获得一个由该第三方充分签署（由该第三方授权代表签字或加盖该第三方有效印章）的有效保密协议，该保密协议应采用业界通常可接受的形式，并且其对保密信息的保护程度将不低于业界通行的标准。根据该协议，此类第三方承诺不为上述许可之外的任何其他目的披露和使用供应商的上述保密信息。

8.4 开源代码软件。未经［公司］事先书面明确同意，供应商不得：(a) 将任何开发交付物、内嵌套件、软件或其派生物与任何公共软件合并、结合或一同分发；或 (b) 以可能导致开发交付物、内嵌套件、软件或其任何派生物全部或部分受到公共软件许可义务或其他知识产权相关条款约束的方式使用公共软件，此类义务包括与本协议条款和条件相违背的将开发交付物、内嵌套件、软件及其任何派生物以源代码形式披露或分发、为制作该等软件派生物的目的授予许可或免费分许可的义务。

9　支付

9.1　开发费。就供应商在本协议项下所提供的特定服务，［公司］同意向供应商支付开发费，支付金额和付款条件见附件工作说明。

9.2　内嵌套件价格。［公司］就依据第 7.1 款向供应商购买内嵌套件向供应商支付的价款（“内嵌套件价格”）及付款条件在附件工作说明中详细列明。［公司］应在向供应商发出了内嵌套件采购订单后，按采购订单规定支付内嵌套件的价款。用于确定内嵌套件的总体成本的分项成本应当：（a）是由供应商或［公司］确定的成本最低的供应商提供的；（b）不包括运输、处理、税费及其他类似成本；（c）不包括印刷电路板的成本；（d）不包括因在生效日之后变更规格或配置要求的额外的或组件升级的成本；并且（e）不包括在生效日之后因［列明特定外采部件或材料名称］价格变动增加的成本。

9.3　付款方式。约定的金额应以支票或电汇方式支付至供应商不时书面指定的银行账户或其他地方。（除非双方另有书面约定，否则税务机关就根据本协议应付给供应商的价款所征收的所有税费，均由［公司］承担并支付。［公司］不得从根据本协议应当支付给供应商的价款中扣除由［公司］承担和支付的税费。）（除非双方另有书面约定，否则根据本协议应付给供应商的价款是最终费用，已经包含所有税费，如［公司］所在地法律要求，［公司］可以从根据本协议应当支付给供应商的价款中扣除由［公司］代扣代缴税费。）

9.4　滞纳金。本协议项下所有延期支付的款项均应按以下利率（以较低者为准）支付滞纳金：（a）到期未付金额日万分之五（0.05%）；或（b）法律允许的同期银行最高贷款利率。延期付款一方支付滞纳金不影响另一方行使其就付款延迟享有的任何其他权利。

10　陈述和保证

10.1　一般保证。供应商陈述并保证：（a）其有权签订本协议，并且其对本协议的履行将不受留置权及任何他项权的约束；（b）签订本协议不会导致供应商对其作为一方的任何其他书面协议的违反；（c）开发可交付物，包括其任何部分或与其他硬件或软件的任何预期组合，或其销售、要约销售、使用或进口，将不会侵犯任何第三方的专利、版权、商标、商业秘密或其他专有权利；并且（d）供应商提供的与本协议有关的所有规格和文档均是完整和准确的。

10.2　内嵌套件保证：供应商陈述和保证，其在本协议项下供应的内嵌套件：（a）在交付时将是全新的并由全新的材料构成，不包含翻修部件；（b）在

16271

按照符合规格或可合理预见的任何方式使用时是安全的；（c）符合所有相关的规格；（d）在合格交付后三（3）年期限（除非双方在工作说明中另外约定的期限）内，交付的内嵌套件无任何瑕疵；（e）符合以上第 8.4 款关于公共软件的要求；并且（f）符合第 5 条的所有要求。

11　补偿

11.1　［公司］的补偿。根据本协议的条款，［公司］同意，如因以下情况导致了针对供应商的任何索赔、损失或损害赔偿，［公司］将为供应商提供抗辩和补偿，并使供应商不因此受到任何损失和损害：(1）因产品的任何部分（包括由［公司］修改或根据［公司］指示修改的硬件设计和软件）涉嫌构成对任何第三方专利的侵权；以及（2）［公司］或其受让方对产品的任何销售、使用或其他处置。此补偿义务以下列条件为前提：(a）供应商以书面形式立即通知［公司］任何此类索赔、损失或损害，并允许［公司］通过其选择的法律顾问对侵权指控进行回应以及对索赔进行抗辩；(b）［公司］对抗辩及所有相关的和解谈判应拥有完全的控制权；(c）该索赔不涉及在其现有专利许可协议中已获得供应商许可的专利；并且（d）供应商应为［公司］履行上述抗辩提供必要的协助、信息和授权。如［公司］同意对指控进行和解，［公司］和供应商均同意将不公布和解协议，也不会允许提出侵权指控的一方公布和解协议。

11.2　供应商的补偿。在附件工作说明所列的国家和地区，如因供应商硬件设计和软件侵犯任何专利权导致任何针对［公司］的索赔、损失或损害赔偿，供应商同意对［公司］进行补偿、为［公司］进行抗辩，并使［公司］不受损害。此类补偿义务应以下列条件为前提：(a）［公司］应立即以书面形式通知供应商，并允许供应商通过其选择的法律顾问对侵权指控进行回应以及对索赔进行抗辩；(b）供应商对抗辩及所有相关的和解谈判应拥有完全的控制权；(c）该索赔不涉及通过现有专利许可协议［公司］已授予许可的专利（如有）；(d）［公司］为供应商履行上述抗辩提供必要的协助、信息和授权。如供应商对侵权负责，供应商应修改其设计以避免侵权，或者由供应商承担费用获得继续使用供应商设计的许可。如供应商不能以合理的条款获得许可，并且双方也不能合理地采用专利绕行设计，双方应诚信地进行协商确定解决方案，以从本补偿条款中删除侵权的专利。如供应商同意和解，供应商与［公司］均同意将不公布和解协议，也不会允许提出侵权指控的一方公布和解协议。尽管有上述规定，供应商对因供应商之外的任何一方对软件或硬件设计的修改或其他改变，或将其与任何其他非由供应商提供或开发的硬件或软件结合、一起运行或使用导致的任何索赔、损失或损害赔偿不承担任何责任，倘若如果没有这样的修改或变更，或者没有与其他硬件或软件结合、一起运行或使用，此类侵权本来可以避免。

12 保密

12.1 ［公司］和供应商承认，在本协议的执行过程中，各方均可能向另一方披露保密信息。各方同意根据本协议由一方向另一方披露的保密信息，将受双方所达成并在本协议生效日起开始生效的后附保密协议的约束。

12.2 双方在此确认接受上述保密协议的条款，并且该条款将作为本协议的组成部分而持续有效。

12.3 在不限制本协议其他条款的前提下，第 12.1 款援引的保密协议适用于所有源代码、支持文档，包括源代码中嵌入的概念和算法，以及硬件设计、软件、提供的其他硬件设计或软件、货源列表和其他商业秘密或专有信息。［公司］同意，除非根据本协议第 2.5 款所获得程序列表的任何部分属于保密协议第 3 条第（a）至（g）项所规定的任何一种情形，否则其不会将程序列表的任何部分提供给任何第三方，保密协议的期限届满后，本义务仍将持续。

12.4 本协议应被视为保密信息，且除非按照本协议第 21.17 款另有约定者外，不得向任何第三方披露。

13 商标和标识

13.1 ［公司］同意将供应商的名称及版权声明放置在供应商设计的所有电子元件上，包括固件、电路板和内嵌套件。供应商也有权在所有操作系统软件中突出显示其名称，包括但不限于，产品的驱动程序和配置程序。如供应商对［公司］产品的质量不能合理地认可和接受，供应商有权撤销［公司］使用供应商的名称和标识或商标的权利。

14 营销权利

14.1 ［公司］同意，如果供应商要求，［公司］将按 OEM[1] 方式为供应商制造［公司］产品并销售给供应商。如［公司］没有与任何第三方签订将［公司］产品提供给第三方销售的 OEM 合同，在供应商希望首先订购产品时，供应商和［公司］将就此类销售的条款和条件进行协商并尽商业上合理的努力达成协议。无论何时，如［公司］以比向供应商供货更优惠的条款向任何第三方供应产品，［公司］将以书面形式告知供应商，并以该优惠的条款向供应商销售产品。本款规定的供应商权

条文注解：OEM 本意为原始设备制造商，在硬件产品制造领域，通常是指委托代工生产，即产品实际生产厂商为其客户制造使用其客户品牌的产品。详情请参见《OEM 采购协议》的相关说明。

16271

利并不限制［公司］向其他供应商销售产品。

15 期限①

条文注解：有人习惯将合同“期限”（Term）称为“有效期”（Valid Period），这个做法可能是不严谨的，值得商榷。合同中的期限条款的本意，通常是表示合同各方应在某个特定的期间内履行合同义务，而并不表明合同仅在这个特定的期间内有效，因为合同通常一经签署（某些情况下需要符合一些生效要件）就是有效的，即便合同因到期或其他原因终止，也只是双方将不再履行合同的某些义务，但很多合同条款仍然是具有强制执行效力的，如果任何一方有违约行为，另一方仍然可以依据相关合同条款追究另一方的违约责任，并不会因合同到期或终止了，这些合同条款就“无效”而不再具有强制执行效力。

15.1 本协议将在生效日起开始生效并将持续有效，直至［公司］产品最终量产发布之日起的五（5）年期限届满，除非根据本协议的其他条款提前终止。

16 终止

16.1 因供应商违约终止。如果供应商违反其在本协议项下的任何实质义务，且未能在收到［公司］书面通知后六十（60）天内采取有效措施纠正该违约行为；或者在期待该违约行为在上述期限内得到纠正并不合理的情况下，供应商未能在上述时期内开始并持续地努力纠正该违约行为，［公司］根据第9.2款就每个内嵌套件支付的价格应减少______，直至上述违约行为得到纠正。

16.2 由任何一方有因终止。在以下情况下，任何一方均可经提前六十（60）天发出书面通知后终止本协议：（1）如另一方违反其在本协议项下的任何实质义务，且未能在通知的期限内采取有效措施纠正该违约行为，或者如果该违约行为在上述通知期限内无法得到纠正，而另一方未在上述通知期限内开始并持续地努力纠正该违约行为；或

（2）如根据破产法或其他债权人保护法律的规定，另一方申请或被申请进入了破产、清算或其他类似程序，或另一方为债权人的利益被转让或被指定了资产接收人，且上述状态未能在通知期限内停止、撤销或终止的。

16.3 终止的影响。（1）本协议一经终止，本协议第3条规定的许可将相应终止，［公司］在本协议项下将不再有进一步的权利，而供应商也将不再有任何义务提供任何额外的内嵌套件。供应商将保留硬件设计和软件的所有权利；

（2）本协议终止后，双方应将对方的所有保密信息交还对方，且不得再对此类保密信息做其他或进一步的使用。除供应商违约外，本协议无论因任何原因终止，［公司］应立

即向供应商支付应当支付而尚未支付的所有款项；

（3）除非本协议因［公司］违约原因终止，否则本协议无论因期满或其他任何原因终止的，［公司］在终止日前已经接受订单的、在制的、库存的以及在途的产品将不受影响，［公司］可继续销售直至履行完毕对供应商的订单及清空库存；并且①

> 条文注解：请注意，这里使用的并列关系连词是有意的表示方法，非编辑错误。在有两个及以上并列条项情况下，在最后一个项目之前使用关系连词，用于表明并列各条项之间的关系，例如，用“和”或“并且 / 且”等并列关系连词表明各条项之间的关系是并存关系，用选择关系连词“或 / 或者”，则表示各条项之间的关系是选择关系。这种表示方法可以更清楚地表明并列的条项之间究竟应该是选择性的还是需要并存的。

（4）［公司］可以在产品生命周期② 内继续使用本协议项下许可，为其产品供应商提供维护和支持服务。

> 条文注解：参见《OEM 采购协议》相关注释。

17　供应商违约

17.1　在不影响第 16 条（“终止”）项下供应商享有的权利及第 21.1 款关于（“不可抗力”）规定的前提下，如供应商在最终运营软件发布前停止履行本协议，且未能诚信地全面履行其在本协议下的义务，供应商应将其在第 9.1 款项下收到的所有款项返还给［公司］作为违约金。

18　独立开发的权利

18.1　本协议中的任何内容均不影响任何一方自行或委托他人为自己获取、许可、开发、制造、销售或分发类似技术的权利，即便这些技术与本协议所预期的技术具有相同或相似的功能，但本协议第 8 条（“知识产权和许可”）和第 12 条（“保密”）另有规定的除外。本协议也不限制任何一方自己或委托他人营销或分销类似技术或产品。

19　争议解决

19.1　争议解决。本协议下的所有争议，如有可能，均应通过双方诚信协商解决。如诚信谈协商未果的，任何一方均可在经三十（30）天书面通知对方后，按以下列规定寻求仲裁。

19.2　仲裁。双方同意，本协议项下的任何争议都应提交______（仲裁机构名称）通过仲裁解决：（1）仲裁解决争议的事项，应按照______（仲裁机构

16271

名称）当时有效的仲裁规则和调解规则，提交由三（3）名仲裁员组成的仲裁庭，仲裁的地点在____________（仲裁地点）。

（2）各方应在发出或接受仲裁请求后十五（15）天内，指定一名仲裁员。该两名仲裁员应在全部被任命后的十五（15）天内指定第三名仲裁员。

（3）如在规定的时间内未完成上述任何一项任命，则未完成的任命均由仲裁机构作出。

（4）仲裁程序应以中文进行，所有仲裁员均应流利使用中文。

（5）仲裁庭作出的决定应是终局的，对当事人具有约束力，并可由任何有合格管辖权的法院基于该裁定作出判决并强制执行，为此目的，双方不可撤销地同意上述法院的管辖权。

20 责任限制；[1] 否认默示保证

条文注解：合同中的责任限制条款，用于明确规定一方应向另一方承担损害赔偿的范围，通常是对损害赔偿金额和类别的限制。责任限制条款，在很多情况下，有其合理性，在不违背法律强制规定的前提下，此类条款经合同双方同意，也将是有效的。但由于责任限制条款旺旺会限制合同一方当事人就其可能因另一方所遭受损失获得补偿的能力，而且通常对合同起草方——通常是供应商一方有利，因此，在合同谈判过程中，这个条款往往是合同双方谈判的重点。

20.1 在任何情况下，任何一方均不就任何间接的、特别的、[2] 附带的或后果性的损

条文注解：特别损害赔偿（Special Damages）、附带性的损害赔偿（Incidental Damages）、后果性的损害赔偿（Consequential Damages）是很多合同中列举的不承担责任的损害赔偿类别，这些术语来源于英美法的实践，但在我国的合同法及侵权法中尚无明确定义。这些术语的具体含义在英美法实践中也存在不同理解，并非是毫无疑问的，但一般而言，特别的损害赔偿，是相对于一般损害赔偿（General Damages）而言的，在合同法实践中，一般损害赔偿包括合同金额与市场价格的差价，实际交付产品的价值与预期交付的合格产品价值之间的差价，以及滞纳金的利息等，相当于我们所称的直接损失，在合同的责任限制条款中，通常不会对一般损害赔偿责任进行限制。相对而言，特别损害赔偿则指的是一般损害赔偿之外的其他损失的赔偿。特别损害赔偿，又可进一步被划分为附带性的损害赔偿和后果性的损害赔偿。附带性的损害赔偿包括对购买替代产品以及寻求替代服务以纠正错误所花费成本的赔偿；后果性的损害赔偿，则是包括类似预期利润损失在内的损失。对损害赔偿类别进行进一步分类，在实践中可能是有意义的。那么，在中国大陆地区法律对损害赔偿的类别没有进一步细分的情况下，如果签署的合同仅适用中国（大陆司法管辖区）的法律，责任限制条款是否需要将不承担责任的损害赔偿类别详细列出？笔者认为，如果对于某一个具体合同而言，约定责任限制条款是有必要的，对无意承担的责任做尽可能全面的排除和限制，最坏的情况也可能只是，由于这些术语在中国大陆地区法律环境下没有确切的解释而被视为没有意义，应该也不会有更不利的结果。这样的话，此类约定或许可权当是锦上添花。另外，还需要注意一点，即合同条款做为一种商业实践，并不一定要完全在现有法律规定范围内亦步亦趋，完全可以在不违反法律强制性规定的前提下，根据业务需要创设新的商业实践，然后寻求法律的支持。

害向另一方承担任何责任，无论是否存在本协议项下的违约或不履行，即使该方已被告知发生此类损害的可能性。除第10条另有明确规定外，任何一方均不就任何可交付物或其他方面作出任何陈述或保证，包括但不限于，关于适销性、适用于特定目的、技术性能或商业成功的保证，并在此否认所有其他的保证。除本协议明文规定外，任何一方均不对另一方或其供应商对使用了本协议项下许可或提供的可交付物的产品的开发、制造、使用、销售、租赁或其他处置承担任何责任。

21　一般条款

21.1　不可抗力。任何一方均不对因超出其合理控制的事由，包括但不限于天灾、民事或军事当局的行为、火灾、瘟疫、洪水、地震、骚乱、战争、怠工、劳动力短缺或劳资纠纷及政府行为等[①]导致的延迟履行或未能履行其在本协议项下义务承担任何责任，但受影响一方应当：(a) 将此类事由立即书面通知另一方，无论如何不晚于发现上述事由后十五（15）天内；并 (b) 尽其合理的努力对其未能履行或延误履行导致的影响进行纠正。受影响一方的履行时间将按不可抗力事件的持续时间或六十（60）天（以较短者为准）相应顺延。

> 条文注解：法律对不可抗力虽然有定义（《合同法》第115条），但过于抽象，不具有非常强的可执行性，如有必要，可考虑对不可抗力事件做进一步明确的定义，将可以被视为不可抗力的事件以列举方式明确列出。

21.2　各方关系。[公司]和供应商是各自独立的合同主体。任何一方及其各自的员工、顾问、承包商或代理，均不是另一方的代理、员工、合伙或合资企业，任何一方也无任何权利通过合同或其他方式使另一方受任何义务的约束。各方均不得作出任何与上述约定相反的表示，无论是通过明示、默示、表见或其他方式。各方均有权根据其自己的判断，确定服务完成的方式和方法，前提是各方在任何时候都应遵守相关法律规定。

21.3　人员。双方各自的员工、顾问、分包商和代理商，在对方的工作场所工作时，均应遵守对方的工作时间、工作守则和休假计划。尽管有上述规定，任何一方的员工应始终是该方的员工，即使在另一方工作场所工作时，也不应被视为或被声称为另一方的员工或与另一方存在劳动或劳务关系。

21.4　社保和福利。各方均应负责向其聘雇负责履行本协议项下服务的员工、代表、承包商、分包商和其他从事本协议的其他人员，支付法律规定的相关税款、社保和福利，任何一方均不得要求另一方支付此类费用。

16271

关注法天使

21.5 其他税收影响。开发和交付本协议项下可交付物的目的，是为了用于表明本协议项下开发的产品将符合规格。可交付物本身并没有作为商品的内在价值，不属于实体货物销售。因此，作为根据本协议所提供服务的成果，预计不会被要求支付增值税、销售税或使用税。[1] 但如果被要求缴纳任何税费，应当由供应商承担。

> 条文注解：供应商交付做为开发成果的可交付物，不属于实体货物销售，此类可交付物的交付应属于技术服务的组成部分，应当有机会按服务贸易而非商品销售缴纳相关税款，这里仅用于说明类似条款的写作方法，实际使用中应征询税务专家的意见，以当地法律规定为准。

21.6 进出口管制。[公司]和供应商均必须遵守：(a)各自业务活动所在地国家或地区；(b) 这些国家或地区所参加或受约束的国际条约；以及 (c) 本协议项下可交付物及交流的信息中所包含物品或技术来源地国家或地区的进出口管制法律法规的规定。转让上述物项，可能需要相关国家或地区主管机关颁发许可证，未经上述机关事先批准，各方将不会向进出口受管制的物项，特别是不会像某些受限制的国家或地区出口此类物项。各方对其提供的可交付物的上述转让是否需要许可证不做任何表示，如果需要许可证，各方也并不保证监管机关必然会颁发此类许可证。

21.7 转让。除本协议另有明确规定者外，未经另一方事先书面同意，任何一方均不得将本协议或其任何权利或义务转让或委托给他人；但尽管如此，如果任何一方出售或转让其全部资产、或其全部资产的实质部分，或发生任何并购、合并或解散，均可经事先书面通知另一方，将本协议及其在本协议项下的权利或义务转让或委托给其任何业务承继方。任何一方均可不时地，经事先书面通知另一方，将其在本协议项下特定义务的履行分包给其子公司，但前提是分包方仍应对其在本协议项下义务的履行负责。违反本款规定的任何转让企图均无效。在本协议按照约定被转让情况下，本协议或相关条款对各方的承继人、执行者和受让人具有约束力。

21.8 适用法律。本协议受中华人民共和国①大陆司法管辖区②法律的管辖并依据该法律解释，但不适用其法律冲突原则（如有）。

条文注解：①在某些跨境业务，特别是涉及港澳台因素的合同中，仅仅约定合同受中国法律或者中华人民共和国法律管辖是不足够的，因为香港、澳门和台湾均是中华人民共和国的组成部分，但这几个地区分别有不同的法律体系，某些是被宪法认可的，某些是事实上的法律。将中华人民共和国法律默认为仅仅是指中国大陆地区的法律是非常错误的。

条文注解：②用中国大陆司法管辖区而非中国大陆，是由于中国大陆虽然是一个常用的词语，但却并非是一个严谨的法律术语，虽然这个术语通常被用于指代中华人民共和国除港澳台之外的区域，但它作为一个纯粹的地理概念时，可能就并不必然包括海南岛、崇明岛等中国大陆周边岛屿，因此在某些情况下，为使合同条款尽可能严谨精确，使用中国大陆司法管辖区可能更为合适。

21.9 可分割。如有相应管辖权的裁判机构因任何原因裁定本协议的任何条款或其任何部分不具有可强制执行性，本协议的条款应当在法律允许的最大限度执行，以实现双方签署本协议的意图，并且本协议的其余部分应继续完全有效。

21.10 通知。本协议所要求的或允许的所有通知均应以书面形式作出并援引本协议，上述通知在以下情况下被视为送达：(a) 亲自交付本人；(b) 通过指定的传真或电子邮件发送；(c) 通过邮资预付并有回执的挂号信发送后第十五（15）天；或者 (d) 经特快专递服务商书面签收并发出后第二(2)天。所有的通信将被发送各方在签字栏中所列的地址。任何一方均可根据本条款通知另一方更改其接收通知的地址。

21.11 弃权。任何一方未能强制执行本协议的任何条款，都不应被视为放弃未来强制执行该条款或任何其他条款的权利。

21.12 无第三方权利。本协议是为［公司］和供应商的利益而制定，而并非是为了任何第三方的利益。

21.13 副本和语言。本协议以中文简体原件签署不同副本，每一份副本均被视为原件，每份副本结合起来将构成同一份文书。本协议的中文简体文本将优先于其任何翻译本。

21.14 标题和引用。本协议所使用的标题和题注仅为阅读方便目的提供，不用于对本协议的解释或理解。

21.15 解释。本协议由双方及其各自的法律顾问经充分协商达成。本协议将根据其条款公平解释，将不针对任何一方做有利或不利的严格解释。

21.16 商标使用。除本协议另有规定者外，未经另一方书面同意，任何一方均不得在其广告、促销材料或包装上使用另一方的任何商标、服务标志或

16271

商号。①

关注法天使

条文注解：为保护商标权利，很多人会在合同中规定另一方不得违法使用本方的商标，但这种简单的约定这可能并不足以对其商标构成充分保护，因为如果合同的签署和执行，被解释为隐含地授予了他方商标的使用许可，那么另一方对本方商标的使用是否构成违法，将可能是一个有争议的问题。为此，在合同中明确约定，除合同中明确授予的商标使用许可外，合同的签署和执行均不得被理解为隐含或默示地授予另一方使用其商标的权利，则可能会更加明确和更有意义。

21.17 非公开。未经另一方事先书面同意（该同意不得被不合理地拒绝或延误），任何一方不得直接或间接就本协议或本协议的存在发布任何新闻、公告或做其他披露。尽管有上述规定，各方均有权向其股东、董事、高级管理人员、员工、律师、会计师及其他专业代表披露相关信息，以及为符合证券法律的必要而披露相关信息。供应商可根据本第21.17款的条款和条件，向有限数量的潜在贷款人、投资者和保险人披露本协议的。任何一方均不得泄露对方的保密商业计划。

21.18 完整协议。本协议，包括所有附件，构成双方就本协议标的所达成的完整协议，并将取代所有此前或当时就该标的所做的任何谅解或协议，无论是书面的还是口头的。除非经双方正式授权的代表以书面形式签署，否则对本协议的任何修改或变更均无约束力。本协议的任何条款和条件与在本协议项下所签发的任何发票、采购订单或采购订单确认书的条款和条件不一致，本协议的条款和条件将优先适用。

21.19 继续有效。本协议到期或无论任何原因终止的，本协议第5、6、8、9、10、11、12、13、16.3、17、18、19、20条和第21条的规定将继续有效。

作为证明，本协议由双方在下面载明的日期签署（以法定代表人或正式授权代表签字和 / 或加盖各方公章或合同专用章为准），签署本协议表明双方同意其所记载的全部内容。

[公司] 确认和签署：	供应商确认和签署
[公司] 签约主体名称：	供应商签约主体名称：
（盖章）	（盖章）
代表人签字：	代表人签字：

续表

日期：	日期：
代表人姓名（打印或正楷），部门和职务：	代表人姓名（打印或正楷），部门和职务：
联系人姓名：	联系人姓名：
部门和职务：	部门和职务：
电话：	电话：
电子邮件：	电子邮件：
传真：	传真：
注册或主要办公地址：	注册或主要办公地址：

附件：工作说明

1 供应商可交付物

供应商应根据定义的质量参数提供以下可交付物：

（1）硬件设计和生产相关技术文档

____

（2）软件相关文档

____

2 ［公司］产品规格

为使供应商能够按本协议开发用于［公司］产品的电子器件，［公司］向供应商提供［公司］产品规格书。见［公司］另行交付的［公司］第______号《______产品规格书》。

3 项目进度计划

双方将按以下进度完成各自的里程碑工作：

里程碑	责任方	日期

16271

4 ［公司］可交付物

除产品规格书外，［公司］应向供应商提供以下可交付物：

5 获得认证和审批的国家 / 地区

中华人民共和国大陆司法管辖区（不包括香港、澳门和台湾）

6 临时物料单及货源列表

7 费用和支付

开发费。就供应商在本协议项下所提供的服务，［公司］同意向供应商支付开发费______元，上述开发费按以下进度支付：

（1）本协议签署后三十（30）个工作日内支付开发费的百分之三十（30%）作为启动费。

（2）供应商交付供应商设计及相关可交付物并经［公司］验收合格后三十（30%）个工作日内支付______。

内嵌套件价格。［公司］应就依据本协议第 7.1 款向供应商购买的每一个内嵌套件向供应商支付______元（人民币）（“内嵌套件价格”），［公司］应在向供应商发出了内嵌套件采购订单后支付该到期金额。

8 验收规范和流程

［公司］将按以下验收流程对供应商可交付物进行验收：

______在这里添加对供应商可交付物的验收流程。

附件：保密协议

［在这里添加或援引一个适用的保密协议］

［公司］与供应商，即本协议双方，就本协议项下保密信息的交流在此达成如下协议：

1. 为促进双方之间的业务关系，并使双方能够共同开发一款新的______产品，规格型号为______，为此双方认为有必要并希望向对方披露与本项目有关的保密信息。

2. 接收方不得将披露方的保密信息（与本项目有关并披露给接收方的所有信息，只要披露方在本第 2 条项下的义务未因本协议第 3 条的实施而终止）传递给任何第三方，并且，除非是为开发本协议项下产品所必要，或是为任何披露方在本协议签署后书面允许的目的或双方另行签署的协议允许的目的，否则任何一方均不得使用或在其内部传播披露方的保密信息。向接收方的子公司、关联公司、顾问、供应商及软件开发商披露保密信息，将不被视为前面所述的向第三方的披露，前提是接收方应确保这些实体受到不低于本协议严格程度的保密协议或保密条款的约束。

3. 如披露方保密信息的任何特定部分有任何以下情况，本协议第 2 条项下的义务将终止：

（a）在披露方向接收方披露时，信息已经处于公共领域；

（b）在披露方向接收方披露后，信息非因接收方的过错而进入了公共领域；

（c）在披露方向接收方披露时，信息已为接收方所持有，且接收方对其并未承担任何保密义务；

（d）在披露方向接收方披露时，信息已经合法披露给接收方，且接收方对其未承担任何保密义务；

（e）信息由接收方的员工或代理独立开发，且并未参考披露方的任何保密信息；

（f）披露方在未附带任何保密条件的情况下将信息披露给了某个第三方；或者

（g）在开发协议生效日起算的四（4）年期限届满后。

当本协议第 2 条规定的义务因第 3 条的实施而不适用于某一信息的特定部分时，该信息将不再是本协议项下的保密信息。

4. 由披露方提供给接收方的所有材料，包括但不限于，文件、规格、图纸、软件、模型、仪器、草图、设计和表单以及书面指明属于披露方的财产，将始终是披露方的财产，根据披露方的要求，接收方应及时将这些材料的所有副本返回给披露方，除非披露方另有书面同意，或在本保密协议所附属的开发协议中另有约定。

5. 本协议适用于开发协议执行过程中双方就本协议标的所进行的一切沟通和交流。

6. 披露方与接收方人员和授权代表的沟通，不得侵犯任何第三方的专有权利。

7. 本协议依据______（选择管辖法律）拟就和解释。

8. 本协议取代［公司］于______年______月______日与供应商于______年______月______日签署的保密协议。

附件：供应商专供物料保修和支持[①]

条文注解：保修和支持条款请参见《原始设计、制造和供应协议》附件 D。

____

（在这里详细说明供应商对其专供物料提供保修和支持的政策）

16271

2. 软件开发协议

使用场景

本软件开发协议样例文本用于需求方委托软件开发方开发新软件产品，开发的新软件产品可以是根据委托方的需求全新开发的，也可以是软件开发方基于其原有软件为委托方定制化或客户化开发的。开发的软件产品可以作为一个单独的销售单元独立分发，也可以预装在委托方的硬件产品上或以其他方式随同委托方的硬件产品或服务方案一同分发。

需求方委托开发并仅在其内部自用的软件，所使用的协议条款需要关注的事项总体上是相同的，但具体条款与本样例文本可能会有较大差异。

法律要点

就软件开发协议中有关开发工作的注意事项，请参见《开发协议》的相关提示。如新开发软件中可能包含合同双方任何一方以及第三方的现有的软件模块或代码，则软件开发协议中将会涉及软件许可的内容，关于软件许可的注意事项，请参见《软件许可协议》的相关提示。

除此之外，此类软件开发协议通常注意以下事项：

1. 新开发软件知识产权的归属

新开发软件很多情况下都并非是全新开发的，而是需要使用很多现有资源，因此新开发软件中既可能包含全新开发和创作的软件代码，也可能包含需求方提供的代码、开发方原有的软件代码以及属于第三方的代码，因此清楚明确地界定新开发软件的知识产权，对于协议双方来说都是一个需要认真考虑的问题。

委托方可能会坚持要求享有软件的全部知识产权，而基于开发方原有软件为委托方客户化定制开发的软件，开发方通常会要求保留软件的知识产权。

但实践中的具体业务场景可能会是复杂和千变万化的，开发方为委托方开发的新软件中可能会使用其现有的代码，而基于开发方原有软件为委托方客户化定制的软件中，也可能会包含委托方提供或指定的软件代码，为此，合同各方均应根据具体业务环境，对软件开发项目的业务背景进行分析，根据具体情况来确定新开发软件可能包含哪些类别的作品，并据此分别确定其知识产权归属，很多软件开发协议可能会简单地约定由一方拥有或由双方共有新开发软件的知识产权，这时双方均需要谨慎，避免将本应自己拥有的知识产权在无意间转让给另一方，变成由双方共有，甚至将原本并不属于协议任何一方的软件代码一厢情愿地约定为由一方拥有或双方共有。

（1）在开发过程中新开发创作的代码。此类代码是开发过程中新产生的作品，这些新产生的作品，原本并不属于任何一方，依照法律规定，[1]对此类新产生的作品，如果当事人对所有权没有约定，则权利将归属于开发方。为此，如果委托方希望拥有由其提供创意和/或投入资金委托开发方开发创作的新软件代码，那么需要在协议中对此作出明确约定。

但另一方面，委托方也需要考虑，在新开发软件是基于开发方软件所做的定制开发的情况下，如果此类新开发和创作代码的功能与开发方原型软件在功能上不可分，委托方保留其知识产权实际上意义不大，而且可能会对开发方对其软件的使用造成不利影响，这种情况下，协议双方则需要根据具体情况来合理确定此类新开发创作软件代码的知识产权归属。

（2）协议双方提供的软件代码。对于协议双方为开发新软件的目的所提供的各自的现有软件代码，除非双方明确有意转让其所有权，否则应在协议中明确约定，各方所提供的现有软件代码仍归属于提供方，这些代码并不因协议的签署和执行而转让，同时各方还有必要在协议中或通过其他方式明确列明双方各自所提供的软件代码。

（3）第三方软件代码。委托方需要意识到，如果开发方在新开发软件中包含了受知识产权法律保护的第三方软件代码，那么其所交付的新开发软件，尽管在功能上可以完全符合开发需求或规格，但在未来使用过程中，这些第三方代码则可能会引发一系列问题，例如，导致争议和第三方索赔，导致事先未能预见的许可费，以及使软件违反开源代码行业的规则。

委托方可考虑要求开发方就第三方代码的使用作出保证，也可进一步要求开发方披露新开发软件中使用的所有第三方代码。

2. 软件的许可

如果新开发软件是基于开发方原型软件客户化定制开发的，或者开发方为委托方开发的软件中包含了开发方或第三方代码，那么，委托方需要确保在协议中包含必要和完善的许可条款，确保自己今后能够按预期目的使用新开发软件。

而在委托方为开发新软件向开发方提供了其自己或第三方软件代码的情

① 参见《中华人民共和国合同法》第339条。

16272

况下，开发方也应确保协议中对这些第三方代码的使用授予了必要的许可。

任何一方在授予另一方许可时，需要同时明确许可的限制，即这些许可的软件模块或代码不能用于哪些目的。

如果新开发软件中包含有第三方软件代码，委托方需要确保在协议中明确约定哪一方负责获得这些第三方代码的使用许可。

3. 关于软件完整性及更新和升级

如果委托方获得软件是为在市场上做商业分销，而开发方也会自己或通过第三方在市场上分发其自己的原型软件，这时，需求方需要考虑在协议中包含一个条款，要求开发方所提供的定制开发软件，除需求方特别定制的功能特征外，应当与开发方原型软件保持同样的最新工程水平，并要求开发方保证，开发方在更新升级其原型软件时，应当提前通知需求方，并确保需求方定制的软件能够得到同时更新和升级。

关键条款（检核表）

在起草此类软件开发协议时，合同双方需要考虑在合同中包含以下条款：

1. 首页、签字页

协议应当明确双方签约主体。双方签约主体信息应当包含各方完整和准确的法定注册名称以及注册地址或主要办公地址。

本样例文本采用了业界某些公司所使用的，将通常在约首部分体现的合同双方签约主体信息与通常在合同结尾部分体现的签字栏合并作为合同首页及封面页这样一种设计，这个设计的好处是，一方面一个合同只要填写一次合同主体信息即可，避免重复输入相同的信息，同时也可以直接将签字页做为合同封面使用。这是一种对传统合同格式作了优化的设计，可以在一定程度上提高工作效率。

2. 开发工作的范围

软件开发协议属于专业技术服务协议的一种，签署此类协议应首先考虑界定服务即开发工作的范围，包括明确开发方需要做哪些特定的开发工作，以及开发方需要提供的其他相关支持服务。

3. 规格和验收标准

规格通常，是指开发方所交付软件、可交付物以及所提供的相关服务应当符合的一些规范和要求。开发软件的规格要求通常通过软件开发需求说明书、软件规格书等方式明确。这些需求和规格可能会根据项目的推进不时进行修改。拟开发软件应当符合的规格，通常会以开发需求说明或软件技术规格书等方式体现。

交验标准则，是指委托方用于验证开发方所交付工作成果是否能够实现预期功能的一些具体的指标或方法。交验标准可以通过合同业务条款方式约定，也可以作为一个合同附件呈现，有些公司也可能会选择在需求或规格文件约定交验标准。

4. 进度计划

根据委托方的需要以及可行性，开发协议需要考虑对开发项目的工期以及一些关键的里程碑或控制节点的期限作出约定。进度计划可能会不时根据项目执行情况进行调整。

5. 变更和调整

开发项目进行过程中，可能会受到各种主客观因素的影响，导致预期目标或原有计划无法实现，因而需要根据具体情况进行调整。开发协议中需要对遇到此类情况如何处理作出约定，包括如何调整项目进度，相关的费用和风险如何承担等。

6. 交付和验收

合同中需要明确开发方交付新开发软件的方式，如有其他可交付物，需要详细列明可交付物的范围以及交付的格式和方式。对于软件程序，需要约定清楚，交付的软件是否包含源代码，还是仅限于目标代码。需要约定对可交付物的交验标准及验收期限。

7. 授予许可和限制

如果新开发软件中含有任何一方或第三方的原有代码，合同则需要约定清楚这些原有代码的许可范围和限制。

在新开发软件是基于开发方原型软件所做的客户化定制开发，而开发方并未因此转让原型软件所有权利的情况下，委托方对新开发软件中原型软件部分的使用将会是属于许可使用，这种情况下，需要约定清楚委托方对原型软件使用许可的范围，是一般许可，还是排他的或独家的许可？是否有分许可权？授予许可的区域？同时需要明确委托方使用原型软件的限制，例如，委托方是否可以对许可软件进行编译、反向工程等。

对新开发软件中包含的第三方代码，需要明确哪一方负责向权利人获得未来使用的许可。

8. 知识产权

合同需要约定新开发软件中新开发创作作品、各方已有代码及其他可交付物的权属，如有委托方提供的材料，也同样需要明确约定其权属。

9. 维护和支持服务

合同需要明确开发方对所交付新开发软件是否提供维护和支持服务，如果提供的话，提供维护和支持服务的范围。维护和支持服务通常包括但不限于软

16272

件更新、升级、修正、增强及改进等，有时可能还会包括根据开发方要求做进一步的定制开发。

如有必要，委托方可考虑在合同中包含服务级别协议。[①]

所提供的维护和支持服务，如果是为了解决开发方保证范围内的瑕疵或缺陷，通常是免费的，而如果是保证范围外的维护和支持服务，则可以是有偿的，合同中需要对哪些服务是有偿的以及相应的收费标准作出明确约定。

10. 源代码第三方托管

如新开发软件中对委托方未来业务具有重要意义，委托方应根据软件的具体情况（例如，交付的软件是专有软件[②]还是开源软件，以目标代码交付还是包含源代码等），考虑是否有必要对交付软件代码做第三方托管。源代码第三方托管，通常在开发方仅以目标代码形式交付新开发软件的情况下适用，这主要是考虑到，一旦开发方因破产或其他原因而停止营业，或因其他原因无法继续对软件提供更新、维护等技术支持，委托方可能有必要自己或寻求第三方来为客户就软件提供更新、维护、错误纠正等技术支持，如果委托方无法及时获得源代码，将无法及时满足客户的需求。

11. 陈述与保证

委托方需要确保开发方在合同中对其交付的新开发软件、服务及可交付物的质量和知识产权不侵权作出了必要和充分的保证。开发方则需要考虑将保证限定在其可以承受的合理范围内。

合同需要对违反保证的救济（违约责任）作出明确约定。

12. 抗辩与补偿

抗辩和补偿条款约定的是在任何一方在受到第三方所提出的与合同履行相关的索赔时的处理流程及各方的责任，这个条款对于委托方和开发方双方都是重要条款，可以避免任何一方在另一方不知晓的情况下，擅自处理某些争议，导致法院作出对另一方不利的裁判结果，或与第三方达成对另一方不利的和解协议。

13. 责任限制

责任限制条款用于合同各方对其在违反合同情况下所承担的潜在责任进行排除或降

① 服务级别协议（Service Level Agreement）请参见《SaaS协议支持政策和条款》。

② 专有软件（Proprietary Software），也被称为“闭源软件”，是相对于开源软件而言的一种非免费（或“自由”）的软件，软件发行方或其他人将保留软件代码的知识产权，通常是版权，有时也可能是专利权。（参见https：//en.wikipedia.org/wiki/Proprietary_software）。也有人将专有软件翻译为私有软件、专属软件等等。（参见https：//baike.baidu.com/item/%E7%A7%81%E6%9C%89%E8%BD%AF%E4%BB%B6）。

低，某些情况下可能还会约定一方所承担最高责任的限额。各方可以根据开发项目的特性以及法律环境，确定是否需要合同中设置这样的条款。

责任限制条款应考虑采用黑体或粗体等醒目方式体现，以避免争议。

另外，在拟定和审阅责任限制条款时，应争取使条款是双向的，并应考虑将某些类别的责任排除出去，此类不宜受到限制的责任通常包括：（1）人身伤亡导致的损害赔偿；（2）有形财产的损失或损害导致的责任；（3）违反隐私权保护、安全或保密义务所导致的责任；（4）知识产权侵权导致的责任；以及（5）严重疏忽、故意或违法行为导致的责任等。

14. 期限和终止

针对具体开发项目的协议，合同期限通常可以与项目进度同步，只要约定清楚开发项目的进度即可，而并不需要特别约定具体的合同期限，但如果协议中包含许可的内容，则需要考虑就许可期限作出约定，见《软件许可协议》的相关提示。

开发项目可能会受到各种主客观因素的影响，项目执行期间可能会发生变更或因故提前终止，协议中需要对此类变更和终止的流程及相关责任的处理作出约定。

15. 保密信息

约定双方在执行软件开发和许可协议过程中所披露保密信息的保护。可以援引双方或双方各自关联方此前已经签署的《保密协议》，也可在本协议中另外达成保密条款。[①]

关联合同

保密协议

源代码第三方托管协议

合同正文

软件开发协议

合同编号：____________

生效日：______年______月______日

本软件开发协议（本协议）由以下签字栏载明的“[公司]”与“开发方”

16272

① 参见《软件开发协议关键问题检核表》，载https：//www.mdplaw.com.au/insights-publications/software-development-agreement，2019年5月21日访问。

关注法天使

于约定的生效日签署。开发方与［公司］单方分别被称为“一方”，共同被并称为“双方”。

本协议由以下组成部分：(1)本封面页/签字页；(2)条款和条件；(3)附件1：项目计划；(4)附件2：软件规格；(5)附件3：费用和支付；(6)附件4：维护和支持政策；(7)附件5：源代码第三方托管；(8)附件6：保密协议。

本协议经双方有效签署后自本封面页上面载明的生效日起生效，如上面未填写生效日，则以最后一方签署日为生效日。本协议自约定的生效日起生效直至根据约定被终止。

本协议制作相应份数，由双方分别执有，每份具有同等效力。

本协议由本协议双方以加盖有效印章或由正式授权代表签字方式签署，表明本协议双方确认接受本协议的条款和条件。签字人在下面签字表明其已被授予了充分的权利，可以代表各方签署对各方有法律约束力的本协议。[①]

> 条文注解：在设计合同文本时，应确保签字栏保持在一个页面上，避免在签字栏中间分页。如签字栏与正文分离在单独的一页，因在商业正文结尾处加上“下接签字页”，在签字栏页起首处加上“上接正文，以下为签字栏”或其他类似说明。

［公司］确认和签署	供应商确认和签署
［公司］签约主体名称：	开发方签约主体名称：
法定或授权代表签字： 日期：	法定或授权代表签字： 日期：
签字代表姓名（打印或正楷），部门和职务：	签字代表姓名（打印或正楷），部门和职务：
注册或主要办公地址：	注册或主要办公地址：

条款和条件

叙述[②]

> 条文注解：合同中的“叙述”部分，也可被称为序言、前言及鉴于条款。合同的这个部分仅用于概述协议的业务背景，对了解协议的目的，以及未来对合同的解释会有重要帮助。请注意不要在这个部分约定双方的权利义务。

鉴于：（1）开发方对特定的可与______操作系统兼容的软件（“原型软件”）及其他软件拥有所有权和 / 或其他权利，并致力于上述软件分发及相关支持服务；

（2）［公司］有意委托开发方，且开发方同意为［公司］基于上述开发方原型软件客户化定制开发本协议项下的新开发软件，并且

（3）［公司］有意将新开发软件组装入将与______操作系统兼容的［公司］产品（见下面定义）；

为此，根据友好协商，双方达成以下协议，以昭信守。签署本协议表明双方同意本协议的全部内容。

协　议

1　定义

除非根据上下文另有解释，否则本协议中下列术语含义如下：

1.1　关联方：［公司］或开发方的关联方，是指由一方直接或间接控制；或直接或间接控制一方；或与一方受同一家公司直接或间接控制的任何下属或关联机构，包括任何公司、合伙、被托管方、非法人组织及其他业务实体。“控制”是指某一实体是通过持有表决权股票、协议或其他方式拥有直接或间接地指挥或影响另一实体经营管理的能力。

1.2　本协议：是指本软件开发协议及双方不时对本协议所做的任何补充和修改。

1.3　生效日：是指本协议经双方有效签署后自首页指明的生效日起生效。首页未指明生效日的以最后一方签署本协议的日期为生效日。

1.4　保密信息：见本协议所援引保密协议的定义。

1.5　软件或新开发软件：是指根据本协议及相关工作说明由开发方为［公司］开发的任何软件、程序、代码或系统及其所有增强、升级、修改和未来版本，如无其他说明，软件包括其任何相关的文档和文件。

1.6　材料：是指任何软件、代码、模块、文件或其他有形和无形财产。

1.7　许可材料：指本协议项下相关开发项目计划启动前即已存在的或各方在本协议之外开发或创作的材料，包括但不限于开发方为［公司］开发软件所基于的开发方原型软件、支持文档、规格书、更新、升级、错误补丁和测试套装等。

1.8　派生作品：是指任何基于任何原有作品开发或创作的作品，包括对原有作品的任何翻译（包括翻译为其他计算机语言）、拆分、修改、添加、升级、删节、改进、翻译、扩展、汇编、错误修正或其他将作品进行重做、改造或改

16272

编的形式。

1.9　错误：是指（a）可交付物或服务的任何与规格、标准和要求的不符；（b）导致可交付物或服务不能提供预期功能的缺陷；以及（c）可交付物或服务的任何误差、不正确和不可靠。

1.10　源代码：是指任何以打印、机读或任何其他形式体现的软件源代码，包括使一个具有合理技能的程序员能够理解和使用源代码的所有程序员注释、测试套件及技术和其他文件。

1.11　辅助资料：是指由供应商提供的对软件安装程序的人工可读的源代码列表和说明，用于使有合理知识和经验的合格计算机程序员能够安装供应商软件。

1.12　规格：指对可交付物和服务应当符合的特征、功能、运行及操作等方面的具体要求和描述。双方预期在本协议期限内规格可经双方一致同意不时被修改，当规格被修改时，双方将确认新的规格或对原规格的修订，新的规格或对原规格的修订经最后一方确认后将立即取代本协议附件 A 原规格或构成对原规格的补充（视具体情况而定）。

1.13　期限：是指从本协议生效日起算直至本协议按本协议规定终止的期间，期限可根据本协议约定续展或被提前终止。

1.14　知识产权：指任何受知识产权和反不正当竞争法律保护的任何客体，包括但不限于（a）专利或可专利技术；（b）受著作权法保护的软件或其他作品；（c）可基于商业秘密给予保护的信息或其他；以及（d）任何商标、商号或其他有专属权的品牌元素。

1.15　品牌元素：是指将一方的产品或服务与他人产品或服务区别开来的公司、产品或服务名称、商标、标志、设计、装潢及外观等个性化方法。

1.16　文档：统称与软件相关的软件规格书、说明文件、培训材料、用户手册、最终用户许可等材料。

1.17　更新：指软件的修订版本，主要是对错误的修补，次要的新功能、新特征的增加，运行改善、兼容性或安全性的优化或改善。

1.18　升级：指软件的升级版本，包括主要新功能或新特征的增加。

1.19　交验标准：[1] 指根据记载于相关工作说明的测试环境和测试计划，［公司］测试后认为软件符合软件规格和验收指标。

条文注解：交验标准（Acceptance Criteria），可参见 https：//existek.com/blog/what-are-acceptance-criteria/。

1.20 服务：是指根据［公司］的需求或约定的规格所进行的开发，包括对开发方原型软件的客户化工程变更及改进（包括设计和开发派生作品）并交付可交付物，以及开发方根据本协议履行的其他相关协助、支持或其他工作。

1.21 可交付物：是指根据本协议由开发方向［公司］交付的所有以目标代码和源代码格式体现的软件代码、文档和其他材料，进一步的详细规定见规格书。除非本协议（包括规格书）另有明确规定，或双方另有其他明确书面约定，否则开发方向［公司］所交付的所有代码，均应以双方同意的采取了安全措施的电子方式传输。

1.22 工作说明：是指本协议后附的及双方在本协议期间内可能不时签署确认的用于描述软件开发项目的合同文件。“工作说明”用于描述的特定开发项目的计划、可交付物、价款、许可费、里程碑及时间进度表等。

1.23 ［公司］产品：指由［公司］自行或委托第三方为［公司］设计、开发和制造的包含本协议项下软件或者与本协议项下软件一同使用的产品。

1.24 用户界面：是指任何意图使用户能够看见或操作软件的可视机制、象征和/或外观的设计。

2 软件开发；交付；接受

2.1 项目计划。开发方应在本协议签署后三十（30）天内草拟并向［公司］提交一个项目计划（“项目计划”）。项目计划应包含以下内容：

（1）开发方在本协议项下应当向［公司］交付的所有可交付物；

（2）每个可交付物的交付进度里程碑；以及

（3）每个可交付物的验收测试和准则。

开发方交付项目计划后，［公司］将在十五（15）天内对项目计划进行审阅和批准，［公司］不得不合理地延误或拒绝作出批准。项目计划经双方确认后，将成为相关工作说明及本协议的组成部分。项目计划将由以下部分构成：可交付物、里程碑和交付进度；验收测试和准则；如果双方未能就项目计划达成一致，本协议将终止，开发方将返还［公司］支付的预付款（如有）。

2.2 软件开发。开发方应按照约定的规格、项目计划及本协议的所有其他条款和条件履行本协议项下的开发及其他相关服务，包括但不限于完成开发工作及每个里程碑、向［公司］交付所有相关可交付物。开发方应尽最大努力按照项目计划及里程碑交付软件及可交付物。在完成每个里程碑后，开发方应向［公司］提供相关的可交付物包括文件等以便［公司］评估。开发方保证服务将以专业

16272

方式提供，并且是高品质的。开发方同意将不会为自己或任何其他方提供或从事任何可能损害其在本协议项下义务的或可能与其在本协议项下义务存在利益冲突的工作或服务。

2.3 开发状态报告。项目计划执行过程中，开发方应按照项目计划的规定定期地，或根据［公司］合理要求随时向［公司］提供书面报告，合理详细地说明软件开发的状态，包括但不限于当时开发工作的整体进展状况、当前已完成的工作、开发过程中发现的问题及此类问题对项目计划可能的影响、当前及计划的人员配备、开发方是否能如期完成项目进度、实现规格以及项目计划的其他方面，如不能，相应的变更建议，以及其他［公司］可能关注的或合理要求的与开发项目相关的其他信息。开发方陈述和保证每个状态报告均应是全面和和准确的。开发方还应及时解答［公司］就开发项目提出的合理问询。

2.4 规格变更。双方确认，本协议期限内，随时可能会发生对规格的添加、删除或其他变更，因而可能影响开发方对软件的开发。根据任何希望作出此类变更一方的书面通知，［公司］与开发方将配合对项目计划做必要的调整。除非本协议另有明确规定，否则相关工作说明的任何部分仅在经双方书面同意并经充分授权代表签署确认的情况下方可变更。

2.5 交付。相关工作说明规定交付的所有软件代码，均应同时以目标代码和源代码格式以电磁介质提交，其他可交付物应以约定的或双方同意的格式交付。交付应按照相关工作说明规定的里程碑，在双方同意的时间并以双方同意的格式进行。作为开发方按照相关工作说明执行开发工作的对价，［公司］将向开发方支付本协议规定的价款。

2.6 验收。在开发方交付每个里程碑阶段的可交付物后三十（30）天内，［公司］将根据相关工作说明规定的或开发方在检验前制定并经［公司］批准的流程，对可交付物进行检查、测试和评估，以确定可交付物是否符合交验标准。如没有确定上述流程，［公司］可自行或委托第三方按其认为合理的流程对可交付物进行测试。如果经测试发现可交付物不符合交验标准，［公司］将书面通知开发方说明可交付物不可接受的理由。开发方应在收到上述通知后三十（30）天内对发现的不符进行改正。［公司］将在在十五（15）天内对重新交付的可交付物进行检验、测试和评估。如果可交付物仍然不能符合交验标准，［公司］可根据其选择：(a) 重复以上流程；或 (b) 根据本协议“期限和终止”条款终止本协议，开发方应将［公司］预付的费用（如有）退还，但本协议或相关工作说明“费用和支付”或类似条款另有约定的除外。如［公司］未在前面约定的最初三十（30）天期限内或该期限的续展期限内给开发方发出书面通知，说明可交付物不符合交验标准，视为［公司］在上述期限届满时已经接受可交付物。

2.7　延迟。除本协议另有约定者外，如开发方未能按规定的项目计划进度合格交付可交付物，［公司］可根据其选择：(a) 要求开发方每延迟一天按约定开发费千分之______（______%）的比例或______元（¥______）（以较高者为准）支付违约金；[1] 或 (b) 立即终止本协议。

条文注解：因工期延误所承担的违约金，应按照延误可能给委托方造成的损失预估。工期延误可能对委托方造成的损失，与委托方逾期付款给开发方造成的损失，可能是完全不同的，委托方应注意，不宜为了所谓“公平”的目的，而将这里的违约金与逾期付款的滞纳金混同。

3　权利范围

3.1　开发方材料。双方同意，新开发软件中所包含的或与之相关的所有知识产权及其他权利始终归【开发方和 / 或其许可方】[2] 拥有，但本协议或相关工作说明另有明确约定的［公司］材料除外。本协议的签署和执行不能被视为将开发方任何现有的或将来的任何与原有软件有关的知识产权转让给了［公司］。开发方同意并确认，根据本协议条款和条件向［公司］授予以下许可，使［公司］可以不受任何妨碍地按照本协议所预期的那样使用新开发软件及相关材料：

条文注解：请注意，此协议模板假定的场景是新开发软件是基于开发方原型软件进行客户化定制开发，因此在此提供了一个新开发软件的知识产权归开发方的样例条款，实际使用中应根据具体情况确定新开发软件的知识产权归属，参见前面的说明。

（1）修改许可。就软件中包含的或与之相关的知识产权及其他权利，开发方授予［公司］一个免费的、非独占的、永久的、不可撤销的、可分许可的、不可转让的、世界范围的许可，据此［公司］可以仅为开发、维护和改进［公司］产品的目的自行或委托他人使用、复制源代码及制作源代码的派生作品，用于与［公司］产品一同或结合使用。

（2）目标代码复制许可。基于开发方对软件中的或与之有关的知识产权权利，许可方在此授予［公司］一个非排他、不可转让的许可，根据该许可，［公司］可以仅以目标代码格式自行或委托他人为其复制软件和 / 或任何派生作品。

（3）分销许可。基于开发方对软件中的或与之有关的知识产权权利，开发

16272

方在此授予［公司］一个非排他、不可转让的许可，根据该许可，［公司］可以仅以目标代码格式，自己或委托他人为其分发软件和 / 或其派生作品的拷贝，用于与［公司］产品一起或结合使用。

(4)文件。开发方将向[公司]提供软件最终用户文件的电子版本(“文件”)。开发方在此授予［公司］一个非排他、不可转让的许可，据此［公司］可以自行和 / 或委托他人使用、复制、分发文档或修改、创作软件最终用户文件的派生作品以及分发这些派生作品。开发方保留此类文件的所有权利、权属和权益。

(5) 辅助资料许可。开发方同时授予［公司］一个有限的、非排他的、不可转让的许可（但不包括分许可），根据该许可，［公司］可以仅为按本协议预期为最终用户安装新开发软件的目的阅读和使用辅助资料。除这里授予的许可外，开发方未授予［公司］对辅助源资料的任何其他权利。

3.2 ［公司］材料。

(1) 本协议项下由开发方为［公司］开发的新开发软件中包含的或与之相关的任何以下材料的所有知识产权、所有权及其他权利，均归［公司］和 / 或其许可方拥有：(a) 按相关工作说明规定归属［公司］的材料；(b)［公司］在本协议项下委托开发方开发的任何可以与开发方原型软件分离使用的功能、模块或应用；以及 (c)［公司］为履行本协议向开发方提供的［公司］原有材料及［公司］自己或委托第三方开发的材料。［公司］和 / 或其许可方拥有对［公司］产品中含有的或与之相关的知识产权、所有权及其他权利。

(2)［公司］授予开发方一个非排他不可转让和有限的许可，据此开发方可以仅限于为开发、维护或支持本协议项下软件的目的使用上述［公司］材料，前提是，未经［公司］事先书面同意，开发方不得自己使用也不得允许任何第三方使用[公司]材料或其任何部分。

(3) 开发方保证将新开发软件中按约定应属于［公司］的材料包括其全部知识产权和其他权益全部移交给［公司］。除非在相关工作说明中明确列出，否则新开发软件中不得包含任何包括开源代码在内的第三方代码。

(4)开发方应确保其雇员及其供应商的雇员在进行开发工作前签署了适当的书面协议，保证其将不会对新开发软件及其任何派生作品提出任何权利主张，并承诺将遵守不低于本协议严格标准的保密义务。

3.3 用户界面。软件的图形用户界面将属于［公司］的材料，如果此类图形用户界面由开发方为［公司］开发，开发方确认这些图形用户界面的所有权利将归［公司］拥有。

3.4 使用源代码。［公司］应在严格管控的条件下根据本协议并仅为本协议允许的目的使用源代码，并应告知被［公司］允许接触源代码的员工，此类材料是开发方的保密和专有信息，并且是作为保密和专有信息提供给［公司］的。

3.5 可交付物。开发方在本协议项下交付给［公司］的所有有形材料（包括磁盘、光盘、磁带或其他类似材料）将由［公司］拥有，开发方在此向［公司］转让上述材料的所有权利、权属和权益，但本协议另有规定由开发方保留的权利除外。无论是否包含在相关工作说明或规格书中，开发方均应向［公司］交付所有属于本协议项下工作成果的可交付物。

3.6 权利标识。新开发软件及文档等相关可交付物中的权利标志应符合相关工作说明的规定。任何一方均不得擅自添加、修改、去除或遮掩双方确认同意的权利标志。任何一方均不得将本协议约定属于另一方的材料明示或暗示为本方或任何他方的财产。

3.7 商标许可。开发方应按［公司］提供或批准的规格在新开发软件上体现［公司］的品牌元素。除非相关工作说明或双方另行达成的书面协议另有明确约定，否则本协议的任何内容及本协议任何部分的履行均不意味着授予了任何一方使用另一方名称、商标、标志、装潢、设计或其他品牌元素的任何权利或许可。

3.8 协助。开发方同意将为［公司］对新开发软件及其任何派生作品寻求相关知识产权的申请或登记事宜提供合理和必要的配合，包括但不限于根据［公司］要求签署和提供必要文件并采取必要行动。如果［公司］不能及时从开发方取得文件的签署，开发方在此不可撤销的授权［公司］及［公司］指定的代理人代表开发方签署任何为申请注册新开发软件及其派生作品中专利权或著作权的目的所需的文件，并以开发方名义提交及采取任何其他必须的行动。

4 双方职责

4.1 ［公司］的义务。［公司］应：(a) 努力以随同［公司］产品或与［公司］产品结合的方式分发许可软件；(b) 保持经过培训的合格人员使用、演示和应用软件及对软件提供支持服务；(c) 负责协调所有随同或结合［公司］产品所分发软件的所有保修申请和产品服务；(d) 作为软件开发、使用和支持的对价，向开发方支付本协议"费用和支付"条款规定的所有费用；(e) 在开发方开始项目计划前，向开发方提供工作说明规定的可交付物，包括但可能不限于作为软件运营环境的［公司］产品，其配置应适合开发方软件开发的正常过程；(f) 负责为软件创作所有最终用户文件，用于随同［公司］产品或与［公司］产品结合分发；并 (g) 负责软件安装的工程化工作。

4.2 开发方义务。开发方应当：(a) 向［公司］提供软件的母盘，以便［公司］将软件加入［公司］产品；(b) 向［公司］提供合理的技术支持和协助，

16272

以及必要的技术资料和其他信息，以便促进软件在［公司］产品上的安装和配置；（c）向［公司］提供最新版本的电子格式最终用户文件；（d）向［公司］提供最新版本的辅助资料，以便［公司］按本协议的预期在［公司］产品上安装软件；并且（f）如开发方对其原型软件做了任何更新和修改，开发方应确保在这些更新或修改第一次公开发布日的九十（90）天前，向［公司］提供这些更新或修改。

4.3 ［公司］销售。［公司］将随同其销售的产品分发新开发软件，对用户的许可价格和许可条款由［公司］根据其判断决定。

5 费用及支付

5.1 开发费。［公司］将按照相关工作说明中“费用和支付”条款约定的付款计划向开发方支付相应开发费，如果付款与软件或交付物有关联，［公司］应进行检测验收以确定是否接受相应软件或交付物。如［公司］接受交付物，开发方应向［公司］开出相应金额的增值税发票或其他合格发票。

5.2 预付许可费。[①] 相关工作说明生效日后三十（30）天内，［公司］将向开发方支付相关工作说明约定金额的预付许可费。预付许可费将与本条款项下支付的许可费进行抵销。如果开发方未能按照项目进度规定的完工日期交付符合交验标准的软件及其他可交付物（除非双方书面同意对项目计划做了修改），［公司］将有权终止相关工作说明，开发方应将［公司］支付的开发费以及预付许可费（如有）全额退还［公司］。

> 条文注解：如新开发软件知识产权归委托方，则关于预付许可费和许可费支付的条款将不适用。

5.3 许可费。［公司］应就随同［公司］产品或通过第三方分发的软件，按相关工作说明规定的单价向开发方支付许可费。许可费将首先由预付许可费折抵，超出预付许可费的许可费将由［公司］按每季度为付款周期在每个季度结束后四十五（45）天内支付。在每个季度结束后四十五（45）天内，［公司］将向开发方提供该季度分发软件数量的报告。每个报告均应说明以下内容：（a）［公司］产品销售数量，按规格型号 / 版本名称逐项记载；（b）许可费总额；（c）预付许可费余额；以及（d）当季应当支付的许可费。如果当季未产生需要支付的许可费，也应当说明相关事实。

5.4 支持费用。就开发方根据本协议“维护和支持服务”条款提供的有偿支持服务，［公司］将向开发方按年度或双方在工作说明中约定的其他方式支付支持服务费。如［公司］

决定终止该支持服务，开发方应按比例将［公司］就尚未使用的服务已经预付的费用退还［公司］。

5.5　税费。除非相关工作说明另有明确约定，否则本协议项下的费用均将在［公司］收到开发方合格发票后六十（60）个工作日内向开发方支付。开发方应承担与［公司］支付的软件开发费、服务费（如适用）相关的全部税负，如法律有相关要求，［公司］有权从支付给开发方的价款中代扣代缴相应税款，并根据开发方的合理要求向开发方提供完税凭证。

6　维护和支持服务

6.1　一线客户支持。［公司］将就软件向从［公司］或其分销商处获得软件的最终用户直接提供第一级技术支持。此类支持将包括回答关于软件使用的各种咨询、问题诊断以及尽合理努力解决产品问题。

6.2　后备技术支持。根据本协议的条款和条件，在本协议期限内，开发方应向［公司］（并仅限于［公司］）提供如下支持：（a）免费提供错误改正服务；（b）根据附件“维护与支持服务”的约定提供维护和支持服务、更新版本、升级版本，相关费用（如有）将于相关工作说明中约定。

6.3　除外。尽管有上述规定，在以下情况下，开发方将无义务提供免费支持服务：（a）非由开发方或其授权代表对软件进行修改导致的问题；（b）因［公司］疏忽、硬件故障或其他非可由开发方合理控制的援引导致的错误；或（c）将软件安装在非开发方许可或预先可合理预见的运行环境或硬件环境。

7　陈述及保证

7.1　开发方陈述并保证：

（1）开发方拥有充分的权利和权力签署本协议及履行本协议项下的所有义务，包括授予本协议项下的权利和许可；

（2）软件及可交付物不会侵犯任何第三方知识产权、隐私权、名誉权及任何其他权利；

（3）本协议及任何相关文档的签署、交付和履行现在并未而且将来也不会：（a）违反开发方作为一方的或受约束的任何合同及相关法律及法院裁决的规定；（b）存在或发生任何可能妨碍［公司］对软件及可交付物按本协议预期目的使用的任何抵押、担保及其他他项权以及任何排他权利；

（4）软件在交付最终用户后至少九十（90）天（“保证期”）内将：（a）不存在任何实质性的程序设计错误，不包含工艺和材料上的瑕疵，并将按符合文档和规格规定的方式运行；（b）能够提供规格规定的功能；并且（c）符合所

16272

有相关法律规定；

（5）可交付物中不包含任何病毒、有害代码或恶意软件；

（6）开发方将以书面形式告知［公司］可交付物中包含的所有第三方代码，包括开源代码软件，并且对第三方代码的使用将始终符合第三方许可协议的约定；

（7）除在工作说明中明确列出需要获得第三方许可的代码外，软件的任何部分均由并且将由开发方员工、代理或顾问独立创作或开发，［公司］按本协议预期的方式使用和分销软件将无须依赖从任何第三方获取任何权利；

（8）开发方的服务将以符合行业标准的且无论如何不低于合理的谨慎和技能提供，并将符合本协议的约定；并且

（9）开发方及软件和服务符合并将始终符合所有可适用的进出口法律规定。

7.2 ［公司］的保证。［公司］陈述和保证其有充分的权利和权力签署并执行本协议。

7.3 保证排除。除本协议明确规定的陈述和保证外，本协议任何一方均未向另一方或任何其他方作出无论任何类别的明示或默示的陈述和保证。

7.4 违反保证的救济。在不影响“抗辩和补偿”条款的前提下，如开发方的服务及可交付物与本协议项下的保证不符，开发方应及时免费修理或更换可交付物或重新履行服务。如开发方未能在合理期限内采取有效补救措施，［公司］有权根据其自己的选择：（a）自行或委托他人修改可交付物或重新履行服务使其符合要求，或；（b）采用其他替代的可交付物或服务。对［公司］由此增加的合理费用，开发方应予以补偿，但无权要求享有因此节约的费用。

8 抗辩与补偿

8.1 索赔。如因以下原因导致任何第三方针对［公司］或［公司］的关联方、董事、官员、员工、被许可方、独立分包商及直接或间接客户（“被补偿方”）提出任何索赔、调查、诉讼或要求（统称为“索赔”）：（a）开发方实质性违反在本协议项下任何陈述、保证或允诺；或（b）开发方在本协议项下交付的任何软件、文档或其他可交付物实际或被声称侵犯了任何第三方的知识产权或其他专有权利，开发方应自行承担费用并根据被补偿方的要求为被补偿方提供抗辩，并对被补偿方因此发生的任何费用，包括但不限于，任何罚款、补偿、法院判决或经和解同意的损害赔偿金及合理的律师费等进行补偿，确保被补偿方不因此受到任何损失和损害。任何一方均不得在未经对方同意的情况下就索赔与第三方达成任何和解或作出任何自认或让步。

8.2 抗辩和补偿流程。被补偿方一经获知任何实际的或威胁的索赔，应立即书面通知开发方，并在开发方要求时提供合理配合，包括但可能不限于出具必要的授权文件和信息等，提供相关配合的费用由开发方承担。开发方有权根据其选择，主导对此类索赔的抗辩或和解，并自行承担费用聘雇对处理相关事务有相应经验的法律顾问处理索赔，开发方聘雇的法律顾问需经［公司］认可。

8.3 除外。开发方在上款中的抗辩和补偿义务仅适用于开发方提供的软件及可交付物，但在任何情况下均不适用于以下情形：(a）软件及可交付物采用了［公司］要求的规格，而如果没有采用这些规格就不会导致侵权；(b）将软件及可交付物与任何非由规格和文档推荐或指定的软件或硬件结合使用，而如果没有此类结合，则索赔将不会发生；和 / 或（c）软件及可交付物由［公司］或第三方自行做了任何修改，而如果没有此类修改则索赔不会发生。在开发方按下款规定提供了符合规格和文档的修订或更换后的软件，但［公司］继续使用软件原有版本的，开发方对由此导致的索赔不承担任何责任。

8.4 如果索赔已经被提出或如果开发方认为索赔可能发生，开发方将有权根据其自己的选择自付费用：(a）向索赔方获得相应许可以便软件及可交付物能够继续使用；或（b）对软件或可交付物进行更换或修改使其可以避免索赔，但该更换和修改不应影响软件按符合规格和文档的方式运行。

9 责任限制

9.1 除“抗辩和补偿”以及“保密信息”条款项下的责任外，任何一方均不对另一方因本协议导致的任何偶然的、间接的、结果性的或特别的损害承担责任。

9.2 风险分配。各方确认并同意：(a）本协议体现了双方之间完整的风险分配；(b）各方自愿接受根据本协议规定由其承担的所有风险；并且（c）本协议约定的保证排除和责任限制构成各方同意达成本协议的基础。

10 期限和终止

10.1 期限。本协议在双方正式授权代表签字和 / 或加盖各自有效印章后自本协议首页载明的生效日起生效，如首页未明确生效日，则本协议自签约双方中最后一方签署之日起生效，并持续三（3）年期限（“初始期限”），在初始期限或任何一个续展期限到期后，本协议将自每个期限届满日起自动续展一个额外的和接续的一（1）年期限（“续展期限”），除非本协议任何一方在上述期限届满日至少九十（90）天前书面通知另一方无意对本协议期限做任何续展，这种情况下，则本协议将在当前期限届满日到期终止。

16272

10.2 无因终止。[公司] 有权根据其单方选择，经提前六十（60）天书面通知而随时终止本协议，不需要说明任何理由。

10.3 有因终止。任何一方在发生以下事由（“事由”）情况下均有权经书面通知随时立即终止本协议：(a) 另一方实质违反本协议任何约定；(b) 另一方违反本协议所援引的保密协议；或 (c) 另一方进入破产清算程序、无力偿付到期债务或为债权人的利益被转让。以下情形构成实质违约：(i) 开发方两（2）次交付可交付物均未通过验收；(ii) 开发方未能按项目计划进度或经双方同意调整后的进度交付任何可交付物；(iii) 开发方在本协议项下所做或与本协议相关的任何陈述和保证，被确认是虚假的或误导的；或 (iv) 开发方未能履行其在本协议项下的任何义务或存在其他过错，并且此类违约未能在收到 [公司] 就此发出的通知后三十（30）天内未能有效纠正。

10.4 终止的效果。

（1）如 [公司] 无因终止本协议，开发方将无义务返还 [公司] 已经支付的任何开发费，但应按比例将任何尚未使用的预付许可费及订阅支持服务的费用返还给 [公司]。如 [公司] 在终止日前未支付任何费用，[公司] 应当对开发方按项目计划进度执行工作所发生的合理费用予以补偿，但最高不超过约定的开发费，[公司] 对开发方进行补偿的前提是，收到 [公司] 通知后，开发方应告知在终止日前已经完成的服务，同时收集并按 [公司] 指示的方式向 [公司] 交付所有已经完成或存在的工作成果、软件、可交付物及文档。

（2）如本协议因任何可归责于开发方的事由被终止，除向 [公司] 支付的其他费用及损害赔偿，以及 [公司] 可获得的其他救济外，开发方应将 [公司] 在本协议项下支付的所有款项返还给 [公司]。

10.5 善后期。[1] 本协议因任何原因终止后，本协议项下授予的任何许可均予以终止，

> 条文注解：善后期，有时也会被称为“缓冲期”“清空期”“过渡期”等。在合同终止时，委托方可能存在使用了许可材料的已经订购的、在制的、在途的以及库存的材料和制成品，需要在一个合理期限内消耗处理完毕。如果新开发软件中含有根据许可使用的任何开发方材料，委托方需要考虑设置一个合理的善后期。

尽管如此，[公司] 将有权（但不作为义务）根据本协议项下授予的权利和许可，在约定的善后期内继续使用软件及可交付物，前提是 [公司] 应按本协议约定支付善后费。善后期为自终止日起算的三（3）个月。就善后期内随同 [公司] 产品分发的软件，[公司] 应继续按约定的费率支付许可费。在善后期内及善后期届满后，开发方应继续按本协议相

关规定，就软件提供更新、错误更正等维护和支持服务。善后期结束后，［公司］不得继续使用、分发软件，并应将其持有的所有软件副本退还给开发方或予以销毁，但为存档目的保留的副本除外。

10.6 本协议终止后，本协议第______条、第______条、第______条……第______条以及本协议项下依其性质应当延续其效力的条款，在本协议到期或终止后仍将继续有效。除此之外，本协议第______条、第______条、第______条及第______条在本协议到期或终止后在善后期内仍然继续有效。

11 保密

11.1 双方于______年______月______日签署了第______号《保密协议》,本协议洽谈、履行过程中交流的信息均受前述《保密协议》的条款和条件约束。该《保密协议》构成本协议的一部分并对双方具有约束力。

11.2 本协议的内容及相关信息均为保密信息，未经对方书面同意，任何一方不得披露，除非是（a）为了执行本协议条款；或（b）当与潜在并购、投资、重组、融资相关时，在有适当的保密义务约束下，向本公司潜在投资人、收购方、银行或其他金融机构进行披露。

11.3 各方理解，任何一方均有可能独立研发或从其他第三方获取保密信息。本协议的签署不能阻止任何一方在不侵犯对方专利、著作权、商业秘密、技术秘密等的情况下，独自研发或从其他第三方获取与保密信息披露方相同或相似的软件或产品，并且任何一方均有权使用其雇员对接触过的保密信息的未经辅助的残余记忆。

12 开发方人员

12.1 如为提供服务之需，经［公司］事先书面同意，开发方人员或开发方分包商人员（以下统称开发方人员）可以进入［公司］工作场所。开发方应促使开发方人员遵守［公司］工作场所的各项规章制度。开发方应对开发方人员的行为向［公司］承担责任。开发方人员与［公司］不存在任何劳动或劳务派遣关系，开发方应独自负责开发方人员的工资福利、社保、健康及安全等事宜，并为其购买适当的保险。如开发方人员与［公司］产生任何争议纠纷，或者如果开发方人员在［公司］工作场所发生任何人身伤害伤亡，开发方应赔偿［公司］因此产生的任何损失，以及因此产生的所有相关费用，包括但不限于律师费。

13 通知

13.1 本协议要求或允许的所有通知、要求或同意，均应以书面形式作出，并按以下方式送达对方后在约定的日期视为有效送达：（a）如专人递送，则在

16272

递送当日视为送达；(b) 如采用挂号航空信邮寄（需要交寄回执），应在交付邮寄之日后第七（7）天视为送达；(c) 如以特快专递寄送（需要交寄回执），应在特快专递发出后第三（3）天视为送达；(d) 如以传真发送，应在传真发送后的下一个工作日视为送达；(e) 如以电子邮件发送，应在电子邮件发送后的下一个工作日视为送达。上述通知、要求或同意应送达以下地址：

如致开发方：

____

____

____

____

如致［公司］：

____

____

____

____

13.2　各方可按本款规定经提前三十（30）天以书面形式通知另一方不时修改上述地址。

14　一般条款

14.1　独立合同主体。本协议任何一方相对于另一方而言均为各自独立的合同主体，本协议的任何内容均不得被解释为在双方之间创设了雇佣、合伙、代理或合资或联营关系。无论本协议是否有任何相反的内容，任何一方均将自行负责履行其在本协议项下的义务，任何一方均不对另一方的违约行为负责，并且本协议的任何内容均不得被视为构成由一方对另一方履行本协议项下义务的担保。

14.2　独立开发。本协议的任何内容均不得被解释为对［公司］获得、许可、分许可或自己或委托他人开发与本协议项下软件具有相同或类似功能软件或营销或分发类似软件权利的限制。

14.3　适用法律和争议解决。本协议受中华人民共和国大陆法律（不包括香港、澳门及台湾地区法律）管辖并解释，但不援引其冲突法规则。因本协议的解释或履行发生的或者与本协议有关的一切争议，均应首先由各方尝试友好协商解决，在合理期限内经协商解决未能解决的，如索赔由［公司］提出，［公司］在此不可撤销和无条件地同意将争议提交开发方所在地法院裁决。如果开发方提起任何有关本协议的索赔，开发方在此不可撤销和无条件地同意将争议提交［公司］所在地法院关系。

14.4 法律费用。如果本协议任何一方针对另一方就本协议标的提起任何法律行动(包括诉讼、仲裁或行政执法程序)，除裁决或决定的任何损害赔偿或其他救济外，胜诉方将有权要求败诉方承担胜诉方因上述法律行动产生的合理律师费以及其他法律费用。

14.5 解释；可分割。如本协议的任何条款与管辖法律发生冲突或如果任何条款被有管辖权的法院裁定为无效、非法或不能强制执行，则（a）此类条款将被视为根据相关法律进行重述，以尽可能接近地反映其最初的本意；并且（b）本协议的其他条款将继续拥有完全的效力，其可强制执行性不受影响。本协议经由各方及其各自的法律顾问协商确定，双方同意将根据其条款进行公平解释，而不对任何一方做有利或不利的严格解释。

14.6 标题。本协议中的所有标题均仅为阅读方便的目的提供，不得用于对相关条款的解释和理解。

14.7 非弃权。任何一方延误或未能行使其在本协议项下的权利，以及任何一方部分行使其在本协议项下的任何权利，均不构成对该权利或任何其他权利的放弃。对违反本协议任何条款的行为放弃追究，并不意味着放弃对任何此前的、同时的或此后的任何违反同一条款或任何其他条款行为的进行追究的权利。除非以书面形式作出并通过由弃权方充分授权代表签字或加盖弃权方有效印章方式签署确认，否则任何弃权均无效且对弃权方无拘束力。

14.8 不可抗力。如果一方就不可抗力事件的发生及时通知对方，并采取合理措施以努力继续履行本协议，则无须对超出其合理控制范围的不可抗力所造成的不能履行的情况承担任何责任。

14.9 不公开。未经另一方事先书面同意，本协议任何一方均不得发布与本协议或双方业务关系有关的新闻、公告及广告等，也不得在法律允许的范围之外使用另一方的商标或其他标识。任何一方均不得被不合理地延误和拒绝作出上述书面同意。

14.10 控制权变更。本协议对各方的继承人和合法受让人均具有约束力。在本协议期限内，如第三方获得对开发方的控制权，［公司］可选择终止本协议。开发方应在上述控制权变更的三十（30）日内通知［公司］。

14.11 转让。除本协议第______条规定的［公司］授予分许可的权利外，在任何情况下，未经另一方事先书面同意，任何一方均不得以任何形式将本协议或本协议项下的任何权利或义务转让或移交给任何其他第三方。任何未

16272

经此类同意将本协议转让、转移、分许可、设置他项权或对本协议做其他处置的企图均无效并将构成对本协议的实质性违约。尽管有上述规定：(a)[公司] 可以不经开发方事先书面同意，将本协议或 [公司] 在本协议项下的任何权利或义务转让给任何他方，前提是在发生此类转让情况下，[公司] 将保持对其相应的义务承担从属责任，除非受让人以书面方式承担了上述义务；并且（b）在开发方发生并购、控制权转移、重组或出售其全部或实质性资产或股权情况下，开发方可以不经[公司]事先书面同意转让其在本协议项下的权利和义务，但应符合以下条件：（a）开发方应提前至少六十（60）天将此类转让书面通知 [公司]；(b) 开发方同时将其在保密协议项下的所有权利和义务转让给受让人；并且（c）此类受让人书面同意承担开发方在本协议项下的所有义务。

14.12　完整协议。本协议连同各个附件和附表构成双方就本协议标的所达成的全部理解和协议，并取代双方之间所有先前的和同时的任何形式的协议、交流或建议，无论是口头的还是书面的。除非由双方在本协议生效日后达成的并明确援引了本协议的书面补充协议明确记载，并由双方正式和充分授权代表签字和 / 或加盖各方有效盖章进行确认，否则对本协议的任何添加、修改或变更均无效。双方在此明确承认，各方均已收到并持有所有本协议援引但并未作为本协议附件随附的文件，此类文件将被视为如同作为本协议附件随附。如本协议正文与附件内容有冲突，以本协议正文约定内容优先适用。

14.13　非要约。本协议不构成任何一方对另一方的要约。非经双方有效签署，否则本协议将不生效，且对各方均无法律约束力。

14.14　授权代表。本协议所称的充分授权代表是指由双方通过由法定代表人签署或加盖双方有效印章的正式授权文件证明和确认的代表各方的人士。无论本协议及相关文件中是否有任何相反的约定，双方明确同意，各方业务代表、联络人或其他人士仅限于负责在其职权范围内就业务进行沟通联络，这些未经充分授权的人士均无权代表各方作出任何弃权、承诺、保证、豁免或其他类似意思表示，任何此类未经充分授权所作出的意思表示，无论是以书面、口头还是其他方式作出，均视为无效而对各方无约束力。双方明确同意将不依赖任何表见代理的法律原理主张自己的权利。

14.15　副本和签署。本协议可以签署若干副本，每个副本均应被视为是原件，并且所有这些副本与所有的附件、附表等一起将构成同一个相同的文件。

附件一：项目计划

（略）

附件二：软件开发需求和规格

一、可交付物列表（略）

二、交付进度和里程碑（略）

三、验收和交验标准（略）

四、软件规格书（或需求说明书）（略）

附件三：费用和支付

开发费（略）

预付许可费（略）

许可费（略）

年度维护支持费（略）

附件四：维护和支持政策

1　定义

服务时间：开发方将按本附件规定为［公司］提供7×24小时支持。

一般问题：是指任何导致软件不能正常发挥功能的错误、故障或失灵。

严重问题：是指导致软件无法运行或使软件的使用可能导致数据丢失、损坏或泄露的错误、故障或失灵。

改善请求：是指［公司］要求在软件中增加新的功能或特征，或改进现有的功能或特征。

修正：是指通过改正、修复、改变或绕行等方式解决软件的问题或严重问题。

2　联络人

开发方应指定至少两名支持服务联络人以便［公司］提出服务要求，并应将该服务联络人的姓名、联系方式以书面形式告知［公司］。一旦有变更，应在变更前至少七（7）天以书面形式通知［公司］新的服务联络人的姓名及联系方式。

16272

3　技术支持流程

（a）［公司］技术支持人员向开发方报告的所有问题均应通过网站或电子邮件提交到开发方支持地址。

（b）如［公司］认为其报告的问题属于严重问题，应在其通过网站或电子邮件提出的请求中注明并提供紧急联络人的移动通讯联络方式。

（c）在收到［公司］的报告后，开发方将确定该请求是一个一般问题、严重问题还是一个改善请求。开发方将尽合理商业努力按如下响应时间表提供修复。

（d）开发方将尽合理商业努力，向客户技术支持人员提供修复方案。

4　服务级别

（a）［公司］将对使用［公司］产品的用户就软件直接提供技术支持，［公司］将尽合理商业努力，以修复任何问题，而不将问题升级至开发方。

（b）开发方应为［公司］提供二线支持，即开发方将仅为［公司］技术支持人员提供以下技术支持。

收到服务请求	服务请求类别	目标响应时间	目标修复和报告时间
在正常工作时间和其他时间	一般问题	一个工作日内	尽商业上合理努力尽快修复并每周向［公司］提供状态报告
在上午八点至下午六点之间	严重问题	四小时之内	尽合理商业努力，每天向［公司］提供状态报告
在其他时间	严重问题	四小时之内	尽合理商业努力，每天向［公司］提供状态报告
在正常工作时间或其他时间	改善请求	五个工作日内	根据开发方判断

正常工作时间，是指星期一到星期五上午九点到下午十八点，国家法定节假日除外，在此时间内，服务联络人应保持电话畅通，邮件及时查看回复。

如果开发方未能在上述目标响应时间内对［公司］的请求作出响应，［公司］可以按以下持续联系升级联络开发方的管理人员：

项目经理：______________________________。

总经理：______________________________。

首席技术官：______________________________。

首席执行官：______________________________。

如问题升级到双方高级领导层后五（5）日内错误仍未解决，每迟延一（1）日，应向［公司］支付本协议金额千分之五（0.5%）或五百（500.00）元的违约金，以较高者为准，［公司］有权从应付给开发方的维护支持服务费中扣除相应金额。

5 培训

每次开发方提供新开发软件的更新或升级时，应为［公司］进行培训，说明更新或升级的内容，以及安装、运行、错误诊断及其他相关内容。培训将在［公司］指定场地进行，［公司］可对培训内容进行录音录像。双方各自承担己方因培训而产生的相关人员、场地、培训材料费用。

附件五：源代码第三方托管协议（略）

附件六：保密协议（略）

16272

3. 原始设备制造商（OEM）采购协议

使用场景

此《原始设备制造商（OEM）采购协议》样例合同文本用于品牌拥有者（品牌商，委托方或采购方）委托代工厂商（产品实际生产企业，受托方或供应商）生产或制造使用采购方品牌的产品。这里所说的产品，通常应当是硬件产品。此类协议在业界通常被俗称为“OEM 协议”。OEM 是英文“Original Equipment Manufacturer”的缩写，意指“原始设备制造商”。

在中国大陆地区，业界通常在以下两个含义上使用 OEM 这个术语：

1. 是指由采购方（品牌商）委托代工厂商（实际生产企业）代工生产使用采购方品牌的产品，并由采购方通过其营销渠道销售这样一种业务模式。

2. 是指上述业务模式下的代工厂商，即受品牌商委托为品牌商代工生产产品的企业，被称为原始设备制造商（OEM）。① 代工厂商实际生产的产品由品牌商购买，并由品牌商以自己的品牌 ② 销售。

这种业务模式，与所谓的原始设计制造商（ODM）业务模式，在中国大陆地区的法律中被统称为“委托加工” ③ 或“委托生产”。OEM 及 ODM 这两种业务模式，在业界有时又被称为“贴牌”、“贴牌生产”、“定牌加工”及“代工”等。

OEM 和 ODM 这两个习惯用语虽然在信息及电信技术（ICT）等产业领域内被广泛使用，但并不是一个正式的法律术语，而且即便在商业层面上，这个词的具体含义也可能是含混不清的，不同的人对其可能会有不同的理解或解释，在不同或相同的环境下，对这个词也会有不同的用法，看到和具体使用这个术语时，需要注意区分。

---

① 请注意，这里使用的“制造商”指的是产品的实际生产者，与中国大陆地区某些法律文件（如强制性产品认证规定）中所称的“制造商”不同。法律上所称的制造商，等同于“生产者”，指的是就产品直接向社会、公众承担责任的主体。中国大陆地区法律上所称的制造商，可以包括名义制造商，并不一定是指产品的实际生产或制造者。

② 品牌并不完全是指商标，而是指包括商标、商号及其他用于对厂商或产品进行个性化识别的品牌元素。因此，本书中所提到品牌，均指商标和商号。

③ OEM业务中所称的委托加工，属于税法上所称的委托加工的一部分，但并不完全等同于税法上所称的委托加工。

1. 软件贴牌分发

业界曾经有一种所谓软件 OEM 的业务模式，是套用硬件 OEM（委托生产）的做法，将软件开发方开发的软件，转换为品牌商的品牌，并标称品牌商为版权人在市场上分发。在这种情况下，如果软件开发方将软件版权完全移交给品牌商，则此业务模式等同于软件委托开发，通常不会有什么疑问。但如果开发方在并未放弃软件版权的前提下，同时又允许品牌商以版权人的名义分发同样一款软件，则将会导致同一个软件有双重（而非共有）版权，这在法律上可能会存在问题。

这里所提供的 OEM 协议样例文本不适用于此种所谓软件 OEM 的业务。

2. 软件预装

如果某个硬件厂商将另一个厂商的软件预装在自己品牌的硬件产品上进行分发，则在软件许可业务领域，硬件厂商会被称为原始设备制造商（OEM）。而如果这里所提到的硬件是由品牌商委托代工生产的，那么，在软件预装环节所称的 OEM 是品牌商，而委托代工环节所称的 OEM 则是代工厂商，因此需要注意避免混淆。

类似地，在汽车行业，汽车制造商购买他人部件，安装或集成在自己品牌的汽车上销售，则汽车制造商也会被称为 OEM。

OEM 在这个意义上使用时，与增值转售商（VAR/Value-Added Reseller）的含义正好相反。在增值转售业务模式下，增值转售商（VAR）会购买其他［公司］的产品，并在产品上安装增值转售商自己的软件或应用，或将产品与增值转售商自己的某些服务捆绑后销售。增值转售商只为购买的产品附加了某些额外的价值，但不能改变产品的品牌，否则可能会被视为是商标反向假冒侵权。此样例合同文本并非用于此类业务模式。

3. 散件组装

在某些情况下，OEM 一词的使用与委托生产或加工无关，而是指从其他一家或多家部件厂商购买散件，并组装为最终产品，以自己的品牌销售的厂商。这种情况下，这个将散件组装为成品并加贴自己品牌的厂商被称为 OEM。但有时，有人也会将提供散件的厂商称为 OEM。有些部件供应厂商将此业务模式下使用的 OEM，解释为开放末端营销（Open Ended Market）。

由以上情况可知，在业界 OEM 一词并不是一个含义清晰明确的术语，在使用这个术语时，需要搞清楚使用这个词的人究竟是想表达什么意思，以及我们自己真正要表达的是什么意思，以避免误解，确保对合同条款作出正确的解释。

16273

4.OEM 与商标许可

由于 OEM 业务有时也被称为“贴牌加工”或“定牌生产”等，而这个业务模式又包含授权代工厂商使用采购方的“品牌”为采购方生产产品这样一个特征，同时加之在业界长期以来人们实际上将“品牌”与“商标”等同使用，因此很多人会将 OEM 业务与商标许可业务混淆。为此，我们有必要对两种业务模式做必要的鉴别。

首先，在 OEM 业务模式中所称的“品牌”，或者严格来说在任何情况下所使用的“品牌”一词，都并不仅仅指的是商标。品牌这个术语的所表述的概念，是多种品牌元素的集合，其内涵包括商标，但同时还涵盖商号及其他品牌元素。[1] 因此 OEM 业务所称的贴牌，并不仅仅是对采购方商标的使用，而是对采购方由众多元素所构成品牌的综合使用。仅仅在产品上使用他人商标，并不导致这个产品成为为他人代工的 OEM 产品。

业界某些厂商所使用的商标许可业务模式，[2] 其本质是被许可方使用他人（许可方）的商标，生产被许可方自己的产品，而并非是为商标持有人代工生产产品。因此仅通过产品上使用的商标，并不能确定所生产产品的归属。在商标许可业务模式下，被许可方生产的产品会标注许可方的商标，但产品上并不会将许可方标注为产品的制造商，这样，产品在法律上仍然是被许可方的产品。

由此可以看出，尽管商标许可业务与 OEM 业务都涉及商标许可，但二者性质完全不同，OEM 业务模式下由品牌商对代工厂商所授予的商标许可，是一种为了使代工厂商能够为品牌商代工生产品牌商自己品牌的产品，所授予的一种有限的和临时的内部许可，而并非是商标法意义上的商业许可。[3]

因此，业界曾有人认为，OEM 业务的核心是商标权的使用，这样的观点是不准确的。

在商标许可业务模式下，尽管被许可方生产的产品上也会使用许可方的商标，而且被许可方所生产的产品，可能不会、但也可能会如委托代工（OEM）业务模式一样，被全部收购后由许可方在市场上销售，但由于被许可方产品上并不会标注许可方为制造商，因此尽管此业务模式也会涉及产品生产企业使用他人商标，但却并不属于委托代工（OEM）业务。

---

① 参见https：//wiki.mbalib.com/wiki/%E5%93%81%E7%89%8C，2019年5月25日访问。

② 见《商标许可协议》样例文本相关说明。

③ 最高人民法院在2017年12月28日作出的“PRETUL”案再审判决中阐述，受委托人在委托加工产品上贴附标志的行为，不能被认定为商标法意义上的使用，参见李慧惠：《“东风”案后，再议贴牌加工之商标侵权判定》，载《中国专利与商标》2019年第1期。

OEM 业务的核心特征只能是“委托代工”，是作为品牌商的委托方将其部分生产制造作业分包给代工厂商，也就是产品的实际生产企业进行生产，这是委托方为扩展其产能所做的业务延伸，代工厂商的工厂及制造行为，实际上等同于品牌商的工厂和制造行为。

法律要点

OEM 协议应当具有以下法律特征：

1.OEM 合同具有承揽合同的特征

OEM 业务的一个重要特征是，受委托生产企业根据委托方企业提供或确定的产品规格、功能特征和其他要求，为委托方生产产品，并由委托方在市场上销售。

由此可以看出，OEM 业务安排具有合同法中承揽合同的特征。

2.OEM 合同具有委托合同的特征

OEM 业务模式下所生产的产品（业界通常将其称为 OEM 产品），尽管实际上由受托方企业生产或制造，但由于最终产品使用委托方企业的品牌，即标注委托方为产品的制造商，由此，在法律上，由受托方实际生产的产品并不是受托方的产品，而是委托方的产品。

产品出厂后通常将由委托方全部收购，并由委托方以自己的名义对外销售，委托方就产品质量及其他事宜以对社会公众和执法机构直接承担责任。而由于产品并非是以受托方的品牌提供，受托方通常并不就产品直接对社会公众和执法机构承担责任，而只是根据合同对委托方承担义务和责任。也就是说，受托方代工生产产品的后果由委托人承受，OEM 业务安排的这一特征，体现了其具有委托合同的特征。

3.OEM 合同具有买卖合同的特征，但并非标准的买卖合同

在 OEM 业务模式下，受托人需要将其根据委托生产的产品销售给委托方。这个过程中涉及产品所有权的转让，这使 OEM 合同具有了某种程度的买卖合同的特征。

很多厂商在执行 OEM 业务时，也确实会采用采购协议的形式，而且 OEM 协议的大部分条款，与买卖合同是相同或类似的。但 OEM 合同与标准的买卖合同并不完全相同：

（1）受托方对 OEM 产品的所有权是不完整和受限制的。

首先，在 OEM 业务模式下，由于受托方在生产的产品上使用了委托方的商标和商号，可能还会使用委托方指定的其他委托方知识产权，未经委托方的允许，受托方也就无权对其生产的此类含有委托方知识产权的产品进行随意处置。

16273

其次，委托方通常会在 OEM 协议中约定，委托生产的产品仅限于交付给委托方或其指定的购买方，而不允许受托方自行销售或作其他处置。

也就是说，受托方对其生产的产品可能并不享有完整的所有权。在委托方收购 OEM 产品过程中，受托方转让的仅仅是产品的部分所有权。

（2）OEM 根据委托方要求定制。

这一点，已如前述。标准的买卖合同对这一点并无要求。

（3）OEM 产品上需使用买方的品牌。

标准买卖合同，买方购买的通常是卖方生产或经销的产品，并不要求使用买方的品牌。

4. 对买方品牌的使用，是 OEM 业务的重要特征

为此，在中国大陆地区的法律环境下，区分产品是否为 OEM 的核心应该是，产品上究竟标注哪一家企业为制造商。OEM 产品的核心特征是，卖方为买方提供的产品，应当标注买方为制造商，[①] 而不仅仅是使用买方商标。

5. 品牌商并不一定拥有 OEM 产品的所有知识产权

虽然 OEM 业务模式在纯粹状态下，或其最初的本意，或许是委托方（品牌商）开发设计产品，并将设计提供给产品实际生产企业，由后者代工生产，因此，品牌商拥有产品的设计，与此相对的是 ODM 业务模式，由代工方或实际生产厂拥有产品的设计。

但尽管实践中多有厂家宣称自己是采用 OEM 或 ODM 业务模式，我们可能也很难找到非常纯粹的 OEM 或 ODM 业务模式，OEM 或 ODM 产品中，可能既包含品牌商的设计，也包含实际生产企业的设计，也可能包含第三方的设计，将委托代工产品划分为 OEM 或 ODM，然后据此认为 OEM 产品的知识产权完全归属委托方或品牌商，而 ODM 产品的知识产权归属于受委托代工方或实际生产企业，是一种过于简单的划分，在很多情况下可能是与事实不符的。

因此，无论是 OEM 协议，还是 ODM 协议，都需要考虑对产品中所包含知识产权的权属作出明确约定，包含供应商与采购方之间对各自拥有知识产权相互许可的条款。

关键条款（检核清单）

业界不同厂商在 OEM 业务模式下，可能基于各自的考虑或习惯，选择使用不同的合同模板：

---

① 根据《强制性产品认证管理规定》等法律法规，中国大陆地区法律环境下，产品上标注的制造商可以是名义制造商，而并不必须是产品的实际生产企业，这一点与很多国家和地区的法律可能不同，在业务实践中需要注意加以区别。

1. 直接使用采购协议，但在采购协议中，约定产品设计、开发、定制、工程变更及品牌许可和使用等内容。

2. 就产品工程化阶段签署开发协议，就工程化之后定型产品的采购，签署采购协议。

3. 签署制造合同（Manufacturing Agreement）或制造服务协议（Manufacturing Service Agreement）。

4. 有些厂商签署 OEM 协议，或 OEM 开发和采购协议。

5. 有些厂商在采用此业务模式时，则选择签署委托加工协议。

在执行 OEM 业务时不同厂商所采用的不同合同形式，或许体现了各个厂商对 OEM 业务的不同理解，也或许是为了实现不同厂商各自不同的目的，但尽管这些协议虽然名称和形式各不相同，基本都含有相同或类似的内容。

典型的 OEM 协议通常需要考虑包含以下条款（但并非全部）：

1. 约首

明确协议双方主体、确定协议生效日，并简述签署合同的目的。

2. 定义

对合同使用的关键术语进行定义。

3. 产品定制开发及制造

OEM 协议中需要对委托生产制造、采购及供应的产品做明确的界定。

采购的产品可能是根据采购方的需求设计开发的，也可能是基于供应商的原型产品，根据采购方的需求进行客户化定制开发的，在合同中需要对产品设计、开发及工程变更的范围、流程、进度及费用承担等作出约定。

4. 定价

对于委托生产的产品，协议当事人应约定确定的价格，该价格将在合同的整个合同期限内或合同期限内的某个阶段有效，由于下游市场和上游资源供应等可能会不时发生变化，各方还应在协议中约定明确和合理的价格调整机制。此外，还可考虑按照采购数量变化，约定相应的折扣率。

5. 支付和税款

约定产品及相关服务采购价款的支付条件及税款承担。

6. 采购；订单预测；前置期

OEM 协议需要约定对产品采购的方式，通常是将 OEM 协议作为框架协议，在具体业务执行过程中，通过另外签发和确认订单方式实际执行采购。

16273

合同中需要约定订单签发、生效及变更和撤销的条件及流程等。

为确保在接到订单后，供应商有足够时间备货，以及为确保采购方对其收到所交付产品的期限有合理预期，OEM 协议中通常还会约定订单的前置期。①

在通常的订单流程中，采购方签发的订单属于要约，只有经供应方接受后才会构成一个有约束力的合同，但 OEM 协议中使用的订单，并非是完全独立的要约，为保障产品的供应，采购方需要考虑是否需要在 OEM 协议中明确约定，供应商对符合特定条件的订单不得拒绝。

OEM 协议通常是一个长期供应协议，在 OEM 协议执行过程中，委托方往往需要通过订单购买委托生产的产品，这可能会导致委托方对受托方能否及时交付订购的产品，确保产品的供应存在不确定性，而受托方也可能会对委托方能否采购足够数量的产品以补偿其前期投入，并获得必要的利润心存疑虑，为了确保双方各自能够获得必要的保障，OEM 协议中通常会约定一个订单预测机制，以便供应商可以对需要的原物料及机器设备等资源进行计划和配置，预测通常采用滚动方式作出，预测周期根据产品的不同，可能会是数周或数月。

7. 最低采购量承诺

在供应商需要产品设计、开发及生产准备做较大投入情况下，为了确保自己的投入能够获得必要的回报，可能会要求在协议中约定最低采购或供应量。采购方则通常会坚持不同意接受这样的约束。

8. 产品的规格

OEM 协议应对委托生产的产品进行明确的定义和描述，详细定义和描述可通过通常作为协议附件的产品规格书进行。

9. 交付、运输及物流管理

OEM 协议中需要考虑约定采购的产品如何交付、运输方式及要求等。某些采购方可能会对物流管理有相关要求，如指定使用特定的周转仓库等，也应在合同中予以明确。

10. 验收

协议中应约定产品的验收流程和标准。采购方应有权在一个合理期限内，根据一个双方同意的检验流程对产品进行到货检验，采购方可根据检验结果确认是否接受或拒绝接受

① 见样例合同正文注释。

交付的产品。采购方也可选择根据采购方的质检报告决定接受交付的产品。供应商应检查协议中是否包含条款约定产品在何种情况下视为合格交付并已经被供应商接受。

采购方有必要考虑在协议中包含一个条款，声明采购方无论是否经验收而接受交付的产品，并不免除供应商的质量保证及其他售后支持义务和责任。

11. 产品变更

采购的产品可能需要根据市场、法律、原物料供应技术及成本控制等内外部环境的需要而不时进行工程变更，合同中需要对执行此类工程变更的流程、职责及费用承担作出约定。

12. 质量保障[①]

在 OEM 协议中，除了遵循一般商品买卖合同的原则，对采购产品应当符合的规格等质量标准以及到货检验流程和标准作出约定外，通常还需要就如何供应商将实施产品质量控制以保障产品的符合性作出约定，此类条款被称为“质量保障”（Quality Assurance）条款。典型质量保障条款包括（但不限于）：

（1）供应商应当遵循的符合业界良好实践的质量保障和质量控制措施；

（2）供应商应当符合的质量管理体系；

（3）供应商需要提交的生产、工艺和质量管理文件；

（4）采购方经提前通知或不提前通知进入供应商的生产地点进行现场检查；

（5）产品应当符合的关键质量控制指标；以及

（6）对每一批次的产品在向采购方发运前进行随机抽检。

进一步地，采购方还可根据合同的价值，考虑向供应商生产场所委派专职的或定期巡回的代表，协助供应商对产品的制造过程进行质量控制。

13. 质量保证

OEM 协议中应明确对供应商对所交付的产品及服务如何提供保证。通常保证条款应当：（1）对保证的范围进行定义，包括供应商应当对哪些质量控制事项提供保证，哪些不提供保证；（2）明确保证期限；（3）明确违反保证的救济措施。

---

① 质量保障（Quality Assurance），某些文件将其称为“质量保证”，因而与业界所使用的另一个术语“质量保证”（Warranty of Quality）发生混淆。本书中，在意指采购方和供应商将采取何种措施以确保产品或服务符合性这个概念时，将统一使用“质量保障”这个术语；而在意指产品或服务提供方就产品或服务应符合哪些条件所作出的承诺这个概念时，将使用“质量保证”这个术语。

16273

14. 支持服务

OEM 协议中需要明确供应商对产品所提供支持服务的范围、标准和执行流程。此类支持服务通常包括产品退返、修理和更换流程、服务标准及现场支持等。

15. 期限和终止

合同各方应为合同确定一个适当的期限，合同可以是永久的，仅在特定事由发生时，或根据任何一方当事人的事先书面通知而终止，也可约定特定的期限，合同到期终止，或根据买方的要求进行更新或续展。

除因到期终止外，OEM 协议通常需要按照大多数合同的习惯，约定协议在哪些情况下可以终止，可以导致协议终止的事件，被称为“终止事由”。此类事由可能包括，一方实质性违约、一方进入破产清算程序或不能清偿到期债务等。实质性违约的情形，可能包括，违反知识产权和保密义务、违反不竞争条款等。一般性的违反合同条款可以不被视为实质性违约，但在收到另一方违约通知后在合理期限内未能采取有效措施纠正违约行为则可被视为实质性违约行为。

为保持业务的灵活性，很多此类合同中会约定无因终止（或便宜终止）条款，即一方可以不说明任何理由，经提前合理时间（通常应当是一个两个月或三个月的期限）书面通知另一方而终止协议。对此类终止，终止方需要对另一方按照一个公平合理的标准进行补偿。

16. 终止的效果

采购方和供应商均需要考虑对协议终止后一些善后事宜的处理，对于采购方来说，需要考虑如何处理在供应商处的托管物料以及许可供应商使用的知识产权，包括商标和技术。而供应商则需要考虑，协议终止后其为产品制造采购专用物料和机器设备而投入的资金如何得到足够补偿。此类条款通常将包括：向采购方销售已经制造完成的产品、完成正在制程中（in-process）的产品并销售给采购方，销毁或返还保密信息，销毁或返还带有采购方商标、名称或其他品牌元素的产品或营销材料等。

采购方还需要考虑，在协议终止后，对已经采购和销售的产品，如何提供售后服务和技术支持。合同除了需要明确，供应商对其承诺的保证（保修）在合同终止后应继续履行外，还应明确约定在产品的合理寿命周期内继续为产品提供技术支持，包括保持产品维修备件的供应能力。

17. 原料 / 部件

作为代工产品质量控制过程的一部分，采购方可以要求供应商提供其所使用原料和部件的物料单，可以要求供应商使用其指定的货源提供的原料及部件。

采购方可以要求供应商的上游供应商符合采购方的供应商资质要求。

相应地，供应商可以要求在协议中包含例外条款，明确约定就此类采购方指定使用原物料所导致的质量及其他问题如何承担责任。

18. 保险

由于供应商的资信状况可能会随时发生变化，为避免供应商无力承担合同的违约责任或补偿义务，OEM 协议中往往采购方会要求供应商购买与其履行合同义务相关的保险，通常包括一般商业责任险、雇主责任险、产品责任险及职业责任险等。

此类条款可以进一步增强供应商承担民事责任的能力，因而对于降低采购方可能遇到的风险是有利的。如果没有保险，当发生重大损失时，很多供应商可能实际上无法履行其赔偿义务。由于多种原因，此类条款在国内厂商之间的合同中往往被忽略，随着法律的不断完善，市场竞争的日益激烈，应该会有更多的对风险管理敏感的厂商开始重视这个条款。

19. 知识产权

采购方需要将所有用于产品制造的知识产权，包括商标、专利、版权、商业秘密及其他受知识产权法律保护的客体，授权给供应商，以便供应商履行其合同义务，但采购方同时也需要谨慎拟定相关条款，对供应商使用这些知识产权的范围、规范等作出必要的限制。

供应商需要考虑要求采购方对其提供的知识产权作出不侵权保证。

产品中如果包含供应商的知识产权或供应商获得许可的第三方知识产权，采购方需要让供应商就此类知识产权作出不侵权保证，并提供抗辩和补偿。

供应商将产品销售给采购方，采购方依法就自然被授予了按符合采购目的的方式使用产品及其中任何知识产权的权利。但在 OEM 采购中，仅仅依赖法律规定的合理使用许可，对于采购方而言可能并不足够，采购方需要考虑在协议中包含授予其自己或委托他人制造、销售、营销、演示、展示产品以及为提供支持及服务的权利。

20. 保密

OEM 协议中需要包含保密条款或援引采购方与供应商之间另外签署的保密协议。

21. 宣传

为避免任何一方在宣传介绍双方业务关系时作出虚假的或不正确的说明而损害各方的形象和声誉，协议中需要约定任何一方如欲发表任何与双方业务有关的营销材料或新闻稿等，均需事先通知另一方并征得另一方的事先明确同意。

16273

22. 非竞争

OEM 业务模式下，必然涉及大量知识产权和保密信息的交流和使用，采购方必须谨慎地确保供应商不会在允许的范围之外，使用采购方的知识产权和保密信息，为其自己或第三方生产产品，无论由供应商自己，还是供应商通过其关联方，或其董事或管理层拥有或控制的其他公司。为此，此类协议中可能需要考虑包括对供应商从事竞争性业务的限制条款。

23. 托管物料

在 OEM 业务中，采购方可能会向供应商提供某些材料、模具、工具及技术资料，用于供应商执行委托代工业务，某些情况下，采购方可能会投资开发和制作用于生产制造的模具，而模具的所有权归采购方拥有，但由供应商在其工厂内使用，这些模具统称为托管物料。在 OEM 协议中，需要明确采购方始终拥有这些托管物料的所有权，并随附或通过其他方式确认托管物料清单。协议中应对托管物料如何管理作出约定，例如，将托管物料明确标识权属，单独管理，不得设定抵押等。此外，还可考虑如供应商滥用托管物料，因管理不善导致托管物料丢失损坏所承担的损害赔偿金额等。

24. 生产许可；第三方托管

如果委托代工的产品上使用了供应商的技术，很多情况下供应商不会同意就这些技术授予采购方自己委托他人制造产品的许可和权利，但考虑到 OEM 协议是一个长期协议，特别是对于某些缺少备用货源的产品，采购方需要考虑一旦供应商因违约或其他原因不能履行协议的情况下，如何继续有效保持产品的供应，为此，可能需要考虑在产品中包含制造许可条款，以及软件和技术第三方托管条款。

25. 符合法律

虽然遵守法律是合同各方当然的义务，但考虑到任何一方在签署和履行合同过程中违反法律，都可能给另一方带来风险和损失，将遵守法律约定为一个合同义务，则一旦另一方违反法律，守约方可以将其作为违约行为要求另一方承担责任。

26. 进出口管制

如果 OEM 产品所使用的技术、部件或材料等来源于不同国家和地区，这些技术、部件和材料可能会受到相关国家和地区进出口管制法律的约束。需要在合同中明确双方在采购和销售环节均遵守相关的进出口管制法律。

27. 抗辩和补偿

（见其他样例合同相关说明）

28. 责任限制

（见其他样例合同相关说明）

29. 一般条款

（见其他样例合同相关说明）

以上所列条款，有些是采购供应类合同的通用条款，有些是针对 OEM 业务的特别条款，这些条款各有其自己的目的和用途。不同厂商，可能会根据其具体业务的不同需要，在以上条款基础上有所增减或修改。如果由委托方提供或指定受托方使用的原材料，则需要约定这些原材料如何获得、如何使用以及对呆废料如何处置等。

有些厂商的 OEM 协议，在结构上也许与上述合同有或大或小的差异，但 OEM 协议的实质内容，大致如此。

关联合同

保密协议

软件代码和技术第三方托管协议

相关资源

关于总括订单您需要知道的那些事（Everything There Is To Know About Blanket Purchase Orders），载 https：//www.purchasecontrol.com/blog/blanket-purchase-order/。

框架采购订单（Framework Order），载 https：//www.cnblogs.com/potatoo/p/7145929.html。

总括订单、采购卡及其他（Blanket Order，Purchase Card and More），载 https：//scm-blog.com/2007/03/blanket_order_purchase_card_an.html。

在中国签署合同制造协议的六个注意事项（6 TIPS FOR AGREEMENTS WITH CONTRACT MANUFACTURERS IN CHINA），载 https：//www.cooleygo.com/6-tips-agreements-contract-manufacturers-china/。

中国的委托制造合同中应约定违约金（China Manufacturing Agreements. Make Liquidated Damages Your Friend），载 https：//www.chinalawblog.com/2011/04/china_manufac-turing_agreements_make_friends_with_liquidated_damages.html。

16273

合同正文（含条文批注）

OEM采购协议

合同编号：________

本 OEM 开发和采购协议（“协议”）由以下签字栏载明的“［公司］”与“供应商”于______年______月______日（“生效日”）签署。供应商和［公司］单方分别被称为“一方”，共同被并称为“双方”。

本协议由以下部分组成：（1）本签字页 / 封面页；（2）条款和条件；（3）附件 A：产品条款；（4）附件 B：供应商质量要求；（5）附件 C：工程变更和产品开发；（6）附件 D：支持服务。

本协议由各方以加盖有效印章或由充分授权代表签字方式签署，表明本协议双方确认接受本协议的条款和条件。签字人在下面签字表明其已被授予了充分的权利，可以代表各方签署对各方有法律约束力的本协议。

［公司］确认和签署	供应商确认和签署
［公司］签约主体名称：	供应商签约主体名称：
法定或授权代表签字： 日期：	法定或授权代表签字： 日期：
签字代表姓名（打印或正楷），部门和职务：	签字代表姓名（打印或正楷），部门和职务：
［公司］签约主体法定或主要办公地址：	供应商签约主体法定或主要办公地址：

条款和条件

鉴于，［公司］有意委托供应商为［公司］生产、测试、交付本协议定义的［公司］品牌“产品”，并提供相关的支持服务，用于［公司］直接或间接通过其经销商、关联方或其他渠道向其在全世界范围的［公司］客户转售或租赁。

为此，在充分考虑了本协议项下各方的允诺及先决条件的前提下，［公司］与供应商经友好协商达成如下条款和条件，以昭信守。本协议的条款和条件适用于供应商向［公司］长期供应本协议所定义产品的所有义务。

1 定义

除非根据上下文另有解释，否则在本协议中下列术语的含义如下：

1.1 本协议：是指本协议、本协议任何附件及援引的其他文件，包括其任何补充和修改。

1.2 主协议：是指本协议的条款和条件部分及其任何补充和修改。

1.3 客户：是指转售商和最终用户。

1.4 最终用户：是指为个人或家庭使用，或在组织机构内部使用而非为转售、分销、营销、分时共享或用于为他人提供服务目的而购买产品或服务的用户。

1.5 关联方：一方的关联方是指任何被该方控制、控制该方、与该方共同控制同一实体，或与该方共同受同一实体控制的实体。本定义条款所称的“实体”指任何公司、合伙、合资企业、协会或其他法律实体；本定义条款所称的“控制”是指直接或间接地拥有影响被控制方管理的能力，无论是通过多数实益所有权、合同、有表决权的股票或其他方式。关联方仅限于那些所称的控制实际存在且明确同意受本协议约束的实体。

1.6 产品：是指本协议附件 A 所列的产品，包括部件和相关软件。在本协议中产品包括单独交付［公司］的部件，但不包括作为产品装配组件的部件。

1.7 许可产品：是指根据本协议授予的附条件制造许可由［公司］制造的产品。

1.8 部件：是指用于制造或维护产品的组件、元件、电源及其他材料和备件。本协议中适用于产品的条款也适用于部件。

1.9 软件：是指任何运行和支持产品所必要的设备驱动程序、固件和其他软件。

1.10 自由或开源软件：是指任何人均可作为被许可方使用、复制、修改、再分发及制作派生作品，并且其分发包括其派生作品的分发均应披露源代码或以源代码形式进行，以及其再分发通常应当免费的软件，包括但不限于那些基于 GNU GPL（通用公共许可证）或 LGPL（“宽通用公共许可证”，旧称“库通用公共许可证”）以及其他在开放源码促进会（Open Source Initiative）批准备案的许可证（http：//opensource.org/licenses/alphabetical）分发的软件。

16273

1.11 服务：是指根据本协议由供应商就其产品所提供的设计、开发、工程变更及其他支持、协助和工作，以及供应商按本协议规定提供的其他服务。

1.12 可交付物：是指由供应商在本协议项下交付给［公司］的任何有形或无形客体，包括但不限于：产品、服务工作成果以及图纸、资料、文档、文件、模具、手板、模型、样品等。

1.13 规格：是指产品或服务应当符合的规格、规范、标准和其他要求的描述，包括根据本协议规定对上述规格的任何修改。

1.14 订单：是指由［公司］或［公司］关联方向供应商发出的产品或服务采购订单。

1.15 前置期①：是指（a）从［公司］发出订单至供应商交货的时间；或（b）一方完成某项特定工作需要的时间。

条文注解：前置期（Lead-Time），有时又被翻译为购运周期、交期等，应避免与交货期限混淆。交货期限通常需要根据前置期确定，但与前置期并非同一概念。

1.16 预测：是指［公司］定期或不定期以书面形式向供应商提供的在特定时间内［公司］所需要产品的预估数量。

1.17 非再现工程：即非再现工程（NRE/Non-Recurring Engineering），是指为研究、设计、开发和测试新产品或新功能而一次性投入的或非重复发生的工程化工作。

1.18 支持文件：是指与产品有关并随同产品提供的用户指南、使用说明、手册、图表及其他类似文件资料。

1.19 知识产权：是指任何由下列载体证实或体现的无形法律权利或利益：（a）专利或可专利技术；（b）受著作权法保护的软件或其他版权作品；（c）集成电路布图设计（掩膜）作品；（d）受商业秘密法律保护的信息和材料；（e）反不正当竞争法律项下的任何权利；以及（f）其他相关法律项下的类似性质的特权或专属权。知识产权包括上述权利的任何更新、扩展和恢复，这些权利可能是全世界范围内各个司法管辖区域现有的，也可能是未来生效的，无论其是否登记或注册，这些权利包括任何申请中的以及被核准登记的权利。

1.20 保密信息：是指被视为机密的与一方任何过去、现在或未来的研究、开发或业务活动，包括任何尚未发布的产品或服务的口头或书面形式的数据或信息，包括任何与服务、开发、发明、流程、计划、财务信息、客户名单、预测和规划有关的信息。如果一方就任何第三方的信息承担保密义务，则也包括该第三方的上述信息。

1.21 标识：是指本协议一方拥有或使用的任何商标、商号、标志、标识、设计和商业装饰及其他独特的符号和表征，例如但不限于，一方或其许可方的商标、销售许可证、防伪标签、商品条码等。

1.22 保修[①]：是指厂商就其产品和 / 或服务符合特定状态所做的保证，并承诺在产品和 / 或服务与其保证不符时，为用户提供修理、更换或退货或其他救济。在中国大陆地区，厂商就质量所做的保证通常被称为“保修”，也可能被称为“质量保证”“质量担保”“质保”“三包”“包修”“品质保证”“品质担保”“瑕疵担保”等，在某些司法管辖区域内则被称为“保固”或“保用”。

条文注解：保修一词是在中国大陆地区长期使用，用于表示“质量保证”这一概念的术语。但由于这个词本身在最初引入国内业务实践时翻译不严谨，为这个术语赋予了过多的内涵，而使用了这个术语的法律法规（如《工业产品质量责任条例》等）对这个术语又没有给出明确定义，因此导致这个术语在实践中的使用极其混乱，不同的人由于误解或出于各种目的，对这个术语做了各种不同的解读。因此为了避免混淆，在使用这个术语时，有必要对其作出明确的定义。使用这个术语的最高位阶的法律是《消费者权益保护法》，但该法在 2013 年修订后，已经不再使用保修这个术语了，这里仍做为一种样例按习惯使用保修一词。可以考虑直接用“保证”一词取代“保修”。

1.23 缺陷：是指产品（a）被发现或根据合理判断将不符合本协议、相关附件、订单及可适用的规格或客户合理期待；或（b）存在任何环保符合性问题或安全风险。

1.24 法律：是指任何法律性文件，包括法律、法规和规章以及其他有强制效力的行政及司法的命令、决定和法律解释，均指其当时的最新状态，包括其任何修订或修改。

1.25 天：除非特定条款另有规定，否则本协议中所称的天均指日历日。

1.26 期限：是指自生效日起至根据约定本协议终止的期限。

2 产品设计和开发

2.1 按规格开发产品。产品将由供应商根据本协议附件 C 的约定以及［公司］提供或批准的规格设计进行开发。供应商可能会被要求开发新的产品，后续产品开发由各方另行签署援引了本协议的附件确定。

2.2 品牌设计。供应商将按照［公司］的形象识别系统规范、标识标注规格在为［公司］生产的产品上体现［公司］的或［公司］客户的品牌（在［公司］客户要求定制使用自己品牌产品的情况下）。［公司］将会向供应商提供具有可缩放效果的设计图，以便使供应商能够实现上述要求。

2.3 服务标签。供应商将根据［公司］的规格在产品上放置［公司］的

16273

服务标签。

2.4 非再现工程费。除双方另有明确规定外，所有交付给［公司］产品的非再现工程费均由供应商投入和承担。但如对产品进行的修改是为支持［公司］客户的需求，包括品牌变更需求，由此产生工程变更费用和成本，将由［公司］或［公司］的客户承担。［公司］有权获得供应商为其原型产品或与提供给［公司］的产品类似的供应商产品所开发的新功能和特征。此类特征和功能的价格由双方友好洽商。

3 工程变更

3.1 供应商工程变更申请。供应商如计划对产品执行任何可能影响产品工业设计、外观、适用性、功能或可维修性的变更，应提前六十（60）天以工程变更申请的方式书面通知［公司］。未经［公司］以确认接受工程变更申请的方式书面同意，不得对产品进行变更。如［公司］认为有必要拒绝某个工程变更申请，应在收到该工程变更申请后三十（30）天内书面通知供应商。如［公司］拒绝某个工程变更申请，供应商应继续提供未执行工程变更的产品。如果任何一方确定执行某个工程变更对产品的正确制造是至关重要的，或者如果执行该工程变更是为了符合政府标准或为安全目的所要求的，双方同意不需要经过本条款规定的同意，并且双方将互相配合确定工程变更的执行。对那些不影响产品工业设计、外观、适用性、功能或可维护性的工程变更，供应商应以合理方式通知［公司］。供应商同意为［公司］提供不超过二十五（25）件的每个族系产品的样品，以及一个与经批准的工程变更申请配套的完整的测试计划，以便［公司］评估。

3.2 ［公司］发起的工程变更。［公司］可能会要求对产品进行工程变更，以纠正产品的错误或不足或对产品进行改进。此类［公司］发起的工程变更应参照上面“供应商工程变更申请”的规定处理。但如果［公司］要求供应商仅为［公司］便利执行某个由［公司］发起的工程变更（“便宜工程变更”），［公司］应对因执行此类便宜工程变更导致的任何部件的废弃或剩余负责，前提是供应商已经向［公司］提供了此类废弃或剩余的合理评估，并且此类便宜工程变更的执行日期已经有双方同意。此外，如果［公司］要求以短于通常前置期的速度执行便宜工程变更，［公司］应支付合理的加急费用。

3.3 部件 / 货源变更。供应商计划变更部件或货源（材料的上游供应商）的，应当提前六十（60）天通知［公司］，以便［公司］有机会对新的部件或货源进行评估。［公司］应在收到上述变更部件或供应商的通知后十五（15）天内反馈。如［公司］未在上述期限内反馈，视为［公司］同意提议的变更。

3.4 变更的接受和拒绝：如［公司］同意供应商的工程变更，供应商应将变更后的产品能够正式交付的时间通知［公司］，并在最初的和后续的产品包装及产品上作出区分标记，以便［公司］安排入库、切换产品并跟踪产品质量。当双方确认的工程变更文件积累到一定数量，提供规格文件的一方应重新修订规格文件，另一方应配合并重新签署。［公司］不得不合理地拒绝接受建议的工程变更，但［公司］如有合理理由，可以拒绝建议的工程变更。如［公司］拒绝建议的工程变更，双方应诚信地讨论替代解决方案。如［公司］拒绝某个建议的工程变更，而供应商认为有必要执行该变更，供应商可继续执行此工程变更，但［公司］有权：(a）终止全部或部分已接受订单项下尚未交付的受影响产品而不承担任何费用和责任，或要求供应商交付部分或全部未变更的产品；并（b）在此类变更执行后六（6）个月期限内，按［公司］要求的数量最后采购未变更的产品。如某项工程变更在未经［公司］书面同意的情况下被执行，供应商应负责修复和/或重做所有受影响的产品，包括但不限于，在途产品、制成品、库存产品和任何位于［公司］转售商或用户的产品。

4　新产品引入

4.1　新产品引入。双方应至少每三（3）个月互相分享相关产品开发规划信息。本协议期限内，供应商应就其开发、制造、经销的产品，由供应商直接销售给最终用户的产品，或供应商销售给其转售商的产品向［公司］发出销售要约。供应商应在产品开发阶段尽可能早地使［公司］了解产品信息，以便使［公司］能够与供应商同步引入相关产品。如［公司］同意采购新产品，新产品将被加入附件 A，并将成为本协议定义的产品，受本协议条款和条件的约束。供应商应在新产品首次上市日期前，使［公司］可以采购新产品。

4.2　新产品支持。根据［公司］的合理要求，供应商应向［公司］免费提供双方同意数量的新产品样品（见附件 A），用于［公司］的验证、兼容性和测试程序。在将新产品加入附件 A 前，双方将就［公司］引入并向［公司］客户推出新产品制订一个进度计划，该计划将至少包含各方指定的业务和技术联络人，以监控兼容性问题以及其他产品发布问题。供应商将为产品获得所有相关的产品规格和标准认证，包括第三方公司要求的认证。供应商将与［公司］合作为所有产品制定产品诊断规范。供应商应在［公司］向客户首次交运产品日的至少九十（90）天前，向［公司］提供符合双方同意的诊断规范的制造、客户和现场诊断方法。在供应商不能按双方同意的产品引入计划执行（包括但不限于，供应商未能按约定的产品上市日期上市）的情况下，双方将诚信地就供应商应补偿［公司］的因供应商违约所导致的所有直接成本、费用和损失的数量进行商讨。供应商应根据供应商的标准测试流程计划，向［公司］提供加

16273

入本协议的产品的预先发行版本，任何情况下均不应晚于供应商的其他客户。在［公司］向市场正式发布新产品或包含新产品的［公司］系统、服务解决方案前，供应商应就新产品向［公司］提供销售、客户支持及技术支持的培训。

4.3　产能提升计划。供应商应就所有新产品制定并向［公司］提供详细的产能提升计划。供应商同意按照［公司］的生产、销售、营销和服务体系的需要对新产品进行标准化，通过对产品和流程的实验和改进，使产品从初始开发阶段达到最大量产能力。［公司］有权参加新产品的所有硬件和软件设计阶段，以及参加供应商未来产品和技术规划蓝图的制定和定位。

5　生产场所

5.1　供应商生产场所批准。经［公司］同意的供应商产品生产场所在附件 A 中列出。供应商向［公司］交付的所有产品均应在列明的生产场所制造。除非在不可抗力情形下或双方另有书面同意，否则供应商如需变更生产场所，应提前九十（90）天书面通知［公司］。供应商生产场所变更应经［公司］同意，［公司］有权依据本协议有关“记录和稽核”的规定，对供应商新的生产场所进行检查，但［公司］不得不合理地拒绝或拖延批准此类生产场所的变更。如［公司］未在上述九十（90）天内对生产场所变更作出书面的拒绝或批准，视为［公司］同意新的生产场所。供应商应充分考虑［公司］对包括但不限于库存周转率、质量、及时交付和制造能力等事项的要求。

5.2　［公司］生产场所。［公司］可能会使用其自己的生产场所，对供应商交付的产品进行组装、再生产、包装或做其他例如预装［公司］或第三方软件等增值处理，供应商应按本协议规定，向［公司］指定的生产地点交付［公司］采购的产品。［公司］如需变更其生产地点或增加新的生产地点，应提前九十（90）天书面通知供应商，供应商同意，在收到［公司］的上述通知后，将根据本协议条款和条件向上述［公司］生产地点交付产品。

6　物流管理

6.1　物流周转仓。如果［公司］要求，则为确保快速交货，供应商同意在［公司］的每个生产场所附近设置经［公司］同意的供应商物流中心作为物流周转仓，用于保持可以随时交货的库存量。供应商物流中心可以由若干个供应商共同使用，并各自支付相应租金以及承担其他费用。［公司］对供应商物流中心的库存不拥有所有权，这些库存所有权由供应商拥有，相关费用通过产品价格摊销由［公司］间接承担，但这些库存毁损灭失的风险由供应商独自承担。

6.2　库存。供应商应具备在供应商物流中心向［公司］的每个生产场所交付额外产品的能力，该额外交付能力应不低于［公司］的二（2）周使用需求预测（“周转库存”）。在经过四（4）周的运营后，周转库存将按以下方式计算：第一（1）周按［公司］前四（4）周的平均提货订单计算；第二周按［公司］的最新预测计算。如果［公司］要求交付任何或所有周转库存，供应商应向［公司］提供一个进度表，并按该进度在两（2）个工作周内完成对周转库存的补货。

7 质量控制

7.1 质量目标。质量是本协议的实质条款。供应商将为所有产品制定并保持客观可衡量的质量计划，并将实现或超越本协议附件 B 所列的约定质量目标（“质量目标”）。此外，供应商将为所有产品建立一个在附件 B 中规定的全面质量计划。供应商将保持产品制造方法和规格的准确和清楚的记录。如果供应商未能实现质量目标，应立即开始实施［公司］书面同意的整改措施，以使供应商的质量指标符合质量目标。不论本协议是否有任何其他规定，如供应商未能实现质量目标，［公司］可经提前四十五（45）天书面通知供应商，而撤销任何尚未履行的订单，且不需对此承担任何责任。如供应商未能达到质量目标，供应商应对未能达到质量目标的产品进行修理、更换或退货，但无论如何，本条款的任何内容，均不会在任何方面限制本协议关于保证、违反保证的救济及批次性故障和产品危险的规定。本协议期限内，供应商应向［公司］提供并且［公司］有权检查［公司］认为需要的有关本协议项下供应商质量指标的信息（见本协议“记录和稽核”条款）。

7.2 检测计划。供应商将根据双方约定在其制造流程中加入［公司］的检测计划。［公司］有权经事先合理通知对供应商的制造流程进行检查。

8 价格和支付

8.1 产品定价。产品的价格、付款条件、前置期及缓冲库存要求见附件 A 规定。如果［公司］要求提供产品成本结构清单（OPEN BOM），供应商应在报价同时按照［公司］要求提供。为更新产品和价格，供应商将向［公司］签发价格表。价格表将包含修订的价格及其生效日，并将在口头确认后二十四（24）小时内通过传真或电子邮件方式发送给［公司］。经［公司］确认的报价单价格为确认的产品价格，直至被双方确认的新价格取代，最新确认的报价单优先适用。如［公司］收到供应商发出的多个不一致价格，［公司］可选择按每款产品的最低价格执行。降低的价格将适用于在价格变更生效日当天或之后的所有交货，除非任何一方在收到价格变更通知后十（10）天内书面通知另一方价格表存在错误。产品交付［公司］后，［公司］将按当前有效的价格支付价款。［公司］可以根据本协议关于“记录和稽核”的规定指派人员对供应商是否遵守本条规

16273

定进行核查。供应商产品定价应根据供应商成本降低和市场竞争状况每季度进行调整，或根据［公司］要求及根据市场行情需要按更短的周期进行调整。

8.2 成本降低。供应商了解，［公司］选择供应商作为产品的提供商，是基于［公司］相信供应商将持续改进产品，并在本协议期限内将努力降低产品成本的承诺。供应商应尽合理努力，采用那些将导致供应商销售成本及运营费用降低的措施，包括提高生产效率、改进功能、降低部件采购成本、改进技术和 / 或改善交付及配送。供应商将与［公司］对非价格物料单持续进行审查。在产品开始发货后，供应商如对供应链做任何更改，均应征得［公司］的批准。

8.3 税款和其他费用。除非双方另有约定，否则价格将均以人民币计价和支付。价格将不包含任何销售税、运费、运输保险、关税及其他税费，但应包含所有其他费用，包括但可能不限于：（a）标识标注；（b）包装和装箱费；（c）任何整理或检查费；以及（d）任何相关的许可费。［公司］有权根据当地税务主管机关的要求，从其到期应付的价款中扣除任何代扣代缴的税款。［公司］对其获得减免的税款将不承担任何责任。双方同意将尽合理努力协助对方在法律允许的范围内采取合理措施避免不合理的税收开支。

8.4 最惠客户保证。在本协议期限内，［公司］可要求对每个型号产品的单价进行审查。如果供应商向任何其他客户按比其向［公司］所提供产品更优惠的价格和条件提供类似数量的产品，供应商应为［公司］提供同样的价格和条件。如供应商提供给［公司］的交易条件不具有竞争力，［公司］可终止本协议项下的全部或部分采购，而无须承担任何责任。

8.5 发票。供应商开具的发票应符合当地法律要求，并应提供足够详细的信息，以便［公司］能够确定对应产品的名称、规格型号及数量。

8.6 支付。在符合本协议规定的产品验收程序的前提下，［公司］应在实际收到产品或供应商的付款通知后（以较晚者为准）按本协议附件 A 规定的付款条件支付无争议的价款。如［公司］在规定的付款日的十（10）天前支付上述款额，供应商应按产品合计采购价格的百分之二（2%）给［公司］提前付款优惠。支付并不构成［公司］对产品的接受。支付应使用双方于附件 A 规定的货币进行。双方应按附件 A 规定的条件和方式办理付款手续。

9 预测和订单

9.1 预测。［公司］将每个月或按附件 A 中另行约定的周期，向供应商提供为期数周或数月的［公司］产品采购计划预测，［公司］的任何此类预测仅用于供应商制定内部物料计划，不构成［公司］或供应商任何类别的承诺。在收到［公司］预测后五（5）天内，供应商应确认三（3）个月期限（当前月加未来两个月）的滚动供应。

9.2 框架订单。[①]［公司］将根据最新的预测，以书面形式（通过传真或电子邮件）向供应商签发一个无约束力的订单（“框架订单”），说明［公司］下个月的需求。随同每个新的月度预测，［公司］将相应地延伸该框架订单，以便使该框架订单可以至少继续覆盖［公司］下个月的预测需求。每个交货期限的产品数量将由［公司］在每个交货期限开始前一个月的第一个工作日确定。例如，但不限于，六月的产品需求数量将由［公司］在五月的第一个工作日确定。

条文注解：框架订单（Frame Order 或 Framework Order）是一种用于执行长期采购任务的订单类型。有人认为框架订单等同于总括订单（Blanket Order），有人则认为二者有差别。

9.3 订单确认。供应商应在收到［公司］框架订单后五（5）天内，向［公司］签发一个订单确认书，确认数量和交付日期。供应商不得拒绝符合本协议规定的订单。如供应商认为需要拒绝与本协议约定不符的订单，应在收到此类订单后两（2）个工作日内通知［公司］拒绝订单的原因。

9.4 提货订单。［公司］将在相关的供应商物流中心通过传真或其他双方同意的方式向供应商发出提货订单，就需要的产品料号及数量进行沟通（“提货订单”）。［公司］向供应商发出提货订单，视为同意供应商根据框架订单向［公司］发运提货订单所规定料号和数量的产品，并向［公司］开具相应发票。供应商应根据收到的提货订单从供应商物流中心交付产品。

9.5 订单格式。在本协议期限内，［公司］可能就产品采购签发订单。所有订单均应：（a）采用书面形式；（b）援引本协议；并（c）包含以下内容：产品描述、数量、价格、要求的交付期限、目的地（交货地点）、要求的交货方式，以及运输指示等。

9.6 订单变更。［公司］可按本协议附件 A 的规定对订单进行提前、改期或撤销。

9.7 履行。双方同意将由［公司］承担费用共同制定一个双方认可的订单录入和履行流程。［公司］将为供应商提供［公司］电子商务系统的访问权，供应商同意使用［公司］指定的电子商务系统接收和处理订单。供应商应承担费用，获得使用电子商务系统的资质及电子签章。［公司］可使用该系统接受客户订单并将客户名单和地址等订单细节传递给供应商。供应商将在接受［公司］订单后四十八（48）

16273

小时内履行订单，并将产品直接交付给客户。

10　**交付和接受**

10.1　交付。产品销售及交付的条款和条件在本协议附件A中约定。如附件A无其他约定，则本协议的交货是指由供应商或供应商委托的人员或机构承担费用，将产品交到本协议附件A或相关生效订单中规定的交货地点，供应商或供应商委托的人员或机构应与［公司］或［公司］授权的收货人办理交货手续，并同时提供有关产品的单证和资料。供应商应于交货前按附件A规定的时间和内容，通知［公司］有关交货的详细信息，［公司］有特殊要求的，供应商应按照［公司］特殊要求提供有关交货的详细信息。

10.2　包装。供应商应根据当时有效的［公司］包装和标识手册（"手册"）中规定的［公司］包装规格，负责产品的搬运、包装、标识和运输。如果手册发生变更，［公司］将及时通知供应商，并将在新版本手册制作完成后，向供应商提供最新版本的修改后的手册。修订后的手册经双方同意后生效。

10.3　交付文件。每批交付的产品均必须附带供应商的交付文件，交付文件应放置在一个有清楚标志的塑料装箱单封套中，并随附在每个对应的装运箱上。每个交付文件必须清楚地说明以下信息：(a)［公司］订单号；(b) 供应商产品号；以及 (c) 交货数量。供应商同意制定并使用［公司］与供应商共同的部件编号识别方法。

10.4　交付进度。如果供应商确信任何一批货物可能不会如期交付，供应商必须事先通知［公司］，并应同时提出解决方案和恢复计划，但任何一方均不得因此被视为放弃了其任何权利。除因本协议约定的不可抗力事件导致的交货延迟外，供应商将为延迟交货的产品支付加急运输的成本（与标准运费相比的成本差额部分）。如任何产品的交付将延迟超过五（5）个工作日，且该延迟并非主要因［公司］原因导致，［公司］可取消订单或改期，而不需对此承担任何责任。无论如何，如供应商交货不能符合约定的交货期，［公司］有权要求供应商支付滞期费，按每延迟一（1）天延迟交付部分货款价值的千分之一（0.1%）计算，供应商滞期超过七（7）天的，滞期费按日千分之二（0.2%）计算。［公司］委托的承运商未能按时取货将不被视为供应商延迟交付。未经［公司］事先书面同意，供应商对产品的交货不得比确定的交货期提前。［公司］有权将供应商提前交付的或超量交付的货物退返供应商，费用及风险均由供应商承担。如［公司］同意提前收货，由供应商支付实际收货至约定的交货时间这一期间的仓储费及［公司］为此而支出的其他费用。［公司］可以更改生效订单中的交货期、交货地点和收货人，但应当事先于合理期限前书面通知供应商。如［公司］要求提前交货，供应商应尽最大合理的努力，满足［公司］的要求，如不能满足，应以书面形式告知［公司］，否则视为同意。

10.5　未结订单记录。供应商应每周向每个［公司］生产场所提供所有未结订单的详细状态信息。

10.6　检验和接受。在交货前，供应商应对交付［公司］的产品进行检查和测试并确认合格，并应根据［公司］要求向［公司］提供检验证书。［公司］可以但不作为义务，对产品重新进行检查和到货验收。［公司］交付客户的产品如被发现有任何不符的，产品交付最终用户不超过七（7）天的，供应商应予以退货，交付最终用户不超过十五（15）天的，供应商应予以退货或更换，前述产品不符的处理均由供应商承担相关费用。退货产品的价款将贷记入［公司］的账户结存。其他属于保证范围的修理、更换或退货，将按本协议有关“修理和退返”的条款和条件处理。供应商应负责按本协议的保证条款对不符的产品进行修理和更换，在不符的产品修理或更换完成前，［公司］有权暂缓支付产品价款。［公司］将在合理时间内将不符产品退返给供应商。［公司］有权在供应商的生产场所对产品及制造过程进行检验。如［公司］在供应商场所进行检验，供应商应免费为［公司］的检验人员提供合理的设备及协助。如［公司］要求，供应商应向［公司］提供其产品品质控制流程、标准、检验方法等文件和信息。如有必要，［公司］可要求拜访供应商工厂，考察供应商的品质控制。

11　保证

11.1　一般保证。供应商保证产品中所有硬件将符合：(a) 本协议附件 A 规定的所有规格、标准和要求；(b) 最终用户文档；及 (c) 所有可适用的法律规定。供应商保证在本协议许可下的软件程序将实质性符合附件 A 规定的所有规格，达到用户文件、工程文件中说明的程序规格水平。供应商保证本协议项下交付的所有产品均为新的、不包含任何使用过的或翻新的部件（修理或更换的产品除外），且无任何留置、抵押、索赔以及其他他项权。供应商保证产品交付［公司］后，［公司］将获得产品销售和营销所需的完整权利；供应商保证所有产品在供应商交付之日起四十八（48）个月[①] 期限（“保修期”）内将不存

条文注解：保修期限仅为示例。应注意避免将供应商对采购方承诺的保修期，与对最终用户承诺的保修期混淆。供应商向采购方寻求的保修期，通常应考虑产品自出厂日至销售给最终用户时的合理物流周转时间，加上采购方对最终用户承诺的保修期，通常应足以覆盖采购方对最终用户承诺的保修期。

16273

在材料和工艺上的瑕疵。软件程序的保证限期将在附件A中列明，但在任何情况下不得少于交付最终用户后九十（90）天。上述保修期在以下情况下可以延期：如［公司］或［公司］的客户将产品退返供应商，供应商为履行保证义务将修理后的产品交付给［公司］或［公司］的客户，这种情况下，修理后的产品将在原保修期的剩余期限内继续享有保证，但如果原保修期即将届满的，修理后的产品应至少享有自供应商交付之日起三（3）个月的保证。当地法律对产品保修期的计算另有规定的，按当地法律规定执行。

11.2　不侵权保证。供应商保证交付的产品及其他可交付物不侵犯任何第三方的知识产权及其他权利；供应商对自由和开源代码软件的使用符合所有相关的许可协议，如果［公司］要求，供应商应向［公司］披露所使用的全部自由或开源软件及适用的许可证。

11.3　良好和专业性保证。供应商保证其拥有相应的技能并将以良好和专业方式履行本协议项下服务和义务。

11.4　合规要求。所有在本协议项下交付的产品均应符合所有相关的环保法律及认证和监管要求，并获得全部必要的政府或权威民间机构的认证、许可和审批。供应商进一步确保产品持续地符合监管机构的要求。［公司］同意协助供应商获得这些认证和批准，如果需要，［公司］将提供［公司］产品的型号。在产品交货前，供应商应向［公司］提供产品获得这些认证和批准的充分证明。

11.5　消费者权益和隐私权。供应商保证，将遵守所有适用的消费者保护、隐私权、数据安全以及营销信息传播的相关法律规定，将为个人信息实行和保持相应的技术保护和其他保护；供应商在支持文件中对产品和服务的描述是全面、真实和准确的，不存在欺诈和误导的内容；附带相关法律要求的所有必要的警示信息、标签和标志。

11.6　保险。供应商将至少按本协议约定的范围购买和维护足以覆盖本协议项下可能发生索赔的必要责任保险。

11.7　违反保证的救济。如供应商交付的产品不符本协议的保证，［公司］有权根据其选择，要求供应商分别或同时采取以下救济措施：(a) 返还价款；(b) 要求供应商承担费用修理或更换；或 (c) 要求做降价处理。对不符合本协议任何保证的缺陷产品，供应商应按照本协议及附件的约定，立即全部进行修理、更换或退货。如供应商未能在收到通知后十（10）天内对缺陷产品进行处理，［公司］可要求供应商赔偿［公司］由此导致的经济损失，［公司］并可以立即终止本协议。

11.8　保证不可转让，无其他保证。供应商在本协议项下的保证仅向［公司］提供，［公司］不得将这些保证转让给任何第三方。除本协议明确声明的保证外，就本协议项下产品及相关事项，无任何其他保证，无论是明示的还是默示的，也无论是否法定的或习惯上的，供应商否认所有有关适销性、适用于特定目的以及不侵权的默示保证。

12 修理和更换

12.1 供应商的一般修理义务。产品在下列情况下可能需要修理或更换：（a）在相关的保修期内（见本协议“保证”条款）不符合供应商的保证；或（b）在保修期届满后或因其他非属保证范围的原因导致产品问题，用户要求解决的。在任何此类情况下，产品可能会在客户现场出现质量问题，［公司］也可能在其生产场所发现产品存在任何不符，因而需要修理或更换。需要修理或更换的产品可从用户场所或直接从［公司］的生产场所退返给供应商，［公司］也可按下述详细规定进行退货。在本协议期限内，供应商应根据本条规定的条款和条件对所有产品进行修理或更换。

12.2 保证范围内的修理和更换。［公司］可根据本条规定将属于保证范围的缺陷产品退还给供应商进行修理或更换。［公司］可将属于保证范围的缺陷产品退返供应商，由供应商承担相关费用。供应商必须将修理或更换后的产品返还［公司］指定的生产场所，相关费用均由供应商承担。供应商应在收到缺陷产品后两（2）个工作日内将修理或更换后的产品返还至［公司］指定的场所。对于适用修理的缺陷产品，如无法修理，则供应商应在收到［公司］要求后两（2）个工作日内将更换后的产品返还［公司］指定的场所。对修理后的产品，供应商应清楚地进行标注并将其与其他交付［公司］的产品相区隔。

12.3 保证范围外的修理。供应商应在本协议项下每一个型号产品最后一批次交付［公司］后至少______年[①] 内为［公司］提供保证范围外的修理服务，并确保［公司］可以购买到该型号产品。此外，如果［公司］要求，供应商同意与［公司］协商确定由经认证的第三方修理中心履行对产品的修理服务。在供应商修理能力可能不足、响应时间或修理质量可能无法满足要求时，［公司］有权要求设立此类第三方服务机构。［公司］在设立此类第三方服务机构前应与供应商协商。

条文注解：见生命周期条款注释。

16273

12.4　生命周期①结束。在某款产品生命周期结束时，［公司］和供应商将合作对产品的易损部件在一定时期的需求作出预测。如果某个部件供应商无法在产品交付［公司］后五（5）年内对产品提供支持，供应商应按对相关部件的故障分析采购并保存足够的库存，同时应向［公司］提供所有需要的产品规格说明、工程文件、检测规格、计划和维修流程，以使［公司］能够在上述支持服务终止后继续对其用户提供支持。供应商应向［公司］提供所有要求的信息，以便［公司］能够在上述支持服务终止后向产品和/或其部件的创作者、制造商或供货商直接采购需要的物料。

> 条文注解：生命周期，即 Service Life，本意是指产品可以正常提供使用功能的时间。产品制造商通常被期待或根据法律规定有义务在该期限内对产品提供支持，因此生命周期通常也表示产品制造商承诺提供上述售后支持服务的最长时间。产品生命周期涵盖保修期和保外维护服务期两个阶段。保修期内的支持服务实际上是对产品不符合质量保证为用户提供的救济，因此是免费提供的，而保外维护服务期内的服务则是基于独立的服务合同提供的，可以收取合理费用。我国法律对产品支持期限以及厂商在保修期后的义务没有一般性的规定，只是在《部分商品修理、更换和退货责任条例》有个相关规定，但该规定仅适用于电视机、冰箱等传统家电产品。对此外的其他产品提供此类保修期后的支持服务，目前并不是厂商明确的法律上的义务，同时厂商要保持在特定期限内提供此类支持的能力，需要储备必要的备件以及保持相应的技术能力，这必然要花费相当的成本，因此，目前国内厂商很少在采购协议中关注这个条款。采购方需要在成本与用户体验之间作出合理平衡。如果用户意识到，某个厂商对其产品在保修期届满后将无法继续提供支持，可能会损害用户对该厂商产品的信心。

12.5　价格保护。保证范围外的修理服务的价格将由双方在本协议项下首批产品交付日之前合理协商确定，保证范围外修理服务的价格应按材料价格加合理人工费及合理利润计算，最高不超过按最新价格清单中材料价格的百分之一百三十（130%）。所有的保外服务人工和部件价格均应在供应商的价格表中列出，供应商每年可对该价格调整一次。如价格发生变化，供应商应提前六十（60）天通知［公司］。

12.6　现场退返。（1）双方同意协作建立一个基于互联网的退返物料核准（RMA）流程，②根据该流程，［公司］应能够在需要时随时获得退返物料核准号。［公司］在任何时候均应能够批量获得和使用至少______个退返物料核准号；物料包括产品及其部件；

条文注解：退返物料核准流程，简称 RMA（Returned Material/Merchandise Authorization）流程，属于反向物流的一种，是在采购业务中，为了对那些在保修期内返厂修理、更换和退货而由客户退返给供应商的产品或其他物料进行识别、管理和控制而设置的流程。供应商通常需要在客户执行退返前为客户发放一个退返物料核准号（RMA Number），以便能够快速识别和管理退返产品。RMA 流程也可以用于对保外维修过程中发生的产品及其他物料的退返进行管理。

（2）客户退返将由供应商通过签发《退返物料核准表》并从［公司］专用备件库中提取更换物料的方式处理。供应商应在接受信用卡或订单信息后预先发出用于更换的替换物料以确保损坏物料的迅速退返；

（3）［公司］可安排客户从其现场直接将需要返厂修理或更换的物料退返给供应商（“现场退返”）。根据供应商的要求或［公司］的选择，［公司］可将现场退返集中在一个或多个维修中心进行。［公司］可根据其选择随时或每月定期或在退返物料达到一定数量后，做为一批将退返产品发送给供应商。供应商应提供国内和国际接口处理［公司］退返的物料。［公司］可根据其选择，将退返物料交付至供应商地理上最近的维修中心。［公司］将不对退返物料做检测。供应商将在收到退返物料后进行检测并按本协议规定将修理或更换后的物料运送给［公司］；

（4）供应商将负责本协议要求的所有检测。双方将合作对来自［公司］不同生产场所的现场退返物料进行区隔并分别报告。在［公司］要求时，供应商应在收到退返物料后五（5）天内提供初步的失效分析报告。供应商应在收到退返物料后十（10）天内完成最终的失效分析报告，并在收到退返物料后十五（15）天内完成二阶（部件级别的）分析。［公司］应向供应商提供必要的相关失效数据和错误日志。供应商应每月提供失效分析报告，失效分析报告应至少包括以下信息：（a）序列号；（b）［公司］提供的问题描述；（c）供应商子系统；（d）发现的瑕疵（如果有的话）；（e）导致失效的根本原因；（f）临时解决方案；以及（g）长期整改措施；

（5）如供应商有合理理由认为，［公司］的质量控制流程导致超过百分之二（2%）或更高比例的误判，使超过上述比例的不存在问题的产品被退返供应商，供应商应通知［公司］。［公司］与供应商将合作对［公司］的作业流程进行检查，并采取措施减少误判比例。双方将协商采取适当的措施以改进［公司］的质量控制流程。双方将建立一个可接受的误判产品的验证流程；

（6）对在现场失效的产品，由［公司］支付将产品退返给供应商生产场所的运输费，供应商负责支付将修理或更换后的产品交付至［公司］指定地点的运输费。

16273

13　批次性故障，产品危害

13.1　批次性故障。[①]“批次性故障”是指在交付后的［十二（12）个月期限内超过千分之一（1‰）］的产品被发现存在同样的缺陷。[②]因设计、制造工艺或材料导致的缺陷，如构成批次性故障，供应商应对由此导致的全部损失、

> 条文注解：①批次性故障，即 Epidemic Failure 或 Epidemic Defect，也被称为扩展保证条款，通常是指产品因相同的原因导致重复发生同样的故障达到或超过一定比率。产品发生批次性故障，通常意味着产品的设计、制造、工艺及材料等存在根本性缺陷。采购方通常会要求供应商对此类问题在保修或质量保证之外提供特别的救济。对批次性故障的救济可以不受保修期或质量保证期的限制。
>
> 条文注解：②批次性故障的定义需要考虑所采购产品的特性，根据具体情况和需要确定。

责任、成本和费用（无论是否在保修期内）承担责任。批次性故障可由［公司］、［公司］指定的服务商、供应商的检验流程发现认定，也可表现为用户报告的缺陷。供应商与［公司］将立即共同确认导致此类缺陷的根本原因。一旦根本原因被确认，供应商和［公司］应诚信地互相配合制定并实施一个整改措施计划。如发生批次性故障，［公司］可以停止接收供应商交付的产品，且不需为此承担任何责任，直至根本原因解决。除履行本协议项下的任何保证义务外，如批次性故障的根本原因是供应商疏忽、过错或失误，供应商应承担解决批次性故障的所有相关费用，包括但不限于产品召回的所有费用。供应商同意为［公司］提供更换产品的加急递送以配合［公司］的供应要求。除承担相关费用外，如［公司］要求，供应商应承担费用支持并提供足够数量的产品以供在用户场所做产品现场更换或“快速交换”。双方同意尽一切合理努力在［公司］通知供应商批次性故障后二十（20）个工作日内完成所有受影响产品的修理或更换。供应商同意给［公司］提供加速交运更换产品的支持，以满足［公司］的供货需求。此外，如果产品的某些供应商部件发生批次性故障，［公司］可选择向其他第三方供应商购买替代部件，并交给供应商用于产品制造。产品供货价格应相应调整，减去供应商部件的成本。对［公司］使用此类第三方部件所导致的必要成本增加应由供应商承担。在使用此类由［公司］所提供部件的情况下，供应商对由此类部件所引起的可感知的产品问题不负任何责任，只要此类可感知的问题并未被证实在产品使用供应商部件时也同样存在。供应商也不需要对此类［公司］所提供部件进行检测、变更、重工或进行其他技术处理，也没有义务与此类第三方部件供应商分享供应商的相关技术信息。［公司］并不因此免除对供应商部件相关技术信息的保密义务。

双方应协商确定上述［公司］指定物料在新产品上使用的可行性。

13.2　产品危险。如果供应商或[公司]任何一方发现任何情况表明产品可能存在缺陷，并且该缺陷可能导致人身伤亡或财产损害（“危险”），则发现该危险的一方应立即将上述危险通知另一方。只要有可能且当地法律允许，一方将产品危险通知政府机关前应事先书面通知另一方。供应商和［公司］应立即交流所有相关的数据，并尽快会面从而对与产品危险相关的信息、检测和结论进行评估和讨论。双方将对采取包括但不限于召回等相关措施的基础、产品危险的产生原因等进行评估和讨论。与解决产品危险相关的所有成本，包括但不限于任何召回的费用，均由供应商承担。各方应根据另一方要求向另一方提供合理协助，以确定如何更好地解决产品危险，并为对产品危险可能有管辖权的政府机关准备和提供情况说明。

14　许可

14.1　软件。供应商授予［公司］一个非排他的、免费的、全球范围的权利和许可，根据该许可，［公司］可使用、复制，并以二进制代码形式，通过任何分销渠道分发产品的软件，但仅限于用于［公司］对产品和许可产品的销售和支持。在本协议期限内，供应商将向［公司］提供任何在市场上发布的对［公司］所采购产品和许可产品上使用的软件的更新和修改。［公司］不得对本协议项下提供的软件进行反向工程、反汇编或以其他方式获取软件的源代码，并且［公司］只能根据由供应商随同软件所提供许可协议的规定使用或允许其用户使用软件。

14.2　客户文件。供应商同意向［公司］提供产品支持文件（“支持文件”）。支持文件的结构和内容应符合［公司］指定的规格。除非［公司］另有要求，否则支持文件应以 PDF 或 HTML 格式提供。支持文件中任何对供应商的提及均应以对[公司]的提及所取代。［公司］可以硬拷贝或软拷贝格式以及在公告板上的电子格式复制和分发支持文件。供应商同意以下列语言向［公司］提供支持文件：简体中文、繁体中文、英语、德语、法语、西班牙语、普什图语、俄罗斯语、希伯来语以及阿拉伯语。供应商应提供上述语言版本的产品图形用户界面（“GUI”）和帮助文档。

14.3　营销材料。供应商在此授予［公司］非排他的、不可转让的、免许可费的权利，根据该授权，［公司］可以使用、持有、改编、复制、修改、展示、出版和分发供应商的营销材料，前提是所有可使用的供应商版权告知、许可和专属权告知等在每个复制件上均应得到完整体现。供应商营销材料均应被修改为[公司]品牌。此外，［公司］不得将本条款许可的营销材料用于使供应商品牌版本的

16273

产品处于与［公司］品牌版本的产品竞争的地位。

14.4 现场服务支持文件。供应商在此授予［公司］一个非排他的、不可转让的、免费的权利，根据该授权［公司］可以使用、持有、改编、复制、修改、展示、出版和分发供应商的现场服务支持文件及销售、分销、出租和维护产品及许可产品所必要的信息，条件是这些现场服务支持文件只能用于［公司］内部目的或由［公司］授权的第三方服务商用于对［公司］所销售或出租产品或许可产品的维护和升级。第三方服务商应签署严格程度不低于本协议相关规定的保密协议。

14.5 商标。本协议期限内，供应商在此授予［公司］一个非排他的、不可转让的、免许可费的、全球范围的权利，根据该权利，［公司］可以使用供应商的商标用于营销、推广和销售产品和许可产品。“供应商商标”是指供应商正在使用的、已经开发和使用的，或将来开发或使用的在产品上使用的商标、商号、服务标志、口号、设计、独特的广告、标签、标识和其他商业识别符号，无论在世界上任何地方。供应商应有权就上述商标授予上述许可。该许可应由双方以书面方式确认同意。

14.6 许可撤销。除下面条款规定的附条件制造许可外，适用于本协议到期或终止前由［公司］所采购产品的本协议项下的许可，在本协议到期或终止后应至少持续五（5）年。除此之外本协议规定的许可将随本协议到期或终止而终止，或因以下原因被终止：(a) 被许可方依据破产清算程序申请清算或为其债权人利益进行了转让；(b) 任何人针对被许可方提出了强制破产或清算申请；或（c）被许可方的实质资产已被指定了财产接管人、被征收或被扣押。

14.7 附条件制造许可[①]。(1) 附条件制造许可。在符合本协议第14.7款（2）项规定的前提下，供应商授予［公司］一个有限的、仅限［公司］享有的、不可转让的、全球范围的、非排他的、有许可费的许可，根据该许可，［公司］可以自己或允许他人生产、使用、制造产品（许可产品），并检测、组装、修理、更改（仅限硬件）以及向［公司］客户销售许可产品（“附条件制造许可”）。此外，授予的制造权利将包括［公司］直接向供应商或供应商的合同制造商购买任何和所有与产品相关的部件或装配组件。在［公

> 条文注解：尽管采购方通常会为了确保供应链的安全，选择保有第二、第三货源，但作为一种合理的商业考量，供应商通常不会允许采购方使用其拥有的技术自行或委托其他第三方制造产品。但采购方可以要求在供应商无法确保供货情况下，授予采购方必要的许可，使采购方能够自行或委托第三方制造合同项下的产品。

司］按照下面第14.7款（2）项描述实施附条件制造许可的情况下，供应商应立即通知此类合同制造商，允许他们直接向［公司］销售此类部件和装配组件。

（2）［公司］对附条件许可的实施。［公司］仅在以下条件下方可实施上面第 14.7 款（1）项授予的附条件制造许可：(a) 非因［公司］原因以及不可抗力事件，供应商的周转库存连续二十一（21）天实质性缺货情况下；(b) 在供应商的多数股权权益或资产被转让给无关第三方的情况下，但不包括通过首次公开募股（IPO）方式的转让；或 (c) 供应商试图在未经［公司］事先书面同意的情况下转让合同，但转让给供应商关联方的除外。在［公司］因供应商周转库存实质性缺货而实施附条件制造许可的情况下，该许可应仅限于缺货的产品范围内。［公司］应将其有意实施有条件制造许可的日期书面通知供应商。附条件制造许可将在［公司］开始实施该许可后十八（18）个月后到期。

（3）第三方托管。在本协议生效日后九十（90）天内，双方将与一个第三方托管机构达成一个协议（“托管协议”），由［公司］承担相关费用。供应商应以无论任何形式，向托管机构提供所有供应商当时用于制造［公司］在本协议项下所购买产品的规格、设计、发现、发明、修改、计算机程序（以二进制和源代码格式）、技术信息、流程、改进、开发、图纸、说明、文档、信息、制造方法和材料（“制造技术资料”），但尽管如此，供应商将不负责提供任何由［公司］负责的部件的设计、开发或制造信息。供应商应至少每三（3）个月对上述制造技术资料提供必要的更新。在供应商合理可行的前提下，制造技术资料应以［公司］当时使用的系统能够执行的格式和介质提供。托管协议应规定，在［公司］善意选择实施上面第 14.7 款（2）项规定的附条件制造许可时，托管机构应立即向［公司］交付上述制造技术资料。在［公司］实施附条件制造许可情况下，供应商应为［公司］安装和实施制造技术资料提供合理协助，相关费用由双方分担。［公司］不得为修复软件漏洞之外的其他目的使用任何软件源代码，且［公司］使用软件源代码只能用于支持其在附条件制造许可期限内所生产的许可产品。供应商将拥有此类漏洞修复程序的所有权利和权益。

（4）分许可。［公司］可根据其单方的决定，将第 14.7 款（1）项规定的许可及制造技术资料分许可给［公司］选择的合同制造商，以协助［公司］制造或准备许可产品，前提是该合同制造商不是供应商的直接竞争者。［公司］应采取有效措施对其合同制造商进行约束，使其承担严格程度至少不低于本协议所规定的保密和知识产权保护义务。［公司］根据本款项所授予的任何分许可，均应采用书面形式，并另外包含保护供应商在产品和软件中任何权利和权益的条款，保护范围应不

16273

少于本协议的范围。[公司] 在此同意确保任何获得了 [公司] 分许可的合同制造商的行为符合本条款规定。

14.8　许可费支付。在 [公司] 向其客户就许可产品开出发票时，产生本协议项下应支付给供应商的许可费。根据本协议规定的许可费计算和支付条款，[公司] 将就其销售的每个许可产品，按本协议附件 A 规定的单价支付许可费。只要发生本协议项下应付的许可费，[公司] 应在 [公司] 每个财务季度结束后三十（30）天内，向供应商提供许可费报告。该许可费报告应说明 [公司] 销售、出租、许可或以其他方式处置的许可产品的数量，以及相关的 [公司] 应向供应商所支付许可费的总额，但不包括那些由 [公司] 用于评估、测试和演示目的的许可产品。许可费将在上述许可费报告交付供应商的同时支付。所有与确定应付许可费金额相关的计算方法均应按公认会计准则进行。每个许可费报告均应包含足够详细的信息，以验证每笔到期应付许可费支付的准确性。许可费报告和许可费应交付 / 支付至供应商在附件 A 中指定的地址和收件人。

14.9　许可例外。本协议中的任何规定均不得被解释为：(a) 除在本协议中明示地由一方所授予的许可或权利外，通过默示或其他方式授予了任何其他许可和权利；(b) 任何一方对其在本协议项下所许可的知识产权的任何部分有提供修改的义务；(c) 对涉嫌侵权的第三方有提起诉讼或采取其他法律行动的义务；(d) 在本协议明确规定的产品之外，就其他供应商产品有授予 [公司] 制造许可的义务，无论是通过默示或其他方式；(e) 对任何一方直接或间接营销与另一方所提供产品或服务相竞争的其他产品或服务的权利构成了任何限制；(f) 对 [公司] 分销和营销产品和许可产品的自主权，包括但不限于，决定是否分销或停止分销产品或许可产品的权利构成任何默示限制；以及 (g) 对供应商所提供软件中知识产权的所有权进行了任何转让。

14.10　破产清算程序。在许可方无论因自愿或强制进入破产清算程序的情况下，就在本协议项下或根据本协议授予的所有许可和权利，被许可方可以选择接受破产清算方案不再继续履行，并就许可方违约造成的损害作为普通债权与其他债权人按比例请求清偿，被许可方也可选择以继续支付许可费为代价，在本协议约定的期限内保留并行使上述许可和权利，并可根据本协议关于续展的规定单方决定是否续展该期限。许可方及其资产或业务承继人不得以任何方式妨碍被许可人行使上述权利，但许可人及其承继人可不再就许可的知识产权承担培训、支持、更新和升级等义务。

15　抗辩和补偿

15.1　一般抗辩和补偿。如供应商或其分包商及其各自的人员的任何包括但不限于下列行为：(a) 违反供应商的陈述、保证或本协议的其他条款；(b) 人身伤害、死亡或财产损害；(c) 非法、不正当或欺诈性的业务行为；以及 (d) 前列范围之外的供应商或其分包商的其他作为或不作为，导致了任何针对［公司］和 / 或［公司］关联方及其各自人员、董事、客户、代理、分销商和服务提供商（统称为“被补偿方”）的任何索赔、请求、调查、处罚、诉讼或其他法律行动（“索赔”），供应商应为被补偿方提供抗辩和补偿，使之免受任何和所有因本协议导致的索赔和责任的损害。

15.2　知识产权侵权抗辩和补偿。如有任何第三方声称本协议项下的任何产品、软件或许可产品（“被补偿物”）侵犯了其专利、版权、商业秘密、商标或其他知识产权权利，向被补偿方提出任何索赔，供应商应承担费用，为［公司］及其他被补偿方和直接或非直接的用户提供抗辩和保护，并使之不受损害。

15.3　补偿流程。供应商应支付所有相关的成本，包括抗辩费用、罚款、裁判机构裁定或判决的损害赔偿金、和解协议约定的和解金以及合理的律师费。供应商提供上述抗辩和补偿的前提是，［公司］应：(a) 在收到第三方提出的上述索赔通知后，在合理时间内及时通知供应商；(b) 允许供应商主导对上述索赔的抗辩及相关的和解谈判；并 (c) 为供应商的上述抗辩及和解谈判提供合理协助。供应商应自行承担费用并使用对相关事务有合理经验的法律顾问进行上述抗辩及和解。根据［公司］的选择，［公司］也可以自行承担费用使用其自己的法律顾问参与相关程序。

15.4　纠正义务。如果上述索赔已经发生或根据某些迹象显示可能发生，可能会妨碍［公司］、［公司］的客户、销售商和服务提供商按本协议预期的目的和方式营销、分发、许可和 / 或使用可交付物和服务，则供应商应承担费用采取包括但可能不限于所有必要措施：(a) 为［公司］、［公司］的客户、销售商和 / 或服务商获得可以继续营销、分发、许可和 / 或使用被补偿物的许可和权利；(b) 将侵权的被补偿物修改或替换为不侵权或不受限制的版本，并且修改或替换后的物项满足本协议的所有规格和其他要求；或 (c) 如果上述选择均不可行，则供应商应返还［公司］前期就侵权的被补偿物已经支付的价款，［公司］返还所有前期供应商交付的被补偿物。供应商应补偿［公司］与此类索赔的评估、检查被补偿物库存以及由［公司］、［公司］的客户更换被补偿物相关的所有成本和费用。这些行动并不减免或排除供应商在本协议项下的其他义务和责任，［公司］保留根据本协议及法律规定可享有的所有其他权利

16273

和救济。

15.5　补偿的例外。供应商对下列原因导致的索赔不承担义务：(a) 由［公司］或第三方对被补偿物做了任何【超出合理预期的[1]】修改；(b) 在非指定的【或非合理预期的】运行环境中使用被补偿物；(c) 将被补偿物与非供应商在本协议项下提供的【或非合理预期的】任何产品、数据或设备结合、运行或使用，但此项排除不包括那些仅由被补偿物本身导致，而与前述结合、运行或使用无关联的索赔；或 (d) 单纯由非供应商产品而非因与被补偿物结合使用导致的索赔。

> 条文注解：供应商可能会倾向于在抗辩和补偿条款中约定一个范围更广泛的例外条款，采购方则需要根据业务可能的情况，对此类例外条款进行谨慎评估，使其限定在合理范围内。例如，如果根据业务需要，采购方及其客户需要对供应商的产品及其他可交付物做必要的修改，或需要将其与第三方产品或服务结合使用，那么简单将采购方修改或与任何非供应商提供的产品等结合使用均作为例外，可能就是不符合采购方利益的。

16　市场拓展

16.1　供应商将根据［公司］要求，为［公司］人员提供或使［公司］人员可以获得售前支持的相关信息和其他资源。供应商和［公司］将合作参加各类营销和客户需求发掘活动，此类活动的费用由双方共同投入的市场拓展基金（MDF）承担。如供应商承担任何此类市场拓展基金，［公司］应在供应商支付款项前，向供应商提供详细的营销计划，说明市场拓展基金将被如何使用。［公司］产品营销部门将建议［公司］销售部门使用供应商的最低广告定价指南。尽管有以上规定，［公司］销售部门及其分销商将自行负责确定产品的转售及最终用户价格。

17　支持服务

17.1　［公司］将负责处理一级服务呼叫。供应商将负责处理二级、三级和四级服务呼叫，对这些服务支持的细节将在本协议附件 A 支持服务条款中约定。

17.2　对［公司］报告的软件错误，供应商应及时修复。供应商将为［公司］提供软件支持，不再就此另外收取费用。供应商将提供隐名文件传输协议站点，[2] 用于［公司］

> 条文注解：参见《FTP 文件传输协议介绍 FTP 协议走过了 40 年》，见西西软件园，https://www.cr173.com/html/11489_1.html。仅作为实践中曾存在的条款作为示例提供，供参考。

下载特定软件。［公司］将其网站上提供一个支持网页，网页上含有指向供应商隐名文件传输协议站点的链接。供应商同意［公司］可以登录和使用供应商技术支持数据库，该数据库用于为产品提供产品支持级别分析。

17.3　供应商将按本协议附件D“支持服务条款”的约定，在以下五(5)个阶段为[公司]提供的支持服务：(a）产品上市前；(b）产品在供应商的保修期且仍在量产；(c）产品在供应商保修期内，但已经不再生产；(d）产品不在供应商保修期内且已经停产，但仍在第12.3款“保证范围外的修理”规定的每款产品的支持期限[1]内；以及（e）产品不在供应商保修期内且已经停产，并且已经超出第12.3款“保证范围外的修理”规定的各款产品的支持期限。该支持服务条款可经［公司］事先同意由供应商进行更新，自［公司］同意最初的支持计划之日起每年可进行一次。

条文注解：参见关于生命周期的注释。

17.4　供应商可自行或指定第三方提供上述服务，也可根据协商委托［公司］提供该等服务，由供应商自行或指定第三方提供该等服务的，属于保外维修的，供应商应保证服务提供者只向用户收取合理的材料费及人工费，不以营利为目的。由［公司］提供服务的，供应商应向［公司］支付合理的劳务费用。当由第三方或［公司］提供该等服务时，供应商应向指定的第三方或［公司］提供所需的资料、备件和技术支持，以确保第三方或［公司］能合理地提供此种服务，并且在由第三方承担维修服务时，供应商应提供相应的证明，确保第三方有能力提供此种服务，若第三方不能尽维修义务，则由供应商承担［公司］因此遭受的损失。

17.5　供应商将免费为［公司］提供合理必要的培训，使［公司］的服务技术人员可以对产品进行现场修理。培训支持将包括但不限于所有产品的修理手册和工程图表以及产品修理培训课程。培训课程将在供应商场所进行，至少每季度一次。[公司]将承担[公司]服务技术人员参加上述培训的差旅及其他费用。

17.6　在本协议某些特别条款中规定的供应商服务义务之外的其他一般服务义务，将在附件D《支持服务》中规定。

18　产品退市

18.1　退市计划。如供应商计划将某个族系的产品退市，应提前至少九十(90）天将计划停产日通知［公司］。对在停产日前接受的订单供应商应继续履行。根据停产日后产品的库存情况，供应商应接受［公司］的产品订单，对停

16273

产日后三（3）个月的产品进行采购。此外，供应商应在保修期内，以及自每款产品最后一次销售给［公司］之日起至少五（5）年[①]（或［公司］要求的较长期限）内保持产品部件的供应能力。在上述每个期限到期时，供应商应与［公司］合作，允许［公司］下最后一次大批量订单对部件做最后一次采购。如果由第三方供应的部件无法采购，供应商应尽其最大的商业努力，以商业上合理的价格，为［公司］提供带有等同或更好性能的类似产品，价格不应超出最新销售给［公司］产品或部件价格的百分之十（10%）。［公司］应遵守所有在供应商就产品和部件给［公司］所发出的生命周期终止通知函的所有条款。

> 条文注解：见第 12.4 款关于生命周期的注释。

18.2　生命周期结束。双方同意确定生命周期结束产品退市后需要的适当周转库存。双方将共同努力将生命周期结束后的周转库存降低至最低直至清空。

19　保密信息

19.1　双方在本协议项下交流的以及与本协议相关的保密信息，均应依据双方和/或双方各自的关联方或业务被承继方于____________（援引的保密协议签署生效年月日）签署生效的［公司］编号为____________（援引的保密协议合同编号）的《保密协议》的条款和条件进行披露和保护。双方在此援引的保密协议条款，是本协议的组成部分并具有完全的效力。在不限制本协议任何规定的条件下，保密协议适用于所有规格、需求和支持文件。本协议的条款和条件应被视为保密信息。

19.2　任何一方在未经另一方事先书面同意的情况下，均不得公开发布任何与本协议相关的任何信息，包括本协议的存在、另一方的名称、另一方高级管理人员的姓名及另一方财务或其他状况的信息，但在营销材料、销售会议以及法律上要求的备案中日常提及的除外。对于［公司］，公开发布上述信息，应经［公司］沟通部门事先书面批准，［公司］任何其他部门均无权批准公开发布上述信息；对于供应商，上述公开应经供应商授权代表的事先书面批准。［公司］就制造技术资料所承担的保密义务将在托管协议中约定。

20　期限和终止

20.1　期限和更新。除非根据本协议约定被提前终止，否则本协议初始期限为自约定的生效日起一（1）年（“初始期限”）。在本协议初始期限或任何后续更新的期限到期后，本协议将被自动延续一个为期一（1）年的协议期限（“更新期限”），除非任何一方在任何一个协议期限届满日至少九十（90）天前书面通知另一方无意延续本协议。

20.2　协议终止。如任何一方意欲在初始期限或任何一个更新期限内提前终止本协议，双方同意就提前终止协议进行协商。本协议因此终止的，任何当时正在执行的生效订单以及适用于该订单的本协议条款并不因此终止。

20.3　有因终止。如本协议有任何下列情形发生时，任何一方均可根据其选择经书面通知另一方而终止本协议：(a) 另一方实质性违约，且未能在收到守约方书面违约通知后三十（30）天内采取有效补救措施的；(b) 另一方书面承认其无力支付到期债务，已提出破产清算申请，或为债权人利益签署了转让协议或其他类似文件；(c) 另一方财产已被任命接管人、破产信托人或其他类似管理人；或 (d) 在未经事先书面同意的情况下，本协议被另一方转让给他人。

20.4　终止的效果。在本协议因任何原因终止的情况下，本协议的规定将继续适用于供应商在终止生效日前接受的所有订单。在本协议由任何一方有因终止的情况下，任何在本协议项下应付另一方的金钱债务视为立即到期应付，并且任何属于［公司］的托管资产，包括模具、借用的设备或由［公司］为供应商提供的测试设备等均应立即返还，除非［公司］另有书面要求。除实质性违约情况外，本协议的终止将不会解除一方向另一方支付任何到期应付价款的义务，也不会解除根据第 20.5 款应当延续的本协议任何条款。协议终止将不会排除一方就另一方违约所获得救济的权利。

20.5　继续有效。本协议第 1 条（定义）、第 8 条（价格和支付）、第 11 条（保证）、第 13 条（批次性故障；产品危害）、第 14 条（许可）、第 15 条（抗辩和补偿）、第 18 条（产品退市）、第 19 条（保密信息）、第 21 条（责任限制）、第 23 条（救济）、第 24 条（法律合规）、第 26 条（通知）、第 27 条（记录和稽核）、第 28 条（反商业贿赂）、第 29 条（一般条款）以及附件 A（产品条款）在本协议终止或届满后将继续有效并对双方及其各自的业务承继方和受让方具有约束力直至得以履行。

21　责任限制

21.1　除本协议另有明确约定、各方的抗辩和补偿义务、［公司］就软件所承担的义务以及双方各自的有关保密信息的义务外，双方明确同意，在任何情况下，任何一方均不就任何类别的附带的、结果性的、间接的或特殊的损害，包括但不限于因不能使用、数据丢失、数据或软件损坏导致的利润损失和损害承担任何责任，无论该方是否被告知此类损害发生的可能性，以及是否知道或应当知道发生此类损害的可能性。双方明确放弃就本条款前面各项提出任何索赔的权利。

16273

22　保险

22.1　在本协议整个期限内，卖方应自行承担费用，向信誉良好的保险公司购买范围和金额足以覆盖卖方在本协议项下义务和潜在责任的保险，并始终保持这些保险有效性。所有的保险费以及与此保险相关的费用，将完全由卖方负责。此类保险应至少覆盖以下范围：商业一般责任保险，其保单限额应不低于每个人身伤害事件______元和每个财产损害事件______元。这里所提出的保险要求并不以任何方式或在任何程度上减免卖方在本协议下的任何责任。

23　救济

23.1　双方同意，任何一方违反本协议均将导致对方的损失，双方承认这些损失的计算有时可能非常困难，因此双方认为预先确定本协议项下的违约金数额对双方来说都是合理的和必要的。如任何约定违约金不足以弥补守约方的损失，守约方有权要求违约方进一步补偿。本协议所称损失应包括因违约行为所导致的守约方的实际损失以及可得利益损失，以及守约方为处理违约事件所发生的包括调查、仲裁、诉讼、律师等法律费用在内的费用和开支。

23.2　如果本协议任何一方违反本协议项下的有关知识产权保护和保密信息不使用或不批露义务，应就其每一个个别的违约行为向另一方支付人民币五十（50）万元的违约金。任何一方违反本协议的规定，擅自使用对方商标、标识或将对方的技术、商业秘密提供或泄露给对方的竞争对手，则视为严重违约。双方同意，本条款约定的违约金是对违反本协议项下知识产权保护和保密信息保密义务所导致损失价值的合理预估。

23.3　本协议规定应该偿付的退款、返款、违约金或赔偿金应当在明确责任后十（10）日内付清，否则按逾期付款处理。守约方可以从其到期应付款中直接扣除上述退款、返款、违约金和赔偿金。

24　法律合规

24.1　一般法律合规。双方应自行承担费用确保其各自的行为符合所有政府主管机关颁布的与本协议相关的所有可适用法律规定，并应互相提供使一方能够符合与产品相关法律规定所需要的信息。

24.2　进出口管理。供应商应在每款产品的产品本体和包装上标注原产地并保证其真实性，以便符合进口地相关法律规定及海关主管机关的要求。如果进口任何产品，供应商应按［公司］要求：(a) 允许［公司］作为记录的进口商；或 (b) 为［公司］提供用于证明进口以及向［公司］转让海关退税权的任何文件。供应商不得违反任何对本协议双方或本协议项下交易有管辖权的国家或地区政府当局颁布和实施的相关出口管制法律规定（“出口管制法律”）直接或间接地出口、转出口或转运产品。此外，供应商同意对因供应商违反或被指控违反任何与销售给［公司］的产品相关的出口管制法律导致的任何损失、费用、处罚或索赔提供抗辩、补偿并确保［公司］不因此受到损失。供应商在本第 24.2 款项下的补偿义务受第 15 条（“抗辩和补偿”）的约束。［公司］可以按照本协议第 27 条（“记录和稽核”）的规定对供应商是否遵守本条款进行检查。供应商陈述和保证，除非在交运前另有明确书面告知，否则所有交付的产品均可不受限制地出口至所有国家和地区，但那些前述政府当局或其参加的国际组织全面禁运的国家和地区除外。供应商同意：(a) 将根据［公司］要求立即向［公司］提供与产品进出口需要遵守的法律相关的所有信息，包括但不限于，相关的出口管制分类数据；并且 (b) 在获得任何由政府当局颁布的与产品相关的进出口限制后，立即将相关信息书面通知［公司］。

24.3 政府审批。供应商应负责获得并维持所有相关政府主管机关对产品的任何监管审批。此外，如集成了供应商产品的［公司］系统未能符合任何相关监管要求，供应商应协助［公司］查找和确定与其产品相关的问题。

25 协调和配合

25.1 ［公司］专属团队。供应商将组建并保持一个至少由以下人员组成的专属团队，为本协议项下向［公司］的供应提供支持：(a) 专职的客户经理；以及 (b) 一个负责与［公司］工程技术人员联络的质量和工程专家。供应商应就包括检测、流程和质量在内的其他关键领域，为［公司］人员提供其他合理的联络接口。

25.2 定期业务检讨。［公司］有权参与供应商未来产品和技术发展方向的构想和定位。供应商与［公司］将定期会晤讨论业务执行情况、产品质量、制造能力、成本降低计划、技术发展方向、总体计划及其他可能影响任何一方履行本协议能力的相关因素。

25.3 合同协调人。双方将分别指定各自的合同业务协调人负责本协议相关事宜的沟通协调。除非另外指定，否则双方各自指定的业务协调人是本协议签字栏中指定的各方联络人。除双方同意的其他职权外，各方合同协调人或各方指定的其合同协调人的继任人，负责推动与本协议项下活动有关的任何现有和潜在重要问题的沟通和解决。各方合同协调人应定期或根据项目需要不时会晤，就相关工作的进展和执行情况进行沟通。除非经各方明确和充分地书面授权，或由各方以充分签署的补充协议方式确认，否则各方合同协调人以及任何其他未经正式授权的人员，均无权以任何方式修改本协议的条款，也无权代表各方就本协议的执行作出任何承诺、接受、

16273

弃权或让步。各方如更换其合同协调人应及时书面通知他方。

25.4　电子通信。供应商与［公司］将通过电子邮件或互联网方式保持电子通讯，并将根据［公司］可能不时提出的合理要求建立和保持其他形式的商业通讯方式。为努力降低前置期，双方同意将调研［公司］通过互联网向供应商发送订单的方式。本协议的条款和条件将适用于所有通过网络交易方式所签发的订单，但同时，网络交易的细节也可能会受双方以书面形式达成的附加条款和条件的约束。

25.5　关联方执行本协议。根据［公司］业务模式，［公司］可以安排其关联方执行本协议项下的业务，包括签发订单、支付、索赔等，本协议及其附件的条款和条件均适用于供应商及［公司］关联方之间的业务活动。［公司］关联方可以根据本协议及其补充修订文件的约定直接与供应商合作，供应商可直接接受和承诺［公司］关联方的采购需求。除非另有约定，或依据可适用法律另有解释，供应商与［公司］关联方之间依据本协议签署之订单等产生的权利和义务，由各公司分别独立享有和承担。

26　通知

26.1　本协议项下通知均必须用中文【或英文】以书面形式发出，并应通过需要回执、邮资预付的挂号信或特快专递方式送达至首页签字栏所列明的地址，或由一方给另一方的通知中指定的其他地址。所有此类通知将在送达当日生效，或者如果通过以上邮寄方式送达，则在交寄日三（3）天后生效。任何一方如需变更通知地址，均应按本条款规定执行。

27　记录和稽核

27.1　［公司］可以对供应商的制造场所及其他与产品相关的场所进行核查，并对与本协议允许的检查合理相关的任何信息进行审阅和复制。此外，［公司］可以：(a) 对在生产或检测任何阶段的产品进行检查；(b) 检查供应商的场所及质量控制程序；以及 (c) 与［公司］客户共同参观供应商的制造场所。为核查目的，［公司］有权在双方同意的供应商正常工作时间对供应商的账册和业务记录进行检查，但自本协议签署之日起，每十二（12）个月期限内不超过一（1）次。如对财务进行检查，［公司］应在有意执行此类检查前至少提前六十（60）天通知供应商。其他核查将根据事先合理通知进行。此类核查的费用应由［公司］承担。对财务以及本协议所约定最惠客户保证的核查，将由［公司］选择并由供应商同意的独立并经国家注册的会计师或审计师执行。供应商不得不合理地拖延或拒绝此类批准。核查的执行将不得影响供应商的正常业务活动。核查应根据本协议第 19 条及本协议援引的保密协议执行。

27.2　［公司］应保留［公司］销售和分发许可产品的足够详细的记录，用于核查根据本协议支付给供应商的许可费是否准确。供应商有权在双方同意的［公司］正常工作时间检查［公司］的账册和记录，但仅限于为核查许可费支付的目的，且在自本协议签署日起算的每十二（12）个月期限内不得超过一（1）次。供应商如有意执行上述检查，应至少提前三十（30）天通知［公司］。上述检查将由供应商选择并由［公司］批准的独立并获得国家认可的会计人员执行，费用由供应商承担。［公司］不得不合理地延迟或拒绝作出批准。检查应以不干扰［公司］正常业务活动的方式进行。对许可费记录的检查应根据本协议第 19 条及援引的保密协议执行。［公司］应在每个许可费报告提交日后两（2）年内，保留包含［公司］销售和已付许可费相关数据的档案和账册。

28　反商业贿赂

28.1　供应商向［公司］承诺：

（1）其不会向［公司］任何员工索取或接受任何贿赂、回扣或非法支付；

（2）其不会向［公司］任何员工以及与该员工有亲密个人关系的人士允诺或提供任何可以被视为试图影响双方之间业务关系的礼物、酬金或其他有形或无形利益，包括但不限于，节日礼物、金钱、财产、服务、免费旅行、佣金、顾问咨询费、回扣、休假费用补偿、产品或服务的特别优惠以及娱乐招待等；

（3）其没有也将不会诱使或怂恿［公司］或［公司］任何员工组织，或参加［公司］或其任何人员组织的任何其资金或资产并未适当和准确地按照普遍接受的会计准则和惯例（如创设虚假或伪造的会计科目）在会计账册上进行记载的活动；

（4）其没有也将不会代替［公司］或［公司］任何人员支付，也明确否认会授权［公司］或［公司］任何人员代为支付任何实际目的与相关票证或文件记载内容不符的任何款项；

（5）其没有也将不会以任何可能损害［公司］员工对［公司］忠诚的方式，直接或间接聘雇［公司］的员工，无论是正式还是非正式地；

（6）［公司］员工或与［公司］员工有亲密个人关系的人士在供应商业务中并不存在任何可能导致利益冲突的财务或其他利益（包括任何雇佣关系，但事先明确告知并经［公司］有相应职权的主管领导同意的除外），在本协议持续期间，供应商也将不会允许此类情形发生；并且

（7）其没有也将不会要求、诱使或怂恿［公司］，或为［公司］的利益或代表［公司］向任何第三方提供上述不当利益。

28.2 供应商发生上述行为均被视为已经对［公司］利益造成实质损害。此类行为一经发现，［公司］除可根据其选择全部或部分撤销任何受影响的

16273

业务（且不需为此承担任何责任）外，还有权要求供应商就受影响的业务向［公司］按受影响业务总金额的百分之______（______%）支付违约金，作为对［公司］的损害赔偿，并且就每一单项违约行为的违约金的总额将不低于______（______）万元，无论本协议是否到期或终止。本第 28 条中所称的“供应商”包括其关联方以及供应商和 / 或其关联方的所有员工和代理。“[公司]”包括[公司]所有关联方。

29　一般条款

29.1　双方关系。各方知道并同意，在制订及执行本协议过程中，双方始终都是作为独立的合同主体存在。供应商知道并应使其员工、分包商（包括顾问、劳务或准员工等）及其他代表或协助供应商执行本协议项下工作的人员知道，供应商及供应商的上述人员与[公司]不存在任何劳动或准劳动(劳务)关系。在本协议期间内可能用于描述各方关系的“伙伴”“合作”及其他类似用语是用于表明各方合作的精神，本协议的任何内容及其执行均不表明或导致(无论是明示还是默示)各方之间存在或产生了任何法律上的雇佣、委托代理、合伙、信托、联营或合资关系。本协议任何一方及其关联方均不因本协议的签署和执行成为另一方的附属或关联方。除非另有明确书面授权，否则任何一方均不得代表另一方行事，也不得以任何方式代表另一方作出任何保证或承诺、为另一方创设任何义务或向第三方表明另一方将以任何方式对其行为（无论是作为还是不作为）负责。除非［公司］另有书面协议确认，否则［公司］不得被视为供应商与供应商合同厂商之间任何合同的当事人。［公司］与供应商应自行独立对各自为履行本协议项下的权利和义务产生的成本和费用负责。

29.2　全部协议。本协议是双方就本协议标的所达成的全部和完整协议，并取代其他双方之间有关本协议标的的任何和所有在先的或同时的协议、沟通或谅解，无论是口头的还是书面的，任何此类未在本协议中记载的协议、沟通或谅解均视为不存在。本协议的条款将支配并取代［公司］订单或供应商订单确认书中的条款，但［公司］订单表格中包含的任何仅适用于该特定订单的条款除外，例如交付期限、前置期和产品规格。在这些情况下，供应商将受这些订单专用条款约束。除非在本协议附件中另有明确规定，否则如本协议主协议与附件内容有任何冲突时，主协议的条款将优先适用。

29.3　仅限书面修改。除非且直至以特别援引本协议的书面形式明确规定，并由各方各自的正式授权代表（对［公司］而言，应为全球采购副总裁及以上职级人员，对供应商而言，应为副总裁或以上职级人员）签署或加盖各方有效印章确认，否则对本协议的任何修改均无效。此类经有效签署或确认的修改应仅适用于该修改所限定的情形。双方的任何其他作为或不作为（包括检查、疏于检查、接受延期的交付，或接受任何产品或支付任何产品的价款）均不构成对其在本协议项下的以及法律所规定的任何权利的放弃。

29.4　弃权。本协议的有效弃权须经弃权方书面签署；一方因任何原因疏忽或延误了对某项权利的行使，或对另一方违约或侵权行为的追究，并不表示其已经放弃该项权利，也不表明其对以后发生的事件也放弃追究。

29.5　非排他交易。本协议不是一个排他交易协议，签署本协议并不意味着［公司］将会购买任何最低数量或特定数量的产品。［公司］保留并且供应商同意［公司］可以保留向其他供应商购买类似或相同产品的权利。而且，供应商同意与［公司］及［公司］的其他供应商就本协议项下的产品供应进行合作。

29.6　标题。本协议的条款标题及目录（如有）仅为方便目的提供，不得用于及影响对本协议任何条款的解释。

29.7　起草。双方均同意，不论本协议的草案由哪一方提供，以及无论任何一方是否对本协议做了任何修改，本协议均应被视为是由双方共同协商起草和拟定的，本协议经由双方有充分经验的签约人员协商确定，并已经由各方有充分经验的法律顾问审阅，本协议的条款均充分考虑了双方合理和充分的对价。

29.8　法律适用和纠纷解决。本协议由中华人民共和国大陆（为避免疑问，不包括中华人民共和国香港特别行政区、澳门特别行政区和台湾地区）的实体法法律管辖，但不援引其任何法律冲突规则（如有）。《联合国国际货物销售合同公约》不适用于本协议。如果任何一方向他方提起任何有关本协议的诉讼，均应提交［公司］所在地有相应级别管辖权的法院裁决。

29.9　转让。未经另一方事先书面同意，任何一方均不得将本协议的任何部分或全部分包、转让给其关联方或任何第三方。如任何一方试图在未经另一方同意的情况下转让本协议，则另一方可以选择立即终止本协议或行使本协议第 14.7 款（2）项规定的附条件制造许可权。任何一方经另一方同意转让本协议的，并不免除或减轻该方在本协议项下应承担的义务和责任。转让本协议的一方应当始终与受让方或承继方对本协议共同和分别承担责任。

29.10　不可抗力。不可抗力系指协议双方缔结协议时不能预见、它的发生及后果不能克服和不能避免的客观情况，包括但不限于：政府行为、火灾、洪水或其他自然灾害，禁运、罢工或劳工纠纷，战争或其他暴力事件、无法获得必要的人力、材料或设备以及政府命令或限制，或其他诸如此类的超出一方控制能力的事件（“不可抗力”）。任何一方均不需要对因不可抗力事件不能或不能完全履行本协

16273

议项下义务承担责任，但受影响的一方必须：(a) 立即将不可抗力事件发生的情形书面通知另一方，并在事件发生后十五（15）天内用特快专递向对方发出事件发生地点有关政府部门、公证机关或商会出具的证明，以证实不可抗力的存在；(b) 尽最大努力降低不可抗力事件的影响，包括尽快恢复本协议项下义务的履行。受影响一方的履行期限可以根据不可抗力事件影响的期间而相应顺延，但如果不可抗力事件的影响持续超过四十五（45）天的，另一方可以立即终止本协议。

29.11　可分割。如果本协议的任何条款被有合格管辖权的裁判机构裁定在某些方面无效或不可执行，且这种无效或不可执行性不会对双方在本协议中的权利造成实质性的影响，则本协议将继续有效。任何被裁定为仅在某些方面或某种程度上无效或不可执行的条款，在未被裁定为无效或不可执行的程度或范围内仍然具有完全的效力。

29.12　非排他救济。除非本协议另有明确约定，否则本协议约定的任何一方追究违约责任或获得救济的权利，均不排除和限制该方依照法律规定及本协议约定寻求其他救济的权利。任何一方均有权在法律允许的范围内要求违约方就违约行为个别地或累计地承担违约责任。

29.13　诚信争议解决。在任何一方针对他方提起与本协议相关的诉讼或其他法律程序前，双方同意将诚信地通过合理的努力，共同解决因本协议导致的或与本协议有关的任何争议和索赔。如解决争议或索赔的正式协商未果，任何一方均可要求各方指定适当的经理人员（或其他经授权的管理人员）诚信地协商和沟通，以尝试解决争议或索赔。在协商期间，各方均应满足他方所提出的提供与争议或索赔相关信息的合理要求。在以下情形下，本条款不适用：(a) 相关事项的诉讼时效到期日即将到达；或 (b) 为减轻损害需要获得法院禁令、财产保全、诉前保全或其他类似临时救济措施的。

29.14　行动自由。[公司] 将有充分的自由和灵活性作出有关产品分销和营销的任何决定，包括但不限于是否分销或终止分销产品的决定。[公司] 不保证其对产品的营销活动（如有）能够成功或产生任何业绩。[公司] 可以单独分销或销售产品，也可以将产品与其他系统结合进行销售或出租。

29.15　语言和币种。本协议仅以简体中文拟就并签署，任何对本协议的翻译均仅供参考，不具有法律效力。所有本协议提及的价款，除非特别明确指明，均指人民币元。

29.16　副本和签署。本协议正本一式四份，双方各执两份，具有同等法律效力。本协议经双方签署后自首页载明的生效日开始生效，如首页未填写生效日，则以最后一方签署日为生效日。

附件A：产品条款

本 OEM 开发和采购协议附件 A 用于阐明协议双方就产品购买和销售达成的主要条款。除非另有定义，否则本附件中的术语与主协议定义的术语含义相同。本协议的条款和条件，包括本协议的修改程序，适用于本附件。

1 产品

根据本协议及本附件的条款，［公司］可能会订购并且当［公司］的订单被接受，供应商将向［公司］销售以下列明的产品，如产品列表发生变更，由双方在另行达成的补充协议中列明。补充协议中列明的产品将成为更新后的产品列表。

所有价格均为最高价格。初始定价（自______年______月______日生效）如下：

产品规格型号	初始报价
A XYZ	100
B LMN	120

如供应商在［公司］收到任何一批产品之日起（以［公司］书面收货确认为准）十五（15）日内对产品价格进行下调或促销，双方将对库存产品按新价格结算。

2 产品质量

产品应符合的规格、标准及其他质量要求，见后附或双方另行签署确认的 OEM 开发和采购协议供应商产品质量要求附件。

3 制造地点和物流周转中心

根据本协议第 5 条规定，双方指定以下制造地点：

____

____

4 框架订单弹性

［公司］有权按照以下浮动比例增加或减少框架订单数量：

距离预定交付［公司］日期的天数	订单数量的最大可调整比例
0～14	10%
15～30	50%
31+	100%

为确保供应商能满足提前交货要求，供应商同意按以下数量保留特定部件

16273

的安全库存：

部件	保持供应周数
A部件	2

5　付款和交付

产品必须按以下条件交付给［公司］：

产品的销售和交付条件为供应商承担费用将产品交付至指定的物流周转中心。

除非双方另有约定，否则供应商应承担交货前的一切费用，包括但不限于运输、保险及卸货等费用。产品的所有权和风险将自供应商交付至［公司］的制造场所转移给［公司］。由供应商负责的运输费不应超过合理的商业费率。

［公司］应在供应商将产品送达约定的交货地点后十五（15）个工作日内，按附件B“供应商质量要求”的规定对产品进行验收，验收合格的办理收货确认（已经在供应商进行驻厂检验的产品除外）。正常免检产品在一（1）个工作日内办理收货确认。

双方同意只有满足以下条件方为收货确认：（1）产品入厂检验或依约定的检验方法检验合格，［公司］开出入库单；（2）正常免检品［公司］开出入库单。

在产品根据本协议规定被接受的前提下，［公司］在收到供应商的货物及发票之日起（以较晚者为准）四十五（45）天内支付货款给供应商。

供应商开立的发票应为符合法律规定的合格发票。收款人与发票提供者必须一致，发票的开出者必须是供应商本身，发票上须注明产品的原产地。供应商发票上的户名、开户行、账号等银行信息须与商务条款/订单中供应商提供的银行信息相一致，若需修改应事先书面通知［公司］，并经［公司］同意。［公司］付款应付至供应商发票上指定的账户。如因供应商未及时提供发票或发票内容有误造成［公司］延迟付款，［公司］不承担任何责任。

6　［公司］的关联方

［公司］的以下关联方可以依据本协议向供应商下单采购产品：

______________公司，其地址在：____

______________公司，其地址在：____

______________公司，其地址在：____

7　样品

供应商应就每个系列的产品向［公司］免费提供______个样品。

附件B：供应商质量要求

1　范围

本供应商质量要求文件用于确定与供应商向［公司］所提供产品和服务的质量有关的条款和条件。本文件中的要求适用于所有供应商及供应商的分包商、服务商或上游货源。供应商所供应的产品和 / 或服务应符合本文件规定的条款。除非经［公司］正式书面同意，否则不得有任何偏离或例外。在接受［公司］订单前，供应商应当审阅并完全了解本文件中的要求。在某些情况下，供应商还应符合未在本文件中规定的［公司］的其他要求，或与本文件要求不同的要求。在这些情况下，［公司］将与供应商就供应产品质量达成新的协议。本附件用于确定双方为确保其各自的产品和服务满足质量和监管要求所做的承诺。

本文件不用于确定预测、订单、交付和定价要求。本文件也不用于定义具体产品的规格，产品规格由双方另行确认的产品技术规格文件确定。

2　优先顺序

2.1　仅限于与质量要求相关的情形，如本文件与采购协议、订单等文件有任何不一致，按以下优先顺序解释：

（1）订单；

（2）工程设计图；

（3）工程和材料规格；

（4）供应商质量要求的补充修订文件；

（5）OEM 采购协议（“采购协议”）——采购主协议的条款将优先适用于订单上包含的一般条款和条件；

（6）本供应商质量要求附件。

3　定义和缩略语

3.1　本文件中使用的以下术语含义如下：

（1）整改和预防措施：（CAPA/CORRECTIVE ACTION AND PREVENTION ACTION），是指为改正或消除导致产品重复出现不符的原因，在制造、文件管理、制度和流程中采取的一系列改进或预防措施。

（2）让步：是指允许使用或放行不符合特定要求的产品或材料。让步通常被称为“按现状使用”（UAI）处置。

16273

(3) 整改措施：是指为消除任何不符或其他不良状态的原因所采取的行动。

(4) 定向采购：是指［公司］指示供应商从特定的第三方客户获取部件、材料和服务的情况。

(5) 先入先出：(FIFO/FIRST IN，FIRST OUT)，是一个更换库存货品的过程。根据这个过程，先入库的产品是库存时间最久的产品，将被首先使用。

(6) 立即：除非另有明确，否则立即是指在两（2）个工作日内。

(7) 质量管理体系：(QMS/Quality Management System)，是以确保始终满足客户需求并提高其满意度为目标的一系列业务流程。

(8) 修理：(Repair) 是指为使不符的材料、部件或产品能够用于其预期目的所采取的行动。

(9) 重工：(Rework) 是指为使不符的材料、部件或产品符合要求所采取的行动。

(10) 风险管理体系：(RMS/Risk Management System)，是对整个产品生命周期内的风险因素进行识别、分析和处理的制度。

(11) 废弃：是指排除按原预计的用途使用某些不符材料的措施。

(12) 缺陷：是指任何与协议、本文件、规格及法律要求的不符。

(13) 工程变更通知：(ECN/ENGINEERING CHANGE NOTIFICATION)，是供应商就其发起的工程变更而向［公司］发出的通知。

(14) 工程变更指令：(ECO/ENGINEERING CHANGE ORDER)，是［公司］就其要求的工程变更给供应商发出的指令。

3.2 本文件未另外定义的术语，其含义与采购协议定义相同。

4 总体要求

4.1 质量管理体系

(1) 除非［公司］另有明确或同意，供应商应具有一个实际执行并按照最新版本的质量管理体系标准（如 ISO 9001）运行的质量管理体系（QMS），该体系并应获得权威第三方认证机构的认可。如果［公司］要求，供应商应向［公司］提供相关的质量管理体系认可证书。

(2) 除非另有明确，否则在适用情况下，供应商应符合任何最新版本的包括但不限于以下相关标准：

—电子元件工程联合会（JEDEC）标准；

—国际电子工业联接协会（IPC）标准；

—美国国家标准协会（ANSI）标准；

—中国国家强制标准；

—产品规格文件中指明的标准，以及

—____等标准。

（3）供应商应接受并执行 EICC（电子工业行为规范）。

（4）根据要求，供应商应提供所有相关的产品认证包括所有可适用的安全、法律合规和操作系统认证，供应商自行承担所有成本和费用。

（5）供应商应根据［公司］要求提供其现行质量管理体系（QMS）成功通过权威机构监督审核的证明。

（6）供应商应定期对其所有牵涉履行［公司］订单的分包商（上游供应商）的履约能力进行测评和审核。供应商应保留其所有分包商履约状况记录，并在［公司］要求时向［公司］提供，以便［公司］能够随时了解其订单的供应链状况。这些评审的结果将构成［公司］对供应商履行订单行为进行管理的基础。供应商应确保所有相关的客户需求均能够被有效传达给其分包商。

（7）［公司］致力于实现 ISO 14001 的第三方注册，这是在其全球制造业务中的环境管理体系内部标准。这个目标是为了使［公司］的产品在整个生命周期内保持环境健康。供应商应以对环境负责的方式运营其业务活动。［公司］鼓励供应商仔细检查其制造工艺、识别潜在的危害，并采用预防措施减少或降低潜在危害。制造过程中所产生的所有废弃材料均应按相关法律要求处置。

（8）供应商应制定并确保能够执行一个灾难恢复和业务应急计划，以最大限度减少［公司］在自然灾害、劳动争议或其他情形发生导致供应链动荡情况下可能的风险。如果［公司］要求，供应商应向［公司］提供其相应的流程文件作为证据。

（9）供应商应改进其工艺流程、制度体系和工作绩效，并采用诸如六西格玛、精益制造和 / 或其他与行业良好标准一致的改进技术保持其材料的内外部质量水准。

（10）产品应符合特定的［公司］规格，或者如［公司］未另行规定规格，则交付的产品应符合收到［公司］采购订单时供应商当时有效的规格。

4.2　库存管理原则

（1）除非在采购订单签发前［公司］另有书面同意，否则供应商所供应产品的产品制造日期在交付时必须不超过二十四（24）个月。在某些情况下，产品可能有较短存储期的要求，应按业界相关标准进行标注。产品在日期代码到

16273

期前应当至少有最低六（6）个月的剩余期限。［公司］的需求中可能也会提出较短存储期要求，此类例外将会在［公司］签发订单前与供应商沟通。

（2）供应商应保持一个先入先出（“FIFO”）库存控制系统，以确保不符合标准的材料或先前版本的产品或降序产品不会被无意地运往［公司］。

4.3 检查和审计

（1）供应商应允许［公司］和 / 或其代表、顾问、客户或监管机构经提前二十四（24）小时通知并在合理工作时间进入供应商的场所，对与履行本文件有关的供应商场所和质量管理体系，包括业务记录账册、任何商品、库存、机器和设备，以及其他用于生产［公司］产品的物品或工艺流程等进行检查和 / 或审计。在紧急情况下，上述检查和审计可以不经提前通知立即进行。供应商应提供所有合理和必要的配合和协助。

（2）对任何与本文件项下产品供应有关的供应商的分包商，供应商应确保［公司］拥有与上款规定同样的检查和审计的权利。

（3）如检查和审计发现供应商质量管理体系存在任何不符或潜在的问题，［公司］可要求供应商采取整改措施，供应商应向［公司］提供书面答复、制订并实施经［公司］同意的整改计划。

（4）供应商应负责设置任何附加或补充的流程、测试或方法，以满足客户的需求。

（5）供应商应建立、维持并执行对其业务活动的内部审计机制，以确保其业务活动符合书面流程、程序、标准和协议。

（6）［公司］保留对供应商履约状况（绩效）进行定期评审的权利，并将就质量、履行、交付、成本、响应和沟通状况和能力等方面对供应商进行测评和反馈。这些评审将作为持续改进策略的一部分来执行。供应商应自行承担费用参加这些评审，参加安排的质量会议，必要时还应根据［公司］要求提供整改行动计划，以改进履行状况。

（7）供应商认证：

（a）供应商承认，［公司］可根据对供应商提供产品和 / 或服务的能力所进行的评估和审计，对供应商进行认证。［公司］所进行的认证审核可以无须进入供应商的场所，但［公司］保留在做认证前，要求对供应商进行现场审计的权利。

（b）认证的通过和维持取决于供应商的履约状况，［公司］保留随时更改或终止认证的权利。

（8）如供应商质量管理体系发生变更或发生任何重大组织调整，应立即通知［公司］。

（9）供应商应确保所有员工均了解其对产品和服务符合性以及产品安全的职责，使其了解道德行为的重要性。

（10）报告。供应商向［公司］提供关于产品和 / 或产品生产的下列报告：

（a）国际电工委电工产品测试证书互认体系（CB）测试报告，在首批产品交付［公司］前提供。

（b）产品电磁兼容性（EMC）测试（按照相关国家标准或者［公司］要求的其他标准，如 FCC）报告，首批产品交付［公司］前提供。

（c）产品可靠性测试报告、兼容性测试报告，在首批产品交付［公司］前提供。

（d）如［公司］要求，供应商应向［公司］提供与产品有关的包括但不限于主板、塑料机构件、金属机构件及裸机的装配制程的生产状况报表。对于列在关键部件列表中的部件，供应商应向［公司］提供每批产品使用材料的入厂检验（IQC）报告。

（e）在首批产品交付［公司］前，供应商应向［公司］提供产品使用卷标的编码规则，如编码规则发生变化，则供应商应在将受影响的产品交付［公司］前将上述规则重新提供给［公司］。

（f）产品的出货检验报告和产品序列号。［公司］未接到供应商的出货检验报告和产品序列号的，对当批产品可以拒检。如供应商向［公司］提供的产品中含有适配器（AC-DC）等安全部件，则供应商的出货检验报告中还应含有与此对应的安全性测试项目及结果，否则视为该批产品安全检验不合格。

5　运输、包装和标签要求

5.1　对于涉及进出口的产品，供应商应遵守所有相关的海关和边境关于进出境货物安全的建议或要求。供应商应根据要求提供所有符合相关要求的文件及其他证据。

5.2　所有静电敏感设备（ESD）应妥善包装以防止静电放电，并符合电子设备工程联合会（JEDEC）标准《JESD625-A》的规定。在交运过程中，所有的静电敏感产品都应在每一个托盘、包装桶管、卷带等包装单元上清楚地标识出静电放电（ESD）警告。

5.3　产品包装不得对产品质量产生负面影响，不得含有杂质。

5.4. 对所有湿度敏感设备，供应商应按下列方式进行标示和包装：

（1）所有产品均应包装在防静电防潮袋（MBB）中。

（2）每一防潮袋的均应按［公司］的如下标识要求进行标示：

—每个防潮袋均应按电子设备工程联合会（JEDEC）标准《JEP-113-B》进行标示，至少包括湿度等级、原始密封日期和再烘干要求等信息。

—每个防潮袋均应插入湿度指示卡（HIC），指示设计出的水分暴露。

16273

（3）所有的湿度敏感设备均应符合电子设备工程联合会（JEDEC）标准《J-STD-033A》和《JSTD-020C》。

5.5　以卷带或托盘方式提供的产品应符合所有可适用的环保行业标准和规格，以确保在自动化元件放置机器中正确使用。

5.6　在可能的情况下，所有产品均应在包装（卷带、管桶、袋装托盘）的最低层用文字及条码方式进行标示，并至少应包含以下内容：

（1）[公司] 部件号；

（2）供应商名称；

（3）供应商的部件号；

（4）实际生产企业名字；

（5）实际生产企业部件号；

（6）产品描述；

（7）制造日期和批次代码（如果存在多重代码，每类代码均应标注）；

（8）[公司] 订单号；

（9）每个卷带、管桶、托盘或其他可接受包装中所含的数量。

5.7. 所有产品的装箱单均应包含 RoHS/ 中国电子电器产品有毒有害物质符合性声明，该符合性声明应按照规定的规格，作为附件附在纸质文件上。

6　质量验收要求

6.1　[公司] 和供应商的目标是实现和保持零不良级别的到货质量水准（IQL/INCOMING QUALITY LEVEL）。[公司] 将按百万分之一的比例对 IQL 进行定期的持续评测。如果 [公司] 认为合理，将确定一个双方同意的临时目标并传达给供应商，以实现零不良目标。

6.2　供应商应使用统计过程控制和支持过程能力分析等质量管理工具，以实现持续的质量改进和故障率降低。供应商应根据要求向 [公司] 提供有关此类过程控制和能力的证据，包括所有的支持文件。

6.3　[公司] 可能会定义报告质量目标的方法和呈现管理成果的方法，例如但可能不限于，DPPM（每百万个产品不良率）或不良率百分比。

6.4　如供应商在合理的和持续的一段时间内未能达成 [公司] 定义的质量目标（零缺陷率方法），[公司] 可要求供应商参加 [公司] 定义的质量改进计划。根据要求，供应商应根据要求提供 [公司] 同意的质量控制计划。

6.5 供应商应在货物装运之日起至少三（3）年的时间内保留本文件所定义的出厂质量检验记录、可靠性记录及相关数据，并根据要求向［公司］提供。

6.6 如供应商未能采取有效策略实现零不良目标，［公司］可以将供应商从认证供应商名单中删除。

6.7 供应商应建立材料可追溯机制，通过批次或日期代码或适当的序列号，以追踪任何可疑的存在问题的交货。

6.8 供应商应在每批货物中均添加一份合格证明，其中应包括下列项目：

（1）第 5 条（装运、包装和标签要求）中提到的一般信息。

（2）实施的检测及检测结果。

7 产品变更和停产通知

7.1 供应商应将任何其计划的可能影响产品外观、适用性、功能、质量及可靠性的产品变更，以及可能涉及环保法律要求的产品状态的变更通知［公司］。通知应通过工程变更通知（ECN）或工艺更改请求（PCR）等形式提供。

7.2 如果变更将对大量部件产生影响，例如，受影响部件号超过十五（15）个，供应商的通知应附带一个 Excel 格式的文件，列出受影响的部件号。供应商的所有通知均应通过电子邮件发送到［公司］指定的地址：{［公司］ECN/PCR 专用邮箱网址}。[①] 需要通知的变更类型包括，例如但不限于：

（1）组件的变化（制程微缩，架构更新等）；

（2）减少检查和 / 或测试；

（3）制造场所变化；

（4）与全面质量管理计划的偏离；

（5）装运箱或产品包装、运输和标签的变化；

（6）产品停产；

（7）供应商或制造商部件号或名称的变化。

条文注解：此类通知邮箱应尽可能避免使用具体人员的邮箱，而应使用由专人维护的专用功能邮箱。

7.3 在任何变更实施前，供应商应提前至少九十（90）天书面通知，使［公司］能够确定是否批准这些将对［公司］的最终客户产生根本影响的变更。

16273

7.4 供应商应按电子设备工程联合会（JEDEC）标准《JESD48-D》的规范，提供计划停产产品的书面通知，并且应特别符合下列时间安排：

（1）自通知的最后订单日期之日起至少六（6）个月。

（2）从任何制造材料停产之日或最终发货之日起最少十二（12）个月，以较长时间为准。

7.5 供应商应在至少三（3）年（或根据［公司］要求在更长时间）内为商业使用的产品保留所有工程变更通知（ECN）和工程变更指令（ECO）等内部质量文件。

7.6 在适用的情况下，供应商应持续根据工程变更指令（ECO）提供产品，产品应符合工程变更指令定义的包括硬件级别、固件版本、BIOS版本、可编程设备版本、驱动程序版本、应用程序版本、工厂设施、用户/产品文档以及［公司］确认合格的诊断支持在内的规格和规范，直到［公司］根据其判断确定了一个新的版本。在根据［公司］判断，发现供应商产品存在高严重程度问题的情况下，供应商应紧急为产品提供当前验证合格的修订，仅针对具体问题进行改正，并对改正的产品进行重新验证，供应商应尽量减少重新进行品质验证的流程和响应时间，在现场和/或制造场所解决存在的问题。

7.7 在适用的情况下，供应商应提供产品修订，以支持后续的标准修订、操作系统更新，以及包括支持包、服务版本和与此前支持的操作系统属于同一族系的完整版操作系统在内的各个版本。这将包括（仅为示例而不限于）所有关于硬件、BIOS、固件、可编程设备、驱动程序、实用程序和应用程序的所有必需的产品修改。

7.8 ［公司］有权拒绝供应商要求的任何变更。

7.9 因供应商提出的产品变更或产品报废导致的在［公司］或客户场所发生的重新验证费用，应由供应商承担。

7.10 供应商应按照本文件的规定，保持变更通知的程序。

8 产品质量的通知

8.1 如供应商怀疑不合格产品可能已被发运给［公司］，供应商应立即向［公司］的指定业务联络人发出书面通知。

8.2 当供应商在发货前发现拟交付的产品不合格，但希望获得［公司］的让步或偏离许可，供应商应立即向［公司］提出书面请求，并按［公司］对该订单项下不合格产品的最终处置意见处理。

9 故障处理——故障分析和整改措施

9.1 供应商应制定书面的整改措施流程，以响应［公司］所收到的任何投诉。为确保及时解决不合格问题，供应商应运用适当的解决问题的技术，找出根本原因，并实施永久性的整改。供应商应使用诸如“计划、实施、检查、改进—故障树分析”（PDCA-FTA）或等效方法进行适当的问题分析。此外，在适用的情况下，供应商应使用统计方法，以验证所实施的整改措施已经纠正了问题，并且工艺流程处于受控状态，能够持续生产符合规范的产品。

9.2　当一个不符被发现时，［公司］将要求供应商制定一个全面彻底和有记录的根本原因分析和整改措施行动计划。［公司］将通过［公司］的《供应商整改措施请求》（SCAR）将不符通知供应商。根据电子设备工程联合会（JEDEC）标准《JESD671-A》的规定，当SCAR发出后，供应商应采取以下措施以解决存在的问题：

—初始问题确定和验证；

—补救措施；

—不良验证；

—对根本原因的定义和验证；

—永久性的整改措施；

—整改措施验证。

9.3　整改措施及响应时间，应符合本文件第12条的规定。

9.4　如产品的不符或存在问题可能导致以下情况，则通常被定义属于“紧急”级别，需要［公司］提供紧急技术支持：（a）导致客户投诉（客户现场反馈的不符）；（b）构成安全威胁，产品存在或可能存在导致失火、燃烧、爆炸及其他危害人身财产安全的隐患的；或（c）导致产线停运或停止出货。尽管如此，［公司］可以根据其合理判断确定某个问题是否属于紧急级别。［公司］将在发出《供应商整改措施请求》时，确定所涉及问题的优先级属于紧急还是标准。对上述问题，供应商应尽最大努力采取措施在最短的时间内分析原因并予以解决。在产品存在严重问题的情况下，［公司］可根据其自己的判断采取产品召回等相关措施以符合法律要求。

9.5　供应商应根据［公司］要求提供包括但不限于以下各类支持：故障分析的现场演示、协助在现场、工厂或开发场所中隔离、诊断和解决高严重性问题，以及新产品引入支持。

9.6　如在生产过程中或在客户现场发现不符的产品，供应商应负责承担因不符使［公司］和/或其客户产生的费用。这些费用可能包括但不限于：

—必要的测试、检查和分类拣选；

16273

—为了补救不符而必须进行的工艺流程变更；

—召回成本；

—由此产生的差旅费；

—受不符影响的产品或其他材料的成本；

—与解决不符直接相关的支持成本；

—任何外部检测分析的费用；

—［公司］为客户提供任何额外服务导致的成本。

9.7　如任何产品因不符而被［公司］拒收，［公司］可根据其选择：(a) 根据不符产品的数量，减少其所订购产品的数量；(b) 要求供应商更换不符的产品；和 / 或 (c) 行使［公司］拥有的其他权利或救济。

9.8　［公司］并无义务在到货时对产品进行详细检查。但如在初步检查中发现了缺陷，［公司］将立即告知供应商，供应商不得以交货不符的通知延迟为由拒绝这些通知。

9.9　供应商应提供《退返物料核准》(RMA)，以便在［公司］提出要求后四十八（48）小时内退回不符的产品。对于需要采取整改措施的问题，供应商应在［公司］提出要求后二十四（24）小时内提供《退返物料核准》。供应商还应在此二十四（24）小时内提供详细的临时改善措施。

9.10　供应商将承担所有不符合要求产品在运输及存储过程中的灭失风险，并将立即支付或补偿［公司］为返回、存储或处置不合格产品所产生的所有费用。［公司］对任何不符合要求产品的付款，将不构成对交货的接受，也不限制或影响［公司］行使任何权利或救济，或减轻供应商对不合格产品的责任。

9.11　除非事先获得书面批准，否则供应商不得将退返的缺陷产品进行重工后，将其作为全新产品出售或提供给［公司］。

9.12　供应商应对所有退返的缺陷产品进行故障分析，并应在［公司］要求时向［公司］提供分析结果。供应商应收集对退返的缺陷产品进行故障分析所产生的数据，并为持续改进对再次发生的趋势进行评估。

10　质量记录

10.1　供应商将按照电子信息产业的专业标准、适用的通用标准或双方商定的标准对质量记录进行存档保留，并在无论任何情况下存档保留期限均不少于七（7）年时间。

10.2　存档保留的质量记录应能够证明产品符合供应商质量管理体系。

10.3　在存档期届满后，供应商应将待处置的文件妥善销毁或继续存档。

11　环保合规；认证和审批

11.1　供应商及供应商交付的产品应遵守法律规定的以及［公司］要求的 RoHS/WEEE 规范。所有产品均应附带真实和准确的有毒有害物质限量符合性声明（ROHS/WEEE）。

11.2　供应商交付的所有产品均应符合任何在中国大陆地区及双方确认的产品规格所指定的目标市场销售必须通过的政府及权威民间机构的认证和批准所要求的标准，供应商并应承担费用在交付前获得这些认证和 / 或批准，包括但不限于：

（1）CCC，即中国国家强制性产品认证；

（2）中华人民共和国信息产业部电信设备进网许可证。

11.3　如［公司］要求使产品通过任何可选择的认证或批准，或通过中国大陆地区之外的其他司法管辖区域的任何批准和认证，一经［公司］提出，供应商应尽最大努力修改产品标准，以获得这些认证和批准，如供应商保证因此进行的产品变更将仅用于提供给［公司］的产品中，则如供应商要求，因此发生合理的不可再现工程（NRE）费由［公司］承担。如此类 NRE 费的总额不超过上一年度产品采购累积订单价格的百分之五（5%），则由供应商承担。

附件C：开发条款

供应商原型产品规格型号

（如果这里的客户化定制开发是基于供应商的原型产品，可根据需要在此描述供应商原型产品的规格型号）

指定工程变更

（在此描述需要的客户化定制开发的范围和要求，例如，修改供应商原型产品的品牌元素、更改输入电压等）

开发费（非再现工程费）

（在此描述执行以上客户化定制开发需要的费用，以及如何承担和支付等）

知识产权

以下新开发的技术中含有的以及与之相关的所有知识产权归［公司］拥有：

（如果需要，可在此描述在执行客户化定制开发过程中，如产生新的技术活作品，哪些技术或作品的知识产权及其他权利归［公司］拥有）

16273

附件D：支持服务

1　定义

1.1　授权呼叫员：是指一个或若干个［公司］指定的负责产品的技术 / 工程支持界面的人员。

1.2　指定的支持工程师：是指一个或若干个供应商指定的负责产品的技术 / 工程支持界面的人员。

1.3　最终用户：是指为自己或在自己的组织内部使用而非转售目的购买或获得［公司］产品的任何个人或机构。

1.4　错误：是指产品中可再现的导致该产品不能实质性地按规格书、最终用户文件或其他相关文件（包括但不限于任何产品的功能性规格或其他工程文件）或业界标准规定的通常可接受的工作原理运行的缺陷。错误将根据问题的严重程度进行分类。

1.5　事件：是指使最终用户必须与［公司］联系寻求援助的情形。

1.6　问题：是指任何错误，或任何现实的或察觉到的导致降低产品功能的故障、或功能缺陷。问题将于［公司］首次联络供应商时被划分类别。可以根据新的信息或客户状况对问题分类进行调整。问题将由［公司］根据严重程度，以下列技术和 / 或客户敏感度为基础进行分类：

一级严重：技术：产品故障导致严重影响业务运作或产品全部功能无法实现。没有已知的可行替代解决方案。客户敏感度：客户利益面临危险，且有丢失业务的风险。

二级严重：技术：严重的产品服务中断或品质退化，导致难以执行产品功能，导致对客户业务运作或客户对产品的使用产生严重影响。有客户可接受的替代解决方案。客户敏感度：存在潜在的丢失现有或未来业务的风险。

三级严重：技术：明显的妨碍产品实现产品规格描述的功能的，或导致特定的部件或功能不起作用的系统问题。客户某些业务的运作或客户对产品部分功能的使用受到影响，但整个产品仍能够运行。有客户可接受的替代解决方案。客户敏感度：该问题将影响用户的日常业务，不存在丢失业务的风险。

四级严重：技术：要求改进硬件、软件性能，或完善手册或电子服务。客户敏感度：该问题不会对客户的日常业务产生现实影响，但可能会影响客户未来业务或对客户未来对产品的使用有影响。不存在丢失业务的风险。

1.7 维修：是指修理或替换产品或其部件。

1.8 补丁软件：是指被创作用于纠正某项在某特定版本的软件中发现的错误或功能故障的可执行软件。

1.9 软件升级：是指某个正式软件版本，该版本软件：(a) 提供对产品软件的功能改进、可靠性改进和其他修改；或者 (b) 是一个用于纠正影响软件按规格运行的缺陷和/或错误的维护版本。

1.10 服务级别：是指向授权转售商或最终用户提供的特定等级的服务。定义如下：

一级服务：根据用户呼叫提供首次呼叫支持。技术支持人员答复有关产品的技术咨询，为鉴别问题和一般应用错误提供问题诊断服务，问题分析，并在可能的情况下解决问题。

二级服务：专家级别的技术支持。技术支持人员/后备高级技术人员进行问题隔离和再现，实验室模拟和协同测试，提供远程诊断和现场故障调查和检修，如果用户要求，也可对非因产品错误导致的问题进行解决。对于产品错误，技术人员能鉴别错误原因，建立可再现的测试实例，并记录错误的详细资料以便提交给供应商。

三级服务：后备工程和技术支持；工作人员隔离问题/错误并进行解决，包括但不限于产品变更。

1.11 绕行：是指切实可行的对产品运行步骤的变更，该变更可使最终用户避开任何因错误导致的不利影响。

1.12 备件：是指产品的更换部件，供应商将按产品规格型号提供备件列表。

1.13 服务：是指与客户或产品相关的业务活动，例如，设计或制造错误整改、维护、客户培训或编程辅助等。

2 一般服务

除本协议规定的供应商特定的服务和支持义务外，供应商同意在本协议期间内就产品提供以下附件的一般服务：

（1）发货报告。供应商应每周提供每个 [公司] 制造场所的发货报告，发货报告应包含援引的相应的订单、交货数量和装运单据等信息。供应商和 [公司] 应对发货报告中的信息合理地达成一致。[公司] 将在每个制造场所指定接受发货报告的收件人。供应商应于交货前十五（15）天以书面形式（出货通知书）通知 [公司]，该书面通知应包括供应商的名称、地址、电话、联系人、采购订单号、行项目号、物料编号、物料名称、交货数量、指定接收人、交货日期等内容。

16273

（2）长期服务目标确认。供应商知道［公司］的长期目标包括：（a）缩短产品的前置期；（b）增加数量弹性；（c）创制由供应商向［公司］客户直接交货；（d）获得持续的成本降低；以及（e）获得特定的质量目标，以及持续质量改进。供应商同意与［公司］合作，采取措施达到上述目标。

3　技术支持服务

3.1　支持服务：

（1）［公司］将对其授权转售商和最终用户提供一级服务和二级服务。供应商应向［公司］提供三级服务即后备技术支持，并应通过电话、传真或电子邮件向［公司］授权呼叫员提供支持。供应商将在正常工作时间（8：30~5：30 北京时间）提供此类支持，节假日除外。在正常工作时间之外，供应商将通过移动通讯设备为一级严重问题和二级严重问题提供支持。供应商应为［公司］提供最优惠级别的优先支持。［公司］将有权直接获得供应商二级服务和三级服务的技术支持，另外，为了升级的目的，［公司］需要时，也可以获得供应商的技术管理支持。该支持应在生效日开始执行，并且［公司］不承担此类支持的费用。

（2）授权呼叫员和指定支持工程师将作为［公司］与供应商技术支持和 / 或升级服务中心之间的第一联系人。［公司］将提供授权呼叫员的名单，包括姓名、地址、电话号码和电子邮件地址。供应商应提供指定支持工程师的名单。［公司］可以登记最多十（10）个授权呼叫员。所有授权呼叫员应接受本附件第 6 条规定的培训。

（3）［公司］在联系供应商前应合理地努力解决用户的产品问题。未经［公司］事先同意，供应商将不负责接洽用户或为用户就本协议项下产品直接提供支持。供应商将根据下列规定对［公司］提出的支持需求向［公司］提供最初的反馈：

一级严重问题一（1）个小时；

二级严重问题二（2）个小时；

三级严重问题三（3）个小时；

四级严重问题一（1）个工作日。

如果不能解决，［公司］与供应商将诚信地确定解决问题需要哪些进一步的信息和 / 或文件。供应商应与［公司］共同努力复现此类问题，以便对问题进行分析。问题解决应按本附件 D 第 3.3 款规定执行。

3.2　紧急技术支持

除本协议标题为“批次性故障和产品危害”条款以及本附件 D《支持服务》另有规定者外，供应商不负责直接向［公司］的授权转售商和最终用户提供技术支持。然而，对一级严重问题，［公司］认为需要提供紧急、现场支持，且明显需要供应商援助的，一旦［公司］要求提供此类紧急支持，供应商同意尽最大努力在两（2）个工作日内提供此类支持。［公司］将努力控制事件，这样供应商的援助将显露给用户，［公司］将对供应商的服务按双方同意的合理的费率进行补偿，包括［公司］事先同意的其他合理的费用。如果现场访问是由已知（但尚未解决）的或经确认的供应商的问题导致，［公司］将不对供应商的成本、人工或其他费用进行补偿。

3.3　问题解决 / 错误修正

（1）［公司］和供应商应立即诚信地同意任何可能被要求用于允许供应商鉴别和解决产品问题（包括但不限于错误）的信息和 / 或文件，供应商同意以下面规定的整改期限为基准响应已经鉴别的问题。

（a）一级严重问题。供应商应尽最大努力在收到此类错误通知后二（2）个工作日内通过替代方案和 / 或软件补丁解决或降低问题的严重程度。供应商应在一（1）个工作日内提供行动计划和定期的情况更新。在行动计划中应确定最终的解决方案。［公司］和供应商的问题处理人员应在两（2）个工作日后对事件进行评估。

（b）二级严重问题。供应商应尽最大努力在接到此类错误通知后五（5）个工作日内通过替代方案和 / 或补丁解决或降低问题的严重性。供应商应在三（3）个工作日内提供一个行动计划和经常的情况更新。［公司］和供应商问题处理人员五（5）个工作日后对事件进行评估。在行动计划中应确定一个最终的工程解决方案。

（c）三级严重问题。供应商应尽最大努力在收到通知后十（10）个工作日内确认问题。供应商应在三(3)个月内或在下次预计的交货前(以较早者为准)提供最终的工程解决方案。

（d）四级严重问题。供应商应尽最大努力在收到通知后三十(30)个工作日内确认问题。最终的工程解决方案将由［公司］和供应商的工程和市场人员通过协商确定并安排实施。

（2）上述整改期限可以根据双方的同意延长，例如，如果问题的解决需要一定时间的硬件验证或检测，或如果问题解决可能对实质性的功能有明显的风险。

3.4　问题状态。供应商应按通常的商业惯例向［公司］每月向［公司］提供有关已经报告和 / 或已经解决的所有问题的产品质量状态通报。该通报应包含已知的产品问题、替代方案、解决方法和未解决的错误 / 瑕疵。

3.5　支持工具。供应商应免费提供检修故障所需要的诊断软件和流程以及检测 / 诊断设备的清单或描述，并协助问题分析、隔离和解决。在适用的情况下，供应商还应提供包括但不限于下列支持工具：（a）问题检验和确认

16273

指南；（b）检测和维修的技术提示；（c）兼容性 / 内部可超作性矩阵表；以及（d）受支持和不受支持的配置的说明。如果适用的话，供应商应进一步及时向［公司］提供所有此类支持工具的改进或其他版本。

3.6　工作评估。在［公司］接受产品后，各方管理层面的支持代表应不时地（每日历季度不少于一次）会面或通过其他方式接触，对向［公司］提供的技术支持的执行状况进行评估，并对此类技术支持的改进提出建议。

4　硬件支持

4.1　修理服务。在本协议期限内以及合同终止后本协议项下交付的受影响产品最后一次交货后五（5）[1] 年内（不论本协议是否到期），［公司］有权根据需要购买产品的维修服务、备件和升级工具包，但根据本协议其他条款规定，应由供应商免费提供的，按相应规定执行。如有偿提供，则采购应受本协议可适用条款和条件的约束。如［公司］与供应商的任何其他用户购买类似数量的相同或类似商品，则该维修服务、备件、升级工具包的价格应按供应商当时提供给该等用户的最低价格执行。如供应商未能履行维修义务，则供应商应提供适当的并且外观、适用性和功能一致的更换产品，且［公司］不承担额外费用。

> 条文注解：时间仅为示例，参照《家用电器修理、更换及退货责任条例》拟定。具体时间设定通常应考虑厂商声明的或用户合理期待相关产品正常使用寿命。

4.2　库存管理要求。供应商应提供产品的故障分析数据，并根据故障分析数据提供保守的备件库存原则和备件库存建议。该数据应在本协议生效日后十（10）日内提供。

4.3　检验和修理流程。供应商应免费向［公司］提供必要的检测规格、检测设备规格说明、检测脚本和书面的检测流程，以便使［公司］人员能够验证产品的功能故障、进行调整和校正（如果被要求的话），以及验证产品功能状况。

4.4　产品修理。供应商应修理故障产品并将修复后的产品送返［公司］。供应商应将故障产品修复至符合[公司]的标准或本协议约定的标准。供应商应将维修的产品升级至[公司］同意的最新工程变更的水平。供应商应按双方确认的费率收取服务费，并且服务费标准不应高于供应商向其他客户收取的价格，并且供应商应仅收取维修所发生的部件成本费。供应商应对任何维修应在产品剩余保修期或用户使用后三（3）个月内（以较长者为准）提供保证。但在保修期内，如以产品和 / 或部件更换方式提供保修，更换后的产品和 / 或部件的保修期自交付至最终用户之日起重新计算。本陈述不包括那些因意外事件、滥用或错误使用导致损坏的产品。[公司]保留在[公司]指定的维修场所执行保外维修的选择权。如果［公司］实施该选择权，在［公司］指定的维修场所执行维修，供应商应提供所有要求的产品规格说明、工程文件以及检测和维修流程。

4.5　退返物料核准(RMA)。① 为高效处理退返物料(包括产品和部件),供应商应向[公司］提供退返物料核准流程（RMA 流程）。以下流程应适用于保修和保外维修服务过程中对产品的返厂修理、更换和退货。

> 条文注解：退返物料核准（RMA/Returned Material Zuthorization），是某些商品供应商采用的一种流程，客户或用户可通过这个流程将购买的商品退返给供应商，由供应商进行修理、更换或退货。退返物料核准，有时也被称为退返商品核准或退返货物核准。这个流程并不必然属于保修政策的一部分，它即可以用于支持网络、电视及电话远程销售的无理由退货，也可以用于支持保修过程中的返厂修理、更换和退货，同样也可用于保外维修服务过程中的返厂修理。

(1)管理。供应商应尽最大努力在收到[公司]的退返要求后一(1)个工作日内向[公司]提供退返物料核准编号。[公司]退返的物料应通过一个或若干个[公司]的服务中心进行。［公司］将每月定期或按批次返还有缺陷和 / 或失灵的产品。供应商应提供国内和国际接口处理［公司］退返的物料。［公司］应将退返物料交付供应商地理上最近的维修中心。

（2）维修周期。供应商应尽最大努力在收到退返产品后五（5）个但不超过十（10）工作日内对故障和 / 或失灵产品进行修理或更换并将修理或更换后的产品送返［公司］。供应商应提供加急服务以满足［公司］的紧急要求，供应商可以就加急维修服务收取最小的加急服务费，不超过约定的服务费的百分之五（5%）。

（3）报告。如供应商要求，经［公司］一级服务修理的产品被退返供应商时，每个产品单元应附带一个维修说明。供应商应每月向［公司］提供下列报告：（1）正在处理的退返物料，包含故障分析；以及（2）［公司］物料的实际库存。根据特别要求，供应商应在两（2）个工作日内提供库存状态报告。

（4）运费。除本协议另有规定外，［公司］应支付将产品退返供应商的运费。供应商应支付将产品送返［公司］的运费。

（5）包装要求。供应商和［公司］应在［公司］首次用户交运产品前共同规划退返物料的运输方式，制定满足双方共同需要的包装要求。在所有供应商送返［公司］的产品上，供应商应粘贴用于鉴别产品的标签，包括型号、序列号、目前的硬件和 / 或软件版本级别，以及退返物料核准编号。

16273

（6）误判。供应商应每季度提供产品误判统计。如果在六（6）个月内退返的产品中有超过百分之二十五（25%）的产品属于误判，供应商可以就超出上述百分之二十五（25%）比例的退返物料向［公司］收取每单位物料不超过50元人民币或每物料单位维修费百分之二十五（25%）的费用，以补偿供应商的检测和管理费用。供应商不就在保修期内的产品退返的误判收费，但双方同意将共同努力减少误判的发生频率。

5 软件支持

5.1 软件更新。在本协议期限内以及受影响产品最后一次交付之日起的五（5）年内，［公司］有权根据本附件D《支持服务》的规定以及本协议正文第3条（“工程变更”）的要求，接收或使用产品中所有软件的更新和升级。［公司］有权复制软件及相关文档，并按照［公司］的授权流程分发给用户。供应商不得就此类更新和升级向［公司］收取任何费用，除非供应商通常向其客户就此类更新和升级收取费用。

5.2 对以前版本的支持。在作为软件运营环境的指定操作系统由其提供方更新或升级的，供应商应在指定操作系统的更新或升级发布后商业上合理的期间内，尽最大努力对任何一款受影响的软件进行更新或升级，以便受影响的软件能够与更新或升级后的操作系统兼容。在本协议约定的支持期限内的任何时间，供应商应为任何一款软件的当时现行版本以及此前紧邻发布的两（2）个主要版本（包括所有其临时次要版本和 / 或维护版本）提供在本协议项下支持。

6 培训

6.1 技术培训。（1）在本协议期限内，供应商应承担费用为从事相关产品技术支持的［公司］人员（包括授权的呼叫员）提供培训，每一款产品提供一（1）个基础培训和高级培训课程。如双方同意，培训将在［公司］位于______的场所或供应商位于______的场所进行。如在［公司］场所或供应商场所以外的地方进行，［公司］应支付供应商讲师在培训期间的所有合理差旅费和生活费。

（2）每个培训课程应在双方商定的日期开始。此类培训涵盖详细的有关产品安装、配置、操作、故障排除、调整、测试和维护的说明。供应商应提供合理数量的相关产品单元作为培训辅助。此类课程在［公司］场所内进行时，［公司］应提供其他所需设备作为培训辅助。供应商应向［公司］及每位学员提供学员培训指南及所有其他必要材料的副本。［公司］可对所有培训课程进行录音和录像，并可以［公司］的名义复制和分发这些记录，仅供内部使用。

（3）在每个新产品或有重大功能变更的现有产品的新版本发布后，供应商应免费向［公司］提供与该新产品或新版本相关的完整技术培训。

（4）在本协议期限内，供应商应向［公司］额外提供供应商向其他类似情况的客户所提供的培训，培训费用按供应商最优惠的价格计算。如培训在［公司］场所或供应商场所以外的地方进行，［公司］应承担供应商讲师在培训期间的所有合理差旅费和生活费。供应商应承担其讲师的工资以及与该等培训有关的所有其他费用和开支。供应商应在培训课程结束后向［公司］提交结算报告，其中应列出所发生费用的明细，并应包括所有相关收据的副本。付款期限为［公司］收到结算报告并确认后三十（30）天内付款。

6.2　培训课程和培训材料。（1）在本协议期间内，供应商应向［公司］提供产品培训的所有材料。培训应包括但不限于转售商和最终用户课程。培训材料还应包括（但不限于）讲师指南、学员手册、说明或指南。供应商应以硬拷贝和电子媒介形式提供此类培训材料的母版。如对此类培训材料有任何变更或其他修订，供应商应进一步提供这些修改和修订的副本。［公司］仅限于在内部对产品销售和支持人员进行培训时使用这些材料。

（2）供应商在此授予［公司］一个免许可费的、非排他的、全球范围的许可，据此［公司］可以仅为开发相关产品培训课程的目的，使用、修改、复制、展示、演示和分发这些培训材料，以及制作这些培训材料的派生作品（无论是否修改，但产品的相关专有技术信息除外）。

16273

4. 原始设计制造（ODM）协议

使用场景

此样例合同用于品牌拥有者（采购方或品牌商）委托代工厂商（供应商）主要基于代工厂商的设计，生产使用品牌商品牌的产品。这里所说的产品，通常应当是硬件产品。代工厂商在业界通常被称为ODM。

这里所称的ODM，在业界通常有两种含义，一种是指一种业务模式，即供应商根据采购方的规格，设计开发产品，并为采购方代工制造使用采购方品牌的产品。

另一种是指为品牌商代工生产品牌商产品的代工厂商，此类代工厂商通常被称为原始设计制造商（ODM）。

ODM业务模式下，通常由代工厂商（ODM）负责产品设计，并因此对产品的某些设计拥有知识产权，但这并不意味着代工厂商将拥有产品的所有知识产权。例如，产品使用品牌元素的知识产权必然始终归品牌商所有，产品中必然还将包含大量由第三方拥有知识产权的技术。而很多情况下，代工厂商还将会根据品牌商的定制需求，使用品牌商提供的技术或第三方技术，这部分技术中含有的知识产权，也必然由品牌商或其许可方拥有，而并不会因此转让给代工厂商。

同样，代工厂商负责并拥有产品设计，并且使用可能相同或不同的产线为不同的品牌商代工生产产品，同样也并不一定就意味着同一个代工厂商为不同品牌商代工的产品品质将是完全一样的。不同品牌商可能会使用其自己的供应链管理体系，对代工厂商及其产品采用不同的质量管控措施，提出不同的质量保证和售后服务要求，所谓仁者见仁智者见智，因此，同一个代工厂商为不同品牌采购方代工生产的产品，其质量、可靠性以及所享有的保证和售后支持服务等方面可能也会是完全不同的。

当然，也可能有某些品牌商可能会采用纯贴牌的方式采购代工厂商所生产的产品，这种纯贴牌的产品，只是修改供应商原型产品的品牌元素，采购方并不对产品品质有实质管理和控制。

ODM类的代工，通常可划分为白牌制造（White Label）和自有品牌（Private Label）两种业务模式，白牌制造的供应商将他们生产的未加贴品牌的通用商品销售给不同的客户，客户自行在产品上加贴自己的品牌后销售。而自有品牌模式下，供应商仅为特定客户生产加贴客户自有品牌的产品，并将产品销售给该特定的客户。不同模式的可通过不同的合同条款或规格说明等进行约定。对合同总体条款没有实质影响。

请注意，ODM 并非是一个严谨的法律和商业术语，实践中实际使用时可能有不同含义，例如，ODM 有时也可能是指按需制造（On Demand Manufacturing），使用时请注意区分。

法律要点

对 ODM 协议需要关注的法律要点，总体上与 OEM 协议相同，关键区别如前面分析，由于 ODM 产品主要使用的是代工厂商的设计，因此代工厂商作为供应商可能需要考虑对其享有或获得许可的技术进行保护，明确对此类技术使用的范围和限制。而品牌商作为采购方则需要考虑要求代工厂商对其所提供的技术就知识产权和质量等方面作出必要的保证。

同时，根据具体情况的需要，特别是在产品中采用的某些技术难以用其他技术替代的情况下，品牌商还需要考虑在代工厂商因违约或其他原因不能继续供应产品，不能对产品提供技术支持服务情况下，如何保持产品的持续供应，以及如何保持对产品继续提供技术支持服务，以符合法律要求及满足客户合理需求及期待。

请注意，这里提供的样例合同文本，用于代工厂商为作为其客户的品牌商设计并代工生产电子电器产品，偏重于代工厂商的利益，某些条款则体现的是一种经过谈判后实际签署的状态，并不适合作为任何一方的开价条款。使用时应注意鉴别，并根据具体业务需要对某些条款进行调整。

关键条款（检核清单）

ODM 协议除需要考虑开发协议和采购协议的一般要求外，需要重点考虑包含以下条款：

1. 采购方商标等品牌元素的使用及管理（第 9 条）。

2. 制造许可（第 2.5 款）。

3. 如有必要，采购方应考虑对供应商的相关软件代码及制造技术资料进行第三方托管。本样例合同中并未包含相关条款。

4. 如属于大批量的采购，采购方可能需要考虑在协议中增加有关批次性故障的规定，包括批次性故障的定义、批次性故障的处理和解决以及费用承担。本样例合同中未包含此类条款。

16274

5. 如根据产品的功能和特性，产品的缺陷可能导致危害人身财产安全的事件，采购方可能需要考虑在协议中增加关于召回的规定，包括召回的条件、处理和解决及费用承担。

其他请参见 OEM 协议。

合同正文

原始设计、制造和供应协议

本原始设计、制造和供应协议（“协议”）由以下双方在______年______月______日（生效日）签署：

（1）______________________________（以下简称 ODM）

（2）______________________________（以下简称［公司］）

ODM 与［公司］共同被称为“双方”，单独被称为“一方”。除非另有规定，本协议所使用术语的含义见第 1 条规定。

简述

A.ODM 与［公司］希望建立一个业务关系，基于该业务关系，ODM 将为［公司］设计、制造、组装、供应产品并提供相关支持；

B. 双方同意产品将以［公司］的品牌在全球市场上进行营销和销售；

C. 双方希望通过本协议明确双方业务关系的条款和条件。

为此，根据友好协商，双方达成以下协议，以昭信守：

1　术语和解释

本协议使用了一些具有特别含义的术语。除非根据上下文另有解释，否则这些术语具有以下定义的含义：

1.1　法律：是指任何法律性文件，包括法律、法规和规章，以及其他有强制效力的政府命令、法律解释及国家、地方和行业标准。

1.2　附件：是指本协议的附件，包括产品附件（见下面定义）。

1.3　指定采购方：是指［公司］的任何关联方、分包商或［公司］书面授权采购产品的其他第三方。

1.4　交付日：是指在订单中指明的由 ODM 向［公司］及［公司］指定的货运代理或

承运商交付产品的日期。

1.5 生效日：是指本协议首页指明的生效日，如未指明生效日，则本协议生效日为最后一方签署本协议的日期。

1.6 知识产权：是指任何专利、著作权、商标、掩模作品、标记和其他类似权利。

1.7 标志：是指商标、服务标志、商标和服务标志申请、商业外观、商号、图标、标志、符号、设计或其他用于识别一方或其产品的标志。

1.8 月：是指日历月。

1.9 产品：是指在产品附件中描述的产品（统称为“初始产品”）以及根据所有后续产品附件同意的产品。

1.10 产品附件：是指本协议后附的用于阐述产品描述和产品特定要求的附件，以及ODM 和［公司］为引入新产品以本协议附表 C 格式达成的任何后续的增补产品附件。

1.11 订单：是指由［公司］或其关联方向 ODM 签发的用于采购产品的一个书面或电子采购订单。

1.12 缺陷：是指产品或服务存在以下任何一种或多种情形：(1) 不符合任何规格、标准、规范或本协议的要求；(2) 不符合强制法律规定；(3) 存在任何可能导致人身或财产危害的隐患；或 (4) 不符合用户的合理预期或期待。

1.13 缺陷产品：是指任何存在设计、材料或工艺方面的缺陷或不符合任何规格及其他要求的产品。

1.14 规格：是指在某个产品附件中规定的组装产品的技术和功能要求。

1.15 期限：是指在本协议第 14.1 款规定的含义，包括初始期限及任何更新期限。

1.16 ［公司］关联方：是指任何由［公司］控制、控制［公司］或与［公司］受共同控制的人士。控制：是指通过超过百分之五十（50%）投票权的所有权或股份控制或其他所有权或方式控制。

1.17 司法管辖区：是指有单独司法管辖权的地区。

2 产品采购和销售

2.1 根据本协议的条款和条件，ODM 同意设计、制造和组装产品，并根据本协议条款规定向［公司］及关联方销售。

2.2 设计所有权。［公司］与 ODM 将按照相关产品附件的描述分别拥有每个产品的设计所有权。

2.3 供应商。［公司］同意，ODM 应是向［公司］供应附件中所指明产

16274

品的供应商，直至期限到期或本协议被提前终止，为此，在本协议期限内，ODM不得在任何司法管辖区内，为除［公司］及［公司］关联方之外的任何第三方生产或向其销售包括本协议后附产品附件（以及任何后续增补产品附件）所规定产品在内的任何产品，或任何与本协议项下产品实质上相同的产品，除非在相关产品附件的排他条款中另有明确。

2.4　产品营销和销售。ODM同意并确认，除非相关的采购订单中另有约定，其根据本协议向［公司］供应的产品，由［公司］根据其选择在全球范围内所有司法管辖区营销和销售，［公司］不需为此向ODM另外支付任何费用。

2.5　有限制造许可。尽管有上述规定，如果ODM未能按期交付任何订单中指明的产品，或未能满足下面第3条滚动预测中预计的交货数量，并且如果此类未能满足产品交货期限的状态持续达到六十（60）天，则［公司］将有权临时自行生产或委托第三方根据其与［公司］的协议生产ODM未能满足预计交货期限的产品。此类［公司］自己或第三方生产将持续至ODM书面通知［公司］其可以恢复按预计交付进度交货的时间为止。在此类内部或第三方生产的情况下，［公司］向ODM保证此类生产将不会以任何方式侵犯、损害、滥用或泄露ODM的知识产权权利。双方在此同意，就此类根据前述规定由［公司］自己或第三方生产的产品而言，［公司］将自行对此类由其自己、其分包商或任何第三方所生产产品的质量、保证、适用性以及符合相关法律和标准负责。OEM对上述产品不承担任何责任。

2.6　仅限于为以上条款的目的，ODM授予［公司］一个有限的免许可费的许可，据此［公司］可以仅在上款规定的期间内，按照以上条款的规定，自己以及允许第三方使用ODM所有必要的知识产权用于生产产品。

3　预测、订购和交付

3.1　滚动预测。［公司］同意在本协议签署后十五（15）天内提供一个初始的为期六（6）个月的滚动预测，此后滚动预测于每个月的第一个周二向ODM提供（“滚动预测”），每个此类滚动预测将说明预期由ODM在六（6）个月期限内交付的产品，自滚动预测作出后下个月的第一天起算。

（1）在每个滚动预测期限头两（2）个月预期交付的产品是确定的和承诺的订单，不可更改，ODM将依据该预测交货。

（2）对预期在滚动预测期限第三（3）个月交付的产品，是确定的和承诺的订单，ODM将依据该预测交货，但［公司］有权在滚动预测期第二（2）个月开始日最多十五（15）

天内经书面要求，在不超过百分之十五（15%）幅度范围内增加或减少就该阶段预期订购产品的数量。前提是此类调整后数量不得低于产品附件中规定的每次交付的最低数量。

（3）［公司］可以对所有超出第三（3）个月的产品滚动预测进行变更，前提是［公司］应在相关月份开始日至少四十五（45）天前将此类变更以书面方式通知 ODM，并且此类变更减少的交货数量不得使每次交付数量少于产品附件中规定的最低交货数量。

（4）如果某个产品滚动预测降低至零，［公司］将对该预测作出之日双方确认和同意的所有在制品以及用于制造产品的库存专用部件进行采购。

3.2　排他性。除第 2.3 款所规定的，ODM 在本协议期限内承担不为除［公司］关联方之外的任何第三方生产或向其销售本协议项下产品的义务外，如果需要就特定产品作出排他交易安排，［公司］与 OEM 将在相关产品附件中约定。

3.3　采购订单。在交付日期至少四十五（45）天前，［公司］应向 ODM 签发和递交采购订单（可通过指定的电子订单系统、指定电子邮箱或指定传真机等方式），对此前滚动预测中指明的产品采购的细节进行确认。每个采购订单均应当包括（a）对相关产品附件的援引；（b）每个规格型号产品的单位数量；（c）交付日期；（d）每个规格型号产品的价格；以及（e）有关该采购订单的其他指示或要求。采购订单不得对任何滚动预测中指明头两个月交付产品的价格和数量进行增减。

3.4　贸易术语；交付地点。除本协议就服务备件另有约定者外，ODM 应负责（参见 DDU 贸易条件，见《国际贸易术语解释通则（2010）》[1]）将产品交付至相关产品附件和/或订单中指定的交付地点。ODM 承担将产品交付至指定目的地的所有运费，但不承担关税（如根据具体情况适用的话）。产品的所有权和风险将在指定交付地点交付后从 ODM 转移给［公司］。［公司］可要求将任何订单项下的产品交付至其他替代交货地点。

> 条文注解：尽管《国际贸易术语解释通则》（Incoterm）通常用于国际贸易，但在国内贸易中借鉴使用也并无不可，这样可不必为交货条件制定另外一套规则。

3.5　订单确认。采购订单将在 ODM 以电子或传真方式向［公司］确认接受的当日视为生效。如果［公司］要求在交付日期前提前交付或要求调整以增加采购订单中指明的采购数量，ODM 将尽合理商业努力满足［公司］的要求。由此导致 ODM 增加的成本将由［公司］承担，前提是 ODM 已经事先将此类成本增加书面告知［公司］并获得［公司］的书面同意。

16274

3.6 规格变更。在相关产品开始制造前的合理时间前，双方可以根据书面协议对规格进行变更，此合理时间最少不应短于相关产品开始制造前九十（90）天。因此为适用此规格变化导致ODM增加的费用，以及此类规格变化后导致的任何可能的产品价格差异，只要ODM事先书面告知［公司］，并经［公司］事先书面同意，均由［公司］承担。

4 产品附件

4.1 初始产品附件。ODM向［公司］供应的初始产品在本协议后附标题为附件A的产品附件中规定。

4.2 新产品附件。［公司］与ODM可不时经协商同意，通过签署一个新的增补产品附件方式，增加在本协议项下所供应的新产品。例如，本协议签署后首个增加的新产品，将在附件A-2的产品附件中规定，该产品附件经双方确认后，即成为本协议的附件。后续产品附件将相应地按顺序编号，例如产品附件A-3、产品附件A-4以此类推。产品附件应包含本协议附件C“空白产品附件样例”中指明的信息，以及双方同意的其他条款和条件。

4.3 优先顺序。在本协议内容与某个产品附件出现冲突的情况下，以产品附件中规定的条款和条件为准，产品附件中的内容取代本协议中不一致的条款。

4.4 文件。ODM将向［公司］提供所有合理必要的信息，以便［公司］用于准备随同产品提供或用于支持产品销售和服务的用户手册和技术资料。

5 价格、支付条款

5.1 价格和费用。［公司］将按本协议产品附件约定向ODM支付非再现工程费（NRE COST）。特定产品的价格将在相关的产品附件中规定，除非双方另有明确约定，在产品附件中列出的价格是ODM按本协议约定将产品交付至指定地点的价格，未经双方事先明确书面同意，该价格不得变更。［公司］将按［公司］与ODM在产品附件及订单中一致同意的单价支付产品采购价款。

5.2 支付条款。在产品及服务交付并经［公司］验收合格后，ODM开出发票通知［公司］付款。除非相关产品附件和/或订单中另有约定，否则发票价款将在［公司］收到ODM无争议发票后六十（60）天内支付。除非相关产品附件或订单另有明确约定，否则所有的到期应付款均应按人民币计价和支付，并且支付可采用支票、电汇、现金或其他合理可行的方式。延迟支付到期应付款的，按中国人民银行公布的同期流动资金短期贷款基准利率承担滞纳金。

5.3 定价。如［公司］要求，ODM应按［公司］要求提供产品物料单和/或成本结构清单。

如数量影响定价的话，［公司］及其他授权采购方的全部购买数量，均应用于价格的计算。除非相关产品附件和/或订单中另有明确或各方以其他书面方式同意，价格将包含交付［公司］前针对产品征收的所有税费。ODM 陈述和保证，在法律允许的范围内，任何一款产品的单价均不得超过 ODM 向其他客户提供类似产品的价格，且不考虑购买数量。

5.4　无义务。ODM 向［公司］提供开发服务，并不意味着［公司］有义务向 ODM 采购产品。除非在相关产品附件和/或［公司］有效签发的订单中约定，否则［公司］无义务采购任何产品或服务或为此支付任何费用。本协议未明确约定的各方为履行本协议项下工作所发生的成本和费用均由双方各自分别负担，另一方无义务对此进行补偿，在此情况下，双方已考虑了其他充分、适当和价值相当的对价，而并不因此限制任何一方的权利或减免任何一方的义务。

5.5　税费。［公司］应支付税务机关就其产品和服务采购征收的税款，但不包括任何针对 ODM 所得或收入征收的税款。根据相关法律要求，［公司］可从支付给 ODM 的价款中扣留相应部分，用于向税收当局支付规定的税费（如但可能不限于，预提所得税），如 ODM 要求，［公司］将向 ODM 提供相应的税收支付凭证。

6　产品发运和接受

6.1　产品标识。如果在相关产品附件中或本协议附件中指明了产品标识要求，ODM 应确保产品及其包装按照规定的规格和规范包含所有要求的信息以及［公司］的标记。

6.2　完整交付。采购订单中指明的所有产品单位均应完整交运。如果 ODM 意识到只有部分交货方可满足交货日期的要求，ODM 应立即书面通知［公司］。在此情况下，［公司］有权选择接受部分交货或告知 ODM 重新安排交运日期，重新安排的交运日期应由［公司］与 ODM 通过书面协议方式确认。

6.3　接受溢装的选择权。如果 ODM 的交付超出了订购的产品单位，［公司］可以以书面形式接受溢装的数量，并将按第 5 条规定支付溢装货物的价款，但任何情况下，［公司］均无义务接受溢装交货，如［公司］选择不接受溢装，则仓储、退返溢装交货或对溢装交货做其他处理的一切费用和风险均由 ODM 承担。

6.4　延迟。如果 ODM 意识到其不能满足或已经错过了交付日期，ODM 应立即将该情况以及受影响产品的预期交付日期告知［公司］，ODM 将尽所有合理商业努力按交付日期交货，或在此后尽快完成交货。但如果此类延迟仅限于导致 ODM 不能在交货日期向［公司］交货，根据 ODM 合理判断，其能够满足［公司］向客户指定地点（“客户目的地”）交货的时限承诺，那么，ODM 应尽合

16274

理商业努力，在［公司］要求的交付日期前，直接向［公司］客户目的地交付受影响的产品。对由此导致的超出［公司］按照标准方式运输所应承担的货运费用，由ODM负责支付。在ODM向［公司］告知了可能的延迟或延迟已经发生的情况下，如果：(a)［公司］将客户目的地及向客户目的地交付的日期告知了ODM；而（b）ODM确认其无法满足在指定交付日期向承诺的目的地交货的要求，或ODM已经错过了向承诺的目的地交付的日期，［公司］有权取消所有相关订单。［公司］将采取商业上合理的措施，以降低ODM与上述应急交付受影响产品相关的费用。尽管有上述规定，本协议第6.4款的执行将以第11条不可抗力为前提。为本协议的目的，且在不违背后面第11条规定的前提下，在预定的交付日期后五（5）天内交付产品将不被视为交付延迟。

6.5　装箱单。每个批次的产品交付均包含一个装箱单，装箱单应包含至少以下信息：(a)［公司］的产品型号；(b）交运的产品数量；以及（c）交运日期。

6.6　包装、损坏。ODM应按良好商业习惯以及相关产品附件中指明的规格以及其他相关标准对所有产品进行妥善包装、处理和捆扎，以保护产品使其适合选择的运输方式，能够安全运抵指定的交付地点，不受任何损失和损害。如在相关的产品附件或订单中指明，ODM还应对产品采用特别的防静电保护措施。

6.7　接受。在某批次货物交付至［公司］指定地点后，［公司］可以在十（10）天内对货物进行检验，并确定接受交货，如果［公司］确认交货不符合相关订单，可以拒收交货并在上述期间内将拒收决定书面通知ODM。未能在上述期间内提出书面拒收通知，将被视为［公司］接受ODM的交货。

7　符合法律

7.1　符合法律。ODM应确保产品符合产品附件中所指明的所有相关法律规定。在产品交付给［公司］后，［公司］负责遵守所有与产品的使用、向第三方交货或销售相关的法律规定。

7.2　标志合规。如果相关产品附件中有明确规定，ODM应确保所有此类产品符合所有合规、安全和标准组织的对产品进行标志要求，并在产品上标注表明产品符合这些组织相关要求的标志。未经［公司］事先书面同意，ODM不得在产品上标注任何ODM自己的商号、商标或徽标。

7.3　原产地证明和标志。根据［公司］的要求，ODM应为［公司］提供适当的表明产品原产地的证明。除非相关产品附件中另有明确，否则ODM还应在每个产品或其包装箱（如果产品本体没有足够空间）上标注符合海关要求的原产地标志。

7.4 补偿。如一方（“补偿方”）违反或被声称违反了本协议第 7 条的任何规定，导致另一方（“被补偿方”）因此遭受或承担了任何索赔、责任、损失、判决、费用或成本，则补偿方应为被补偿方提供补偿，以使被补偿方不会因此受到任何损害。本协议项下的任何补偿均应在有管辖权的法院送达最终判决后作出，由一方发起的与第三方的任何和解程序，均应由本协议另一方协同进行，如果另一方根据本协议规定需要对和解程序发起方予以补偿的话。如［公司］同意对指控进行和解，［公司］和 ODM 均同意将不公布和解协议，也不会允许提出侵权指控的一方公布和解协议。

7.5 有毒和有害物质。ODM 应遵守本协议附件 B 有关有毒有害物质的限制规定。

8 保证

8.1 产品保证。ODM 保证其拥有设计、制造、营销和销售本协议附件 A 所述领域的产品的专业知识。ODM 进一步保证其拥有向［公司］交付预测数量且始终保持高质量标准产品的必要的人员、能力和设施。ODM 保证所有产品将不存在设计、材料和工艺上的缺陷，并将符合约定的规格。每个产品的保证期限将自［公司］购买日起算并持续至此后的三十八（38）个月（“保证期”）。如［公司］在上述期限内发现缺陷产品，应在保证期内书面通知 ODM，ODM 应对缺陷产品进行修理，或根据其选择，对缺陷产品进行更换，均按照本协议后附的 ODM 标准保证条款和条件（附件 D）执行。ODM 进一步保证，所有产品均将：（a）是全新的，除非在相关采购订单或产品附件中另有明确；并且（b）不存在针对其权属或所有权的任何留置、抵押、限制或其他权利要求。

8.2 支持保证。在本协议期限以及产品的保证期（可能超出合同期限）内，ODM 将就产品向［公司］提供维护和技术支持。就产品保证期届满后的维护和技术支持，［公司］应另外支付服务费，服务费标准在相关产品附件或本协议附件中规定，并应经双方一致同意。ODM 将维持必要数量的合格人员和部件，确保能够向［公司］提供及时和经验丰富的维护和支持。ODM 保证所有支持均将以专业和技术娴熟的方式提供。ODM 不得自行单独向［公司］所销售产品的用户提供或要约提供支持服务。

8.3 免责声明。缺陷产品有限责任。除非本协议或任何相关产品附件另有明确约定，并且在不影响［公司］或其任何客户依法享有且不能被本协议排除的权利的前提下，ODM 未就产品和部件，包括其适销性或适用于特殊目的，作出任何其他保证，无论是明示的还是默示的。除非在本协议中另有明确约定，ODM 在保证期内就缺陷产品的唯一和排他责任以及［公司］唯一和排他救济将仅限于

16274

根据本协议附件 D 中的 ODM 标准保修证书的条款，对所有缺陷产品进行修理或更换。

9　营销和许可

9.1　营销权。［公司］及其关联方将有权使用他们自己的业务和许可条款用于对其所采购所有产品的销售、营销和分销。

9.2　无标志使用权。本协议的任何内容均不得被解释为授予任何一方使用另一方任何标志的任何权利。在相关产品附件指明的范围内，产品上应加施通告各方各自知识产权权利的充分告知。在双方之间，［公司］指明的包装设计、手册、［公司］标志及产品型号名称（统称为“［公司］元素”）是［公司］的财产。相应地，除非为履行 ODM 在本协议项下的义务所必要并遵循［公司］的规范，否则 ODM 不得使用任何［公司］元素。

10　不侵权保证

10.1　ODM 知识产权保证。ODM（代表其自己及其关联方）向［公司］保证，产品制造及向［公司］或其任何关联方销售产品，以及由［公司］和 / 或其关联方向他们的客户销售产品，并不违反或侵犯并且在任何事件也将不会违反或侵犯任何第三方的知识产权权利。ODM 向［公司］进一步保证，其有充分的权利授予第 2.3 款最后一段所规定的权利。

10.2　［公司］的知识产权保证。［公司］向 ODM 保证，ODM 按本协议规定使用［公司］元素为［公司］设计、制造和支持本协议项下产品，并不侵犯并且也将不会侵犯任何第三方的知识产权权利。

10.3　补偿义务。各方同意，如因任何一方（“补偿方”）违反第 10.1 款或第 10.2 款项下的保证，导致针对另一方（“被补偿方”）的索赔或使另一方承担了任何损失、责任、成本和费用（包括实际和合理的律师和其他专业费以及所有相关的成本和费用）（统称为“损失”），补偿方将对被补偿方进行补偿，并使被补偿方不因此受到任何损害。为本协议第 10.3 款的目的，［公司］是指包括［公司］及其关联方在内的实体。［公司］在此同意，为本协议第 10.3 款的目的，其将作为［公司］关联方的代理。

10.4　索赔通知。如果任何一方知悉任何索赔或任何可能导致索赔的事实，应立即通知另一方。如果收到此类通知后，补偿方未能勤勉地解决索赔或向被补偿方提供其将勤勉地解决该索赔的保证，被补偿方可以自行对索赔进行抗辩，但这不限制被补偿方的其他权利和救济。本协议项下的任何补偿应在有管辖权的法院送达最终判决后作出，或在与第三方达成和解协议后作出。如果补偿方根据本协议应对另一方进行补偿的话，则由被补偿方启动的与任何第三方的和解程序均应与补偿方配合进行，前提是补偿方没有不合理地拒绝或延误给予此类配合。

10.5　侵权产品救济。如本协议项下任何产品的使用（包括与其他产品结合）被禁止或根据第 10.3 款需要由补偿方给予补偿（“侵权产品”），则被补偿方可根据自己的判断，经书面通知补偿方终止本协议，而无须对此承担任何进一步的义务：

（1）如［公司］是被补偿方，其可以要求 ODM 采取以下措施，相关费用由 ODM 承担：（a）为［公司］及其客户获得继续销售、营销、服务和 / 或按本协议的预期用途使用包括与其他产品或服务组合使用侵权产品的权利；（b）用具有同等功能和性能的非侵权产品对侵权产品进行更换；或（c）对侵权产品进行修改使其不侵权，且不得降低产品的功能或性能。

（2）如 ODM 是被补偿方，ODM 可采取以下措施，相关费用由［公司］承担：（a）为［公司］及其客户获得继续使用或组合侵权产品的权利；（b）用具有同等功能和性能的非侵权产品对侵权产品进行更换；或（c）对侵权产品进行修改使其不侵权，且不得降低产品的功能或性能。

10.6　限制。如损失是由一方违反本协议第 10 条规定的保证所导致的，则任何一方均不得要求对另一方就此类损失进行补偿。

11　不可抗力

11.1　通知。如一方对本协议的履行受任何不可抗力事件的影响，包括超出该方合理控制的天灾、法院或政府机关的执法行动或命令、战争或内乱、火灾、爆炸、洪水、燃料、电力或材料短缺、运输或通讯中断、罢工或其他重大劳资纠纷、机械或设备破坏或任何其他自然或人为事件，该方应立即书面通知另一方，并提供该事件的详情。为避免任何疑问，行业整体范围的无法以商业上合理的数量和价格获得部件或材料属于不可抗力事件，但其他供应商缺货不得被视为不可抗力事件。

11.2　履行中止。受此类不可抗力事件影响一方的履行，在事件持续期间可以暂停，但各方应协商并尽合理商业努力寻找其他替代方法完成此类履行，并在采取行动前书面告知对方。

11.3　履行开始。不可抗力事件一旦停止，受不可抗力事件影响一方应立即书面通知他方并应采取措施重新开始或继续暂停的履行。

12　保密

12.1　保密信息定义。本协议第 12 条中使用的“保密信息”是指所有专属于披露一方（“披露方”）的被标注或以其他方式识别为“保密”或“专属”的，并且向另一方（“接收方”）披露的信息或材料。保密信息不包括：（a）在披露

16274

方披露前已经为接收方所知的信息；（b）披露方向接收方披露前已经为公众所知的信息；（c）非因接收方的作为或不作为而为公众所知的信息；（d）由有合法披露权利的第三方向双方中的任何一方披露而为接收方所知的信息；以及（e）未完全按照第 12.5 款规定向接收方披露的信息。保密信息还应本协议条款和条件以及本协议的存在，为此目的，各方均应被视为接收方。此外保密义务不适用于任何根据相关法律规定披露的以及依据执法机关依法要求披露的信息。

12.2　保密义务。各方对所有保密信息均应严格保密，并且除非为执行本协议条款和条件所必要，不得使用或复制保密信息。各方同意将尽所有合理努力采取适当措施防止对保密信息未经授权的使用和披露，并保持所有此类保密信息的保密性，包括：

（a）确保所有此类保密信息仅向接收方那些已经得到适当指示对保持保密信息机密性承担保密义务的员工披露；并且

（b）对所有文件采取符合业界良好标准的安全保护措施，防止被盗、损坏或被未经授权的人士接触。

12.3　终止后的义务。本协议到期或终止后，各方应当立即向另一方返还所有保密信息（包括其任何复制件或笔记、注释和说明）。

12.4　根据要求返还。根据披露方的书面要求，接收方应立即返还所有包含保密信息的材料和文件（包括计算机存储的信息），并应确保销毁任何和所有与保密信息结合使用的或作为保密信息使用结果的材料和文件，并向披露方提供相关书面确认。

12.5　尽管有上述规定，各方承认另一方正在广泛地参与特定新产品的开发，就其本身而言，任何一方不希望收到任何可能限制其开发此类产品能力的保密信息，除非其有意识地决定接受此类信息。为此，如果任何保密信息与新产品开发相关，则在向另一方披露此类保密信息前，披露方应首先向接收方提供一个保密信息可能涉及的新产品开发的简要说明，以便接收方可以确定其是否希望接受此类保密信息。在接收方告知披露方其不想接收与上述简要说明中提及的与特定新产品开发相关的保密信息，则披露方向接收方披露的任何此类信息将均不视为本协议项下的保密信息。

12.6　根据有相应管辖权的法院或其他政府机关的命令而披露保密信息不得被阻止，但前提是，接收方应首先通知披露方并尽合理努力获得保护令，要求保密信息仅在上述命令的有限目的和范围内披露。

12.7　在不违背前述第 12.1 款规定的前提下，如保密信息以口头方式披露，披露方同意在口头披露前，声明保密信息为“保密”或“专属”。进一步地，就此类口头披露的保密信息，披露方同意将在前述口头披露后三十（30）天内以书面或其他有形方式对口头披露的保密信息予以记载，并向接收方提供上述口头保密信息的书面或其他有形介质。

12.8 新闻发布。除非是为满足任何法律、法规、监管政策或任何证券交易机构规则的要求，否则未经另一方事先书面同意，任何一方均不得发布与本协议或本协议所创设的业务关系相关的任何新闻或其他公开宣告。

13 所有权

13.1 ［公司］财产。就产品而言，［公司］将拥有产品附件中规定由［公司］拥有的所有知识产权和其他相关权利。

13.2 ODM财产。除非产品附件中另有规定，否则，除上述由［公司］拥有的知识产权及相关权利外，所有其他知识产权和其他权利均由ODM拥有。

14 期限和终止

14.1 期限。除非根据本协议被提前终止，否则本协议的期限自生效日起开始并持续至以下日期之较早者：(a) 自生效日起一（1）年；或（b）［公司］经提前至少九十（90）天书面通知终止本协议。在初始期限后，本协议将自动更新附加的一（1）年期限，除非任何一方在初始期限或任何一个更新期限到期前提前至少九十（90）天书面通知另一方其无意续展本协议。

14.2 未结订单。在本协议到期前由ODM接受的采购订单均应根据有关采购订单的条款履行和支付。

14.3 终止：

（1）违约通知。如果任何一方实质性违反本协议的任何条款，守约方可以经通知违约方后终止本协议或任何采购订单，除非违约方在收到上述通知后三十（30）天内采取有效措施对违约行为进行了纠正。

（2）违约事由。为上述第14.3（1）款的目的，"违约"是指包括但不限于以下任何行为：[①]

> 条文注解：这里所列的行为并非典型的违约行为，只是为了合同条款的简洁和表述方便，将其定义为违约行为。

（a）一方无论是自愿还是强制进入了破产或清算程序，或不能清偿其已经到期的一般债务；

（b）无论是否经过其同意，一方已经被委任了资产接收人或代表债权人利

16274

益的受托管理人；

（c）非因本协议约定的不可抗力原因，ODM 未能根据本协议或任何订单交付产品；

（d）ODM 未能根据第 8 条要求及时按照 ODM 标准保修条款和条件对缺陷产品进行更换或修理；

（e）[公司] 未能按照第 5 条规定支付价款；

（f）[公司] 未能按照第 3 条规定和要求执行最低采购量（如果有的话）；或

（g）一方未能履行本协议的任何实质条款，且未能根据要求向守约方提供未来履约的合理保证。

（3）ODM 终止。在不损害本协议及法律授予 ODM 的任何其他权利的前提下，如果[公司] 在任何一个日历年期限内，未能完成最新产品附件中指定的单位产品最低采购数量，ODM 有权终止本协议。

（4）[公司] 终止。在本协议生效日后九十（90）天内，如果 ODM 未能交付符合本协议后附初始产品附件中就初始产品所规定规格的产品样品，[公司] 有权终止本协议。此外，如果 ODM 重复提供缺陷产品（在任何三个月期限内交付的缺陷产品累积超过______%）或重复延迟交货（在任何三个月期限内延期交货累积超过______天），[公司] 有权终止本协议。

14.4 责任限制。除非本协议中另有约定，否则任何一方均不对因本协议的履行或为促成本协议条款或目标所导致的任何惩罚性的、特别的或结果性的损害赔偿向另一方负责，无论此类损害赔偿是基于侵权、保证、合同或其他法律原理，即使已经被告知此类损害赔偿发生的可能性。

15 争议解决

15.1 友好协商。双方同意以相互合作和诚信的精神执行本协议，并将努力友好解决各方之间的任何分歧、纠纷和争议。

15.2 升级。如就此类争议进行书面沟通后十（10）天内未能通过此类协商和会谈解决争议，则各方应指定副总裁或更高职级的高级管理人员作为其各自的代表。各方高级代表将在其任命后十（10）天内进行会商以解决争议。如果争议未能在最初开始沟通之日起三十（30）天内以各方代表满意的方式解决，任何一方均可按第 15.3 款规定申请仲裁。

15.3 仲裁。因本协议、本协议的解释、本协议中的任何安排、对本协议的违反、本协议的终止或无效及相关事宜引发的任何分歧、争议、纠纷和索赔，均应最终由仲裁解决。

15.4　仲裁地点。仲裁将由____________（仲裁机构）依据其当时有效的仲裁规则在____________（地点）举行。

15.5　仲裁员。仲裁庭将由各方根据一致意见共同选择的一名仲裁员组成。如各方未能就仲裁员选择达成一致，各方将各自任命一名仲裁员，并由该两名仲裁员在三十（30）天内共同选择一名仲裁员，并由该仲裁员对争议进行审理和裁决。

15.6　语言。仲裁使用的语言应为____________（语言）。

15.7　裁决约束力。仲裁庭作出的任何决定或裁决均是终局的，并对各方具有约束力。在法律允许的范围内，各方放弃对向任何法院或法庭进行上诉或要求对仲裁裁决进行审查的权利。各方进一步同意，任何一方均可申请拥有管辖权的法院基于仲裁裁决作出判决，针对各方或他们各自无论位于哪里的财产强制执行生效仲裁裁决。

16　管辖法律

本协议应由____________［司法管辖区（国家或地区）］管辖，并依据该法律解释，但不援引其法律冲突规则。各方明确同意排除《联合国国际货物销售合同公约》的适用。

17　通知

17.1　通知地址。本协议项下的任何通知均应以书面形式作出并应通过专人递送本人或通过指定电子邮件系统或邮资预付的特快专递送达下列地址和号码：

如致［公司］：____。

如致 ODM：____。

17.2　通知方式。任何此类通知应在以下时间被视为送达：(a) 如果通过专人递送，在交付时；(b) 如通过指定电子邮件系统发送，在发送后第一个工作日；(c) 如通过国际特快专递发送，在实际收到日。在不影响以上条款效力的前提下，如通过电子邮件发送通知，则通知必须通过双方事先同意的电子邮件系统发送。为本条款的目的，“工作日”是指除周六、周日以及接收通知一方所在地的法定假日之外的日期。

17.3　地址变更。任何一方均可经提前七（7）天向另一方前述地址发出书面通知更改接收本协议项下通知的信函地址或电子邮件邮箱地址。

18　一般条款

18.1　继续有效。本协议第 1 条、第 4.3 款、第 7 条至第 16 条（含），第 18.1 款至第 18.4 款（含）和第 18.6 款至第 18.12 款（含）在本协议到期或终止后将继续有效。

16274

18.2　完整协议。本协议及本协议后附的任何附件和附表，在本协议签署后，取代所有与本协议标的有关的任何在先的陈述、谅解和协议，无论是口头的还是书面的，包括但不限于，双方签署的任何保密协议。

18.3　适用于此前的活动。本协议第 12 条的规定应同样适用于双方在生效日前的业务关系。

18.4　弃权。任何一方对违反或未能遵守本协议的任何规定的弃权，均不构成也不得被解释为对该条款的继续弃权，或对任何其他违反或未能遵守本协议其他条款的弃权。任何一方对另一方违反或未能遵守本协议任何规定所作补救措施的认可或同意不视为其放弃追究违约方责任。

18.5　进一步保障。为有效实现本协议的目的及标的，本协议各方在此同意，将签署和交付其他此类必要的文件并采取其他此类必要的行动。

18.6　承继人和转让。本协议及本协议项下的任何承诺、条款和条件对各方及其各自的承继方和受让方均具有约束力，但前提是，任何一方均不得在未获得另一方事先书面同意的情况下，将其在本协议项下的权利转让他人行使或将其在本协议项下的义务委托他人代为履行，但各方可以：(a）在其所有或实质性资产或股权被转让或出售的情况下，向并购方转让本协议而无须另一方征得同意，前提是受让方不是另一方的直接竞争者，并且受让方通过其以双方为抬头并交付给双方的由受让方充分签署的书面文件，表明其同意承担转让方的在本协议项下的所有义务；或（b）将本协议转让给控制转让方、与转让方受共同控制或由转让方控制的任何一方，只要受让方不是本协议另一方的直接竞争者，并且受让方通过其以双方为抬头并交付给双方的由受让方充分签署的书面文件，表明其同意承担转让方的在本协议项下的所有义务。

18.7　双方关系。本协议不得被解释为在各方之间创设了合伙、合资、代理或雇佣关系。

18.8　条款可分割。如果本协议的任何条款因任何原因在任何方面被认定为无效、非法或不可强制执行，此类无效、非法或不可强制性将不影响本协议其余部分的效力，本协议其余部分将继续具有完全和充分的效力，就如同无效部分自本协议签署时起就从未作为本协议的组成部分。

18.9　标题。本协议条款和章节的标题仅为阅读方便而设，对本协议条款的理解和解释无实质影响。

18.10　币种。除本协议另有约定，本协议所涉货币单位均为人民币（　　）元。

18.11　以副本签署①；语言。本协议以中文简体拟就，本协议可以分别由各方签署一份或多份副本，每份副本均被视为原件，各方签署的副本合起来将构成同一协议。本协议如有其他语言版本，中文简体文本将优先于其任何翻译本。

> 条文注解：以副本签署条款，其含义并非仅限于将合同按一式几份签署，这个条款包含更广泛的含义，根据这个条款，为了提高签约效率，降低签约成本，各方可以各自在不同的副本上分别签署同一个协议，并与对方互相交换后分别持有，而并不必须由各方同时在同一个协议文本上签署。各方分别签署的文件，合起来将被视为同一份合同文件。

18.12　传真或电子邮件签署。双方同意，本协议可以由一方或双方通过授权传真机以传真方式签署，或作为通过指定电子邮件系统的授权邮箱所发出电子邮件的附件方式签署，并且本协议以如此方式签署后将是合法和有效的并对以如此方式签署本协议的一方或双方具有约束力。

作为证明，双方各自委派有充分权利代表各方的人士在下面签署本协议。

［公司］确认和签署	ODM确认和签署
［公司］签约主体名称：	ODM签约主体名称：
法定或授权代表签字： 日期：	法定或授权代表签字： 日期：
签字代表姓名（打印或正楷），部门和职务：	签字代表姓名（打印或正楷），部门和职务：
法定或主要办公地址：	法定或主要办公地址：

附件A：产品附件

产 品 描 述

名称、规格型号、单价、前置期、保修期等。

附件B：产品规格

产品应符合的规格及其他要求，产品应当进行的检测、需要交付的技术文件、检验报告、认证证书，以及有毒有害物质限量使用声明等。

16274

附件C：空白产品附件样例

此空白产品附件样例，用于双方未来引入新产品时签署，对新引入产品的专用条款和条件作出约定。结合 ODM 协议基础协议，产品附件通常可能需要包含以下内容。

1. 援引的采购协议名称及合同编号。
2. 新引入产品的名称、规格型号、单价、前置期、保修期等。
3. 产品开发及客户化工程变更需求。
4. 非再现工程（NRE）费及承担。
5. 新创作开发技术的权利归属。

附件D：保修条款[1]

> 条文注解：在此样例合同中，ODM 将其标准保修政策文件附在合同后面，作为其对产品提供售后支持服务的唯一依据。这是一种对产品所提供的基本支持服务，这对 ODM 来说是恰当的。但对于采购方来说，则需要根据所采购产品本身的功能特性、市场及用户等实际情况，考虑是否需要用更为全面的支持服务条款，取代当前这个内容，要求 ODM 为产品提供更高级别的保障和支持服务。

本保修证书用于支持［公司］（［公司］）直接从 ODM 或其授权分销商处购买的产品。

ODM 保证，这些产品在正常使用和服务条件下，在______年（保修期）内不存在设计、材料和工艺缺陷。

依据本保修证书的规定，ODM 承诺，在保修期内，对在正常使用和服务条件下存在设计、材料或工艺缺陷的产品进行修理，或根据 ODM 的选择进行更换，不收取材料和/或人工费。修理或更换后的产品将在初始保修期的剩余部分继续享有保修，但当地法律对消费者用户的权利另有规定的，对消费者用户的支持按法律规定执行。

为操作方便，由［公司］向 ODM 退返用于修理或更换的产品，所有的运输费和传递过程中的灭失和损坏风险，无论是直接的还是间接的，均由［公司］自行承担。由 ODM 向［公司］返还的修理或更换后产品，所有的运输费和传递过程中的灭失和损坏风险，无论是直接的还是间接的，均由 ODM 自行承担。［公司］承担以上运输费用和风险的前提是，产品月度累积故障率不超过百分之______（______%）。

ODM 在本保修证书项下的保证，不适用于因以下原因导致的产品故障：(a) 由 ODM 之外的他方对产品或其任何部分进行修改；(b) 意外、误用、疏忽或不当的维护；(c) 非由 ODM 提供的产品导致的故障；(d) 非由 ODM 提供或同意与产品结合使用的软件或硬件导致的故障；(e) 未按照 ODM 明确的运营和存储说明使用和存储。

ODM 就产品所做的保证仅限于本保修证书描述的范围，ODM 就产品的适销性或适用于特定目的或其他方面均不做任何保证。

本保修证书是［公司］就产品可获得的唯一和排他的救济，同时也是 ODM 对［公司］就产品，包括但不限于产品的缺陷或故障，所承担的唯一和排他的责任。本保修证书取代任何其他保证和责任，无论是口头的还是书面的，也无论是法定（但非强制）的、合同的、侵权的或基于其他理由的。任何情况下，ODM 均不对任何人就违反本保证及其他保证导致的任何结果性的或偶然的损害赔偿（包括利润损失、无论是否因 ODM 或代表 ODM 的任何第三方偶然的疏忽导致）负责，无论这些保证是明示的还是默示的，或基于何种责任。ODM 不就产品做任何以下陈述：(a) 产品将不会被破解或规避；(b) 产品可以防止任何因盗窃、抢劫、火灾或其他事件导致的人身伤害或财产损失或损害；或者 (c) 产品在任何情况下均可提供适当的报警和防护。

［公司］明白产品的正确安装和维护，可在某些情况下降低未报警[1]情况下发生盗窃、火灾、抢劫或其他事件的风险，但这不是此类事件不会发生或不会有人身或财产损害的保险或担保。相应地，ODM 对任何人身和财产损害或其他基于产品未能报警的损失索赔不承担任何责任。如果 ODM 无论因任何原因被裁定就有关产品的损失或损害承担责任，无论是直接的还是间接的，ODM 的最大责任在任何情况下均将不超过这些产品的购买价格，这将是 ODM 所承担的全部和排他的责任。

条文注解：此保修文件用于某类安防报警产品。这一段用于对产品功能的局限性作出事先明确的告知和声明。此类事先的明确和充分告知，是厂商依法应当尽到的义务，可以避免因用户对功能存在局限的产品过度和不合理依赖所导致的风险。没有此类明确和充分的告知，厂商依法需要对用户误用产品导致的损害承担赔偿责任。而此类事先明确和充分的告知，则可以使厂商免于承担此类责任。

16274

5. 采购订单

使用场景

此订单可用于采购方作为具体的采购指令文件，配合长期采购协议，执行具体采购任务。此订单也可作为独立的一次性采购协议，用于向供应商执行临时采购任务。

此订单可用于硬件产品和服务的采购，采购的设备或服务解决方案中可能包含软件，对于采购方来说，可能也不会介意将此订单用于软件采购。但软件版权人则可能需要考虑将此类订单用于软件分发是否符合自己的利益。

法律要点

如订单作为所援引采购协议的执行文件使用，则必须在订单表格中约定清楚所援引采购协议的合同信息，否则订单可能会被视为独立存在的合同。

订单表格中通常用于明确采购的业务和商业条款，包括采购内容（对所采购产品或服务的描述）、规格型号、采购数量、交付时间和地点、运输要求、价款和支付等。

如订单作为一次性的临时采购合同使用，则除了在订单表格中明确业务条款外，还需要确保有效附带采购订单的一般条款和条件，采购订单一般条款和条件应符合采购合同的一般要求。很多公司基于便捷和节省资源等考虑，选择在订单表格中设置一个链接，指向一个以电子形式发布采购订单一般条款和条件的互联网网址，而不再随同采购订单表格提供完整的订单条款和条件。在以点击确认接受在线电子合同的方式已被普遍接受的今天，看不出有什么充分的理由认为这个做法在法律上是不可接受的，但采用这个做法时，应注意确保援引的内容符合电子合同的客观性、防篡改、防抵赖等要求，同时应与公司的信息化部门做好协调，确保这个网址的稳定性。

采购订单通常是采购方单方出具的条款，此类合同有较强的时效性，因此通常是采用“接受或拒绝”方式签署的，采购方通常不会同意与供应商就订单的条款和条件进行协商，也不会允许对订单条款和条件进行修改。起草此类条款时，采购方可以考虑保留一定优势，但似乎不宜按“开价条款”方式起草，而应在对自己所处谈判地位有客观评价的前提下，尽可能兼顾买卖双方利益的平衡，以免影响签约效率。

尽管将订单作为一次性的独立存在的合同使用是为了交易的快捷，但根据具体交易安排，依赖对方信用的一方在签发或接受订单前，也应当注意考察对方是否具有相应履约和承担责任的能力。依赖对方信用的情形包括，授予对方账期、需要对方在未来履行特定的义务或承担特定的责任等。

尽管订单也是合同，但很多人可能会低估订单的敏感性和约束力，因此在签发订单时过于丧失应有的谨慎，为此，尽管订单中规定了生效条件，签发和接受订单的双方仍有必要建立完善的流程，对订单的签发和接受进行必要的管理，防止订单在采购流程之外被越权签发和接受。

关键条款（检核清单）

根据采购方所从事的不同业务，各家厂商的采购订单内容可能会有较大差异，但尽管如此，此类合同文件通常也必然包含一些基于采购合同属性，通常需要包含的条款。

采购订单通常由两部分构成，订单表格用于约定针对具体采购的关键业务条款，通常包括：

1. 采购内容，包括所采购软硬件产品及服务方案的描述。如果采购的是服务，需要考虑采购的服务是否明确具体的服务方案，如果没有，需要对卖方所提供服务的范围作出明确界定。

2. 采购物项的规格、规范、标准和要求。

3. 采购数量。

4. 单价及总价。

5. 交付时间及地点。

6. 运输方式、包装要求、交付文件。

7. 付款期限及发票和银行信息。

除具体业务条款外，订单表格需要确保包含一些结构性条款，例如，指明签约主体、生效条件及对采购协议或订单一般条款和条件的有效援引。如果采购订单一般条款和条件以电子方式通过链接的网址提供，则需要确保包含一个明确的条款，表明供应商将阅读和同意网址链接的条款。

采购订单的一般条款和条件，通常只约定采购订单执行的一些原则性要求，通常需要考虑包含以下内容：

1. 适用于订单的合同条款，订单条款和条件与援引的采购协议及其他援引

16275

的文件，包括规格、需求文件、询价单、报价单、提单等交易文件之间的关系。考虑报价单、询价单、提单等可能来源于不同主体，其签署和确认可能很难控制，为此需要在订单条款和条件中，应注意包含一个条款，明确排除此类文件中所包含的条款和条款的效力。

2. 订单接受和生效、变更及撤销。明确订单在何种情况下视为接受。订单通常由一方发出并经另一方确认接受后就成为对各方有约束力的法律协议，任何一方未经另一方同意均不能更改或撤销。但鉴于订单的执行可能会受各种内外部因素的影响，采购方通常需要考虑保留随时对订单进行变更或撤销的权利。除非变更或撤销是因卖方原因导致的，否则买方应当对卖方由此导致的损失进行合理补偿。订单条款中需要对补偿的范围及条件作出明确约定。

3. 采购内容。采购订单可以设计为专用于硬件采购，也可以设计为适用于更广泛的标的，包括软硬件在内的产品，也可以包含服务（或服务方案）。如采购订单适用于包括软件和服务在内的标的，条款设计时应考虑采用适用于软件和服务的语言，仅仅使用硬件采购的语言，可能会使条款在适用于软件或服务时发生不周延错误。

4. 交付和验收的相关规则。通常应明确约定交付时间和地点，交验的规则和期限，以及对不符的交付的处理。应当包含一个明确的条款，声明支付发票金额不应被视为默认接受。同时还应明确交付被以任何方式（全检、抽检或按卖方检验报告）接受后，并不免除卖方对产品所承担的保证义务和责任。

5. 所有权和风险转移。法律对买卖合同中商品所有权和风险转移有默示的规定，但同时并不禁止当事人对此作出其他约定，如有此类约定，应当在合同中明确。由于所有权归属可能对保险索赔有影响，通常在涉及保险及仓储物流安排时，需要考虑对所有权和风险转移作出特别安排。

6. 价格、税款及支付。采购产品或服务的具体价格，通常在订单表格中约定。订单条款和条件中，则需要就价格所涵盖的范围作出界定。账期和付款日期通常在订单表格中约定，订单条款条件中通常会约定一个兜底的支付期限条款，在订单表格中未就付款日期作出明确约定情况下，按订单条款和条件的约定执行。另外，还需要约定清楚卖方需要提供的文件及需要符合的其他条件。

7. 陈述和保证。在订单条款和条件中，需要卖方就产品和服务应当符合的状态作出陈述和保证。保证通常包括质量保证和权利保证。不同厂商根据其不同业务特征和需求，可能会要求供应商作出侧重点不同陈述和保证。陈述是卖方对作为交易基础的事实的确认，此类条款虽然源于英美法，但在我国的法律环境下也是有意义的，关键是合同起草者应当准确理解陈述条款的意义，恰当地起草陈述条款，而不是简单地模仿，同时应考虑在发生纠纷时如何对陈述条款进行解释。陈述作为双方达成协议的前提条件，如果被确认为是虚假的，那么将可以认定卖方存在欺诈的故意或存在重大过失。

对一般质量问题的保证可以设定合理的保证期限（国内业界通常称为保修期或三包有效期），但对于知识产权保证以及涉及可能导致环境损害及人身财产损害的质量问题的保证，则通常不应受保证期或保修期的限制。

8. 违反保证的救济，是指卖方违反其所作的各项保证情况下，应承担的责任，包括对不符合保证的产品进行修理、更换和退货，以及在服务不符合保证情况下，重新履行服务。

对因不符合保证发生批次性故障的产品，仅仅通过修理、更换和退货进行解决是不足够的，为此，如果是批量采购电子电器产品，可能需要考虑在订单条款和条件中增加有关批次性故障和产品危害的救济条款，就在产品发生此类问题时的特别救济流程，包括召回以及为维护用户满意度等所花费费用的补偿。

9. 抗辩和补偿。抗辩和补偿与违约责任存在重叠和交叉，但抗辩和补偿并不完全等同于违约责任。有些情况下供应商承担抗辩和补偿义务并不一定以存在违约行为为前提。采购方需要供应商保证在发生某些第三方索赔时，供应商应当出面为采购方提供抗辩，供应商也需要明确约定，如有任何第三方就其产品或服务提出索赔，采购方应及时通知，而不是由采购方自己处理。采购方在没有供应商支持和协助情况下，自行处理此类第三方索赔，一旦采购方擅自就产品或服务的质量或权利作出任何不利的自认，可能会给供应商带来风险。

10. 采购方托管财产。如果采购方可能向供应商提供了任何其自己的材料、设备、工具、软件或技术等，需要在订单条款中对此类财产的权属和管理作出约定。

11. 订单也是合同，因此还需要具备其他做为合同文件通常需要关注的条款。

关联合同

OEM/ODM 采购协议

其他长期采购协议

16275

合同正文（含条文批注）

采 购 订 单

订单编号：____________

生效日：____________

卖方名称（“卖方”）：	［公司］采购主体名称：（［公司］）
联系人/销售代表姓名：	联系人/采购代表姓名：
电话：	电话：
电子邮件：	电子邮件：
传真：	传真：
地址：	地址：
卖方供应商编号：	
报价单参考号：	援引采购协议合同编号：
交货地点： 交货人及联系方式： 承运商： 电话：	收货单位： 联系人： 电话： 电子邮件：

采购摘要：

编号	产品或服务	规格型号	数量	交付日期	保修期	单位	单价	总价
1								
2								
3								
订单总价：								
付款安排：除非［公司］另有书面通知，否则上述订单总价将支付至卖方以下银行账户： 其他：								

卖方将根据所援引的采购协议向［公司］交付上述订单表格描述的产品和/或服务。如订单表格未援引任何采购协议，则《［公司］采购订单条款和条件》适用于本订单并成为本订单的组成部分。采购订单条款和条件见后附。由［公司］有效签发的本订单，经卖方

签署并回传我们或卖方交付本订单项下的产品或服务的，视为卖方已经阅读并接受本订单。

［公司］确认和签署

［公司］签约主体名称：
代表人签名：　　　　　日期：
打印或正楷姓名：
部门和职务

卖方确认和签署

卖方签约主体名称：
代表人签名：　　　　　日期：
打印或正楷姓名：
部门和职务

附件：标准订单条款和条件

采购订单条款和条件

1　**订单接受。**卖方以书面签署或其他行为（包括根据本订单交付产品或提供服务）确认本订单的存在，将视为卖方按照本订单的所有条款和条件接受本订单。本订单的条款和条件、首页订单表格中的内容、援引的规格、图纸或其他文件，以及所有附件和补充条款（如有），将构成［公司］与卖方就产品和服务采购所达成的全部协议。卖方只能按本订单的条款和条件接受订单。除非［公司］明确书面同意，否则任何意图对本订单的修改、添加或删除均无效，无论其是否体现在经［公司］接受的卖方任何建议、报价单、发票或付款通知、订单确认书或是其他类似交易文件中。订单表格中如有对卖方此类交易文件的援引，此类文件中包含或援引的条款和条件均应被排除，不具有约束力。任何当地习惯、通用标准或行业惯例等均不得被视为构成对本订单的变更。如本订单援引了由卖方与［公司］（或其各自的关联［公司］或被承继方）签署的某个书面协议（统称为"采购协议"），则采购协议的条款和条件取代本订单标准条款和条件并适用于本订单。如订单表格中的内容与订单条款和条件不一致，订单表格中的约定优先适用。［公司］仅对通过以下方式有效签发的订单负责：(a) 由［公司］采购经理或明确且充分的授权代表签发；(b) 通过［公司］明确指定和授权的用于签发和接受订单的电子邮箱、传真机或电子商务系统发出；或 (c) 加盖与指明用途相符的［公司］有效印章确认，任何此外的其他订单、核准及承诺等均无效且对［公司］无约束力。卖方信赖非有效签发的订单导致的损失由卖方自行承担。

2　**产品、服务和软件。**卖方将向［公司］销售或提供产品、服务可交付物或其他物品，包括软件和支持文件（统称为"产品"），向［公司］提供支持、协助或其他工作（"服务"），具体见首页订单表格采购摘要。除非在订单首页

16275

中另有明确，否则依据本订单获得的软件均为许可而非销售。相应地，在适用于软件时，所提及的“购买”“销售”或其他类似用于均应被理解为“许可”。卖方授予［公司］一个永久性的、非排他的、许可费清结的和世界范围的许可，［公司］可以根据本订单安装、复制和使用产品。卖方根据本订单提供的所有产品及服务，均应严格符合订单中规定的规格、描述和保证。除非卖方事先提出申请并经［公司］书面同意，否则不得对本订单项下的产品或服务做任何变更。

3　**交付时间和地点，［公司］验收**。时限是本订单的实质要素。卖方的交付应符合订单表格中的规定。如卖方未能按规定的时间或地点交付，［公司］保留拒收产品并全部或部分撤销本订单的权利。［公司］部分接受不符的交付并不意味着［公司］有义务接受剩余部分或任何未来的交付。卖方应在产品交付前将［公司］要求的其他文件和资料交付给［公司］，包括但可能不限于，质量检验证明、安全数据表及运输单据等。［公司］可自行或委托第三方对卖方交付的产品和服务进行检验，卖方应提供合理协助。［公司］有权部分或全部拒绝不符的交付，并要求卖方返还被拒绝产品或服务的价款。［公司］可根据需要对所有材料进行检测。如［公司］要求，卖方应自担费用以加急方式重新交付合格的产品和服务。因交付不符产生的检查、处理和退货及其他费用均由卖方承担。如卖方未能及时交付，［公司］可采购替代产品或服务，卖方应补偿［公司］由此导致的损失。产品或服务经验收合格被［公司］接受方视为交付完成。

4　**所有权和风险转移**。本订单项下产品的灭失风险自交付时并在交付地点起转移给［公司］，但无论如何，在［公司］实际接收前，产品的灭失风险仍然由卖方保留。

5　**变更和撤销**。无论是否有终止事由，［公司］均可在产品和服务交付和接收前，随时经书面通知卖方重新确定交货日期、变更交货地点或做其他变更（包括变更设计和规格），或全部或部分终止本订单。如［公司］的此类变更导致履行本订单的时间或成本的增加或减少，［公司］将根据具体情况，对订单的履行作出相应的公平合理的调整。［公司］对此类变更或撤销所承担的全部责任将是对供应商因此类变更或撤销所直接导致的实际、合理和可证实的费用进行补偿，前提是这些费用无法通过将产品转卖给其他客户或卖方采取的其他商业上合理的措施予以降低。如［公司］要求，卖方应妥善保管并向［公司］交付所有在卖方或其供应商工厂的库存材料、在制品以及完成的工作。卖方不得对产品或服务的材料、工艺或设计做任何变更。如果卖方因自愿或强制进入破产清算程序，或为债权人的利益被转让或被任命了托管方，［公司］有权立即撤销本订单。

6　**运输、包装和标志**。产品必须按订单指定的线路、方法和承运商运输。如卖方未能在约定的发货日或之前发运产品，［公司］将有权要求卖方用比原指定方式更快速的运输方式交运产品，卖方应承担所有因此增加的费用，［公司］不为此承担任何额外费用。产品包装、防护措施及唛头应符合［公司］同意的或本订单约定的规格和标准，如无明确规定，则应符合商业上可接受的良好习惯且不违反可适用法律的规定。运输包装上应标明净毛重、配送地址、包装方式、原产地等信息。每批次的发货均应附带一个装箱单。卖方应在发货前向［公司］提供卖方有效签发的提货单。所有装箱单和提货单以及每个交货批次中的单独包装均应清楚指明料件号、［公司］订单号及卖方装箱单号。卖方不得在一份提货单中包含发往同一个目的地但不同日期的交货。卖方不应向［公司］另外收取包装、装箱及运输等费用。［公司］进出口指示、［公司］运输指南（如有）经在此援引成为本订单的组成部分。

7　**价格和税款**。如本订单未明确价格，双方也未经其他方式确认价格，则价格按卖方通行的最低市场价格执行。除非另有明确，否则约定的价格已包含交付产品和服务所需的所有材料、人工、许可、税费及其他相关成本和开支。卖方应自行承担对其使用的资产、设备、软件、利润或收入所征收的或因本订单签署和执行所产生的所有税费。［公司］可在价款中扣留相应部分用于支付依据相关税收法律规定应由［公司］代扣代缴的税款，如卖方要求，［公司］可提供相应的纳税凭证。除非事先经［公司］书面同意，否则［公司］不承担价款之外任何额外和附加的费用。

8　**发票、支付及无权利瑕疵声明**。卖方应向［公司］提供符合相关法律规定和［公司］要求的电子或纸质正式发票。发票均应按每个发货批次分别开具。卖方的发票应列明所采购产品和服务的信息，援引本订单编号及［公司］相关采购合同编号（如适用）。除非本订单表格中另有明确，否则［公司］将在收到并接受产品及本订单要求的所有格式和内容均无误的文件后六十（60）天内支付相应价款。卖方应根据［公司］合理要求向［公司］提供价格的分析或细目。除非［公司］明确同意，否则订单中填写价格不得高于双方同意的报价。作为支付本订单项下所有价款的前提条件，如［公司］要求，卖方应向［公司］提供一个卖方正式签署的无抵押和索赔声明，声明的格式应符合［公司］的合理要求。支付价款不应被视为是对卖方交付的接受。

9　**卖方的保证**。卖方陈述、保证和承诺，产品和/或服务将：(a) 全部是新的且不存在任何工艺、材料、制造和设计方面的缺陷，并将不存在任何抵押、索赔、他项权和其他限制：(b) 符合规格、任何文件和包装中的声明，以及任何批准的样品；(c) 具有时效性、适用于特定目的并适合［公司］的预期

16275

关注法天使

用途；(d) 采购、销售、履行或许可产品或服务将不会以任何方式侵犯或违反任何第三方的版权、商业秘密、商标、专利或其他专属权。进一步地，卖方陈述、保证和承诺：(e) 软件将不存在程序错误；并且 (f) 不包含任何可能损害、破坏或篡改任何计算机程序、固件或硬件或能够以任何方式泄露、损坏、破坏或篡改任何数据或其他信息的恶意代码、程序或其他内部组件（例如，计算机病毒、蠕虫、时间炸弹或其他类似组件）。[公司] 对软件（包括源代码）的修改，将不影响条款 (e) 和 (f) 规定的保证，但卖方不对此类修改及完全由修改导致的问题提供任何保证。此外，对因卖方违反保证导致 [公司] 承担的任何损害、费用、罚款或其他款项，包括 [公司] 因此向客户支付的款项，卖方应对 [公司] 进行补偿。上述保证是所有其他任何明示或默示保证之外的附加保证，并将在产品或服务交付、检验、接受以及 [公司] 支付后继续有效。[公司] 批准卖方的材料或设计，并不豁免卖方的在本条款中的任何保证。卖方的保证将在本订单首页规定的保修期限内有效，如没有明确此类期限，则应为自交付 [公司] 之日起三十 (30) 个月或 [公司] 接受之日起二十四 (24) 个月，以较早者为准。此保证将延伸至 [公司] 的客户及产品使用者。

10　**违反保证的救济**。如果交付的任何产品或服务（包括任何被拒收的批次）不符合本订单的所有要求，[公司] 可以根据其选择：(a) 要求卖方在收到 [公司] 的通知后十 (10) 天内，交付更换或修理后的产品或重新履行服务；或 (b) 自行或委托第三方对不符的产品进行修理或更换，并要求卖方对其因此发生的合理费用进行补偿，卖方同意向 [公司] 及其指定的第三方提供为此类修理的目的所必要的所有信息和技术数据，并许可 [公司] 及其指定的第三方使用。[公司] 有权撤销剩余部分的订单、拒绝接受卖方交付的产品或服务，或撤销对卖方交付的接受。修理或更换后的产品将在初始保修期的剩余期限内或交付给 [公司] 后三十 (30) 个月内享有保修，以时间较长者为准。

11　**批次性故障**。"批次性故障"是指产品故障：(a) 经 [公司]、供应商或代表 [公司] 的独立第三方验证由相同或类似原因引发；(b) 在产品交付 [公司] 后五 (5) 年内发生；(c) 因材料、工艺、制造过程或设计缺陷或不符 [公司] 规格导致；并且 (d) 导致产品连续两个月累积故障率达到或超过千分之______(______%)。"安全隐患"是指产品存在可能导致任何环境符合性或安全性问题的风险。如产品被发现存在批次性故障或可能存在任何安全隐患，[公司] 可决定对受影响的产品进行召回或采取其他整改措施。除 [公司] 依据本订单及相关法律可获得的其他救济外，对 [公司] 因此发生的包括制造、整改、检测、筛选、召回、运输和保管、损害赔偿等实际和合理的费用，以及 [公司] 被要求向其客户支付的任何费用，卖方应予以补偿。

12 ［公司］财产。［公司］为履行本订单所提供的或委托卖方开发或创作的任何模具、规格、设计、软件、作品或其他财产（“［公司］财产”）均始终是［公司］拥有所有权的财产，仅限于卖方为履行本订单目的使用。卖方应将［公司］财产明确标识并与其他财产区隔，未经［公司］同意，卖方不得转移［公司］财产、不得自己或允许他人对［公司］财产做任何修改或变更。卖方不得在［公司］财产上设置抵押、担保或其他他项权。卖方将向［公司］移交所有在本订单履行过程中为［公司］创作或开发的任何作品和技术，包括其中含有的或与之相关的所有知识产权。卖方同意将为［公司］申请、保护和强制执行此类知识产权权利提供合理协助。

13 知识产权及其他权利保证。卖方授予［公司］所有权利和必要许可，使［公司］、［公司］关联［公司］及其各自的客户、销售商及服务商能够使用、销售和支持产品和服务，并行使本订单项下的权利。卖方保证本订单项下提供的产品（根据［公司］的具体设计提供的除外）以及［公司］按其明示或默示的合理目的对上述产品的使用，均未侵犯也将不会侵犯任何第三方的专利、版权、商标、商业秘密或其他知识产权，均未侵犯也将不会侵犯任何第三方的形象、声誉及其他权利。卖方对任何基于开源或共享条款的软件及其他材料的使用均符合所有相关的许可协议，如［公司］要求，卖方应按［公司］要求披露这些基于开源或共享条款的软件代码和材料。除非［公司］另有事先明确，否则［公司］未授予卖方使用［公司］任何商标、专利或其他［公司］拥有专属权的材料的任何许可和权利。在全球范围内，卖方不得主张任何与［公司］、［公司］关联方和客户在生产、使用、准备、销售、交付其自己的产品或服务或其他类似行为中对卖方交付的产品或服务的使用有关的专利或其他知识产权权利。

14 抗辩和补偿。对以下情形导致的任何针对［公司］、［公司］的关联方及其各自的董事、管理者、员工、代理和客户（统称“［公司］”）的任何声称或实际的索赔、要求、调查、处罚、争议及诉讼或其他法律程序（统称“索赔”），卖方应提供抗辩，并对由此发生的任何成本、费用、责任、损失或损害赔偿（包括合理律师费）进行补偿，使［公司］不因此受到任何损失和损害：(a) 产品或服务或其任何部分，无论是单独还是与其他产品或服务结合，侵犯了任何第三方的专利、版权、商标、商业秘密、掩模作品（集成电路布图设计）或其他知识产权权利；(b) 产品或服务导致了任何人身或财产损害；或 (c) 卖方、卖方的管理者、董事、员工、代理或任何层级的分包商的任何疏忽或故意作为或不作为，或卖方违反本订单的任何条款。在发生此类索

16275

赔时，［公司］将立即通知卖方，并为卖方的抗辩提供合理协助。卖方应自行承担费用：(a) 为［公司］获得本订单项下的所有权利；或（b）修改或替换产品或服务使其不侵权并符合本订单。［公司］可选择退回任何不符的产品（包括侵权的产品），撤销不符的服务，卖方应全额返还已支付的价款。产品退返的费用由卖方承担。本补偿不影响［公司］依法及依合同享有的其他救济。卖方应购买并保持足以覆盖其在本订单项下义务和责任的保险，如果［公司］要求，卖方应向［公司］提供其购买和保持此类保险的证明。

15 **责任限制**。在任何情况下，任何一方将均不就任何预期收益损失、利润损失及任何附带的、后果性的、间接的、特别的或惩罚性的损害赔偿负责。以上共同的责任限制不适用于卖方在本订单标题为“抗辩和补偿”项下的义务和责任。在法律允许的范围内，［公司］及其关联方所承担的责任总计将不超过［公司］就本订单项下交付的合格产品和服务同意支付的价款。

16 **保密信息**。对［公司］提供的工艺流程、商业、经济或其他信息，包括与本订单相关的图纸、规格或其他数据，卖方应予保密，卖方不得在未经［公司］事先书面同意的情况下为自己或任何第三方的利益直接或间接泄露、出口或使用上述信息。除非为履行本订单所必要，否则未经［公司］事先书面同意，卖方不得自己或允许他人复制上述信息。对经事先允许复制的信息，卖方应标注禁止复制标志。本订单履行完毕或终止后，除为存档目的保留一份副本外，卖方应立即将所有材料和复制件返还［公司］。除非另有明确约定，否则本订单项下交流的信息均不被视为保密或专有信息。如卖方为执行本订单向［公司］提供了任何受隐私权或保密协议约束的信息，卖方应为［公司］获得接收和使用这些信息的充分许可。

17 **符合法律**。卖方应确保遵守所有与本协议项下产品制造和销售以及服务提供有关的法律规定，包括可适用的进出口管制法律规定。如果卖方人员进入［公司］场所，卖方应保证其人员遵守［公司］的现场管理规范。卖方进一步保证将遵守［公司］的供应商行为准则。这些适用于［公司］供应商的规范和准则将根据卖方要求提供，并在［公司］的供应商支持网站（网址为：______）上发布。［公司］可能随时修改这些供应商规范和准则文件，卖方应定期查阅此类文件的最新版本。

18 **一般条款**。转让和抵销：未经［公司］事先书面同意，卖方不得转让其在本订单项下的权利或委托他人履行本订单的部分或全部。未经事先同意的此类转让或委托均属无效。如卖方对［公司］有任何无论是本订单项下的还是基于其他事由的到期应付款，［公司］

可直接从其对卖方的应付款中抵销。无默示弃权：无论何时卖方未能实施本订单的任何条款或条件，均不构成对该条款或条件的弃权，也无论如何不影响［公司］就上述条款和条件获得救济的权利。除非［公司］书面同意，否则［公司］在本订单项下的权利均不应被视为放弃或修改。继续有效；非排他救济：卖方在本订单项下的所有（包括那些有关保密、抗辩和补偿和保证在内的）承诺和陈述，将在交付和最终支付或订单终止后继续有效。本订单约定的［公司］权利和救济均不限制［公司］依法或依合同约定享有的其他权利和救济。可分割：如本订单的任何规定根据相关法律被认定为不可强制执行，那么这些条款将仅在被认定的范围内无效，本订单其余条款将继续有效。不可抗力：［公司］对因其无法合理控制的事件导致的未能按时收货不承担责任，这些事件包括但不限于，火灾、洪水、地震、闪电或其他不可抗力事件；任何政府行为、战争、骚乱、叛乱、怠工、事故、禁运、罢工或其他劳资纠纷；交通中断或延误、材料短缺或断供或设备故障等。根据［公司］的选择，交付时间可按此类情况所延误的时间相应顺延，交付应在顺延后的期间内完成。业务记录保留：卖方应当地法律规定的期限内，但至少不短于相关业务终止之日起四（4）年，按普遍接受的财务会计准则保留相关的业务和会计记录，并在［公司］要求时向［公司］提供。管辖法律：本订单受［公司］所在司法管辖区法律管辖。与本订单相关的争议经协商解决未果的，提交［公司］所在地有管辖权的法院裁决。定义和术语解释。“［公司］”：是指订单表格中列明的［公司］采购主体。“缺陷”：是指产品或服务：（a）被发现不符或根据合理判断将不符本订单及相关规格或客户合理期待；或（b）存在任何环保符合性问题或安全风险。“保修”：是指卖方就产品或服务质量应符合的状态所作的保证或承诺，保修有时被称为“保修”“质保”“三包”“瑕疵担保”“保固”“保用”。“支持文件”：是指介绍、说明及指导产品或服务使用的用户协议、使用说明、营销材料及其他类似文件。“关联方”：是指由一方直接或间接控制，或直接或间接控制一方，或与一方受同一机构直接或间接控制的公司或其他实体。法律：是指任何法律性文件，包括法律、法规和规章，以及其他有强制效力的政府命令、法律解释及国家、地方和行业标准，均指其当时有效的最新版本。

16275

6. 软件许可协议

使用场景

本软件许可协议样例合同文本可用于软件版权人（许可方）向其客户（被许可方）授予软件使用许可，以将该软件包含被许可方产品中，或随同被许可方的软件或硬件产品一同销售。

许可方授予被许可方的许可，可以根据许可目的的不同，区分为内部评估 / 试用许可、客户自用许可、分销许可以及 OEM（预装）许可等，用于不同目的的许可，许可协议条款会有不同的侧重，许可方和被许可方关注的要点也可能不同。

为了更完整地体现软件许可协议的特点，这里提供的样例条款是一种体现了尽可能全面软件许可条款的 OEM（预装）许可。

许可软件可能根据被许可方的要求进行定制开发或客户化工程变更，这种情况下，相关条款可参考软件开发和许可协议的相关内容。

法律要点

软件许可协议需要明确约定许可的范围以及限制。

软件分销仅仅是授予许可，而并非如硬件销售那样，是转让商品所有权，因此软件许可协议中应避免将软件许可表述为软件销售。销售通常意味着所有权转让，因此，此类软件许可协议中通常需要特别强调，软件是许可使用而非销售。

对于被许可方而言，需要许可方对软件的质量和知识产权作出保证，软件产品由于具有特殊性，许可方往往不能保证软件不存在任何错误，此类功能和性能方面的瑕疵应当在合同中明确说明，但被许可方应当考虑要求许可方至少能够实质性实现软件规格描述的功能。

许可方应当考虑为客户提供尽可能全面的软件维护和支持服务，包括错误修正、更新、功能增强改进等，以增强客户的信心，但同时，许可方作出的任何服务承诺，均应确保是自己力所能及的和商业上合理可行的。被许可方则需要根据业务需要，要求许可方提供需要的维护和支持服务。

许可方通常会在许可协议中保证其所提供软件不侵权。在某些情况下，许可方可能基于某些考虑不愿意提供此类保证，但同意一旦软件被指控侵权，将为被许可方提供抗辩和补偿。被许可方可根据具体情况考虑是否接受。

软件许可有不同的形式，包括直接授予最终用户的许可以及授予原始设备制造商的许可，授予分销商的许可以及授予增值服务商的许可等，授予商业或机构用户的许可以及授予个人用户的许可、商业使用许可以及内部评估许可等，不同的许可对许可协议的条款均有不同的要求，需要根据具体情况分析判断，选择适当的条款。

关键条款（检核清单）

对于许多公司来说，信息技术成本已经成为一项重要的预算项目，包括软件许可的成本，无论是现有的成品应用程序还是定制开发的软件。在签署任何软件许可协议之前，被许可方应考虑各种问题。

以下是签署软件许可协议时要考虑的几个关键事项：

1. 许可类型是什么，例如，许可是否可以转让？是否是独家许可？许可是有期限的还是永久的？

2. 许可费是如何计算的？例如，是固定金额？还是按使用时间、用户数或拷贝数量计算？

3. 许可费何时支付？合同签署后支付？安装前支付？还是按照许可数量报告定期支付？如果许可软件按被许可方的使用报告支付，则许可方需要考虑在协议中加入记录和审计条款。

4. 除了软件许可外，还需要提供哪些服务？例如，许可方是否提供更新、升级、安装、培训等服务？

5. 软件维护和支持服务是否包含在许可协议中，还是通过另外的协议单独约定？

6. 软件许可方对软件是否提供任何保证？保证通常包括质量保证和知识产权不侵权保证。基于许可类型的不同，许可方所做的保证也不相同。

7. 软件许可方对损害赔偿是否设有任何限制？此类限制可能使被许可方面临较高的风险，但某些限制对许可方而言可能是必要和合理的。被许可方可以寻求适用于双方的责任限制条款。如同意在协议中包含责任限制条款，需要考虑将某些责任从限制中排除，通常包括严重疏忽、故意的不当行为导致的责任，以及侵犯知识产权或违反保密义务导致的责任等。

16276

8. 被许可方可能需要考虑是否要求对源代码进行第三方托管。这样，如果许可方倒闭或无法对软件提供支持时，被许可方仍然可以得到必要的保障。

9. 许可方是否对软件复制、修改和反向工程（包括备份副本）进行限制？此类限制是否符合被许可方采购软件的目的？

10. 许可协议的转让。许可方通常希望限制许可协议或许可协议项下任何权利的转让。被许可方则需要考虑获得更灵活地使用许可软件的权利，例如将许可适用于其集团内部的其他关联公司，以及其集团内企业之外的第三方，例如其供应商、销售商和服务商等。

11. 期限和终止。很多软件许可协议会规定特定的期限，但需要注意，某些情况下协议期限可能并不等同于许可期限。协议中需要考虑设定协议终止的条件。被许可方需要考虑在许可终止后的需求，例如，许可终止后清空库存、对客户的持续支持以及向新软件系统的迁移等。

12. 一般合同注意事项。软件许可协议是合同，因此，被许可方应将其所有规定视为其审查的一部分。这些条款通常包括律师费和利息条款、适用法律和管辖条款以及其他条款。此外，被许可方还应仔细审查任何限制条款，例如禁止被许可方招揽或雇佣许可方人员的条款。

关联合同

保密协议

合同正文

软件许可协议

本软件许可协议（“本协议”）由__________，其注册地或主营业地在：__________（以下简称“许可方”）与____________，其注册地或主营业地在：____________（以下简称“被许可方”）签署并于______年______月______日（“生效日”）生效。本协议中，许可方与被许可方分别被称为“一方”，二者共同被合称为“双方”。

期限：本协议自生效日起生效，直至根据本协议规定终止。

在下面签字的个人表示，他们经正式授权为其代表的签字方来签署本协议并使之生效。双方同意，本协议可签署一份或多份，每一份应构成本协议的可执行正本，并且传真签字与原始签字一样具有法律效力并具约束力。

同意并接受：

许可方（盖章）：	被许可方（盖章）：
代表人签字：	代表人签字：
日期：	日期：
姓名（打印或正楷）：	姓名（打印或正楷）：
部门和职务：	部门和职务：

条款和条件

许可方有意授予被许可方使用本协议项下许可软件（见下面定义）的特定许可，同时，根据本协议的规定，被许可方有意从许可方获得许可软件的上述许可。鉴于以上之陈述、本协议包含之内容以及本协议中列明的约定，并以之为条件，本着平等互利原则，本协议双方达成以下协议以昭信守：

1　定义和解释

1.1　定义

除根据上下文另有解释或本协议其他条款定义的术语外，本协议中使用的以下术语具有下面规定的含义：

“附件”或“软件附件”，是指本协议后附的“软件和许可描述”（附件 1），以及此后签署的后续“软件和许可描述”增补附件，如有的话，将被分别命名为附件 2、附件 3 等。

“本协议”，是指本协议以及通过援引并入本协议的或构成本协议组成部分的所有附件和附录。

“授权产品”，[①] 是指在某个软件附件中所列明的被指定为“授权产品”的被许可方

条文注解：此协议样例假定的使用场景是，许可方许可被许可方将许可软件与装在被许可方的产品上，随同被许可方的产品分发，这种情况下需要对被授权预装许可软件的产品进行界定。如许可软件用于被许可方在其场所内使用，这需要对授权地点进行定义。同理，如果允许被许可方通过其网站或其他渠道分发许可软件，则需要对此类分销通路予以明确。

产品，如果相关软件附录没有列出具体授权产品，则授权产品是指任何预装或随附了本协议项下许可软件的被许可方下列产品：（a）被许可方设计并制造的，或由被许可方设计但由第三方为被许可方制造的设备；以及（b）以被许

16276

可方名义和商标或以被许可方任何客户的名义和商标向最终用户销售、分销或以其他方式营销的设备，但不包括以被许可方合同厂商名义和商标销售、分销或以其他方式营销的设备。

“保密信息”，与本协议所援引保密协议的定义相同。

“保密协议”，是指双方或双方各自的关联方或业务被承继方于______年______月______日签署生效的第______号保密协议。该协议经在此援引，表明本协议双方同意本协议项下交流的保密信息受该保密协议约束。

“现行版本”，是指就许可软件而言，本协议附件中指明的版本。

“派生作品”，是指被许可方根据本协议对许可软件所做的任何离散的修改，以及许可软件的任何修改、变更、改进或改编版本，或基于许可软件的任何其他派生作品。

“最终用户”，是指为其自己使用而并非为进一步销售、许可或以其他形式转让的目的，以任何形式或介质获得机器可执行副本的某个个人或实体。

“最终用户协议”，是指任何以线下书面形式或电子形式与最终用户达成的用于约定授予最终用户的软件许可条款和条件的具有法律约束力的协议。

“软件”或“许可软件”，是指在本协议后附或由本协议双方另行签署的软件附件中指明的，由许可方不时向被许可方提供的任何特定的许可方软件版本，及许可软件的任何维护更新或升级版本，包括其全部或任何部分的拷贝。

“合同厂商”，是指根据被许可方的许可，复制许可软件的机器可执行拷贝或代工生产被许可方授权产品的被许可方供应商。

“精神权利”，是指对任何派生作品主张作者身份、反对或阻止对任何派生作品进行修改或撤销或控制任何派生作品出版或分发的权利以及任何其他类似的权利，此类权利存在于世界上任何国家或法律体系，而不论这种权利是否被命名为或通常被称为“精神权利”。

“可交付物”，是指在本协议项下由一方向另一方提供的软件、代码、程序、样品、文件等材料，以及附件中指定作为一方可交付物的任何其他材料。

“知识产权”，是指任何专有信息、源代码、机器可执行代码、技术、发明、作者著作、专有技术、技术诀窍、算法、方法、过程、程序、技术、解决方案，以及许可方向被许可方提供的任何其他类型的技术信息，包括许可软件中包含的任何技术。

“目标代码”，是指包括所有完全采用二进制形式计算机程序代码的软件。这些计算机程序代码可由计算机直接运行，包括帮助、信息、结构和其他所需的文件。

“源代码”，是指编程语言中的代码，包括所有注释和过程代码（例如，工作控制语言语句)，加上所有相关的开发文件（例如，流程图、图表、运行原则说明、最终用户手册、架构标准以及任何其他用于创作或构成源代码的规格）。

“素材”，是指任何源代码以及与许可软件相关的文档。

“更新”，是指通常由许可方免费向其客户提供的软件的修改、修正和新版本，更新包括但不限于，错误修正、漏洞修补和绕行，运行改善、兼容性或安全性的优化或改善，但不包括功能增强。

“升级”，是指包含新特性和 / 或功能的许可软件的修改、转换、改进、派生作品或增强。许可方可根据其判断，将一个升级作为一个新的软件产品，并就该升级收取单独的费用。

“规格”，是指对许可软件的特征、功能、运行、操作等方面的具体要求和描述。

“开源代码软件”，是指任何基于诸如 GNU 通用公共许可证（GNU General Public License/GPL、宽通用公共许可证（Lesser General Public License/LGPL，旧称“库通用公共许可证”)、Affero 通用公共许可（Affero GPL)，Mozilla 公共许可（Mozilla Public License）以及普通公共许可（Common Public License）以及在开放源码促进会（Open Source Initiative）批准备案的其他许可证（http：//opensource.org/licenses/alphabetical）分发的软件，此类软件许可允许被许可方可以进一步使用、复制、修改、再分发该软件以及制作该软件的派生作品，但必须符合以下条件：(a）被许可方应以源代码形式向任何下游被许可方分发或允许其使用此类软件或其派生作品（统称为“受影响软件”)；(b）此类下游被许可方或其他接受方有权（不需要支付许可费或其他货币对价）制作此类软件的派生作品以及进一步分发此类受影响的软件；并且（c）此类下游被许可方应当按照受影响软件所适用的许可证分发此类受影响软件。

“拷贝”，是指仅用于备份或存档目的而制作的对软件程序或相关文件的一个或多个拷贝。备份拷贝不包括将在计算机系统上安装、执行或展示的软件程序或其相关文件的拷贝。

“文档”，是指由许可方向被许可方提供的与许可软件设计、规格、安装和使用指南、手册和其他印刷和机读形式的技术资料。包括：

“支持文档”，是指与许可软件相关的技术文件、说明文件、培训材料、用户手册、最终用户许可等材料。

“最终用户文件”，是指许可软件的说明、用户手册、最终用户许可协议及其他文档。

“销售商”，是指根据被许可方的授权，营销和销售被许可方产品的第三方，包括被许可方的关联方。“销售商”包括但不限于，被许可方授权产品的转售商、

16276

增值转售商、经销商、代理商和分销商。

"错误"，是指任何：(a) 文档中的排版或编辑错误；(b) 功能或运算错误，但因以下原因导致的除外 (i) 被许可方或最终用户不正确的数据输入，或 (ii) 任何人对许可软件未经授权的变更或修改；或 (c) 文档中不正确或不完整的说明或图例。

1.2 解释。(a) 除非根据上下文另有解释，否则本协议提及的以下词语含义如下：

"包括"是指包括或包括但不限于。

"法律"是指任何法律性文件，包括法律、法规和规章以及其他有强制效力的行政及司法的命令、决定和法律解释，均指其当时的最新状态，包括其任何修订或修改。

(b) 除非根据上下文另有解释，否则：

条款：本协议中提及的"条""款""项"是指本协议及本协议明细及附件中的条款及其子条款。

标题：条款标题仅为阅读方便目的提供，不用于对本协议及相关条款的解释。

时间：本协议中提及的"天"或"日"均指日历日或自然日。提及的"工作日"是指双方营业地商业银行及相关金融机构[1]正常开门营业的日期。

条文注解：仅为示例实际使用过程中请根据具体情况定义工作日。

2 授予许可和限制

2.1 授予许可。双方同意，根据本协议的条款和条件，许可方基于其对本协议项下许可软件所拥有的知识产权，就许可软件及许可方的可交付物，授予被许可方一个非独占、不可转让、世界范围且许可费按本协议软件附录清结的许可，根据此许可，被许可方可以：

(1) 仅限于在软件附录指定的授权地点，为将许可软件或其派生作品与授权产品结合的目的，使用和修改许可软件的源代码或创作源代码的派生作品，以及使用许可软件的目标代码（无分许可权）；

(2) 仅限于以目标代码格式复制，且仅限于与本协议项下的授权产品结合向被许可方的转售商、分销商或最终用户分发许可软件或其派生作品的拷贝并授予分许可，前提是，被许可方应自行或委托软件附录中指定的合同厂商复制许可软件，并仅限于将其预装在授权产品上；

(3) 自行或委托其销售商或服务商，使用许可软件为最终用户提供系统集成、安装、检测、咨询或其他相关服务；

（4）自行或许可其销售商或服务商演示、评论、讲解许可软件的全部或部分；以及

（5）向其潜在用户或供应商提供许可软件用于评估目的。

2.2 修改限制。如许可软件的设计旨在符合法律规定或任何需要遵循的标准，被许可方不得对许可软件做任何可能导致许可软件违反此类法律或标准要求的修改；被许可方陈述和保证，其将不会采取任何可能导致与其在本协议项下义务不符的行动，包括但不限于，基于许可软件创作任何包含开源代码软件的派生作品，或将许可软件或其派生作品与任何基于开源许可证的代码合并或关联，或与开源代码软件进行功能调用或共享数据结构。

2.3 分发限制。被许可方仅限于按以下方式向其转售商、分销商或最终用户分发许可软件或其派生作品：（a）以最终用户不易获取的方式，将许可软件或其派生作品物理地嵌入到授权产品中；或（b）根据最终用户协议授予许可。被许可方以光盘、磁盘、网站下载或其他无线或有线电子传输方式向最终用户提供许可软件或其派生作品的，均应附带最终用户协议。此类最终用户许可协议条款的严格性应不低于本协议。最终用户许可协议的内容见本协议后附明细，也可由许可方根据需要随时向被许可方另行提供。

2.4 最终用户文档许可。根据本协议条款和条件，许可方授予被许可方一个非独占的、不可转让的、世界范围的、可撤销的和免许可费的许可，根据此许可，被许可方可以公开展示、运行、复制或直接或通过其销售商向最终用户分发最终用户文档，以及创作最终用户文档的派生作品（包括翻译成另一种语言），但除非本协议另有明确规定，否则被许可方无权授予分许可权，并且被许可方行使以上授予的许可和权利应严格遵守以下规定：

（a）被许可方复制最终用户文档，仅限用于支持其在本协议项下被授权的对最终用户文档的使用；并且

（b）被许可方只能根据本协议的规定，直接或通过其销售商向授权产品的最终用户分发最终用户文档。

3 可交付物

3.1 许可方将按双方在软件附件中同意的进度和方式，向被许可方交付附件中指明的许可方可交付物。许可方将向被许可方提供一套用于复制的许可软件的母版。被许可方可使用该许可软件母版制作仅限于根据本协议向第三方分发的许可软件的拷贝。

3.2 无论相关软件附件中是否明确列出，许可方向被许可方交付的可交付物应当包括但不限于下列各项：（a）根据业务的性质应当提供的许可软件的

16276

说明书、规格书、用户指南、缺陷列表等支持文件；（b）使被许可方按预期目的使用和/或分发许可软件的权利证明；以及（c）许可软件的演示、样本、支持工具、模型及其他相关文档、文件和材料。

3.3 如许可软件中包含开源代码软件，则许可方明确声明此类开源代码软件非基于本协议许可，被许可方只能按照开源代码的相关许可条款使用。许可方同意，除非在许可方的可交付物中明确列出，否则将不会在许可软件中包含任何开源代码。除非经过另一方事先书面同意，任何一方均不得自行也不得授权或允许任何第三方将另一方的知识产权材料与开源代码结合或以其他方式使另一方的任何知识产权材料受开源代码许可条款的约束。

3.4 许可方可交付物交付后，其物理介质的所有权及风险转移给被许可方。

4 规格、交付和验收

4.1 规格。许可方将按照本协议相关软件附件以及双方书面同意的任何技术文件中规定的规格，向许可方交付许可软件及测试套件工具。许可软件及其他可交付物将实质性符合：（a）双方在本协议后附附件中明确同意的规格及其他相关标准和要求；（b）最终用户文件或支持文件（包括但不限于说明书、用户手册、使用指南等）中所描述的许可软件规格、功能和性能；以及（c）国家相关的强制法律规定及标准。如许可软件需获得法律强制要求的任何政府或权威民间机构的认证、许可和审批，许可方应根据被许可方要求，向被许可方提供相关的证明。

4.2 验收流程。（1）许可方同意，在向被许可方交付各个版本的许可软件前，许可方将对此类许可软件版本进行合理和必要的检验，以确保许可软件实质性符合该版本许可软件的规格。被许可方有权自行承担费用，在许可方交付许可软件后三十（30）天内（如相关软件附件另有明确规定，则在相关软件附件规定的期限内，统称为“验收期”）对许可软件进行进一步的检验和评估。被许可方将在上述检验期内通知许可方：（a）被许可方接受许可方交付的该版本许可软件（被许可方接受许可软件的日期将被称为“接受日”）；（b）如果被许可方在上述检验期内确认该版本的许可软件在实质方面不符合其规格，则应在上述检验期内将此类实质性不符书面通知许可方，并对此类实质性不符的情形做合理详细的说明（“不符通知”）。一经收到此类不符通知，许可方应尽其所有努力，对许可软件进行合理和必要的修改，以使其在所有实质方面符合规格。在采取了此类整改措施后，许可方应将修改后的许可软件重新提交被许可方，由被许可方按本条款重新进行检验。如果许可方未能在收到被许可方此类不符通知后三十（30）天内使许可软件实质性符合规格，则被许可方有权将此类不符视为实质性违约，并可根据其自己的选择终止本协议，同时要求许可方退还被许可方就许可软件已经支付的费用，这是被许可方就此类不符可获得的唯一和排他的救济。

（2）在下列情况下许可软件将被视为已经由被许可方最终接受：（a）被许可方未在规定的检验期内明确表明接受或拒绝接受许可软件；（b）尽管被许可方发出了不符通知，但并未在上述检验期内提供足够详细的说明，明确指明许可软件存在实质性不符的情形；或（c）被许可方已经将许可软件在运营环境下使用，包括已经在授权产品上预装许可软件。被许可方同意将与许可方诚信合作以纠正许可软件任何版本中的性能故障。

4.3 规格之外的工程变更。许可方同意，在本协议期限内，被许可方可要求对许可软件做所同意规格之外的改进，许可方将与被许可方诚信地对此类改进需求进行讨论，以确定其可行性，但除非双方以书面形式就此类对规格变更的内容、进度和费用达成一致，否则许可方没有义务实施任何此类改进。

4.4 业务联络人。许可方与被许可方双方将分别指定一个或多个人员作为业务联络人，负责协调本协议项下事务的履行。除非另有明确书面授权，否则业务联络人无权对本协议做任何修改，也无权代表各方做任何弃权或允诺。各方指定的业务联络人将在相关软件附件中列明。

5 定制开发

5.1 客制化开发和预装支持。就本协议相关软件附件所列明许可软件的初始版本，许可方将按照相关软件附件规定的范围和进度计划，为被许可方提供定制开发，并协助被许可方将许可软件预装入被许可方的授权产品，被许可方应提供合理协助。如果相关软件附件中对定制开发的实施没有明确约定，则双方同意将根据需要诚信地协商确定此类定制开发的范围、进度及可交付物。双方将按照定制化开发后许可软件的实际规格，对此前版本的许可软件规格文件进行修改，并以修改后的规格文件做为许可软件的规格。

5.2 许可方同意其将指派和使用足够的人员和资源按时完成被许可方根据本条款所要求的定制开发。在上述定制化开发期间，许可方和被许可方将通过电话会议（或根据双方同意，通过现场会议）方式，讨论定制化开发计划的执行情况，许可方应向被许可方说明定制化开发的成果，遇到的问题及其预期解决方案等。

5.3 如被许可方选择在授权产品上使用许可方新版本软件，双方将按照本条款的约定执行新版本软件的定制开发。

16276

关注法天使

6　许可软件的改进

6.1　在本协议期限内，许可方将按照本协议后附及增补的软件附件所述流程，为被许可方所报告的所有错误提供修复。许可方可根据其判断，定期向被许可方提供许可软件的更新或修订，包括但不限于针对不同计算机处理器或编程语言的重新部署。许可方将向被许可方提供一般情况下许可方向其其他客户提供的任何更新或修订。按照此条款所提供的许可软件的任何更新、修正或修改均应符合本协议相关软件附件规定的“规格”。许可方对许可软件的支持、改进和维护将按照相关软件附件中关于“技术支持”的描述提供。

6.2　被许可方可根据其判断，向许可方提供有关其对许可软件使用的反馈，包括但不限于发现的错误和其他更正信息、对支持文档的修改、扩展以及变更建议。

6.3　根据本协议，就被许可方所拥有、控制或可许可的与许可软件及其支持文档相关的此类更正、修改、扩展及变更的任何和所有权利，被许可方授予许可方一个不可撤销的、非排他的、免许可费的全球许可，许可方基于本许可，可根据被许可方的建议或反馈，自己或允许他人制作、使用、出售、租赁、复制、制备任何修改或改进及其他此类派生作品，并分发、分许可或以其他方式对于被许可标的有关的权利进行处置，以及分许可他人执行这些行为。

7　技术支持和维护

7.1　支持文档。许可方将向被许可方提供合理数量的许可软件支持文档。

7.2　维护和支持服务。许可方将在服务期限内为被许可方提供约定的维护和支持服务，以支持被许可方对本协议项下许可软件的许可使用，为本协议的目的，“服务期限”是指自本协议生效日起至以下任何一个日期为止（以较早者为准）的一个期限：（a）本协议期限届满日；或（b）本协议按照约定被提前终止的日期。[①] 许可方将就许可软件向被许可方提供维护和支持服务包括：

> 条文注解：此样例合同的软件维护和支持服务模式是，许可方仅在合同期限内对许可软件提供维护和支持服务，实际使用时，需要根据业务需要确定服务期限。

（1）当许可方获知许可软件任何已知问题的解决方案后，将向被许可方提供此类已知问题解决方案；

（2）许可方如有可商业化发布的许可软件现有版本的任何修正、改进和优化，或开发完成并可商业化提供的许可软件的新版本，将及时告知并向被许可方提供这些修正、改进、优化及新版本；

（3）许可方将按照最新发布的支持文档，就许可软件向被许可方提供第 7.3 款规定的服务；以及

（4）许可方将为被许可方配备专业技术人员，通过服务热线电话和互联网站就软件技术问题提供全年 365 天，每周七（7）天以及每天二十四（24）小时的支持。

7.3　问题修正。如果在服务期间，被许可方通知许可方其就某个许可软件版本遇到任何问题，或该版本许可软件与支持文档由任何实质性的偏离，许可方将根据本协议第 7.3 款的规定，尽其诚信的努力及时改正问题或提供一个适当的绕行解决方案。许可方提供本协议项下技术支持和维护服务的标准，按本协议后附“维护和支持”附件相关约定执行。

8　营销和销售支持；客户服务；培训

8.1　营销支持。为促进许可软件销售的目的，许可方将向被许可方提供其拥有的有关许可软件的所有相关市场信息、技术规格以及对更新的描述，以便使被许可方能够定期地以及在有新的变更或添加出现时，能够将这些变更或添加分发给其销售人员和客户。在本协议期限内，被许可方还可在被许可方的任何支持文档和营销材料中包含许可软件的产品描述和信息。被许可方分发这些支持文档和营销材料的费用由被许可方承担。被许可方可根据其自己的选择并自己承担费用编制其自己的有关许可软件的促销材料，并将其分发给其销售人员和客户。被许可方在公开发布任何提及了许可软件或许可方名称的营销材料前，应向许可方提供一份完整的副本，供许可方进行审查和批准，许可方不得不合理拒绝或拖延作出此类批准。在本协议期间，被许可方应始终尽合理努力确保此类材料完整、准确地描述被许可方的授权产品并符合本协议的要求。双方同意，将根据本协议执行情况，在本协议签署后由双方授权代表通过友好协商制订其他营销计划。

8.2　新闻公报。被许可方同意在双方开始履行本协议后的三十（30）天内发布一个新闻公报，宣布被许可方授权产品集成了许可软件。被许可方同意在发布公报前向许可方提供一份新闻公报的拷贝，并征得许可方的书面同意，对被许可方的公报，许可方可以批准或不予批准且不需说明理由。被许可方同意许可方可以在许可方的新闻公报中援引本协议，同时被许可方同意为许可方提供一份被许可方同意的许可方在许可方的新闻公报和其他营销材料中引用的其他资料。

8.3　销售支持。许可方同意，将根据被许可方的合理要求，通过提供包括销售电话、电话会议、效益分析、参考网站服务、现场访问和演示开发在内

16276

的销售支持活动，对被许可方的销售提供协助。

8.4 培训。在被许可方向许可方支付了约定的培训费用的前提下（相关软件附件明确约定免费提供的培训除外），许可方将为被许可方提供本协议相关软件附件规定的培训。

8.5 客户支持。[1] 双方同意许可方将不对最终用户就许可软件提供任何支持。被许可方确认，其应：(a) 明确告知最终用户，对许可软件的支持将由被许可方负责，许可方将不对许可软件提供支持；或 (b) 明确告知最终用户，许可软件不附带任何保证和支持。被许可方应尽最大努力在许可软件的启动或帮助界面中插入上述相关信息。

> 条文注解：此为样例条款，仅表示实践中可能存在的一种情况。如何对许可软件提供支持，应根据具体业务模式确定。

9 所有权和权属标识

9.1 许可方和/或其供应商对许可软件的全部知识产权拥有排他的所有权、权利和利益。许可软件是由（1）许可方；（2）许可方的雇员、承包商、顾问或代理；或（3）许可方的供应商开发或创作的。被许可方在此同意将不会主张许可软件以及许可方自己或委托创作的派生作品侵犯了被许可方拥有或控制的任何知识产权和权利。如根据本协议被许可方被允许创作许可软件的任何派生作品，被许可方对由其创作的许可软件的派生作品拥有所有权利、权属和权益，但并不因此影响许可方对许可软件的所有权，也不影响本协议中对所授予许可的任何限制。

9.2 被许可方同意将不会去除、修改或遮掩许可软件上的任何版权和商标通告。除非许可软件是以不易为最终用户获取的内嵌方式提供，否则被许可方应在每个许可软件及其派生作品的拷贝上复制被许可方的版权通告。

9.3 无其他权利。除在本协议中明确授予的许可和权利外，未在本协议中明确授予的所有权利均由许可方及许可方的供应商保留，本协议未通过暗示、默认或其他方式授予被许可方任何其他权利和许可。除本协议另有明确规定者外，被许可方不得使用、许可、销售或以其他方式分发许可软件及其任何派生作品，也不得试图对目标代码的任何部分做任何反向工程、反编译或反汇编。

10 费用和支付

10.1 被许可方应按本协议相关软件附件规定的费率、期限和条件，向许可方支付相关软件附件规定的定制开发及预装工程费、许可费、启动费及维护服务费。费率、期限和条件是保密协议项下的保密信息。

10.2　尽管有前述规定，被许可方在以下情况下使用许可软件，不必向许可方支付任何许可费：(a) 由被许可方为提供客户支持而内部使用；(b) 为促销许可软件而进行评估、演示或营销，前提是被许可方不能因此接受任何报酬；(c) 被许可方为在内部演示或培训目的使用；(d) 用于对被发现存在缺陷的许可软件进行更换的许可软件；以及 (e) 用于对最终用户以前版本的许可软件进行维护升级的新版本许可软件。

10.3　许可费复核。许可方和被许可方将定期对本协议规定的许可费单价进行审查和重新商议。

11　报告和许可费支付

11.1　报告。许可方可根据本协议规定的通知形式，指定任何其他（一个或多个）付款地址或支付方法。许可费应按约定的付款进度支付，但以下情况除外：(1) 许可软件的许可期限在到期前因任何一方违约而被提前终止；或 (2) 许可软件存在明显的质量缺陷或瑕疵（缺陷和瑕疵严重影响许可软件的性能）而许可方在合理期限内未能有效解决的，被许可方提前终止了本协议。向许可方支付的所有款项均不予退还，并且任何逾期未付的金额均应按付款时中国人民银行公布的最高银行贷款利率或日万分之五（0.05%）计息（以较高者为准）。兑换费用、外部托收以及相关的银行费用均应由被许可方支付。因许可软件违反保证可能给被许可方造成损失的，被许可方有权推迟的支付，直至问题解决，对此类延期支付，被许可方不承担延期付款的利息和其他费用。

11.2　记录。只要被许可方根据本协议在任何付款期限内负有付款义务，被许可方同意在本协议期限内及此后三（3）年期间保留当年及此前连续三（3）年的完整和准确的许可方合理要求的用于核实和计算应付许可费金额所有数据、根据本协议应当报告额以及与执行本协议有关的信息。

11.3　核查。本协议期限内或本协议的任何续约期内，经合理通知，许可方可对被许可方的记录进行审计，并由一名双方均可接受的独立注册会计师签发书面证明，以证明被许可方的记录及各付款项正确无误，或被许可方对本协议的履行符合约定。如双方未能在审计要求提出后的十（10）日内就委任独立注册会计师达成一致，许可方有权在六大注册会计师事务所中选择任何一家进行审计。审计人员仅就被许可方依本协议到期应付给许可方的金额是否正确、到期应付款的金额以及与履行或违反本协议有关的信息向许可方进行报告。审计人员应对此类信息保密，未经

16276

被许可方书面同意，不得将此类信息披露给许可方以外的任何其他人或实体。此类审计每十二（12）个月不应超过两（2）次。审计费用将由许可方承担，除非审计发现被许可方在相应的报告期内向许可方支付的许可费金额短少达到或超过应付金额的百分之五（5%），或被许可方已连续两个季度或更长时间未提交许可费报告。在这种情况下，被许可方除应立即补缴审计中发现的短少应付款项外，还应支付全部审计费。除上述情况外，如许可方有理由怀疑被许可方违反本协议的任何内容，许可方可以在向被许可方发出通知二十四（24）小时后，核查被许可方是否遵守本协议条款和条件。

12　陈述和保证

12.1　许可方的一般陈述和保证。许可方向被许可方陈述和保证：(a）许可方是一家基于其所在地法律正式注册、有效存续且信誉良好的公司；(b）许可方有充分的公司权限和授权签署本协议以及履行其在本协议项下的义务；(c）许可方是许可软件的所有者和 / 或对许可软件拥有所有必要的权利，有权向被许可方授予本协议项下的所有许可和权利；并且（d）在本协议期限内，无论是许可软件还是其任何部分，还是相关文档均不会：(i）侵犯许可区域内任何第三方的著作权、专利权以及任何其他知识产权或其他权益；或（ii）滥用许可区域内任何第三方受当地法律保护的商业秘密；(e）就许可方所知，除许可方外，只要被许可方在所有方面均实质性遵守了本协议，并向许可方及时支付了所有到期费用，将没有任何第三方有法律上的权利阻止或以任何方式妨碍被许可方按本协议项下授予的许可使用和持有许可软件；(f）没有任何可能影响本协议或被许可方在本协议项下权利的，针对许可软件的所有权或其他知识产权的任何未决的或可能发生的索赔、诉讼、仲裁或其他法律程序；(g）在签署本协议时，许可方拥有充分的财务清偿能力；(h）许可软件按照其规格使用将是安全的，不包含任何病毒、有害代码或恶意软件；(i）许可方已经以书面形式告知被许可方许可软件中包含的所有第三方软件，包括开源代码软件，并且其在本协议项下的许可和各项约定符合许可方与该第三方的约定；(j）许可软件将遵守许可区域内所有与隐私权保护和数据安全相关的法律规定，除为履行本协议的目的且仅限于在必要的限度内，许可方将不会跨境使用、披露或传输任何个人信息，并将为个人信息采取和保持相应的技术保护和其他保护；并且（k）许可方在本协议项下提供的所有维护或其他服务，均将由许可方委派的专业人员按合理的行业标准且无论如何不低于合理的谨慎和技能提供。

12.2　被许可方的一般陈述和保证。被许可方向许可方作出如下陈述和保证：(a）被许可方是一家基于其所在地法律正式注册、有效存续且信誉良好的公司；（b）被许可方有充分的公司权限和授权签署本协议以及履行其在本协议项下的义务；（c）由被许可方在本协议项下提供的任何服务均将由其委派的专业人员按合理的行业标准且无论如何不低于合理的谨慎和技能提供；（d）就被许可方所知，除被许可方及其承继人或受让人外，只要许可方实质性遵守了本协议，将没有任何其他方有法律上的权利阻止或以任何方式妨碍许可方按本协议项下授予的许可使用和持有被许可方在本协议项下所提供的反馈及其他许可材料；（e）被许可方将不会授权任何非在相关软件附件中明确列明的合同厂商之外的任何第三方复制、安装或使用许可软件；并且（f）在签署本协议时，被许可方拥有充分的财务清偿能力。

12.3　有限保证。许可方在此向被许可方保证，在本协议约定的服务期间内，许可方交付并经被许可方接受的许可软件，将在所有实质方面符合其文档和规格。本条款中的保证仅适用于以下情况：（a）许可软件被按照支持文档和使用说明正确安装和使用；（b）除许可方或许可方授权代表之外的任何其他人未对许可软件做任何修改、变更或添加；并且（c）许可软件没有根据被许可方要求做任何导致其与支持文档偏离的修改、变更或添加。

12.4　否认其他保证。在法律允许的最大限度内，除了第 12.1 款规定的“一般陈述和保证”以及第 12.3 款规定的“有限保证”外，许可方在此明确否认就许可软件及依据本协议提供的其他可交付物作出任何明示、默示或任何其他保证。许可方明确否认有关适销性和适用于本协议明确限定的特定目的的保证。【除本协议另有规定外，许可方也不对许可软件不侵犯任何第三方的任何知识产权做任何保证。依据本协议由许可方提供的许可软件、文档、更新或升级及其他可交付物均“按现状”提供，均不附带任何保证。所有保密信息均“按现状”提供。任何一方均不对保密信息的准确性、完整性及性能做任何明示、暗示或其他保证。】

13　抗辩和补偿

13.1　许可方的抗辩和补偿。在被许可方按本协议明确规定的或默示的目的使用本协议项下许可软件或其任何部分的前提下，如果因许可软件或其任何部分侵犯了或被指控侵犯了任何第三方的所有权、知识产权或其他权利而导致了任何索赔、交涉、禁止、要求、调查或处罚，或引发或可能引发任何其他争议（“索赔”），许可方应为被许可方提供抗辩和补偿，并使被许可方不因此受到任何损失和损害，前提是：（a）被许可方在获知上述索赔后，应立即在合理期限内书面告知许可方；（b）由许可方主导对索赔的抗辩或和解；并且（c）被许可方提供合理配合并提供一切必要的授权、信息和协助（费用由许可方支付）。许可方将支付最终裁决的或和解协议同意

16276

的由被许可方承担的所有损害赔偿金和费用，包括合理的律师费。但对由被许可方在未经许可方事先书面同意情况下招致或接受的成本、费用或让步，许可方概不负责。如上述软件被永久禁止使用，许可方将根据其判断并承担费用为被许可方获得继续使用软件的权利，或用非侵权软件进行更换或对侵权软件进行修改，使之不再侵权，或者如许可方无法合理地采取上述措施，而被许可方又被禁止分发许可软件，则许可方应按仍在被许可方库存中的侵权软件的数量，将已经收取的许可费退还给被许可方或将此类费用贷记为被许可方的应收账款。

13.2　被许可方的抗辩和补偿。如因被许可方违反对第三方的保证，或因被许可方对第三方的任何疏忽，导致该第三方针对许可方提出任何索赔，被许可方同意将为许可方提供抗辩，并对许可方因此承担的任何损害赔偿、费用（包括律师费）以及责任进行补偿，使许可方不因此受到任何损失和损害。被许可方承担上述义务的前提是：(a）许可方在获知索赔发生后，立即书面告知被许可方；(b）由被许可方主导对索赔的抗辩及和解；(c）许可方合理配合并提供一切必要的授权、信息和协助（费用由被许可方承担)。如因基于以下原因的索赔引发了任何诉讼或法律程序，对由此导致的任何费用、赔偿或损失，许可方不承担任何责任，而被许可方将为许可方提供抗辩和补偿，使许可方不受任何损失和损害：(a）许可方遵守了被许可方的设计、规格和说明；(b）由许可方或许可方授权人员之外的任何其他方对许可软件做了任何修改；(c）将许可软件或其任何部分与任何其他不符合许可软件预期目的的产品或服务结合使用，而这种结合使用违反了本协议明确规定的限制，或与本协议明确规定的或默示的目的不符；以及（d）使用许可软件的任何方法专利所导致的直接侵权或帮助侵权。

13.3　在上述抗辩和补偿过程中，承担抗辩和补偿义务的一方（“补偿方”）有权自行承担费用并根据其判断选择适当的法律顾问负责处理对索赔的抗辩，除非根据本协议受抗辩和补偿保护的一方（“被补偿方”）基于如下合理理由对补偿方选择的法律顾问提出异议：(a）该法律顾问与双方存在任何利益冲突；或（b）被补偿方基于合理理由认为该法律顾问对处理该类索赔不具备需要的专业知识。在此情况下，补偿方应立即重新选择合适的法律顾问负责处理对索赔的抗辩。被补偿方可以随时自行承担费用参与对索赔的抗辩或和解，但不得因此影响补偿方对抗辩及和解的主导权。未经补偿方事先书面同意，被补偿方不得自行对此类索赔作出让步或达成和解，但补偿方不得无理拒绝或延误作出上述同意。尽管有上述规定，如果补偿方未能及时履行对索赔的抗辩义务，被补偿方可以自行负责处理对索赔的抗辩，且并不因此丧失其获得本协议项下补偿的权利。在本条款中，“损失”是指向某个第三方支付的任何损失、责任、损害赔偿、判决、和解金、成本或费用（包括诉讼或仲裁庭费用及合理的律师费）。

14　责任限制

14.1　双方在本协议项下向对方所承担的责任仅限于直接的、客观可衡量的损失，任何一方均不对任何间接的、预测性的、结果性的、偶然的以及特殊的损害负责，包括但不仅限于未能使用、业务中断导致的损失，以及利润损失，不论该方是否事先已经被告知有此类损害发生的可能性，但是尽管如此，这种限制不适用于以下情况：(a) 违反本协议许可和限制条款项下的义务以及保密信息条款项下的义务；(b) 由一方故意或严重疏忽导致的责任；(c) 双方各自在抗辩和补偿条款项下的责任；以及 (d) 有关人身和有形财产损害的损害赔偿责任。双方承认，关于潜在责任的限制是设定本协议项下对价的一个实质要素。

15　期限和终止

15.1　期限。除非根据本条款被提前终止，否则本协议将在自以下日期（以较晚者为准）起三（3）年期限（"初始期限"）内持续有效：(a) 生效日；或 (b) 许可软件按照双方同意的规格合格交付给被许可方。本协议将在初始期限及此后的每个续展期限届满后自动更新为一个为期一（1）年的附加期限（"续展期限"），除非本协议任何一方经提前九十（90）天书面另一方无意续展本协议。

15.2　终止。(1) 由许可方终止：如被许可方未按本协议规定支付任何一笔许可费或其他约定的费用，或违反本协议的任何实质性条款或条件，且在收到许可方就此发出的书面通知后三十（30）天内未能采取有效措施纠正的，许可方有权终止本协议。此外，如被许可方发生以下事由，许可方有权立即终止本协议：(a) 申请或被申请破产，且不再按照本协议继续支付许可费；(b) 被委任接管人处理其资产和业务；(c) 为债权人利益转让或试图转让；或 (d) 因并购而发生控制权变更。

(2) 由被许可方终止：在下列情况下，本协议可经被许可方向许可方发出书面通知而提前解除：(a) 许可软件存在实质性错误（严重影响许可软件性能的错误），且在合理期限内未能修改或改正的；(b) 许可软件及许可方其他可交付物与任何第三方的知识产权存在实际的或潜在的冲突，可能给被许可方声誉或财产造成损害，且双方未能在合理期限内通过合理商业努力消除此隐患的；(c) 如许可方违反本协议的任何实质性条款或条件，且在收到被许可方就此发出的书面通知后三十（30）天内未能纠正的；或 (d) 许可方出现第 15.2 (1) 款所列事由相同情况的。

16276

（3）除以上情形外，任何一方均可经提前六（6）个月书面通知另一方而终止本协议。各方的终止权是根据本协议所拥有的其他权利之外的权利。

（4）本协议因以上原因提前终止，并不影响受损害方依法或依合同所享有的寻求其他救济的权利。

15.3　终止和期满的效果。（1）在本协议全部或部分终止或到期的情况下，除被许可方直接或间接通过其销售商授予授权产品最终用户的许可外，所有其他许可均予终止。本协议一经终止或到期，被许可方应立即将所持有的所有许可软件拷贝及许可方文档归还许可方（或根据许可方的要求提供此类材料已被销毁的证明），因此所发生的费用，将根据终止原因由部分或全部负责的责任方相应承担，并且，除本协议标题为“继续有效”条款另有特别约定者外，被许可方应停止一切直接或间接行使本协议下许可权利的行为。

（2）尽管有上述约定，除非本协议终止是因被许可方违约导致，否则被许可方在本协议终止后，可以根据其自己的选择，在终止日后一百八十（180）天（清空期）内按照本协议规定的目的或方式，继续使用许可软件生产在终止日前已经由客户生效订单订购的以及销售及分销已经进入库存的载有许可软件的被许可方授权产品。

（3）本协议因任何原因终止或到期的，均不影响许可方就许可软件及可交付物继续提供本协议约定的保证救济、维护和技术支持服务的义务。

（4）本协议终止后，被许可方根据本协议所授予的任何在终止日正在有效的分许可，将在其各自的期限内继续具有完全和充分的效力。

（5）就终止后继续使用的许可软件及按约定有偿提供的维护和技术支持服务，被许可方应继续按约定支付许可费和服务费。

16　保密

16.1　为评估及执行本协议双方各自向对方披露的保密信息，包括产品和市场计划、元素、源代码以及本协议条款等，均为本协议定义条款所援引保密协议项下的保密信息，该保密协议的条款经援引并入本协议并成为本协议的组成部分。如所援引的保密协议由双方各自的关联方签署，在此对该保密协议的援引，仅表明双方为业务方便同意受该保密协议条款约束，并不因此表明双方各自的关联方将对本协议承担任何义务和责任。

17　源代码第三方托管

17.1　开发许可。许可方在此授予被许可方一个非排他的许可，据此许可，被许可方可以对许可软件进行维护、支持和改进。被许可方同意仅在本协议约定的触发事件发生后行使该项权利。对在此项许可项下所做的任何修改，被许可方将拥有所有权及其中包含的知识产权。

17.2 托管协议。许可方、双方同意的第三方托管机构及被许可方将达成一个本协议附件三所列格式的《技术托管协议》（“托管协议”），该协议将明确规定在触发事件发生时将相关许可软件的源代码（见定义条款）披露给被许可方的条件。如果根据本第 17 条及托管协议的条款向被许可方披露了源代码，被许可方同意将仅为行使其在第 17.1 款项下许可的目的使用这些源代码。在被许可方某个版本的许可软件经被许可方检验并接受后的三十（30）天内，许可方应将该版本许可软件源代码的一（1）份副本按照托管协议交给托管机构管理。本协议并不因被许可方根据托管协议收到源代码而终止。如果被许可方根据托管协议收到许可软件的源代码，此类源代码应受本协议相关条款的约束。许可方同意对托管代码不时进行更新，及时将许可软件的升级、更新、改进和新版本交给托管机构管理。被许可方负责支付由托管机构收取的所有托管费用。如本协议与托管协议有任何不一致，以本协议约定为准。

17.3 触发事件。在本条款中，“触发事件”是指任何以下事件：(a) 许可方进入或将要进入任何停业、破产或清算程序；(b) 许可方实质性违反其在本协议项下的维护和支持服务义务，且未能在收到被许可方就此类实质性违约行为所发出的通知后三十（30）天内采取有效措施纠正该违约行为。

18 纠纷解决

18.1 非正式纠纷解决。除有关许可软件、文档或知识产权权利的争议外，许可方和被许可方之间所发生的任何有关本协议的争议或索赔，无论是基于合同、侵权或任何法律规定，均应按以下流程解决：

（1）首先根据任何一方的书面要求，双方将各自委派一名指定代表会面努力解决此类争议。各方指定代表应为有权代表各方作出决定和 / 或承诺以解决争议的各方高级经理人员。

（2）指定代表应在双方认为必要时随时会面协商，以努力通过友好协商方式（而非法律程序）解决争议。

（3）除非任何延误可能影响一方基于诉讼时效的权利，否则除非发生下列情形，双方均同意将不会启动正式法律程序以解决争议：(a) 指定代表诚信地认为争议无法通过友好协商解决；(b) 争议经协商在首次磋商后三十（30）天内未能得到解决的。

16276

（4）本条款约定不应被理解为对任何一方为避免丧失诉讼时效而启动正式法律程序的权利，或根据本协议或法律规定寻求临时或初步禁止令的权利构成任何限制。

18.2　其他。如果双方未能根据本条款解决相关争议，则任何一方均可依照法律及本协议约定寻求其他可适用的救济。

19　一般条款

19.1　关键控制应用。许可软件并非用于任何关键控制应用（例如，安全或健康控制系统、原子能控制系统或空中及地面的交通控制系统等），许可方对于在关键控制应用中使用许可软件所产生的后果不负任何责任。一切风险完全由用户自行承担。

19.2　冲突。如本协议与任何其他有关本协议标的的文件，或本协议正文与本协议任何附件发生冲突，根据具体情况，应以本协议条款或本协议正文为准。

19.3　律师费。如本协议任何一方聘雇律师要求实施因本协议产生的或与本协议相关的任何权利，胜诉方有权要求另一方补偿其由此发生的合理律师费、成本及其他费用。

19.4　不可抗力。一方对于其无可预见的情况或无法合理控制的原因，包括天灾、战争、暴动、禁运、执政当局行为、供应商的交付延迟、火灾、洪灾、意外事件、罢工、无法获得运输、设施、燃料、能源或材料保障等导致的不能履行不承担责任。在发生了不可抗力的情况下，交付或履行时间应相应延长，此延长时间应与因不可抗力所延误的时间相等。

19.5　进出口管制。任何一方均不得违反任何中国、中国所加入国际公约、许可软件所包含任何技术的来源国的有关进出口管制的法律规定，在未经获得必要的许可或审批的情况下，直接或间接地将许可软件或被许可方产品出口或转出口。

19.6　通知。本协议所要求或允许的通知均应以书面形式且按以下方式送达为生效：（a）亲交本人；（b）通过邮资预付的挂号信寄至下列地址，需要回执；（c）通过邮政特快专递或其他正规快递服务送达各方下列地址。通知自交寄后第二（2）个工作日起生效。任何一方均可根据本条款的规定书面通知另一方变更其接收通知地址。任何一方因上述地址无效或不准确而导致未能及时接收通知的，应自行承担由此导致的不利后果。

给被许可方的通知应寄往本协议所列地址。

给许可方的通知应该寄往下列地址：

许可方名称：______________________________

许可方地址：______________________________

邮编：____________________ 收件人：____________________

19.7 继续生效。本协议标题为“定义”“所有权和权属标识”“陈述和保证”“抗辩和补偿”“保密”“期限和终止”“一般条款”的所有规定在本协议到期或终止后仍然有效。

19.8 承继和转让。本协议对本协议双方及其各自的承继方和允许的受让方有约束力，并以其为受益人。任何一方在未经另一方事先明确书面同意（另一方不得无理延误或拒绝作出同意）前，均不得将本协议项下任何权利、义务和利益或其任何部分进行转让，任何此类企图均无效。尽管如此，各方均可无须征得另一方的同意，将其在本协议项下权利、义务和利益的部分或全部转让给其母公司、附属公司或其他关联方，以及其实质性全部资产或股票的购买方，或任何与其发生并购或合并的第三方。在发生任何前述允许的转让的情况下，转让方应提前合理时间将转让的情形通知另一方。

19.9 控制权变更。在本协议期限内，如任何第三方获得了对本协议任何一方的控制权，另一方可根据其判断和选择终止本协议。任何一方应在上述控制权变更的三十（30）日内通知另一方。

19.10 双方关系。在与本协议相关的所有事宜中，被许可方和许可方均是各自独立的合同主体。任何一方均不得以任何明示或暗示的方式表明其有权代表另一方接受或创设任何义务，或以代理人、受雇方或以任何其他类似身份代表另一方。除本协议明确规定者外，任何一方均不承担任何明示或默示的义务。

19.11 解释。本协议由对本协议所处理事务有丰富知识和经验的双方代表进行了公平协商，且双方各自的具有丰富知识和经验的法律顾问也参与了签约过程。为此，双方明确同意，就本协议中存在歧义的条款作出对起草一方作出不利解释的法律规则将不适用并予以放弃。

19.12 可分割。根据本协议或任何其他文件或法律授予的所有权利和救济均为累积的，均可单独或同时行使。任何一方未能要求实施本协议的任何条款，不应被视为该方放弃了在此后要求实施该条款的权利。本协议的条款和条件均被视为可分离的。如本协议项下任何条款被认定为无效、非法或无法强制实施，本协议其他条款的有效性、合法性和可强制实施性将不因此受到任何影响或损害。

19.13 禁令救济。双方同意，由于许可软件的属性及对许可软件中的专属权进行充分保护的固有困难，任何违反本协议关于知识产权保护的行为均可能导致对许可方不可挽回的损害，且对此类损害仅有经济赔偿是不足以弥补的。

16276

为此，在发生因违反本协议而侵犯许可方许可软件的知识产权时，许可方有权在任何其他依法可获得的救济和权利之外，采取临时禁令或其他类似救济措施对其许可软件进行保护。被许可方同意向许可方转让向任何通过被许可方获得和持有了许可软件的第三方提起诉讼的权利。

19.14 税款。本协议项下的价款均是含税全价，基于许可方在本协议项下所得和行为所发生的所得税、增值税等各项税款均已包含在价款中，如无其他约定，许可方向被许可方开具的发票应当是增值税发票。本条款在本协议终止后仍然有效。

19.15 适用法律和争议解决。本协议及全部附件和附表的签订、生效、履行及解释，均适用中华人民共和国大陆（为明确起见，不包括中国香港特别行政区、澳门特别行政区和台湾地区）的法律，且不考虑其法律冲突规则。

19.16 完整协议。补充和修改。本协议，包括其附件和附表，构成本协议双方间就本协议标的达成最终的和全部的协议和谅解，并取代所有双方以前的或同期的与本协议标的有关的其他沟通、谅解和安排，无论是书面的还是口头的。除非经双方以书面补充协议方式正式书面同意并由各方充分授权代表签署或加盖双方有效印章确认，任何对本协议的补充或修改均无效。

19.17 道德合规。各方同意，本协议一方作为另一方的业务合作伙伴，在执行本协议项下与另一方员工的业务往来活动中，均不得：(a) 向另一方员工提供或允诺任何礼品或其他有形或无形利益；(b) 除非以上各项是：(i) 根据双方之间达成的合同要求提供；(ii) 根据双方之间的书面保密协议提供；或 (iii) 由另一方有相应职权的管理人员明确地书面授权提供，否则任何一方均不会诱使另一方员工提供，或从另一方员工处接受任何信息、数据、服务、设备或允诺；(c) 诱使另一方员工徇私舞弊或从另一方员工的此类行为中获得好处；以及 (d) 与另一方员工建立任何正常业务往来之外的关系，但经事先充分披露并经另一方管理人员事先同意的除外。在本条款中，“员工”包括其家庭成员和近亲属，以及任何可能从其与该员工的关系中获得任何利益的其他人。“一方”包括其所有员工和代理。“礼品和利益”是指任何金钱、商品、服务、折扣、好处以及类似的其他任何形式的有形或无形利益，但不包括低价值的广告或促销礼品。“合作伙伴”包括预期的、现有的和过去的合作伙伴。“徇私舞弊”是指为使一方获得任何不当利益而进行的行为。本协议一方的任何此类行为均构成该方的违约行为并可以导致该方被列入禁止交易的黑名单。

19.18 副本和签署。本协议如有多个语言版本，各版本之间的条款如有任何不一致，以中文版本为准。

附件一：软件和许可描述

1　许可软件

（在这里列明许可软件的名称、版本号，并对许可软件功能特征做概括描述）

《许可方____________软件系统 1.0 版》，该软件主要功能特征是__________________。

许可软件的详细规格需求见后附，或由双方指定的业务或技术代表另行签署确认。

2　许可期限

[在这里列明授予被许可方使用、分发许可软件的期限（如果适用的话）]

3　区域

[在这里列明允许被许可方分发许可软件的地理区域（如果适用的话）]

4　授权产品

许可软件将被用于被许可方的以下产品：

[这里列明预装许可软件的被许可方产品的名称、规格型号（如果适用的话）]

5　合同厂商

被许可方可委托以下合同厂商将许可软件与被许可方的授权产品集成：

（如果需要的话，在这里列明允许被许可方复制及安装许可软件的被许可方供应商）

（1）合同厂商名称：_________________；地址：_________________

（2）合同厂商名称：_________________；地址：_________________

6　可交付物：许可方向被许可方提供以下可交付物：

（在此列明许可方向被许可方交付的任何文件、材料及工具，例如，软件母盘、目标代码及源代码、各种支持文件、检测工具等）

7　交付

本协议生效或约定的预付许可费支付后______日内（以较晚者为准），许可方将以源码和目标码二种形式向被许可方提供各一份许可软件，并提供不少于两份的许可资料。

8　定制化开发及安装支持

（如果需要为被许可方对许可软件做定制化开发，可在此描述定制化开发的范围、进度及费用或费用预估等）

16276

9　费用和支付

9.1　费用类别

作为许可方在本协议项下授予被许可方权利以及提供本协议项下客户化定制开发及其他支持服务的对价，被许可方将向许可方支付下面所列的各项费用：

（在此列明被许可方支付的各类费用、支付条件、支付方式等）

（1）预付许可费：

被许可方将按下面规定的日期签向许可方支付规定金额的年度预付许可费，除非被证实许可方有实质性违约行为，否则预付许可费将不予退款。

年度预付许可费：

a. 本协议签署生效后三十（30）天内：______元；

b. 本协议签署生效后每个年度开始后三十（30）天内：______元。

（2）提成许可费：

被许可方将根据许可软件的分发数量按以下比率将向许可方支付提成许可费：

a. 被许可方每销售一台预装了许可软件的授权产品向许可方支付：______元。

b. 授权产品销售数量达到______万台后，提成许可费调整为：______元。

在每个年度内提成许可费将与预付许可费抵销，直至将预付许可费抵销完毕后，被许可费将按照实际发生的授权产品销售数量支付提成许可费。

（3）定制化开发工程费：

如许可方为被许可方提供定制化开发及安装服务，被许可方将按照定制开发服务的实际工作量按______人 / 天的费率向许可方支付工程费。

9.2　支付和报告

在本协议期限内的每个日历季度结束后三十（30）天内，被许可方应向许可方提供预装了许可软件的授权产品销售数量的报告，报告中应同时说明在该季度内应向许可方支付的提成许可费金额。就超出预付许可费的部分，被许可方应随同报告以支票或电汇方式向许可方支付相应的金额。

9.3　审计

被许可方应在每个报告签发后两（2）年内，按照符合财务会计准则的方式对报告及相关交易记录进行存档保管，以便使许可方能够对报告及相应的付款进行验证核查。许可方有权经提前合理时间事先通知后，选择双方同意的独立注册会计师，对被许可方的报告及相关交易记录进行核查，以验证被许可方在本协议项下的报告和付款是否准确。此类审计应在被许可方正常工作时间内进行，且每个日历年内将不超过一次。此类审计的全部费用均由许可方承担，聘雇的独立注册会计师将仅向许可方披露关于本协议项下的授权产品销售数量报告和许可费计算是否准确的信息，不得向许可方披露任何除此之外的其他信息。所有与被许可方客户相关的信息均应被视为保密信息，不得披露。如果审计发现被许可方在每个日历年内实际支付的许可费低于应当支付的许可费差额超过百分之五（5%）的，被许可方应对许可方的审计费用进行补偿。无论任何情况下，被许可方均应立即向许可方支付所有欠缴的许可费，或申请将欠缴的许可费与尚未抵销完毕的预付许可费抵销。

10　交验标准和检测

10.1　交验标准[1]

> 条文注解：交验标准是为使软件用户能够确认交付的软件是可接受的，而事先确立的软件产品必须满足的条件。交验标准与规格（或需求）均表示软件产品需要满足的要求，但规格通常是指通过单独的文件记载的软件产品的功能需求，而交验标准则通常是指验证客户要求的软件功能是否实现的措施。交验标准的目的、格式及拟定方法请参见 https：//www.altexsoft.com/blog/business/acceptance-criteria-purposes-formats-and-best-practices/。

（如果需要，可在此规定许可软件的交验标准）

10.2　检测流程

（如果需要，可在此列明许可软件的检测流程）

附件二：维护和支持[2]

> 条文注解：仅为示例，软件维护和支持服务的内容、流程和标准，需要考虑软件的功能特征、交易双方的业务合作模式等多种因素，根据具体情况确定。

本协议双方应按本附件规定的各自职责为许可软件提供维护和技术支持。但如被许可方没有支付协议所规定的许可费，许可方将无义务提供任何支持。

一、职责划分

被许可方应负责对其客户、分销商以及分销商的客户提供支持（一级及二级支持）。被许可方应明确提示客户、分销商及分销商客户，此类支持由被许可方负责提供。被许可方可以自行选定分销商或服务商，授权其对被许可

16276

方产品的购买者提供此类支持。在此情况下，被许可方应对其分销商及服务商提供后备支持及培训。未经被许可方同意，许可方将不会为被许可方的分销商或服务商提供任何支持。如许可方接到被许可方的客户、被许可方的分销商或分销商的客户的任何咨询或服务申请，应将其移交给被许可方处理。

一级支持：是指在被许可方产品生命周期内不附加任何费用，对以下问题提供支持：

—许可事务

—文档问题

—新软件缺陷

—网页信息（免费浏览网页）

—补丁包 / 网上维护信息（免费浏览网页）

二级支持：是指对以下问题提供支持：

—______问题

—与第三方软件兼容问题

三级支持：是指对以下问题提供的支持：

—诊断和解决重大代码缺陷

二、培训

许可方为被许可方提供总时长不短于五（5）个工作日的免费培训，此项培训在被许可方进行，并可以根据被许可方的要求拆分为单独的工作日执行。被许可方也可要求提供额外的培训服务。此项培的收费标准为______元 / 天加上交通费用。

三、技术管理

被许可方可以指定一个或二个高级技术支持员工作为“技术联络人”。被许可方的技术联络人主要负责双方技术方面的沟通。许可方会通过其客户服务组为被许可方的技术联络人提供许可的产品的电话技术支持。许可方将通过电话、电子邮件及网络为被许可方提供一级、二级和三级问题的远程技术支持。

四、文档

许可方会为客户提供标准的技术文档。

五、软件更新和升级

如许可方发布了许可软件的任何更新或升级，将通知被许可方并提供给被许可方一份拷贝。此类更新和升级将通过被许可方的安全 FTP 站点下载。

六、许可方对软件更新、升级和新版本的支持

许可方将免费为被许可方提供许可软件的副版本更新。如果版本号为 X.Y，其中版本号 Y 变化的版本为副版本更新。

许可方对许可软件的主版本升级支持及相关费用，由双方另行友好协商确定。如果版本号为 X.Y，版本号 X 变化的版本为主版本升级。

七、被许可方产品的使用

被许可方将免费向许可方出借被许可方产品每个规格型号至少一套，以便使许可方对许可软件进行测试以及复现和解决被许可方升级的许可软件问题。出借期限应相当于许可方需要使用该平台为被许可方提供本协议项下支持的期限。

八、升级和支持流程

被许可方的支持需求将由技术联络人汇总后提交给许可方的客户服务部。在向许可方寻求技术支持前，被许可方应尽全力使用许可方已经提供的支持资源（例如，手册、版本说明等）解决发现的问题。

被许可方的技术联络人将通过以下方式与许可方就需要升级的支持进行联络许可方的客户支持代表：

电话：____________________

电子邮件：____________________

许可方提供支持的时间为周一至周五，上午 9：00 到下午 18：00（节假日除外）。许可方客户支持代表将确定问题的优先级并制定具体的解决方案。具体的解决方案可能包括根据需要将问题提交给检测或开发工程团队。

九、停止技术支持

在许可方停止对任何第三方发售某一版本的许可软件 180 天后，许可方可以单方面决定停止为该版本的软件继续提供技术支持。

附件三：最终用户许可协议

（参见《最终用户许可协议》）

附件四：技术托管协议

（略）

16276

7. SDK 和 API 许可协议

使用场景

本《SDK 和 API 许可协议》样例文本用于某些系统、网站或软件应用程序的拥有者或运营者将其软件开发套件（SDK）或应用程序接口（API）许可开发者使用，开发者使用这些 SDK 或 API 开发基于许可方系统、网站或软件应用程序的应用。

SDK 是“软件开发套件”（Software Development Kit）的缩写，是指用于为特定设备或操作系统开发应用的软件集合。SDK 的实例包括 Windows SDK、Mac OS SDK 以及 iPhone SDK 等。

大多数 SDK 都会包含示例代码，为开发者提供样例程序和函数库。这些样例将帮助开发者了解如何用 SDK 构建基础程序，使他们能够最终创作出更复杂的应用。SDK 往往还会提供技术文档，包括教程和常见问题解答（FAQ）。某些 SDK 可能还会包含样例图形，例如按钮和图标，用于在应用中使用。

API 则是“应用程序接口”（Application Programming Interface）的缩写，是指一组允许两个软件程序相互之间进行对话交流的代码，API 为开发者编写从操作系统或其他应用请求服务的程序定义了正确的方法。API 是由动词和名词构成的函数调用来实施的，所需的语法将在被调用的应用程序的文档中描述。

API 有三个基本类别：本地 API，网站 API 和程序 API。

本地 API 是最原始的形式，此类 API 为应用程序提供操作系统或中间件服务。

网站 API 则是指诸如 HTML 页这样的广泛使用的资源，并可通过使用简单的 HTTP 协议访问。

程序 API 则是基于远程过程调用（RPC）技术，该技术使一个远程程序组件对软件的其他部分而言看起来是本地的。

API 的实例包括，百度 / 谷歌地图的地理定位 API、Windows API、iOS API 等。

个人计算机和移动设备的操作系统均提供 API，用于开发者开发基于这些操作系统的应用。例如，Windows API，为开发者提供用户界面空间和元素，例如窗口、滚动条和对话框。它还提供了访问文件系统和执行文件操作（如创建和删除文件）的命令。此外，Windows

API 还包含网络命令，可用于通过本地网络或 Internet 发送和接收数据。

移动智能设备的 API（如 iOS API）则为开发者提供用于检测触摸屏输入的命令，如轻击、滑动和旋转。它还包括常见的用户界面元素，如弹出式键盘、搜索栏和选项卡栏，选项卡栏在屏幕底部提供导航按钮。iOS API 还包含用于与 iOS 设备硬件（如摄像头、麦克风或扬声器）交互的预定义功能。

除了操作系统 API 外，还有其他一些类型的 API。例如，网站的 API，一个网站可以为网页开发人员提供一个 API，允许他们从网站访问特定的信息。一个网站 API 可能和一组 XML 元素一样简单，只有一些用于检索信息的基本命令。

SDK 和 API 都是程序开发的工具，二者的区别是，SDK 类似于模型汽车的各个组件，开发者可以用这些组件装配自己的程序，而 API 则类似于传译者，可以将两个完全不同的语言进行翻译后，使两个软件程序可以相互交流沟通。

二者有时也容易混淆，主要是由于一些 API 可能会被包含在 SDK 中体统，例如，操作系统的 API，通常就会被集成到软件开发套件（SDK）中提供，由于使用 SDK 开发的应用，需要与其底层软件进行交互，那么在 SDK 中包含 API 以实现这样的功能就不足为奇了。

由于大多数公司希望鼓励更多的开发者为他们的平台创作更多的应用，这些公司通常会免费提供他们的 SDK 或 API。开发者可以很容易地从公司的网站下载这些 SDK 或 API，并立即开始编程工作。当然，由于每个软件开发套件都是不同的，开发者可能需要花费一些时间了解如何使用一个新的 SDK 或 API，为此，很多现代的 SDK 或 API 会提供一些必要的文档和编程指导界面，用于激励程序的开发。

此样例模板同时包含了 SDK 和 API 许可，以及其他一些在某些场景下可能会用到，但在另外一些场景下可能没有必要的条款，使用者可根据需要选择使用。

法律要点

SDK 和 API 许可协议根据不同情况可以选择线下方式签署，也可选择通过网上点击确认方式签署，相关提示请参见《软件许可协议》及《最终用户许可协议》。

SDK 和 API 许可协议与最终用户许可协议的主要差异是，大多数最终用户许可协议的被许可方往往是消费者，因此，最终用户许可协议在条款拟定时，需要考虑消费者权益保护等因素。而 SDK 和 API 许可协议的另一方通常是开发者，开发者通常并不被视为消费者，而应属于经营者。因此，消费者权益保

16277

护法律的相关要求在此类协议中并不适用。

此类许可协议通常主要需要约定清楚 SDK 或 API 许可的范围及限制。

某些许可方在向开发者提供其 SDK 和 API 时，意识到需要对 SDK 或 API 进行必要保护，但有时可能会认为可以通过签署保密协议的方式来实现这样的保护，这种理解是片面的，保密协议当然可能是必要的，但仅仅签署保密协议，可能并不足以对 SDK 或 API 进行保护。

关键条款（检核清单）

请参见《最终用户许可协议》。

合同正文

SDK和API许可协议

本 SDK 和 API 许可协议（“本协议”）由______，其注册地或主营业地在：______（以下称许可方）与______，其注册地或主营业地在：______（以下称被许可方）于______年______月______日（生效日）签署并生效。本协议中，许可方与被许可方分别被称为“一方”，二者共同被合称为“双方”。

期限：本协议自生效日起生效，直至根据本协议规定终止。

本协议包括：(1) 首页 / 签字页；[1] (2) SDK 和 API 许可协议。许可方与被许可方承认，双方已经阅读、理解并同意遵守本协议所附的、对本协议中所指各种术语、条件及其他约定的解释。

条文注解：如本协议通过网上点击确认方式签署，可删除首页（签字页）。

本协议由双方各自的正式授权代表签字或加盖各方有效印章方式签署。双方同意，本协议可签署一份或多份，每一份应构成本协议的可执行正本，并且传真签字与原始签字一样具有法律效力并具约束力。

同意并接受：

许可方（盖章）：	被许可方（盖章）：
代表人签字：	代表人签字：
日期：	日期：
姓名（打印或正楷）：	姓名（打印或正楷）：
部门和职务：	部门和职务：

SDK和API许可协议

重要——请仔细阅读本许可协议的条款和条件！

本 SDK 和 API 许可协议（“许可协议”）是您（个人或单一法律实体）与____________（［公司］名称）（“［公司］”）之间有法律约束力的协议。本许可协议的标的是［公司］的软件开发套件或软件开发套件插件（“SDK”）或应用程序接口（“API”）。SDK 和 API 包括计算机软件和文档，并可能包括示例代码、工具、授权密钥及更新。

1　定义

“SDK”是指由［公司］提供或使您获得的______软件开发套件及其组件，连同相关的用户手册和文档（“文档”）。［公司］将在本协议生效后合理时间内，根据其判断确定通过何种介质将 SDK 交付给您。

“API”是指由［公司］提供或使您获得的______应用程序接口及其组件，连同相关的用户手册和文档（“文档”）。［公司］将在本协议生效后合理时间内，根据其判断确定通过何种介质将 API 交付给您。

“应用”是指根据本协议的条款和条件，经［公司］同意由被许可方开发的基于个人电脑和移动通讯设备的应用程序。

“［公司］设备”是指［公司］网站（http：//____________）上所列的［公司］______产品。

2　接受

为使用 SDK 或 API，您必须首先同意本许可协议。您：（1）签署本协议；（2）点击确认接受本协议；或（3）下载或使用 SDK 或 API，即表明您同意本许可协议的所有条款和条件。如果您不接受本许可协议，您不得使用 SDK 或 API。

如果您所在的或拟使用 SDK 或 API 的国家或地区，有相关法律规定禁止您接收或使用本 SDK 或 API，则您不得使用本 SDK 或 API，也不得接受本许可协议。

16277

如果您将在您的［公司］或组织内部使用SDK或API，您同意将代表您的雇主或组织受本许可协议的约束，并且您陈述和保证您有充分的法律权限，代表您的雇主或组织接受本许可协议，使您的雇主或组织受本许可协议的约束。如果您没有上述必要权限，您不得代表您的雇主或组织接受本许可协议或使用SDK或API。

3　授予有限许可

根据本许可协议的条款和条件，［公司］授予您一个有限、可终止、不可转让和非排他的许可和权利，据此您可以在本协议规定的期限内，仅限于为下列目的使用SDK或API：(a) 对SDK或API中的所有或部分示例代码进行修改，或将其与您的应用程序合并；(b) 使您的应用程序能够与指定的［公司］设备或通过［公司］设备获得的数据结合使用；以及 (c) 仅限于以目标代码形式作为您的应用程序的组成部分分发示例代码（无论是否是经过修改的或者仅仅是部分的）或本SDK或API的任何部分。

4　限制和义务

除非（且仅限于）本许可协议另有明确许可，否则您不得（也不得允许任何第三方）：(a) 使用SDK或API开发或处理任何非用于支持［公司］设备的应用程序，或开发其他SDK或API；(b) 对SDK或API的全部或任何部分进行复制（为备份存档目的除外）、修改、反向工程、反编译或反汇编，或将SDK或API并入任何其他软件程序；(c) 将SDK或API的任何部分出借、出租、传递、分许可、销售、转让或分发给任何第三方；(d) 为任何第三方提供访问与SDK或API全部或部分功能相同或类似的应用程序设计接口的能力；(e) 如果您是［公司］的直接竞争者的话，为监测性能或功能或为确立基准或其他竞争目的获得SDK或API许可；(f) 移除、改变或隐藏SDK或API及其相关文档的任何版权、商标权等专属权利通告，并且您同意在SDK或API及其任何文档的拷贝上包含所有此类权利通告；(g) 改变、禁用或绕开任何对SDK或API使用进行限制的许可或控制功能；或 (h) 为其他非本许可协议明确允许的目的使用SDK或API。

除非［公司］另有明确规定，否则使用SDK或API是免费的。但如果根据［公司］另外的规定，使用SDK或API需要支付许可费或提成费，您必须支付该许可费或提成费以维护本许可协议项下授予您的权利。

您同意仅为本许可协议及相关司法管辖区的相关法律、法规或广泛接受的实践或指导方针（包括任何有关数据或软件进出口管制的法律）允许的目的使用SDK或API开发与［公司］设备结合使用的应用。您同意您将对任何通过您的应用获取、处理、传输、显示或存储的数据自行负责（[公司] 将不就此对您及任何第三方负责）。

5 所有权和版权

5.1 SDK 和 API。您承认 SDK 和 API 是根据本许可协议许可使用而非销售。您同意 [公司] 或第三方拥有 SDK 和 API 中包含的以及与之相关的所有法律上的权利、所有权和权益，包括存在于 SDK 和 API 中的任何知识产权权利。“知识产权权利”是指受世界上各个司法管辖区有关专利、版权、商业秘密、商标及其他专属权保护相关法律承认的任何和所有权利。本许可协议并未授予您有关本 SDK 或 API 中任何物项的任何专利、版权、商业秘密、商标或其他权利。本许可协议的任何内容均不得被理解为授予您使用任何 [公司] 名称、商标、标识、域名或其他独特品牌特征的权利。您同意保护 SDK 和 API 任何模块或其任何部分中的 [公司] 或第三方的任何版权或其他所有者权益。未明确授予您的权利全部由 [公司] 保留。

5.2 数据。在双方之间，[公司] 对其收集的与您的应用相关的所有用户信息（“应用数据”）拥有所有权利。

6 期限和终止

6.1 期限。本许可协议将自生效日起生效并将持续适用直至根据本协议第 6 条终止（“期限”）。

6.2 终止。任何一方均可经提前十（10）天书面通知另一方终止本许可协议。如果：（a）您进入破产或清算程序或为债权人的利益被转让或托管；（b）根据 [公司] 合理判断，您侵犯或滥用 [公司] 的知识产权或违反本许可协议，或正在以可能损害 SDK 或 API 的方式使用 SDK 或 API；或者（c）如果我们收到任何传票、法庭命令或其他执法机关的其他要求，我们可以立即通知您终止本许可协议。本许可协议一经终止，您必须（a）停止使用 SDK 或 API；（b）销毁或返还 SDK 或 API 的所有复制件；以及（c）停止分发您的应用。除第 2 条（授予许可）外，本许可协议的所有规定均应继续有效。

6.3 暂停。如 [公司] 有合理理由认为您或任何获得了 SDK 或 API 的第三方正在通过您的应用从事：（a）拒绝服务攻击、发送垃圾邮件或任何可能对 [公司]、[公司] 的系统或任何第三方的系统造成伤害的行为；或（b）任何欺诈或非法活动，或任何可能导致 [公司] 或任何第三方承担法律责任的活动，则 [公司] 可以根据其自己的判断，决定暂停您（或某个最终用户，如果适用的话）对 SDK 或 API 的使用。任何此类暂停将持续直至引发此类暂停的事由已经得到有效纠正或直至 [公司] 收到了此类事件将不会再发生的保证。

16277

6.4 终止的效果。本协议因任何原因终止后，您应立即停止使用、向[公司]返还或销毁或删除所有电脑、硬盘、网络及其他存储介质中由您持有的 SDK 和 API 及保密信息（见下面标题为“保密”条款的定义）的所有副本，并向［公司］提供上述行为已经完成的证明。本协议中那些根据其性质应当延续其效力的条款在本协议终止或期满后应继续有效，此类条款包括但不限于标题为“陈述与保证”、“补偿”“保密”的条款。除由［公司］根据第 6 条终止或暂停本协议的情形外，如果在本协议项下开发的应用是在本协议终止前创作的且在本协议终止后继续由最终用户访问和使用，本协议与此类访问和使用相关的条款，在此类访问和使用期间将继续保持完全的效力。

7 核查

在本协议期限内及本协议因任何原因终止后一（1）年内，［公司］可以对您是否遵守本协议的规定进行审计核查，审计费用由［公司］承担，但倘若审计发现您有严重违反本协议的情形，您应（不限制［公司］的其他救济）对［公司］的合理审计费用给予补偿。审计应在正常营业时间内按双方商定的时间进行。审核师可以审查，并且您应提供那些对于确定您是否遵守本协议项下的义务是合理和必要的业务记录。在进行审计之前，［公司］将要求执行审计的审计师签署合理的保密协议，审计结果和审计期间核查的所有信息均应被视为保密信息。

8 支持和更新

［公司］可根据其判断选择，在其确定的期限内，就 SDK 和 API 向您提供有限的支持服务。［公司］可以不经通知随时变更或停止提供 SDK 和 API 及相关的支持，并且提供 SDK 或 API 及相关支持并非［公司］的义务。［公司］可以为包括产品支持和开发等业务目的使用您向［公司］提供的任何技术信息、反馈或创意。在本许可协议期限内，您应负责为您的应用程序提供支持和维护服务。您应定期更新应用程序，使其至少包含［公司］提供给您的最新版本的 SDK 和 API。

9 陈述和保证

9.1 您陈述、保证并承诺：(a) 您有充分的权利、权力和授权签订本协议；(b) 您将建立并始终贯彻实施与相关法律、法规和行业标准一致的安全措施，防止对 SDK 或 API、任何保密信息以及与您使用 SDK 或 API 有关的其他信息未经授权的访问或披露；(c) 应用将符合所有适用的法律、法规及标准；并且 (d) 您根据本协议提供的任何和所有材料以及应用程序均不侵犯或妨碍任何第三方的权利，包括知识产权和隐私权。

9.2 您明确知道并同意，本协议项下的 SDK 和 API 均“按现状”提供，不附带任何种类的保证，您对 SDK 和 API 的使用完全由您自行承担风险。[公司] 进一步明确否认所有其他种类的保证和条件，无论是明示的还是默示的，包括但不限于有关适销性、适用于特定目的及不侵权的默示保证和条件。[公司] 不保证本 SDK 或 API 的运行将不会中断或不存在任何错误，也不保证 SDK 或 API 将能够与任何产品、软件或硬件结合运行，或其不会导致任何数据丢失或损坏。您对 SDK 和 API 及经由使用本 SDK 或 API 下载或通过其他方式获得的任何材料的使用，均完全基于您自己的判断，并由您自行承担相关风险。您应自行负责对 SDK 或 API 进行验证，确认您获得和安装的 SDK 或 API 版本适用于您的操作系统、计算机硬件和周边设备。

10 责任限制

10.1 您明确了解和同意，无论本许可协议其他条款有何种规定，在相关法律允许的最大范围内，[公司] 及其关联机构和许可方，对您使用 SDK 或 API 产生的后果在任何情况下均不承担任何责任，无论这些责任是因何导致的，以及基于何种诉因或何种责任原理，也无论是直接的、间接的、偶然的、特别的、结果性的或惩罚性损害赔偿责任，包括任何数据损失，无论 [公司] 或其代表是否事先已经被告知或本应知道此类损失发生的可能性。

10.2 在不限制上面条款的前提下，如果 [公司] 因任何原因需要对您或任何其他方就本协议项下产生的或与本协议有关的任何损害承担赔偿责任，则 [公司] 所承担的累积和合计赔偿责任最高应不超过______元人民币。

11 补偿

如因任何以下情形导致了任何第三方针对 [公司]、[公司] 关联机构或 [公司] 供应商（统称为“被补偿方”）的任何索赔、调查、处罚、诉讼、法律程序或此类威胁（“索赔”）：（a）您分发的应用；（b）您违反任何陈述、保证或本许可协议的任何约定；（c）您的任何严重疏忽或故意行为；或（d）您对 [公司] 任何保密信息的搜集、处理、存储、使用、传输或销毁，您同意为被补偿方提供抗辩，并对被补偿方因此导致的任何损失、损害、责任或其他费用（包括合理律师费）（“损失”）进行补偿，使被补偿方不受任何损失和损害。您不得在未经 [公司] 事先书面同意的情况下自行解决任何索赔，[公司] 不得不合理地拒绝或延误作出此类同意。[公司] 有权自行承担费用委派其选择的法律顾问参与任何此类索赔的抗辩及和解解决。

12 [公司] 开发

您承认，[公司] 当前正在开发或未来可能开发与您基于本 SDK 或 API

16277

所开发的应用具有相同或类似设计或功能的技术或产品。本许可协议中的任何内容均不影响、限制或剥夺［公司］继续开发、维护或分销［公司］任何技术或产品的权利。如果您拥有来源于本 SDK 或 API 或与之相关的任何专利，您同意您将不以任何方式基于该专利向［公司］、［公司］关联机构或其直接或间接客户、代理和分包商，就［公司］任何产品的制造、使用、进口、许可、要约销售或销售主张任何权利。

13 自由和开源组件

不论本许可协议中是否有任何相反规定，对基于自由和开源许可协议许可的 SDK 或 API 组件的使用、复制和分发，仅受这些自由和开源许可协议条款的约束，本许可协议条款将不适用于此类组件。相关自由和开源许可协议内容包含在 SDK 或 API 附带的电子文件中。就此类开源软件许可及所授予的所有权利，您同意将保持作为被许可方的良好信誉，并避免从事任何可能终止、暂停或违反此类权利的行为。

您未被许可（并且您同意将不会）将本 SDK 或 API 与任何病毒性开源许可软件[1]结合或与此类软件共同使用，或采取其他任何可能被要求以开源代码形式披露、分发或许可本 SDK 或 API 的全部或其任何部分的行为。为本条款的目的，“病毒式开源许可”是指基于“GNU 普通公共许可证”“GNU 缩减普通公共许可证”或任何其他类似许可证授予的许可，此类许可证要求您使用、修改或分销此类软件时，不得收取费用，或必须以开源代码形式对软件进行披露、分销或许可。如您有任何违反前述条款的行为，本许可协议项下授予您的有关本 SDK 和 API 的许可和其他权利均将立即终止。

> 条文注解：病毒式开源许可（Viral Open Source License），是业界对自由或开源代码软件公共许可（例如，GPL）的另一个称呼，最初由微软副总裁 Craig Mundie 提出，参见 https：//money.cnn.com/2001/05/03/technology/microsoft_linux/index.htm。在此仅作为一个条款样例提供，无意对开源许可的实践做任何评价。

14 保密

14.1 保密信息。您可能会不时接收到由［公司］提供的或被允许接触到［公司］的任何属于保密性质的信息，包括但可能不限于，本 SDK 或 API、产品信息、数据、定价、财务信息、用户信息、软件、规格、研发和专有算法或其他材料，这些材料将会：（a）被清楚和明确地标识为“保密”或带有其他类似指示；或（b）由［公司］以适当方式披露，而您理应明白，在该环境下所披露的信息应当被视为保密信息，无论是否特别标识为“保密”或带有其他类似指示。本协议的条款和条件同样构成保密信息。为避免任何疑问，[公司] 的保密信息包括应用数据。

14.2 保密义务、除外。您代表您自己及您的代理和员工同意，在任何情况下，您均不会在未经 [公司] 事先书面同意的情况下，发布、披露或以其他方式泄露或为您自己的目的（本协议明确允许的除外）使用由 [公司] 提供给您或允许您接触的 [公司] 的保密信息。您同意您将以至少与维护您自己的非公开信息保密性的同等谨慎，但无论如何不低于合理程度的谨慎，维护 [公司] 的保密信息。前述义务不适用于任何以下信息，如果这些信息：(a) 在披露时已经，或在此后非因您的过错，因发布或其他原因进入了公知领域；(b) 您在收到时已经由您正当且合法地持有，且对其不承担保密义务；(c) 已经由对该信息不承担保密义务的第三方合法地披露给您；或 (d) 是您或您的独立分包商在未接触 [公司] 保密信息的前提下自己独立开发的。在您根据法院或政府命令或要求被要求披露保密信息的情况下，您应立即通知 [公司]，以便使 [公司] 能够对此类命令或要求提出异议，或为此类信息寻求做保密处理。①

> 条文注解：保密义务，是指在保密信息被强制公开前，保密信息权利人对保密信息的某些敏感内容做遮掩及涂黑等脱密处理。在国内相关的实践较少甚至可能还没有，但在法律上存在发生此类需求的可能性，参见《中华人民共和国政府信息公开条例》第二十三条。

14.3 保密信息销毁。一旦您不再需要为履行本协议的目的使用任何保密信息，您应立即将您持有或控制的保密信息及其任何形式的副本返还给 [公司]，或以妥善方式销毁上述保密信息及副本，并以书面形式向 [公司] 提供销毁证明。

15 推广

在本协议期限内，您同意将为推广目的，在您的网站上按照 [公司] 同意的方式提及 [公司] 的名称，以及执行其他双方同意的营销合作。

16 反馈

如果您就 SDK 及 API 向 [公司] 提供了任何意见、错误报告、反馈、改进或修改建议（“反馈”），此类反馈均在非保密状态下提供（无论您是否在相关沟通交流时是否包含了相反的通知），[公司] 将有权根据其判断使用此类反馈，包括但不限于，根据此类反馈对 [公司] SDK 或 API 及相关文档进行修改。您在此授予 [公司] 一个永久、不可撤销、可转让、可分许可、非排他的基于所有必要权利的许可，据此，[公

16277

司］可以为包括生产和销售［公司］设备在内的任何目的使用这些反馈。

17　一般条款

17.1　完整性。本许可协议构成有关本许可协议各方之间就本许可协议标的达成的全部协议，并取代各方之间就本 SDK 及 API 任何此前或同时的任何沟通、协议和谅解，无论是口头的还是书面的。如果包含在本 SDK 或 API 中的其他条款和条件与本许可协议不一致，本许可协议内容将优先于 SDK 及 API 中包含的其他条款适用。对本许可协议条款的任何变更均对［公司］无效，除非［公司］以由其高级管理人员书面签署的方式明确表示同意。如果本许可协议的任何被裁定为不可强制执行、非法或无效，其余条款将不受影响，并将保持继续具有完全和充分的效力。

17.2　管辖法律。本许可协议由中华人民共和国大陆（不包括香港特别行政区、澳门特别行政区和台湾地区）法律管辖，不援引其任何法律冲突规则。如因本许可协议发生任何争议，您同意选择［公司］所在地具有相应管辖权的法院作为排他的争议裁决机构。尽管有上述约定，您同意［公司］仍然有权向任何有管辖区的法院申请禁令救济（或其他类似的紧急法律救济措施）。

17.3　转让。未经［公司］事先书面同意，您不得将本许可协议移交或转让给他人，并且任何未经此类事先同意的转让企图均未无效。未经［公司］事先书面同意，您不得将您在本许可协议项下的职责或义务转委托给他人代为履行。［公司］可以不经通知，不受限制地将本许可协议转让或分包给任何第三方。为此目的，本许可协议将对这些第三方及其相应的承继人和允许的受让方均具有约束力。

17.4　弃权。［公司］、其代理或员工的任何行为或默认，均不得被视为是对本许可协议任何条款的弃权，此类弃权只能由［公司］高级管理人员以书面正式签署的文件形式作出。

17.5　第三方权利。本许可协议无意为非当事人的任何人士创设任何权利，非本许可协议当事人的任何人士也不得强制执行本许可协议的任何条款，或依赖本许可协议中的任何排除和限制。

17.6　进出口限制。在本许可协议项下交付给您的本 SDK 及 API 可能受中国、中国参加的国际组织以及本 SDK 或 API 相关技术的开发、访问、使用或获得地国家或地区进出口法律的限制。许可方同意遵守这些限制并承诺将这些限制通过有效方式约束许可方的客户，是许可方获得这些相关技术的前提条件，违反这些限制可能会使许可方遭受重大损失，为此，作为许可方同意与您达成本协议的必要前提条件，您应遵守所有适用于本 SDK 及 API 的相关进出口管制法律、法规或规定。您确认您并非位于任何禁运的国家或地区或属于此类国家或地区的居民，也并非受控于任何因进出口管制而本禁止接受本 SDK 或 API 的人士或实体；您不得将本 SDK 或 API 的部分或全部（无论是否并入您的应用）出口、再出口或转移至任何此类禁运的国家或地区，或允许此类禁运国家或地区的任何人士或实体使用。

17.7　可分割。如果本协议的任何条款被认定为无效或不可强制执行，那么：(a) 此类条款应被视为已经在必要限度内被修改，使其足以有效和可强制执行；如果此类修改不可行，则此类条款应被视为从本许可协议中删除；并且 (b) 本协议所有其他条款的有效性和可执行性，不应因此而受到任何影响或损害。

17.8　标题和副本。本补充协议中所使用的标题仅为阅读方便的目的而设，将不被视为本协议的组成部分。如本补充协议以线下方式签署，则本许可协议可由各方分别签署若干副本，每份副本均被视为原件，每份副本放在一起时将被视为一个完整的合同。

［公司］通讯联络方式________________（［公司］名称，地址）__________________

16277

8. 最终用户许可协议

使用场景

最终用户许可协议（EULA），是一种适用于大多数软件的许可证，主要用于软件的开发者、出版方或发行方（统称“许可方”）向作为最终用户的被许可方授予某个软件的使用许可。软件许可方可以是软件的开发者，也可以是软件的出版方、发行方，或者被授予了软件分发权的原始设备制造商[①]或分销商。最终用户许可协议可以用于支持系统软件，也可以用于支持应用软件程序，包括移动通讯设备的应用程序及个人计算机设备的应用程序等，这些应用程序可以基于 Windows、Mac、iOS 或 Android 等平台开发。

法律要点

如果有个人或公司开发或创作了专有软件，并希望通过允许他人以有限的方式使用该软件的方式来获取收益，同时希望对其软件的版权进行保护，防止他人复制其软件的源代码、将软件作为用户自己的产品销售或将软件转让给非付费用户等，那么可以使用最终用户许可协议。

最终用户许可协议，是软件许可使用合同的一种方式，通常用于详细说明许可方授予最终用户许可的范围及限制、许可级别、许可方对软件的保证及支持，以及最终用户应当承担的义务。

在拟定最终用户许可协议以及设计协议达成方式时，需要重点关注以下问题。

1. 软件是许可使用，而非销售

销售通常是指“买卖合同”中一体两面的购买和销售行为之一，而买卖合同意味着卖方或销售方会将商品的所有权转移给买方或购买方，而买方或购买方获得了商品的所有权之后，将会因而享有独占、排除他人使用以及处分等权利。一旦买方获得了这样的权利，将会影响卖方对同一商品的控制。

---

① 软件分发业务中所提及的“原始设备制造商”（OEM）与委托代工业务中的同一术语，所表示的概念并不完全相同。软件分发业务中所提及的“OEM”指的是以其自己的品牌销售产品的品牌商，这个品牌商可能是产品的实际生产企业，也可能是委托代工业务中的委托方。而在委托代工业务中，OEM则指的是受委托方，即为品牌商代工生产产品的产品实际生产企业。

为此，在软件许可方向用户提供软件时，明确许可方提供软件和用户接受软件的行为并非是软件的“买卖”(购买和销售)，许可方并未向用户“销售”软件，因而用户并未获得软件的所有权，而只是被授予了使用软件的许可，因此，权利人随同软件向用户所提供的软件代码，其所有权并不因此转让给用户，这一点对于保护软件许可方的知识产权，是非常重要的。

进而，对于软件许可方来说，应尽可能避免使用销售合同来分发软件，或者即便使用销售合同，也应在合同中明确包含“软件是许可使用，而非销售”这样的声明，而且，还需进一步注意，尽管上面这样的声明，在很多司法管辖区的实践中，是涉及软件许可的合同中通常采用的表述，但在我们国家的商业环境下，仅仅原样使用可能并不足够，这是由于在我们的商业实践中，长期以来已经习惯上将许可与销售混淆使用，将许可视为销售的一种形式[①]，因此，可能有必要加上进一步的特别说明，声明软件的所有权并不因合同的签署和执行而转移给用户。

由于被许可方仅被允许使用软件，而并不获得软件的所有权，因此软件许可更类似于“租赁”协议，用户为获得使用软件的权利，同意向软件许可方支付特定的费用，或同意软件提供方获得其他一些利益，例如，营销利益（如果适用的话），并向软件许可方承诺遵守最终用户许可协议中的所有限制。

2. 书面许可协议的重要性

根据《计算机软件保护条例》的规定，许可他人使用软件，应当订立“许可使用合同”，[②]但并未明确规定所订立的“许可使用合同”需要采用什么形式，以及违反这个规定将承担什么后果，因此，在实践中，很多厂商在向最终用户提供软件时，可能会忽略最终用户许可协议。

许可他人使用软件是否订立“许可使用合同”，通常并不会对社会和他人造成什么损害，因此法律现在没有，将来似乎也不大可能会对不订立许可使用合同的行为作出什么处罚。软件许可方许可他人使用软件，但没有一个明确的合同，所导致的危害总体上可能只是，这很可能会使软件许可方失去对软件的控制，以及使被许可方究竟获得了什么权利处于不确定的状态。

首先，法律似乎并未规定，一方向另一方提供软件，必然就是软件许可，

① 《软件产品管理办法》（2009）（已废止）。
② 《计算机软件保护条例》第18条。

16278

这个行为还有可能意味着软件的转让。[①] 加之，长久以来，业界一直没有对许可和销售做严格区分，在从事软件发行业务时，很多人会习惯地将其向用户提供软件的行为称为软件“销售”。当软件提供方或其销售代表明确地表明其将软件“销售”给了客户的情况下，软件提供方与客户之间将产生一个合同，但这个合同究竟是“买卖合同”，还是“许可使用合同”呢？软件提供方究竟是授予了用户一个软件的使用许可，还是将软件的所有权转让给了用户？则也可能有疑问。这在某些情况下很可能会导致争议。

其次，假定在发行软件时，软件提供方通过发票或其他交易文件，明确了软件是许可客户使用的，这固然可以使软件提供方与客户之间产生了一个“许可使用合同”，但按照《计算机软件保护条例》的规定，“许可合同中未明确授予许可的权利，被许可人不得行使”，[②] 在并没有一个书面合同对授予客户的许可范围予以说明的情况下，如何确定软件提供方对客户授予了什么许可？客户如何确定其可以在什么范围内使用这个许可的软件？

尽管软件一经创作和发布就可拥有版权，但如果软件权利人在向他人提供软件时，对其提供软件的行为没有做明确的界定，则对该行为可能就会有不同的解读，一旦发生争议，就可能会对软件权利人保护其软件资产造成困难。

基于以上考虑，尽管《计算机软件保护条例》并没有明确规定订立的“许可使用合同”应当采用什么形式，但或许只有一个随同软件提供的书面许可协议，才能真正满足法律的要求。没有一个这样书面的许可协议，无论是对软件发行方还是对于客户来说，都可能是存在风险的。

另外，最终用户许可协议对于厘清许可方对软件所承担的义务，避免使许可方承担过于繁重的责任，也是有必要的。

3. 条款有效性

由于最终用户许可协议往往是由许可方单方拟定，并由最终用户以“接受或者离开”方式接受或者拒绝接受，许可方通常不会就许可协议条款与用户进行谈判，也不会为个别用户对条款进行修改。这种情况下，此类合同将会被视为属于格式条款。

格式条款也可以是有效的，但需要符合某些特定的条件。根据法律规定：[③]

（1）格式条款可以约定免除或限制条款拟定方责任的条款，但需要采取合理的方式提

① 参见《计算机软件保护条例》第三章。

② 参见《计算机软件保护条例》第18条。

③ 参见《合同法》第39条至第41条，以及第52条和第53条。

请相对方注意；

（2）格式条款不能含有某些法律禁止的内容；

（3）格式条款中约定免除条款拟定方责任，加重另一方责任或者排除对方主要权利的条款，将被视为无效。

根据《最高人民法院关于适用〈中华人民共和国合同法〉若干问题的解释（二）》第6条的规定，《合同法》中所称的提请合同对方注意免责条款的“合理方式”可以是，提供格式条款的一方对于格式条款中免除或限制其责任的内容，采用足以引起对方注意的文字、符号、字体等特别标示提示对方，如对方有要求，应对该条款予以说明。

提供格式条款的一方如果未满足合理提示及说明义务，对方当事人有可能主张该免除或限制其责任的条款无效。

在拟定和提供最终用户许可协议时，需要考虑并遵循法律关于格式条款的规定，确保合同不因违法而丧失期待的效力。

4. 协议的达成方式

各个国家的法律通常都接受计算机软件的许可合同，可以通过“附和”方式达成，例如，《俄罗斯民法典》第1286条即有这样的规定：“提供计算机程序或数据库使用权的许可合同允许每位使用人同有关权利人订立附合合同，附合合同的条款在所取得的程序或数据库上叙述或在其包装上叙述。如同这些条款的规定，使用人开始使用该程序或数据库即表示同意合同的签订”。[①]

我们国家的法律虽然没有这样具体的规定，但司法实践中，也会接受以附和形式达成的软件许可使用合同为有效合同，只要符合其他一些必要条件。

使最终用户许可协议生效并具有法律约束力，用户需要通过一些“附和”行为表明其“接受”协议条款，这些行为可能包括：

（1）打开软件程序包装的皱缩包装；

（2）打开软件介质包装盒的封印；

（3）将一个由用户签署的协议或验收卡通过邮件寄回许可方；

（4）开始下载或安装软件程序；

（5）实际使用或运行软件程序；或者

（6）点击确认在用户界面上的“我同意”或其他表明类似含义的接受按钮

① 中国知识产权研究会：《俄罗斯知识产权环境研究报告》，载http：//www.cnips.org/baogao/UploadFile/news/201602.pdf。

16278

等。后面三种方式是可通过互联网下载的软件所采用的达成最终用户许可协议的典型方式。

在设置最终用户许可协议的接受方式时，应当充分考虑合同法关于合同生效的各个要件，以及如果最终用户可能是消费者的话，还需要考虑消费者权益保护方面的要求。

用户确认同意和接受协议条款的行为，必须是自主、明确和不容置疑的，例如，如由于用户误操作而接受了协议条款，则用户表明接受协议条款的行为可能会被视为无效，协议条款将对用户不具有约束力，为避免此类争议，协议提供方不应为所谓效率之类的理由，预先对表明用户同意接受协议条款的按钮或选项做默认勾选，而应确保让用户以主动的选择行为进行勾选。

在任何情况下，用户均可以选择不接受最终用户许可协议，并因而放弃使用软件的权利。用户可以通过不使用、将软件退回或通过点击软件安装过程中提示的“不接受”按钮等的方式，表明其拒绝接受最终用户许可协议。在这种情况下，如果用户已经就软件许可支付了价款，可以要求许可方退款。

5. 个人信息保护

如果用户使用软件需要进行注册，那么，此类最终用户许可协议中需要考虑包含或援引一个符合相关法律规定的隐私权政策声明，说明许可方需要用户提供哪些信息，许可方将如何使用、存储、传递或处理这些信息等。隐私权政策可通过链接方式提供给用户查看，隐私权政策将做为最终用户许可协议的组成部分，构成用户使用软件的前提条件。

6. 开源代码软件

越来越多的软件会使用开源代码，这种情况下，开源代码将受相关开源代码许可条款的约束，应注意将开源代码软件与专有软件进行区分。开源代码软件的许可条款通常在软件的“读我”文件中列明，或者通过软件随附的其他专门文件描述。

7. 权属及权利保留

软件最终用户许可协议的一个重要目的是保护版权人的权利，防止软件被用户或其他第三方越权使用或滥用。因此，此类协议需要对软件的权属作出明确声明，明确授予许可的范围及使用限制。

在其他司法管辖区的实践中，软件许可合同通常都会包含一个所有权利保留的条款，即声明未经明确授予的所有权利均由许可方保留，但由于我们国家的法律已经明确含有了“许可合同中未明确授予许可的权利，被许可人不得行使”这样的规定，在我们国家特定的法律环境下包含这样一个权利保留条款，必要性似乎已经不是很大，但为避免任何误解和疑问，在许可协议中包含这样一个条款可能是更稳妥和谨慎的。

关键条款（检核表）

最终用户许可协议通常包括以下主要部分：

1. 许可方和被许可方

协议中需要指明软件的许可方，通常是软件的版权人，有时也可以是分销商（如预装软件的原始设备制造商），以及被许可方，即通过点击确认或其他行为表明其接受和同意许可协议条款的最终用户。

2. 协议的接受和生效

需明确因为电子合同不涉及双方谈判签署的过程，满足何种条件时可视为合同成立生效。

另外考虑到点击“接受”的人可能是儿童或公司职员，应明确主体具有完全民事行为能力，或当职员为工作目的使用软件时，有用人单位充分的授权。

3. 软件描述

许可协议需要对许可软件做必要的描述，说明许可的软件是什么。对许可软件的描述是协议的实质条款，但很多厂商通常只会在许可协议中提及许可软件的名称，但不会做具体描述，对软件的具体描述通常是通过援引的软件文档进行。

4. 许可范围和限制

许可协议的这个部分用于说明授予用户的许可范围和使用限制，例如，按照许可级别使用、仅限于随同特定设备使用、不得以分时共享方式使用等。

如软件中包含开源代码软件，应明确说明开源代码软件受相关的开源代码许可证约束。

5. 数据收集及用户个人信息保护

如软件使用需要用户注册或因其他原因需要用户提供个人信息，需要说明收集用户信息的目的和用途，以及许可方对这些个人信息收集、使用、存储、传输及销毁的政策，绝大多数厂商会在软件许可协议中援引一个隐私权声明，用于详细说明其隐私权保护政策。

某些情况下，软件厂商为改进产品和服务的目的，可能有必要收集用户对软件和设备使用情况的信息（统计信息），这些信息如不能直接或间接用于可识别个人身份，不属于隐私权相关法律严格管制的范围，但即便如此，此类信息也是用户的财产，而且收集此类信息的过程中，也会或多或少地使用用户的

16278

流量，这也是用户的财产。就这个角度而言，厂商如收集用户的此类统计信息，也需要事先告知，并征得用户同意，为此软件厂商通常会在协议中包含一个用户同意收集和使用此类统计信息的授权条款，但同时，厂商也应当为用户提供的明确和易用的撤销同意的机制。

6. 保证、保证的排除及责任限制

许可协议中应当明确软件厂商将会对软件提供哪些保证。对软件的保证，通常包括对软件介质的保证以及对软件性能和符合性的保证。

根据许可方式的不同，软件厂商对软件提供的保证通常是有限保证，也可能是不提供任何保证。有限保证意味着，软件厂商仅对某些符合特定条件的软件及其介质的缺陷或不符提供修理或更换，不保证则意味着，软件将按其当时的状况提供，软件厂商将没有任何法律上的义务就软件及其介质的缺陷或不符提供修理、更换或承担任何其他责任。

软件厂商通常会在最终用户许可协议中对其潜在责任进行排除和限制，例如，声明对系统崩溃、数据丢失等导致的损失不承担责任。

7. 维护和支持服务

软件厂商通常都会为软件提供支持，包括更新、升级、错误修正等。但即便如此某些厂商也会倾向于不在许可协议中对此作出承诺，有些厂商则会以“服务水准协议”等形式对所提供的维护和支持服务作出明确约定。这需要根据软件的许可方式以及软件是否有偿提供等因素来决定。

8. 适用法律和纠纷管辖

如果是跨司法管辖区分发的软件，需要说明许可协议适用的管辖法律，以及一旦发生纠纷，如何以及在哪里解决。

软件厂商通常会在协议中约定法律纠纷在许可方所在地解决，尽管在被许可方是消费者的情况下，这样的约定存在被某些法院认定为无效的可能[①]，但对于软件厂商而言，可能仍然有必要这样约定。这样的条款有其合理性，并非具有本质上无效的特征，如果法院

① 参见《“淘宝”屡试不爽的“管辖权异议”被南京中院驳回》，载新浪网：http：//finance.sina.com.cn/sf/news/2015-08-19/10262208.html，根据新闻报道，法院认定淘宝法律管辖条款无效，主要原因是这个条款的提供方式不符合格式条款的有效要件，而并非是这个条款本身无效。但在对这个案件的评论中，报道又称一些法官倾向于认定格式条款中的此类管辖权约定无效，应当由原告所在地法院管辖。但采用这样的原则是否有法律依据颇有疑问，而且这样的做法固然有利于保护消费者的利益，但也可能不免会使厂商陷入被大量的虚假诉讼讹诈的困境，所谓过犹不及，需要谨慎。

仅以这个约定本身，即认定其为无效条款，那么这个认定或许是可以商榷的。

9. 期限和终止

许可协议中应有条款明确约定许可期限，同时明确许可是有具体的期限还是永久，许可如有期限，是否可以自动延期，许可可以在哪些情况下被终止，以及终止后许可方和用户各自的权利和义务。

关联合同

隐私权声明

合同正文

最终用户许可协议

重要，请仔细阅读！

本最终用户许可协议以及本协议援引的其他法律条款（以下统称“协议”）是您与____________（在此列出许可方的公司名称）（以下称“我们”）之间就您使用我们的____________（在此列出许可软件的名称）软件及相关服务（以下统称“软件”）所达成的具有法律效力的协议。

请您仔细阅读本协议条款，如您不同意这些条款，请不要下载、安装、访问或以任何方式使用本软件，也不要点击“我同意”“我接受”或其他类似表述。

本协议中，“您”指任何个人用户或单一法律实体。

1　接受本协议

1.1　通过点击“我同意”或“我接受”、打开本软件包装、下载、安装、访问或以任何方式使用本软件，即表示您认可您已经认真阅读并充分理解本协议内容，并且您接受并同意受本协议条款的约束。如您不同意这些条款或对任何条款或表述有任何疑问，请不要下载、安装、访问或以任何方式使用本软件，也不要点击“我同意”“我接受”。

1.2　如您为个人用户，您应确保您已年满十八（18）岁并具有完全权利能力和行为能力以订立合约，如您不满足前述条件，应确保本协议由您的父母或其他监护人代表您确认同意。如您代表某一法律实体（如您所在的公司或单位，或您服务的其他公司或单位）确认接受本协议，您声明并保证您已经获得该法律实体充分的授权以代表该法律实体接受本协议。

16278

2　授予许可及限制

2.1　授予有限许可。我们是本软件的合法权利人，有充分的权利授予您一项有限的、仅限自用的、非排他性的、不可转让的、不可分许可的、可撤销的许可，根据此许可，您可依照本协议约定的条款和条件使用本软件，包括本软件随附的所有文档和文件。

2.2　许可限制。（1）除非您购买本软件时的购买凭证上另有约定，否则您只能将本软件安装在一个单独的设备上，仅可为备份的目的保留一个副本。您不得将本软件用在网络上，除非您确保网络上的每台设备都有一个许可可以使用本软件。

（2）您不得修改、出借、出租、出售部分或全部本软件，不得对本软件进行反向工程、反汇编、反编译、提取源代码或创建本软件的衍生作品。

2.3　开源代码软件。本软件中可能包含某些受开源软件许可证约束的软件程序，这些软件程序的许可条款可能与本协议条款不相同。对于这些开源软件程序，开源软件许可证的条款优先适用，如该软件程序的许可条款要求公开源代码，则该软件的源代码及二进制代码已一并包含在一个文档中，并随附本软件提供给您。相关开源许可证的适用范围仅限于上述公开的源代码和二进制代码。

2.4　第三方软件。本软件中可能包含第三方软件，您在使用本软件时，除遵守本协议外还应遵守该第三方软件的许可协议条款。这些第三方软件的许可协议已随附本软件提供给您。

3　转让

3.1　您可仅限于随同您的设备将本软件永久转让给任何人，前提是在您转让本软件时，必须向受让人转让并交付由我们提供的本软件的任何升级版本及所有文档资料，并且受让人确认其接受本协议的条款和条件。本软件转让后，您必须立即删除您所制作的和/或在您所持有或控制的任何设备上包含的所有本软件的副本。如转让的软件是一个升级版本，任何转让都必须包含软件的先前版本。本软件转让后，我们对本软件保证在其剩余期限内对受让人继续有效。

4　所有权及知识产权

4.1　本软件仅为许可使用而非销售。您仅限于按本协议约定的方式使用本软件，本软件的所有权及任何其他权利和利益，并不因本协议达成或履行而转让给您。我们或第三方享有本软件的所有权及知识产权。所有未明确授权给您的权利均由被我们或第三方全部保留。

4.2　您不得移除本软件上的任何版权标记或任何其他权利标识或权利声明。

5 注册账号

5.1 某些情况下，本软件可能要求您注册一个您的个人账户，您同意为此提供真实且准确的账户注册信息，例如您的电子邮箱及电话号码等。您知悉并理解如果提供的注册信息有误，可能会影响您对软件的使用。

5.2 您应自行妥善保管您的账户信息及密码。通过您的账号及密码登录进行的活动均被视为是您本人的行为，无论是否经过您的授权，我们不对此承担任何责任。

5.3 如您发现您的账户有任何未经授权的行为或其他类似安全问题，应立即通知我们。如发生争议且无法确定账户的所有者时，我们有权独自决定暂停或取消该账户。

6 数据收集和个人信息保护

6.1 您注册账户时，您可能需要提供您的某些个人信息。

6.2 为持续改善本软件或提升您的使用体验，我们可能会收集您对本软件使用情况的一些信息，并在您连接到互联网上时，发送给我们。这个过程并不会收集可用于识别您的身份的个人信息。您在此授权我们可以自行、委托第三方、或转让给第三方存储、整理、分析或以其他任何方式使用该等非可识别个人身份的信息，用于商业或非商业用途。您亦可随时在本软件设置中关闭这个收集信息的功能，关闭后，我们将无法收集这些使用信息，您理解这可能不利于我们改善本软件或为您提供更好的用户体验。如您使用本软件，即表示您同意我们隐私权政策的内容，并同意我们以符合该政策的方式收集、存储和使用您的个人信息。

6.3 请您仔细阅读我们的隐私权政策，了解我们对个人信息的收集、存储、传输及使用方式。我们的隐私权政策详见本［公司］以下网址：______（［公司］隐私权声明网址）。

7 有限保证

7.1 介质保证。如我们通过有形介质向您提供本软件，我们保证记录本软件的介质在交付给您后九十（90）天内不存在任何瑕疵。我们将对在上述保证期内退回的有瑕疵的介质进行免费更换。如您在未经我们授权的情况下获得了本软件介质，上述保证将不适用。以上保证是您就我们违反此介质保证可获得的唯一和全部的救济。

7.2 性能保证。我们保证所交付的软件在按照符合文档的方式使用情况下，将在交付后九十（90）天内实质性符合软件文档描述的功能。如果许可软件不符合此保证并且您在上述保证期限内将此不符报告给我们，我们将根据我们的合理判断，采取以下任何一个或多个补救措施：(a) 对软件进行修复；(b) 用能提供实质相同功能的软件替换存在瑕疵的软件；或 (c) 终止本协议并向您退返您

16278

就不符软件所支付的相关许可费。以上保证不适用于任何因意外、滥用、误用、未经授权的修理、修改或改进等导致的瑕疵。以上是您就我们违反本协议上述保证所获得的违约和排他的救济。

8　排除的保证

8.1　在相关法律允许的最大范围内，第 7 条规定的保证是我们就软件及介质向您提供的全部保证，并取代所有无论是明示的还是默示的其他保证，包括但不限于，有关产品适销性（与同类产品具有同样的质量水准）、质量合意、适用于特定目的以及不侵犯任何知识产权的默示保证，我们不保证软件能无间断运行以及无任何错误。您可能依法享有其他保证权利，这些权利可能因国家或地区不同而不同。本协议不排除和限制那些依法不能通过合同方式排除和限制的您的法定权利。

9　责任限制

9.1　在相关法律允许的最大范围内，无论您基于何种理由要求我们赔偿损失，包括但不限于违约或侵权，我们的赔偿责任仅限于根据我们的决定选择：(a）对软件进行修复或更换；或（b）退还您为软件支付的价款。

9.2　在任何情况下，我们对如下情况均不承担任何责任，即使已被事先告知该情形有可能发生：(a）您的系统损坏或数据损坏或丢失；或（b）任何特殊的、附带的或间接的损害赔偿，包括但不限于利润损失、业务机会丢失、商誉损失。在本协议项下，我们承担的责任最高不超过您向我们已经支付的款项。以上责任限制同样适用于我们的供应商、分销商和代理商。为避免疑问，本协议中的任何内容均不得被视为排除或限制了我们对因疏忽所导致人身伤亡及有形财产损失所承担的责任，并且以上责任限制将不适用于那些依照相关法律规定不能通过合同方式排除或限制的责任。

10　维护和支持

10.1　除非另有明确规定，否则在本协议项下，我们没有任何义务就软件提供任何维护和支持。我们就软件提供的维护和支持，将根据我们当时的维护和支持政策执行。我们提供的维护和支持可能是免费的也可能需要付费购买。

10.2　我们可能不时免费提供本软件的漏洞补丁、更新或升级，在此种情况下，您设备上的软件会被自动更新到新版本，您亦可通过手动在本软件设置中关闭此自动更新功能。

11　软件试用和评估

11.1　如果我们为试用或评估目的向您提供了许可软件，并且您与我们就许可软件达成了试用或评估协议，您试用或评估许可软件的权利将按照该试用或评估协议的条款进行。

如果您没有与我们就许可软件达成试用或评估协议，并且我们为试用或评估目的而向您提供了许可软件，则应适用以下条款和条件。我们授予您非排他的、临时的、免费的和不可转让的许可，您仅限用于为内部非生产评估或试用目的使用许可软件。这样的试用或评估许可将在以下情况下终止：（a）在预定的试用或评估期限的结束日，如果一个试用或评估阶段中预先确定的许可软件；或（b）如果没有这样的评估阶段中预先确定的授权软件（“评估期”），则在初始安装许可软件之日起六十（60）天期限届满日。试用或评估版的许可软件不得转让，并“按现状”提供，不附带任何保证。您应采取适当的措施在另外的存储介质上对您的应用程序、文件和数据进行备份，以便在必要时恢复这些应用、信息和数据。许可软件可能包含一种自动禁用机制，可在一段时间后阻止许可软件的使用。在许可软件试用或评估期届满后，您应停止使用许可软件并销毁许可软件的所有副本。本许可协议的所有其他条款和条件应在本协议允许的情况下适用于您对许可软件的试用和评估。

12　至第三方站点的链接

您可以使用本软件链接至第三方站点。第三方站点非由我们控制、运营和支持，并且我们不对任何第三方站点的内容、包含的任何链接或任何变更或更新负责。我们不对第三方站点的任何内容负责。我们仅为方便的目的向您提供这些至第三方站点的链接，并且提供这些链接并不表明我们对第三方站点做了任何推荐、鉴证或保证。

13　期限和终止

13.1　当您同意接受本协议后本协议生效。根据本协议授予的许可期限为永久许可，除非根据下面条款被提前终止或本协议或本软件的文档另有说明，或除非您获得的许可被指明是非永久的，例如，根据本软件的相关文档，授予您的许可是基于订阅或是有期限的。如您获得的许可是非永久的，您使用软件的权利将在指明的终止日终止，您应在终止日停止使用软件。

13.2　如发生如下情况，您获得的许可可能被我们单方终止：（a）您没有支付任何到期应付的许可费、订阅费或续期费（如适用的话）；或（b）您违反本协议的任何条款。

13.3　您可以通过完全卸载本软件的方式随时终止本协议。

13.4　本协议终止后，您必须停止使用和卸载本软件，并销毁本软件全部副本，无论是部分还是全部。本协议终止后，本协议第______条、第______条将继续有效。

14　其他

14.1　本协议同样适用于我们可能提供给您的本软件的所有更新、升级版本。

16278

14.2　我们保留在任何时候修改、添加或删除本协议部分条款并将修改后的协议提供给您的权利；我们将通过本软件或我们网站公布变更后的协议，变更后的协议在公告期届满后生效。如果您在协议生效后继续使用本软件的，即表示您接受修改后的协议，也将遵循变更后的协议使用本软件。如果您不接受修改后的协议，应当立即停止使用本软件并完全卸载本软件。

14.3　本协议依照中华人民共和国大陆地区的法律制定和解释，但不援引其法律冲突规则，为明确起见，本协议不适用中华人民共和国香港特别行政区和澳门特别行政区及台湾地区的法律。如因本协议的解释或履行发生任何争议，双方同意将首先通过友好协商方式解决，在合理期限内友好协商解决未果的，双方一致同意将争议提交我们所在地有相应管辖权的人民法院裁决。但上述约定并不会限制我们向任何有管辖权的法院申请禁令或其他保护知识产权的强制措施。

14.4　如本协议条款被认为无效、非法或不能强制执行，其他条款的效力、有效性或可强制执行性不受影响。

14.5　本协议及本协议中引用的文件，构成您与我们就本软件及本协议标的所达成的全部协议，并取代所有先前达成的任何形式的交流、谅解或协议。

14.6　您不得向任何第三方转让本协议或本协议项下任何权利。我们有权根据业务模式自行安排分支机构或分包商履行本协议部分或全部义务。

如有任何垂询，您可通过以下方式与我们联系：

____［公司］

______省______市______区______路______号

电子邮件：______________________________

本人在此确认，本人已阅读并理解上述最终用户许可协议，并同意本人点击下面“确认”或“同意”按钮、下载、安装或使用许可软件即表明本人确认同意受最终用户许可协议约束。

9. 商标许可协议

使用场景

本《商标许可协议》样例合同文本，用于商标权利人（“许可方”）允许他人（“被许可方”）使用许可方的商标，根据该许可，被许可方可以将许可方的商标用于被许可方的特定产品和 / 或服务。

商标许可协议可以用于多种场景，例如，但不限于：

（1）电子电器厂商允许选配件厂商使用其商标制造用于支持许可方设备的选配件；

（2）职业球队 / 方程式赛车队允许其他厂商在其商品上印刷队标；

（3）饮料厂商允许分装商使用饮料厂商的商标标识最终分装产品；

（4）产品或服务提供方允许零售商或服务商使用其商标设置专卖店、专卖柜台或授权服务站。

本样例文本主要适用于第一种场景。

法律要点

1. 合同备案

根据《商标法》《商标法实施细则》《商标使用许可合同备案办法》，商标注册人许可他人使用其注册商标，必须签订商标使用许可合同。商标使用许可合同自签订之日起三个月内，许可人应当将许可合同副本报送商标局备案。许可使用的期限不得超出该注册商标的有效期限，许可使用的商品应在该注册商标核定使用的商品范围之内。不过商标局许可备案并非商标使用许可合同的生效条件，除非该合同内容另有明确约定。

2. 许可种类

商标许可协议需要明确许可种类。许可种类可分为：（1）独占使用许可，即在约定的期间、区域仅许可一个被许可人使用许可商标，商标注册人亦不得使用；（2）排他使用许可，即在约定的期间、区域仅许可一个被许可人使用许可商标，商标注册人可以使用；（3）普通使用许可，即在约定的期间、区域许可被许可人使用许可商标，商标注册人可以使用，还可以许可其他人使用该许可商标。本

16279

协议模板条款设定为普通使用许可的方式。

3. 质量控制

对于许可方而言，质量控制是商标许可协议中至关重要的条款。许可方必须持续确保被许可方的产品和 / 或服务符合一定质量标准，并应采取必要的质量保障措施，对被许可方的产品和 / 或服务实施严格的质量控制，否则一旦被许可产品和 / 或服务质量低劣导致用户投诉和不满，必然会使许可方商标的价值和形象遭受不可挽回的损害。此外，由于广告和宣传材料也将会对商标价值和形象有重要影响，许可方还需要考虑，如被许可人制作任何广告和宣传材料，在公开传播前必须得到许可方的批准。

4. 许可期限

商标许可协议需要明确许可期限，多数情况下商标许可期限与商标许可协议的期限是一致的，但需要注意，某些情况下二者可能并不一致，需要根据具体情况分析判断并谨慎拟定相关条款。

商标许可是商标权利人扩大其商标使用和公众认可的一种有效且相对廉价的方式。但商标许可业务也是一种有较高风险的业务，许可人对此应有足够的认识，以避免贬损其商标价值，甚至导致丧失对其商标的权利。

关键条款（检核表）

尽管不同的商标许可协议可能会有不同的条款，且可以由许可方和被许可方根据需要协商确定，但所有的商标许可协议通常均应包含以下条款：

（1）签约主体

明确许可方和被许可方的名称。

（2）授予许可的商标

商标许可协议应指明根据该协议授予许可的商标，授予许可的商标可能是一个，也可能是多个，可通过附属于协议的附表列明。

（3）许可范围

商标许可协议应指明被许可商标可以用于哪些产品和 / 或服务。

（4）许可区域

商标许可协议应指明被许可方可以销售或提供授权产品和 / 或服务的区域。

（5）许可限制

商标许可协议需要明确授予许可限制。

（6）许可费

商标许可协议还需要明确地说明许可费的计算及支付。

（7）质量控制

商标许可协议应明确被许可产品和 / 或服务应当遵循的质量标准，应采取的质量控制措施。

（8）记录和审计

商标许可协议中，应明确许可方对被许可方的审计权，以及审计的流程和费用承担，以便许可方能够核查被许可方是否遵守了许可协议，所支付的许可费是否正确等，审计费用通常由许可方承担，但如审计结果如显示被许可方违约，则审计费用由被许可方承担。

为确保审计权能够有效行使，通常还会约定被许可方应当在特定期间内按照良好的或符合法律规定的财务会计准则保留相关的业务记录。

（9）商标所有权及保护

商标许可协议中通常还会约定，被许可方在协议期限内及其后，不质疑许可方商标的有效性，不使用或注册与许可方商标类似的商标，也不作出任何对许可方商标权利或声誉有损害的行为。

此外，还需要考虑包含关于商标侵权纠纷处理的约定，即如有任何第三方就许可商标的使用向被许可方提出索赔，或是被许可方发现有任何第三方侵犯许可商标的专有权，均应立即通知许可方，并应由许可方主导相关索赔和诉讼的处理。

（10）陈述和保证

约定许可方和被许可方的陈述和保证，此类陈述和保证包括许可方陈述和保证许可商标的有效性和不侵权，被许可方陈述和保证使用许可商标的产品和服务的品质，不滥用许可商标等。

（11）抗辩及补偿

商标许可协议可明确约定因被许可方产品或服务引起任何第三方对许可方的索赔时，被许可方将为许可方提供抗辩，并对许可方因此导致的损失和发生的费用予以补偿。

（12）违约责任

商标许可协议应明确违反协议的后果及违约方应当采取的补救措施。

商标许可业务中，一旦发生违约，计算实际损失可能非常困难，因此在合同中直接约定一个具体金额的违约金，对于保护许可方的利益，是一个更加方便和高效的做法。对于被许可方而言，则需要考虑违约金设定的合理性。违约

16279

金应当是对违约行为可能导致损失的合理预估，而不应被视为是惩罚性的或者被称为罚款。约定超过合理限度的过高违约金，在执行过程中可能存在不被法院支持的风险。

（13）期限和终止

商标许可协议应当明确许可期限，明确许可是否可续期以及在什么情况下续期。

商标许可协议需要约定协议及许可在什么情况下可以终止。

商标许可协议需要明确许可到期或终止后双方各自的责任。商标许可协议终止后，可能需要处理一系列善后事宜，例如，对于许可方而言的许可费支付、被许可方材料的处理，而对于被许可方而言，也存在生效订单履行，以及在制和库存品的处理问题，因此双方需要仔细考虑，妥善已拟定终止的效果条款。被许可方可能需要保留一个通常被称为“清空期”或“缓冲期”的期限，以便将在终止日前已经在制的或库存的产品，甚至被生效订单订购的产品继续生产并销售完毕。

（14）一般条款

商标许可协议除需要具备合同通常需要具备的一般样板条款外，还需要特别关注一些对商标许可有重要意义的条款，例如，控制权变更条款，被许可方的控制权如果发生变更，例如，被其无意合作的第三方甚至竞争对手并购，许可方通常会希望能够终止许可，此约定更有利于许可方控制其商标的使用。作为被许可方会希望尽量谈判删除此款。

关联合同

保密协议

合同正文

商标许可协议

合同编号：__________

生效日：__________

本商标许可协议（“本协议”）由：

（1）______（许可方完整法定名称），其注册或主要经营地址在：______（许可方法定地址或主要营业地址）（以下简称“许可方”）；与

（2）__________（被许可方完整法定名称），其注册或主要经营地址在：__________（被许可方法定地址或主要营业地址）（以下简称“被许可方”），

于本签字页右上角注明的生效日在______签署。

在本协议中，许可方和被许可方单方分别被称为“一方”，共同被合称为“双方”。

本协议由以下部分构成：(1)封面 / 签字页；(2)条款和条件；(3)附件《商标许可信息》。

签署本协议表明本协议双方同意本协议的全部内容。在下面代表任何实体签署本协议的人士陈述、保证并允诺，其有充分和完全的授权签署本协议并使其所代表的一方受本协议所规定的任何和所有义务的约束。

本协议一式______份，许可方、被许可方各持______份，每份具有同等法律效力。

许可方确认和签署：　　　　被许可方确认和签署：

许可方法定名称全称（盖章）：	被许可方法定名称全称（盖章）：
代表人签字：	代表人签字：
日期：	日期：
代表人姓名（打印或正楷）：	代表人姓名（打印或正楷）：
部门和职务：	部门和职务：

条款和条件

鉴于：

（1）许可方拥有本协议下面所定义并在附件中指明的许可商标的特定权利；

（2）被许可方希望按照本协议条款和条件为商业目的使用本协议项下的许可商标；

（3）许可方同意按照本协议条款和条件授予被许可方使用本协议项下的许可商标。

为此，根据友好协商，双方达成以下协议，以昭信守：

1　定义

为本协议的目的，除非根据上下文另有解释，否则本协议（包括引言）中使用的下列术语含义如下：

1.1 “商标”：是指本协议附件一中指明的商标（包括其相应的申请号或注册号）、商号、域名以及其他许可方品牌元素，具体见附件一。在本协议期限内及终止后，商标均始终为许可方或其关联机构的财产。

16279

1.2 “许可方”：含义见约首部分定义，包括本协议允许的许可方的关联方、承继方或受让人。

1.3 “被许可方”：含义见约首部分定义，包括本协议允许的被许可方的关联方、承继方或受让人。

1.4 “可交付物”：是指根据本协议由一方向另一方交付的任何文件、资料、文档、模具、手板、模型、样品等实物。

1.5 “区域”：是指本协议约定的允许被许可方使用许可商标提供授权产品和 / 或授权服务的地理区域范围，详见附件一。

1.6 “产品”：是指被授权使用许可商标的被许可方产品，产品的名称、规格及其他描述，详见附件 A《许可描述》。

1.7 “服务”：是指被授权使用许可商标的被许可方服务，服务的内容、范围及其他描述，详见附件 A《许可描述》。

1.8 “关联方”：是指任何直接或间接被一方控制、与该方受共同控制或者控制该方的公司或组织。“控制”是指持有百分之五十以上有表决权股份，或者有选举或委派董事会多数董事或指示公司管理的权力。

1.9 “生效日”：是指按本协议规定的协议生效日期，如本协议需要双方各自政府有关当局批准，则以最后一方政府当局批准协议的日期为生效日。

2 许可和限制

2.1 授予许可。根据本协议的条款和条件，许可方在此授予被许可方，被许可方在此接受，一个有限的、非独占、非排他、不可转让的权利和许可，为此被许可方可以：(a) 使用许可商标制造、营销、销售和服务本协议附件 A 指明的授权产品；(b) 使用许可商标提供本协议附件 A 指明的授权服务；以及 (c) 授权分销商在授权区域内转售授权产品和 / 或授权服务。除非在附件 A《许可描述》中另有明确约定，否则授予被许可方的许可是非独占和非排他的。

2.2 无其他许可。除本协议明确授予的许可外，被许可方并不因本协议的签署或执行而获取许可商标的所有权和 / 或其他相关权利，除非本协议附件 A《许可描述》中另有明确约定，否则被许可方无权向任何第三方授予许可商标的分许可。

3 期限

本协议在双方有效签署后自本协议首页载明的生效日起生效，如未约定生效日，则本协议自最后一方有效签署之日起生效。本协议期限及本协议项下授予的权利和许可将自生效日开始并将持续有效直至________年______月______日，除非根据本协议约定被提前终止（“初始期限”）。除非根据本协议的其他规定终止，本协议将在初始期限及此后的每个续展期限到期后自动续展一个为期一（1）年的期限（“续展期限”），除非根据本协议规定被终止。一方有效签署是指由该方正式授权代表签字或加盖其有效公司印章。

4　许可费、税款和支付

4.1　许可费计算和支付。被许可方应按照附件 A《许可描述》约定的许可费及其计算方法向许可方指定的账号支付许可费。收到款项后，许可方应向被许可方开出相应金额的合格发票。

4.2　税款。除非在附件 A《许可描述》中另有约定，被许可方应承担与本交易有关的一切税款，但依法应由许可方承担的除外。如被许可方根据可适用的法规要求需为许可方代扣代缴任何税款，代扣代缴后被许可方应将完税凭证交付许可方。

5　财务记录和审计

5.1　被许可方应保留与本协议有关的全部财务记录，包括但不限于财务会计明细账、销售量、销售收入及净利润等，保留期限不少于本协议终止后三（3）年。所有财务记录的保留均应符合通用的财务会计准则。

5.2　如许可方要求，被许可方应向许可方或许可方委托的财务审计人员提供前述财务记录供审计。许可方或许可方委托的财务审计人员应与被许可方签署保密协议，对审计中接触的被许可方信息承担保密义务，但许可方委托的财务审计人员可以向许可方披露全部审计相关信息。前述审计费用由许可方承担，但如经审计发现被许可方未严格遵守本协议条款和条件，则被许可方应承担全部审计费用。

6　商标权及保护

6.1　被许可方在此确认许可方对许可商标的权利、权属和利益，以及许可方使用和许可他人使用许可商标的排他权利，并同意不会主张除本协议允许的权利之外的任何其他权利。

6.2　被许可方将遵守许可方现时有效的关于商标管理的制度和要求，以保证被许可方正确使用许可方商标并维护许可方商标的良好声誉。被许可方不得改变许可方商标的文字、图形或者其组合。被许可方应在使用许可方商标的商品上标明被许可方企业名称和产地。被许可方应按许可方商标指南的要求，在使用许可商标的任何材料上，包含许可方要求的所有权利标志和通告。

16279

6.3　未经许可方事先书面同意，被许可方在任何时候均不得采用或使用任何许可商标的变形，包括翻译，以及任何与许可商标类似或可能导致混淆的标识。如果许可方同意被许可方使用许可商标的任何变形，被许可方在此同意，许可方将拥有此类新标识的所有权。被许可方将承担费用，以许可方的名义申请并获得此类新标识的中国及国际商标注册。许可方同意将为被许可方提供合理协助，包括签署并交付所有被许可方要求的提交商标注册申请所需要的文件。

6.4　被许可方同意，在本协议期限内及其后的任何时间，将不对许可商标的有效性提出质疑或试图否认其效力，将不会反对或寻求撤销由许可方进行的注册，或协助或唆使他人做类似行为。

6.5　被许可方同意将依据良好的商标实践，以有助于提升商标地位的方式执行所有开发、商品化、广告、推广和提供产品和服务，始终如一地增进商标和许可方声誉，不会作出任何对许可方及商标有任何损害的行为。

6.6　因被许可方使用许可商标产生的商誉，均将唯一地以许可方为受益人，无论是本协议及本协议项下许可期间内还是终止后，被许可方不得对许可商标或此类商誉主张任何权利。被许可方不得采取任何可能对与许可商标或许可方有关的商誉造成损害的行为。

6.7　如限定区域内的法律对商标许可协议有备案的要求，许可方可根据法律的要求及时到相关的商标管理机构进行登记备案，被许可方应提供相应的协助。相关费用由双方分担。

6.8　在本协议期限内及本协议终止后，被许可方应签署许可方可能不时要求的文件，以确保许可商标中的以及与许可商标有关的所有权利、权属和利益均始终归属于许可方。

6.9　双方在本条款项下的义务在本协议终止后将持续有效。

7　质量控制

7.1　被许可方理解并同意，尽管被许可方已经通过本协议获得本协议项下商标的许可使用权，为了保证被许可方对商标的使用符合许可方对商标使用方式的统一要求，当被许可方对许可商标做任何使用前，应提前向许可方提供使用许可商标的任何物品的样品（“样品”），以及使用许可商标的任何广告和营销材料或其他相关载体的副本（“材料”），由许可方审批。对这些样品或材料，许可方有权批准或不批准，许可方的审批不得被不合理地延误和拒绝。除非许可方在收到上述样品和 / 或材料后三十（30）天内明确通知被许可方不批准，否则被许可方提交给许可方的任何样品和 / 或材料将被视为已经获得批准。被许可方不得分销、销售或广告推广任何规格型号或版本的产品和 / 或服务，除非并直至该规格型号或版本的服务已经获得许可方的批准，或被视为获得批准。被许可方开发、制造、分销、销售和广告推广的任何规格型号或版本的产品或服务及材料，均应符合许可方批准或视为批准的样品或材料，未经许可方事先批准，被许可方不得做任何更改。

7.2 被许可方应确保使用许可商标的产品和 / 或服务符合双方约定的质量标准，但无论如何不低于声誉良好的经营者提供同类产品和 / 或服务的标准。在本协议期限内，在给予被许可方合理的事先书面通知的前提下，许可方有权派员或通过其代表就商标许可事宜至被许可方生产、销售或提供授权产品和 / 或服务的场所，检查被许可方使用许可商标的行为是否符合本协议约定，被许可方同意就此提供合作和便利。但无论被许可方是否遵循了许可方的流程和标准，也无论许可方是否做了任何批准或同意，均并不因此减轻或免除被许可方在本协议项下以及对任何第三人就产品和 / 或服务应承担的义务和责任。

7.3 被许可方保证其拥有从事本协议项下活动的所有必要的资质和授权。被许可方应始终遵守所有与产品和 / 或服务开发、创作、推广、销售和分销等相关法律的规定。

7.4 被许可方所有使用许可商标的产品和 / 或服务均应符合相关和必要的政府及其他权威监管机构的要求，获得全部必要的产品和 / 或服务的认证和批准，包括但不限于，产品有国家技术监督局指定检测部门出具的产品检测合格报告，国家明令需要具备环保认证的产品，必须获得国家级环保机构认证或国家指定机构的认证，应由国家行政主管部门颁发许可证的，必须获得相应许可证。被许可方并应进一步确保上述产品和 / 或服务持续地符合监管机构的要求。如果需要，许可方将为被许可方提供必要的支持，协助被许可方获得上述认证和批准，例如但可能不限于为被许可方提供相应的商标授权证明等。许可方要求时，被许可方应立即向许可方提供授权产品和 / 或服务获得这些认证和批准的充分证明。

7.5 被许可方使用许可商标的产品和 / 或服务及相关材料不得侵犯任何第三方知识产权和其他合法权益。

7.6 在本协议期限内，许可方有权经提前合理时间通知，委派代表到被许可方的场所，检查被许可方使用许可商标的行为是否符合本协议约定，被许可方应当为此提供合理的合作和便利。许可方的检查并不免除或减少被许可方在本协议项下的任何义务和责任。

8 侵权

8.1 如被许可方发现任何对许可商标的侵权或越权使用行为，应立即通知许可方。许可方将承担费用并负责就此类侵权或越权使用行为采取任何行动。被许可方应根据许可方的要求，为许可方所采取的此类行动提供合理协助。但除非得到许可方的事先书面授权，被许可方不得就上述行为单独采取任何行动，包括但不限于起诉或与侵权方达成任何和解。

16279

8.2 如有任何以许可商标侵犯了第三方任何权利为由，针对许可方或被许可方启动的任何索赔、调查、处罚或其他此类行动，将由许可方负责承担费用进行抗辩或和解。被许可方应按照许可方要求及时提供合理和必要的协助，包括但可能不限于，出具必要的授权文件和提供必要的信息。未经许可方事先书面同意，被许可方不得自行与第三方就此类索赔或诉讼达成任何让步或和解。许可方将有权完全根据其自己的判断决定：(a) 为被许可方获得继续使用许可商标的权利；或 (b) 替换或修改被声称侵权的商标，使其不侵权。被许可方应根据许可方的指示，立即停止对被指控侵犯第三方权利的许可商标的使用。

8.3 如许可方在收到被许可方关于此类侵权索赔发生的告知后四十五（45）天内没有通知被许可方其有意抗辩或和解此类行动，被许可方可以自行承担费用对此类行动进行抗辩，但前提条件是，未经许可方事先书面同意，被许可方不得就此类行动进行任何和解，许可方不得不合理地延误或拒绝作出此类同意。被许可方应定期向许可方通报此类行动的处理状态，并应立即告知许可方此类行动处理的任何实质进展。许可方保留随时加入此类程序的权利，除非在第8.1款另有规定，否则各方应自行承担其各自发生的法律成本和费用。

8.4 许可方的上述抗辩和补偿义务不适用于如下情况招致的索赔：(a) 在许可方通知被许可方停止使用可能存在隐患的许可商标后，许可方继续使用的；(b) 被许可方将许可商标与其他商标或标识结合使用，如果不结合使用则不会引起侵权索赔的；(c) 未经许可方书面同意，被许可方修改或变更许可商标导致侵权索赔的；(d) 被许可方在授权区域外使用许可商标的。

9 抗辩和补偿

9.1 如因任何以下原因：(a) 侵犯任何专利、版权或商标的索赔，或 (b) 被许可方或其关联机构及其各自的董事、管理人员、员工或代理的任何无论是疏忽还是故意的行为，导致了与被许可方对本协议的履行有关的责任、索赔、诉讼、调查、处罚或损害赔偿，被许可方应承担费用为许可方提供抗辩和补偿，使许可方不因此收到任何损失和损害。对许可方因此发生的所有费用，包括合理的律师费、法律费用、损害赔偿、罚款及和解协议同意支付的费用，均由被许可方承担。

9.2 被许可方同意，如因被许可方违反本协议中的任何陈述、保证或承诺，引发了任何索赔、要求、损失、成本、费用、义务、责任、损害赔偿、返还或差额，导致许可方可能产生任何利息、罚款、律师费及成本，被许可方将为许可方提供抗辩和补偿，使许可方不因此遭受任何损失和损害。

9.3 本协议第9条及双方在本条款项下的义务在本协议终止后将继续有效。

10 符合法律

10.1 被许可方保证其充分了解并且会遵守所有可适用的进出口法律、法规、命令和政策，包括但不限于中国、美国及其他相关国家进出口管制法律和国际条约。被许可方使用许可方商标的产品和相关服务进出口应符合中国、美国及其他相关国家进出口管制法律和国际条约的规定。

10.2 被许可方应遵守所有可适用的与数据安全及个人信息保护的法律、法规、指令和政策，采取适当措施保护其获取的所有个人信息数据包括从许可方处获取的个人信息数据，未经许可不得使用、披露或跨境传输任何个人信息数据，及时报告任何违规事件，并将充分配合许可方有关使用、传输、保存、销毁个人信息数据的要求。

10.3 被许可方应遵守所有可适用的反腐败及商业贿赂的法律、法规，不得直接或间接向许可方或其关联机构的员工和 / 或其亲属提供或许诺提供任何现金、现金等价物、礼品或其他利益，符合当地法律规定和一般社会礼仪的价值不超过合理限度的广告礼品和小额公务招待除外。

11 终止；终止的效果

11.1 自愿终止。无论本协议是否有任何其他约定，本协议任何一方均可无理由随时通过提前两（2）个月书面通知另一方而终止本协议。

11.2 有因终止。本协议将在任何以下事件发生时自动终止：

（a）任何一方进入破产清算程序或无力偿付到期债务；

（b）被许可方转让本协议；

（c）许可方转让本协议，但本协议第______款另有规定的除外；

（d）被许可方违反本协议的任何以下条款或其任何子条款：第______条（商标权利）、第______条（质量标准）、第______条（侵权）、第______条（责任保险）、第______条（专有权）。

11.3 终止的效果。

（1）权利终止。本协议无论因任何原因终止的，被许可方应立即停止提供任何和所有使用许可商标的产品和服务及相关材料，包括但不限于停止对本协议项下所授予许可的商标的使用。

（2）进一步保证。本协议期满或终止后，各方应将立即执行所有其他必要或有益的行为的终止被许可方对商标的任何利益，并且被许可方应签署所有许可方合理要求的变更、转让、确认或其他文件。在不限制前述规定的情况下，

16279

被许可方在此同意，许可方可以提出任何申请，以限制或终止被许可方作为备案使用者的身份，被许可方同时不可撤销地同意不对许可方的申请提出任何异议、反对或争议。

（3）继续有效。本协议终止后，本协议项下的依其性质应当继续其效力的条款仍将继续有效。本协议终止不影响任何一方要求对方赔偿因其违约行为给己方造成的损失的权利，或要求对方支付本协议项下应付款项的权利。

12 专有权利

12.1 保密信息。由许可方提供被许可方使用的任何书面的、打印的、图形的、电子的或以磁介质记录的信息，均为许可方的专有信息。这些专有信息包括但不限于：客户名单、营销信息以及与许可方员工、产品、服务、价格、运营和附属机构相关的，在通常情况下无法获得的信息。被许可方应对这些专有信息严格保密，除仅限于为履行本协议的目的披露给需要知悉的被许可方内部员工外，未经许可方事先书面同意，被许可方不得以任何方式将这些专有信息披露给任何人。此限制同样适用于被许可方的员工和代理。本协议终止后，被许可方应将所持有的所有保密信息返还给许可方，或予以销毁并向许可方提供相关证明。如双方在本协议中援引了另外单独签署的保密协议，则本协议项下交流的保密信息，受所援引保密协议的约束，但本协议另有约定的除外。本协议及所有附件的内容应被视为保密信息，但本协议另有规定的除外。

12.2 不劝诱。在本协议期限内及本协议终止后一（1）年期限内，被许可方不得通过无论任何方式获取或试图获取其在履行本协议过程中知悉的许可方现有和未来的业务机会。

13 禁令救济和违约金

13.1 双方同意，任何一方违反本协议关于保密信息和知识产权条款的约定，均将导致守约方不可挽回的损失，这些损失难以通过金钱赔偿的方式获得救济，而且双方承认有时这些损失的计算有时可能非常困难，被许可方同意除其他可用的救济措施外，许可方有权申请禁令。被许可方在此承诺在许可方依照本条款申请禁令时，被许可方将放弃要求许可方为此提交保证金的权利。此类救济措施不影响守约方采取其他救济措施的权利。

13.2 双方同意，如被许可方发生任何一个实质性违反本协议的行为，完全弥补许可方由此遭受的实际损害可能是不可行的或是极其困难的，为此，违约方将就每个违约行为向守约方支付______（______）万元人民币作为违约金，而不需要守约方证明实际损失。双方同意该违约金是对因违约行为所导致损失的合理赔偿，而非罚款。

13.3 如本协议约定的违约金不足以弥补守约方的损失，守约方有权要求违约方进一步补偿。本协议所称损失应包括因违约行为导致的守约方的实际损失以及可得利益损失，以及守约方为处理违约事件所发生的包括调查、仲裁、诉讼、律师费等法律费用在内的费用。

14　一般条款

14.1　通知。根据本协议要求由一方向另一方发出的通知均应以书面形式通过以下方式交付：(a）专人递送；(b）采用邮资预付的挂号信或航空信邮寄，需要回执；(c）以特快专递寄送，需要回执；(d）以指定电子邮件地址或传真发送。通知必须交寄至本协议首页约首部分指明的各方地址。各方均可根据本条款规定经书面通知另一方变更该地址。一方地址发生变更而未及时通知的，将自行承担由此导致的不利后果。通知由专人递送的，在实际收到日视为送达；通过信函、邮件、电子邮件或传真发送的通知，在实际收到日或交寄后第五（5）天视为送达，以较早者为准。

14.2　完整协议。本协议包括附件构成双方就本协议标的所达成的全部理解、承诺和协议，并取代双方之间所有先前的和同时的任何沟通和协议，无论是口头的还是书面的。本协议包含了所有双方之间有关许可的所有陈述、允诺和协议。本协议各方确认在本协议明确约定之外，不存在任何其他陈述、保证、承诺或协议，无论是口头的或其他任何形式的，并且任何未在本协议中明确包含的协议、声明或承诺均为无效或不具有约束力。对本协议的任何修改均应由双方以书面形式为之并应由双方充分授权代表签字或由各方加盖有效印章确认方为有效。如本协议正文与附件内容有冲突，以本协议正文约定内容优先适用。

14.3　可分割。如本协议任何条款被有合格管辖权的法院或仲裁机构裁定为无效、非法或不能强制执行，本协议其他条款的效力、有效性或可强制执行性不受任何影响，并将继续具有充分的效力。

14.4　适用法律和争议解决。本协议受中华人民共和国法律（为明确起见，不包括香港特别行政区、澳门特别行政区、台湾地区法律）管辖并依据该法律解释，但不考虑其法律冲突规则。因本协议的解释或履行发生的任何争议，经友好协商未能解决的，均应提交许可方所在地有管辖权的人民法院裁决。双方同意，各方均已经对本协议进行审阅和修改，为此按照对合同起草方不利原则对合同中有歧义条款进行解释的规则，在对本协议及本协议的任何附件或修改进行解释过程中将不适用。

14.5　律师费。如为实施或解释本协议的任何条款而发生任何法律行动，在胜诉方有权获得的任何其他救济之外，胜诉方还有权要求败诉方对其由此发生的合理律师费予以补偿。此类费用补偿可以由法庭在同一诉讼程序中裁决，也可在为同一目的另行提起的诉讼程序中裁决。本条款项下的任何此类诉讼程

16279

序均受本协议第 14.4 款（管辖法律和争议解决）约束。

14.6 不可抗力。如一方就不可抗力事件的发生及时通知对方，并采取合理措施以努力继续履行本协议，则无须对超出其合理控制范围的不可抗力所造成的不能履行的情况承担任何责任。

14.7 弃权。许可方未能或延误行使其在本协议项下的任何权利，不得被视为对该权利的放弃，许可方部分行使其在本协议项下的任何权利，也不妨碍许可方行使任何其他权利或在未来行使其任何权利。

14.8 转让。未经许可方事先书面同意，被许可方不得将本协议或其在本协议项下所获得许可或权利的任何部分转让给任何第三方。许可方不得不合理地拖延或拒绝作出上述同意。

14.9 不公开。除非按照法律规定有合理必要，未经另一方事先书面同意，任何一方不得就本协议包括其条款和条件发表任何公开声明或进行任何披露。如一方拟发布任何与本协议或因本协议引起的任何事件（包括但不限于双方合作关系）有关的新闻稿、公告、声明、广告或进行宣传，均应交对方审核并经对方事先书面同意。但各方不得不合理地拖延或拒绝作出批准。尽管有上述规定，任何一方均可：(a) 根据其所在司法管辖区域证券法律和规定的要求，或 (b) 在符合保密协议的前提下向其股东、董事、官员、雇员、律师、会计师和其他专业人员披露本协议包括附件。

14.10 双方关系。被许可方是一家独立的主体，无论被许可方还是其代理或员工，均不得被视为是许可方的员工或代理。本协议不构成也不得被解释为在许可方和被许可方之间创设了合伙、联营或特许关系。除本协议另有约定且为本协议规定的目的外，本协议不得被解释为授予了任何一方代表另一方作出任何承诺的权利。

14.11 控制权变更。本协议对各方的继承人和合法受让人均具有约束力。在协议期限内，如第三方获得对被许可方的控制权，许可方可选择终止本协议。被许可方应在上述控制权变更的三十（30）日内通知许可方。

14.12 优先适用。本协议条款和条件如与附件发生冲突，以本协议条款和条件为准，但本协议条款和条件中允许另行约定的内容除外。

附件A：许可描述

1 总则

本附件根据双方已经签署并于______年______月______日生效的第______号《商标许

可协议》（“许可协议”）签订。本附件用于描述双方在本附件定义的商标许可业务中的各自权利和义务。

2 许可信息

2.1 许可商标描述

根据本协议，许可方授权被许可方使用下列许可商标：

商标文字及徽标	申请/注册号	期限

2.2 使用范围

在下列限定区域和期限内，许可方授予被许可方一个非排他、可撤销、不可转让和无分许可权的商标使用许可，许可费按本协议规定清结。

被许可方仅限于在下面描述的授权产品和 / 或授权服务上使用许可商标。被许可方使用许可商标，必须符合许可方的商标使用规范。

2.3 限定区域

被许可方仅限于在____________地理区域范围内提供使用许可商标的产品和 / 或服务。

2.4 许可期限

按许可协议或在此另行约定：自本协议生效之日起至：______年______月______日终止。

2.5 授权产品和 / 或服务描述

许可方和被许可方在此对许可协议所称的授权产品和 / 或服务的型号、名称、规格、内容、范围和技术参数等进一步定义如下：

（1）授权产品 / 服务名称：

____

授权产品 / 服务描述：

____

（2）产品 / 服务项目名称：

____

产品 / 服务项目描述：

____

16279

许可商标的使用许可授权仅适用于上述规定型号的产品和规定范围的服务，如产品和/或服务的型号和范围需要变更，被许可方应向许可方提出申请，由双方另行签署补充协议确定。

2.6 合同工厂

允许被许可方使用许可商标生产授权产品的合同工厂列明如下：

（1）名称：________________________；地址：______________________________。

（2）名称：________________________；地址：______________________________。

如未明确合同工厂，则授权产品的生产仅限于被许可方本身，在被许可方登记注册场所进行。

2.7 服务场所

如果使用许可方商标用于授权的服务项目，则允许被许可方使用许可方商标提供授权服务的场所列明如下：

（1）名称：________________________；地址：______________________________。

（2）名称：________________________；地址：______________________________。

如未明确服务提供场所，则授权服务仅限于被许可方本身，在被许可方登记注册场所进行。

3 可交付物

许可方需要交付给被许可方的材料或其他可交付物：

（1）商标规格和使用指南；

（2）其他许可方认为需要向被许可方提供的材料或其他可交付物。

被许可方需要交付给许可方的材料或其他可交付物：

（1）每个规格型号的授权产品上市前，向许可方提供完整产品样品每个型号______套；

（2）其他许可方认为需要被许可方提供的材料或其他可交付物。

4 支持服务

许可方可以但没有义务就本协议项下的商标许可向被许可方提供任何支持服务。

5 许可费计算和支付

5.1 费用计算

【如使用许可商标用于授权产品生产】

被许可方每生产一个授权产品，即使用一个许可证，被许可方应向许可方支付的许可费按产品的销售量计算。被许可方每销售一（1）件使用许可商标生产的授权产品，向许可方支付______元人民币（￥______）的许可费。

【如被许可方使用许可商标用于提供特定的服务】

在许可期限内，每个月向许可方支付 ______元人民币（￥______）的许可费。

【如被许可方使用许可商标用于提供特定的服务】

在许可期限内，被许可方每个月向许可方支付被许可方营业收入的百分之三十（30%）作为的许可费。被许可方营业收入是指未扣除任何成本和费用的被许可方毛收入。

【免费许可】

不需要被许可方支付许可使用费。

5.2　支付方式

每个季度首月十（10）个工作日内，被许可方按许可方同意的格式以书面向许可方通报上个季度销售的授权产品数量、营业状况以及发生的许可费，由许可方审核确认，许可方认可被许可方的报告的，将盖章确认或由授权代表签署，并通知被许可方，被许可方按许可方确认的许可费数额在许可方通知后十五（15）日内以电汇方式将许可费支付到许可方指定的账户上。

以上季度按许可方财年日历确定，即______。本协议开始和结束时，许可费计费期限不足一个季度的按一个季度计算。

6　财务信息

许可方的银行信息

公司名称：______________________________

开户银行：______________________________

账号：______________________________

被许可方财务信息

发票地址：______________________________

发票抬头：______________________________

开户银行：______________________________

账号：______________________________

税号：______________________________

16279

7　被许可方承诺的最低购买量（获得许可证的数量）

每季度不低于______个。

8　制造、质量控制和监督

授权产品和 / 或服务的制造、质量控制和监督按附件 C 规定执行。

9　包装、广告和推销规范

授权产品和 / 或服务的包装、广告和推销规范按附件 D 规定执行。

附件B：保密协议

双方在本协议项下交流的保密信息受双方和 / 或双方各自关联方之间签署并于______年______月______日生效的第______号《保密协议》保护。双方在此同意和确认，双方在此援引各自关联方签署的协议，仅为业务方便，并不表明各方对其各自关联方的行为承担任何义务或责任，也不表明各方的关联方对本协议及各方在本协议项下的行为承担任何义务和责任。

附件C：制造、质量控制和监督

被许可方应把被许可方将制造或提供的产品和 / 或服务的确定的标准和规格通知许可方，包括但可能不限于如下各点：产品的规格、型号、执行标准、保修条款和条件、关键部件和材料、工艺、认证和批准等。

在任何授权产品开始商业性生产、销售、分发或提供前，被许可方应向许可方提交足够数量的被许可方将推销的产品的样品，以及（或者包括）产品的包装、标签、产品说明、保修文件等，使许可方确定被许可方是否能够符合并保持许可方对每种授权产品确定的标准和规格，及取得许可方的批准，并向被许可方颁发有关某种授权产品的授权书。被许可方未收到授权书之前不应作商业性制造此种授权产品，但是被许可方提供的上述各项能明确得到许可方的满意并能符合及保持许可方的标准和规格之后，许可方不应无理以其他理由拒发上述的授权书。

有关某种授权产品的授权书颁发之后，未得到许可方的预先书面批准，被许可方不应对该授权产品作任何改动。

被许可方应在许可方可能不定时或每隔一段时间按照许可方指定的生产阶段及合理数量，将所制造的授权产品和其组成材料的代表性样品交付许可方以供试验。样品费用由被许可方负担。试验及检测费用由许可方负担。被许可方应允许许可方在任何合理时候检查被许可方的设施，观察被许可方的生产过程，取得上述有关的样品。

如在任何时候许可方发现任何样品不符合所定的授权产品的质量标准和规格，许可方应将此种情况通知被许可方，被许可方应停止制造或公开发售该授权产品。此后，在未取得许可方的事先书面批准前，被许可方不应制造或公开发售该授权产品。

每种授权产品均应按照中华人民共和国的所有适用法律和规定进行制造、包装、贴标签、出售和分发。许可方对任何样品的批准只限于有关授权产品的质量标准和规格。

许可方同意向被许可方出售被许可方将用于制造授权产品的组成材料。被许可方没有义务必须向许可方购买该组成材料，但是，向许可方之外的来源购买的组成材料，应符合许可方所确定的授权产品的标准及规格及本协议的相关规定。在此种情况下，被许可方应向许可方提交建议向其他来源购买的组成材料样品，并在使用之前取得许可方的书面批准，如若该等组成材料符合本协议相关规定并达到确定的标准及规格，许可方不应不合理地拒绝或延误其批准。由许可方供应的组成材料，被许可方应只用于制造许可产品，除非用于制造有许可商标的产品，不应将其售予或付运给其他人。

被许可方应按照许可方给被许可方授权的在本协议范围内生产授权产品。所有工作均应有最高质量并且符合最好的制造和贸易惯例。

被许可方应尽最大努力及时收回因为不新鲜或其他原因不应出售给客户的使用许可商标的产品。

但无论如何，被许可方是生产、销售和提供授权产品和 / 或服务的专家，许可方对相关方案、做法、文件、规格、标准和要求等所做的任何批准或认可，主要目的是确认这些做法符合许可方的产品政策、规范、标准和要求，并不因此减免被许可方对产品和 / 或服务应承担的责任。尽管双方事先确定了任何规格、标准和要求，如被许可方在工作过程中发现或应当发现任何确定的规格、标准和要求可能不符合相关法律和强制性规范的要求，应及时书面通知许可方，经许可方同意后执行。

附件D：产品的包装、广告和推销规范

所有被许可方制造和销售或被许可方授权下制造和销售的使用许可商标的授权产品有关的设计、包装、标签、箱盒和其他组成材料，均应按照许可方的质量，标准和规格，并且得到许可方事先书面批准方可使用。

16279

在上述材料明显和清楚地达到了许可方要求的质量标准和规格的情况下，许可方不应无理以其他任何理由拒绝上述书面批准。许可方批准某一项目之后，被许可方在未得到许可方的书面批准之前不应对此项目作任何改动。

被许可方应向许可方提供产品生产地和销售地的所有适用于授权产品（1）法律、法规、部门规章；（2）适用的标准、规范和要求；以及（3）需要通过或获得的政府、准政府或其他权威民间机构的认证和批准的详细清单。如许可方认为被许可方产品和 / 或服务的任何方面与法律或强制性规范要求不符，可通知被许可方，要求被许可方核实和整改。在上述前提下，被许可方应保证所有这些材料均符合产品生产地和销售地的有关法律和规定，许可方应尽可能协助被许可方履行这种责任。

许可方对任何项目作出的批准，只限于有关生产授权产品材料的质量标准和规格。被许可方应尽最大努力保护使用于每种授权产品的所有材料的版权，如果许可方提出要求，被许可方将签署文件证明许可方对此种版权的所有权。

被许可方在授权区域内推销授权产品而作出的推销计划应经许可方相关的产品、品牌管理和法务部门的批准，推销计划包括但可能不限于如下项目：（1）授权产品的广告宣传费用金额；（2）为此目的而使用的广告媒介；（3）广告稿件的设计和文字；（4）被许可方采用与授权产品有关的广告公司；以及（5）其他许可方要求的内容。在本协议的期限间，上述推销计划均应在许可方的指导和预先征得许可方书面同意下进行。许可方应尽可能协助以使被许可方对以上各项目都能符合产品生产地和销售地有关法律和规定。

但无论如何，被许可方是生产、销售和提供授权产品和 / 或服务的专家，许可方对相关方案、做法、文件、规格、标准和要求等所做的任何批准或认可，主要目的是确认这些做法符合许可方的产品政策、规范、标准和要求，并不因此减免被许可方对产品和 / 或服务应承担的责任。尽管双方事先确定了任何规格、标准和要求，如被许可方在工作过程中发现或应当发现任何确定的规格、标准和要求可能不符合相关法律和强制性规范的要求，应及时书面通知许可方，经许可方同意后执行。

被许可方将保持向许可方反映在中国国内有关授权产品销售的市场情况。

10. 分销商协议

使用场景

此分销商协议（Distribution Agreement）样例文本可用于产品或服务提供方（供应商）委任另一方（分销商）作为其销售通路或渠道，在特定区域内向客户营销和销售其产品或服务，并对分销商的职责以需要遵循的标准、规范和要求进行约定。

产品或服务的供应商可能包括产品制造商、进口商以及服务提供方。

分销商协议的典型特点是，分销商将从供应商处购买产品或服务，并以其自己的名义，且为其自己的利益向客户（包括下游经销商和最终用户）转售这些产品或服务，因此分销商协议不适用于以下类别的销售渠道协议：

—代理商协议；

—寄售商协议；

—其他非买断式渠道协议。

本协议可用于授权分销商营销和转售产品和服务，为表述方面，本章节的文件中有时可能会将产品和服务并称为“商品”，但服务的转售可能适用一些特殊的规定。

法律要点

根据所分销产品或服务的种类以及供应商所从事的产业，分销商协议可以是非常简单和直接的协议，也可能体现了非常复杂的商业关系。

1. 渠道类别

产品或服务供应商为向市场提供其产品或服务，可以根据不同需要，采用不同的渠道类别，根据其法律属性，大致可以分为以下几种类别：

分销商（Distributor），直接与产品或服务供应商签约，购买产品或服务，向其下游渠道或用户分销，分销商从供应商处购买产品或服务，承接这些产品或服务的风险，然后将其转售给客户。换句话说，分销商将就产品或服务的销售直接与客

16280

户达成协议。分销和分销商有时会被翻译为“经销”或“经销商”[①]，我们在本文件中统一使用“分销”和“分销商”。

代理商（Agency），有时供应商可能会委任其他厂商（代理商）采用代理方式销售其产品或服务，代理业务模式的特征是，代理商通常并不购买所代理的产品或服务，而是负责寻找客户和交易机会，最终的销售合同由供应商与最终用户直接签署。代理商，无论是隐名代理还是显名代理，在代理过程中均不获得产品或服务的所有权。

寄售（Consignment），是指供应商将其商品交给另一厂商（寄售商）保管并代卖，但供应商保留对商品的所有权，直至商品被销售出去。

与分销模式相比，代理（无论是显名代理还是隐名代理）及寄售模式的主要区别是，代理商和寄售商在销售产品过程中，均不取得产品的所有权，而只是作为供应商与最终用户之间的中间媒介。分销商则总是购买产品或服务并以其自己的名义并代表自己销售，而并非仅仅是作为供应商与最终用户之间的媒介，因此，分销商与代理商 / 寄售商虽同样可以视为供应商的销售渠道，但法律属性上有本质区别。

分销商获取的商业利益是转售差价，代理商获取的利益是代理佣金，而寄售商获取的利益则是服务费。

分销商与代理商在世界范围内是两种常见渠道形式，但我们国内的商业实践中，在很多情况下，从业人员可能会将分销协议与代理协议、将分销商与代理商混淆，例如，将分销或转售统称为代理。

大部分法院应该都将会依据双方实际承担的权利和义务来确定合同的性质，而不大可能仅仅依据合同的名称来确定交易究竟是代理还是分销。如果一个销售渠道买断货物所有权后向下游转售，则无论被称为什么，均不属于法律意义上的商业代理，而将被认为属于转售或分销。[②]尽管如此，由于分销和代理两种业务模式的法律属性存在实质不同，在正式和规范的法律文件中，还是需要将二者严格区分。

转售商（Reseller）。业界还有一种渠道形式被称为转售商。根据转售商的行为特征，转售商在法律上的性质与分销商没什么差别，都是购买并获得商品所有权后向用户转售。但有人认为，分销商通常在商业上可能会承担更多和更复杂的职责，同时获取更多的收益，

---

① 有些厂商将直接签约的以及分销商也就是批发商称为“分销商”，将与用户直接交易的下游分销商即零售商称为“经销商”。

② 也有人将分销商等同于中间商，而将代理与寄售也视为属于分销的一种类别，参见https：//en.wikipedia.org/wiki/Distribution_（marketing）这似乎与业界通常的理解不一致。

而转售商所承担的职责则较为简单，获取的利益也较低。[1]

2. 分销模式的类别

按分销商被授予权限的范围，分销可被分为若干类别：

（1）密集式分销（Intensive distribution）——是指供应商通过任何可能的销售网点以达到对市场的饱和式覆盖，最大限度地增加销售机会。密集式分销通常适用于品牌替代性较高的产品，例如，香烟、啤酒、饮料等。

（2）选择式分销（Selective Distribution）——是指供应商在某个地理区域内，使用有限数量的符合其设定条件的销售网点对其产品进行销售。选择式分销通常适用于客户品牌忠诚度较高的商品。

（3）排他式分销（Exclusive Distribution）——是一种极端形式的选择性分销，即分销商获得在特定区域内销售指定产品的排他权利。供应商自己不能在分销商所负责的地理区域内销售指定商品，也不能在该区域内任命其他代理商、分销商或转售商，但某些情况下，供应商可以要求可保留自己继续向该区域内某些指定的客户或客户群供货的权利。

（4）非排他式分销（Non-exclusive Distribution）——分销商获得在特定区域内分销指定商品的权利，同时供应商也可以在该区域内指定其他代理商、分销商或转售商，并且供应商自己也可以在该区域内主动寻求销售机会。

（5）独家式分销（Sole Distribution）——供应商在特定区域内指定唯一的一家分销商负责指定商品的销售，供应商将不在该区域内指定其他代理商、分销商或转售商，但供应商自己可以在该区域内销售指定商品。作为回报，分销商通常也应同意将供应商作为指定商品的唯一货源。

分销商根据其职权还可以被区分为：

（1）批发商（Wholesaler）——主要负责向多家下游渠道批发商品，而非直接向最终用户转售的分销商。

（2）零售商（Retailer）—— 主要负责向最终用户转售商品的分销商。

分销关系具有以下明显特征：

（1）分销商作为转售商在特定区域内促进和组织商品的分销；

（2）供应商在特定区域内授予分销商一定的特权地位；

（3）分销商购买分销的产品并获得所有权；

16280

① 参见https：//theydiffer.com/difference-between-distributor-and-reseller/，2019年7月13日访问。

（4）除非各方同意达成一个带有终止条件的无期限协议，否则分销协议通常有特定的期限；

（5）通常分销商不得从事某些与供应商竞争的行为；

（6）分销商所分销的几乎都是品牌产品；

（7）不同于代理协议，分销商与其客户所达成的合同不能约束供应商。

3. 保修与服务

分销商协议中涉及业界通常所称的两类服务，一类是所谓的保修（质量保证），另一类是基于单独的服务合同提供的真正的服务。

分销商协议可以同时用于转售或分销供应商提供的服务方案，同时，在分销商协议执行过程中，也会涉及对分销产品的保修支持。虽然实践中很多从业人员会将二者混用，但二者在法律上具有不同性质，在正式法律文件中需要对二者做明确的区分。

保修（Warranty）。保修的原本含义是指经营者对其所销售产品的品质保证，而经营者基于保修承诺为用户提供的修理、更换和退货，实际上是经营者就其所提供产品违反保证所承担的违约责任，或者说是为用户就其产品不符合保证所提供的法律救济，因此，严格来说保修并不应被称为“服务”，就如同任何人都不能将缴纳的罚款或者承担的违约金宣称为“赞助”或“捐赠”一样。但实践中大家通常习惯上会将经营者就产品违反质量保证对用户提供的救济措施，即修理、更换和退货称为保修服务。

保修有两种，一种是法定保修，通常是基于法律强制规定为消费者用户所提供的保修，在我们国家通常所称的三包，实际上即相当于法定保修；另一种则是厂商基于其保修声明随同销售的产品提供的商业保修或厂商保修①。

服务（Service）。真正可以被称为法律意义上服务的，是那些基于独立的服务合同提供的服务。真正的服务，也可以包括两种类型，一种是对所销售产品所提供的附加支持，即保外维修服务，包括那些实践中在保修范围之外以及保修期届满后所提供的各类延长、扩展或附加的服务，例如，延保服务、碎屏保服务等。

另外还有一种服务，与我们所销售的产品本身并不密切相关，而是一些可以相对独立的解决方案，例如，我们所提供的互联网服务，包括视频网站的内容服务以及云计算服务等。

4. 服务与产品

本协议提到的允许分销商销售的标的物包括产品和服务。我们所称的产品是从制造商

---

① 参见《消费者权益保护法》第23条和第24条。

角度而言的，即《产品质量法》中所称的产品，等同于《消费者权益保护法》中所称的商品。

产品（Product），[1]是指作为某个过程结果的有形或无形输出，但不包括在供应商和客户界面所从事的活动。产品可以是有形的，也可以是无形的。产品通常有三种类别：硬件、经过加工的原料以及软件。很多产品是上述不同类别的结合体。例如，汽车（产品）是由硬件（如轮胎）、软件（如引擎控制算法）、和经过加工的材料（如润滑油）等结合而成。除传统的工业和农业产品外，也包括软件等以电子或数字化文件形式输出的产出物。

服务（Services），是指作为某个过程结果的无形输出，包括至少一项在供应商和客户界面之间的活动。服务可以通过多种形式提供。服务可能用于支持某个组织自己的产品（例如，保修服务或餐饮服务），另外，它也可以用于针对客户提供的产品（例如，修理服务或送货服务）。它也可以是向客户提供无形的利益（例如，娱乐、氛围、运输或咨询）。

除传统类型的服务外，在互联网环境下，产生了一些新的服务类型，例如：

（1）供应商通过自己的服务器为客户提供存储、计算服务；

（2）供应商通过自己的网站为客户提供互联网接入或互联网内容服务。

实践中，人们会将作为解决方案提供（特别是销售的）服务称为产品，但在法律上，产品与服务有实质差异，经营者对其所提供的产品和服务所承担的法律义务和责任会有很大差异，无论是从产品质量法、侵权责任法、消费者权益保护法，产品 / 商品与服务都是有严格区分的，二者性质不同，经营者就二者所承担的法律义务和责任也不相同。例如，严格产品责任不适用于服务，七天无理由退货也不适用于服务。将二者混淆可能会导致一系列麻烦。因此，特别是在法律文件上，应严格对二者进行区分。

有时服务很难与产品分开，例如，银行提供电子银行服务，会同时为用户提供用于加密解密的安全防护设备，提供互联网远程安全监控服务的经营者，可能会同时为用户提供摄像头、本地存储设备，等等。这种情况下，经营者为用户提供的实质利益是服务，而随同提供的设备只是用于支持服务的附属物品，这种情况下，经营者提供的是服务，而不是产品。

有些产品在销售时，可能会捆绑一些服务利益，例如，延保服务、扩展服务，这些保修之外的附加服务，无论是计价销售的，还是免费赠送的，均应将其理解为是基于独立服务合同所提供，类似于提供甲产品时，附赠了乙产品。不能将此类捆绑的附带服务理解为是产品的组成部分。

需要注意的是，产品本身附带的保修（或保修服务），与上述与产品捆绑

① 这里关于产品和服务的定义均参照ISO 9000 2015，此前版本的ISO标准文件将产品和服务混淆，新版本的标准文件似乎对此作了纠正。

16280

的或另外提供的附加服务不同。保修，无论是供应商自己的原厂商业保修，还是根据法律规定针对消费者用户提供的最低限度法定保修（三包），均并非是基于独立的服务合同提供，保修政策是产品买卖合同的组成部分，相当于产品买卖合同的质量保证条款。三包规定则应当被理解为是销售商与消费者之间买卖合同的法律强制必备条款。

分销商协议涵盖指定分销商转售的产品和服务，但服务的分销可能适用一些特殊的规则，例如，分销商分销服务解决方案时，可能并不获得服务的“所有权”。

5. 竞争法

供应商可能会基于各种考虑，认为有必要对分销商的行为进行某些约束和管理，这些约束和管理，可能会导致竞争法上的后果，例如，如果供应商被认为具有市场支配地位（例如，在相关市场的市场占有率达到50%），那么他对分销商的某些限制行为（例如，搭售、附加其他条件等），则可能会被认为违反了反垄断法规定的垄断行为。从反不正当竞争法角度，某些对分销商的奖励或激励措施，也可能会导致争议。

分销商与代理商是否获得所销售产品的所有权这个差别，将导致分销与代理两类业务模式在税收、竞争法等方面所适用法律的不同。例如，反垄断法中有关纵向垄断协议的一些规定，通常（但并非当然）不适用于代理和寄售。

从反垄断法角度，供应商通常不能对分销商销售商品的价格施加影响，分销商必须能够根据其自己的意愿决定商品销售的价格。供应商对分销商转售价格的任何影响，均可能会构成对反垄断法的严重违反。尽管如此，只要不会产生限制销售价格的效果，供应商可以设置最高销售价格。

因此，设置这些分销商激励和管理政策时，需要征询法务意见。

6. 合同法

分销商协议是商业合同，当然要依据合同法制定和解释并受合同法的约束，但分销商协议并非是合同法中明确列出的合同类别，即并非合同法理论上的有名合同（或典型合同），而是综合体现了多种有名合同的特征，属于无名合同（或非典型合同）。

合同法对典型合同有明确规定，例如，对销售合同，合同法有关买卖合同的规定可直接适用，而对于分销商协议这样的非典型合同，合同法没有直接的规定，这时，首先应考虑适用合同法的一般规则，同时，由于此类合同的内容可能包含若干典型合同的特征，因此，也需要比照适用相关典型合同的规则。对分销商协议来说，由于其中包含买卖合同、服务合同、委托合同等多项典型合同的特征，同时还包含由某些单行法律所规定的合同类别的某些特征，例如商标法中的商标许可合同，对于这些内容，需要类推适用这些典型合同的规则。

与委托代理关系不同，大部分国家和地区没有对分销合同并没有专门的规定。在法律没有详尽规定的情况下，双方签署一个尽可能明确和完善的协议，将会更有助于避免未来的争议和纠纷。

分销商协议的核心目的是商品的销售。因此，有关商品销售的规定是分销商协议需要重点关注的内容。买卖合同的一般原则可能无法完全适用于分销商协议，因此，在分销商协议中需要对商品销售的条件做一些特别的约定，例如，订单流程、定价、折扣、价保政策、产品交付、质量保证及退返流程等。

7. 消费者保护法

面向消费者的产品和服务，将会受消费者保护法律的约束。在供应商和分销商之间，尽管直接面对消费者的通常是分销商，但由于分销商的行为可能会影响制造商产品和品牌的形象，影响产品的销售，因此，分销商协议中通常需要对分销商的一些营销、销售和服务行为进行规范。

同时为使分销商能够为用户提供高满意度的支持服务，供应商通常应当在分销商协议中明确对分销商所提供的各项后备支持的规范、标准和流程。供应商不适当的免责，可能会导致分销商采用不适当的方式处理用户的服务需求和投诉，最终损害制造商的利益。

8. 合作伙伴；合伙人

有些供应商会将其与中间商签署的包括分销商协议在内的渠道协议称为合作伙伴协议，以体现双方之间的紧密合作关系。尽管这个做法在渠道协议中比较常见，很多厂商通常也都会在协议中包含一个条款，明确否认双方之间因此建立了任何合伙或联营关系。

但某些供应商进一步地将其分销商或代理商称为“合伙人”，则可以肯定是一个较为大胆和冒险的做法，这固然体现了供应商意欲与其渠道建立更紧密关系，和衷共济共同发展的美好愿望，但这个做法在法律上却可能是存在严重问题的。

合伙人在法律上有特定含义，并不仅仅是一种听起来很美的宣示，合伙人之间通常会被认为存在利益共享、风险共担的关系，一旦供应商与渠道之间被认为有合伙关系，将会导致双方之间需要依法为对方的债务承担连带责任。渠道被要求与供应商承担连带责任，对供应商来说固无大碍，但供应商也可能会被认定应为渠道的债务承担连带责任，这可能会导致供应商承担无法预料的风险，那些随意拉人入伙的供应商们还是小心谨慎一些为妙，最好不要贸然将分销商抑或是代理商称为合伙人。

16280

关键条款（检核清单）

分销商协议的常见条款

大多数规范的分销商协议通常都会包含以下条款：

—分销商在被委任时向供应商支付的签约费（签约费）；

—分销商的委任期限，这通常是分销商协议履行的时间（期限）；

—分销商可以分销产品或服务的地理区域（区域）；

—产品或服务的交付、运输（交付 / 运输）；

—产品或服务的保证和支持，包括修理、更换和退货支持（保证 / 支持）；

—费用结算和支付分销商就产品或服务向供应商支付费用的方式（支付条款）

—供应商在分销商被授权的区域内是否可以委任其他分销商（排他性）；

—分销商协议是否可以更新或续展，如果可以，需要符合什么条件（续展）；以及

—协议在什么情况下可以被终止（终止）。

在供应商与分销商之间业务安排更加复杂的情况下，分销商协议中还可能会包含以下条款：

—允许分销商使用供应商的某些知识产权，以便营销产品或服务（知识产权条款），例如，某些情况下供应商可能允许分销商使用其商标或服务标志，设立专卖店；

—对分销商营销或推广产品或服务设定相应的义务（营销）；

—对分销商达成某些业绩指标（销售目标）设定相应义务，并要求分销商向供应商报告某些财务和销售信息，以及当地法律和标准变化的信息等（报告义务）；

—对分销商在协议期限内以及协议终止后一段时间内从事与供应商竞争业务的行为进行限制（竞业禁止）；以及

—要求分销商以其资产或信用提供履约保证（担保）。

根据供应商所保留或授予的权利的不同，分销商协议可能还会有各种变种。

常见的问题

达成分销商协议的各方需要考虑的问题是多方面的，签署这类协议的主要风险，包括但不限于：

（1）从供应商角度考虑：

—排他性安排可能导致其违反反垄断法的规定；

—缺少对销售目标的约定，可能导致分销商绩效不佳，或缺少对分销商的激励；

—任何知识产权许可或营销约定不能充分保护供应商的利益；

—未能对协议的期限做适当的限定；以及

—分销商协议在双方之间非有意地实际产生了雇佣、特许、代理或合伙关系。

（2）从分销商角度考虑：

—没有排他安排，使分销商在授权区域内的营销或销售努力打折扣；

—没有考虑网上销售渠道，使其他分销商事实上侵占了授权区域的销售；

—过于繁重的销售目标和报告义务；

—竞业禁止影响其未来业务发展；以及

—提供履约担保导致分销商财务和资产负担。

合同正文

分销商协议

本分销商协议（“本协议”）由以下签字栏所列“[公司]”与“分销商”签署。[公司]与分销商单方分别被称为“一方”，共同被并称为“双方”。本协议将在下面指明的日期生效（“生效日”）。签署本协议表明双方同意本协议的全部内容。

本协议由以下组成部分：

（1）本封面页 / 签字页；

（2）条款和条件；

（3）相关附件、工作说明和保密协议；

（4）分销商政策；

（5）本协议其他部分所援引任何文件或在线资源的条款。

地址和联络信息

[公司]	分销商
联络人：	联络人：
电话：	电话：
电子邮件：	电子邮件：
地址：	地址：
	分销商编号：

16280

期限

生效日：	_____年______月______日
期限：	自生效日起（2）年（“初始期限”）

作为证明，本协议由双方在下面载明的日期签署（以加盖公司公章或合同专用章为准），签署本协议表明双方同意其所记载的全部内容。

［公司］确认和签署	分销商确认和签署
［公司］名称：	分销商名称：
签字：	签字：
代表人姓名（打印或正楷），部门和职务：	代表人姓名（打印或正楷），部门和职务：
日期：	日期：

条款和条件

就［公司］委任分销商作为其授权分销商，在授权范围内销售指定产品和 / 或服务，经友好协商，双方达成如下协议，以资共同遵守。

第 1 条　术语解释

除双方另有约定或根据上下文另有解释外，本协议使用的下列用语均具有下述含义：

1.1　本协议：是指本协议正文、附件及任何援引的文件，包括其任何有效的补充和修改。

1.2　商品：是指产品和服务。

1.3　产品：是指［公司］在本协议项下核准分销商营销和销售的任何软件、硬件产品，包括产品的任何附件、部件、选件、外部设备及其任何更新和升级，产品包括作为服务组成部分的或用于支持服务的任何设备、设施或其他物品。

1.4　服务：是指任何工作、咨询、支持或协助，本协议项下的服务包括（a）为产品或服务提供的支持；以及（b）［公司］授权分销商作为商品营销或销售的［公司］增值、扩展或升级或其他保外服务、服务解决方案及互联网内容服务等。除非另有明确，否则服务包括作为服务组成部分或用于支持服务的任何文件和物品。

1.5　授权范围：是指［公司］同意分销商营销和销售本协议项下指定产品和 / 或服务的地理区域及其他包括但可能不限于客户群、销售途径和方式等范围。

1.6　最终用户：指为个人或自己组织内部使用而购买产品或服务的个人或组织。

1.7　渠道：是指包括分销商在内的为转售目的而购买产品或服务的个人或组织。

1.8 客户：是指渠道和最终用户。

1.9 销售：指以出售、租赁或其他方式提供产品或服务，以及为实现销售所进行的营销、推广等努力。

1.10 店铺：是指用于产品和/或服务展示和销售的店面和柜台，包括其他基于互联网、电信网和电视网络的虚拟商店。

1.11 关联公司：一方的关联公司是指由一方直接或间接控制；或直接或间接控制一方；或与一方受同一家公司直接或间接控制的机构。这里的“控制”是指直接或间接地拥有影响所提及公司管理的能力，无论是通过所有权、有投票权的股份、协议或其他方式。

1.12 激励：是指［公司］根据分销商业绩及履行本协议的情况，为分销商提供的激励或其他支持。

1.13 平台：是指［公司］指定用于分销业务管理的电子商务平台。

1.14 保修：等同于“质量保证”或“保证”，是指产品或服务提供方就其提供产品或服务的状态及支持服务作出的承诺。在中国大陆地区，保修可能被称为“质保”、“三包”、“包修”、“品质保证”、“品质担保”及“瑕疵担保”等，在某些司法管辖区域内则被称为“保固”或“保用”。

1.15 商标：是指由任何一方持有和/或使用（包括其获得许可）的任何名称、标志、标识、商业外观及其他商业表征。

1.16 形象识别系统（或VI）：是指［公司］专有的商业外观设计，包括那些包含［公司］商标及其他专有设计元素的实体或互联网虚拟店铺和专柜陈列、装饰和装潢设计、品牌口号、网站页面设计、特有门头和标牌等。

1.17 天或日：是指日历日或自然日。

1.18 法律：是指任何法律性文件，包括法律、法规和规章，以及其他有强制效力的政府命令、法律解释及做为技术法规的国家、地方和行业标准，法律均指其当时有效的最新版本，包括其任何修改和更新。

1.19 工作日：是指除中国大陆地区的法定节假日、休息日以外的企业正常营业日。

第2条 资格和委任

2.1 分销商陈述和保证其拥有并将在本协议期限内始终保持符合本协议规定的资格和能力，包括但可能不限于：

（a）获得并保持从事相关业务活动所必要的所有法律或政府许可或批准；

（b）聘雇并保持足够的有相应专业技能和能力的人员，并应负责安排这些

16280

人员参加［公司］指定的培训；

（c）拥有并始终保持能够确保充分履行本协议的良好财务状况；

（d）有能力保持满足客户需求的库存；并且

（e）拥有并始终保持［公司］认可的分销商资信、人员、场地及设施等状况。

2.2　基于分销商在本协议项下的陈述和保证，并根据本协议的条款和条件，［公司］同意委任分销商作为［公司］的非排他的授权分销商，在本协议附件指明的“授权范围”内营销和销售指定的产品和／或服务。［公司］可随时减少授权分销商营销和销售的产品和服务的类别，双方也可通过签署增补协议的方式增加或调整授权分销商营销和销售产品或服务的类别和范围。分销商对指定产品和服务的营销和销售均应按本协议规定进行。

2.3　尽管对分销商的委任在某些情况下可能被称为授权，但任何此类表述均仅用于表明［公司］批准分销商在授权范围内销售指定产品或服务，在任何情况下均不表明［公司］在任何方面授予了分销商代表［公司］或作为［公司］的代理从事任何活动的资格和能力。

2.4　如委任分销商分销服务解决方案，则除非另有明确约定，否则本协议适用于产品分销的条款均适用于服务分销。

第3条　电子商务

3.1　分销商应按［公司］的渠道管理规范在［公司］电子商务平台上开立分销商账户。分销商应对使用其账号进行的所有活动负责。分销商同意将采取一切合理和谨慎的措施妥善保管分销商账号及密码。对于他人未经授权使用分销商账号而产生的任何损失或损害，［公司］不承担任何责任。

3.2　双方同意以电子商务平台上最终完成的订单数据为结算依据，同时，分销商应每日关注平台发布的公告及其他相关信息。分销商应按照［公司］要求通过指定网站或者按照模板通过邮件向［公司］报送相关进销存日报、周报等销售数据，并按照［公司］要求向［公司］报送与商务运作相关的其他信息（包括但不限于库存数量、库存周转天数、应收周转天数等）。因分销商报送数据延迟、错误造成的损失，由分销商自行负责，包含但不限于［公司］本来可能根据这些数据给予分销商的激励和支持等。

第4条　订购、装运和撤销

4.1　分销商应按［公司］的订单流程，通过电子商务平台上分销商账号发出书面订单采购产品和服务。每份订单上面应注明其受本协议的约束，在与本协议内容发生冲突时，以本协议规定为准。订单应符合附件规定的最低订货量和订货频率要求。［公司］确认收到分销商订单并不表明［公司］对该订单的接受。分销商订单经［公司］确认接受后成为有效订单。所有经［公司］接受的分销商订单项下的以及［公司］交付分销商的产品和服务均受本协议约束。

4.2 除非［公司］事先明确同意，否则分销商指定的交货地址必须与分销商备案的物流配送地址一致。分销商可安排人员在交付时对交付的产品进行检验，若认为［公司］的交付在品类、数量、外观及其他方面与约定不符或有任何不符合交付条件的瑕疵（如包装破损、变形等）等，分销商应当场向［公司］配送人员提出异议并在交接单据上明确记载，否则视为［公司］交付的产品完全符合双方的约定。

4.3 如分销商在交付时向［公司］配送人员提出书面异议的，［公司］应及时安排人员调查和确认。［公司］在确认该异议后，将尽快就存在异议的产品提出解决方案。

4.4 产品到达分销商指定地点后一切风险由分销商承担。任何产品或服务如需要退返［公司］，均应经［公司］事先批准，并按［公司］规定的流程执行。产品中所含有软件按其随附的协议使用和支持，其所有权并不随交付转让。

4.5 ［公司］将尽合理商业努力完成分销商的订单、遵守所要求的装运日期，但受限于信用审批、产品可供性以及［公司］生产进度。对分销商在产品交付受阻或延误时发生的任何业务、收入、利润的损失或任何其他附带或后果性损失，［公司］概不负责。如受影响产品的装运延误超过两（2）个月，分销商可撤销已被接受的订单或订单中的若干产品和服务。

4.6 ［公司］按订单发货后，分销商必须取货。尚未发货的订单如有任何部分被取消或变更，应至少在预定交货日的二十（20）天前书面通知［公司］。对有较长前置期的产品（按［公司］的不时规定），取消通知至少应在预定交付日前的九十（90）天送达。订单变更引起订单总金额增加或减少的，可能受［公司］规定的额外付费要求限制。

第 5 条　价格

5.1 产品按［公司］仓库工厂交货价（参照最新版《国际贸易术语解释通则》）以人民币报价，并附带本协议规定的有限保修。［公司］将定期在“价格通知”中确定分销商价格或适用于当时的建议零售价的折扣价。分销商价格是指［公司］向分销商供货的价格。

5.2 ［公司］会不时以书面方式发布通告、管理性、技术性和程序性信息、声明、促销活动、项目计划、产品和价格通知以及其他通知（“通知文件”）。通知文件可以按其规定的范围修改本协议的条款并于［公司］指定的日期生效，除非分销商在收到通知文件后十五（15）日内以书面形式向［公司］提出异议。

16280

5.3 收到分销商通知后，［公司］保留向分销商澄清或确认有关修改内容，或者取消业已接受但尚未发运的定货中受通知文件影响的所有或任何定货的权利。

5.4 除非双方另有明确约定，否则办理运输、清关、交付、支付等相关费用由分销商承担。

5.5 ［公司］可以在任何时间变动分销商价格。分销商价格提价的，在［公司］指定的日期生效。但对于［公司］在提价生效日前收到的订单，只要［公司］接受了订单且计划在上述生效日后三（3）个月内交运，那么提价不适用于该订单项下的产品或服务。

5.6 分销商价格减价，在［公司］指定的日期生效。该减价适用于减价生效日或生效日后［公司］收到并接受的订单。

5.7 ［公司］可以制定建议零售价且不需通知即可对此进行变动。

5.8 ［公司］可以要求最小订货量，并在通知文件或不时修改的附件中载明。

5.9 价格保护。如［公司］宣布某种产品的普遍价格变动，且此等价格变动会导致分销商价格降低，则分销商可获得价格保护信用额度。就本条款而言，价格保护信用额度是指以下两者之间的差价：（a）降价生效日授权分销商拥有的受影响产品按照原购买价格计算出的价值；（b）根据新购买价格计算出的上述存货的价值。如要取得价格保护信用额度，分销商必须满足以下所有条件：

（a）分销商应根据在价格调低生效日起全部库存和在途存货量，自通知价格变动宣布之日起三十（30）天内，向［公司］提交申请并务必使［公司］收到该申请；

（b）分销商应在正常的工作时间，提供合理的协助，以便［公司］按本协议约定对相关的记录和存货进行审计；

（c）分销商已经递交最近三（3）个月的销售报告；并且

（d）分销商已全部支付申请单中所载明的所有产品的价款；

5.10 所有的价格保护信用额度以信用额度单据的形式开立。不允许扣减发票金额。在获得价格保护信用额度之前，所有的发票必须按票面金额全部支付。

第6条 支付

6.1 分销商应按本协议附件或双方另行签署的增补协议的约定支付价款。除非[公司]另有明确同意，否则本协议项下的交易将均按先付款后交付的方式进行。分销商应将到期应付款支付至［公司］指定的银行账户，具体账户信息以［公司］在本协议中提供的或另行书面通知者为准。

6.2 如分销商未能（或根据［公司］合理判断认为分销商将不能）在要求的期限内

支付包括产品或服务价款在内的任何应付款，［公司］有权根据其选择分别或同时采用以下一种或多种措施处理：

（a）就延期支付的款项向分销商收取滞纳金，滞纳金标准为每日万分之五（0.05%）；

（b）要求分销商在［公司］重新指定的日期之前付款；

（c）停止执行分销商的订单，以及拒绝接受分销商新的订单，直到所有应付款均支付完毕；

（d）由分销商负担相关费用，重新占有分销商占有、保管或控制的未付清款项的任何产品，无论其位于何地；和 / 或

（e）行使本协议赋予的任何权利或采取法律允许的其他行动。

第 7 条　分销商的职责

7.1　分销商陈述和保证，分销商有充分的权利和权力签署和执行本协议，有权接受和授予本协议项下的任何授权和许可，并且分销商对产品和服务的营销、销售和支持，将完全符合本协议及附件的规定。

7.2　产品和 / 或服务的转售价格将完全由分销商根据其对营销、销售和支持的成本费用及合理利润的评估自行决定。［公司］可就产品和服务转售提供推荐或建议的价格，分销商可自愿遵守［公司］提供的推荐或建议价格。

7.3　分销商仅限于在授权范围内销售指定产品和服务，不得将产品或服务以任何方式在分销商授权范围之外营销和销售。此类未经［公司］事先批准的超出授权范围的销售，具体判定标准见本协议附件。由分销商或其下游渠道在授权范围外销售的产品或服务将不作为分销商的业绩，在确定授予分销商的激励和支持时将不予以考虑。

7.4　未经［公司］事先明确书面同意，分销商不得超出［公司］对分销商的授权范围擅自通过互联网、电视和电话网络等方式销售指定产品或服务。

7.5　如分销商发现其他渠道有任何行为与本协议要求不符，应向［公司］报告并根据［公司］的要求协助［公司］调查处理。分销商保证将不以任何方式向那些被［公司］宣布禁止合作的渠道提供或从该渠道处获得产品或服务。

7.6　除非经［公司］事先书面同意，否则分销商不得对产品或服务及其任何部分（包括其随附的文件、程序和材料及其组合方式，包括但不限于认证证书和相关材料等）做任何的添加、去除、替换或其他更改。除非［公司］另有明确的指示，否则分销商不得将产品随附的文件、程序和材料单独定价或销售。分销商知道并将明确告知分销商客户，任何对产品或服务未经授权的修改，均可能导致［公

16280

司］原厂保修和支持服务失效。

7.7　分销商应当按［公司］提供的营销材料及相关要求对产品和服务进行介绍和推广。尽管如此，分销商应当自行负责确保对产品或服务的介绍和推广真实、准确、完整和清楚，符合市场竞争、广告、隐私和信息安全及消费者权益保护等相关法律要求。如［公司］提供的营销材料与法律要求不符，分销商应当及时向［公司］反馈。

7.8　未经［公司］事先同意，分销商不得擅自获取和使用非由［公司］提供和允许分销商使用的［公司］营销材料的部分或全部，包括但不限于产品图片及影音文件等。对于［公司］提供的营销材料，分销商应当按照［公司］的指示进行使用，未经［公司］事先书面同意，分销商不得擅自进行修改，也不得用于核准范围之外的任何目的。同时，分销商应当采取合理的保护措施，避免他人盗用［公司］营销材料。如分销商发现第三方盗用的，应当及时通知［公司］，并协助［公司］进行处理。

7.9　分销商应始终保持必要的介绍、说明和演示本协议核准分销商所销售产品或服务的能力。分销商应根据［公司］的店面陈列和展示规范，在核准产品或服务的展示专区按照［公司］的规范陈列和展示核准产品和服务及相关营销材料，分销商不得在核准产品和服务的展示专区陈列和展示未经核准的其他产品或服务及相关营销材料。

7.10　分销商不得使任何分销商或第三方产品和服务与［公司］或［公司］关联公司的产品和服务混淆。以本协议相关条款为前提条件，如分销商销售任何分销商或任何第三方的产品或服务，分销商应明确和清楚地告知客户：(a) 这些产品或服务不是［公司］或［公司］关联公司的产品或服务；(b) 对这些产品或服务负责或提供保证的厂商及其联系信息；以及（c）就这些产品或服务获得保修及支持的途径。

7.11　［公司］授权和允许分销商做为商品销售的服务，服务条款均由［公司］或［公司］关联公司确定，服务将由［公司］、［公司］关联公司或其指定的服务提供商根据与最终用户的协议履行。分销商应按法律规定及本协议约定为客户提供保修及其他支持服务。分销商应妥善处理客户索赔和投诉，以维持和提升客户满意度。

7.12　分销商将购买和维护足以覆盖本协议项下可能发生索赔的必要责任保险。

第 8 条　店铺运营规范

8.1　未经［公司］在本协议中或通过其他书面方式明确授权，分销商不得建设和运营任何使用［公司］商标和［公司］形象识别系统的店铺（无论实体店铺还是网络虚拟店铺）。

8.2　未经［公司］事先书面同意，分销商不得自行或通过他人注册或使用与［公司］

和 / 或［公司］关联公司网站近似的域名，也不得自行或通过他人建立或使用与［公司］和 / 或［公司］关联公司网站相同或近似的网站页面。

8.3 在符合［公司］相应资格要求的前提下，［公司］可授权分销商使用［公司］形象识别系统建设和运营本协议附件明确规定的［公司］品牌店铺。［公司］品牌店铺的具体名称及设立平台，由［公司］单方自行确定。分销商应按［公司］提供的相关规范、标准和指南的要求建设［公司］品牌店铺，并使其运营始终符合［公司］的规范、标准和要求。［公司］可通过电子商务平台公告、电子邮件、快递等方式向分销商提供上述规范、标准和指南。［公司］品牌店铺仅限于在规定的位置、地点按规定的规模和范围建设和运营，未经［公司］事先书面同意，分销商不得自行变更。

8.4 分销商应定期和不时对［公司］品牌店铺进行维护和更新，使其始终保持符合［公司］品牌店铺标准和规范的良好状态。

8.5 ［公司］品牌店铺的建设和运营费用由分销商自行负担，在分销商遵守本协议的前提下，［公司］可根据其选择按照其制定并不时调整的政策，对分销商建设和运营［公司］品牌店铺给予特定支持，但分销商或分销商店铺（包括［公司］授权分销商建设和运营的［公司］品牌店铺）并不会因此成为［公司］的附属或关联公司。如因分销商或分销商下游渠道违约导致本协议终止或分销商被撤销运营［公司］品牌店铺资格的，分销商应将［公司］所提供支持按原值返还［公司］或对［公司］作出相应补偿。

第 9 条 下游渠道发展

9.1 如根据授予分销商的职权，分销商通过下游渠道销售产品或服务，应当与其下游渠道签署严格程度不低于本协议，且能够完整、准确和清楚地反映本协议要求的协议，对其下游渠道的行为进行约束，并确保下游渠道遵守并符合本协议项下分销商的所有义务。分销商下游渠道如有任何行为与本协议规定不符，分销商应采取有效措施予以纠正，分销商应就此类行为与其下游渠道承担连带责任。除非［公司］另有事先书面同意，否则分销商仅限于在分销商的授权范围内发展下游渠道。

9.2 如分销商发展任何使用［公司］形象识别系统的下游渠道，应事先向［公司］提出书面申请。分销商应按［公司］要求提供渠道的相关信息，包括但不限于市场分析报告及相关资质文件等。经［公司］书面同意后，分销商方可按照［公司］的相关要求与该渠道达成相关协议。

9.3 分销商应及时将其下游渠道的相关信息包括业务执行情况提交［公司］备案。如分销商未及时备案上述信息，导致分销商下游渠道因涉嫌侵权或

16280

其他原因被调查或处罚，或因此导致任何其他损失和不便的，由分销商自行处理并承担全部责任。

第 10 条　保修和服务

10.1 ［公司］对［公司］品牌产品提供有限保修。适用于产品的保修政策（如有）：(a) 通过产品随附文件和 / 或文件指定的网页阐明；或（b）以作为本协议附件保修声明为准。如上述（a）项和（b）项提供的保修条款不一致，应以（a）项保修条款为准。［公司］有权对保修卡的条款和条件进行修改，［公司］应尽快将此类修改通知分销商。

10.2 未经［公司］事先书面同意，分销商不得对产品的规格和配置及任何其他方面做任何变更。

10.3 保修期自最终用户购买产品之日起计算。分销商应确保向最终用户说明这个起始日，并确保最终用户知道如何获得产品保修服务。

10.4 ［公司］的保修政策不适用于非［公司］品牌产品。对这些非［公司］品牌产品，［公司］并未提供任何明示或默示保证，亦不提供保修服务。［公司］将在其力所能及的范围内，把其从非［公司］品牌产品供应商处获得的产品保修转给分销商。

10.5 产品保修的具体范围和流程在本协议及附件和 / 或［公司］另行发布的指南中载明。［公司］对产品提供保修的义务，严格以本协议明文规定的为限。

10.6 对作为商品提供的服务方案的保证和支持，按［公司］相关服务协议或服务条款提供。

10.7 本条款规定的明示保证，是［公司］对产品和服务作出的唯一保证。［公司］对产品和服务未作任何其他陈述或保证。

10.8 支持服务。分销商应使在分销商处购买产品或服务的用户直接从［公司］获得有效的支持服务。“支持服务”一词是指向产品的最终用户所提供的保修范围外的维护和支持。支持服务可应电话请求提供，或者作为固定期限的延期保修协议或维护协议的一部分予以提供。只有［公司］授权服务中心方可对产品和服务提供保修和支持。

第 11 条　激励与支持

11.1 ［公司］将依其自己的判断，决定就产品和 / 或服务的营销和销售为分销商及其下游渠道及其各自的人员提供激励和支持，包括但可能不限于：

（a）根据分销商销售业绩提供销售奖励或其他类似激励；

（b）为符合［公司］要求的市场、营销、广告及销售活动提供资金或物资支持；

（c）产品、营销、运作、管理、商务、财务等相关专业知识培训；以及

（d）投标授权、售前和售后技术支持、客户关系维护等支持。

11.2　分销商了解并同意，上述激励和支持将完全由［公司］根据原料供应、制造及市场、分销商资信、业绩、客户满意度及履约情况等因素，单方决定是否及如何提供，上述激励和支持在任何情况下均不得被视为是[公司]的到期应付款或应履行的合同义务。[公司］可随时对激励和支持的内容及提供方式进行调整或撤销。分销商只能按［公司］的政策及指定的用途和方式使用上述激励和支持。除非［公司］另有规定，否则资金类的激励和支持将仅作为分销商的可用销售折扣额度，用于折抵未来的价款，在任何情况下分销商均无权以任何方式支取。［公司］有权根据分销商的资信、履约、营销、销售和服务努力及客户满意度等指标，随时取消已经授予分销商的上述销售折扣额度，以及撤销或停止其他激励和支持，且没有义务向分销商告知和说明理由。

11.3　［公司］给予分销商的激励和支持仅以经［公司］加盖有效印章确认或由销售总监及以上职级经理人员签署，并通过本协议规定的通讯方式向分销商发出的正式书面通知为准，任何与此不符的其他无论是口头的还是书面的允诺均无效。除非［公司］另有规定，否则激励和支持仅在［公司］规定的期限内有效，逾期不再补发。

第 12 条　保密

12.1　为本协议目的，一方（“披露方”）可能向另一方（“接收方”）披露非由他人广泛知晓或使用的并会或可能会给披露方带来竞争优势的商业、技术或其他信息（“保密信息”）。保密信息在披露时应被标记或指明为“保密”或“专有”。任何由一方以口头或视觉方式向另一方披露的保密信息，在披露时应被指明为机密，并应在披露后十（10）天内以书面方式作出概述并提交给另一方。在保密信息披露后的三（3）年内，接收方必须：（a）对保密信息进行保密；（b）仅为本协议的目的使用保密信息；并且（c）除为履行职责确有必要知悉保密信息的该方雇员（或其关联机构、律师、会计师或其他顾问）外，不向其他任何人披露保密信息，且上述人员应签署严格程度不得低于本条规定的书面保密协议或承诺。

12.2　上款规定的义务对以下信息不适用：（a）在披露时已属于或在披露后进入公共领域的信息，但因接收方违反保密义务所导致的除外；（b）在披露时接收方已经掌握的且对其不承担保密义务的信息；（c）在未违反本协议的情况下接收方从披露方之外的来源获得的信息；（d）由披露方在未附带保密义务的情况下提供给第三方的信息；或（e）接收方未利用披露方披露的信息独立开发的信息。

16280

12.3　本协议一经终止或到期或在任何时候经披露方随时要求，接收方应（a）向披露方归还（或经披露方要求销毁）包含披露方保密信息的所有材料（包括其复制件）；并（b）在披露方提出此项要求后十（10）日内向披露方书面保证已经归还或销毁上述材料。尽管有上述规定，接收方不得被要求要修改、删除或销毁在正常业务执行过程中形成的备份磁带或其他电子媒体，但无论如何，只要备份媒介中包含保密信息，本协议项下保持保密信息机密性，以及仅按本协议允许使用保密信息的所有义务，将继续具有完全和充分的效力。

12.4 在本协议项下［公司］向分销商提供的或分销商因履行本协议而知悉的任何有关［公司］商务、财务及技术等方面的非公开信息（包括但不限于［公司］供货价格、经营渠道、销售策略、奖励方式等）均属于［公司］保密信息。本协议、本协议附件及所援引文件的存在、内容及相关信息均为保密信息，除本协议另有明确约定外，任何一方均不得披露。

第13条 知识产权

13.1 除本协议另有明确约定者外，本协议未授予分销商及分销商客户任何其他知识产权的权利和许可。分销商应采取合理措施保护与产品和服务相关的知识产权，包括根据［公司］合理要求提供相关协助。

13.2 分销商对［公司］商标的使用应符合以下条件：（a）与授权分销商营销好销售的指定产品或服务一起；且（b）仅在分销商授权范围内。此外，分销商对［公司］商标的使用应符合本协议附件《商标许可和使用指南》及［公司］发布并不时更新的相关规范、标准和指南。［公司］商标以及因分销商使用［公司］商标所产生的商誉均是［公司］的资产。

13.3 除非本协议附件或双方另行签署的增补协议中明确规定了分销商可设立及运营使用［公司］形象识别系统的店铺，否则本协议的签署和执行并不表明［公司］授权和许可分销商或分销商下游渠道使用［公司］形象识别系统及任何商标或其他品牌元素。分销商及分销商下游渠道使用任何［公司］形象识别系统，按本协议附件或［公司］另外的事先明确书面授权或双方另外达成的书面增补协议为准。

13.4 分销商违反本协议项下的关于［公司］商标和［公司］形象识别系统使用的约定，将导致不可挽回和弥补的损害，分销商同意，分销商、分销商关联公司及其各自的人员如有任何违反本条规定的行为，除依照本协议及法律规定享有的其他救济外，［公司］还有权要求分销商按附件《商标许可和使用指南》支付违约金。［公司］可向任何具有管辖权的法院申请禁止令或采取其他类似的救济措施，以保护其知识产权及其他专属权利和利益。分销商应采取一切必要和有效的措施，对与本协议要求不符的行为予以纠正，包括对任何不符合约定的权利申请、登记和注册进行转让、变更或撤销。

第 14 条　业务行为守则

14.1　遵守法律和［公司］反腐败政策。分销商将遵守所有有关反贿赂、腐败、不准确的账簿和记录、不充分的内部控制和洗钱法律。分销商确认已了解并将遵守［公司］的反腐败政策，［公司］的反腐败政策见后附或由［公司］通过网络或线下方式另行提供。

14.2　［公司］禁止其员工直接或间接接受任何为获取或保留业务机会或其他无论任何目的而提供或许诺提供的现金、现金等价物及其他有形或无形利益，分销商也不得以任何方式直接或间接向［公司］员工或对其行为有影响能力的亲属或其他利害关系人提供或许诺提供上述不当利益。［公司］未曾也不会要求、劝诱或暗示分销商以任何方式向任何第三方提供或允诺提供上述不当利益。符合当地法律规定和商业礼仪的价值不超过合理限度的小额公务招待及广告礼品除外。分销商如发现［公司］及其关联公司任何人员违反前述行为准则，应及时向［公司］投诉，［公司］将对所有信息提供者及其提供的资料严格保密，具体见本协议附件的相关规定。分销商、分销商关联公司及其各自的人员如有任何违反本条规定的行为，将被视为已经对［公司］造成实质性损失和损害而无须对损失金额提供证明，［公司］除可根据其选择终止本协议的部分或全部，停止、撤销或要求分销商返还所有奖励和支持外，还有权要求分销商就每单次违约行为按行为被发现之日起前三（3）年［公司］与分销商及其关联公司交易金额总额的百分之三（3%）或七（7）万元人民币支付违约金，以较高者为准。以上处理并不限制［公司］依法及依本协议寻求其他救济的权利。如违约行为造成［公司］其他损失，分销商应予以赔偿，此类损失包括但不限于［公司］为调查和处理违规事件所发生的律师费和其他法律费用。

第 15 条　记录和审计

15.1　分销商应将与本协议履行相关的交易记录（包括但不限于，财务账册、相关的广告营销材料、销售单据、安装或验收报告、库存信息或服务申请等）存档保存至本协议终止后至少三(3)年，并根据[公司]的要求向[公司]提供，无论本协议是否到期或终止。[公司]可定期或随时自行或委托第三方采用［公司］认为合理可行的方式，审查分销商遵守本协议的情况，包括分销商作为［公司］签约渠道的资格和能力，分销商应提供必要的配合。［公司］可复制并保留相关记录和文件的复印件。上述检查费用由［公司］承担，但如经审查确认分销商的状况或行为与本协议要求有任何不符，则全部合理的核查费用由分销商承担。分销商可向［公司］了解审查结果，如有异议可向［公司］进行解释和说明。

16280

第 16 条　抗辩和补偿

16.1　分销商应就分销商、分销商关联公司及下游渠道：（a）违反本协议；（b）违反任何可适用的法律规定；（c）违反任何陈述或保证；（d）涉嫌或实际侵犯了任何知识产权；（e）人身伤害、死亡或财产损失；（f）违法、不公平或欺诈性业务行为；或（g）其他任何作为或不作为导致的任何索赔、处罚、罚款、诉讼、损害赔偿或其他费用或成本（包括合理的律师费），为［公司］、［公司］关联公司及其管理人员、董事和雇员提供抗辩和补偿，并确保其不受损害。分销商应支付所有由此发生的损害赔偿及费用，包括但不限于，律师费、判决的赔偿金、和解金、抗辩费用、罚款及［公司］和［公司］关联公司为处理此类事务所发生的内部资源费用。［公司］应将此类索赔的发生及时通知分销商，并为抗辩与和解提供必要的协助，相关费用由分销商承担。

16.2　如有任何第三方就［公司］销售给分销商的产品或服务向分销商提出任何索赔或进行任何调查或处罚的（统称为"索赔"），分销商应立即书面通知［公司］，并根据［公司］要求允许［公司］主持抗辩及谈判，分销商应提供一切必要的协助，包括但可能不限于为［公司］提供必要的授权或其他文件以及参与相关的谈判。如分销商未能及时通知并提供必要的协助和配合，则对由此类索赔所导致的任何费用，包括但不限于罚款、赔偿金、和解金及其他处理费用均由分销商自行承担。在此类索赔已经或可能发生情况下，分销商应允许［公司］修改或用等同或较高功能的产品替换分销商库存中的受影响产品，如［公司］确认没有合理可行的替代方案，分销商应根据［公司］的书面通知，将受影响的产品退还给［公司］，［公司］会将分销商就退返产品已支付的金额计入分销商记账额度。如索赔因以下情况导致，［公司］的上述义务不适用：（a）与产品或服务结合使用的由分销商提供的任何材料或技术；（b）分销商或任何第三方未经授权对产品所作的修改；或（c）产品与任何非由［公司］提供的产品、数据、装置、方法或技术结合、运行或使用；或（d）事件因任何第三方产品或服务单独导致。

第 17 条　违约责任

17.1　如分销商或分销商关联公司、分销商下游渠道及其各自的人员有违反本协议任何规定的行为，除根据本协议及相关法律规定享有的其他救济外，［公司］可根据其选择，采取以下一项或多项行动，而不需要为此承担任何费用和责任：

（a）要求分销商立即或在［公司］通知的期限内自行承担费用采取有效的纠正措施进行整改；

（b）要求分销商按本协议的约定支付违约金；

（c）取消授予分销商的或要求分销商返还相关奖励和支持；

（d）终止本协议的部分或全部；

（e）从对分销商的任何应付款中扣除相应的金额；和 / 或

（f）暂停或终止根据本协议授予分销商的全部或部分销售核准。

17.2 如分销商实质性违反本协议，［公司］可经书面通知立即终止本协议。分销商实质性违约包括但可能不限于：

（a）分销商未经［公司］同意而全部或部分转让或分包本协议；

（b）分销商向［公司］提供虚假或不完整的信息；

（c）分销商不履行生效订单；

（d）分销商对［公司］商标或［公司］形象识别系统的使用不符合本协议规定；

（e）分销商对双方关系、产品或服务做误导或欺诈性的宣传、说明或介绍；

（f）分销商直接或间接地从事任何违反本协议项下分销商职责的行为；

（g）分销商故意或过失行为（无论是作为还是不作为），根据［公司］判断已经或可能严重影响［公司］或其关联公司的利益、形象或声誉；

（h）分销商违反本协议的任何条款且在收到［公司］通知后未能在三十（30）天内采取有效措施纠正的；或

（i）分销商下游渠道有上述行为。

17.3 双方同意，任何一方违约均将导致对方的损失，双方承认计算这些损失有时可能非常困难，为执行方便，双方同意预先确定违约金数额是合理和必要的。双方同意，如约定的违约金不足以弥补守约方的损失，守约方有权要求违约方进一步补偿。这里所称的损失包括因违约行为所导致的守约方损失，亦包括守约方为处理违约事件所发生的包括调查、仲裁、诉讼、律师等法律费用在内的费用和开支。本协议规定分销商应支付的退款、违约金或赔偿金应在明确责任后十（10）日内付清，否则按逾期付款处理。上述款项可由［公司］从其对分销商的任何应付款以及可能给予分销商的任何奖励和支持中直接扣除。

17.4 除依照法律规定不允许通过合同方式排除和限制的责任以及本协议就责任承担另有约定者外，任何一方及其关联公司，均不就以下事项向另一方及其关联公司承担任何责任，即使事先被告知了其发生的可能性，也不论其是基于合同、侵权（包括过失）或其他何种原理产生：（a）第三方的损害赔偿要求；（b）数据丢失或损坏；（c）特别的、附带的、间接的、惩罚性的或结果性的损害赔偿；以及（d）利润、业务、收入、商誉或预期可节省费用的损失，并且就本协议及基于本协议所签

16280

发订单产生或与其相关的任何索赔，无论其以何种形式或依据何种原理提出，任何一方及其关联公司对另一方及其公司所承担的累积最大责任，应不超过分销商及分销商关联公司向［公司］及［公司］关联公司所支付或应付的全部金额。

第 18 条　期限和终止

18.1　期限。本协议初始期限见首页 / 封面页，除非按照本协议条款提前终止。除非任何一方在初始期限或任何续展期限到期前至少六十（60）天发出无意续展本协议的终止通知（或按照本协议条款以其他方式予以终止），否则，本协议将于任何一个期限到期后自动延续十二（12）个月。

18.2　有因终止。

（1）在法律允许的范围内，除本协议另有约定者外，任何一方均可在下列情形下（以下统称“终止事由”）经提前三（3）天书面通知对方终止本协议，且不需承担任何终止费用：（a）另一方实质性违反本协议；或（b）另一方被宣告破产、无力偿付到期债务或因其他事由丧失履约能力、资产被受让人或其他债权人接收的。

（2）下列情况下，［公司］可根据其选择向分销商发出书面通知终止本协议：（a）［公司］根据其合理判断认为分销商明显将不能达成销售目标或销售计划；（b）［公司］业务调整；（c）分销商状况发生变化，不再具有本协议约定的能力和资格；（d）分销商或分销商关联公司的控制权或所有权发生变更；或（e）分销商关联公司因违约被［公司］终止了其与［公司］的其他协议。

18.3　无因终止。此外，在没有尚未执行完毕的订单情况下，任何一方均可经提前六十（60）天书面通知对方而终止本协议，不需说明终止事由。如可适用法律要求一个更长的通知期限，那么通知期限是法律允许的最短期限。本协议还可因到期、双方协商一致或本协议的其他约定而全部或部分终止。

18.4　终止的效果。

（1）［公司］终止本协议可仅限于某个产品或服务或分销商授权范围的特定部分。当本协议任何部分被终止时，分销商应立即或在［公司］通知的期限内停止使用与被终止协议相关的［公司］商标、［公司］形象识别系统及相关激励和支持。本协议任何部分被终止的，就被终止部分分销商对［公司］的应付款均应被视为立即到期应付。

（2）分销商被委任的职权被暂停或终止的，分销商应立即交还［公司］提供的表明对分销商授权或核准的相关文件（包括证照或牌匾等），如分销商无法或未能及时交还上述文件的，［公司］有权通过书面通知暂停或终止其效力，自通知送达之日起生效。分销商的授权或核准被暂停的，在分销商采取有效整改措施纠正违约行为后，［公司］可根据其评估书面通知分销商恢复。

（3）如［公司］允许分销商在相关协议终止后执行某些活动，例如，出清分销商库存的产品或服务，这些活动应继续按相关协议规定执行，仅限于为此目的，相关协议规定继续有效，但这不应被视为是对本协议的延期或续展。

18.5　本协议任何部分终止，均不影响本协议中标题为“保密”“知识产权”“业务行为守则”“记录和检查”“抗辩和补偿”“违约责任”“期限和终止”“一般条款”以及其他依其性质应当延续其效力的条款的效力。

第 19 条　一般条款

19.1　双方关系。各方知道并同意，分销商与［公司］始终是独立的合同主体，任何一方及其关联机构均不因本协议的签署和执行成为另一方的附属或关联机构。在本协议期间内可能用于描述各方关系的“合作”及其他类似用语是用于表明各方合作的精神，本协议的任何内容及其执行均不表明或导致（无论是明示还是默示）各方之间存在或产生了任何法律上的雇佣、委托代理、合伙、信托、联营或合资关系。除非另有明确的书面授权，否则任何一方均不得代表另一方行事，也不得以任何方式为另一方创设任何义务，或向第三方表明另一方将以任何方式对其行为（作为或不作为）负责。［公司］不得被视为分销商与分销商客户之间任何合同的当事人。［公司］与分销商应自行独立对各自为履行本协议项下的权利和义务产生的成本和费用负责。

19.2　分包和转让。未经对方事先书面同意，任何一方不得将本协议的部分或全部转让、转包或分包给其关联公司或任何第三方。［公司］可根据其业务模式安排其关联公司执行本协议项下的部分或全部业务，此类安排仅为业务方便，不影响双方在本协议项下的权利和义务。任何情况下［公司］关联公司均不对本协议承担任何责任。任何一方在其使用本协议的实质业务出售或因股权调整而发生变更时可同时转让本协议。除此之外，对本协议的任何未经授权的转让均属无效。

19.3　完整协议；补充和修改；非弃权。本协议构成双方之间的完整协议，取代先前关于本协议项下事宜的所有讨论、协商及协议，但双方之前已签署的保密协议（若有）除外。除非本协议另有明确约定，对本协议的任何补充和修改，均应由双方协商一致，并以双方正式签署的书面补充协议为准。本协议的有效弃权须经弃权方书面签署，一方对另一方不履行本协议的义务和责任的某些事件放

16280

弃追究并不表示对以后发生的事件也放弃追究。

19.4 可分割。如本协议任何条款被有管辖权的司法机构裁定在任何方面不可强制执行，那么，只要这种不可强制执行对本协议项下双方权利不构成重大影响，本协议其余条款将继续有效。

19.5 优先顺序。本协议如与相关附件或订单内容不一致，其优先顺序为：

（a）本协议（包括本协议援引的［公司］分销商政策）；

（b）本协议后附及本协议执行过程中不时增补的相关工作说明，除非本协议或工作说明中明确规定工作说明中的特定条款优先适用；以及

（c）［公司］相关订单中的条款和条件。

19.6 解释。本协议中使用的标题仅为阅读方便而设定，不取代和修改合同条款或用于对条款的解释。本协议由双方具有相应知识和经验的代表在友好协商的基础上达成，所有条款均考虑了合理对价，且双方的法律顾问也参与了条款的审核，为此，双方同意放弃就含义不清的条款作出对协议起草方不利解释的权利。

19.7 公开。如一方拟发布任何与本协议或因本协议引起的任何事件（包括但不限于双方合作关系）有关的新闻稿、公告、声明、广告或进行宣传，均应交对方审核并经对方事先书面同意，但对方不得不合理地拖延或拒绝同意。未经他方事先书面同意，任何一方均不得公开本协议条款或双方的业务关系，除非可适用法律或证券交易规则另有要求，但条件是被要求公开的一方应进行任何可行的保密处理。

19.8 隐私权和用户数据。分销商应（a）遵守所有可适用的关于隐私和数据保护的法律要求；（b）分销商仅应仅限于为向用户提供本协议及相关政策指南中规定的产品及支持服务，以及协助用户妥善管理产品的目的使用用户数据；（c）分销商应向用户及其他向分销商或［公司］提供个人数据的其他方提供充分通知，并获得其充分同意和授权，以允许分销商、［公司］及其各自的关联公司和服务提供商按照本协议的预期处理该等数据；（d）［公司］可以存储、使用和处理在本协议签署和执行过程中获得的分销商联络信息及其他信息，包括姓名、电话号码、地址和电子邮件地址等，用于本协议约定的以及与本协议及产品或服务相关的用途。［公司］可将此类信息传输至［公司］或其关联公司从事业务活动的任何国家或地区，以及传输给与本协议及本协议项下产品和服务相关任何［公司］供应商或服务商。

19.9 不可抗力。任何一方均不需对其不能合理控制的外力事件（不包括劳资纠纷及分包商的行为）导致的本协议延误或无法履行承担违约责任，但该方应及时通知另一方并

采取所有合理措施以降低延误或不履行的影响。上述事件影响解除后，双方可诚信地协商是否需要以及如何继续履行协议。

19.10　法律适用与争议解决。本协议依中华人民共和国大陆法律制定和解释。因本协议的解释和执行发生以及与此相关的任何争议，均应首先由双方友好协商解决；协商不成的，双方同意由［公司］所在地有相应管辖权的人民法院专属管辖和裁决。本款规定并不限制任何一方根据法律规定寻求其他可行的法律救济的权利，包括但不限于申请禁止令或其他法律保护。

19.11　通知和联络。根据本协议发出的或与之相关的所有通知和联络，均应通过双方在本协议中指定的或另行书面委任的授权代表进行，所有通知均应采用书面形式并通过下列任一方式送达：（a）交付本人；（b）通过指定的传真机、电子邮箱或电子数据传输系统发送；（c）交付正规的特快专递服务机构；或（d）通过指定的电子商务平台发送。通知在亲自交付本人的情况下，于交付当日视为送达，通过特快专递服务机构发送的，于符合条件地发送后满三（3）个工作日视为送达；通过传真机、电子邮箱、电子数据传输系统及电子商务平台发送的，于发送后满一（1）个工作日视为送达。分销商应定期查阅指定的电子商务平台网站。双方接收通知的地址（包括传真机、电子邮件地址及电子数据传输系统）以根据本协议备案或通知者为准。当一方地址发生变更，应及时通知另一方，否则应自行承担不利后果。双方同意并确认，符合本协议条件的以下通知是有效和具有约束力的：（a）由充分授权代表签署；（b）加盖有效［公司］印章确认；（c）通过备案或指定的传真机、电子邮箱或电子数据传输系统的电子通讯方式发出。在使用电子方式通信时，电子文件中包含的身份标识码应能充分证实发送者的身份和文件的真实性。

19.12　副本和签署。本协议及相关补充协议可签署一份或多份副本，每份副本均被视为原件，并且所有这些副本合起来将构成同一协议。任何通过可靠方法（如影印或传真）制成的本协议复制件均被视为正本。本协议的附件及补充协议为本协议不可分割的一部分，与本协议具有同等法律效力。

附件一：工作说明

第一部分：分销商资格格和认证

1　分销商应具备的资格和能力

为确保分销商有能力销售本协议项下核准的产品及服务，以及为其客户提

16280

供优质的体验和服务，分销商应当确保其在本协议期限内具备并始终保持本附件约定的资格和能力。

2　成为授权分销商的条件

（1）分销商应拥有并始终保持履行本协议所必要的所有政府审批、许可和资质，包括但不限于______等资质。

（2）分销商应具有符合［公司］要求的专项资金保障能力，分销商用于本协议的周转资金应当不小于______万元。

（3）分销商应具有专业的仓库及物流配送能力，能够保证满足核准销售平台的物流时限要求。

（4）分销商应具有相关的专业人员，熟悉［公司］产品和服务及售后支持政策，有必要的能力为客户提供售前、售中及售后的咨询及其他支持。

（5）分销商应具有或能够协调相应资源，随时按［公司］制订或发布的营销计划或方案，参加或组织相关的营销活动。分销商应始终保持必要的介绍、说明和演示分销商所销售产品或服务的能力。无论［公司］是否提供支持或协助，分销商均应自行对分销商组织或承办的活动负责。

（6）分销商应聘雇并始终保持足够的有相应专业技能和能力的人员，包括但可能不限于：____。

第二部分：授 权 范 围

1　指定产品和服务

［公司］授权分销商营销和销售的产品和 / 或服务为：

____

分销商获得某一产品和 / 或服务的销售授权，并不代表分销商可以销售该核准产品和 / 或服务的所有型号或类别，分销商具体可销售的型号或类别由［公司］单方另行确定。

2　授权范围

分销商仅限于在以下授权范围内营销和销售以下各类产品和 / 或服务：

____

［公司］有权根据自身业务发展或商业安排对上述授权范围进行调整，具体调整内容将通过书面形式通知分销商。通知一经送达立即生效，分销商应当按照调整后的授权范围销售产品和 / 或服务。

3　销售目标

分销商承诺在本协议每个初始及续展期限内实现以下销售目标：

____

分销商应按承诺的销售目标制订相应的销售计划。销售目标及销售计划达成后，分销商方可享受［公司］的相应激励和支持。

4　店铺建设和运营

根据本协议的条款和条件，［公司］同意分销商在地点设立销售指定产品和 / 或服务的［公司］品牌店铺：

____

5　物流配送

分销商指定的物流配送地址及联系人如下：

____

除非［公司］事先另外明确同意，否则分销商订单上指定的交货地址必须与上述物流配送地址一致，否则［公司］有权拒绝交货，所有由此导致的包括仓储、运输、处理等在内的额外费用均由分销商承担。分销商指定的物流配送地址如有变动，应立即以加盖分销商公章的正式书面通知告知［公司］,同时应在电子商务平台上提交变动申请,并经［公司］审批通过后方为有效。

附件二：分销商规范指南

1　客户服务

向最终用户销售产品或服务时，分销商应按法律规定履行销售商应当履行的义务，同时还应依据良好的商业标准，为用户提供一切有助于提高客户满意度、避免消费者用户对产品或服务产生误解和混淆的，在商业和法律上合理和必要的信息及协助，包括但可能不限于：

（1）为用户开具符合法律规定的有效发货票（包括发票、交货单及其他销售和交货凭证，下同），内容应完整、清晰和准确；

（2）为用户提供并完整、清晰和准确地填写产品随附的保修证书；

（3）在发货票及保修证书上加盖分销商或分销商销售终端店面的有效印章；

16280

（4）提醒用户在收到货物后至少一（1）个月内保留产品的完整包装箱及随附文件，以确保用户能够顺利申请产品保修或服务。

对随产品同时销售或提供的独立包装的外部设备、选件、附件或软件，应分别在发货票上列明，对作为独立销售单元的上述外部设备、选件、附件或软件产品，应分别提供和填写其各自的保修证书。

产品的保修政策将成为分销商与最终用户之间就产品或服务提供所达成合同的组成部分，无论所达成的合同是书面的还是口头的，抑或是其他形式的。分销商应建立必要的机制，使用户在购买产品时能够有机会阅读保修文件。如产品保修文件的全部或部分通过网站、光盘、文件预装等电子方式提供，分销商应在产品销售前告知并指导用户阅读和了解产品所适用的保修政策。如用户提出要求，分销商应免费为用户打印保修政策的纸质文档。

对产品随附的保修和服务政策，分销商应原样转达，不得作任何更改。如销售的产品不附带保修或服务，或保修或服务受到任何限制或缩减，例如产品为处理品、样品、试销品等，分销商应以清晰和明确和可核查的方式事先告知最终用户，否则对因此导致的任何争议或损失，均由分销商自行承担责任。

2　业务行为守则

2.1［公司］的政策

为确保［公司］（包括其所有关联公司，下同）的所有业务均能以诚实、正直和公平的原则开展，［公司］严格禁止一切针对［公司］及他人的贿赂行为。

2.2　禁止商业贿赂

一般而言，商业贿赂指直接或间接提供、给予或接受任何现金或现金等价物及其他有形或无形利益，从而不当影响任何他人或实体的决策或行为，以求获得或保留业务，或获得不当益处。贿赂不仅仅包括支付或许诺支付现金，还包括提供或许诺提供任何现金等价物及其他有形或无形利益。

为不当影响任何人员的决定或行为而向其提供或许诺提供任何下列有形或无形利益的行为，均将被认定为贿赂：

—以回扣、劳务费、信息费、咨询费、顾问费、服务费等名目支付现金；

—提供任何高价值礼品等现金等价物；

—以不正常的价格和条件提供住宿、餐饮及交通工具；

—提供任何奢侈的餐饮、招待、娱乐、旅行及其他服务，或为此类服务支付或报销任何费用；

—提供任何形式的捐赠；

—提供未来工作机会；

—提供借款、融资或其他财务资助；

—提供股份、股权、期权或其他营业利益分配机会；

—提供获得声誉或荣誉的机会；

—其他有形或无形利益。

无论接受上述利益的是决策者本人，还是其亲属、好友或其他与其决策者本人有利害关系或其他可能对决策者的行为产生影响的人（利害关系人），也无论提供上述利益是提供方自己所为，还是通过其任何代理、代表、经纪、中介或任何第三方所为。

［公司］禁止其任何人员以任何方式直接或间接接受或索取任何上述利益。［公司］未曾也不会要求、劝诱或暗示其员工、代理、代表及实际或潜在分销商向任何第三方提供或允诺提供上述不当利益。

分销商与［公司］之间的任何和所有折扣、优惠、返款、借贷及其他财务往来，均应按当地财务会计准则如实记账。禁止任何未经披露或记录的或名实不副的资金及账目。

2.3　例外

上述不当利益不包括符合当地法律规定和商业礼仪的公务招待及广告礼品。但上述礼品及招待的价值不得超过合理限额且应与产品或服务的推广、展示或说明或恰当业务关系的建立相关。任何礼品或招待，无论其数量多少，均不得提供用于交换不当的商业利益。

上述招待和礼品的价值不超过合理限额是指单次（单件）及在一年内累积不超过合理限额，且该限额是接受招待和礼品者及其任何利害关系人所接受招待和礼品的累积限额。

2.4　利益关系报告

分销商应将任何可能对双方之间业务产生影响的情形向［公司］说明，包括但可能不限于：

（1）［公司］员工或其关系密切人士是分销商相关业务的经办人；

（2）［公司］相关业务经办人或其关系密切人士对分销商有任何投资或其他股权或合同利益，可以从分销商的营业中直接或间接获得任何收益；

（3）［公司］相关业务经办人或其关系密切人士控制的公司或企业与分销商有上述关系；

（4）［公司］相关业务经办人或其关系密切人士与分销商有其他类似关系的。

16280

业务经办人是指负责或执行［公司］与分销商相关业务的以及对该业务的决策和执行可能产生其他影响的人员，无论是部分还是全部。关系密切人士包括近亲属及其他有特殊关系的人员。

［公司］给予分销商的奖励、支持等激励和支持均以本协议规定以及［公司］向分销商发送的以本协议规定方式有效签署的正式通知为准，任何不符合本协议约定条件的无论是口头还是书面的承诺，对［公司］均无任何约束力。除非以正式签署的书面协议记载，并由［公司］高级总监及以上职级人员签字或加盖［公司］有效印章确认，否则［公司］无论任何官员或员工以［公司］名义所从事的借用、借款、垫款及其他融资行为，［公司］均不认可，且对此不承担任何责任。

2.5 投诉和举报

分销商如发现［公司］任何人员有任何接受或索取不当利益的行为，应及时向［公司］报告。联系方式：

______________［公司］

地址：____

邮箱：____

电话：____

举报人员可以匿名方式进行。但如举报人员可说明其身份并回答更多与情况相关的问题，则就指控或疑虑开展的调查将更为有效和彻底。我们将在合理可行和法律允许的最大范围内保护举报人员的身份。我们将对善意举报进行充分调查，并按［公司］的相关规定进行处理。

3 商标许可和使用指南

3.1 目的

本文件是《分销商协议》（“协议”）的附加条款，用于明确分销商对［公司］商标的使用许可和限制。根据本附件，分销商可在协议规定的产品和服务营销和销售授权范围内使用特定的［公司］商标，用于分销商销售［公司］产品和服务。

3.2 许可和限制

“［公司］商标”是指任何［公司］持有和/或使用（包括获得许可）的与其公司、产品或服务相关的任何名称、标志、标识、商业外观及其他商业表征。

仅限于在协议期限内，根据协议及本附件的条款和条件，［公司］授予分销商一个专属的、不可转让的、有限的、非排他的许可（“许可”），根据该许可，分销商可为履行协议的目的使用［公司］商标，但应符合以下条件：(a）仅限于与授权分销商营销和销售的产品和服务相关的［公司］商标；(b）仅限于与授权分销商营销和销售的产品或服务一起；(c）仅限于在协议规定的分销商的销售区域内；且（c）应当始终符合本附件及［公司］商标使用指南的要求。

分销商获得的许可可能会因分销商作为［公司］渠道的类别或级别的不同而有差异，分销商仅限于按［公司］授予的范围和级别使用［公司］商标。

除明确授予的权利和许可外，［公司］并未因本协议的签署和执行授予分销商任何其他明示或默示的授权或许可。任何未明确授予的权利均由［公司］保留。

分销商知道，授予分销商的权利和许可是专属的，除非经［公司］事先明确书面同意，否则分销商无权分许可任何他人使用任何［公司］商标。

分销商了解和承认［公司］商标的有效性及［公司］对［公司］商标的排他所有权。分销商同意，［公司］商标以及因分销商使用［公司］商标所产生的商誉均是［公司］的资产。

分销商同意在协议期间内及之后的任何时候，均不会以任何方式对［公司］商标的有效性及其注册提出质疑，或协助他人提出质疑，并且分销商进一步保证将不会以任何方式损害［公司］商标的完整性，使其被稀释和淡化。

3.3 格式和规格

［公司］将通过业务操作指南或其他方式为分销商使用［公司］商标的材料提供格式指南和规格。分销商应按照这些指南和规格创作和使用含有［公司］商标的材料。分销商可以通过分销商供应商为分销商制作这些含有［公司］商标的材料，但前提是，分销商应向这些供应商完整和清楚地转达［公司］的相关要求，以确保这些材料的制作完全符合［公司］的指南和规格。

3.4 检查和批准

［公司］有权对分销商制作的任何含有［公司］商标的材料进行检查。根据［公司］的要求，分销商应向［公司］提供含有［公司］商标的材料的样品，包括但可能不限于，分销商的任何广告、店面宣传彩页等。如果［公司］基于合理理由认为分销商对［公司］商标的使用不符合［公司］的要求、可能损害［公司］商标的商誉或对［公司］商标有任何其他不利影响，分销商应自行承担费用立即按［公司］要求对材料进行修改。

［公司］保留随时对［公司］商标进行修改或替换任何其他商号、商标、服务名称或服务标志的权利。上述变更一经［公司］通知，新的标志和名称将被视为本文件中的［公司］商标。分销商同意将自行承担费用在［公司］发出

16280

通知后四十五（45）天内对使用的［公司］商标进行变更。

分销商应严格按照［公司］规格、规范、标准和指南的要求使用［公司］商标，不得使用和展示任何与［公司］要求不符的［公司］商标及其变形。未经［公司］事先书面同意，分销商不得自行或允许他人在任何公司、企业或其他组织或业务中使用任何［公司］商标或与［公司］商标在语音或视觉上近似的名称、标志或任何此类名称或标志的组合，例如但可能不限于，将与［公司］商标相同或近似的标志、标识、名称、商业外观及其他商业表征注册为分销商或分销商关联公司及其各自公司、产品或服务的名称、商标、域名、商业外观及其他商业表征。是否作出上述同意或批准，将仅以［公司］自己的判断为准。

分销商（分销商并代表其关联公司）在此同意，一经［公司］要求，分销商应立即自行承担费用向［公司］转让所注册或使用的上述商标、名称及其所有权益，或根据［公司］要求予以变更或撤销。分销商（分销商并代表其关联公司）在此不可撤销地委任并指派［公司］作为分销商及分销商关联公司的授权代表或代理人，根据该授权和委任，［公司］可以分销商或分销商关联公司的名义签署、确认和提交相关文件，完成所有上述转让、变更或撤销，并采取其他类似步骤。

分销商不得通过隐藏分销商名称、突出使用［公司］商标或任何其他可能导致误导或混淆的方式，使客户或任何第三方将分销商误认为［公司］或［公司］的关联公司。分销商不得去除或更改［公司］商标，也不得通过联合商标或其他方式将分销商的商业表征与［公司］商业表征结合使用。

分销商不得购买、销售、存储和处置任何假冒或仿冒［公司］商标的产品和服务。分销商不得自行或委托他方生产、制造或仿造带有［公司］商标或其他［公司］或［公司］关联公司专有标识的产品及其构件，不得仿造或使用仿造的带有［公司］商标或其他［公司］或［公司］关联公司专有标识的包装、装潢或防伪标签。

除非本协议中有明确约定，否则，分销商如使用任何［公司］形象识别系统，例如，那些［公司］专有的门店陈列、装饰、装潢及门头、标牌设计，以及表明分销商是［公司］授权、核准或认可销售商、服务商或其他类似含义的名称、标志、标识、商业外观或其他商业表征，均应由［公司］事先以书面形式正式批准，并按［公司］的规范、标准和指南执行。

3.5　无许可费

本协议项下的许可仅限于为分销商履行协议的目的授予，因此，除非双方另有约定，不需要支付许可费，双方各自承担履行相关职责和义务的相关费用。

3.6　无保证

就协议及本附件项下许可的［公司］商标，［公司］不做任何陈述和保证，无论是明示的还是默示的。如有任何第三方声称分销商使用的［公司］商标侵犯了该第三方的权利，分销商应立即通知［公司］，由双方按协议的抗辩和补偿条款处理。无论本协议是否有其他约定，对分销商及分销商关联公司因使用［公司］商标导致的损失，［公司］不承担任何责任。以上不保证声明及责任限制同样适用于［公司］及其关联公司和供应商。

3.7　违约金

分销商违反本协议项下的关于［公司］商标和［公司］形象识别系统的约定，将导致不可挽回和弥补的损害，分销商同意，分销商、分销商关联公司及其各自的人员如有任何违反协议及本附件的行为，除依照本协议及法律规定享有的其他救济外，还应按以下标准承担违约金：

分销商或分销商下游渠道以下违约行为每发生一次，分销商应向［公司］支付相当于协议履行期间双方交易金额百分之五十（50%）或五十（50）万元人民币的违约金，以较高者为准：

（1）未经［公司］同意，使用与［公司］形象识别系统的部分或全部特征相同或类似的名称、标识、装饰、装潢及其他设计的；

（2）知道或根据合理判断应当知道某些产品或服务侵犯［公司］商标或其他知识产权仍予以销售的；

（3）分销商自己或通过他人以任何方式注册或使用与［公司］商标相同或类似的标志或名称；或

（4）分销商未经许可生产或通过他人生产使用与［公司］商标相同或类似标志的产品。

分销商或分销商下游渠道以下违约行为每发生一次，分销商应向［公司］支付五（5）万元人民币违约金：

（1）使用［公司］商标不符合本协议约定，经［公司］书面通知后在合理期限内未采取有效纠正措施的。

（2）____。

如以上约定违约金不能弥补［公司］和 / 或其关联公司的损失，分销商应按《分销商协议》违约责任条款继续赔偿损失。以上处理不排除和限制［公司］依据合同及法律享有的其他救济。

16280

3.8 ［公司］商标

［公司］和/或其关联公司的商标或注册商标，以［公司］和/或其关联公司实际使用和注册登记者为准，包括但可能不限于：

____

［公司］文字及徽标

____

［公司］可通过其自己或其关联公司网站或其他方式发布其使用和注册的商标。

3.9 ［公司］商标指南

除符合协议及本附件的相关规定外，分销商使用［公司］商标还应符合以下规范。

在非［公司］或非［公司］关联公司的产品和/或服务及相关营销材料上与其他公司的名称、商标、服务标志或产品名称使用时，应符合以下规则：

—［公司］商标不得比其他公司的商号、商标或服务标志更大、更明显或更突出；

—［公司］商标应独立使用，并与其他公司的商标分开；

—［公司］商标周围应保留必要的空白，使［公司］商标与其他内容（例如，文字、图形及边框等）相区隔；

—上述空白空间应至少为1/2X，X等于［公司］商标首个字母或文字的高度；

—［公司］商标不得作为任何其他商标或标志的特征或设计元素。

不得以任何可能暗示分销商或分销商关联公司是由［公司］或［公司］关联公司设立、投资或与［公司］或［公司］关联公司有任何附属或关联关系的方式使用［公司］商标，此类不适当的使用包括但可能不限于：

—将［公司］商标和/或［公司］商标名称与分销商、分销商关联公司的名称结合使用；

—将［公司］商标和/或［公司］商标名称的主要部分或全部，或与［公司］商标或［公司］商标名称在语音或视觉上类似的词语，用作分销商或分销商关联公司的名称或其组成部分；

—在分销商、分销商关联公司的名片、文件、网页或其他促销材料上仅使用［公司］商标。

不得以任何可能暗示分销商或任何第三方的产品或服务是由［公司］或［公司］关联公司生产、支持或与［公司］或［公司］关联公司有任何关系的方式使用［公司］商标。

不得以任何可能导致［公司］、［公司］关联公司及其产品或服务任何损害的方式使用［公司］商标；例如，但可能不限于，不得将［公司］商标使用在任何虚假和误导性的营销材料上。

在某个材料首次使用任何已经核准注册的［公司］商标时，必须附带商标权利标志（® 或 TM），权利标志应紧随［公司］商标标注在右上角或右下角，且不得超出［公司］商标的上下基线。

所有根据许可使用［公司］商标的分销商材料上，必须按［公司］要求的规格以脚注等方式体现相关商标权利声明，例如：

“____是______［公司］的商标或注册商标。”

“______________________________是______［公司］或其许可方的商标或注册商标。”

在产品上和任何文件或其他材料中包含的著作权、商标和专利权权利声明均应原样保留，不得移除、更改和掩盖。

［公司］商标的使用许可和授权，只能由［公司］及其关联公司作出，任何其他个人和实体均无权作出此类许可和授权。

只有经［公司］事先书面同意，方可使用［公司］和 / 或［公司］关联公司的专用品牌标语和口号。

16280

11. 销售订单

使用场景

销售订单是销售合同的一种形式，是由卖方生成并向客户签发的一个交易文件，用于销售卖方自己的或其经销的商品。销售订单等同于一次性销售合同，但是将在使用过程中通常极少发生变化的条款，以一般条款和条件的方式体现，形成固定的模板，而将针对每个具体交易的个性化内容，例如，采购内容、数量、价格及交付等，通过表格方式体现，每次发生具体交易时，只要填写销售订单表格即可，这样可以极大提高合同谈判和签署的效率。某些日常重复发生同质化销售业务的厂商，可能会倾向于使用这样的销售订单，而不是使用常规的销售合同。

商品可以是卖方自己生产的或者经销的产品、服务或产品加服务。但大部分厂商在销售服务或软件产品时，会倾向于使用专用的合同文本。

此销售订单当然也不适用于不动产、股票等资产的销售。

法律要点

一、书面销售合同

法律对大部分购销行为都并没有要求必须使用书面合同，但对于从事经营活动的厂商来说，在从事销售活动时，如果不签署书面协议，可能就会使自己的权利和义务处于不确定的状态，客户可能因为发现价格更低廉的货源或者其他任何原因而突然决定停止采购，从而导致卖方为这项交易所做的备货成为积压库存。

对于买方也存在同样的风险，卖方可能会在有出价更高的买主时，将货物转而供应出价更高的买主，从而导致买方断供，进而影响其下游的一系列业务。

二、质量保证条款

在国内的很多买卖合同中，保证条款往往是最为混乱的。由于在引入和借鉴其他国家法律时，不同的译者对表示“保证”这一概念的术语做了不同的翻译，有些比较流行的译法（如“保修”）因对概念赋予过多内涵，而又没有对属于做必要定义，导致这些术语使用时被人做了各种各样的解读，[①] 理解极其混乱。由此我们可以看到，有人将实际上表示同一概念的多个术语，在同一个合同中重复使用，例如，在约定了质量保证的同时，又约定了保修、包修和三包，[②] 实际上这些条款说的可能是同一件事，或者实际上是互相交叉或包含的，本没有必要重复。

根据合同法等相关法律规定，基于买卖合同所交付商品应当符合约定的质量要求，如合同没有约定质量要求或约定不明确的，那么对商品应当符合的质量要求，将按照一系列规则进行推断，[③] 这样买卖双方的权利和义务均将处于不确定的状态。[④] 为此，在销售合同中明确卖方就其产品所做的保证（商品将符合的质量要求），以及保证的例外（商品的哪些方面因受技术局限及商业可行性等因素的限制而存在无法解决的瑕疵），可以使双方对各自的权利和义务有合理的预期，避免买方因对商品质量的过度期待而导致争议。

三、风险转移

风险转移条款用于确定在商品买卖已经完成，但商品在交付给买方签发生了损坏或灭失，而任何一方对此均无过错，例如因火灾或洪水导致货损，那么由哪一方承担相关损失。如果风险由卖方承担，那么卖方将有义务重新交付货物，而如果风险由买方承担，则即便买方并未实际收到货物，仍然需要支付相应的货款。

按照合同法规定，通常在交付时，货物风险随同所有权一并转移，但所有权和风险的转移时点，也可以由当事人通过合同另外约定。卖方可以综合考虑保险、运输方式、价格条件等因素，据此在销售合同中确定所有权和风险的转移时点。

关键条款（检核清单）

销售订单只是一种采用特定格式的销售合同，具有典型销售的一般条款：

（1）合同双方主体信息，完整法定名称和地址；

（2）销售的商品（产品和 / 或服务）的详细描述，包括名称、规格型号及数量等；

（3）买方就商品应当支付的总价款，有时为了明确起见，还可能会列出商品的单位价格；

---

① 参见《保修≠包修》，载新浪网：http：//news.sina.com.cn/o/2013-06-04/073927305337.shtml，2019年6月4日访问。这篇文章将包修与保修并列，但包修实际上应该是保修的一个组成部分，因此这品文章的观点存疑。

② 见汽车三包规定。

③ 见《合同法》第153条、第154条、第155条及《消费者权益保护法》第23条。

④ 参见《合同法》第111条。

16281

(4) 买方如何向卖方支付约定的价款，如何开具发票，必要时还可能需要约定税费如何承担；

(5) 商品何时、何地以及如何交付；

(6) 买方按什么标准验收，以及买方在多长时间之内进行验收，并确认交付的商品是否合格可接受；

(7) 卖方就商品提供哪些保证，[①] 以及不提供哪些保证，交付的商品不符合保证如何救济和解决；

(8) 灭失风险何时转移，即如果商品在交付过程中发生损坏或丢失，哪一方承担相关损失；

(9) 争议解决方式，是诉讼还是仲裁，在启动法律行动前是否有前置程序？争议解决地点；

(10) 管辖法律，如果销售行为是跨司法管辖区的主体之间发生，需要考虑选择管辖法律；

(11) 合同的其他样板条款，包括通常被称为全部协议、条款解释、通知、分包和转让、独立主体、可分割以及修改的条款。

关联合同

订单表格

服务级别协议

隐私权声明

① 国内业界此前通常将这个意义上的“保证”称为“保修”，见本书相关说明。

合同正文（含条文批注）

销 售 订 单

日期：____________

订单编号：____________

卖方名称：			
地址：		服务热线：	
销售代表：		电话：	
部门：		电子邮箱：	
客户名称		客户代码：	
交货地址		电话：	
		电子邮箱：	
发票地址		电话：	
		电子邮箱：	
客户联系人		电话：	
部门和职位		电子邮箱：	

销 售 明 细

条项	产品/服务名称	数量	规格型号	单价	预计交货日期
1					
2					
总价：					
付款安排：除本协议另有明确规定，上述合同总价应在本协议经双方签字后3日内以电汇方式汇入本公司的下列银行帐户： 收款人：					
备注：					
客户同意根据上述合同价款及付款安排向公司购买且公司同意向客户出售上述合同明细表所载产品或服务。双方同意本销售合同表格受后附公司销售标准条款和条件约束。					

客户代表签署	公司代表签署
____________ 签名及公司印章　　　日期 姓名： 职位：	____________ 签名及公司印章　　　日期 姓名： 职位：

16281

公司标准销售条款和条件

销售合同表格所载明的“公司”根据以下条款和条件，向销售表格载明的“客户”销售或授权销售公司的硬件产品，并结合相关的软件许可协议及服务条款许可其软件产品和提供特定服务（统称为“产品”）。此合同经客户或其代表及授权代表签署后生效。

1. 价格。产品的价格和许可费见销售表格。如果销售表格中没有指明具体价格，则价格按订单接受时公司的现行价格表执行。如果采购数量影响价格，客户应根据其实际采购数量按规定的价格标准支付价款。除非公司另有明确规定，否则所列价格均为将产品送抵交货地点的价格，不包括任何税费。如相关税务机关就产品销售征收任何税款，均由客户另外承担或支付。

2. 支付。除非公司另有书面同意，否则客户应在产品发运前支付价款。所有价款均应在收到公司付款通知后三十（30）天内支付。如客户被授予信用，则应严格按照授信额度的要求支付价款。客户延期付款的应按逾期金额日万分之五（0.05%）支付滞纳金，并自动转为客户的应付款。在全部逾期价款付清前，公司有权暂停交付。对公司已交付的产品，公司保留要求客户立即付款的权利。所有销售均应经公司信用部门事先批准，如果公司要求，客户应向公司提供其最新的财务信息。除非经公司事先书面同意，否则客户不得指定由第三方代替付款。

3. 所有权和交付。

3.1　公司将使用其选择的承运商，按销售表格规定在指定交货日期前将产品运交指定交付地点的收货人（可以是客户指定的物流服务商）。交付后产品所有权和风险转移给客户。软件为许可使用而非销售，不因交付而转移所有权。

3.2　产品经客户指定收货人签收的，视为客户接受。交付的产品可以：(a) 由客户或客户指定收货人的代表签收；或 (b) 由客户或其指定收货人加盖单位公章或其他有效印章签收。客户应提供明确的签收授权文件，如因此导致交付延误或其他损失，由客户承担相关责任。

3.3　如产品由公司安装，在下列情况下，视为产品被客户接受：(a) 经客户书面确认；(b) 客户开始实际使用产品；或 (c) 安装完成后十五（15）日内客户未提出异议。

3.4　销售表格中指定的交付日期是预计交付日期，公司将尽合理努力在预计交货日期前交付，但对未能按预计日期交付不承担责任。如产品无论因任何原因发生短缺，公司可根据其判断在其客户之间对产品交付数量进行调配。

4. 撤销和改期。如果客户：(a) 撤销部分或全部订单；(b) 未能履行本协议项下义务，导致任何订单或其任何部分撤销后改期；或 (c) 要求对已经确定交付期限的产品进行改期的，客户同意：(i) 距离预计交货日期不超过三十（30）天的订单不得撤销；(ii) 如撤销距离预计交货日期超过三十（30）天但不超过六十（60）天的订单，客户按被撤销订单价款的百分之三十（30%）支付撤单费；(iii) 如撤销距离预计交货日期超过六十（60）天的订单，客户应按被撤销订单价款百分之十（10%）支付撤单费。客户撤销订单的，其购买产品的单价将按照客户实际购买数量重新确定，对已交付产品客户应补缴差价。客户可对距离交付日期超过三十（30）天的订单申请改期，但每个订单只能改期一次，且更改后的交货日期不得超过原定交货日期的六十（60）天。

5. 保证或保修。本协议项下产品按产品随附文件指明的公司保修声明享有保修。保修服务由公司或公司的授权服务商根据适用的保修声明提供。软件的保修按适用的软件许可协议执行。除在上述保修声明中作出的保证外，公司未就产品提供任何其他明示或默示的保证。

6. 支持服务。公司将按照其发布的当时有效的支持服务政策（如有）为产品提供其他支持服务。某些支持服务可能需要依据另外签署的服务协议，由客户另外付费购买方可获得。

7. 软件。所有软件均根据其所适用的软件许可协议授予的许可使用。软件知识产权的各项权利、所有权和利益始终归公司或软件的许可人。

8. 责任限制。在任何情况下，公司均不就以下各项对客户承担任何责任：(a) 第三方对客户就其损失或损害赔偿向客户提起的索赔要求；(b) 客户的记录或数据的丢失或损毁；和 (c) 任何间接性的，偶然性的或附带性的损失。无论在任何情况下，公司对客户所承担的责任最高不超过客户就其在本协议所采购产品向公司支付价款的总额。

9. 抗辩和补偿。如因本协议项下交付的产品被指称侵犯了任何第三方的知识产权或违反了任何强制性法律规定，而导致任何第三方向客户提供索赔，或执法机构对客户进行调查或处罚（统称为“索赔”），客户应立即通知公司，并允许公司自行承担费用，主导对上述索赔的抗辩或和解。客户应为公司提供合理配合，包括为公司提供必要的授权、信息和协助。公司将支付被最终裁定和和解同意由客户承担的费用。对客户未合理通知公司进行抗辩而被要求支付的任何费用和损失，公司均不负责承担。公司可根据其自己的判断，决定对产品进行修改或更换以消除导致索赔的

16281

原因，如修改或更换不可行，公司可以撤销尚未履行的订单，并接受客户对受影响产品的退货，将按直线法计算的折旧费用扣除后的价款退还客户。公司对因以下情况导致的索赔不承担任何责任：(a) 未按产品规格允许的方式或公司可合理预见的目的使用；(b) 与其他产品和服务结合使用；或 (c) 公司执行了客户的设计、规格或指示材料。

10. 一般条款。

10.1　本协议是客户与公司就合同标的所达成的全部协议。除以援引本协议的书面补充协议方式明确约定，并经双方充分授权的代表签字和 / 或加盖各自有效印章确认，否则对本协议的任何修改、变更和附加对公司均无约束力。

10.2　未经［公司］同意，客户不得转让本协议及其任何部分。公司可安排其关联方执行本协议的全部或任何部分。

10.3　本协议受中华人民共和国大陆法律管辖并按其解释。有关争议经协商解决未果的，任何一方均可提交公司所在地法院裁决。

10.4　客户同意公司可以为履行合同的目的使用、存储和传输客户提供的个人信息。

10.5　本协议项下交付的产品可能受中国、中国所参加国际组织以及产品中某些技术或材料来源国相关的出口管制法律的约束，客户同意遵守所有可适用的出口管制法律和法规。如本协议项下交付的产品被认为违反了上述法律规定，客户应为［公司］提供抗辩和补偿，并承担所有相关的费用、罚款和损害赔偿，使公司不因此受到任何损失和损害。

10.6　本协议的任何内容均不得被视为就公司的版权、专利、商标或其他知识产权授予了客户任何权利和许可。

12. 大客户协议

使用场景

此大客户协议样例合同可用于供应商向某些重点客户销售其制造或分销的产品和服务。大客户购买的产品，可以在其企业集团或系统内使用，但通常不允许客户向其他第三方转售。

本协议是长期的和框架式协议，客户及其系统内的其他关联方，均可签发援引本协议的订单，采购供应商在本协议项下提供的产品或服务。

法律要点

大客户协议本质上是销售协议，主要需要考虑买卖合同的一些法律关注。但大客户销售合同，通常也有一些自己独特的特征。

一、大客户销售协议可能附带更多的服务

信息技术产品销售业务中，往往不仅限于交付产品本身，很多情况下还需要为客户安装、调试产品或配置使用参数。安装或调试工作通常由原厂负责。在此情况下，客户依《合同法》第60条的规定，也负有相应的随附义务，例如：提供适合的安装场所和条件、及时确认和验收、保密义务等。供应商应注意在合同中明确约定买方的各项随附义务。

二、大客户协议通常为框架式协议

客户购买的产品可能并不仅仅是在本单位范围内使用，而是可能在本组织或本系统多个作为独立法人实体的单位使用。有时可能需要这些单位独立向卖方下单执行具体的采购任务。因此，此类协议中通常需要考虑约定关联方加入和援引的相关条款。

关键条款（检核清单）

大客户销售协议通常需要考虑包含以下条款：

1. 销售产品和/或服务

指明具体销售的是什么产品和服务，此类内容通常是在买卖双方另行确认的订单中具体指明。

2. 定价和支付

约定产品的定价或定价确认机制。约定付款条件以及延期付款的后果。

16282

3. 交付

约定交付的方式、期限及地点，承运商的选择等。产品所有权和风险的转移，需要根据产品及交易模式来确定，可能需要根据付款、运输及保险等因素来确定。

4. 安装及调试

如果买卖的产品是设备或系统，供应商可根据客户需要提供安装和调试服务，对此需要在合同中明确约定。如提供此类服务，需要约定客户应提供和具备的条件。

5. 验收

根据供应商所承担的义务，约定产品成功交付的交验标准，以及检验和测试流程。

6. 保修（质量保证）

合同中应明确供应商对产品所提供的质量保证，以及不符合保证的救济措施，包括修理、更换或退货。供应商需要考虑在合同中明确列明保修的例外，即对某些情况导致的产品故障或损坏不提供保修。

7. 维护和技术支持

除保修外，客户可能需要考虑在合同中约定供应商对所交付产品提供维护和技术支持等其他售后服务的范围、流程、服务级别及取费标准等。

8. 转售、进出口管制合规

大客户协议销售的产品，通常仅限于客户自己使用，或者在其自己的组织或系统内使用，不允许客户进行转售或以其他方式提供给第三方。

如果产品中包含来源于美国的技术或部件，或者受中国、中国所参加国际组织禁运的技术，应当明确约定产品不得转运至受禁运的国家和地区。

9. 责任限制

在合同中约定责任限制具有合理性，但双方需要生产责任限制的合理性，如合同中包含责任限制条款，需要明确例外的情形，例如，对法律禁止排除或限制责任的、因故意或重大过失导致的责任，以及违反合同特定条款导致的责任，均不适用责任限制。

关联合同

保修政策声明

合同正文

［公司］大客户协议
（“本协议”）

合同编号：__________

生效日：__________

<table>
<tr><td rowspan="5">客户名称和地址：

以下简称客户</td><td>客户代码（如有）：</td></tr>
<tr><td>客户联络人姓名：</td></tr>
<tr><td>部门和职务：</td></tr>
<tr><td>联系电话：</td></tr>
<tr><td>邮箱地址：</td></tr>
<tr><td rowspan="4">［公司］名称和地址：

以下简称［公司］</td><td>［公司］联络人姓名：</td></tr>
<tr><td>部门和职务：</td></tr>
<tr><td>联系电话：</td></tr>
<tr><td>邮箱地址：</td></tr>
</table>

本协议由指明的［公司］与客户代表其自己及其各自的关联方签署。在本协议中，客户和［公司］单方分别被称为“一方”，共同被并称为“双方”。

本协议由首页、条款和条件、相关附件及根据本协议签发的订单及其各自援引的相关文件和网络资源构成，统称为“本协议”。

本协议自生效日起生效至______年______月______日到期（期限），除非根据本协议约定被提前终止或续展。

本协议一式______份，［公司］执有两份，客户执有______份为凭。双方在下面签署本协议，表明双方同意本协议的全部内容。

［公司］签署和确认：	客户签署和确认：
［公司］名称：	客户名称：
代表人（正楷或打印）：	代表人（正楷或打印）：
代表人签字：	代表人签字：
部门和职务：	部门和职务：
日期：	日期：

16282

［公司］大客户协议条款和条件

1　定义

除双方另有约定或根据上下文另有解释外，本协议使用的下列用语均具有下述含义：

1.1　本协议：是指本协议及本协议附件以及根据本协议签发的订单等交易文件。

1.2　产品：是指本协议附件《合同明细》中描述的［公司］向客户提供的［公司］或第三方品牌产品。如本协议未描述产品，则产品是指客户发出并按本协议确认的生效订单中所列出的产品。产品包括作为独立单元提供的部件，以及作为服务组成部分的或用于支持服务的设备、设置等物品。

1.3　供货商：是指经［公司］或［公司］关联方授权营销［公司］产品的［公司］产品经销商、代理商和/或分销商，或其他［公司］指定的向客户提供产品的第三方。

1.4　软件：是指在产品交付时随产品提供的、用于与产品有关的用途的任何计算机软件，包括随产品附带的任何软件及已嵌入产品的固件。

1.5　价格通知：是指［公司］以产品通告形式或其他形式，将产品价格变化告知客户的书面通知，包括电子传输方式。

1.6　最终用户：是指以自已使用或在自己的组织内部使用，而非以转售或分销为目的购买的产品和或服务的任何个人或组织。

1.7　服务：是指基于本协议或服务条款执行某项任务、提供意见和建议、帮助或允许访问［公司］的某些资源（如访问信息数据库）。

1.8　合同明细：是指作为本协议附件或双方另行通过增补协议方式确认的用于明确可供产品或服务及其价格等业务信息的文件。

1.9　文档：指［公司］最新公布的产品或服务任何技术和支持说明。

1.10　保修：见第10.1款定义。

1.11　关联方：一方的关联方是指由一方直接或间接控制；或直接或间接控制一方；或与一方共同控制同一家机构或能对其施加重大影响；或与一方受同一家机构直接或间接控制的机构。这里的“控制”是指直接或间接拥有控制或影响某机构经营管理决策的权利，无论是通过所有权还是有投票权的股票，通过合同还是其他方式。

2　订购

2.1　客户及本协议附件指明的客户关联方均可援引本协议，通过书面订单向［公司］

采购本协议项下产品和相关服务。本协议条款和条件均适用于所有被接受的订单。客户同意，在客户关联方在本协议项下订购了任何产品，客户关联方将受本协议条款和条件约束，客户在此保证其关联方将遵守本协议的条款和条件。依本协议签发的每个订单是相互分离的交易，在法律上互相独立。

2.2　订单应采用［公司］提供或同意格式，并通过传真、邮寄或双方同意的电子商务方式发送。订单只有经［公司］确认后方可生效。订单应包含数量、产品、价格、付款时间、运送指示及交货日期。除本协议允许在订单中规定的内容外，订单中其他与本协议不符的或附加的内容均视为不存在。

2.3　客户如需变更或撤销订单，应在交货日之三十（30）日前书面通知订单接收方。订单接收方于收到订单变更通知后五（5）个工作日内以电子邮件或传真方式通知客户是否接受。［公司］可就客户变更或撤消生效订单按附件［合同明细］规定收取订单更改费用。

3　产品和服务

3.1　［公司］按本协议规定向客户提供本协议附件《合同明细》中约定产品及相关服务。如无其他约定，产品的规格配置以装箱单或实际配置为准。产品中如有非［公司］品牌产品，这些产品是为提高［公司］产品的性能和适用性作为配套产品提供。

3.2　［公司］的服务按［公司］的相关服务条款或服务政策提供。

4　客户的职责

客户陈述和保证：

4.1　客户申请保修或其他支持，将提供交易收据或发票的复印件来证明购买行为；

4.2　客户获得的产品和服务将仅限于客户及其关联方在其企业内部使用，客户不会将产品转售、租赁、转让或以其他与本协议约定不符的方式提供给任何第三方；

4.3　客户将自行对使用产品或服务所获得的结果负责；

4.4　客户将保留适当的业务和财务记录以表明其遵守本协议，根据［公司］的合理要求，客户应向［公司］提供相关的业务和财务记录，以证实其完全遵守了本协议的条款；

4.5　除非［公司］另有没明确授权，否则客户将不会就［公司］或产品做任何陈述和保证，或代表［公司］采取任何行动或作出任何承诺；并且

4.6　客户同意为［公司］提供充分、合理和安全地访问客户设施和系统的权利，以便［公司］履行其在本协议项下的义务。

5　价款和支付

5.1　［公司］可不时或根据客户要求，以产品通告或其他形式，将当期产

16282

品价格告知客户。除非在本协议附件或订单中另有约定，订单中确认的价款是将产品交付至订单指明交货地点的价格。除非另有明确约定，否则在交货地点因交货发生的吊装、卸载及点验等处置费用均由客户承担。

5.2 ［公司］在产品发运后将向客户发出付款通知，客户应在收到付款通知后十（10）个工作日内支付通知的价款。［公司］有权根据其单方的判断，要求客户在产品发运前支付价款或通过信用证支付。如果客户未能遵守本协议或相关的信用条款和限制，［公司］可以停止向客户发运和交付，且无须对此承担任何责任。

5.3 所有付款均应支付至附件［合同明细］规定的或［公司］另行通知的银行账户，如指定的银行账户信息发生变动，以［公司］另行书面通知为准。

5.4 客户应在支付价款当日将有效付款凭据传真给［公司］。［公司］收到客户价款后十（10）个工作日内开具符合法律规定的发票，并按本协议约定交付给客户或客户指定的接收人。客户应提供正确的发票接收地址。［公司］开具发票并不意味着发票对应的价款已经支付。

5.5 客户应按期付款，如有任何应付款到期未付的，应按延期支付款项的金额按日息万分之四（0.04%）支付滞纳金。在到期未付价款结清前，［公司］可暂停后续交货，且不影响其依法享有的其他权利。［公司］只有在收到购买产品或服务的全部付款后方有义务提供本协议项下的保修及支持服务。

5.6 除针对［公司］所得征收的税款外，有关产品和服务的所有税费均由客户负责。

6 交付

6.1 订单或订单确认书中的交付日期均为预计交付日期。［公司］将尽合理努力在预计的日期交付。［公司］按本协议约定将产品送交附件［合同明细］或生效订单指定交货地点的指定收货人。除非另有约定，否则，将产品交付至指定交货地点的运输由［公司］承运商负责。

6.2 客户保证指定收货人履行合理有效的收货手续，以下视为客户有效签收：(a) 在交付单据上加盖收货人公章或其他有效印章（如收货确认章）；(b) 由收货人代表签收；或 (c) 产品在客户指定交货地点入库。客户收货手续不完备而导致延迟或无法交付的，［公司］对此不负任何责任，客户应承担因此产生的额外仓储、运输等费用及延迟交付产品的风险。

6.3 在［公司］产品供应能力因不可抗力或其他非［公司］可合理控制的因素受到限制的情况下，［公司］可根据其合理判断，减少或延迟向客户的交付。

7 所有权和风险

7.1 ［公司］在约定的交付地点将产品交付给客户或客户指定收货人后，产品的所有权转移给客户或客户指定的出租人。① 产品交付前的毁损和灭失风险由［公司］承担，产品交付后此类风险由客户承担。

条文注解：用于融资租赁业务模式下。

7.2 如［公司］在本协议项下交付的产品为软件或包含软件程序或代码（软件），则软件是按其随附的许可协议所授予的许可使用而非销售，软件受版权保护且所有权归权利人保留。客户根据许可协议指明的方法接受软件的许可条款。如客户不接受许可协议，客户可书面通知［公司］并在收到软件后十（10）天内将软件的所有拷贝返还给［公司］。

8 验收

8.1 客户将被视为已经接受产品，除非客户在产品交付后或根据约定由［公司］负责安装后十（10）内书面通知［公司］交付的产品不符合本协议约定。

8.2 如经［公司］确认交付的产品存在上述通知的不符，则［公司］将按照产品保修政策为进行修理、更换或退货。

9 产品变更

9.1 客户可根据其业务需要，要求对产品型号、配置进行变更，［公司］将在收到客户书面通知后三十（30）日内给客户的需求以充分的考虑并作出答复。如［公司］同意该变更，将通知客户此变更对价格的影响。［公司］将尽合理商业努力满足客户上述要求，客户应承担相应的变更费用。

9.2 客户有权不时提议，要求在本协议中增加［公司］其他产品。如双方同意在本协议中加入［公司］其他产品，将签署本协议的增补协议，新加入的产品即成为本协议项下的产品。

9.3 在不降低产品功能和适用范围的情况下，为满足健康、安全、环保或法律法规的其他要求，［公司］可对产品做合理的变更。

9.4 如因上游供应商不能继续提供产品部件或其他［公司］不能控制的原因，导致现有型号 / 配置产品停产或变更，［公司］可提前一（1）个月书面通知客户，在收到［公司］通知后十五（15）日内，客户可选择下单在合理可

16282

行的范围内做最后一次采购（最终采购），客户也可以按下面规定，要求［公司］提供替代产品。

9.5　对客户已订购的生效订单项下尚未交付的产品，如有任何变更，［公司］可用其他功能类似但不低于原产品性能的产品替代已确认的产品。

9.6　客户同意将按［公司］的要求或允许［公司］在产品上安装强制性的工程变更（如基于安全要求所做的变更）。拆卸下来的任何部件都成为［公司］的财产。客户陈述，在将拆卸下来的部件的所有权和占有权转让给［公司］前，客户将获得产品拥有者和任何留置权人的许可。

10　质量保证（保修）

10.1　［公司］保证产品在相关保修期内将不存在材料和工艺上的缺陷，并符合［公司］正式发布的规格及法律规定的强制标准和规范。产品将使用新的部件或性能等同于新部件但使用过的部件制造。① 无论产品以何种状态生产，［公司］的保修政策均适用。为避免疑问，在本协议中，“保修”是指［公司］就产品质量所作的保证，以及就违反保证的产品为用户提供的救济。保修可能被称为“保证”“质量保证”“质量担保”“质保”“三包”“包修”“品质保证”“品质担保”及“保固”或“保用”。本协议项下的“保修”均可被读作“保证”或“质量保证”。②

> 条文注解：①使用用过但功能良好的部件用于产品制造，这个处理有助于节约资源、促进环保并降低用户成本，但需要事先明确告知。
>
> 条文注解：②参见法律博客：http：//warren.fyfz.cn/b/694617（2019 年 7 月 14 日访问）。

10.2　如认为任何产品不符合上述保证，客户应：（a）立即将此类不符的情况书面通知［公司］；（b）根据［公司］指示执行产品退返；并（c）根据［公司］的要求预付运费将产品退返至［公司］指定的地点。

10.3　产品经［公司］确认不符合保证的，［公司］将根据其选择，按本协议附件［保修信息］中明确的或由［公司］另行通知的保修政策对产品进行修理或更换，如通过修理或更换无法解决的，则按购买或退返时的价格对产品进行退货，以较高者为准。如对产品进行更换，则退返的产品将归［公司］所有。

10.4　例外。以上保证不适用于以下情形：（a）误用、滥用、未按使用说明使用、不可抗力事件、意外及未经［公司］授权的修理或更改导致的故障；（b）任何非由［公司］提供或负责的第三方产品或服务引起的故障；或（c）在非由［公司］指定的操作环境中使用或存储导致的故障。如产品标签被移除或修改，上述保证将失效。

10.5　除非另有书面明确，否则所有服务、样机及测试用机均“按现状”提供，不附带任何类别的保证，［公司］也不就此类产品施工任何其他补偿。

10.6　上述保证是［公司］就产品所作出的全部保证，取代所有其他明示或默示的保证或条件。［公司］不保证：（a）产品能够不间断和无错误地运行和使用；或（b）［公司］能够更正所有瑕疵。对本协议的任何履行以及任何对产品和服务的描述均不视为保证，无论是明示的还是默示的。除非事先向［公司］说明并由［公司］对产品做定制化的设计，否则产品仅适用于常规用途和使用方法，不适用于那些可能产生财产或人身损害后果的应用。

10.7　本协议项下的保修仅适用于客户，客户不得将其转让给任何第三方。就本协议项下交付的产品，无论其如何转让，［公司］仅针对客户提供本协议约定的保修。［公司］对客户之外的任何第三方均无义务就本协议项下产品提供任何保修。如客户无论因任何原因将本协议项下产品转售或提供给任何第三方，应向该第三方准确和完整地说明产品适用的保修和服务政策。

10.8　无论本协议是否有相反规定，各类外部装置、非在［公司］工厂安装的辅件和/或零部件以及任何第三方产品的保证，均应按该产品、辅件和/或零部件的制造商的相关政策执行，［公司］将在其力所能及的范围内，把其从此类产品、辅件和/或零部件提供商处得到的保证按原样转给客户，但［公司］对此类产品、附件和/或零部件不提供任何保证。各类软件的保证按软件使用许可协议规定执行。

11　保外支持服务

［公司］可能会在保修范围外就产品提供升级或扩展服务，获得此类服务可能需要另外支付费用。客户可登录［公司］支持服务网站查阅或向［公司］索取此类服务的列表及相关条款和条件。为更好地为客户提供支持和服务，在不影响［公司］与客户生效协议及客户现有权利的前提下，［公司］可以不时修改其服务和支持条款。［公司］的保修及其他服务均可由［公司］或［公司］指定的授权服务商提供。

12　抗辩和补偿

12.1　如客户因本协议项下由［公司］提供的［公司］品牌产品被任何第三方提出侵犯专利权或版权的指控、索赔、调查或处罚，［公司］将承担费用为客户提供抗辩，并支付法院最终裁定的所有费用、损害赔偿及律师费，前提是客户应：（a）及时将相关索赔书面通知［公司］；（b）允许［公司］主导抗

16282

辩及相关的和解谈判；并（c）为［公司］提供所有合理和必要的协助，包括提供需要的信息及出具授权文件等。

12.2　如此类索赔已经提出或可能被提出，客户同意允许［公司］对产品进行修改或用在功能上至少等同的产品对受影响的产品进行替换，以便使客户能够继续使用产品。如［公司］认为这些备选方案均不合理和可行，客户应根据［公司］的书面要求将产品退还给［公司］，［公司］将按根据公认会计原则确定的产品账面净值为客户退款。

12.3　以上是［公司］就侵权索赔对客户承担的全部义务。对因以下原因导致的索赔，［公司］不承担任何义务：（a）客户提供的任何与产品合并或结合的设备；（b）客户擅自修改产品；（c）将产品与非由［公司］作为系统提供的任何产品结合、运行或使用，或将产品与任何非由［公司］提供的产品、数据、设备或业务方法结合、运行或使用；（d）［公司］对客户规格或要求的执行；或（e）完全由第三方产品导致的侵权，而非因与［公司］品牌产品结合导致。

13　责任限制

13.1　在某些情况下，如因［公司］的过错或其他责任导致客户损失的，客户有权要求［公司］赔偿，在此情况下，［公司］在本协议项下向客户承担的责任均仅限于直接的可计算损失，且总计不超过五十（50）万元人民币或［公司］就与索赔相关的产品或服务所实际收到的客户支付的价款，以较高者为准。此限制同样适用于［公司］的供应商。这是［公司］及其供应商累计承担的最大责任。但尽管如此，以上责任限制不适用于：（a）人身伤亡损害赔偿；（b）不动产或有形动产的损害赔偿；以及（c）［公司］在第 12 条项下的义务。

13.2　无论在任何情况下，且不论本协议是否有其他相反规定，［公司］及其供应商均不对任何特别的、偶然的或间接的损害赔偿，以及因业务中断产生的损失（包括但不限于宕机时间费用）、名誉损失、利润损失、业务损失、任何记录或数据的丢失或损坏以及任何第三方就损害赔偿向客户提出的索赔（第 12 条另有规定的除外）承担责任，而无论是否事先已经被告知该类损失或损害发生的可能性。［公司］不对客户获取替代产品、技术、服务或权利的费用承担责任或义务。

14　出口管制

本协议项下产品和服务可能受制造地、相关部件或技术来源地及相关国际条约关于进出口管制法律的约束，客户保证遵守所有这些相关法律规定。无论客户是否就产品的最终目的地向［公司］做了任何披露，未经获得所有必要的相关政府机关或部门的许可和批准，客户均不得将本协议项下的任何产品、技术资料或产品中集成的系统直接或间接出口至任何［公司］向客户交付产品的地点之外的任何国家或地区。

15　权利和许可

本协议各方仅授予另一方本协议明确规定的许可和权利。除此之外，本协议并未默示地授予任何一方任何其他未明确规定的许可或权利（包括专利下的许可或权利）。未经另一方书面同意，任何一方均不得在其任何营销材料和出版物中使用另一方或其关联方的商标、商号或其他商业标识。

16　保密、隐私权及公开

16.1　双方之间在本协议签署及履行时可能会接触到另一方的保密信息。双方因此交流的保密信息受______年______月______日双方和 / 或双方各自的关联方所签署的第______号保密协议的约束。

16.2　［公司］及其关联方将在其经营业务的任何地方存储、处理和使用客户的交易及联系信息。上述信息将为双方的合作关系而处理和使用。［公司］也可能为业务目的将客户提供的个人信息提供给［公司］的承包商、业务伙伴及指定方，或者根据法律的要求披露客户提供的信息。如客户向［公司］提供属于第三方的个人信息，客户应保证履行了法律要求的相关义务（包括但可能不限于：已经通知了该第三方或已经获得了该第三方的同意）。客户同意并允许［公司］及其关联方根据［公司］隐私政策存储和使用客户的联系信息，包括姓名、业务电话号码和业务电子邮件地址。

16.3　未经［公司］高级主管人员的事先书面同意，客户不得就其与［公司］的关系及本协议发布任何新闻或公告。

17　通知

按本协议要求发出的所有通知均应采用书面形式，并通过亲交本人、邮寄、快递或传真方式发送至各方在本协议首页指定的地址或一方经提前五（5）个工作日以书面形式另行通知的其他地址。亲交本人的通知被视为在递交时收到；如邮寄或快递，则视作投邮或发送后第二（2）天收到；如提供传真或电子邮件发送，传真或电子邮件发出后的第一（1）个工作日视为送达。

18　电子通信

本协议各方均可通过电子方式与另一方通信，并且此类通信在相关法律允许的范围内可被视为经签署的书面文件。电子文档中包含的识别代码（称为用

16282

户标识）应足以验证发件人的身份和文档的真实性。

19 期限和终止

19.1 本协议自首页约定的生效日起生效，如未指明生效日，则本协议自最后一方签署日起生效，并在首页约定的期限内有效。本协议期限可经双方书面同意后进行续展。

19.2 在本协议任何一方在履行完其在本协议项下义务（如订单）情况下，均可随时经提前三十（30）天书面通知另一方终止本协议。如一方违约且在守约方发出要求改正的书面通知后合理期限内未采取有效补救措施，另一方可终止本协议。

19.3. 本协议期满或终止后，那些根据其性质应当延续其效力的条款，例如标题为“抗辩和补偿”“责任限制”“保密、隐私权及公开”“出口管制”“权利和许可”“通知”“期限和终止”“一般条款”等条款，在保护双方权利所必要的限度内应当延续并继续有效。本协议的条款和条件将适用于［公司］与客户在本协议结束后实际执行的采购活动，除非双方另行签署了适用的协议。

20 一般条款

20.1 转让。未经［公司］事先书面同意，客户不得出售、转移、转让或分包本协议或本协议项下的任何权利或义务，或对本协议或本协议项下的任何权利设置抵押、担保或其他他项权。［公司］不得不合理地拒绝或延误作出此类同意。客户可在发生控制权变更情况下转让本协议，不视为对本协议的违反。［公司］可将本协议的部分或全部转让、转包或分包给任何其任何关联方。本协议对符合本协议约定的各方承继人、受让方、接管人和信托人具有约束力。

20.2 全部协议。本协议是双方就本协议标的所达成的唯一和全部的协议，并取代此前双方就本协议标的所做的任何口头或书面的交流、声明、谅解或协议，但保密协议除外。任何一方达成本协议均并未依赖任何未包含在本协议中的承诺、陈述、保证或条件。对本协议的任何变更或修改只有以书面形式作出，并由双方各自的充分授权代表签字或加盖各方有效印章确认后方为有效。尽管如此，［公司］有权修改本协议中援引的产品保修政策以及保外支持服务政策，并可通过发布产品或价格通告等方式以对可供产品及其报价进行更新。

20.3 优先顺序。如本协议条款和条件、本协议附件及基于本协议签发的订单等文件的条款之间如有冲突或不明确，本协议条款和条件优先适用，但本协议另有明确规定允许在附件及订单中特定条款除外。订单及订单确认书（如有）仅用于传递信息，除产品部件号、产品描述、价格和数量外，订单和订单确认书中的任何条款和条件均无效，并被本协议及相关附件取代。

20.4　可分割。如本协议的任何条款被确定为无效，并且可以在不改变本协议实质内容的情况下被删除，则该无效的条款将被分割出本协议，其余条款仍将继续具有完全的效力。

20.5　弃权。除非以书面形式作出并经弃权方签署，否则对本协议任何条款或条件的弃权均是无效的。放弃追究违反本协议任何条款和条件的行为不得被视为对随后的违约行为的弃权，无论违约行为的性质是否相同。

20.6　不可抗力。任一方均不对因火灾、水灾、政府命令、骚乱等不可抗力原因引致的延迟履行或不履行承担责任，但受影响的一方应及时通知对方，并在合理期限内提供合理可靠的相关书面证明文件。

20.7　管辖法律和争议解决。本协议受中华人民共和国大陆司法管辖区（为避免疑问，不包括香港特别行政区、澳门特别行政区和台湾地区）法律管辖并按其解释。因本协议解释和执行发生的争议，均应经双方尽最大努力协商解决，在合理期限内协商解决未果的，双方同意提交［公司］所在地有相应管辖权的人民法院专属管辖并裁决。本协议各方在就另一方未履行其义务前应给予另一方履行义务的合理机会。本协议各方同意将不在诉讼事由发生两（2）年后采取由本协议引起的或与本协议相关的法律行动，除非相关法律另有规定不得以约定方式对其进行排除或限制。

20.8　法律费用。如果［公司］或客户任何一方为强制执行其在本协议项下的权利而聘雇了律师或发生了其他法律费用，胜诉方有权要求败诉方承担合理的律师费及其在法律行动中发生的任何其他成本和费用。

20.9　副本。本协议可以采用对应副本方式签署，所有这些副本将构成同一和同样的文件。

20.10　附件。以下文件并入本协议并构成本协议的组成部分：

附件一：保修信息

附件二：合同明细 – 价格、产品和服务描述

附件三：客户关联方列表

附件四：支持服务（略）

附件一：保修信息

按［公司］产品随附或适用的保修文件执行。

16282

［公司］保修政策的下列内容相应调整：(a) 保修政策中所提及的“您”均指本协议中的客户，所提及的“［公司］”是指本协议定义的［公司］或［公司］关联方；(b) 在适用随附标准保修政策的情况下，客户就个别产品寻求保修的，不需要提供产品原始购买发票，但应提供正确的发票日期及相关产品信息，供［公司］授权服务机构核实产品是否属于本协议项下供应的产品以及是否属于保修范围；(c) 客户寻求保修时应提供保修凭证，合理协助［公司］授权服务机构做保修记录。

如根据本协议附件［合同明细］或双方确认的生效订单，产品是“按现状”交付，则表明双方了解并同意，无论本协议是否有其他相反规定，［公司］将无义务对交付的产品提供任何保修和其他服务。此时本协议中有关产品保修及其他支持服务的约定均不适用。

附件二：合同明细

价格、产品和服务描述

产品/服务描述	部件号或规格型号	价格	前置期

此附件二可根据［公司］与客户的约定随时修改。根据［公司］的选择，［公司］可通过客户产品目录或网站向客户提供本附件二的信息。

备注：

1. 发票应以高于或低于客户订单时［公司］设定的价格为准。

2. 除非经［公司］批准，上述价格或折扣不得与任何其他折扣或促销结合使用。

3. 客户仅可向需要了解的客户员工或承包商披露价格或折扣。未经［公司］事先书面批准，客户不得向任何第三方披露［公司］的价格或折扣。

4. 上述价格仅适用于直接从［公司］购买。

5. 从［公司］渠道转售商处购买的产品或服务，应按转售商自行规定的条款、条件和价格执行，［公司］对转售商的价格不作任何干预。

附件三：客户关联方列表

客户关联方名称	客户关联方地址

如本协议所述，上述客户关联方可根据本协议向［公司］下订单，但须满足以下条件：（a）符合［公司］的信用要求；或（b）［公司］收到客户为其关联方出具的付款保函。

如客户为非企业单位，关联方是指客户组织体系内的附属单位。

附件四：支持服务

（略）

16282

13. 专业服务协议

使用场景

此专业服务协议样例合同文本可用于服务提供方（机构或个人，供应商）为服务接收方（机构或个人，客户）提供专业水准的服务，典型的专业服务包括实验室检验、测试和分析、项目或规划分析、可行性分析、法律和技术咨询、营销分析、审计、统计分析、翻译服务、网站和软件开发或设计以及编辑服务等。

专业服务可以被理解为是由具有相应的教育背景、经验和/或技术能力的，有能力提供相关服务的独立承包商或供应商履行的独特、技术性的和/或非频发的一些任务和工作。

在大多数情况下，这些服务都是属于项目性的，而不是服务提供方持续和不间断的职责。

尽管服务提供方不一定要求获得相应的从业许可，但所提供的服务通常都具有显著的智力特性。

这里提供的模板，可用于企业采购顾问、咨询、检验、测试等服务，但不适用于法律、审计、工程等服务。尽管此类专业服务协议也可用于委托软件设计和开发，但对于软件设计和开发，建议使用专用的软件开发协议。

法律要点

服务协议是供应商与客户之间具有法律约束力的文件，用于阐明服务聘雇条款，确定各方在服务过程中享有的权利和承担的职责。尤其是，它详细说明了所提供服务的性质、服务级别或交付物、支付机制、协议期限及终止的方法，这些条款是构成服务协议的基本商业条款，因此，正确起草这些条款并真实反映双方之间所达成的一致意见是至关重要的。在审查服务协议条款时，除了作为商业合同的基本条款外，作为服务协议还应考虑以下重要条款。

一、服务聘雇

尽管聘雇一方作为雇员或员工来承担某些工作，通常是签署劳动合同，但在某些情况下聘雇他人提供专业服务的，也需要谨慎，避免将服务合同与劳动合同区别开来。一方向另一方委派员工承担某些工作的，某些情况下属于服务合同，某些情况下则属于劳务派遣，基于劳务派遣委派的员工，与服务接收方则存在一种准劳动关系，因此，在聘雇一方提供服务时，也需要考虑避免将服务合同与劳务合同混淆。服务接收方所承担的法律义务因其聘用他人作为员工或承包商而不同。如直接或间接聘雇他人作为雇员或准雇员，则受聘雇方不是独立的合同主体，而是与服务接收方存在隶属关系，享有某些劳动法上的权利。而服务合同的承包人则被认为是独立的经营者，因此，他们不享有作为雇员的劳动法上的权利。

二、知识产权

在服务合同履行过程中，可能会产生作为工作成果的设计、图纸、文件、样品等作品，这些作品中可能包含新开发或创作的知识产权。

根据我国的相关法律规定，在受委托状态下新开发或创作的技术或作品，如事先没有就权利归属作出明确约定，这些新创作作品的知识产权将归受托完成工作的一方拥有。

上述法律均允许在此类服务合同中约定服务工作成果中新开发或创作知识产权的归属问题，服务接收方及服务提供方需要根据服务及工作成果的性质，来确定工作成果中所包含的新开发或创作成果的知识产权归属，对服务接收方而言，约定前述权益归己方所有能够更好的使用服务。而对于服务提供方来讲，保留前述权利则有利于未来继续使用或对外许可使用服务成果。

三、服务方人员管理

某些服务可能须在需求方场所提供，某些服务可能会持续一段时间，甚至是长期的服务，服务协议中应包含关于人员和工作现场管理的条款，明确需求方与服务提供方及其人员之间的关系，避免因任何行为被认为是属于劳动或劳务派遣关系。

需要对服务方人员的范围做合理界定，服务方人员应当包括其分包商的员工以及服务方的顾问、代理或其他人员。

关键条款（检核表）

以下是专业服务合同关键条款的检核表，无论是作为服务合同的哪一方，均可通过对照这个检核表，检查所签署的合同是否包含了所有必要的条款：

—合同当事人各方的名称和地址？

—合同的签署日期？

—合同何时生效以及合同项下的工作何时开始？

16283

—合同期限？

—服务先决条件，条件和环境？提供安全、适当的服务条件和环境是买方的附随义务，但［公司］应注意审查是否同时规定了服务商的声明与陈述义务，以及何种情形可视为［公司］提供了合格的条件和环境。

—服务接收方将如何对工作成果进行评估？可以考虑在协议中包含交验标准条款。双方应注意审查交验标准是否合理、客观、具体及可衡量。

—服务提供方具体的职责、工作进度及里程碑（关键工作节点）？

—服务接收方承担什么义务？

—价格及付款安排？

—合同双方就工作进行沟通的方法？电子邮件？定期或不定期会议？代表及业务协调人？

—哪一方将提供不同的材料和人力？

—知识产权归属和许可？双方应考虑按服务及工作成果可交付物的性质，明确约定工作成果相关权益的归属。合同中应约定清楚工作成果中所包含各方及第三方知识产权的许可问题，以及相关费用由哪一方承担、如何承担。

—不侵权保证？

—保密条款？各方应注意审查本协议的保密条款是否全面充分，以及对于服务商或其相关方违反保密义务的责任承担是否有效可行。

—不竞争条款？

—是否允许使用分包商及相关要求？［公司］应注意审查有无对服务商的转包或分包行为进行限制，以及如果允许转包或分包，服务商是否对关于合同终止效果的条款？该第三方的服务直接向［公司］承担责任。

—纠纷解决方法？

—律师费及其他法律费用的承担？

—抗辩和补偿条款？工作成果可能引起的侵权问题的责任承担及救济是否合理可行？

—责任限制条款？

—合同有因终止？

—双方关系的声明？

—正确的签署？签字、盖章、小签和日期？

关联合同

保密协议

合同正文

专业服务协议

合同编号：____________

本专业服务协议（本文件与本协议所有附属文件一起，统称为“本协议”）由以下各方于______年______月______日（“生效日”）签署：

[1]______，其注册地址或主要办公地址在：______（以下简称“[公司]”），与

[2]______，其注册地址或主要办公地址在：______（以下简称“[服务商]”）。

以上双方并称为“双方”，单独被称为“一方”。服务商包括其委派负责执行具体工作的服务商人员。

双方在此就以下内容达成协议：

第一条　定义

除非根据上下文另有解释，否则本协议中下列术语有以下含义：

1.1　关联公司：是指直接或间接控制目标实体、由目标实体控制或与目标实体受共同控制的任何实体。为本定义的目的，“控制”：是指对目标实体的超过百分之五十（50%）表决权拥有直接或间接的所有权或控制权。

1.2　协议：是指本专业服务协议及本协议的任何附件。

1.3　服务：是指根据工作说明或订单由服务商履行的工作，在本协议中有时也称为“任务”或“工作”，包括提供工作说明或订单中列明的任何可交付物。

1.4　可交付物：是指工作说明或订单所描述的，一方向另一方提交的任何文件、模型及其他有形物品。

1.5　订单：是指服务商与[公司]或[公司]的任何关联方之间达成的，用于具体说明在本协议项下所提供服务的订购文件，包括其任何附录和增补。依据本协议签发的订单，必须附有一份工作说明，或明确声明该订单或在该订单项下提供的服务受本协议约束。通过在本协议项下签署订单，关联公司同意

16283

受本协议条款的约束，就如同其是本协议的原始当事人一样。

1.6　工作说明或SOW：是指［公司］与服务商之间达成的，用于具体描述本协议项下所提供服务的工作说明文件。［公司］的关联公司如果与服务商签署了一份工作说明，将被认为是本协议中所称的［公司］。援引本协议的工作说明或订单将被视为本协议的组成部分。

1.7　法律：是指任何法律、法规和规章及具有法律约束力的政府命令及法律解释。

1.8　交验标准：是指表明某个项目被认为已经完成且项目可交付物能够被委托方接受所必须满足的条件的具体和确定的条件。

1.9　规格或要求：是以文件形式记载的某个特定的材料、设计、产品或服务必须满足的一系列物理的和功能性的要求。

第二条　服务范围

2.1　服务范围

根据本协议的所有条款和条件，服务商应提供本协议后附的附件一［工作说明］中关于“服务范围”的规定以及双方不时确认的经援引成为本协议组成部分的订单或增补协议中所规定的服务，这些服务可被称为本协议项下的“服务”或“工作”。作为［公司］达成本协议的实质性考虑因素，服务商陈述和保证，服务商是一家能够提供一流工作和服务的服务提供者，并且服务商对于履行本协议项下预期的工作和服务具有丰富的经验，考虑到这样的状态和经验，服务商承诺，在履行本协议项下要求的工作和服务时，其将遵循最高专业标准，并且所有可交付物均应具有良好的质量、适用于预期目的。就本协议而言，“最高专业标准”一词是指在类似情况下从事类似工作的一家或多家一流服务提供商认可的实务处理标准。

2.2　服务商的建议

服务范围应包括服务商的建议或投标文件，这些内容将根据在此的援引成为本协议的组成部分，就如同在本协议中明确约定。如这些建议或投标文件的内容与本协议有任何不一致，以本协议内容为准。

2.3　符合法律

本协议项下提供的所有服务，均应按服务提供时当时有效的法律规定提供。

2.4　许可、同意、费用和评估

服务商应执行承担成本和费用获得法律规定的履行本协议所要求的服务所需的许可、同意和批准。服务商应自行负责支付任何法律要求的服务商履行本协议项下服务所必要的任何税费，以及相关的罚款和利息（如果因未能及时和准确支付上述税费），如因服务商未能及时缴纳或准确计算上述税费，导致了任何针对［公司］的税费征收、罚款或利息等，服务商应为［公司］提供抗辩和补偿，并确保［公司］不因此受到任何损失和损害。

2.5 了解工作条件和环境

服务商签署本协议，即视为服务商保证，服务商（a）已经全面调查并仔细考虑了需要履行服务的范围；（b）已经仔细考虑了服务应如何执行；并且（c）充分理解伴随本协议项下服务履行的各种困难和限制。如果服务商发现任何潜在或未知的情况，将对本协议项下服务的履行产生实质性影响，服务商应立即通知［公司］，除非服务商自行承担风险，否则在收到［公司］合同主管经理的书面指示前，服务商不得继续工作。服务商开始工作，即视为其已经了解了［公司］所要达到的合同目的，认可了［公司］提供的条件和环境已经齐备完全，服务商不得再以此为由拒绝承担相关义务或责任。尽管如此，［公司］仍将保留在本协议履行过程中随时向服务商提供补充信息和资料的权利以使服务商能更好的完成本协议项下之服务。

2.6 工作管理

在本协议期限内，服务商应采取合理措施，对工作及相关的设备、材料、文件、计划、研究和 / 或其他组成部分进行持续妥善管理避免任何损失或损害，并应对此过程中的人员或财产损害负责，直至工作被［公司］接受，因［公司］自己的过失导致的损害除外。如服务在［公司］场所进行，则服务商应遵守［公司］场所的门禁、信息系统使用、安全、保密及其他规定。

2.7 双方其他职责

双方同意尽合理的注意和审慎履行其在本协议项下的义务。双方同意诚信地准备和签署所有的文件，并采取实现本协议目的所必要的所有行动。除非双方另有明确约定，否则任何一方均不对他方的服务负责。

第三条 价格和付款

3.1 合同价款

就依据本协议提供的服务，［公司］将按照后附附件一［工作说明］的规定支付服务费。本协议约定的服务费是［公司］应支付给服务商的终局价格，其中已经包括所有材料费、人工费、授权许可费、交通费、食宿费、保险费、通信费、增值税、所得税、关税等税费，除非［工作说明］中另有约定，否则［公司］无须就约定的服务向服务商支付任何其他费用。

16283

3.2　支付

除非在［工作说明］中另外规定了支付方式，服务商应在［工作说明］中规定的［公司］付款时间至少两（2）个工作日前向［公司］就到期应付的服务费开出合格发票。［公司］应在收到发票后十五（15）个工作日内支付发票款。［公司］未能按规定期限支付任何款项的，每逾期一（1）日，应向服务商支付逾期金额的万分之五（0.05%）作为违约金，但违约金最高不超过合同总价的百分之十（10%）。因服务商发票错误或不合格所导致的损失和不便，由服务商自行负责。

第四条　进度计划

4.1　时限

时限是履行本协议的非常重要的因素。服务商应严格按照本协议规定的进度完成里程碑工作。

4.2　服务进度

服务商应在收到［公司］的书面开工通知后，根据本协议约定开始服务。服务商应按［公司］合同专员确定的进度计划履行所有服务。服务商未能按时完成工作的，［公司］可要求服务商支付［公司］由此而发生的额外费用或遭受的损失（包括［公司］已经支付的合同价款在工期延误期间所产生的利息），或要求服务商支付逾期违约金，每逾期一（1）日，应向［公司］支付合同总价的千分之五（0.5%）作为违约金，以较高者为准。

4.3　不可抗力

如根据本协议所提供服务的履行在服务商没有任何过错或过失的情况下，因任何无法预见且不能合理控制的事件而延误，这些事由包括但不限于，天灾、异常恶劣天气、火灾、地震、洪水、流行病、检疫隔离、骚乱、罢工、禁运、战争、诉讼和 / 或任何政府机构的行为，服务商应在不可抗力时间发生后立即最迟不晚于十（10）天内书面通知［公司］合同专员（见第 7 条）。［公司］合同专员将对不可抗力事件及其影响进行查证，如合同专员确认这种迟延是情有可原的，服务商可将服务进度按被迫迟延的时间相应顺延。［公司］合同专员的决定对本协议双方是最终和决定性的。在任何情况下，服务商无权就本协议履行过程中的任何延迟向［公司］索赔，无论延迟是因何种原因导致的，服务商为此所获得的唯一救济根据本条款顺延本协议。

4.4　期限

本协议经双方有效签署后自约首指明的生效日起开始生效。除非根据本协议第 10 条相关规定提前终止，否则本协议将持续有效直至服务完成，但除非［工作说明］另有明确约定，否则本协议期限最长不超过本协议生效日后一（1）年。

第五条　需求变更

5.1 ［公司］提出的变更

［公司］可根据业务需要随时变更所要求的服务。一经收到［公司］的书面通知，服务商应立即暂停受变更通知影响的工作。服务商应在收到［公司］的变更通知后三（3）个工作日内提出工期、价格和服务内容调整的书面反馈，双方书面协商达成一致后签署补充协议。

5.2 服务商提出的变更

服务商在服务过程中，为了［公司］利益最大化可以提出变更服务的建议。建议应当以书面形式提出，并写明对工期、价格和服务内容的调整方案。［公司］收到服务商的书面建议后应尽快研究答复，在［公司］答复服务商之前，服务商不应暂停工作。

第六条　验收

6.1 验收申请

服务商完成服务（包括阶段服务）后，应按照后附［工作说明］规定的时间以书面形式申请［公司］验收，并要求［公司］确定验收日期，［公司］应将确定的验收日期通知服务商，对服务的验收应在既定的日期进行。

6.2 交验标准

交验标准在［工作说明］中由双方确定。如双方事先没有确定交验标准或交验标准不明确，服务商的服务应能够实现［公司］签订本协议的目的，达到［公司］满意。

6.3 验收

服务商的服务经［公司］确认符合交验标准的视为验收合格。验收不合格的，服务商应承担费用负责重做或整改直至符合交验标准。［公司］有权要求服务商就需要重做或整改的工作提交书面整改计划。

第七条　工作协调

7.1 服务商代表

服务商应指派一名授权代表，并就与工作相关的事宜作出决定。双方明确理解，上述代表的经验、知识、能力和声誉是［公司］签订本协议的重要考虑因素。为此，在本协议期间内，服务商的上述代表应负责领导服务商的所有活动，并投入足够时间对本协议项下服务亲自进行监督。就本协议而言，未经［公司］的明确书面批准，服务商不得更换上述人员或大幅实质减少上述人员的职责。

16283

7.2 合同专员

合同专员是由［公司］高级总监委任的负责协调本协议签署和履行事务的人员，在本协议初始阶段，［公司］高级总监应做为合同专员。服务商应确保［公司］合同专员了解服务的履行进度，服务商应将需［公司］作出决定的事项提交合同专员处理。除非本协议另有规定，否则本协议项下要求由［公司］作出的批准均指由合同专员所做的批准。合同专员有权代表［公司］签署执行本协议条款所需的所有文件。

7.3 禁止分包或转让

服务商、服务商负责人及员工的经验、知识、能力和声誉是［公司］签订本协议的重要考量因素。因此，未经［公司］明确书面批准，服务商不得将本协议所规定服务无论是全部还是任何部分分包给任何第三方。此外，未经［公司］事先书面批准，本协议或本协议的任何权益均不得转移、抵押或设置其他他项权，无论是为债权人的利益还是其他原因。在发生任何未经批准的转让，包括服务商进入破产程序情况下，［公司］可根据其选择立即终止本协议。除非［公司］明确同意，否则经批准的转让不减免服务商或服务商的任何担保人在本协议项下的任何责任。

7.4 独立合同当事人

除非本协议另有明确约定，否则［公司］或其任何员工对服务商、服务商的代理或员工履行本协议项下服务的方式、方法等不负责任何管理。为此,［公司］对服务商员工、劳务、代表或代理的选择、解雇、监督或控制，或其数量、工资福利及工作时间等均不予干预。服务商将作为［公司］的独立承包商履行本协议要求的所有服务，并对于［公司］而言，始终是完全独立的承包商，仅承担与其角色相一致的义务。服务商在任何时候均不得以任何方式表明其自己或其任何代理或员工是［公司］的代理、员工或与［公司］存在任何劳动、劳务或隶属关系。在任何情况下，［公司］均不是也不得被视为是服务商的业务或其他合伙人、与服务商存在合资关系或是其任何合资企业的成员。除非另有明确约定，服务商将为履行服务提供所有的材料、工具和设备。

第八条 记录和报告

8.1 报告

服务商应定期拟制并在［公司］合同专员要求时，向［公司］合同专员提交与履行本协议所要求服务有关的报告。服务商在此承认［公司］非常关心根据本协议所履行工作和服务成本。为此，服务商同意，如服务商知悉任何可能或将会实质性增加或减少本协议所预期工作或服务成本的事实、情况或事件，服务商应立即将上述事实、情况或事件，以及预计因此增加或减少的成本告知［公司］。

8.2　记录

服务商应保存并应要求其分包商保存与履行本协议项下服务有关的所有必要的账册和记录，使［公司］合同专员能够对此类服务的履行情况进行评估。在［公司］的正常营业时间内，［公司］合同专员有权随时完全不受限制地查阅这些账册和记录，包括对这些账册和记录进行检查、复制、审计以及进行记录和转录。在本协议项下的服务完成后，服务商应在至少三（3）年继续保持这些账册和记录，［公司］有权在需要进行审计时查阅这些账册和记录。

第九条　知识产权

9.1　文件权属

在履行本协议过程中由服务商及其员工、分包商和代理所拟制的所有图纸、规格书、报告、记录、文件及其他材料均为［公司］的财产，并应在［公司］合同专员要求时或本协议终止时交付给［公司］，服务商不得就向［公司］交付上述文件或材料，或［公司］行使其对上述文件和材料的全部权利而要求进一步补偿。如在未经服务商明确书面同意情况下，［公司］将已完成的文件用于其他项目和 / 或使用未完成的文件，由［公司］自行承担相关风险，服务商对此不承担任何责任，同时［公司］对因此导致的服务商所有损失应进行补偿。服务商可保留此类文件的副本供其自己使用。服务商有权不受限制地使用这些文件中所体现的观念。服务商使用的所有分包商均应向［公司］移交并转让其在承担服务商在本协议项下的工作或服务过程中所拟制的任何文件或材料，如服务商未能确保上述移交和转让，服务商应对［公司］由此导致的所有损失和损害进行补偿。

9.2　文件发布

未经合［公司］同专员事先书面批准，服务商不得公开发布其为履行本协议项下的服务而拟制的图纸、规格、报告、记录、文件和其他材料。

9.3　不侵权保证

服务商保证其所提供的文件、材料及其他可交付物不侵犯任何第三方的知识产权及其他权利。如［公司］因使用服务商的文件、材料及其他可交付物而引起第三方指控、争议、侵权或索赔，则服务商应承担费用为［公司］抗辩，使［公司］不因此受到任何损失和损害。若服务商预见或知道会发生此类索赔时，应立即书面通知［公司］，同时，服务商应自行承担费用采取包括但不限于修改、重做、

16283

购买合法授权等补救措施，使其可交付物不侵犯他人权利并符合本协议。

第十条　合同实施

10.1　法律适用及争议管辖

本协议按中华人民共和国法律[1]解释，受中华人民共和国法律管辖。对因本协议的签署而产生的或与本协议有关的一切争议，任何一方可向［公司］住所地人民法院起诉。

> 条文注解：如属于跨境交易，需要进一步明确适用哪个司法管辖区的法律。

10.2　争议解决

如在本协议项下发生任何争议，认为受损害的一方（索赔方）应以书面形式向另一方（被索赔方）发出索赔，说明其争议的观点。只要被索赔方在收到通知后十（10）天内开始采取措施纠正其违约行为，并在四十五（45）天内或索赔方允许的更长时间内有效纠正了其违约行为，索赔方应继续履行其在本协议项下的义务。但如违约行为对［公司］或第三方的人身、财产及业务构成即时的危险，则被索赔方应立即采取措施予以纠正。遵守本条规定是任何一方有因终止本协议及采取任何法律行动的前提条件，但遵守本条规定并不构成任何一方放弃其在争议未能合理解决情况下采取法律行动的权利。本条款的任何内容均不限制［公司］或服务商依照本协议第 10.7 款规定无因终止本协议的权利。

10.3　费用扣留

服务商在此授权［公司］在支付给服务商的任何款项（无论是否是因本协议产生的）中扣除：(i) 任何在本协议项下存在争议的或用于对［公司］所遭受的任何损失、费用、责任或损害进行补偿所必要的款项；以及（ii）因服务商在本协议履行过程中的任何作为或不作为，导致［公司］需要向第三方承担责任而支付的款项。如第三方提出任何与上述事由有关的索赔，而服务商对其数量或效力有异议，或服务商对［公司］存在任何可以主张留置权的债务，［公司］可以暂缓支付相应金额的任何到期款项，且不需为此承担任何延迟支付利息。［公司］未能行使抵扣或暂缓支付的权利，不影响服务商按本协议其他规定对［公司］进行补偿和保护的义务。

10.4　非弃权

守约方对任何违约行为延误或疏忽行使其权利进行追究的，对守约方的权利不造成损害，也不得理解为是守约方对该权利的放弃。如一方的任何行为根据约定需要另一方的同意或批准，则另一方对任何此类行为的任何同意和批准，均不得被视为是对此后的同类行为的弃权，或今后此类行为不再需要经过同意或批准。一方的任何弃权均必须以书面方式为之，且对某一违约行为的弃权不构成对违反本协议同一条款或任何其他条款的其他违约行为的弃权。

10.5　权利和救济非排他

除本协议中明确规定的排他权利和救济外，各方的权利和救济是累加的，任何一方行使其一个或多个权利或救济，并不排除其可以在同时或不同时间，就另一方同一违约行为或任何其他违约行为行使任何其他权利或救济。

10.6　法律行动

除本协议约定的其他权利或救济外，任何一方均可采取任何法律行动，以纠正任何违约行为、要求违约损害赔偿、强制履行本协议的特定条款、获得判决或禁止令或获得与本协议目的相符的任何其他救济。双方同意上述法律行动将仅在任何诉因发生后两（2）年内提出。

10.7　提前终止

本协议的任何终止均受本条款约束，除非下面关于有因终止的条款另有明确规定。［公司］有权在任何时候经提前七十二（72）小时向服务商发出书面通知而随时终止本协议，无论是否有终止事由。此外，服务商有权在任何时候经提前六十（60）天书面通知［公司］而终止本协议，无论是否有终止事由，除非终止是因［公司］过错导致，上述通知期限可根据服务商决定缩短。在收到任何终止通知后，服务商应立即停止本协议项下的所有服务，但合同专员特别同意的服务除外。除服务商启动的终止外，服务商有权就终止日前提供的所有服务以及根据合同专员授权在终止日后提供的服务获得补偿，除非第 10.3 款另有约定外，补偿应按照约定的支付进度或合同专员另行同意的方案进行。如服务商启动终止本协议，服务商有权仅限就本协议项下实际产生的工作成果的合理价值获得补偿。在本协议根据本条无因终止的情况下，终止方不需根据第 10.2 款规定向非终止方提供补救的机会。

10.8　因服务商违约终止

如本协议的终止是因服务商未能履行本协议项下的义务导致，［公司］可在按第 10.2 款规定为服务商提供改正机会后，接收工作并自行或通过第三方完成该工作，对完成本协议项下服务所发生的所有超出本协议约定费用的部分，服务商应全部承担，但服务商无权分享由此节省的费用。［公司］将尽合理努力减少此类损失。［公司］可以为抵销目的扣留对服务商的任何付款。

16283

10.9　律师费

如本协议任何一方需要启动任何与本协议有关的法律行动或程序，对此类行动或程序进行抗辩或成为此类行动或程序的一方当事人，则在法律授予的任何其他救济之外，此类行动或程序的胜诉方，有权要求败诉方对由此发生的合理律师费给予补偿。律师费应包括任何上诉或复审程序中的律师费，此外，胜诉方还有权要求就此类行动或程序中发生的其他、调查、取证、鉴定及其他合理费用获得补偿。所有此类费用应视为在上述行动或程序开始时既已经发生并具有强制执行效力，无论此类行动是否最终被提交裁判。

10.10　继续有效

本协议提前终止或解除后，保密、违约责任、争议解决条款、不侵权保证、保修及其他根据其性质应当继续有效的条款仍有效。

第十一条　道德合规

11.1　无利益冲突

服务商保证，除了已经事先告知［公司］的冲突外，服务商在履行服务时，没有可能影响其提供服务客观性、公正性的潜在的财务上的或其他方面的利益冲突。

11.2　反腐败

服务商在履行本协议过程中，应严格遵守并应培训并确保其员工遵守所有与反腐败、反贿赂相关的法律，以及［公司］的供应商行为守则。服务商不得直接或间接向与其有实际或潜在业务关系的［公司］的或［公司］关联公司的员工和 / 或其亲属或其他关系密切人士提供任何酬金、礼物或其他有形或无形的利益，此行为视为商业贿赂行为并构成对本协议的实质违约。

第十二条　保密

12.1　保密信息

［公司］在本协议签署和执行过程中提供的以下信息或资料是［公司］的保密信息：

（a）［公司］的客户名单、财务数据、员工信息、合同或协议内容、研发计划、融资计划、销售方案、源代码、技术方案、工艺流程、内部制度及诉讼或仲裁信息等；

（b）因本协议履行而产生的最终或阶段性成果或结论；

（c）［公司］在保密的环境下向服务商提供的任何资料或信息；

（d）标注了“保密”“专有”等类似标记的资料和信息；或

（e）根据商业常识，应当被合理地判断为保密信息的其他资料和信息。

12.2　保密义务

服务商在本协议履行过程中知悉或接触、获得的［公司］的保密信息，应仅限于在本协议履行过程中为本协议的目的使用。未经［公司］书面同意，服务商不得将这些保密信息自行使用或披露、披露给任何其他单位和个人，包括本单位的非相关人员。对于因执行本协议而确有必要知悉［公司］保密信息的服务商员工、分包商或顾问（以下统称必要的人员），服务商应当在向其披露之前与该等必要的人员签署严格程度不低于本条的保密协议或保密条款。未经［公司］事先书面许可，服务商不得在著作、会议、教学、媒体、论文等任何公开场合部分或全部引用、发表因本协议履行所获得有关［公司］的任何案例、资料以及所取得的任何工作成果。如服务商的员工、分包商或顾问违反本保密义务，服务商应承担连带责任。

12.3　保密期限

本协议约定的保密义务期限为永久，直至相关保密信息合法地进入公知领域或［公司］书面通知服务商终止保密义务时止。

12.4　援引的保密协议

如双方就本协议项下业务活动另外签署了保密协议，则本协议项下交流的保密信息及双方的保密义务受该保密协议约束。

第十三条　一般条款

13.1　通知

任何一方希望的或被要求向另一方或任何其他人发出的任何通知、要求、请求、文件、同意、批准或交流，均应当采用书面形式，并通过亲交本人或通过邮资预付的正规邮政服务送交，如向［公司］发送上述通知，应发送给［公司］法定代表人并抄送［公司］合同专员，通过电子邮件发送至：____________。如向服务商发送上述通知，应发送给在本协议签字栏所列明的地址及人员。任何一方均可经书面通知另一方更改其接收通知的地址。亲交本人的通知在交付时视为送达，按照本条规定邮寄的通知，在交寄七十二（72）小时后视为有效送达。

13.2　解释

本协议条款应按所使用语言的含义进行解释，不得因做为合同起草方的原因或其他可能适用的合同解释规则，对任何一方做有利或不利的解释。

13.3　完整合同

双方明白，本协议双方之间不存在任何对本协议有影响的口头协议，本协

16283

议取代并抵消双方此前的任何谈判、安排、协议和谅解，但保密协议除外（如有），并且任何此类谈判、安排、协议和谅解均不得用于对本协议的解释。

13.4 可分割

如本协议的任何一个或多个条款或其任何部分，被有相应管辖权的法院以有效判决或裁定方式宣布无效或不具有可强制执行性，这种无效或不可强制执行性不影响该条款的其他部分以及本协议的其他条款，双方在此声明，这些条款是可分割的，并应在法律允许的范围内重新解释以贯彻本协议双方的意图，除非被认定无效的条款是本协议的实质条款，其无效将使任何一方丧失其签署本协议所合理期望获得的基本利益。

13.5 优先顺序

在本协议任何部分之间发生任何冲突或不一致，且根据其条款不能解决时，按以下优先顺序解释：

（a）本协议正文条款，包括本协议正文条款援引的［公司］政策和规范；

（b）双方签署的相关工作说明，除非本协议正文或相关工作说明规定工作说明的特定条款优先适用；以及

（c）［公司］订单的条款和条件。

13.6 补充和修改

对本协议的任何补充和修改仅得以经双方正式授权代表签署和 / 或加盖各方有效印章确认的书面补充协议方式进行，任何不符合此规定的补充、修改和变更均无效且不具有约束力。但［公司］可单方对本协议中援引的［公司］政策进行更新和修改。

13.7 副本

本协议一式四份，双方各执两份，每份具有同等法律效力。

13.8 授权

代表双方签署本协议的人士保证：（a）其所代表的各方是依法正规组建并有效存续的；（b）他们被正式授权代表各方签署和交付本协议；（c）通过签署本协议，各方将正式受本协议条款的约束；并且（d）达成本协议并不违反各方受约束的任何其他协议的任何规定。

作为证明，本协议双方通过其正式授权代表签字和 / 或加盖各方有效印章方式签署，并在本协议首页载明的日期生效。

服务商签署和确认：	［公司］签署和确认：
服务商：	［公司］：
代表人（打印或正楷）：	代表人（打印或正楷）：
代表人签字：	代表人签字：
部门职务：	部门和职务：
签字日期：	签字日期：
法定或主要办公地址：	法定或主要办公地址：

附件A

工作说明（略）

16283

14. 技术服务协议

使用场景

此《技术服务协议》样例文本可用于拥有某些专业技能的厂商（服务方）为其他厂商（需求方）提供技术服务。

技术服务通常是指拥有技术的一方为另一方解决某一特定技术问题所提供的各种服务，例如，进行非常规性的计算、设计、测量、分析、安装、调试，以及提供技术信息、改进工艺流程、进行技术诊断、检验检测等服务。对技术服务可能会有不同理解，服务方为需求方提供新产品或新技术的设计和开发，也属于一种广义的技术服务，但国内业界通常将此类技术服务称为技术开发。

法律要点

参见专业服务协议。

鉴于在国内技术服务协议通常并不用于技术开发，因此在技术服务过程中，各方通常并不期待产生实质性的新技术或新产品，技术服务协议中关于新知识产权权利归属的约定并不是关键，但技术服务协议执行过程中，仍然会产生一些工作成果，例如，报告、文件、样品等，这些工作成果中，可能会包含新开发知识产权。为此，技术服务协议通常也会包含有关服务履行过程中产生新知识产权归属的约定。

根据法律规定，除非另有约定，否则，在技术服务合同履行过程中，服务提供方完成的工作成果，知识产权将归服务方拥有，如果需求方认为这种安排不符合自己的利益，则需要在技术服务协议中，对工作成果中的知识产权归属作出明确约定。

技术服务过程中，服务方可能会利用自己的技术能力，包括提供或使用受知识产权法律保护的材料，包括技术、作品及信息等，而需求方可能也会为了履行协议的目的，向服务方提供此类材料，技术服务的工作成果中可能会同时包含需求方、服务方以及第三方的材料，为此技术服务协议中需要对此类材料的知识产权归属、获取、使用及限制作出约定。

关键条款（检核表）

除服务协议的一般条款外，签署技术服务协议时需要确认是否包含以下条款。

协议结构

本样例合同采用了主协议加工作说明的结构。主协议用于就双方业务关系的一些基本原则作出约定，需要约定一些与技术服务业务相关的基础性的法律和业务条款。工作说明部分则用于约定具体的业务条款。

为避免合同经办人在拟定工作说明时无意识地添加一些违背基础协议本意的冲突法律条款，可考虑在合同中增加关于冲突条款解释优先顺序的约定，例如，当主协议的条款和条件与工作说明约定不一致时，以主协议条款和条件为准，但为了业务灵活和便捷，同时也规定主协议允许另行约定的具体业务条款，则以工作说明中的约定为准，这些允许另行约定的内容，通常应当是一些有关具体业务安排的条款。

此外，因主协议项下可能为不同的技术服务项目附加了多个《工作说明》，应明确主协议终止并不影响其他仍在履行的工作说明，对于该等尚未履行完毕的工作说明，主协议条款条件对其仍有约束力。

服务范围

技术服务协议需要明确约定具体的服务范围，根据本样例合同的结构设计，对服务具体范围的描述将体现在标题为《工作说明》的合同附件中。

进度计划

如按时完成服务对于需求方非常重要，需求方可考虑在协议中约定迟延交付的违约金及其他救济措施。而服务方则需要考虑，服务履行可能受各种因素影响，需要保持必要的灵活性，以免使其承担不合理的义务。

变更

服务履行可能会因各种因素的影响而需要进行变更，包括服务的范围、成本费用及工作进度等，双方可在合同中对变更批准流程作出约定。

检验和接受

双方应审核检验条件、标准是否清晰、客观，如不符合接受标准，可采取的救济措施是否符合己方要求。

费用及支付

技术服务协议需要约定服务费及其他报酬及支付。因技术服务工作成果中可能包含服务方原有知识产权或第三方知识产权，可能会涉及许可问题，需求

16284

方通常会要求获得免费许可，或者明确约定许可费已经包含在支付的服务费中，不再另行支付。

保证

保证条款用于阐明服务方对其所提供服务及可交付物应当符合的质量标准所做的承诺。服务虽然可能会产生可交付物，但主要是体现为服务方的行为，因此不同于对产品所做的不存在制造、工艺和材料等方面缺陷的保证，对服务的保证可能是以合理谨慎提供、以专业的方式和熟练的技能提供、以最高专业标准提供、实质性符合服务规格或要求等，在我们国家法律环境下，对上述各类服务保证如何强制执行还缺乏司法检验，但这并不妨碍企业可以在其签署的合同中作出此类约定，只是必要时可能需要对各种常用术语做必要的说明。

服务方则需考虑对其服务可能存在的局限性作出评估，避免在保证条款中做过度保证。

知识产权

技术服务协议中应包含知识产权条款，对新开发知识产权、各方原有知识产权以及第三方知识产权的权属、许可、使用和限制予以明确。

根据所提供服务的性质，如需求方认为需要保护其某些保密信息，可考虑在协议中要求服务提供方保证，在一定时期内，不得将受委派为需求方提供服务并接触了需求方保密信息的人员，为需求方存在业务竞争关系的企业提供。

抗辩与补偿

约定当需求方因使用服务方的服务或可交付物导致任何第三方的索赔时，服务方应为需求方提供抗辩与补偿与其他救济措施。

如服务方在履行服务过程中可能会使用需求方的任何材料，也可要求需求方为其提供类似抗辩和补偿。

抗辩和补偿并不必然以补偿方违约为条件，因此不宜以违约责任条款取代抗辩和补偿条款。

保密条款

技术服务协议签署和履行过程中，双方均可能向对方披露保密信息，需要考虑对这些保密信息的保护。此样例合同援引双方另行签署的《保密协议》作为保密条款。

终止及终止的效果

技术服务协议需要考虑在协议在哪些情况下可以被终止，以及对终止善后事宜的处理。

在实践中，需求方可能会因任何原因不再需要技术服务，这种情况下，不顾实际需要坚持继续履行合同无疑会导致资源浪费，是不合理的，为此，此类协议通常都会为需求方提供随时终止合同的权利，而服务方则需要考虑在这种情况下确保自己已经作出的投入能够得到必要和合理的补偿。

遵守法律

此处针对进出口管制、信息安全和个人信息数据保护，以及反商业贿赂问题对服务提供商作出了合规的要求。

关联合同

保密协议

合同正文

技术服务协议

本技术服务协议（“本协议”）于______年______月______日（“生效日”）由主营业地在______（在此填写［公司］的注册或主要办公地址）的______（在此填写［公司］的完整法定名称）（以下简称“［公司］”）与______（在此填写客户完整法定名称），其注册或主要办公地址在：______（在此填写客户法定地址或主要办公地址）（以下简称“客户”）基于以下条款达成。在本协议中，客户与［公司］单方分别被称为“一方”，共同被合称为“双方”。签署本协议表明双方同意本协议的全部内容。

1　定义

除根据上下文另有解释者外，本协议中使用的下列术含义如下：

1.1　本协议：是指本协议及其所有附件。

1.2　服务：是指本协议项下相关［工作说明］描述的［公司］为客户提供的各项工作或活动。服务可能还包括［工作说明］中特别描述的其他形式的服务，服务包括提供约定的可交付物。

1.3　工作说明：是指任何用于说明［公司］所提供服务类别和范围及其他具体业务安排的文件，包括本协议后附的被命名为［工作说明］的文件。

1.4　变更：是指对可交付物、服务或［工作说明］中的其他实质性部分所做的改变或修改。

1.5　可交付物：是指依据本协议明确约定提供的任何软件、硬件、文件

16284

或其他物品，包括随同服务的提供而交付的物品。

1.6 错误：是指（a）服务或可交付物的任何与规格、标准和要求的不符；（b）导致服务或可交付物不能提供预期功能的缺陷；以及（c）可交付物或服务的任何误差、不正确和不可靠。

1.7 人员：指［公司］为完成工作说明中所规定的任务或与之相关的任务（并包括相关或结果性交付成果）所使用的［公司］及其分包商的员工、顾问、代理等人员。

1.8 知识产权：是指在专利、著作权、集成电路布图设计或掩膜作品权、数据库、商业秘密、商标、反不正当竞争等相关法律项下的任何权利及其他类似性质的特权或专属权，包括这些权利的任何更新、扩展和恢复，这些权利可能是全球各个司法管辖区现有的，也可能是未来生效的，无论其是否登记或注册，这些权利包括任何申请中的以及被核准登记的权利。

1.9 已有材料：是指由任何一方或其关联方在本协议之外开发或创作的或以其他方式获得的软件或其他材料。此类已有材料可能属于本协议一方，也可能属于第三方。

1.10 关联方：一方的关联方是指由一方直接或间接控制、直接或间接控制一方或与一方受同一家公司直接或间接控制的公司、企业或其他法律实体。“控制”是指直接或间接地拥有影响所提及实体管理的能力，无论是通过所有权、有投票权的股份、协议或其他方式。

1.11 法律：是指任何法律性文件，包括法律、法规和规章，以及其他有强制效力的政府命令、法律解释及国家、地方和行业标准。

2 协议结构

2.1 本协议由主协议及附件工作说明构成。［公司］为客户所提供服务的相关信息，将在本协议附件工作说明中描述，工作说明以一个或多个顺序编号标记（以下统称工作说明）。每个工作说明将指明所提供服务的具体业务条款，应至少包括以下内容：客户应提供的环境和条件、项目描述、服务内容、可交付物、规格要求、交验标准、工期、费用和付款及项目代表等。每一个随附或援引了本协议的工作说明均被并入到本协议，成为本协议的组成部分。

2.2 如本协议的各个部分之间有任何不一致，以主协议约定为准，但主协议允许另行约定的内容，则工作说明的约定优先适用。

3 服务范围

3.1 ［公司］将应按本协议的条款和条件，为客户提供本协议附件工作说明中规定的各项服务，［公司］在收到到工作说明中规定的启动费用（如有）之前将无义务履行其服务。

如客户希望[公司]提供本协议工作说明规定之外的额外服务,[公司]提供额外服务的条件、范围及性质可由客户提出，但需要经双方协商一致，并以双方另外签署的工作说明确认。

3.2 ［公司］可将服务的部分或全部转托给其选择的合格、声誉良好的分包商或雇用第三方完成，但不得因此影响或免除［公司］应尽的义务。

3.3 ［公司］将指派一名代表负责监督和协调服务的执行情况，除非另有明确的书面授权，否则［公司］代表无权对本协议及其任何部分进行修改。［公司］可随时经书面通知更换其代表。

3.4 ［公司］将尽合理努力，在本协议规定的预计费用和时间内提供所需的服务。如［公司］因超出其合理控制的原因无法在预计费用和期限完成服务和可交付物，［公司］将尽快通知客户，客户可以根据其选择：(a) 终止本协议，除对［公司］已经完成的可交付物进行补偿外，客户不需要向［公司］支付任何其他费用；或 (b) 继续执行本协议，并同意增加预计费用以及对工期进行调整。

4 客户的职责

4.1 客户承认，［公司］提供服务的能力有赖于客户与［公司］之间的全面和及时的合作，以及客户向［公司］所提供的信息和数据的准确性和全面性，为此，客户应向［公司］提供并允许其使用［公司］认为必需的全部信息、数据、资料、上机时间、设施、工作空间和办公室服务等基础条件和环境（以下简称条件和环境）。

4.2 除了可能在工作说明中指明的任何特别条款，客户应为［公司］人员提供合适的现场办公场地及办公设备及其他支持，包括足够的计算机资源、电话服务、邮政、复印、打字及其他可能需要的与［公司］履行服务有关的通常办公设备。

4.3 在［公司］提供本协议项下服务时，客户应按时履行工作说明中所指明由客户负责的工作。

4.4 客户应自行负责保留一个外部程序，对其认为重要的文件、数据或程序进行备份，以便在这些材料丢失或改变时能够恢复和重建，客户并应负责落实这些材料的恢复和重建工作。

4.5 对客户导致的或因客户未履行其义务而延误工期的，客户应承担责任。在此情况下，［公司］可要求客户支付因该等拖延而发生的额外费用或遭受的损失，并对受影响的工作时间表做相应调整。

4.6 客户应指派一名代表，负责与［公司］进行专业和及时的联络，客户代表应拥有必要的专业知识和经验以及客户授权，并按双方商定的时间定期

16284

或根据需要随时与［公司］代表举行会议。

5　变更

本协议任何一方均可在其认为合理的情况下，提议可对服务或［工作说明］中的其他实质性部分做适当变更或修改。所有变更均须以书面形式记载并经双方同意，并应详细描述对价格、工期进度、交付及交验标准所做的修改和调整。无论任何一方提议变更，在双方就此达成一致前，［公司］应继续履行其义务并收受付款。

6　工期

6.1　［公司］将尽最大合理努力按照［工作说明］规定的工期完成服务或其任何部分。如工期以天数体现，则除非另有明确指明，天数均以自然日为准。在本协议规定的进度范围内，［公司］可根据工作需要合理安排工作次序和时间。［公司］可以对各类服务的时间分配作适当调整，以便保证在客户的最佳利益下进行有效的工作。工期可根据双方的书面同意延长。

6.2　如因［公司］原因导致工期延误超过合理期限的，客户可根据其选择终止相关工作或授予［公司］合理的顺延。如客户选择终止相关工作，［公司］将返还客户就相关工作已经支付的服务费，这是［公司］就延误所承担的最大责任。

6.3　对客户导致的或因客户未履行其义务而导致工期拖延的，相关责任由客户承担，［公司］可要求客户支付因该等拖延而发生的额外费用或遭受的损失，并对受影响的工作时间表做相应调整。

7　检验、接受和拒绝

7.1　［公司］完成服务包括交付工作说明中列明的可交付物。可交付物将以［公司］认为合理和安全的方式交付，可交付物的所有权在交付后将归客户拥有，但其中包含的任何属于［公司］的知识产权是许可使用，其所有权并不因交付而转移。

7.2　［公司］提供的服务应符合本协议约定及附件［工作说明］中描述的服务规格和标准。除非另有明确约定，否则对服务的验收应于［公司］完成工作并通知客户后五（5）日内进行，客户根据［工作说明］中规定的标准对［公司］的服务及可交付物进行验收。对经确认不符的服务或可交付物，［公司］应按本协议第9.1款（关于保证）的规定进行整改。［公司］的服务及可交付物不应因与［工作说明］的细微不符而被认为不合格，但［公司］应在验收后努力修正验收过程中发现的任何细微不符。

7.3　在下列情况下，视为［公司］的相关服务及可交付物已经验收合格：（a）因客户原因拖延验收的，验收应于［公司］发出完成工作可进行验收的通知后的第十（10）天视为合格；或（b）客户已经实际使用［公司］服务或可交付物的部分或全部。

8 费用及支付

8.1 客户将按照工作说明规定的收费标准，就［公司］向客户提供的服务和可交付物支付服务费用，对［公司］履行服务所必要的直接人工、管理、材料及其他运营和杂项费用进行补偿。除非另有明确约定，以上价款中将不包含任何第三方费用（差旅、外包、器材租用以及使用第三方知识产权的费用等），第三方费用如有发生，以经客户书面确认的实际发生金额计算，由客户承担。

8.2 ［公司］将就已经完成的服务向客户发出付款通知。除非相关工作说明另有明确约定，否则客户应在收到［公司］付款通知后三十（30）天内支付相应价款。［公司］保留要求客户在服务开始前预付服务价款或提交保证金的权利。尽管服务费通常在项目完成时支付，但［公司］有权就长期项目及客户要求的特定服务按月或定期向客户发出付款通知。

8.3 如客户未能支付任何到期价款，［公司］有权要求客户提前支付任何剩余价款。同时，［公司］有权按月百分之一（1%）的费率要求客户就逾期价款支付滞纳金。［公司］可将逾期金额委托第三方催收，客户应支付所有催收费用包括合理的律师费，如果［公司］认为有必要采取法律措施催收任何逾期价款的话。［公司］可根据本协议规定终止本协议。

9 陈述和保证

9.1 本协议各方分别向另一方陈述和保证其有充分的权利和授权签署本协议并授予本协议项下的许可和权利。对本协议的履行不违反其受约束的任何法律及合同规定。

9.2 【备选一：［公司］保证，其将以专业的方式，按照业界良好的和可接受的标准履行本协议项下服务。如［公司］的服务被证明不符合上述保证，且客户在服务完成后三十（30）天内将上述不符书面通知［公司］，［公司］将根据客户的选择，对应由［公司］负责的不符进行整改，或按服务使用的比例将客户就服务已经支付的价款退还给客户。】【备选二：［公司］将以其确信可靠的方式提供本协议项下的服务及可交付物，但［公司］对其准确性、对特定应用的适用性以及所获得的结果不做任何陈述、保证或担保。客户应自行确定基于本协议项下所提供的服务是否适用于其特定的使用目的。】

9.3 以上保证是［公司］就服务及可交付物所做的唯一保证，并取代所有其他明示和默示的保证，包括但不限于适销性和适用于特定目的的默示保证。

10 知识产权权属和许可

10.1 为履行本协议的目的由本协议任何一方提供的可交付物中的任何已有材料，其中包含的以及与之相关的所有知识产权及相关权益均由提供方保

16284

留。本协议任何一方均未因本协议的签署或履行而获得另一方已有材料中含有的或与之相关的任何知识产权和相关权益。除本协议明确授予的许可和权利外，本协议未授予任何一方任何其他许可和权利，无论是明示的还是默示的。

10.2 【（备选条款一）［公司］在本协议项下交付的可交付物，包括任何文件、信息、数据、报告、表格、计算机程序和其他文件或其改进，以及［公司］与本协议相关的管理沟通和记录，无论是［公司］已有材料还是在本协议项下新开发或创作的材料，均是［公司］的财产，其中包含的或与之相关的所有知识产权及相关权益均由［公司］保留。［公司］在此授予客户一个对可交付物不受限制、不可撤销、全球范围、永久、无许可费和非排他的权利和许可，客户可以自行或授权其供应商、销售商、服务商及客户使用、修改、复制、执行、发布、展示以及披露可交付物及开发或创作可交付物的派生作品，前提是，客户对可交付物的上述使用不得损害［公司］对其可交付物的知识产权权利和相关利益。】【（备选条款二）［公司］在此向客户转让做为本协议项下服务的一部分所新开发和创作的工作成果（“工作成果”）中的所有知识产权和相关利益，但此转让并不包括任何部分的［公司］已有材料，也不限制［公司］为任何其他目的（包括但不限于，为其自己或为任何第三方的利益）使用其在履行服务过程中所获得的专业知识、创意和技术诀窍。可交付物中包含的任何［公司］在本协议之外开发或另外获得的材料及其派生作品均属［公司］已有材料而不构成工作成果。［公司］在此授予客户一个对这些［公司］已有材料的有限许可，根据此许可，客户可以仅限于与［公司］的服务或可交付物一同使用、修改、复制、执行、发布、展示以及披露这些［公司］已有材料。】

10.3 如为［公司］履行其在本协议项下的义务所必须，客户应免费许可［公司］使用客户为履行本协议的目的所提供的客户及其关联方的可交付物，使［公司］得以仅限于为履行本协议的目的使用、复制、分发、展示、演示和传送这些客户可交付物及制作这些客户可交付物的派生作品。

11 保密信息

11.1 本协议项下交流的保密信息受双方和/或双方各自关联机构于______年______月______日签署的第______号《保密协议》以及双方不时确认的任何有关本协议标的的保密信息传递记录约束。该《保密协议》经在此援引成为本协议的一部分并对双方具有约束力。除非按照援引的保密协议，否则任何一方均将不会向另一方披露保密信息。

11.2 在符合本保密条款的前提下，［公司］可以在其任何著作、论文或其他出版物中以及在任何会议、教学、媒体或其他公开场合部分或全部引用或发表因本协议履行所获得的任何结论或成果。除此之外，未经客户事先书面同意，［公司］不得将任何客户的保密信息用于任何与本协议无关的目的或者向第三方泄露。

12　抗辩和补偿

12.1　如有任何第三方因本协议一方（“补偿方”）的以下事由对另一方（“被补偿方”）提起任何要求、索赔、调查、处罚或诉讼（“索赔”）：（a）补偿方和 / 或其任何可交付物侵犯或被声称侵犯了任何第三方的知识产权或其他权利；（b）补偿方或其可交付物被指称造成了任何人身伤亡、不动产或有形动产损害；（c）补偿方违反本协议中的任何陈述和保证；和 / 或（d）补偿方违反任何相关法律规定，补偿方将承担费用为被补偿方提供抗辩和补偿，并保护被补偿方使其不因此而受到任何损失和损害。补偿方将对因此类索赔导致被补偿方承担的损害赔偿金、损失及其他相关费用，包括合理的律师费进行补偿。补偿方承担上述抗辩和补偿义务的前提是：（i）被补偿方获知此类索赔后立即通知补偿方；（ii）允许补偿方主导对索赔的抗辩及和解，并为补偿方提供合理和必要的配合，包括提供相关信息及出具必要的授权文件等；并且（iii）不在未经补偿方事先书面同意情况下对此类索赔进行和解或作出任何让步，但补偿方不得不合理地延误或拒绝作出此类同意。补偿方将随时与被补偿方沟通所进行的抗辩及和解努力。

12.2　如第三方索赔已经或可能使被补偿方被禁止使用补偿方的服务或可交付物（视具体情况而定，下同）的，补偿方应承担费用采取以下措施：（a）为被补偿方获取继续使用服务及可交付物的权利；（b）替换或修改服务及可交付物使之不侵权且符合本协议要求。如前述两个措施不能在商业上合理的条件下实现，则被补偿方可停止使用相关服务及可交付物，补偿方应按本协议约定对被补偿方进行合理补偿。

12.3　补偿方的以上抗辩和补偿义务不适用于以下情形：（a）被补偿方将补偿方的服务或可交付物用于本协议预期之外的目的；（b）因被补偿方的故意、疏忽或其他过错导致的索赔和责任；（c）因被补偿方违约或违反保证导致的索赔和责任；或（d）因被补偿方的指令或可交付物导致的索赔或责任。

13　遵守法律

13.1　客户保证其充分了解并且会遵守所有可适用的进出口法律、法规、命令和政策，包括但不限于中国、美国及其他相关国家进出口管制法律和国际条约。如［公司］提供的可交付物中含有任何受中国及其他相关国家进出口管制法律和国际条约约束的内容，客户保证遵守相关义务，包括但不限于，不会将［公司］的可交付物出口或转出口至任何受禁运的国家或地区。

16284

13.2 客户应遵守所有可适用的与数据安全及个人信息数据保护的法律、法规、指令和政策，采取充分措施保护在服务中获取的所有个人信息数据，未经许可不会使用、披露、跨境传输或向任何第三方传输任何个人信息数据，及时报告任何违规事件，并将充分配合遵守［公司］有关使用、传输、保存、销毁个人信息数据的要求。

13.3 双方应遵守所有可适用的反腐败及反商业贿赂的法律规定，不得直接或间接向另一方或其关联机构的员工和 / 或其亲属及其他关系密切人士提供或许诺提供任何现金、现金等价物、礼品或其他利益，符合当地法律规定和一般社会礼仪的价值不超过合理限度的广告礼品和小额公务招待除外。

14 期限和终止

14.1 期限。本协议经双方有效签署后自约首载明的生效日起生效，如约首未指明生效日则以最后一方签署日为生效日。本协议期限将自生效日后持续直至本协议后附工作说明项下的相关业务（包括保证义务）全部完成（“期限”）。

14.2 再生。如本协议终止后双方援引本协议签署了新的工作说明，则本协议在该工作说明期限内将继续有效并适用于该工作说明，无论本协议是否已经到期或终止。

14.3 有因终止。如果客户未能在任何账款到期后四十五（45）天内全额支付相应价款，并且此类逾期在经［公司］书面通知后三十（30）天内未能得到有效纠正的，除法律规定的所有其他权利和救济外，［公司］有权经提前三十（30）天通知客户而终止本协议。除前述客户逾期支付的情形外，如果本协议一方违反本协议的实质性条款、进入破产清算程序或已无力偿付到期债务，或为债权人的利益已被指定接收人或资产受让人，另一方可经发出书面通知后终止本协议。该终止将在通知后三十（30）天内生效，除非另一方在此期限内认为上述情形已被纠正或得到缓解。

14.4 便宜终止。客户可随时经书面通知［公司］而随时终止本协议，无论是否有终止事由。收到客户通知后，［公司］应立即停止工作并向客户提交所有的已经完成和部分完成的可交付物或服务的详细清单，客户应对［公司］在终止日前已经发生的实际和合理费用予以补偿。但无论如何，如客户处于本协议第 14 条规定的违约状态，在行使便宜终止权利前，应首先采取有效措施纠正违约行为。

14.5 继续有效。本协议终止后，本协议项下的依其性质应当继续其效力的条款（包括但不限于标题为“陈述和保证”“知识产权权属和许可”“期限和终止”“保密信息”“抗辩和补偿”“一般条款”的条款）仍将继续有效。本协议终止不影响一方要求另一方赔偿因其违约行为所损失的权利，或要求另一方支付本协议项下任何应付款项的权利。

15　一般条款

15.1　适用法律和争议解决。本协议将由中华人民共和国大陆地区法律（不包括香港特别行政区、澳门特别行政区和台湾地区法律）管辖，并依据该法律解释和强制执行，但不援引其冲突法规则。双方同意，因本协议的解释或履行发生的或与之相关的任何争议，均应提交［公司］住所地有管辖权的人民法院裁决，双方在此同意该法院具有排他的管辖权，并且在法律允许的最大范围内，放弃就此提出任何异议的权利。

15.2　可分割。如果本协议的任何条款被任何有合格管辖权的法院裁定是无效的或不可强制执行的，这些条款应在最大限度内按双方本协议的本意进行重新解释，以使其是有效和可强制执行的，以管辖法院的决定为准，并且本协议其他条款的效力、有效性或可强制执行性不受影响。本协议的其余条款将继续具有完全的效力。

15.3　通知。本协议要求或允许的以及法律要求的本协议项下的任何均应以书面形式拟就且必须按以下交付：（a）专人递送；（b）通过正规挂号信；（c）通过正规特快专递寄送；或（d）通过双方备案的传真机或电子邮件地址发送。通知均应交付至各方以下地址，如以邮寄或快递方式交付，则应采用邮资预付方式，且需要邮政服务机构的收件回执：

如致［公司］：	如致服务商：

通知将在专人递送实际交付当时、挂号信交寄后三（3）天、特快专递交寄后二（2）天以及通过传真或电子邮件发出后下一个工作日被视为已经有效送达。任何一方均可按照本条款规定，以书面通知形式告知对方新地址的方式对其通知接收地址进行变更。因通知不及时造成的不利后果由变更一方承担。

15.4　不可抗力。如果一方就不可抗力事件的发生及时通知对方，并采取合理措施以努力继续履行本协议，则无须对超出其合理控制范围的不可抗力所造成的不能履行的情况承担任何责任。

15.5　公开。各方同意，未经另一方事先书面同意，任何一方均不得在任何声明、信息、宣传或广告（包括证言广告）中直接使用或通过暗示方式使用另一方的名称、字号、商标或其任何员工的姓名。除本协议其他条款另有明确约定者外，任何一方如使用另一方的名称或商标进行宣传、推广或发布任何新闻或公告，均应由另一方事先审核并书面批准，此类批准不得被不合理地延误或拒绝。未经另一方事先审查批准，任何一方不得就本协议的存在、条款或条件或基于本协议所建立的双

16284

方关系发布任何新闻、公告或广告。

15.6　控制权变更。本协议对各方的继承人和合法受让人均具有约束力。在本协议期限内，如第三方获得对客户的控制权，[公司] 可根据其对第三方的评估选择终止本协议。客户应在上述控制权变更的三十（30）日内通知 [公司]。

15.7　转让。未经另一方事先书面同意，任何一方均不得以任何形式将本协议转让或分包给任何其他第三方，但上述同意不得被不合理地延误或拒绝。尽管有上述规定，本协议任何一方均可在以下情况下转让本协议或其在本协议项下的权利和义务，无须征得另一方的事先书面同意：(a）向其关联方转让；(b）与处置其实质性业务或资产有关的转让；或（c）与其并购或重组有关的转让，但前提是，在以上所列情况下，受让人不得是另一方或另一方关联方的竞争者或竞争者的关联方。[公司] 可通过其任何关联方执行本协议的部分或全部。

15.8　双方关系。在履行本协议时，双方将始终是独立的合同当事人，本协议中的任何内容均不得被视为在 [公司] 与客户之间建立了任何代理、雇佣、合伙、合资或类似关系。未经另一方事先书面同意，任何一方均无权代表另一方达成任何协议或作出任何承诺，或使另一方承担任何义务。

15.9　完整协议、优先顺序和修改。本协议连同各个附件及经援引而并入本协议并成为本协议的组成部分的文件，构成双方就本协议标的所达成的全部谅解和协议，并取代任何和所有先前的或同时的无论是口头还是书面形式的相关交流和谅解，所有双方达成一致的谅解和协议均已体现在本协议中。对本协议的任何修改或补充均应以书面补充协议方式为之并由双方正式授权代表签字和 / 或加盖各方有效印章确认后方为有效。如本协议各个组成部分之间有任何冲突或存在任何不一致，本协议正文条款优先适用，但本协议正文允许另外约定的内容，以附件为准。除 [公司] 正式发布的规格外，[公司] 员工的任何言论及 [公司] 的任何广告或说明均不构成 [公司] 的保证或其他义务。

15.10　副本和签署。双方可签署本协议的多个副本。每个副本均视为原件，并且所有副本均构成同一个协议并对双方具有约束力。通过传真、电子邮件或其他电子方式传输的双方所签署本协议的副本均视为原件，并对各方具有约束力。

作为证明，本协议双方通过其正式授权代表签字和 / 或加盖各方有效印章方式签署本协议。

［公司］签约主体名称：

____

代表签字：__________

姓名：__________

（正楷或打印）

部门和职务：__________

地址：__________

日期：__________

客户签约主体名称：

____

代表签字：__________

姓名：__________

（正楷或打印）

部门和职务：__________

地址：__________

日期：__________

附件一：工作说明

工 作 说 明

一、服务范围

（1）［公司］将为客户提供以下服务：__________

（2）［公司］将向客户提供以下可交付物：__________

二、服务规格 / 要求（略）

三、交验标准（略）

四、工期 / 进度计划（略）

五、费用和支付（略）

（1）费用标准__________

（2）支付条件：

客户应在收到［公司］付款通知后三十（30）天内支付通知的服务费价款。每笔付款均必须援引相关项目的工作说明。

（3）客户应将服务费支付至以下地址或银行账户：__________

六、客户的工作

（1）客户负责的工作

（2）客户的可交付物

16284

15. 软件维护协议

使用场景

本软件维护协议样例文本用于需求方（需求方 / 采购方）委托拥有相应技能的服务提供方为需求方使用的某个或若干软件提供维护服务。软件可能是服务提供方开发或分发的，也可能是第三方软件。

软件维护一般包括完善性维护、适应性维护、网络安全、数据维护等，具体包括升级、改错纠正、功能扩展、故障诊断、技术咨询、新功能培训等。

可能会使用此类协议的场景包括：软件许可后需要另外付费获得维护的、软件供应商无法继续为软件提供支持以及开源代码软件的维护等。这里提供的模板用于软件开发方对其许可的软件为客户提供维护支持服务。如服务方并非是软件开发方或许可方，此模板中的某些条款将不再适用。

法律要点

一个公司安装了某个软件系统，并非就可因此指望软件可以一劳永逸地持续解决所有问题。所有软件都有生命周期，从需求分析开始，直至软件系统停用，在软件运行过程中，必须通过必要的维护方可保持软件的正常运行。这是一个复杂的领域，这里只能列出若干讨论软件维护协议时需要注意的事项。

在获取和提供软件维护服务前，需要确定维护服务的级别，为较为复杂的定制软件提供的维护服务，与为相对简单的标准软件提供服务，需求可能会有很大差异。

一、服务级别

在软件维护协议中，很多人倾向于将所有的维护、支持或类似的协议称为“服务水准协议”，这是一个容易产生误导的说法，这通常并非是一个单独的合同文件，而只是某些类别的服务协议的一个组成部分，是服务提供方针对不同的情况按不同级别提供服务的承诺。这些服务级别的设定取决于客户的需求。

如果客户选择要求服务方提供级别服务，那么需要确定以下内容：

（1）问题级别。通常是对系统中发生的问题，按照严重级别进行分级，从对系统的功能影响相对较小的问题，到妨碍系统运行的严重问题。

（2）响应时间。是根据问题的严重级别，要求服务提供方作出响应以及提供问题解决方案的时间。

（3）未能满足服务级别承诺的责任。是在服务提供方未能按照服务级别承诺提供服务所承担的违约责任，有时体现为支付违约金，但也可以体现为所谓的“服务信用”或“服务积分”，可以用于抵扣服务费。

二、期限

在签署软件服务协议签，需要仔细考虑维护协议的期限。

首先，在原有系统不再符合需求的情况下，需求方可能需要采用新的系统，如果协议期限过于僵硬，可能会妨碍需求方向其他系统的切换。

其次，随着软件所使用技术的老化，以及软件需要与越来越多新的应用和系统进行兼容，软件系统的维护成本也会不断增加，软件维护服务商可能会发现按照原有的价格提供服务将会不再合算（即便在协议中可能会约定服务费价格将会根据约定的指数调整法进行增加）。

三、升级

软件维护协议需要考虑到软件的升级。如果服务提供方同时也是软件开发者，它可以将软件升级作为维护协议的一部分。如果情况并非如此，那么需求方可能就需要直接从软件开发者处购买软件的升级。在任何一种情况下，服务方通常将仅在被定期升级到所需的最低级别的情况下才会提供维护。在这种情况下，需求方应当被提供一个合理时间，以便将软件升级到服务方支持的版本，如果无法升级，则需求方需要有一个合理的时间来购买一个新的系统。

四、源代码托管

在软件维护过程中，解决软件问题、对软件进行更新维护等，同时也会涉及新软件代码的开发，需求方应考虑对这些新开发的软件源代码进行托管。软件系统的维护通常需要对软件进行修改，从而需要访问软件源代码。如果开发了这些源代码的服务方停业或不再对相关软件提供支持，而需求方希望继续维护该软件，需求方将需要使用或为后来的维护服务方提供源代码。

在这种情况下，需求方通常将会与开发了这些源代码的服务提供方一同，与第三方托管商达成一个软件源代码托管协议，根据该协议，软件源代码将会被提交给托管商，并在开发了这些源代码的服务方终止业务或停止软件的支持

16285

时，将软件源代码提供给需求方，以便能够继续对软件进行维护。

此模板基于服务方立场起草，未包含此条款。

关键条款（检核表）

除服务协议的一般条款外（参见《专业服务协议》），签署软件维护协议时需要重点考虑以下条款。

参见法律要点。

合同正文

软件维护协议

软件维护协议 （本协议）	合同编号：________ 生效日：________
客户名称和地址：	客户代码（如有）： 客户联络人姓名： 部门和职务： 联系电话：
以下简称（“客户”）	邮箱地址：
［公司］公司名称和地址：	［公司］联络人姓名： 部门和职务： 联系电话：
以下简称“［公司］”	邮箱地址：

本协议由上面约首部分载明的“客户”与“［公司］”达成，在本协议中，客户和［公司］单方分别被称为“一方”，共同被并称为“双方”。

鉴于：

a.［公司］有意根据本协议条款条件及附件为客户提供客户软件系统维护服务；

b. 客户同意根据上述条款和条件接受［公司］所提供的服务；

为此，双方达成如下协议：

1 服务范围

见附件一

2 费用和支付

____。

3 期限和更新

本协议经双方签署后自约首指明的生效日起生效，如未约定生效日，则本协议自最后一方签署日起生效。本协议自生效日起在______月期限内有效（“期限”）。本协议期限可按照条款条件的规定续展和更新。

附件列表：

附件一：软件列表

附件二：服务范围

附件三：条款和条件

本协议一式______份，[公司] 执有两份，客户执有______份为凭。

作为证明，本协议由双方在下面载明的日期由双方各自正式授权代表签字和 / 或加盖各方有效印章方式确认并签署，签署本协议表明双方同意其所记载的全部内容。

[公司] 确认和签署:	客户确认和签署
[公司] 签约主体名称:	客户签约主体名称:
（盖章）	（盖章）
代表人签字:	代表人签字:
日期:	日期:
代表人姓名（打印或正楷），部门和职务:	代表人姓名（打印或正楷），部门和职务:
联系人姓名:	联系人姓名:
联系人部门和职务:	部门和职务:
电话:	电话:
电子邮件:	电子邮件:
传真:	传真:
注册或主要办公地址:	注册或主要办公地址:

16285

附件一：

软 件 列 表

本软件维护协议所支持的软件如下：

________________（软件名称、版本及拷贝数量）

［公司］提供的与软件结合使用的说明书、手册及其他书面材料包括：

____

附件二：

服 务 范 围

说明：协议的此部分，用于定义软件维护及其他相关服务的范围，包括升级、修改、安装、备份与恢复、故障分析诊断、性能优化、功能扩展、技术支持或培训等。以下为样例条款。

根据软件维护协议的条款，［公司］就支持的软件向客户提供如下一项或若干项支持服务：安装和基础运营支持。其他支持服务如果需要，［公司］与客户通过另行签署的增补协议予以明确。

安装和基础运营支持（必须）

服务将在服务时间内履行，服务时间为星期一至星期五，上午八时三十分至下午五时三十分，不包括公众假期。就服务时间附表二另有约定的，按附表二规定执行。故障检修服务的响应时间在附表二中约定或由双方另行商定。此外，［公司］还将提供一个基于互联网的支持系统，通常一周七（7）天，每天二十四（24）小时可用。

应用开发支持（可选）

____

培训（可选）

____

热线支持

［公司］将为客户提供以下通信机制，供客户在申请支持时使用：

（一）电话支持

［公司］将在正常营业时间（北京时间周一至周五上午 8：00 至下午 4：30）保持电话热线畅通，以协助客户报告错误，并在软件的使用和操作方面提供第一线支持。

（二）网站及电子邮件

［公司］将为客户提供一个专用的电子邮件地址，用于为客户提供支持。这个专用电子邮件将由“故障报告单”软件管理，该软件将根据事件追踪问题的进展，以确保［公司］及时回复。

附件三：

条款和条件

1　定义

除非根据上下文另有解释，否则在本协议中下列术语的含义如下：

1.1 “关联方”，是指直接或间接地受［公司］控制或控制［公司］的企业。控制一词是指：（a）享有过半数的股东投票权；（b）可以选举或任命董事会多数董事；或者（c）其他具有可以决定或影响经营决策的能力。

1.2 “本协议”，是指［公司］与客户就软件维护服务达成的软件维护协议，包括本条款和条件及其他附件。

1.3 “软件”或“软件系统”，是指本协议附件 1《软件列表》中所列的软件，包括计算机软件、程序、操作系统或数据库等。

1.4 “服务”，是指在本条款和条件及附件二《服务范围》中描述的与软件相关的维护及其他服务。

1.5 “可交付物”，是指在履行本协议过程中由一方向另一方提供的任何报告、计算机程序、数据库、源代码、目标代码、功能模块、设备、方案、建议书、文档、资料、图纸及其他任何物品。

2　服务

［公司］将根据本协议的条款为客户提供附件二服务范围规定的软件维护和支持服务。服务可能包括：（i）软件问题或性能缺陷诊断；以及（ii）解决软件的问题或性能缺陷等，具体按附件二约定执行。［公司］将建立和维护一个组织和流程，为客户提供上述支持。

16285

3　修改、变更和改善

3.1　在本协议期限内，［公司］可自行决定对软件进行此类修改、变更或改进，和 / 或执行［公司］认为必要的和 / 或防止或最大限度减少对软件损害的任何做法、程序或措施。

3.2　如果［公司］认为有必要，［公司］将在进行上述修改、变更或改进前，向客户说明此类修改、变更或改进的要求和费用（如适用）。客户应按第 ×× 款的规定支付任何额外费用，以便进行此类修改、更改或改进。

4　除外及附加服务

4.1　为避免任何疑问，双方在此确认，［公司］在本协议项下提供的服务仅限于附件二明确约定范围内的维护，除非另有明确约定，否则服务将不包括对软件的增强、改进或升级改造。

4.2　［公司］可根据客户的选择，为客户提供服务范围外的任何服务，但需支付相关的额外费用。如客户提出此类需求，［公司］将对需要的费用作出评估，并将预计需要客户支付的额外费用通知客户，客户应在服务执行前书面接受额外费用。额外费用由客户根据第 7 条支付。

5　服务级别承诺

如下文所述，［公司］将尽其最大努力修复报告的可重现的软件错误。［公司］将使用以下四（4）个严重程度对报告的问题进行分类，并按承诺的时间提供响应：

一级严重程度：临界业务影响

报告的问题造成的影响是，客户不能使用软件，或不能合理地继续使用软件进行工作。［公司］将在收到通知后一（1）小时内，开始着手解决缺陷，并在工作时间内与员工进行沟通，直到问题得到可接受的解决。

二级严重程度：重大业务影响

此严重级别的问题是指，软件问题导致软件的重要特性不能正常工作，没有可接受的替代解决方案。虽然软件的其他方面没有受到影响，但是报告的问题已经对客户的生产或运营能力或服务水平造成了显著的负面影响。［公司］将在收到通知后两（2）小时内，开始着手解决这一缺陷，并在工作时间内与工作人员联系，直到问题得到可接受的解决。

三级严重程度：对业务有一定影响

问题导致软件的重要特性不可用的，但可使用替代方案解决，或软件的非必要特性不可用，但没有替代解决方案。无论软件使用情况如何，此类对客户的影响是，软件操作功能或实施能力的较低程度的降低。［公司］将在收到通知后一（1）个工作日内着手解决报告的问题，并在常规工作时间内与客户技术人员联系，直到达成可接受的解决方案。

四级严重程度：最小业务影响

此类问题是客户提交请求，要求了解软件信息，要求对文档内容进行解释澄清等，对软件运行和使用没有影响。客户对软件使用仍在继续，对软件的功能实现没有负面影响。［公司］将在收到通知后一（1）个工作日内就此类请求提供初始响应。

本协议不作为客户服务的咨询协议。对于报告的一级严重程度问题，在客户同意的情况下，［公司］可以选择派遣高级支持人员或开发人员到客户地点，以加速问题的解决。如果问题被确定与受支持的软件相关，［公司］将负责与此问题解决相关的成本。如果确定问题与所支持的软件无关，客户同意在［公司］的标准咨询费率之外支付合理的差旅费和住宿费。差旅时间将按咨询费用收取。

6 维护

在本协议期限内，［公司］将向客户提供受版权保护的软件补丁、更新、发布和新版本，以及其他一般可用的技术资料。客户不得将这些用于维护服务的材料包括软件用于增加软件版本或拷贝的许可数量。客户同意，在收到维护版的软件后，将不再使用或转让先前版本，客户应将先前版本的软件予以销毁或仅为存档目的保留一份先前版本软件的拷贝。［公司］所提供的所有补丁、更新、发布和新版本均应遵守与软件相关的许可协议。

7 费用及支付

7.1 客户应按本协议附件二规定的费率及方法支付服务费。客户应在收到［公司］的付款通知后三十（30）天内支付所有的服务费、所有附加费用以及依照本协议约定应由客户承担的其他成本和费用。

7.2 如果客户未能按时支付任何到期应付款，则在不损害［公司］的任何其他权利和救济的前提下，［公司］有权分别或同时采取以下任何措施：

（a）终止本协议或暂停任何进一步的服务或在本协议项下对客户承担的其他义务，［公司］对因此导致的任何损失不承担任何责任；

（b）根据其自行判断，将从客户处收到的与本协议有关的或客户与［公司］之间的任何其他合同或协议有关的任何款项，包括但不限于任何定金或保证金，用于支付相关发票的金额；和 / 或

（c）要求客户按日万分之五（0.05%）的比率就到期未付的金额支付滞纳金。

7.3 除非经［公司］事先书面同意，否则客户不得从应当支付给［公司］

16285

的款项中做任何扣除、抵扣或任何其他形式的扣款。

7.4　在适用于软件的或可能对软件和 / 或服务产生影响的相关法律或技术标准发生变化时，［公司］有权在经双方书面同意的情况下对服务费及附加费用随时进行调整。［公司］有权每年根据业务变化，对服务费进行一次调整，此类调整后的费用标准在续展或更新后的服务期限开始日生效，前提是：（a）［公司］应将此类变更提前至少九十（90）天书面通知客户；并且（b）此类变更增加的服务费应不超过当前服务费的百分之十（10%）。

7.5　在本协议期间内，如［公司］为客户提供本协议附件二规定范围外的服务，客户应按［公司］当时有效的收费标准，以时间加材料计费方式向［公司］支付服务费。客户应负责支付与本协议项下应付服务费有关的所有税费，但基于［公司］收入所征收的税款除外。

7.6　根据客户事先书面同意，客户应对［公司］在执行本协议项下的服务时发生的所有合理的旅费和生活费进行补偿。［公司］将向客户开出发票收取这些费用，接收方应在提供服务后四十五（45）天内支付这些费用。

7.7　在本协议终止后，对［公司］在本协议约定服务范围内提供工作中所产生的费用均视为到期应付，客户应在本协议终止后四十五（45）天内结清上述尚未支付的费用。

8　终止及终止的效果

8.1　期限。本协议期限在见主约。客户可以选择在本协议每个期限届满后续展本协议期限一（1）年，续展期限的费用以经双方同意修正后的费用为准。上述续展选择应在本协议任何一个期限到期日的至少一（1）个月前行使，并经［公司］同意。

8.2　终止。本协议在以下情况下终止：（a）本协议在客户使用软件的权利终止或到期后立即终止；（b）客户提前至少三十（30）天事先书面通知［公司］，本协议将在当时正在执行的期限届满时终止；（c）［公司］经提前至少六十（60）天书面通知客户，本协议在当时正在执行的期限届满时终止；或（d）如另一方违反本协议，且在收到另一方发出书面通知后三十（30）天内未能有效纠正该等违约行为的，则本协议在上述通知期限届满时终止。

9　保证和违反保证的救济

9.1　［公司］保证其：（a）将始终以适当、熟练和专业的方法提供服务；（b）在履行服务过程中，将采用合理标准的技能、谨慎和勤勉；（c）将保持充分数量的拥有提供服务所需要专业知识的人员；并且（d）其人员拥有提供服务所需要的技能和经验。

9.2 ［公司］保证其所提供的服务将符合普遍接受的行业标准，但条件是：(a) 软件未经除［公司］以外的任何人修改、更改或改变；(b) 操作环境，包括硬件和系统软件，符合［公司］建议的规格；(c) 电脑硬件运作良好，并在适当运行环境下安装；(d) 客户如有服务需求立即通知［公司］；(e) 客户提供充分的故障排除信息和访问权限，以便［公司］能够识别和解决问题；以及 (f) 应当向［公司］支付的所有费用均已经按照约定支付。除以上明确规定的保证外，就本协议以及［公司］在本协议项下提供的服务，无任何其他形式的明示或默示的保证，包括但不限于任何适销性或适用于特定目的的默示保证。本协议项下保证不取代或抵消在软件许可协议中规定适用于软件的保证。

9.3 如果［公司］提供的服务不符合本保证，客户在本保证项下的唯一救济和［公司］在此保证项下的唯一义务是重新履行服务，直至软件符合附件一所列文件中阐述的最新规范。如［公司］在收到客户发出的告知服务不符的通知后，未能在合理时间内重新提供符合保证的服务，客户的唯一救济是在书面通知［公司］后终止本协议，并要求［公司］将客户就自通知之日起至当前服务期结束一段时间内客户已经预付的服务费退还。

10 客户的协助

客户承认，［公司］所能够提供支持的水平，取决于客户所提供信息的充分性和准确性，以及客户与［公司］之间全面和及时的合作，如客户不能重现问题，或者客户未能成功收集足够的故障排查信息，则［公司］可能需要对客户的系统进行临时登录访问，以识别和解决问题，为此，客户应向［公司］提供并允许［公司］使用［公司］认为必需的全部信息、数据、资料、上机时间、设施、工作空间和办公室服务。

11 客户的职责

11.1 客户不得将软件分发给任何第三方。除非许可协议另有规定，客户不得对软件进行任何修改。如果允许客户根据许可协议进行修改，则对客户修改的部分，以及受客户修改影响的软件的任何部分，［公司］不负责提供维护。在客户事先书面同意情况下，如［公司］对因客户失误或系统变更导致的软件障碍或缺陷进行纠正，客户将按［公司］的标准时间加材料收费标准支付服务费用。

11.2 客户应当按照［公司］不时提供的指导，保留与软件及其性能有关的记录。客户应允许［公司］在任何合理时间随时调阅此类记录，包括服务履行期间或为履行服务做准备期间。

11.3 客户应指派一名代表，负责与［公司］进行专业和及时的联络，客户代表应必需的专业技术和授权，并按双方商定的时间，不时或定期与［公司］

16285

代表举行会议。

11.4 软件故障和维护可能导致程序和数据损坏或丢失，如有必要，客户应保留一个外部备份程序以便重建丢失或改变的文件、数据或程序，并负责落实这些材料的重建工作。

11.5 对客户导致的或因客户未及时履行其在本协议项下的工作或义务而导致工作延误的，客户应承担责任。在此情况下，[公司] 可要求客户支付 [公司] 因此而发生的额外费用或遭受的损失，受影响的工作进度应做相应顺延。

12 知识产权和保密

12.1 在提供本协议项下支持服务过程中，由 [公司] 开发、创作或向客户提供的所有材料，包括任何文件、设计、指导文件、操作手册、错误修正、改进、新版本以及任何其他信息，无论是纸质文件还是电子形式的（[公司] 可交付物），均是 [公司] 的财产，并将始终由 [公司] 拥有排他的权利，无论客户、客户的员工、代理或其他人员是否提供了任何创意或概念，或共同参与了开发过程，或就这些可交付物的开发和使用支付了费用。此类 [公司] 可交付物应被视为软件的组成部分，并受本协议及许可协议中所包含的条款和条件的约束。

12.2 客户知道此类 [公司] 可交付物的保密属性，未经 [公司] 事先书面同意，客户不得复制或允许他人复制或向第三方披露此类可交付物及其任何细节。客户只能为按本协议所预期的方式使用软件的目的使用这些可交付物。客户只能向那些已经同意按照其严格程度至少不低于本协议规定的保密协议承担保密义务的员工及顾问披露或提供这些可交付物。

12.3 客户对其自己拥有专属权的或其他需要保密的信息的安全负责，如因 [公司] 使用这些信息导致任何第三方索赔或需要为此承担任何责任，客户应为 [公司] 提供抗辩和补偿，使 [公司] 不因此受到任何损失和损害。

12.4 除本协议另有明确指明者外，本协议中的任何内容均不得被理解为是将任何一方或任何第三方拥有的任何原有知识产权转让、转移给了另一方，或向另一方授予了任何许可和权利。

12.5 各方同意将不会，并应确保其员工、代理和顾问将不会向任何第三方披露任何在本协议履行过程中产生或披露的任何保密或专有信息（包括那些非公众通常所知悉的信息，例如但不限于，任何有关技术、开发、市场营销、销售、运营、性能、成本、技术诀窍、业务和流程信息或计算机编程技术等），但以下信息除外：(a) 在拥有该等资信息的一方事先书面许可的情况下；（b）根据相关法律规定，或根据法院命令，或任何政府机关或监管机构或证券交易所的指令或规则；或（c）接收方事先已经知道的、接收方通过其他合法途径自行获得的或独立开发的信息，或非因接收方违约的援引，已经进入公共领域的信息。

13　双方的责任

13.1　客户承认并同意，在任何情况下，［公司］及［公司］关联方、［公司］许可方及分包商对客户的任何损失、成本、费用或损害所承担任何责任的总和将不超过年度服务费。客户承认并同意，［公司］及［公司］关联方、［公司］许可方及分包商对客户的任何间接的、附带的、惩罚性的、特别的、结果性的损害赔偿或类似的损害赔偿，包括因使用或无法使用软件所导致的任何利润损失或数据丢失不承担任何责任，即使［公司］事先已经被告知此类损失发生的可能性。

13.2　客户应就客户未经授权使用或滥用软件而引起的针对［公司］、［公司］的关联［公司］、许可方及分包商的任何索赔、要求、诉讼或程序，客户应为［公司］、［公司］的关联方、许可方及分包商提供抗辩，并对因此而产生的任何损失、损害、费用或成本（包括合理的律师费）进行赔偿，并使［公司］、［公司］的关联公司、许可方及分包商不因此受到任何损害和损失。

13.3　对因本协议导致的或与之相关的，以及在本协议过程中产生的任何索赔、要求、损失、成本、损失以及其他任何种类和类别的费用，包括人身伤亡或财产损害，如果此类责任是因［公司］及［公司］的管理人员、员工或代理的任何作为或不作为产生，［公司］同意为客户提供抗辩和补偿，使客户及其管理人员、代理商和员工不因此受到任何损失和损坏。

13.4　无论本协议的任何部分是否有其他与此不同的规定，［公司］在本协议项下就任何作为或不作为所承担的累积责任，无论是基于合同，还是基于侵权行为（包括疏忽或严格责任），抑或任何其他法律原理，在本协议期限内总计将不超过索赔事由发生前一（1）年内［公司］所实际收到服务费总额的百分之十（10%）。本协议第 13.4 条同时适用于［公司］人员、［公司］关联方以及［公司］分包商。

14　不可抗力

14.1　对因不可抗力事件导致延误履行或未能履行本协议项下的任何义务，［公司］不需要对客户承担任何责任，也不应被视为违反本协议项下任何与服务有关的任何义务。不可抗力是指任何不可预见且超出了［公司］的合理

16285

控制的事件，包括但不限于任何天灾、政府或任何权力当局的行为、国家间的敌对行为、战争、暴动、民众骚乱、内战、暴乱、封锁、进出口管制或禁运、国家紧急状态、地震、火灾、爆炸、洪水、暴雨、飓风或其他特殊天气或自然灾害、恐怖主义行为、事故、破坏、罢工、物资或供应短缺、传染病、流行疫病以及因此类事件导致的旅行限制或旅行警告。如有任何对本协议的延误或未能履行是由［公司］的分包商原因导致，而［公司］对此无法控制且不存在过错或重大过失，则［公司］对此类迟延不承担责任。

14.2 如果延误或未能履行持续时间达到或超过一（1）个月，则另一方可立即书面通知终止本协议。在这种情况下，客户应就已提供的服务及终止前已经发生的成本和费用向［公司］支付合理金额的服务费。

15 其他

15.1 修改。除非经双方协商一致并签署由各方正式授权代表签字或加盖各方有效印章确认的书面协议，否则任何对本协议的任何修改和补充均无效。

15.2 转让。［公司］是以______为控股公司的______企业集团的成员企业，为此［公司］可以由其自己或通过集团内部任何其他成员企业履行本协议项下的义务及行使本协议项下的任何权利，前提是任何此类成员企业的作为及不作为均应被视为是［公司］的作为或不作为。未经［公司］事先书面同意，客户不得转让其在本协议项下的任何权利和义务，［公司］的书面同意将由其正式授权代表签署或加盖［公司］有效印章确认。任何委托或转让本协议的尝试均无效。［公司］可以将其对本协议的履行分包给其分包商，不需要获得客户的事先同意。

15.3 非弃权。任何一方未行使其于本协议项下的任何权利均不得构成或被视为该方对这些权利或其他权利的放弃或丧失。

15.4 可分割。如果本协议中的任何条款或规定被有管辖权的法院或仲裁机构判定为非法、无效或不可执行，其余条款仍应有效。

15.5 全部协议。本协议是双方就本协议项下的服务达成的全部约定，并取代此前双方就本协议项下服务所做的所有书面或口头的磋商、备忘或协议，但保密协议（如有）除外。

15.6 争议解决。如果因本协议履行和解释发生任何相关争议，双方应首先争取通过友好协商解决。如果争议未能在合理期限内协商解决，则任何一方可向［公司］住所地有管辖权的人民法院起诉。

15.7 通知。本协议项下要求或允许由一方向另一方发出的通知，均应以通知发出方有效签署的书面形式作出，并发送至另一方注册地址或主要办公地址，或另一方以符合本条款的方式另行书面通知的地址。通知可以采用亲交本人方式交付，也可以通过邮资预付的正规邮政服务机构寄交，或通过指定的传真机或电子邮箱发送，通知在以下情况下视为已经有效送达：

（a）如果亲交本人，交付时即视为送达；

（b）如通过邮资预付的邮政服务，交寄日三（3）天后视为送达；

（c）如通过传真或电子邮件，发送日（以传真发送报告或电子邮件上显示的日期为准）即视为送达。

15.8 继续有效。除非本协议另有明确约定，否则本协议的所有条款在到期或终止后均失效。

15.9 双方关系。［公司］与客户之间均为各自独立的合同主体，本协议的任何内容均不得被解释为在［公司］及其关联方与客户之间创设或产生了任何合伙、聘雇、合资、联营或代理关系。

15.10 第三方受益人。除了［公司］所属企业集团的成员企业外，双方均无意允许任何非为本协议一方当事人的任何其他方成为本协议的第三方受益人，任何第三方均无权强制执行本协议。

15.11 副本。本协议一式四份，客户和［公司］各执两份，每份具有同等法律效力。

16285

16. 授权服务商协议

使用场景

本《授权服务商协议》样例合同文本可用于产品制造商委任专业服务提供商在某一区域或范围内就制造商的产品为用户提供保修及保外的售后支持服务。

法律要点

一、授权服务商的特征

授权服务商（ASP），有时被称为授权服务合作伙伴，是经产品制造商考核认证，被确认有资格为制造商的产品提供保修及其他售后支持服务的公司或其他经营机构。很多大型科技公司，例如，苹果、富士通、惠普、联想和三星等都是通过授权服务商为其产品提供保修及售后支持服务。① 在某些制造商的售后服务网络中，授权服务商可以是相对较小、高度专业化的授权服务中心，也可以是规模较大的服务商，例如蓝快、百思买等。

授权服务商通常会被授权提供两类服务。

一类是制造商根据其保修政策为用户提供的保修服务，② 由于此类服务的相关成本费用是由制造商承担的，制造商需要确保提供此类服务由具有相应技术能力的人员提供，需要确保提供服务的服务商能够始终符合自己的业务规范和标准，因此此类保修服务原则上只能由制造商自己或其授权服务商提供，制造商的保修政策通常会规定，除制造商或制造商授权服务商之外的任何人对产品进行修理或做其他处理，都将使制造商对产品的保证无效。

制造商在拟定、发布和执行其保修政策时需要正确理解保修政策在法律上的意义，制造商随产品提供的保修政策，并不必然导致制造商与用户之间产生直接的合同关系，制造商的保修政策原则上应当是产品销售商与用户所达成销售协议的组成部分，由于用户很多情况下并不直接从制造商处购买产品，因此，制造商并不直接对用户承担保修政策项下的

---

① 资料来源：https：//searchitchannel.techtarget.com/definition/authorized-service-provider-ASP。

② 保修服务，严格来说应该被称为产品因不符合质量保证发生故障或损坏时，厂商为用户提供的修理、更换或退货及其他救济，业界有时习惯上将这些救济措施称为保修服务或服务，但严格来说这些措施并不是服务，而是一种违反保证所承担的违约责任。保修服务或救济措施实际上是对销售合同的履行，而在保修范围之外提供的扩展或升级服务，通常是基于独立服务合同所提供的服务。

义务，承担保修义务的原则上应当是销售商。而制造商就其产品为用户提供的保修服务，包括委任和部署专业的授权服务体系，实际上应当是对销售商履行其与用户所达成销售合同为销售商提供的后备支持。[1]但实践中，有些制造商可能认为有必要因而有意地，或者是在并没有完全了解保修政策性质的情况下无意识地，越过销售商直接向用户作出了承诺，这样制造商将就其保修政策向用户直接承担义务和责任。

授权服务商提供的第二类授权服务是制造商在保修范围外就产品提供的保外支持服务。此类保外支持服务是基于独立的服务合同提供的，通常是有偿服务，有时尽管某些厂商也会免费提供此类服务，但往往也是作为促销手段使用，是基于这类服务被假定具有一定的价值。这一点是保外服务与保修服务的另一个实质性不同，保修服务由于是一种违约救济，这就决定保修服务不可能是有偿的。

此类保外服务并不必然由制造商或其授权的服务商提供，只要有相应的技术能力，能够获得必要的部件，任何服务商都可以提供此类支持服务。但制造商以其自己的品牌为用户提供品牌服务，对用户可能仍然是有吸引力的，制造商可以将此类品牌服务委任由授权服务商提供。

二、授权服务商的资格和认证

为确保服务商的服务质量，制造商通常会要求授权服务商必须符合特定的条件和标准，具备特定的资格，例如，授权服务商需要证明其拥有能够提供稳定和高质量服务所需要的财务能力，并拥有用于提供服务的安全场所，以及配备并始终保持具备专业技术能力的人员等方面的要求，并应通过制造商的特定考核和认证，方可获得修理制造商产品的授权。

三、授权服务商协议

制造商与授权服务商签署的授权服务商协议，这用于约束服务提供商与制造商之间就上述授权服务的提供所建立的业务关系。

授权服务商可能被要求在业务执行过程中始终满足制造商的业务运营规范。

除其他约定外，授权服务商协议用于确定授权服务商的工作范围，制造商可以委任授权服务商对某个产品或若干产品提供授权服务，例如，某个服务商可能会被允许为制造商的微型计算机产品提供服务，但可能不被允许对服务器或移动通信设备

① 参见各类产品三包规定中谁销售谁负责三包的相关规定。仅涉及产品问题的索赔属于合同纠纷，应以存在合同关系为基础，但产品质量问题导致人身财产损害赔偿的，则相关索赔将不受合同关系的限制。

16286

提供服务。

授权服务商也可能会被委任在某个地理区域或若干个地理区域范围提供授权服务。

授权服务商也可能会被委任仅针对某一类客户提供支持服务。

授权服务商可能仅限于为一个制造商的产品提供授权服务，也可能同时为多家制造商提供授权服务，同时，授权服务商可能被委任就制造商的产品提供保修范围内的支持服务，也可能会提供保修范围外的支持服务，保修范围外的支持服务，可能会是制造商的增值或附加服务解决方案，也可能是服务提供商自己的服务。

以上各类服务在法律属性上各不相同，可能会受到不同法律规范的约束。制造商需要在其授权服务商协议或相关的服务商政策中，对上述各类不同的服务作出区分，避免混淆各类不同的服务，而导致法律上的风险。

例如，基于制造商保修政策所提供的保修服务，是代表制造商或销售商（保修文件应当是销售合同的组成部分）提供的，此类服务是实质性的授权服务，制造商有权要求授权服务商应严格按照其服务政策和规范提供相关服务。

授权服务商向用户提供制造商品牌的保外服务，可能是基于制造商的服务方案（如碎屏保、意外保等），也可能是基于制造商的服务牌价，根据用户申请提供的，此类服务均是按独立服务合同提供的，是真正法律意义上的服务，授权服务商提供此类制造商品牌服务，可以是代理也可以是分销。具体性质应按制造商与服务商的实际安排来确定。如属于代理，制造商有权对服务价格及使用的备件进行管控，但如属于分销，制造商对价格或备件进行管控，则可能会涉嫌违反反垄断法及反不正当竞争法的规定。

授权服务商有时可能在制造商的保修服务以及制造商品牌的服务方案之外，就制造商的产品为用户提供服务商自己品牌的服务，此类服务是基于服务商与用户之间独立的合同提供，对此类服务，制造商不适合对其价格等进行控制，但可以并且有必要要求服务商必须将此类服务与制造商的保修服务以及以制造商品牌的保外服务严格区别开来。

授权服务商可享有若干利益，包括制造商对服务商在保修服务过程中所发生的零部件和人工费用应当予以补偿，就保外服务获得制造商的支持和技术材料等。

关键条款（检核清单）

授权服务商协议除需要具备一般合同通常必备的条款外，还需要特别关注一些与授权服务商业务特征有关的一些条款，包括：

1. 委任服务商提供服务的范围，包括地理区域、产品；

2. 对服务商的认证、考核及资质要求；

3. 对服务商服务质量的监督和管理；

4. 服务费用结算；

5. 商标、商号及其他品牌元素的使用和限制；

6. 部件和备件的采购、库存和使用；

7. 合同期限，应考虑经提前合理时间通知随时终止合同的权利；

8. 合同终止后善后事宜的处理；

9. 保密信息、技术资料的提供和使用及限制。

关联合同

服务商指南

厂商保修声明

合同正文

授权服务商协议

本授权服务商协议（本协议）由以下各方签署并经双方同意于______年______月______日（生效日）生效：

［1］______，其注册地址在______（以下简称［公司］，除非根据上下文另有解释，否则此措辞应被视为意指和包括其业务承继方和指定的受让方）；与

［2］______，其注册地址在______（以下简称服务提供商，除非根据上下文另有解释，否则此措辞应被视为意指和包括其业务承继方和指定的受让方）。

［公司］及服务提供商共同被称为“双方”，单方被称为“一方”。

鉴于，（1）［公司］在______国家或地区从事______业务；

（2）［公司］有意委托服务提供商为其______产品提供服务；

（3）服务提供商致力于从事提供______服务的业务；

（4）服务提供商已经向［公司］陈述和保证，服务提供商符合所有相关的条件并拥有必要的专家、基础设施和资源提供［公司］要求的服务，并作为______的服务提供商，同时已经要求［公司］指定服务提供商作为［公司］的

16286

非排他授权服务提供商，提供与______相关的服务；并且

（5）［公司］希望指定服务提供商并且服务提供商愿意接受该指定，根据本协议的条款和条件，作为______的服务提供商。

为此，本协议双方在此达成以下协议，以昭信守：

1　定义

除非本协议另有规定或根据上下文另有解释，下列术语的含义如下：

1.1　本协议：是指本授权服务商协议及包括本协议的所有附件，以及援引的其他文件和文档。

1.2　费用：是指服务提供商在向［公司］提供本协议项下服务时发生的任何支出、成本或其他费用，此类费用在本协议的附件一或双方不时同意的增补协议中约定，此类费用将由［公司］根据本协议的条款向服务提供商支付。

1.3　保密信息：是指以下信息：（a）［公司］潜在客户和客户数据库，以及服务提供商在提供本协议项下活动过程中收到的任何与上述客户及潜在客户相关的信息；（b）服务提供商从［公司］或通过任何他人直接或间接获得或收到的与其在本协议项下职责相关的有关［公司］业务或任何其现在或未来客户、合作方、关联方的任何信息；以及（c）由［公司］向服务提供商提供的，或由服务提供商通过其他方式从［公司］之外的其他途径获得的与［公司］业务相关的任何软件、数据、表格、统计分析、资料汇编、研究、预测、文件和档案，或任何可能基于［公司］向服务提供商提供的或由服务提供商从［公司］之外的其他途径获得的任何保密数据、信息或事务开发的或产生的材料。为本协议及本协议项下保密义务的目的，本协议提及的“服务提供商”包括服务提供商为提供本协议项下服务直接或间接使用的任何人员无论是否为服务提供商雇员。

1.4　保修：是指产品或服务提供方保证其产品和/或服务符合特定的质量标准，并承诺根据法律要求在产品和/或服务与其保证不符时，为用户进行修理、更换或退货或其他救济。在中国大陆地区，保修可能被称为“质量保证”“质量担保”“质保”“三包”“包修”“品质保证”“品质担保”“瑕疵担保”等，在中国的其他司法管辖区则可能被称为“保固”或“保用”。

1.5　业务协调人：是指被指定负责［公司］与服务提供商之间业务联络和协调的［公司］管理人员，［公司］可不时通知服务提供商任命新的业务协调人。

1.6　服务费：是指由［公司］就服务提供商所提供的服务向服务提供商支付的费用。

1.7　发票：是指服务提供商在每个结算周期结束后的第十（10）个工作日前就在该

结算周期内所提供服务的费用向［公司］签发的发票。签发发票时，服务提供商应详细说明就所提供的服务发生的费用。

1.8　相关协议：是指本协议及与本协议相关的其他协议，包括相关协议、电子商务系统服务协议及其他补充修订文件。

1.9　产品：是指在本协议附件或增补协议中指明的由［公司］制造、营销和支持的［公司］品牌软件或硬件产品。

1.10　服务商指南：是指［公司］起草、发布并定期或不时更新的用于与本协议结合使用的手册，用于明确授权服务商在履行本协议项下职责时需要遵循的政策和标准。授权服务商应负责确保使用最新版本的服务商指南。

1.11　备件：是指提供本协议项下支持服务所要求的部件或组件。

1.12　支持服务：是指本协议项下提供的用于对产品提供支持的维护和保修服务，具体见服务商指南。

1.13　保修服务：是指［公司］通过其适用于相关产品的保修政策所声明的免费支持服务。

1.14　保外服务：是指任何在保修服务外（包括保修政策覆盖范围外和保修期结束后）就产品所提供的有偿或无偿的支持服务，包括各类基于服务方案提供的扩展服务以及服务级别和交付方式的升级服务。

1.15　授权服务：是指［公司］在附件授权信息以及不时签署的增补协议中委任服务提供商以［公司］品牌提供的各类保修服务和保外服务。

1.16　授权服务商：是指经［公司］授权为［公司］相关产品和 / 或服务提供支持的公司或其他企业。

1.17　转售商：是指任何［公司］产品和 / 或服务的经销商和分销商。

1.18　营销：是指与产品销售及为促进产品销售所进行的所有有关活动，包括广告、促销、展览、服务等所有市场活动。

1.19　价格政策：是指本协议、相关协议及其所援引的任何［公司］发布或通知的有关授权服务收费标准、备件和运输价格等的文件、规范、要求、意见、备忘录等。

1.20　服务价格：是指根据［公司］的价格政策，为用户提供售后支持服务的收费标准。

1.21　最终用户：是指购买产品为自身使用的任何个人和各类实体。

1.22　范围：是指［公司］授权服务提供商提供支持服务所适用的产品，

16286

以及从事支持服务的地理区域、行业、市场、客户或客户群等。

1.23 网站：是指［公司］用于发布产品和/或服务信息的网站。

1.24 品牌：是指［公司］拥有或使用的任何商标、商号、标志、标识、包装、商业外观和店面装潢及其他［公司］拥有或使用的商业表征。

1.25 关联机构：是指被一方控制或控制该方、或与该方受共同控制的机构。这里的“机构”指任何公司、企业或其他法律实体；“控制”：是指直接或间接地拥有影响所提及公司管理的能力，无论是通过所有权、有投票权的股份、合同或其他方式。

1.26 法律：是指任何法律性文件，包括法律、法规和规章，以及其他有强制效力的法律解释、政府命令和强制性技术标准。所称的法律均指其被援引和调用时的最新版本。

2 委任

2.1 根据本协议的条款和条件，且考虑到服务提供商同意承担的本协议规定的义务，并依赖于服务提供商的陈述和保证，［公司］在此委任服务提供商，作为［公司］一个非排他的授权服务商，根据本协议及“服务商指南”的要求为［公司］提供本协议约定的支持服务。

2.2 服务提供商在此接受上述委任，并同意其委任仅限于本协议附件或增补协议约定的范围。

3 服务

3.1 服务提供商将就［公司］产品为客户提供本协议附件指明的修理、更换等支持服务。

3.2 本协议附件［授权描述］规定了服务提供商的初始服务的范围。［公司］可经提前十（10）个工作日通知，不时增加或减少服务提供商的工作范围。［公司］所做的任何此类服务范围的变更，将在［公司］此类通知中通知的日期开始生效，并将成为本协议的组成部分。［公司］如认为有必要，可要求就增加的服务范围与服务提供商另行签署援引了本协议的增补协议。

3.3 服务提供商应尽最大努力提供本协议约定的支持服务。在符合相关法律规定，且不减免服务提供商任何义务的前提下，服务提供商可以自己承担费用并承担管理职责，指定或安排其认为适当的服务提供商员工、代理或其他人员提供本协议项下的支持服务。为明确起见，尽管有上述指定或安排，服务提供商应继续就本协议对［公司］负责。

3.4 服务提供商应当与［公司］不时委派并通知服务提供商的指定人员接洽处理本协议项下的或与本协议相关的任何事务。所有此类接洽均应在正常工作时间进行。服务提供商也应指定其高级管理人员作为其授权代表，随时保持与［公司］的联络，该授权代表应有权执行服务提供商在本协议项下被要求的所有行为，并且该授权代表的行为对服务提供商有约束力。

4　**批准和认证**

4.1　资质。服务提供商应取得和始终保持享有为履行本协议所必需的政府或其他法律要求的认证、许可和批准。服务提供商应向［公司］提供与上述认证、许可和批准相关的文件并保证这些文件的真实性。

4.2　基础设施。服务提供商应当具备并始终保持本协议及“服务商指南”中所要求的服务体系、人员配备、设备设施等。

4.3　如服务提供商的资质及基础设施情况发生或可能发生任何重大或实质性变化，可能影响其履行本协议项下职责的，服务提供商应立即书面通知［公司］。

4.4　［公司］将定期或不时对服务提供商的资格及业绩进行考评，如认为服务提供商的服务不符合［公司］标准，［公司］可要求服务提供商限期整改，如服务提供商未能及时整改，［公司］可调整服务提供商的服务范围、服务费率、直至终止本协议。

4.5　［公司］可根据对服务提供商资信状况的评估，要求服务提供商就本协议的履行提供担保，包括支付一定数额的履约保证金或提供［公司］可接受的商业或银行保函等（以下统称履约保证），履约保证的交付和使用见“服务商指南”。

5　**服务提供商的职责**

5.1　服务提供商提供本协议项下支持服务，应遵守和符合［公司］“服务商指南”中规定流程、标准、规范和要求。服务提供商知道，［公司］可能会不经通知不时对“服务商指南”进行修改和增补。服务提供商应负责确保使用“服务商指南”的最新版本。如“服务商指南”中的任何内容与本协议不一致，以本协议为准。

5.2　服务提供商应向产品用户、持有者或使用者提供及时、友善和合理的协助，并严格按照［公司］相关的技术文件、手册、法律规定等提供所有支持服务。

5.3　服务提供商在履行作为［公司］授权服务商的职责｛见附件［授权信息］｝提供所有支持服务时，应当仅使用［公司］提供或指定的部件。在价格相当且有适当货源的情况下，服务提供商同意向［公司］或［公司］指定的货源采购用于非授权服务的部件。服务提供商进一步同意仅使用［公司］提供或同意的真品部件，并且将不会使用或销售任何从未经［公司］同意的供应商处获得的部件，服务提供商了解，此类非由［公司］提供或指定的部件未经［公司］做兼容性及其他验

16286

证和测试，可能不符合［公司］的质量标准。为协助［公司］或［公司］指定的部件供应商高效地供应所有备件及需要的零部件市场产品，服务提供商同意向［公司］提供季度报告，列出所有备件，包括所有此类部件的部件号、十二个月内的使用量、价格及供应商｛如果供应商不是［公司］指定货源｝。

5.4　服务提供商应保持符合“服务商指南”规定的数量和使用率标准的备件库存。在服务提供商有多个服务机构的情况下，必须按各个服务机构分别单独保持符合标准的备件库存。

5.5　服务提供商应负责确保其提供支持服务的行为始终符合法律规定，并就其违反或不符合法律的行为为［公司］提供抗辩和补偿，使［公司］不会因此受到任何损失和损害。服务提供商为提供本协议项下支持服务所配备和部署的人员，在任何情况下均不得被视为是［公司］的员工，也不是服务提供商基于劳务派遣关系向［公司］派入的准员工，服务提供商应确保其人员不会向［公司］主张任何基于劳动或劳务关系的索赔。服务提供商同意，如有上述针对［公司］的索赔发生，服务提供商应为［公司］提供全面的抗辩和补偿，并承担任何和所有的相关费用和损害赔偿，使［公司］不会因此受到任何损失和损害。

5.6　服务提供商在提供支持服务时，应遵循良好的商业道德和准则，任何时候均不得从事任何可能损坏［公司］名声、对［公司］声誉造成不利影响或对［公司］的商誉造成损害的行为。

5.7　如服务提供商直接或间接发布或传播无论任何形式的任何材料，只要与［公司］或其业务相关，或使用了任何［公司］的商标或标识，此类材料的内容和形式均应获得［公司］的事先书面同意。

5.8　服务提供商应当遵守［公司］的指示、指导、指南和流程，保持所有与本协议项下支持服务相关的业务记录，并根据［公司］要求提供详细报告。服务提供商在提供本协议项下支持服务时应始终保持［公司］在“服务商指南”中规定的服务水准。

5.9　服务提供商应提供并保持履行支持服务所需要的基础设施，包括：(a) 必要的场所、工具、设备和设施；(b) 配备足够和稳定的合格技术人员；并且 (c) 保存足够数量的产品和 / 或部件。

5.10　服务提供商应以保护［公司］的声誉和商誉为目标，受理、调查和处理所有［公司］用户就产品及服务提出的问询。服务提供商如收到任何有关［公司］产品或服务的投诉，均应立即按本协议关于通知的规定向［公司］报告。

5.11　服务提供商代表［公司］履行保修范围内的修理或更换及本协议规定的其他支

持服务。所有保修范围内的支持服务，以及相关的部件和整机更换，均应按照［公司］的保修声明及［公司］相关政策和流程执行。服务提供商就其提供的此类支持服务向［公司］申请补偿的，应附带适当的保修申请表及［公司］可能要求的其他文件作为支持。服务提供商应将服务过程中拆卸下来的部件返还给［公司］做检验判定，除非［公司］另有明确要求。

6　技术培训

6.1　服务提供商应为其运营的每个服务站点配备并始终保持必要数量的经过培训、认证并具有熟练技能的技术人员，为本协议附件规定的产品提供规定的支持服务。

6.2　服务提供商应确保其技术人员，根据［公司］“服务商指南”的规定就［公司］产品接受初始的和经常性的培训。

6.3　服务提供商应确保为产品提供的所有保修范围内的支持服务及其他本协议约定的支持服务均由经［公司］认证的人员提供。

6.4　服务提供商聘雇的所有对保修、部件及相关功能不熟悉的人员，必须在入职后三十（30）天内参加［公司］提供的培训课程。培训可能由网上课程、电话或其他方式的培训构成。

7　工具和技术信息

7.1　服务提供商应就所支持的产品，为每个服务机构配备并保持“服务商指南”所列的或［公司］同意的工具、设备及其他服务设施。

7.2　服务商应就所支持的产品，为每个服务机构获得并随时更新履行支持服务所需要的技术手册、文件、图纸和技术资料，具体见“服务商指南”。

8　报告

8.1　服务提供商应正确完成所有由［公司］提供或同意的相关工作日志、计算机化的维护记录输入、记录和其他维护记录表格。

8.2　服务提供商应保持详细的服务提供商为产品提供支持服务的记录，包括但不限于，产品上安装的部件和组件的规格型号，以及他们是否是新的、返修的、修理的、再制造的或重新组装的。如［公司］要求，并在法律允许的最大范围内，服务提供商应向［公司］提供有关以下信息：

（a）履行支持服务的记录；

（b）组件变更记录；

（c）保修申请和报告；以及

16286

（d）［公司］要求的有关服务提供商履行本协议项下支持服务有关的任何其他合理信息。

8.3　为协助［公司］对客户满意度进行监控，服务提供商同意按［公司］提供或接受的格式，向［公司］按月提供报告，列明服务提供商所提供支持服务的每个产品的序列号，对所提供服务的简要描述，以及客户的名称和联络信息。此类信息将被用于定期的客户调查，以确保服务符合本协议所期待的质量标准。

8.4　服务提供商应及时向［公司］提供报告，对所有非正常损坏以及因此对产品提供的维护、服务或其他工作，以及因产品的异常事件或事故为用户提供的服务进行详细描述。此类报告应在上述工作完成后十（10）天内提交给［公司］。如［公司］要求，服务提供商应以书面方式提供此类报告。

8.5　服务提供商应将其获知的导致了实质性的产品或财产损害或严重伤害的产品事故立即通知［公司］。如果［公司］要求，服务提供商应为［公司］对事故的调查提供配合和支持，包括提供适当的设施和设备、允许［公司］人员调阅服务提供商持有的相关记录、为［公司］人员提供交通工具、联络人和翻译服务以及技术支持。［公司］将对服务提供商提供此类上述支持的合理费用予以补偿。

8.6　服务提供商应向［公司］提供年度书面报告，该报告应包含通常向客户或债权人提供的对服务提供商的业务、所有权和/或财务状况等情况的综合概述，并包含经审计的财务声明。此外，如服务提供商的管理机构、所有权或财务状况发生任何重大变化，服务提供商应立即书面告知［公司］。

9　［公司］代表

9.1　为确保服务提供商符合本协议及“服务商指南”的要求，根据合理通知，［公司］可以委派其代表在正常工作时间：（a）对服务提供商的服务机构进行检查，以检查和监督服务提供商人员履行支持服务是否符合规范；以及（b）定期检查和审计服务提供商的培训记录、技术手册和文件、保修申请文件、备件库存、库存记录、工具和设备等。

9.2　如果［公司］要求，且如果适用的话，服务提供商应为［公司］委派的代表提供适当的办公室和办公设施。

9.3　除非经［公司］明确和充分地授权或经［公司］以加盖［公司］有效印章的书面协议确认，否则［公司］代表或任何其他未经充分授权的人员对本协议及相关文件进行任何变更、添加、删除或其他修改，以及就本协议执行所作出任何承诺、同意、认可和放弃均无约束力。

10　服务提供商代表

服务提供商将指定一个代表作为其每个服务机构的主要联络人，负责协调并按［公司］不时发布的服务商指南以及任何其他书面的作业指导、流程和政策的规定，执行所有业务往来和管理事务，并负责接收和递交通知。如指定代表更换的，应提前书面通知［公司］。

11　［公司］的保修管理

11.1　对［公司］向其客户提供的保修服务，服务提供商应协助［公司］进行管理，根据［公司］发布并分发给服务提供商的书面流程和政策为产品用户提供保修支持服务。

11.2　服务提供商并未被授权代表［公司］承诺任何保修，也未被授权对［公司］的任何保修义务进行扩展或修改，服务提供商也未被授权代表［公司］承担或接受任何义务或责任。

12　服务提供商的保证

12.1　服务提供商保证其在本协议项下所提供的所有支持服务，包括在本协议期限内就产品所提供的所有维护、检查、保养和修理等，将不存在任何工艺和材料上的缺陷，所有服务均将以熟练的技能和专业方法提供（保证）。在本协议期限内，服务提供商将向其提供支持服务的产品用户承诺并提供上述保证。

12.2　服务提供商保证其在本协议项下提供的支持服务，以及其在支持服务过程中提供的更换部件，将符合或超过［公司］服务商指南的相关要求。

12.3　服务提供商应向接受其支持服务的产品用户提供保证文件，以［公司］接受的格式说明前述保证，本协议签署时，服务提供商应向［公司］提供其保证文件的样本，对其保证文件如有任何修改，应在此类文件修改前三十（30）天内向［公司］提供拟修改后文件的样本。

13　服务提供商的人工费

13.1　服务提供商就支持服务向［公司］收取的小时或固定人工费的费率，将由双方每年诚信地协商确定。服务提供商同意将不会按超过其其他用户的费率向［公司］收取服务人工费。［公司］同意将不会向任何第三方披露此优惠费率。

13.2　服务提供商就保外支持服务向产品用户收取的人工费率，应当是商业上合理的，且与类似服务提供商在当地及邻近地区就类似服务所收取的费用是相当的。服务提供商同意其将按法律要求以所有客户均可清晰看到的方式公开张贴标准的人工费率。服务提供商将向［公司］提供其公布的服务费率的副本，以便［公司］定期审阅，或无论何时此类费率发生变化时，应及时提供［公司］审阅。

16286

尽管如此，服务提供商将完全自主决定非授权服务的费率标准，包括服务提供商所购买备件的价格。

14　法律合规

14.1　商业道德合规

（1）［公司］和服务提供商基于诚信、各方陈述与保证的内容，以及对彼此的信任达成本协议。

（2）服务提供商陈述和保证其将遵守所有相关法律规定。服务提供商陈述和保证其没有也不会为任何下列目的直接或间接地向［公司］或任何第三方的人员提供任何报酬、礼物、股权、借款或其他有形或无形利益：(a）试图影响上述人员的行为或决定；(b 诱使上述人员作出任何违反法律义务的行为；(c）获取不正当利益；或（d）诱使上述人员利用其影响使任何第三方作出任何行为或决定。间接提供上述利益包括通过向上述人员的亲属或其他对上述人员可能有影响的人员提供上述利益。

14.2　协议的合法性

（1）本协议以及本协议的任何附件或补充协议，均由服务提供商有效和充分授权的代表签署，本协议的签署和履行均不违反或导致违反任何法律规定以及政府机关的任何命令，除非服务提供商另外书面告知［公司］。

（2）服务提供商陈述，除非事先另外书面告知［公司］，否则本协议的条款，依据当地法律是具有法律约束力的，不需要当地政府机关的审批或备案。

（3）服务提供商陈述和保证，就其所知，本协议预期的业务活动，特别是［公司］与服务提供商之间按本协议或服务商指南中的规定提供折扣、支付利润或其他补偿，均不违反服务提供商服务机构所在地的任何法律规定及政府命令。如果本协议期限内，服务提供商了解到任何此类可能对本协议项下所预期业务的全部或部分造成影响的任何禁止性法律规定或其他政府命令，服务提供商应立即将此类情况书面告知［公司］。

（4）如果用户所在地国家或地区的相关法律或政府政策，禁止或限制在本协议项下支付给服务提供商的补偿、佣金或其他报酬，服务提供商在此授权［公司］按此类法律和/或政府政策执行，［公司］可书面通知服务提供商对本协议进行修改以反映此类对法律的遵守。此类修改可包括对［公司］向服务提供商支付义务的减少或免除。

14.3　披露授权

如果法律批准或要求，双方将有权向主管政府机关披露本协议的条款、条件和规定。

14.4　服务提供商的持续义务

服务提供商在本协议中作出的陈述和保证根据其性质应当是持续的，如果有任何可能导致任何此类保证和陈述发生变化的事件发生，服务提供商将立即书面通知［公司］。

15 ［公司］的职责

在本协议期限内，［公司］将承担以下义务：

（1）按其标准折扣机制，以及服务提供商购买时的现行标准条款和条件，向服务提供商销售备件。

（2）在服务提供商为履行其在本协议项下的义务要求时，向服务提供商销售工具和支持设备，以及相关的技术文献和资料，按服务提供商购买时［公司］现行的标准条款和条件执行。

（3）根据［公司］的判断，按服务提供商购买时［公司］现行的标准条款和条件，向服务提供商提供分包修理和全面检修服务。

（4）按服务提供商购买时［公司］现行的标准条款和条件，向服务提供商提供技术信息、技术协助和技术指导，以支持服务提供商在本协议项下的支持服务。

（5）［公司］将不时发布和修改包含授权服务商名录的用户服务手册，以协助［公司］产品用户获得［公司］及服务提供商的服务。服务手册及其任何修改，将被发布给用户及有关各方。服务手册将包含服务提供商的联络信息，例如地址、联络人姓名及电话号码等。

（6）［公司］可根据其判断的业务需要，总结和归纳各种规模授权服务商运营管理的规律并提供给服务提供商，指导服务提供商合理地配置资源，提高运作能力和水平，提高服务意识，共享服务经验，协助服务提供商提高运营效率。

（7）［公司］可根据其判断的业务需要，对服务提供商的服务人员进行技术认证。

（8）［公司］将根据其判断的业务需要，向服务提供商提供［公司］安排的培训，内容包括必要的技术、工作程序及相关文件管理规定等。具体的培训时间、地点及有关内容和形式由［公司］决定。

（9）在适用并可行的情况下，［公司］将根据其判断的业务需要，不定期地与服务提供商合作开展服务的推广宣传活动，同时向服务提供商不定期地提供服务宣传资料。

（10）在不实质性影响［公司］与服务提供商之间明确约定的前提下，在本协议的期限内，［公司］可以不时修订已有的各项政策、考评办法等协议有关内容。

16　运输和税收

16.1　任何情况下，［公司］均不对本协议项下的以下事项负责：

（1）服务提供商为履行本协议项下的职责和义务所发生的任何处理、包装、

16286

运输、保险或存储费用以及其他相关费用。现行的运输和装卸政策在“服务商指南”中规定。服务提供商应负责确保使用最新版本的服务商指南。

（2）由任何政府机关收取的与备件、工具、手册、服务和其他相关物项相关的任何关税、进出口费用的支付。

（3）为备件、工具、手册、服务和其他相关物项的进出口获得任何许可、批准或签证文件相关的费用。各方在此确认，部件、工具、手册和其他相关物项，以及任何有关的数据资料，均可能受相关国家或地区进出口管制法律约束。在适用的情况下，服务提供商同意将不会以违反前述法律规定的方式出口或转出口任何部件、工具、手册和其他相关物项以及相关的数据资料。

16.2　服务提供商同意，［公司］或［公司］指定货源提供的所有本协议项下的部件和备件，仅限于服务提供商为提供本协议项下支持服务的目的转售或使用。根据［公司］要求，服务提供商应向［公司］提供转售或使用上述备件的记录和证明。

16.3　服务提供商应负责汇集并向相关政府主管部门缴纳与本协议的签署或履行相关的所有税费，包括延迟支付的利息和罚款。

17　账户及支付

17.1　服务提供商应根据［公司］所签发发票的规定支付其应付账款。未能在规定的期限内支付账款的，可能导致服务提供商记账交易特权撤销和/或失去任何折扣或激励，［公司］还可采取其信用管理部门认为适当的其他措施。

17.2　除非［公司］另有明确同意，否则支付期限为自发票开立之日起四十五（45）天。服务提供商必须保持其账户处于良好状态，且必须保持作为［公司］委任和批准的服务提供商。延期账款将按照［公司］选择的法定利率收取滞纳金。

17.3　除非本协议另有明确规定，对服务提供商的所有费用补偿，均应经［公司］指定人员的事先批准。此外，服务提供商在申请上述补偿时，应附带所有原始的服务记录单据和凭证。

17.4　如经［公司］同意，服务提供商未支付或提供第4.5款规定的履约保证金，［公司］可以在其向服务提供商在本协议项下支付的服务费补偿中扣留不超过百分之十（10%）的费用，作为服务提供商按本协议条款和条件履行的保证。［公司］可以根据其决断，将与服务提供商之间的任何应付款与应收款（无论是在本协议项下的还是在本协议之外的）进行抵销或调整，服务提供商在此同意此类抵销和调整。除此之外，双方进一步同意，将不会就潜在的保修索赔或类似的尚未最终确定的或尚未被另一方确认同意的正在处理中的账款进行抵销或扣留。

17.5 如［公司］对服务提供商的服务不满，或服务提供商未按照约定履行本协议项下的服务，［公司］将向服务提供商发出书面通知，告知此类不满或服务的不符。［公司］将无义务就此类不符的服务支付任何补偿。

18 保密信息

18.1 服务提供商确认，［公司］提供的技术信息可能包含［公司］拥有专有权的商业秘密、知识和其他保密资料。服务提供商将保护［公司］的所有专有信息，不向任何第三方越权披露，服务提供商并在此同意，所有此类专有信息，将仅限于服务提供商为履行本协议项下支持服务的目的使用。

18.2 本协议无论因任何原因终止的，在继续对专有信息提供安全保护所必要的范围内，本协议第 18.1 款的规定，在本协议终止后至少不短于十（10）年期限内将继续有效，除非按第 18.3 款规定服务提供商可不再承担保密义务。

18.3 上述义务在以下情况下将不再适用于以下信息：

（1）信息在收到时已经是或在此后非因服务提供商的过错或疏忽变成了公知信息；

（2）服务提供商从有充分权利披露的第三方合法获得的且未附加任何保密义务的信息；或

（3）在根据本协议收到信息时，服务提供商已经知悉的信息。

18.4 除非本协议中明确规定，否则提供专有信息不得被视为明示或默示地授予了任何权利、许可，或确认了双方之间的任何业务关系。

19 商标和商号；其他知识产权

19.1 服务提供商确认，［公司］对［公司］的以下商标、商号和服务标志：______以及其他［公司］商标、服务标志和商号（以下统称［公司］商标和商号），包括［公司］的其他将［公司］产品、服务及服务场所与其他经营者的产品、服务及服务场所区别开来的特有装饰、装修、装潢或设计等拥有排他的专有权，其中含有的或与其相关的全部的权利、利益和商誉，均由［公司］拥有。

19.2 ［公司］在此授予服务提供商一个非排他的许可，服务提供商可以仅限于在本协议期限内，在为［公司］产品提供支持服务相关的活动中使用［公司］商标和商号。服务提供商在此同意，未经［公司］事先书面同意，服务提供商不会将［公司］商标或商号用于其公司名称、业务名称或服务名称。

19.3 本协议项下授予的非排他许可，以服务提供商完全遵守［公司］在

16286

本协议以及“服务商指南”中规定以及［公司］不时提供的质量标准为前提。在本协议期间，［公司］有不受限制的权利，随时对服务提供商提供和销售的商品和服务进行检查，以确定服务提供商对［公司］商标和商号的使用符合［公司］的规范，以及服务提供商使用［公司］商标和服务执行的业务符合［公司］期待的质量水平。如［公司］确定服务提供商对［公司］商标和商号的使用以及执行的业务不符合［公司］要求的标准和规范，［公司］有权根据第 26 条的规定终止本协议。

19.4　委任证书和标志。（1）在符合相关规定的前提下，服务提供商应在其每个服务机构，以令人满意的状态，按［公司］指定或提供的设计，陈列并保有一个授权服务商标志。获得、陈列和维护此类标志所需要的所有成本和费用，由服务提供商自行承担。

（2）［公司］将向服务提供商提供一个授权服务商委任证书，表明服务提供商受委任提供支持服务的场所和产品范围。服务提供商应在本协议期间内，以令人满意的状态，在双方同意的位置陈列和保有该委任证书。双方明确同意，该委任证书始终是［公司］的财产，在本协议终止或到期后，应立即返还给［公司］。

19.5　未经［公司］事先书面允许，服务提供商不得在本协议规定的范围和目的之外使用［公司］的商标和商号。服务提供商不得明示或暗示地表明：(a) 服务提供商与［公司］有隶属、合伙、联营或本协议规定的业务合作关系之外的任何其他关系；或 (b)［公司］授权服务提供商使用［公司］商标和商号从事本协议授权范围之外的活动。除本协议明确授权的内容外，未经［公司］另外的书面授权或双方事先签署授权协议，服务提供商不得以任何其他与本协议规定不符的方式使用［公司］商标。

19.6　所有与［公司］提供给服务提供商的任何技术信息、支持文件、备品备件、产品相关的专利、商标、版权和设计，或者它们中的任何一项，以及［公司］提供的有关的文字说明，都是并且仍然是［公司］或［公司］许可方的财产（以下统称［公司］财产）。服务提供商不得改变或移除这些文件和产品上任何与［公司］财产有关的所有权及其它权利声明与标识。无论在本协议存续期间还是在其终止之后，服务提供商都不能以自己的名义或允许他人对上述［公司］财产及包含在其中的或与之有关的权利进行注册登记，也不能以与上述权利实质上相同或类似的权利进行注册登记。未经［公司］书面许可，服务提供商不得允许任何第三方使用［公司］的知识产权。本协议终止后，除依照本协议明确规定，服务提供商可以继续使用的［公司］知识产权外，服务提供商应立即停止对［公司］知识产权的使用。

19.7　服务提供商应将所有发现和注意到的，与［公司］所有或使用的专利、商标、商号、版权或设计有关的侵权（无论是明显的还是潜在的）、诉讼、权利要求、假冒行为、不正当竞争等合理迅速地通告［公司］。不仅如此，服务提供商还应提供［公司］要求提供的与此有关的，由此产生的各种帮助，包括收集证据、在［公司］认为必要时与［公司］共同采取诉讼行动等。但在未经［公司］书面同意时，服务提供商无权决定就与第三人的知识产权侵权纠纷采取诉讼行动。［公司］同意，在没有另行约定的情况下，采取此类诉讼行动的所有诉讼费用全部由［公司］承担。

20　责任限制

20.1　除非由于［公司］的疏忽或故意的不当行为，否则服务提供商不得因任何原因，就服务提供商承担或发生的任何损失、损害、律师费、费用、诉由或法律责任，起诉［公司］、向［公司］寻求补偿或向［公司］提出其他索赔，无论是基于合同还是侵权。

20.2　双方明确同意，［公司］不对服务提供商履行的任何工作或提供的任何服务或部件或其任何部分提供任何保证。

20.3　如果［公司］需要承担任何责任，则无论本协议是否有任何相反规定，［公司］及其关联方就每个索赔所承担的全部累积责任，将均不超过［公司］就服务提供商所提供相关服务同意支付的费用总额。在任何情况下，［公司］均不需就任何间接的、偶然的或附带的损害和损失（包括但不限于，预期利益、利润、商业机会、营业中断、数据丢失、惩罚性赔偿等）向服务提供商承担赔偿责任。

21　补偿

21.1　对因以下情形导致［公司］或其任何董事或管理人员承担或发生了任何损失、责任及间接损害赔偿、索赔、费用和成本（包括律师费）（索赔），服务提供商应对［公司］及其董事和管理人员提供抗辩和补偿，并使之不受任何损失和损害：

（a）服务提供商或其员工或代理，违反本协议中的任何约定、承诺、义务或条件；

（b）服务提供商向［公司］提交不准确的信息；

（c）服务提供商或其员工或代理的任何作为或不作为；

（d）服务提供商或其员工违反任何相关法律；

（e）服务提供商或其员工或代理在提供本协议项下支持服务过程中所为的任何非法或不当行为；或

（f）服务提供商侵犯任何第三方的知识产权及其他权利。

21.2　尽管有以上规定，服务提供商对因［公司］的产品或服务导致的任何索赔及责任不承担抗辩和补偿义务。本协议的任何约定均不限制［公司］依

16286

照法律规定及本协议约定寻求其他救济的权利。

22　保险

在本协议期限内，服务提供商应向有良好信誉的保险商购买并维持一个足够涵盖转售商在本协议项下义务和责任的保险，包括适当的职业责任险（或在指定区域内类似的等效险种）。如果［公司］要求，服务提供商应向［公司］提供其购买此类保险的书面文件证据，并应在此类保险条款发生重大变化时通知［公司］。

23　独立合同主体

23.1　服务提供商是独立的合同主体，无论是服务提供商还是其管理人员、代表或员工，为无论任何目的，均不得被视为［公司］的代理或其他法律代表。本协议并未在［公司］与服务提供商之间创设任何代理关系，并且服务提供商并未被授予任何明示或默示的权利或权限，代表［公司］或以［公司］的名义接受、产生或创设任何义务或职责，或使［公司］以任何方式受任何合同或义务的约束。

23.2　尽管［公司］已经通过本协议条款确定了服务提供商应当遵守的最低限的标准，双方同意，服务提供商保留决定采用适当方法以提供更高标准支持服务的权利，但并不因此放弃［公司］对此的管控。

24　转让限制

24.1　未经另一方事先书面同意，任何一方均不得全部或部分转让其在本协议项下的权利和义务，但以下情形除外：

（1）［公司］可以转让其任何收取本协议项下或有的或确定的账款的权利；

（2）如［公司］发生并购、或重组或［公司］全部或实质性资产的自愿出售或转让，［公司］在本协议中的利益是可以相应转让的；并且

（3）［公司］在本协议中任何权利或利益的转让，均不会在任何程度上影响服务提供商在本协议项下的权利和义务。

24.2　为业务方便，［公司］可安排其关联方执行本协议项下的全部或部分业务，此类安排不影响本协议的条款和条件继续适用于此类业务。

25　期限和续期

本协议的期限为自________年______月______日至________年______月______日（到期日），并受本协议及本协议附件的条款和条件约束。除非本协议在到期日前被终止，否则本协议将自动到期终止不需要另行通知。［公司］和服务提供商均无义务在本协议到期日之后更新或续展本协议。无论［公司］此前已经多少次续展或更新对服务提供商的委任，

本协议将始终被视为是一个固定期限合同。

26 终止

26.1 任何一方在以下情形发生时，均可经提前六十（60）天事先书面通知终止本协议，如果另一方：

（a）违反本协议中约定的任何约定、承诺和 / 或陈述，且此类违约行为在收到守约方指明该违约行为并要求纠正的通知后三十（30）天内未能得到有效纠正；或

（b）未能或拒绝按照另一方要求的合理和正确方式履行其义务。

26.2 无论本协议是否有任何相反约定，在发生终止事由时，本协议可以立即终止，并且如有以下事件发生，本协议可以在第 25 条约定的到期日前经书面通知立即终止：

（a）除非第 24.1 款另有约定，任何一方未经事先书面通知另一方试图转让或转委托其在本协议项下的权利和职责；

（b）任何一方为债权人的利益发生转让，或该方提出或被提出了自愿或强制的破产程序，或该方进入了公司重整、破产接管或解散清算程序；

（c）服务提供商未能确保获得其运营或服务机构所需要的批准、许可、认证或授权，或上述批准、许可、认证或授权被停止或撤销；

（d）未经［公司］事先书面同意，服务提供商的所有权或管理机构发生变化，或服务提供商的任何所有者或管理人员死亡、丧失民事行为能力或被刑事指控或定罪；

（e）服务提供商向［公司］提供有关服务提供商运营或场所的虚假或欺诈的信息，包括但不限于，申请支付保修费用、特别费用结算或市场活动等；

（f）发生了任何导致服务提供商不能继续使用服务机构或丧失任何相关的核准或租约的法律行动；

（g）服务提供商违反第 14 条（法律合规）中的陈述和保证；

（h）如服务提供商同时是［公司］相关产品的转售商或代理商的，［公司］与服务提供商之间的分销或商业销售代理协议终止；

（i）服务提供商的管理人员或员工违反“服务商指南”中规定的业务行为道德合规守则；或

（j）服务提供商的管理人员，或其任何员工因虚构保修信息骗取服务费或其他事由触犯任何相关的刑事法律规定。

26.3 本协议终止或到期，且双方未能达成新的协议的情况下，双方将有以下权利和义务，但并不因此损害双方在本协议项下此前拥有或承担的任何权

16286

利和义务：

（a）［公司］及其关联方有权并可选择撤销服务提供商对本协议项下任何备件、工具和设备、出版物、分包修理和全面检修服务、或技术信息、技术协助和技术指导的订购，但服务提供商在本协议到期或终止时已经就前述内容的提供和转售与用户签署了有约束力的书面协议的除外；

（b）服务提供商应立即向［公司］及其关联方报告并支付所有未结款额，所有未结款额均应被视为立即到期应付。收到上述付款且符合本协议规定的终止流程，［公司］将向服务提供商报告并支付所有未结款额，包括在根据［公司］判定的服务提供商的责任扣除相应保证金后，将保证金剩余部分无息返还服务提供商；

（c）服务提供商应立即停止在任何情况下及以任何方式在与服务提供商的任何业务活动中或服务提供商无论是直接还是间接参与的经营活动中使用［公司］的商标和商号，以及任何其他可能导致混淆、不确定或可能对公众产生误导或欺骗的与［公司］商标和商号类似的商标或商号、名称、表达或标志。服务提供商应立即去除和/或掩盖所有包含［公司］商标或商号的标志，服务提供商应停止在其信笺及其他印刷或打印的表格或材料上使用上述商标和商号。如果上述商标或商号已经被错误地包含在服务提供商的［公司］名称、服务名称或业务名称中，服务提供商应根据相关法律和程序，立即删除其在上述名称中包含使用的［公司］商标和商号。如因服务提供商拒绝或未能履行本条款的规定，导致［公司］及其关联方承担或发生了任何损失和损害，服务提供商应承担全部责任。［公司］及其关联方为确保或迫使服务提供商遵守前述规定所发生的所有相关的成本、律师费和其他费用，均由服务提供商承担；并且

（d）服务提供商应立即将委任证明返还［公司］，并停止继续表明其为［公司］的授权服务商，并且［公司］也将同时停止继续表明服务提供商是［公司］的授权服务商。

26.4　无论本协议因任何原因导致或终止，任何一方均不就以下事项对另一方承担任何补偿或赔偿责任：基于销售或预期销售的当时或预期的利润或与之相关的任何开支、投入或承诺；与［公司］或服务提供商的业务或商誉设立、拓展或维护相关的费用，以及无论是任何其他事由或原因导致的费用。但本协议的终止或到期无论如何将不影响各方就在本协议项下此前销售的部件、工具、手册、服务和其他相关物项以及［公司］已经接受的采购订单有关的权利或责任，也不影响任何一方对另一方支付任何到期款额的义务。［公司］或［公司］关联方在本协议终止后接受任何订单或向服务提供商销售备件、工具、手册、服务及其他相关物项，不得被解释为是对本协议的续展或更新，或对终止

的放弃。

26.5 无论本协议是否有任何其他规定，经提前九十（90）天通知服务提供商：

（a）［公司］可根据其单方的决断，选择终止对服务提供商就部分服务机构的委任，如果按本协议附件，服务提供商运营一个以上的服务机构的话；并且

（b）［公司］可根据其单方的决断，选择终止对服务提供商就部分特定产品的委任。

26.6 如［公司］选择行使上面规定的部分终止委任的权利，而服务提供商不愿继续履行其在本协议项下未被［公司］终止的职责，［公司］将终止对服务提供商就所有服务机构和所有产品型号作为［公司］授权服务商的委任。

27 文件及其他财产的交付和返还

27.1 除非由服务提供商付费购买，否则如果［公司］为执行本协议目的向服务提供商提供了任何文件、工具、设备、产品或部件等（托管物料），这些托管物料始终是［公司］的财产，服务提供商应妥善保管，并以明显的方式将此类托管物料与服务提供商自己的以及第三方的财产区分。服务提供商不得在这些托管物料上设置任何担保、抵押或其他他项权。除因正常使用导致的消耗和贬值外，服务提供商应按重置价格对此类托管物料的损坏、丢失、灭失导致的损失承担责任。

27.2 本协议到期或终止后，服务提供商应立即向［公司］交付所有文件、规格书和其他技术和管理资料、专有信息介质以及任何其他由服务提供商持有或管理的属于［公司］或其关联方的财产和物品。然而维护手册、服务公告以及其他有服务提供商购买的类似材料不在本条款规定范围内，不需要返还。

28 记录和审计

28.1 服务提供商应保留完整且准确的与本协议有关的财会和业务记录。此类记录的保留期限按当地法律要求执行，但最短应不少于本协议执行完毕或终止后三（3）年。所有财务和业务记录的保留均应符合普遍接受的财务会计准则。

28.2 服务提供商应根据［公司］的要求向［公司］提供此类记录，以验证服务提供商对本协议的履行符合本协议的规定。本协议相关条款有效期间，经提前二十四（24）小时通知，［公司］可委任审计人员对服务提供商的记录进行审计，以证明服务提供商遵守了本协议的条款和条件。［公司］将与审计人员签署单独的保密协议或含有保密条款的委托审计协议，要求审计人员对审计信息承担保密义务。审计费用将由［公司］承担，但如经审计发现服务提供商未严格遵守本协议条款和条件，则服务提供商应承担全部审计费用。

16286

29　通知和联络

29.1　所有本协议要求的或允许的正式通知或沟通，均应以书面形式进行，且在以下情况下视为有效送达：面交收件人本人、通过挂号信或正规的特快专递服务寄交（需要收件回执）或通过传真或作为电子邮件的附件发送至接收方。

29.2　任何通过面交本人、通过传真或作为电子邮件发送的通知或沟通，在通知或沟通发送或交付当天视为有效送达。任何通过挂号信或特快专递服务送达的通知或沟通（需要收件回执），将在按收件人地址以邮资预付方式交寄之日（以邮戳日为准）起七（7）天后视为有效送达。除非经一方书面通知另一方变更，否则双方的接收通知的地址及号码如下：

如致［公司］____

如致服务提供商____

30　弃权

任何一方无论任何时候未能要求另一方履行本协议的任何规定，均不影响其在此后任何时候要求此类履行的权利，并且任何一方放弃对另一方违约或侵权行为的追究，并不表示其已经放弃该项权利，也不表明其对以后发生的事件也放弃追究。本协议的有效弃权须经弃权方以书面形式作出，并经弃权方充分授权代表签署或加盖弃权方有效印章。

31　不可抗力

任何一方因受不可抗力事件影响不能部分或全部履行协议的不承担责任。不可抗力时间包括但不限于，战争、受影响一方所在国家或地区任何法律、公告或规定、或罢工、洪水、火灾、天灾、爆炸、暴乱、动乱、流行性传染病、资源或能源短缺、运输延误或其他受影响一方无法合理控制的事由。但本条款将不减免受影响一方尽合理努力避免或消除此类事由影响的义务，也不免除受影响的一方支付在上述事件发生前在本协议项下已经产生并应付的任何费用。

32　管辖法律和争议解决

32.1　双方明确同意本协议将依据中华人民共和国大陆司法管辖区（为明确起见，不包括香港、澳门特别行政区）的制定和解释，并且本协议项下的所有事项均受该法律管辖，但不适用其法律冲突规则。双方同意《联合国国际货物销售合同公约》不适用于本协议。

32.2　双方将通过合理的努力友好协商解决因本协议的履行和解释及与本协议有关的任何争议，如争议未能在合理期限内解决，任何一方均可寻求法律救济。双方同意，任何协商解决未果的争议均应提交［公司］所在地有管辖权的法院裁决。

33　附件

33.1　本协议后附的所有附件以及援引了本协议的任何增补协议均为本协议的组成部分，所有的附件和增补协议均将自动生效且在本协议到期或终止后失效。

33.2　［公司］可以向服务提供商提供或通过［公司］网站发布本协议提及的各项相关制度和规范。［公司］可不时修订此类文件。此类文件及修订经［公司］向服务提供商提供或在指定网站上发布即生效。

34　标题

本协议中各个条款的标题仅为阅读方便而拟定，这些条款标题不是本协议的组成部分，在任何情况下均不影响对本协议的解释。

35　全部协议

本协议以及本协议援引的文件和文档构成服务提供商与［公司］之间就本协议标的达成的全部协议，并取代双方在本协议签署前或执行过程中就本协议涵盖的所有标的所做的任何口头或书面的谈判、陈述、宣称的保证、声明、信函、接受、合同、协议和沟通。除非经双方加盖各自的有效印章或由各方充分授权的代表书面签署，否则对本协议条款和条件的任何修改、补充或其他变更均无效。除本协议允许另行约定的内容外，如本协议与任何附件或援引的文件的规定不一致，以本协议的规定为准。

36　解释

本协议及相关协议由双方作为平等商业主体商讨并签署，且在充分考虑对方提供的商业条件后接受和确定，对限制和排除任何一方权利或义务的条款，双方已经充分注意并完全理解，双方不认为本协议及相关协议的任何部分存在任何不公平因素，所有条款应根据其文字合理地解释，不应做对一方有利或不利的严格解释。

37　可分割

如本协议的任何条款被有合格管辖权的裁判机构裁定在某些方面无效或不可执行，且这种无效或不可执行性不会对双方在本协议中的权利造成实质性的影响，则本协议将继续有效。任何被裁定为仅在某些方面或某种程度上无效或不可执行的条款，在未被裁定为无效或不可执行的程度或范围内仍然具有完全的效力。

38　信息使用

［公司］及其关联方将在其经营业务的任何地方存储、处理和使用服务提供商的交易及联系信息。上述信息将为双方的合作关系而处理和使用。［公司］也

16286

可能为业务目的将服务提供商提供的个人信息提供给［公司］的承包商、业务伙伴及指定方，或者根据法律的要求披露服务提供商提供的信息。如服务提供商向［公司］提供属于第三方的个人信息，客户应保证履行了法律要求的相关义务（如已经通知了该第三方或已经获得了该第三方的同意）。

39 协议结构

本协议包括主协议、本协议附件及援引的增补协议和相关文件。

附件、增补协议和相关文件：

（1）有关指定产品、服务内容、方式和标准等的具体业务条款，在相关附件中描述。本协议的附件见附件清单所列内容，与本协议具备同等的法律效力。

（2）［公司］可不时通过签署增补协议等方式对委任服务提供商提供支持服务的范围进行调整，或委任服务提供商就特定产品或针对特定用户提供定制的或个性化的服务。

（3）服务提供商应当遵守的服务规范和标准、绩效考评、折扣和激励政策等在“服务商指南”及其他相关文档中约定。

40 副本和签署

本协议一式四份，双方各执两份。未尽事宜双方协商另行签订补充协议，经双方有相应权限的代表签字并加盖双方有效印章后生效。

附件一：授权信息

此附件用于对委任服务提供商支持的授权服务进行描述，包括授权支持的产品、支持服务的区域及客户类别、授权服务商的级别及承担的职责等。

一、服务提供商产权和管理信息

服务提供商就其实体产权和管理信息作出以下陈述，［公司］依据对下列信息的信赖达成本协议：

（1）服务提供商实体全部由以下人士或实体投资设立，且以下表格所列各方对服务提供商实体所拥有的股权是真实和准确的：

名称或姓名	地址	持有股权比例

（2）服务提供商实体的管理机构由以下人士构成，下列人士拥有管理和操控服务提供商业务运营以及履行服务提供商在本协议项下职责的全部授权和职权：

姓名	地址	职务

二、服务提供商门店地点及其他信息

列明委任授权服务商提供授权服务的门店或其他经营场所的地点及其他业务信息。

三、委任服务提供商提供的授权服务

列明委任授权服务提供商支持的产品系列、规格型号及区域等。

附件二：服务商指南

此附件用于对服务提供商提供支持服务应当遵循的规范、标准及符合的要求等进行详细描述，包括不限于，服务提供商需要具备的资质、基础设施、人员配备、费用结算方法、备件采购及交付、服务商绩效考评等。

（略）

16286

17. 计算机系统维护协议

使用场景

本计算机系统维护协议，用于拥有计算机信息系统的业主或客户，委托提供信息系统维护服务的服务商，提供专业的计算机信息系统运营和维护服务。可适用于服务商直接提供服务，也可适用于服务商将部分服务分包给分包商。

法律要点

计算机信息系统维护服务可能会涉及较为复杂的业务和法律关系，在起草准备此类协议时，需要对这些关系做详细的分析，以便使合同能够将合同各方当事人的权利、义务和责任得到合理的体现。

一、服务商与系统提供方的责任划分

计算机信息系统维护服务的服务提供商可能是信息系统的提供方，也可能是第三方，在服务商是系统提供商的情况下，客户在签署此类协议前，需要仔细阅读系统供应协议，确定系统提供商就系统是否仍有未尽的保证及其他支持义务，避免发生客户就系统供应商仍应承担免费服务义务的事项，另外支付额外的费用。

如果服务商不是系统供应商，则一旦服务商开始对第三方系统提供服务，那么系统今后发生的问题，将可能是系统本身的问题，也可能是服务商的服务导致的，服务商需要谨慎考虑，如何厘清其服务与系统本身的问题所导致的责任。

二、维修备件、材料及软件

在系统维护服务过程中，可能会需要对系统的某些部件、软件程序等组件进行修理、更换，更新或升级，这些第三方组件可以由客户自己采购获取，也可以由服务商根据自己的选择采购获取，或由服务商根据客户的指定代为采购获取，这些处理方法，均可能导致客户与服务商承担不同的权利、义务和责任，服务费的计费方法也会因此而有较大差异。

另外，对此类来源于第三方的组件，如何保证（保修）及如何获得售后支持服务，这也是需要合同双方考虑清楚的问题。

三、客户的辅助和支持

服务商在提供计算机信息系统维护服务过程中，往往需要进入客户的机房、办公场所或其服务器的托管场所，接触、使用和操作客户的设备和软件，甚至在某些情况下，服务商人员可能还会被长期被派驻在客户场所，在此情况下，一方面，服务商需要在合同中明确提出客户需要提供的辅助和支持，以便服务商的工作能够得到及时和安全的履行；另一方面，客户也需要对服务商人员及其所承担的安全、保密、工作现场管理等义务和责任作出明确约定。

此外，如果没有任何明确约定和说明，客户为管理上的需要对服务商长期派驻现场人员采取了面试、考勤、绩效考核等管理措施，在某些情况下可能会导致此类派驻人员与客户之间关系发生混淆，此类派驻人员可能会被认定为与客户之间存在事实上的劳动或劳务关系，对此，需要客户在签署的协议中对此予以明确说明，要求服务商承担对派驻人员的培训及管理义务。

四、反劝诱条款

受委派为客户提供技术服务的服务商专业技术人员，以及客户自己的IT管理人员，是双方重要的资源，协议一方的此类专业人员被对方聘雇，一方面可能导致协议项下业务的丢失，另一方面也可能会导致企业知识和经验的损失，为此如认为有必要，双方可考虑在服务协议中增加通常被称为“不劝诱”的条款，禁止协议一方聘雇另一方的相关专业人员，此类条款通常约定合同任何一方将不会在特定保护期限内聘雇对方的相关人员，这个特定的保护期限通常涵盖服务协议履行期间以及服务协议终止后的一个合理期间。

五、信息安全

信息技术服务针对的对象是计算机信息系统，尽管相关技术不断发展，计算机信息系统已经有越来越高的可靠性，但它仍然是一个无法确保绝对安全的技术，服务商在提供服务过程中，任何一个失误或意外，都可能导致客户数据的损坏和丢失，一旦发生此类损害，损失可能是巨大且无法挽回的，可能导致客户业务中断，造成巨大的经济损失，要求服务商对此类损失承担全部责任对于服务商而言过于繁重，可能与其提供服务所获得的收益无法匹配，因此，提供信息技术设备和服务的供应商，通常都会在自己的合同中，排除对数据丢失和损坏所导致损失承担任何责任，同时服务商还应考虑在此类合同中为客户设定明确的义务，要求客户负责建立一个外部的备份系统，确保建立并有效维持一个灾难恢复的机制，以便一旦发生系统崩溃，数据丢失等事故，可以及时恢复。

16287

关键条款（检核清单）

计算机系统维护协议通常需要包含以下条款：

1. 双方当事人

明确接受服务的客户以及提供服务的承包商的完整法定名称和地址。

2. 服务范围

服务提供商所提供服务的准确详细描述，包括任何临时根据客户需求提供的服务。

3. 期限

协议的期限，以及服务的期限，如果二者不完全等同的话。

4. 费用计算及支付

应指明在正常工作时间所提供标准服务的具体维护费用，同时还需要明确根据客户临时需求所提供服务的费用收取标准。

5. 部件及材料供应

明确客户及服务提供商提供的维护维修备件及其他材料的职责，哪些部件或材料由哪一方负责提供，并明确对这些部件和材料的保证及责任。

6. 保证

此类协议需要明确服务提供商对其所提供服务的质量保证，包括所提供部件、材料及其他可交付物的保证，以及对服务的保证。

有些情况下，可能还需要客户就某些事项作出保证。

服务商及客户可以考虑对其不能保证的事项，需要在合同中作出明确的排除。

7. 服务级别协议

客户及服务商可考虑在协议中根据不同类别的需求，对服务响应时间及问题解决时间等作出服务级别承诺。

8. 有限责任

计算机系统一旦出现崩溃等问题，可能会导致较大的财产损失，因此，服务商可能会倾向于在此类协议中对其承担的责任做金额和类别上的限制，客户则需要考虑这些限制是否合理。

此类协议通常都会约定服务商对任何数据的损坏和丢失不承担责任。

9. 客户的职责

服务商需要考虑在此类协议中明确规定客户所承担的职责，包括提供必要的信息及协助，建立必要的外部程序对数据和程序进行备份，以便维护过程中因意外或失误导致数据丢失或损坏时，能够及时对系统进行恢复。

关联合同

服务级别协议

保密协议

合同正文

计算机系统维护协议

合同编号：__________

生效日：__________

本计算机系统维护协议（本协议）由以下两方签署：

本协议由以下各方签署：

（1）［客户完整法定名称］，其注册地址在：______省______市______区______号（客户）；与

（2）［服务商完整法定名称］，一家依据中华人民共和国大陆地区法律登记注册的公司，其注册或主要办公地址在：______省______市______区______号（服务商）。

签署本协议表明双方同意本协议约定的全部内容。

本协议由以下部分构成：

1. 协议正文：条款和条件

2. 附件：《工作说明》

条款和条件

前言

鉴于，服务商是一家向其客户提供信息系统运营、维护、外包服务的公司；鉴于，客户期望依据本协议规定的条款和条件购买服务商的服务。因此，经友好协商，双方达成如下协议：

1　定义

除非本协议的条款中有不同描述，否则以下本协议中的词语的含义是：

16287

1.1　关联方：是指任何直接或间接控制本协议一方、被本协议一方控制、或者与该方受到共同控制的公司或者实体。“控制”是指通过所有权、有投票权股份、合同或者其他方式，直接或者间接的指示、管理公司或实体的经营活动。

1.2　工作日：是指中国大陆地区境内企业通常的营业日，包括被中国政府临时宣布为工作日的周六和周日，但不包括法定节假日。

1.3　工作时间：是指中国法定的每个工作日的工作小时。

1.4　系统：是指附件《工作说明》所指明由客户委任服务方提供运营及维护服务的客户的计算机系统。

1.5　客户资产：是指在附件《工作说明》中列明的客户系统所使用的设备、设施及软件程序等。

1.6　保密信息：是由一方披露的并且明确标注“保密”的，或者基于信息本身的性质和披露时的情形，应当被合理地视为应予保密的信息，保密信息包括但不限于信息、商业计划、商业秘密、软件源代码、任何其他由一方提供给另一方的专有信息，但是保密信息不包括以下信息：

（a）在披露之前，已经被接收方在不负担保密义务的情况下知悉的信息；

（b）在披露时或者披露后，非因接收违反本协议或故意或过失导致进入公知领域的信息；

（c）披露后，接收方从不负担保密义务的第三方知悉的信息；或

（d）在没有利用披露方披露的保密信息的情况下，由接收方独立开发的信息。

1.7　起始日：是指服务商开始提供服务之日。

1.8　生效日：是指本协议首页注明的本协议生效日期。

1.9　订单：是指客户发给服务商的包含具体服务内容及要求、服务人员要求及数量、服务期限、支付条款等内容的正式采购通知。

1.10　实质性违约：是指以下任何一种情形：

（a）违约在性质和后果上对非违约方实质地造成损害或损失；

（b）违反付款义务；

（c）违反保密义务；或

（d）侵犯知识产权；

（e）本协议中明确约定的其他实质性违约的行为。

1.11 一方：是指服务商或客户；“双方”：是指服务商和客户。

1.12 人员：是指任何一方及其关联方和 / 或分包商的员工、顾问、代表或代理。

1.13 季度：是指日历季度，除非在附件《工作说明》中另有规定。

1.14 服务：是指附件《工作说明》或者由客户向服务商发出的一份订单中约定的由服务商提供的工作和服务。

1.15 工作说明：是指本协议附件《工作说明》以及双方援引本协议不时签署确认的增补工作说明。

1.16 期限：是指本协议第 2 条约定的期限。

1.17 工具：是指提供服务所需使用的计算机、计算机软件、工具、材料或仪器。

1.18 第三方：是指除本协议签约方以外的任何自然人、公司或实体。

1.19 第三方合同：是指关于第三方向客户提供产品或服务的合同或协议。

1.20 第三方产品和 / 或服务：是指由第三方提供的任何硬件、计算机软件、系统、服务或者其他产品或服务。

1.21 第三方供应商：是指任何提供第三方产品和 / 或服务的供应商。

2 期限

本协议自首页列明的生效日开始生效，期限为十二（12）个月（初始期限）。如果双方均未在首期到期日三十（30）个工作日前向对方发出书面通知，告知其无意续展本协议，则本协议将自动续展一（1）年期限（续展期限）并且可依据此规定再次续延。初始期限和续展期限合称为“期限”。

3 服务描述

3.1 服务范围：服务商按本协议条款和条件，提供在双方确认的工作说明、订单或者其他文件中规定的服务，除非双方通过增补工作说明或订单明确约定，否则服务商不负责提供超出此范围的服务。

3.2 服务期限：服务商提供特定服务的期限在相关工作说明和 / 或订单中约定，自服务起始日开始至终止日结束。

3.3 服务标准：服务商将以专业和勤勉的方式向客户提供本协议项下的服务，所提供的服务应实质性符合本协议及相关工作说明和 / 或订单约定的标准和等级。

3.4 需求变更：本协议期限内，如任何一方（建议方）期望变更全部或部分服务内容或服务标准的，则建议方应当向另一方发出一个书面通知，以阐明变更建议。另一方应在收到通知后尽快书面答复建议方是否接受变更建议。

16287

如果双方同意建议方的建议，则本协议应当以双方签署书面补充协议的方式修订。如果双方不能就变更达成一致，则本协议应当依旧履行。如客户系统或客户服务需求发生实质变化，使服务商所提供的服务超过约定的服务范围时，服务商有权要求调整服务费，客户应按照服务商实际承担的工作支付附加的服务费。

3.5　第三方合同管理：如果服务包含委托服务商管理或执行一个第三方合同，则客户应当向服务商提供一份该第三方合同的复印件及一个管理或执行该第三方合同中客户的某项权利和义务（但不包括任何财务义务，例如，催收或支付任何价款）的授权。任何情况下，第三方合同下的财务义务（例如，向第三方催收或付款的义务）应由客户承担。

4　客户的职责

4.1　服务商提供本协议项下服务的质量，依赖于客户所提供的与系统相关信息的完善性和准确性，为使服务商能够按照本协议的约定提供服务，客户应当向服务商提供服务商合理要求的与系统及服务相关的客户数据、系统配置参数、资料、文档及其他信息（背景信息）。如此类背景信息发生变化，客户应提前五（5）个工作日书面通知服务商。所有背景信息是客户的财产，服务商应按本协议第 9 条（关于“保密信息”）的约定承担保密义务。

4.2　客户应为服务商人员提供门卡、安全的环境、办公桌及其他便利，使服务商及其人员在提供服务时，能够不受限制地对客户场所及系统进行访问。

4.3　客户应自行负责建立并维持一个系统的外部备份程序，以便重建丢失或改变的文件、数据或程序，并负责落实这些材料的重建工作。

4.4　除非得到服务商书面同意，客户不得将服务再转售给他人。

5　服务商人员

5.1　服务商委派进入客户场所及访问客户系统的人员，应当符合客户的要求，对服务商人员的资格要求见本协议附件和 / 或相关《工作说明》。无论如何，服务商应对其委派人员做必要的背景调查，确保其委派人员无犯罪记录，以及无其他不良嗜好。

5.2　服务商应当就所提供的服务，任命一名获得充分授权的服务商代表担任相关服务项目的服务商项目经理（服务商项目经理）。服务商负责与客户就服务的履行及问题进行沟通和协调，并解决遇到的问题。

5.3　客户有权要求对服务商委派履行服务的服务商人员进行审查，服务商应按客户要求向客户提供其委派人员的名单及其他相关信息。客户可以任何合理理由拒绝服务商所委派的全部或任何人员，如任何委派人员被客户合理拒绝，则服务商应及时更换，并提供新的名单直至获得客户批准。收到服务商所提供名单后三（3）个工作日内未表示拒绝的，视为该名单已经得到客户的批准和确认。客户接受了服务商所提供的人员，仍有权在服务实施过程中随时要求服务商更换其委派人员。

5.4 如客户指定由特定人员提供本协议项下的服务，服务商应确保相关服务由客户指定的人员提供，如因无论任何原因需要更换此类人员的，服务商应提前合理时间通知客户，并及时安排符合相关资质要求并经客户审批同意的人员接续被更换人员的工作。服务商应负责对其人员的考勤、表现和绩效进行管理，服务商任何人员的离职、休假等均不得影响服务商所提供的服务。

5.5 所有服务商人员均不是客户的雇员或准雇员，与客户不存在任何形式的劳动或劳务法律关系，服务商人员在客户场所履行服务或从事任何活动，均是执行服务商职务的行为，并完全由服务商承担责任。客户对服务商委派人员的任何面试、考核及考勤记录等，其目的均是为了对服务商的服务进行评估以及为了核算服务费，并不表明服务商委派人员与客户之间存在或建立了任何劳动或劳务关系。客户对服务商人员不承担任何作为雇主或准雇主的义务和责任。

5.6 服务商应负责解决其人员的任何纠纷。如果服务商人员针对客户提出任何有关劳动或劳务关系以及在执行职务过程中所发生损害的任何争议，服务商应负责自行承担费用解决，并为客户提供抗辩和补偿，使客户不因此受到任何损失和损害。服务商应支付所有仲裁机构裁决、法院判决或和解的费用。未经服务商事先书面同意，客户不得自行对此类争议作出任何处理，但如果服务商未能在合理期限内开始履行其抗辩和补偿义务，可能导致客户面临经济和声誉损失的，客户可以自行处理此类纠纷，但由此发生的费用均由服务商承担。

6 部件、材料和工具

6.1 客户资产：除非相关工作说明和 / 或订单另有约定，否则客户负责客户资产的日常使用和管理。在服务商提供服务过程中，客户将为服务商提供服务的目的，授予服务商接触、使用、操作客户资产的访问权以及其他与本协议项下服务相关的必要权利。客户应当遵守与客户资产有关的第三方合同。

6.2 除非相关工作说明和 / 或订单中有明确约定，或者客户与服务商另行达成协议，否则服务过程中如需要对系统的硬件设备及软件程序进行修理、更换或其他处理，均应由客户按照与这些软硬件产品的供应商协议执行，服务

16287

商协助客户向这些产品的供应商申请保修或其他售后支持服务，但除非相关工作说明和 / 或订单另有明确约定，否则服务商对此类第三方产品或服务不承担任何义务和责任。

6.3　如客户委托服务商代为采购或获取用于系统维护的部件、材料和软件程序，根据相关工作说明和 / 或订单或双方另行达成的协议执行，服务商将此类第三方部件、材料和软件的原厂保证原样转达给客户，但除按本协议约定提供维护服务外，服务商对此类第三方部件、材料和软件程序不承担任何其他义务和责任。

6.4　除非相关工作说明和 / 或订单中另有约定，否则服务商提供服务所需要的工具，将由服务商自行配备。

7　费用、支付及税费

7.1　客户应当按照附件《工作说明》和每一份订单的约定按季度支付服务费。服务商应当在每个季度的前五（5）个工作日内开具该季度服务费发票，客户应在收到服务商开具的合格发票后三十（30）个工作日内支付发票列明的款项。

7.2　在不影响第 13 条约定的前提下，如客户未能在收到书面付款通知或发票后十（10）个工作日内足额支付任何款项，服务商将有权暂停服务或者暂停履行本协议直到收到付款为止，且不需对此承担任何责任，在客户逾期付款期间，服务商履行服务的期限相应顺延。客户就任何到期未付的金额（包括但不限于服务费）支付滞纳金，每逾期一（1）日应按逾期金额的万分之五（0.05%）计算，并且发生滞纳金将计入逾期付款总金额按复利计算，直至应全部金额付清为止。

7.3　除非相关工作说明和 / 或订单另有明确约定，否则本协议项下约定支付的金额，均为服务商实际收到的金额，客户不得在约定的费用中做任何扣除。如客户依法承担任何代扣代缴义务，相关费用由客户另行承担并支付。

8　知识产权

8.1　各方为履行本协议的目的所提供的，由各方在本协议生效日前已经拥有或双方在本协议之外另行开发或创作的技术或作品，其中含有的或与之相关的任何知识产权，包括但不限于专利、工业设计、布图设计、著作权、商业秘密、技术秘密、商标、上述知识产权的申请权和其他类似的专有权，仍由提供方或其许可方保留。本协议的任何内容及其履行均不得被解释为一方向另一方转让了上述知识产权权利的任何部分。

8.2　在本协议期限内及本协议终止后的善后期（如适用的话）内，一方授予另一方服务商一个非独家的、免费的为了履行服务和协议义务的目的使用客户设备和客户软件的权利。这些知识产权仅限于为履行本协议的目的，在必要范围内使用。除本协议明确授予的权利和许可外，本协议并未就任何一方的知识产权授予另一方任何其他权利和许可。

9　保密信息

9.1　双方同意，本协议各方将对其获悉、接收或接触到的任何其知道或根据其披露环境理应知道的另一方保密信息（定义见第 1.6 款）进行保密。双方将仅为完成本协议的目的而使用保密信息。任何一方均不得将保密信息披露给除为履行本协议的目的而有必要知悉保密信息的其员工或顾问之外的任何人士。双方同意，将仅向那些已经同意按照其严格程度至少不低于本协议规定标准的保密协议承担保密义务的员工及顾问披露或提供保密信息。各方将采取与保护其自己同样或类似保密信息的措施来保持保密信息的保密性，但这些措施应至少不得低于业界良好水平。如发生对披露方保密信息的任何未经授权的使用和披露，接收方应立即通知披露方。接收方同意为披露方提供必要协助，采取措施对此类未经授权使用或披露保密信息的行为。

9.2　本保密和不披露义务不适用于接收方能够证明属于本协议第 1.6 款所定义的例外信息。如保密信息接收方收到任何政府机构或法院要求披露披露方保密信息的命令或通知，应在法律允许的最大限度内立即将此类要求通知披露方，并协助披露方争取获得保护令或对信息做其他法律允许的保密处理，如保密信息必须披露，接收方并应尽最大努力将此类强制披露的范围降至最低。

10　不劝诱

双方都承认，在执行本协议过程中如果任何一方劝诱对方人员离职或者招募对方人员，将给对方造成经济损失。因此双方保证，在本协议期限内及本协议终止后十二（12）个月内（禁止雇佣期），任何一方均将不会自行或通过其关联方聘用、招募或雇佣（以下统称为雇佣）另一方曾参与执行本协议的人员。

11　保证

11.1　服务商陈述和保证：

（a）其拥有所有必要的授权签署并执行本协议；

（b）其拥有并将在本协议期限内始终保持提供本协议项下服务所有必要的技术、知识、资源和能力的服务提供商；

（c）其将始终以合理、熟练和专业的方式提供本协议项下的服务；并且

（d）其在本协议项下所规定的服务范围内所提供的设备、材料及其他可交付物，将不侵犯任何第三方的知识产权。

16287

11.2　客户保证：

（a）其对系统及其任何部分拥有完全的所有权或充分的授权，有权签署本协议和履行本协议下的义务，以及对服务商授予本协议项下的权利；

（b）其提供给服务商任何工具、设备、软硬件产品及其他可交付物，不侵犯任何第三方的知识产权。

12　抗辩和补偿

12.1　如客户因使用服务商的设备、材料、软件及其他可交付物而引起第三方指控、争议、侵权或索赔，则服务商应承担费用为客户提供抗辩和补偿，使客户不因此受到任何损失和损害。若服务商预见或知道会发生此类索赔时，应立即书面通知客户，同时，服务商应自行承担费用采取包括但不限于修改、重做、购买合法授权等补救措施，使其可交付物不侵犯他人权利并符合本协议。服务商的上述保证不取代相关设备、材料和软件采购或许可协议项下的保证。知识产权不侵权保证不适用于因客户资产、客户擅自修改服务商可交付物或将其用于非指定目的导致的侵权，也不适用于根据客户指定的货源或设计而提供的设备、材料及软件等可交付物。

12.2　如客户因使用服务商的设备、材料、软件及其他可交付物而引起第三方指控、争议、侵权或索赔，则服务商应承担费用为客户提供抗辩，使客户不因此受到任何损失和损害。

13　责任限制

13.1　由于客户及客户员工、代理或其他人员的任何作为或不作为，或对本协议的任何违反，导致了任何人身伤亡和财产损害，客户应为服务商及服务商的人员和代理人提供充分和有效的补偿，并使其不因此受到任何损失和损害。如因客户及其员工、代理或其他人员的任何作为或不作为，导致服务商无法或延迟履行其在本协议项下的义务，客户应向服务商支付所有服务商因此所承担或遭受的费用和损失。

13.2　除本协议中另有明确规定者外，任何明示、默示、法定或任何其他方式的与本协议有关的条款、条件、保证、承诺或声明均予以排除和否认。在不限制前述声明适用性的前提下，服务商或其任何关联方在任何情况下均不对任何间接的、结果性的、惩罚性的、特别的或偶然的损害赔偿（包括但可能不限于，有关业务损失、合同、利润、数据、信息或业务中断的损害赔偿），无论是基于何种责任原理，即使服务商已被告知发生此类损害的可能性。本协议第13.2款适用于服务商员工、服务商关联方及服务商的子分包商的利益。

13.3　无论本协议是否另有相反规定，服务商在本协议期限内就任何作为或不作为所承担的全部累积责任，合计不应超过索赔日之前一（1）年内客户根据本协议所应付费用的百分之十（10%）。本协议第 13.3 款同时适用于服务商人员、服务商关联方及服务商的分包商。

14 不可抗力

任一方均不对其无法合理控制的不可抗力原因而导致的延迟履行或不履行本协议项下义务而承担任何责任。但受影响方应立即向另一方提供一个书面通知，说明不可抗力事件发生的情况并附上能够合理证明。

15 终止

15.1 本协议经双方书面同意后，可于到期日前提前终止。如本协议期限内发生以下情形，本协议任何一方均可经书面通知另一方终止本协议：

（a）另一方逾期付款或者有其他实质性违约行为，且在前述通知发出后三十（30）日内未予以补救的；

（b）另一方申请或被申请破产、进入清算程序、停业或不能支付到期债务的；或者

（c）发生任何不可抗力事件，对任何一方履行本协议的能力有实质性的不利影响，且影响持续超过六（6）个月的。

15.2 除了上面第 15.1 款的规定外，本协议任何一方均不得提前终止本协议，否则，违约方应向对方支付相当于三（3）个月的月平均服务费作为违约金。

15.3 本协议到期或无论因为任何原因而终止的：

（a）服务商将保留已经收到的本协议下的付款，客户不得要求退款；

（b）服务商可要求客户为已经履行，但尚未支付款项或提交发票的工作支付合理的费用。

15.4 本协议到期或终止后，服务商和客户同意本着诚信的原则，友好协商一个交接计划，双方应相互合理配合执行该计划。如由客户提供工具，则服务商应当在本协议终止时返还工具。服务商在客户处存放的任何设备、设施及工具等，客户应为服务商提供必要的便利，使服务商能够在本协议终止后合理时间内移除和取走，该合理期间最长不超过合同终止后三十（30）天，预期视为服务商抛弃，客户可以根据其选择对服务商抛弃的设备、设施或材料做任何处置，对由此使客户发生的合理费用，应由服务商承担，但对因此导致的任何服务商损失，客户不承担任何责任。

15.5 本协议的标题为“知识产权”“保密信息”“不劝诱”“保证”“抗辩和补偿”“责任限制”“终止”“争议解决”“其他”的条款以及任何其他根据其性质应当在本协议到期或终止后继续有效的条款，将在本协议到期或终止后继

16287

续有效。

16　争议解决

16.1　如果因本协议发生或本协议相关的任何争议，双方的代表应友好协商，如在二十（20）天内无法解决争议，则任何一方可以将争议提交仲裁。

16.2　双方同意本协议的仲裁地为中国北京，仲裁机构为中国国际经济贸易仲裁委员会，根据其当时有效的仲裁规则仲裁，仲裁庭应由三名仲裁员组成，各方可选择一名仲裁员，首席仲裁员由仲裁委员会任命。仲裁应以中文进行。

17　其他

17.1　转让。未经对方事先书面同意，各方都不得转让本协议下的全部或部分权利或义务，所有未得到对方书面同意的协议转让是无效的。服务商可以将本协议下的全部或部分分包给其关联方或其分包商执行，但并不因此减免服务商在本协议项下的任何义务和责任，服务商仍应就本协议直接向客户负责。

17.2　双方关系。本协议双方始终是各自独立的合同当事人，并不因本协议的签署和执行而成为对方的代理、雇员或在双方之间创设任何合伙、合资或其他类似关系。任何一方均不得代表另一方作出任何保证、承诺或为另一方设定任何义务。

17.3　完整协议。本协议及其附件是双方就本协议标的达成的一个完整和最终的协议，并取代此前双方就本协议标的所做的任何书面或口头的沟通、谅解或协议。本协议的条款和条件部分如与附件或订单不一致或有任何冲突，则除非本协议允许另行约定的内容外，本协议的条款和条件优先适用。

17.4　非弃权。未执行本协议的任何条款和条件不应视对该条款或条件的放弃，也不视为对其他条款和条件的放弃。除非本协议中另有明确规定，否则执行本协议约定的权利和补偿并不排除和影响法律赋予的其他权利和救济。

17.5　可分割。如本协议的任何规定或其任何部分被认定为无效、违法或在法律上不可执行，其他条款的有效性、合法性和可执行性不受影响。

17.6　公开。服务商可以在其网站及业务宣传材料的客户列表中，提及客户名称并使用客户的商标，指明客户为其客户。除此之外，除非是为满足任何法律、法规、监管政策或任何证券交易机构规则的要求，否则未经另一方事先书面同意，任何一方均不得发布与本协议或本协议所创设的业务关系相关的任何新闻或其他公开宣告。

17.7　修改。除非本协议另有明确约定，否则本协议只能通过双方正式签署的书面补充协议进行修改或补充，除此之外对本协议的任何修改或补充均无效。

17.8 通知。本协议要求发出的或与之有关的所有通知均应以书面形式作出，并应于专人递送至工作说明中指定的客户代表或服务商代表时视为送达，或于通过邮资已付且正确写明收信地址的邮寄方式发出后五（5）天之内视为送达。

17.9 法律费用和律师费。在一方寻求实施其在本协议项下享有的权利，或寻求确认其本协议项下任何权利或义务的任何诉讼、仲裁或其他法律程序中，胜诉方均有权要求败诉方承担胜诉方因处理纠纷所花费的法律费用及合理的律师费（包括胜诉方在法律程序开始前和开始后所支付的任何法律成本和费用）。

17.10 副本。本协议及本协议项下的工作说明和或订单及其他相关文件，均可由各方以副本方式分别签署需要的份数，每份副本均视为原件，这些由各方分别签署的副本合并到一起，将被视为同一份合同。

17.11 签署。本协议由双方正式和充分授权代表签字和/或加盖各方有效印章确认后，自首页载明的生效日开始生效，如首页未填写生效日，则以最后一方签署日为生效日。（条款和条件正文结束，下接签字页）

客户签署和确认：　　　　服务商签署和确认：

客户名称：　　　　服务商名称：

代表人姓名（打印或正楷）：　　　　代表人姓名（打印或正楷）：

部门和职务：　　　　部门和职务：

代表人签字：　　　　代表人签字：

日期：　　　　日期：

附件工作：工作说明

1. 服务描述

服务范围

服务期限：

服务起始日：　　　　服务到期日：

服务地点：

16287

2. 服务费及支付

（1）服务费

（2）支付

客户在收到服务商开具的发票后三十（30）个工作日内，根据服务商提供的银行信息，向服务商支付发票对应金额的服务费用。服务商用于收取本协议款项的银行账号信息如下表所示：

服务商开户银行：	
户名：	
账号：	

（3）发票

服务商应根据客户提供的下述开票信息开具符合法律规定的增值税专用发票。

3. 客户设备 / 软件清单

4. 服务商人员名单

5. 通知和联络信息

18. 系统集成服务协议

使用场景

本《系统集成服务协议》样例文本可适用于系统集成商向客户提供信息系统集成项目工程服务。系统集成是通过方案设计、管理、产品选型、布线、连接、安装调试、应用开发等技术性工作，将各不同软硬件集合成一个协同的应用系统。系统集成商的工作通常包含产品供货和集成服务。

法律要点

系统集成协议是一种综合性的服务协议，由于服务商需要将来源于不同供应商的软硬件产品和服务整合为一个协同的应用系统，因此，需要在签署相关的服务协议时，考虑协调各个方面的相关法律关系。[①]

1. 系统集成服务需要将来源于不同厂商的软硬件产品，包括服务解决方案集成到一个相互关联和相互协同的系统中，这些来源于不同厂商的产品和服务，对系统集成服务项目的最终成功都会有影响。服务商在拟定及谈判合同条款时，需要考虑排除这些第三方产品和服务的影响。

2. 某些需求方或客户可能会要求系统集成服务商要求代为采买系统集成项目需要的设备，某些服务商可能本身就是某些系统供应商的分销商或转售商，服务商与客户双方需要根据具体业务需要，来设计系统集成服务协议的结构。系统集成服务商与客户，可以就系统服务提供签署“一揽子”协议，合同涵盖系统集成服务以及软件系统及硬件设备的供应。某些情况下，考虑到税收以及法律关系协调等因素，合同双方可能倾向就软件系统及硬件设备的供应分别签署独立的协议。

3. 系统集成服务涉及众多专业领域，从事某些领域的系统集成服务，可能需要获得相应资质，例如从事某些涉密的计算机网络系统集成，可能需要符合国家法律规定的涉密信息系统集成资质要求。见国家保密局发布《涉密信息系统集成资质管理办法》。

16288

---

① 见百度百科：https：//baike.baidu.com/item/%E7%B3%BB%E7%BB%9F%E9%9B%86%E6%88%90。

4. 某些系统集成项目可能需要符合建筑法、建设工程质量管理、电信法、网络安全法等相关法律规定。

关键条款（检核表）

系统集成协议作为专业服务的一种，除了应当具备专业服务协议通常需要具备的条款（见专业服务协议）外，还需要特别关注以下条款：

1. 服务能力和资质

客户在寻求系统集成服务时，需要了解服务商是否具有相应的技术能力、必要的专业知识和经验，对于需要特定资格认证的业务类别，需要核对服务商是否具有相应的资质。很多情况下，服务商是否具备相应的专业知识和经验很难核查，为此，需要让服务商在合同中对此作出明确和清楚的保证。

2. 服务范围

系统集成协议需要约定清楚服务范围。

实践中存在多种类型的系统集成合同，例如不带软件开发的交钥匙工程、带有若干软件开发的交钥匙工程、将客户单独购买的组件进行集成组装的、将客户购买的软件系统和硬件设备进行集成，并带有某些软件修改和开发、将新的组件与客户原有系统进行集成，这种情况下通常会涉及某些软件修改或开发。

有些情况下，客户可能会要求或同意由服务商提供系统的某些组件。

某些系统集成项目，可能还会要求服务商对交付后的系统提供维护和支持服务。

这些情况均需要在合同中明确规定。

3. 客户需要承担的工作及支持和配合

由于系统集成服务，通常需要在客户的场所进行，很多情况下是在客户的物业或现有系统上进行，因此需要客户提供充分的信息，以及其他支持和配合，方可确保项目的成功。此类支持和配合可能需要成本和费用，某些情况下可能需要寻求第三方的支持，因此，合同中需要对此类需求作出明确约定，以免合同过程中发生此类需求时，因权利义务不明确导致争议。

由于信息技术本身的特性，任何厂商均无法保证系统不出现任何问题，一旦这些问题导致数据损坏或丢失，可能很难完全恢复，而对于客户而言，可能会因此导致重大损失，但却很难证实，导致索赔困难甚至是不可能的，因此，在信息系统集成服务协议中，特别是如果项目是在客户现有系统上进行的，需要明确约定客户应当负责建立并保留一个外部备份程序以便重建或恢复因系统发生任何问题而导致的数据、程序和文件的丢失或改变。

4. 责任限制

在系统集成服务业务中，服务商提供的是专业服务而非有形产品，服务商提供的是技能和专业知识，服务商为此收取的是服务费，而非产品价款，在很多情况下，服务费金额与系统发生问题所导致的损失可能是不对等的。为此，服务商通常会倾向于要求在服务合同中加入责任条款，以免于对所提供的服务承担过于沉重的责任。责任限制可以是对可获得的损害赔偿的种类的限制，例如对间接损失以及利润及预期收益损失、数据损坏或丢失的损失，不负责赔偿，和 / 或对最高赔偿金额的限制，例如，赔偿金额总计不超过已支付 / 约定服务费的总额或服务费总额的百分之几。责任限制条款，在合同中是常见的，在服务合同中则可能是有必要的。清楚明确的责任限制条款，只要不违反法律强制规定，是可以被法官支持的，但针对不同的事实和环境，情形也可能会有差异，因此在使用此条款时需要仔细考虑。

关联合同

采购 / 销售协议

合同正文

系统集成服务协议

本系统集成服务协议（本协议）由下列双方：

____（[公司]）；与

____（客户）

于______年______月______日（生效日）签订。

鉴于：

A. 服务供应商是一家在从事 IT 系统的集成、开发及运营支持等服务方面具有经验的公司。

B. 客户希望聘用服务供应商为专门服务供货商，根据本协议的条款和条件及每一个专项服务申请，按客户要求提供人员及仪器、仪表和设备进行本协议约定的有关系统集成服务。

为此，经友好协商，双方达成如下协议：

16288

定　义

除非根据上下文另有解释，否则在本协议中下列术语的含义如下：

客户：是指订购、取消、修改或使用［公司］服务并负责支付费用和 / 或遵守本协议一般条款和条件的任何个人、公司或企业或其他实体。

生效日：是指某个关于本协议项下服务的服务申请文件签字页上由［公司］签字的日期，或客户开始使用本协议项下所提供任何服务的日期，以较早者为准。

服务申请：是指一个关于本协议项下所提供特定服务的［公司］订购文件，该文件用于规定客户关于此类服务的具体要求，由客户签署并由［公司］书面接受，或客户订购服务的并由［公司］接受的任何其他表格。

服务：是指与系统集成和 / 或网络相关硬件维护相关的服务，具体内容见客户通过服务申请订购的服务。

结构和目的

本协议包含适用于［公司］向客户提供系统集成和维护服务（服务）的条款和条件。任何订购本协议项下服务的客户，一经向［公司］就此类服务签发订单，即表明其同意受本协议所列适用于此类服务的条款和条件的约束。

本协议的期限自生效日开始，并在本协议项下所提供任何服务的期限有效期间持续有效，除非根据本协议的规定被提前终止。除非相关服务的服务申请中另行指明了不同的期限，否则本协议项下所提供每项服务的最短初始期限应自该服务起始日起至此后一（1）年期限届满后结束。在本协议项下所提供的任何服务的初始期限或此后的任何一个当前期限届满后，该期限将按照相同的费率、条款和条件，自动续展一个连续的一（1）个月期限（或在相关服务申请中可能指明的其他期限），除非由任何一方以任何理由在此类服务的初始或当前期限届满日至少三十（30）天前的书面通知终止。

条款和条件

1　费用

1.1　就本协议项下服务支付的费用，在本协议后附和 / 或由双方在此后签署的相关服务申请中注明。

1.2　客户应在［公司］的付款通知发出后十五（15）天内向［公司］支付通知的服

务费总金额。

1.3　本协议项下任何金额如果在到期时未能按时支付，将按照日万分之五（0.05%）或法律允许的最高贷款利率支付滞纳金，每日复利，自款项到期应付之日起开始计算并将持续计算直到全部付清。

1.4　本协议项下到期应付的所有利息和其他费用均不包括任何税款，包括但不限于增值税、销售税以及由任何税收当局、政府或政府机关征收的其他税费，但针对任何一方的所得征收的所得税或其他类似公司税除外，所有这些税费均应在到期应付时立即支付，各方同意如因未能及时支付此类税款导致另一方承担任何费用和责任的，将为另一方提供抗辩和补偿，并使另一方不因此承担任何责任。

2　使用分包商的权利

［公司］保留将本服务分包给任何合格代理或分包商的权利。尽管如此，无论是否分包，［公司］仍应按照本协议的条款和条件对客户负责。

3　服务范围

3.1　系统集成服务

［公司］应根据本协议规定的条款和条件提供服务，客户应接受客户在任何和所有“服务申请”中订阅的所有服务（服务）并支付相关的服务费。服务应按照本协议及相关服务申请中所述的费率、条款和条件提供。本协议经援引将与服务申请的条款合并。

3.2　服务不包括以下各项：

（1）服务申请内未列明的任何服务和 / 或任何类型的解决方案；

（2）对有缺陷的硬件和 / 或软件包进行修理；

（3）与往返客户设备所在地和 / 或工作地点有关的任何费用，包括往返该地点所需的时间；

（4）任何培训服务；

（5）与本协议所提及设备搬迁、更换、安装、拆卸、拆卸、检查即添加硬件和 / 或软件有关的任何服务；

（6）任何由客户的过失和 / 或对设备的滥用而引起的问题和 / 或损害；

（7）任何由［公司］以外的他人安装的硬件和 / 或软件引起的问题和 / 或损坏；

（8）任何因病毒引起的问题和 / 或损害；

（9）任何对非由［公司］安装和 / 或管理的硬件、软件和 / 或数据进行修复；

16288

（10）解决任何［公司］无法合理控制的问题，如电力中断、洪水等；

（11）回答与应用软件或终端操作有关的问题；

（12）对因下列原因造成的问题提供人力和/或维修服务：

—对客户可用于主观设置的控件进行不适当的调整；

—对设备任何未经授权的更改和/或修改；

—本协议提及的设备的电力或空调出现故障或波动；

—故意破坏或盗窃、火灾、地震或其他天灾；以及

—［公司］无法控制的与设备维护无关的其他事件。

3.3　客户的职责

（1）客户应提供免费和不受限制的使用通道、停车位、足够的存储空间、所有必要的部件、新的和/或替换件、工具、测试和维护设备及工作空间、热力、照明、通风、电力和插座，供［公司］的客户服务人员使用。

（2）客户应根据要求向［公司］提供最新的硬件设备信息和操作手册（品牌、规格、序列号等）。

（3）客户应提供合适的清洁位置，用于设备的安装和运行，包括充足的电力供应。

（4）客户应尽快将硬件和/或软件的任何更改、位置迁移、变更和/或增加通知［公司］。

（5）客户应及时提供并更新网络配置图及［公司］履行其职责所必需的其他文件。

（6）如果客户要求［公司］履行上面第3.2款所列的服务、因第4条事由引发的服务和/或本协议所援引的服务申请所列服务范围之外的任何其他服务，客户应负责支付因此产生的费用，包括人力、新的部件、备件和/或更换件，以及所有其他相关的全部服务费用，［公司］将按相关服务申请中所列的费率向客户发出付款通知收取相关费用。

（7）就任何非因设备正常磨损导致的维修服务需求，例如，因对设备的滥用或误用，或因客户未能提供［公司］规定的必要设施或指定操作环境，客户应根据［公司］的付款通知支付额外费用，按［公司］当时适用的常规按次收费费率计算。

3.4　服务时间

维修服务将当地时间周一至周五的上午9点至下午5点履行，但不包括任何法定节假日（服务时间）。如果提供额外服务，包括超出在服务申请中所同意服务的范围和/或如果在前述服务时间之外提供服务，则此类服务将计收额外的费用，收费标准按服务申请或其援引的文件中规定的标准附加费率收取。

3.5 文档与工具

（1）在遵守下文（b）款规定的前提下，［公司］将向客户提供履行服务所必需的文件和技术数据，以及任何不能在当地采购的并经双方同意的工具。［公司］在服务中提供的其他测试设备、工具、文件及其他可交付物，以服务申请所述为准。客户应对［公司］提供的所有文件和数据严格保密，并只可用于进行与履行本协议项下服务有关的目的。［公司］提供的所有工具、文件和技术数据，除非服务申请中另有规定，否则将始终归［公司］所有。在完成有关项目、本协议终止或在［公司］要求时（以较早发生者为准），客户应立即将上述所有工具、文件和技术数据按提供给客户时的原状（合理损耗除外）归还［公司］。

（2）客户应尽合理审慎，采取所有合理和必要措施，对在其场所、由其持有或控制的［公司］的设备、工具、测试装置等进行管理，如因丢失或其他损害而导致的任何更换费用，客户应按重置价格进行补偿（除非损害是由［公司］直接造成的）。如上述设备、工具或装置发生丢失或损害，客户应立即通知服务申请中指定［公司］的联络人。

（3）在法律允许的范围内，对于［公司］在本协议项下为履行服务目的而有偿或无偿提供的任何材料和 / 或设备（包括但不限于本第 3.5 款所述的设备、工具及测试装置和文件等），［公司］并未作出任何书面或口头、法定、明示或默示的保证，包括但不限于任何有关适销性或适合某特定用途的保证。

（4）如果客户需要［公司］采购或提供任何作为系统组成部分的设备，根据双方另行签署的设备供应协议执行。本协议约定的服务费不包含任何此类设备的采购、保证和支持成本和费用。

4 灭失风险

本协议不涵盖因任何由非［公司］可控制的事由所导致的损失或损坏而引发的服务、维护或修理需求，这些事由包括但不限于由于火灾、水灾、闪电、地震、骚乱、盗窃、未经授权的服务或修改，或任何其他来自设备外部的原因。

5 保证

5.1 ［公司］保证，［公司］将以良好和熟练的方式，并按照不低于行业普遍接受的标准履行本协议项下的服务。本协议第 5 条中的保证不适用于因以下原因所导致的服务不符：（a）因客户或［公司］以外的任何他人更改、误用、不当维护或修理，或未能保持正确的操作环境；（b）天灾、事故、火灾、洪水、闪电、地震、爆炸、骚乱、战争、罢工、异常恶劣天气、运力不足、停电、检疫限制、

16288

货物禁运、政府或司法当局的命令或要求或其他超出［公司］合理控制范围的任何其他原因；或（c）客户对本协议的任何违反。

5.2 本协议第 5 条规定的保证和条件是有关本协议项下服务的唯一的保证、义务和条件。这些保证取代所有其他的保证或条件，无论是书面的还是口头的，也无论是法定的、明示的还是默示的，包括但不限于，对适销性和适合于特定目的的默示保证。

6 责任限制

在任何情况下，［公司］均不对与本协议履行或不履行有关的任何性质的间接、偶然、特殊、惩罚性或附带的损害负责，也不对任何收入或利润损失负责，无论就此类损害的索赔是基于侵权、合同或其他原理。

7 不可抗力

如果一方对在本协议项下任何义务的履行因任何其无法合理控制的情况受到妨碍，则在此类情况所导致延迟的期间内以及为使该方能够恢复其履行所合理必要的时间内，该方可以免于履行其义务。

8 违约

在客户违反付款义务的前提下，或违反其在本协议项下的义务，并且此类违约行为在收到相关通知后十（10）天内仍然持续的，［公司］可以根据其选择，拒绝或推迟服务，或在十（10）天的通知期限结束后终止协议。在上述的十（10）天通知期内，［公司］没有义务提供本协议项下的任何服务。

9 取消

如果客户无论因任何原因，在服务开始日（具体日期见相关的服务申请）后违约、终止和 / 或以其他方式撤销本协议和 / 或任何服务申请的，则任何和所有预付费用均不予以返还。此外，客户在此承认并同意，如果客户在服务开始日后违约、终止和 / 或以其他方式取消本协议和 / 或任何服务申请，任何和所有在期限和 / 或项目（如适用）剩余时间内到期的任何其他费用，应变成立即到期应付，该费用可能包括但不限于非经常性费用、经常性费用、硬件、软件和人工费用。

10 交付和完工证明

客户特此保证、承认并同意，在［公司］完成客户根据其提交的服务申请订购的任何项目后的十四（14）天内，客户应向［公司］提供交付和完成证明，证明的格式应与［公司］提供给客户的格式相同会类似。

11　通知

本协议要求的任何通知均应采用书面形式，并仅在通过挂号信或其他给据邮件（需要收寄回执）、传真、电子邮件和 / 或特快专递方式，寄送给对方最新告知的邮件地址，方可被视为已有效送达。

12　弃权

任何一方未能坚持要求另一方履行本协议的任何条款或条件，或未能行使其在本协议项下的任何权利，均不得被解释为是对这些条款、条件、或权利的持续放弃或将来也将放弃。

13　仲裁

因本协议产生的或与本协议有关的任何争议，如未能在合理期限内由［公司］与客户直接解决的，均应提交中国国际经济贸易仲裁委员会______分会（仲裁中心），按照仲裁申请时中国国际经济贸易仲裁委员会当时有效的仲裁规则进行仲裁。此类仲裁的地点均应在______进行。仲裁期间，双方代表之间的一切讨论和通信，均应视为保密信息，不得用于证据调查，也不得在任何诉讼或程序中用于作为不利证据对抗任何一方。除非仲裁裁决另有规定，否则仲裁费用（包括仲裁员的成本和费用）由当事人平均分担。双方各自负担其自己的准备和提交案件的费用。仲裁员无权裁定补偿性损害以外的损害赔偿，双方不可撤销地放弃任何超出补偿性损害赔偿的赔偿。双方同意采取一切合理措施以加快仲裁进程。仲裁员作出的裁决是终局的，对双方均有约束力。任何一方均可将仲裁员作出裁决提交给有相应管辖权的法院强制执行。在仲裁过程中，除本协议中进行争议的事项外，在合理可行的范围内，双方应继续执行本协议。

14　保密

14.1　对客户或其关联公司可能提供给［公司］的和 / 或［公司］在向客户提供服务过程中在客户场所可能观察到的信息，［公司］将严格保密，此类信息可能包括但不限于，任何有关技术、业务和客户、计划、产品、流程和设备的信息（保密信息），［公司］将采取一切合理的措施以确保这些信息的保密性。［公司］将仅限于向那些为提供本协议项下服务有必要知悉的人士披露保密信息，并且这些人士应事先已经承诺遵守不低于本协议严格程度的保密义务。

14.2　［公司］同意，一旦［公司］确定提供的服务已经完成，或服务期限已经届满或终止，对那些由［公司］持有和 / 或控制的，包含客户向［公司］提供的与服务有关的客户保密信息的任何材料，［公司］将予以销毁。但上述销毁义务不适用于以下保密信息：(a) 根据相关法律应由［公司］存档

16288

保留的信息；(b) 为［公司］按照相关法律和法规履行或执行某些规定的义务；或（c）双方已经同意由［公司］在双方一致同意的期限内持有的信息。

14.3 ［公司］的保密义务不适用于属于以下任何情形的保密信息：(a) 在披露时已经属于公共领域的信息；(b) 非因［公司］的过错，在披露后通过出版或其他方式成为公共领域一部分的信息；(c)［公司］能够书面证明，在披露时［公司］已经拥有的信息；(d) 其后由独立第三方提供给［公司］的信息，但前提是，第三方拥有披露这些保密信息的合法权利，且这些保密信息并非由该第三方直接或间接从客户处获得；或（e）根据法律或法院命令要求披露的信息，然而如［公司］被要求做这样的披露，［公司］应将此类要求立即通知客户，并应向相关的政府机构法院说明此类信息的保密或专有性质，并对这些信息提出适当的保密要求。如果［公司］对客户提供的某些信息的保密状态存在异议，［公司］应负责证明该等信息不应被视为保密信息。客户并未在本协议项下或通过披露保密信息，向［公司］授予保密信息中的任何权利或许可。

15 适用法律

本协议的订立和履行均受中华人民共和国大陆地区法律管辖，但不援引其任何法律冲突规则。

16 冲突

如本协议的条款和条件与服务申请发生冲突，以本协议条款和条件为准，但本协议条款和条件允许另行约定的具体业务条款则以服务申请为准。

17 全部协议

本协议，包括本协议所提及的服务申请，构成双方就本协议标的所达成的全部协议，并取代双方任何先前的与本协议标的有关的所有约定、讨论和协议，这些约定、讨论和协议在本协议签署后将不再具有任何约束和效力。本协议只能由双方正式授权代表签署的书面文书进行修改或补充。

作为证明，［公司］与客户双方在此委任其正式授权代表签署本协议和 / 或加盖各方有效印章表明各方同意本协议的所有内容，并使本协议在首页约定的日期生效。

［公司］法定名称全称

代表人签字：____________

姓名（打印或正楷）：

部门和职务：
日期：
通知寄送地址：

客户法定名称全称
代表人签字：____________
姓名（打印或正楷）：
部门和职务：
日期：
通知寄送地址：

附件：服务申请

一、项目概述

（略）

二、双方职责

在项目执行过程中，双方各自承担以下职责。

1. 客户职责

在本项目的实施过程中，客户将积极配合［公司］开展各阶段工作，并承担下列职责：

客户项目经理职责：

（1）作为［公司］项目小组和参与本项目的客户各部门间的沟通桥梁；

（2）根据变更控制程序规定与［公司］项目经理一起执行项目变更控制管理；

（3）参加项目会议；

（4）在［公司］提出需求后的五（5）个工作日内提供相关的信息、数据、决定和批准，到期未答复的视为核准和确认；

（5）解决由客户引起的与项目计划之间的分歧；

（6）如有需要，协助解决项目问题；

（7）服务过程中［公司］需客户配合的其他事宜，包括但不限于签署服务过程中涉及的各类文件和验收资料等。

16288

2. ［公司］职责

在本项目过程中，［公司］承担下列职责：

三、项目工作范围

1. 项目管理

2. 项目实施和交付

3. 文档及其他可交付物

序号	文档名称	提交日期

4. 项目不涵盖的范围

［公司］在本项目项下的工作不包含以下内容：

四、执行标准、交验标准和流程

（略）

五、［公司］供应物料

［公司］负责提供以下产品：

上述产品的交付、结算及保修和支持服务，按双方另行签署的设备供应协议执行。

六、项目组成员

（略）

七、维护和支持

1. 完工后 × 年技术支持

2. 巡检服务

3. 紧急技术支持

19. 软件即服务（SaaS）协议（在线点击）

使用场景

本软件即服务（SaaS）协议样例文本可用于客户与 SaaS 服务提供商通过在线点击确认方式就 SaaS 的软件许可和服务提供达成协议。本协议不用于线下签约，并需要关联合同配合使用。

法律要点

请参见《软件即服务（SaaS）协议》（线下版）相关说明。

关键条款（检核清单）

以下检核表用于检查通过“点击—启封”方式达成的 SaaS 协议完备性。

1. 合同目的阐述，说明合同用于支持的 SaaS 服务。

2. 合同主体：指明合格的客户主体。如客户为单位，则需要包含明确的告知，要求点击确认接受协议的个人必须获得充分的授权。如客户可能是未成年人，应提醒获得监护人的同意，或由监护人确认接受协议。

3. 授予客户的权利。

4. 客户的职责。

5. 软件（如有的话）许可和限制。

6. 知识产权。

7. 数据安全和支持服务。数据安全是客户使用 SaaS 服务的重要关注，合同中应有明确的条款对数据安全作出承诺。

8. 期限和终止。终止的条件及效果。

9. 隐私权声明和营销合规告知。如需要用户注册，或收集其他客户的个人信息，需要包含隐私权声明条款。如需要向用户推送各类支持和营销信息，需要包含明确的告知。

10. 保证及免责声明。

11. 抗辩和补偿。

16289

12. 责任限制。

13. 协议修改。由于业务环境及法律等可能会不时发生变化，可能导致需要对合同条款进行修改。服务提供商需要在其起草的协议中明确约定协议修改的流程，例如，事先通知、客户接受以及客户不接受如何处理等。

14. 一般条款。

关联合同

订购单

服务水准协议

隐私权政策声明

合同正文

软件即服务（SaaS）最终用户协议

非常重要 — 请仔细阅读：您对本 SaaS 最终用户协议（本协议）项下服务及相关软件及设备（统称为服务）的试用、购买和使用均受本协议约束。请务必仔细阅读下面的协议。

如您代表您所在［公司］、您的雇主或其他类别的单位或法律实体（“您”或“客户”）确认接受本协议，您陈述并保证您已获得了充分的授权。如您没有获得授权达成本协议，或您不同意本协议的条款，您不得使用本服务。

本服务中的软件受著作权法、国际版权条约以及其他知识产权法律和条约的保护。本服务中的所有权利、著作权和其他知识产权均将由［公司］和/或［公司］的供应商拥有。软件是许可使用而非销售。

条款和条件

1　定义

除非根据上下文另有解释，否则本协议使用的下列术语含义如下：

1.1　［公司］：是指与您达成本协议和/或订购单的［公司］实体或其任何关联方。

1.2　关联方：是指控制［公司］、由［公司］控制或与［公司］受共同控制的任何实体。“控制”是指某个实体：（a）直接或间接拥有另一家实体超过百分之五十（50%）的股权；或（b）有能力通过其他法律允许的方式（例如合同等）影响另一家实体的决策或事务。

1.3　授权用户：是指根据您的允许使用您所订阅服务的您以及您的关联方的员工和准员工（派遣劳务），或在服务列表中另外列明的其他访问和使用您所订阅服务的主体（单位或个人），前提是这些主体同意受严格程度不低于本协议的条款和条件的约束，且这些主体应仅限于代表您或您的关联方执行职务。

1.4　授权使用限制：是指根据订购单和/或服务说明中规定的标准确定的服务级别和限制。

1.5　［公司］服务或服务：是指［公司］的作为服务提供的软件访问和使用（“软件及服务”或“SaaS”）以及相关的咨询（“咨询”）和/或培训（“培训”）服务。“软件即服务”或“SaaS”是指服务提供方将允许客户访问远程部署的应用程序许可给客户在需要时作为服务使用的一种软件部署的模式。

1.6　客户数据：是指您在使用［公司］服务过程中提交、录入或以其他方式提供的所有信息。

1.7　文档：是指与服务使用有关的任何公开发布的技术手册，包括其任何更新，这些文件将由［公司］通过其支持站点提供。

1.8　可交付物：是指［公司］向您提供的用于支持服务的材料或因使用服务获得的任何服务成果。

1.9　不可抗力事件：是指一方无法合理控制的事由导致的事件，这些事由包括但不限于，战争、民变、天灾、罢工或其他劳资纠纷（无论是部分还是全部）导致的停工、任何法律及其实施的变化、相关法院或仲裁机构的裁决、政府机构的规定或命令，以及网络服务提供商或独立第三方（不包括一方的分包商）主持管理的设施导致的延迟或运行中断。

1.10　应用程序接口或API：是指某个可供公众访问的接口，用于确定一个应用程序从数据库和/或软件请求服务的方式。

1.11　许可：是指允许对［公司］服务进行访问和使用。

1.12　订阅：是指获得［公司］服务的访问和使用权。

1.13　派生作品：是指基于或使用本服务及其任何部分生成的作品，见第4条。

1.14　分发：是指通过转售、租赁、分时共享或其他方式将服务提供给任何第三方。

1.15　服务说明：是指［公司］就特定的服务方案发布或提供的文件，该文件将描述相关服务的功能、标准、特征和适用的附加条款，例如，服务费率、安全检查标准、服务可用性、服务特征和托管条款等运营参数。服务说明将在［公司］以下站点（http://www.____________）提供。

16289

1.16 支持：是指由［公司］为服务的访问或使用提供的任何离线的以及在线以互联网为基础的支持、协助或工作，具体以［公司］的服务政策以及双方同意的订购单为准。

1.17 事件：是指某个可能导致服务不符合支持文档的可再现的错误或问题。

1.18 非运行环境：是指服务的某个测试、沙盘、临时或预演或开发环境，用于在运行环境之外对某些未经检验的变更进行验证。

1.19 运行环境：是指服务的现场环境，在该环境中服务的可获得功能将实时地对数据进行处理。

1.20 服务水准可用性：是指［公司］就所提供的服务应符合的标准，包括以服务连续运营时间计算的可用性标准、对问题处理的响应时间等向客户所做的承诺。

1.21 反馈：是指您以口头或书面形式向［公司］所提供的有关服务的任何意见、建议或其他沟通。

1.22 个人数据：是指任何由任何个人拥有的各类信息，包括可用于识别个人身份的信息以及用户使用产品和服务的统计信息。个人信息也包括所有根据以上信息创作或导出的列表、报告或其他文件（无论以任何格式）。

1.23 标识：是指商号、徽标和其他商标或服务标志。

1.24 网站：是与服务相关的互联网站或线上空间。

1.25 订购单：是指一个指明您根据本协议所订购服务的期限、类别、数量、级别及相关费用的订阅文件。订购单将附带一个服务说明和服务文档或包含一个指向网站上所发布上述文件的链接。

2 授予的权利和限制

2.1 使用［公司］服务的权利。您确认并提交（以较早者为准）某个订购单并经［公司］接受后，［公司］将授予您一个非排他的、不可转让的权利，据此您以及您的授权用户可以根据本协议、订购单和文档的规定，在订阅期限内访问和使用［公司］服务。自订阅期限起始日起，［公司］将向您在订购单中指定的技术联络人发送一个邮件，向您提供链接和访问［公司］服务的相关信息。［公司］向您提供服务视为接受您的订购单。［公司］可能需要根据对您的信用评估，来决定是否接受您的订购单。您可能需要向［公司］提供一些额外信息，以注册和 / 或使用特定的服务。您保证您在此注册过程中提供的信息是真实和准确的。

2.2　试用。根据您同意的试用条款和条件以及本协议的规定，您可以按试用标准为试用或评估的目的访问和使用［公司］服务，试用期限在相关订购单中列明，如没有列明，则试用期限为自获得访问权之日起三十（30）天。

为试用目的的任何接入和使用均按“现状”提供，［公司］对此类试用不提供任何服务水准支持、保证或补偿。您在试用期内录入的客户数据以及对服务所做的配置，在试用期结束后将不再存储保留，［公司］也不会向您提供。

2.3　服务水准可用性。如［公司］提供服务水准支持，则可用性目标水准以及［公司］就未达成承诺的服务水准目标为您提供的救济，将在相关的服务说明中列明。在对服务水准可用性进行计算时，应排除以下事件导致的影响：（a）不可抗力事件；（b）因计划停机（见下面第 5 条定义）导致的运行中断；（c）因您的网络、域名服务器问题或未按照文档使用导致的运行中断；以及（d）为弥补安全漏洞或执行法律要求导致的运行中断。

3　费用、期限和支付

3.1　对价。作为获得使用［公司］服务权利的条件，您同意按您决定购买时［公司］或［公司］合作伙伴网站上列明的费率支付以下费用：

（1）使用费。您向［公司］支付的服务使用费在相关订购单中列明，如您对服务的使用超出了许可使用限制，［公司］保留就超额部分收取额外使用费的权利。您同意，您购买任何服务均并不以［公司］将提供任何未来的特征和功能为条件。

（2）咨询和培训费。［公司］将根据双方同意的订购单为您提供咨询或培训。［公司］将向您收取您根据［公司］的收费政策同意支付的费用，［公司］可根据您的要求向您提供上述收费政策。此类咨询和培训仅限于针对服务的现有功能和特征，并不包括为您的定制或开发活动提供咨询和协助。支付服务费并不取决于您是否实际接受了任何咨询或培训。任何预先付费购买的咨询或培训，应在相关订购单生效后一（1）年内使用，否则将在上述期限届满后作废，且交付的费用将不予退还。

3.2　支付。除非另有明确规定，否则所有款额均应在收到［公司］付款通知后三十（30）日内支付。付款通知在［公司］寄出三（3）个工作日后视为送达。任何延期支付均应按拖欠金额每月百分之一（1%）的费率或法律规定的金额支付滞纳金。订购单中列出的费用均不包含任何税款。您同意在约定的费用之外支付任何适用的增值税、消费税、销售税和任何其他相关税款。

3.3　合作伙伴。如您通过［公司］的某个授权合作伙伴或转售商订购［公司］服务，本协议的所有条款和条件均将适用于您对［公司］服务的使用，但

16289

本协议第 3 条和服务水准可用性承诺除外。

4　所有权和保密

4.1　所有权。[公司] 通过服务提供或允许您访问或使用的任何软件、文档、可交付物及 [公司] 的其他智力劳动成果（[公司] 知识产权），其所有权以及其中包含的和与之相关的所有权利和利益，均由 [公司] 或其许可方享有。此权属声明扩展适用于以上各项的所有副本和任何部分以及以上各项的任何改进、升级、修改和派生作品（派生作品）。您仅限于按符合本协议目的的方式使用以上各项 [公司] 知识产权及派生作品，不得转让其中的任何权属、权利和利益。除本协议明确授予的许可和权利例外，本协议并未授予您有关这些 [公司] 知识产权及其派生作品的任何其他许可和权利。所有未明确授予的权利均由 [公司] 和 / 或 [公司] 许可方保留。本服务中提供的软件（如有）是许可使用而非销售。本协议并未授予您使用 [公司]、[公司] 关联方、合作伙伴及其供应商任何商标或服务标记的权利。

4.2　客户反馈。如您就服务提供了任何反馈，这些反馈的所有权及所有权利和利益将均归 [公司] 拥有。[公司] 有权以任何方式使用这些反馈，不需为此向您支付任何费用。

4.3　客户名称和标志。您同意 [公司] 可以随同服务使用您的名称和标志，例如，但可能不限于，按照双方所确认订购单或双方另外达成协议的指示，作为提供服务的一部分，设立联合品牌站点；为介绍和说明服务目的，在 [公司] 网站上以及服务销售和营销材料上提及您是 [公司] 的客户。本协议的任何内容均不表明您向 [公司] 转让了您标志的所有权及其他任何权利。

4.4　保密。您与[公司]同意，双方彼此提供的保密信息仅限用于与本协议相关的目的，您及 [公司] 均将以与保护其自己类似保密信息的同样方式保护这些信息，且其严格程度至少不低于业界合理标准。您与 [公司] 同意，保密信息是指您的客户数据、任何一方的知识产权以及一个具有通常理性的人应当将其理解为属于保密的信息。除非法律另有禁止，否则下列信息不视为保密信息：（a）已被书面授权不受限制地使用的信息；（b）一方合法持有的或通过正当方式知悉的信息；以及（c）未使用或参考另一方的保密信息独立开发的信息。

5　服务方案、更新、升级和支持

5.1　更新和升级。[公司] 可能会对服务或服务基础设施（例如，计算基础设施、存储技术、安全防护、技术配置、数据中心区域内的托管设施等）进行更改或更新。[公司] 如对服务或服务基础设施进行任何更新或升级（计划停机），将提前至少七十二（72）小时的通知您。

5.2 支持。[公司] 将根据其在 [公司] 支持站点上所发布相关支持政策的规定，指派合格支持工程师以及时和专业的方式提供服务支持。服务支持由以下部分构成：

（1）您可访问[公司]的支持站点（当前的网址是 http ://www.____________），获得[公司] 提供的 24×7×365 在线支持，并获得 [公司] 在可用情况下所提供的服务支持文档、不同严重程度事件的描述及相应的响应时间和问题解决目标的列表、全球用户社区和本地用户组、常见问题、样本、网络广播记录和演示、使用技巧、技术更新以及通过网络公告或电子邮件方式发送的紧急通知。

（2）使用 [公司] 的求助台，并可通过 [公司] 支持网络或热线电话就支持事件提出申请并进行管理。

（3）运行环境支持：对一级严重事件提供 7×24 小时支持；对二至四级严重级别事件提供正常工作时间支持。

（4）非运行环境支持（在适用的情况下）：对所有级别的事件提供正常工作时间支持。

（5）交互式远程诊断支持，可使 [公司] 支持工程师通过以浏览器为基础的实时远程控制方式，对某个事件进行可靠的故障诊断，对可能存在的与您的软件或系统交互中的问题提供支持。

以上服务水准的定义、响应及问题解决目标描述，请至 [公司] 支持网站了解 [公司] 服务支持政策的详情。

6 客户数据和安全

6.1 客户数据。对您的客户数据中的以及与之相关的所有权利和利益，您将拥有排他的权利。您的客户数据将在服务说明所指明地区的数据中心进行存储和处理。除非是为了对服务或技术问题提供支持，且您向 [公司] 提供了访问此类数据的相应凭证，否则 [公司] 将不会访问您的账户或使用您账户中存储的客户数据。[公司] 将收集、修改和分析不包含客户数据的元数据和 / 或运营数据，如日志文件和事务处理计数信息。如因您自己或您授权用户的作为或不作为而违反文档的要求，导致了任何人对您的客户数据未经授权的访问，或导致您的客户数据被篡改、盗窃或毁坏，[公司] 不承担任何责任。如因 [公司] 失误导致您的客户数据丢失，[公司] 承担的责任仅限于按最新的备份为您对数据进行恢复。

6.2 客户数据传输。如果您向 [公司] 传输了任何与服务相关的个人数据和 / 或允许 [公司] 访问服务中任何您的客户数据，则您保证：（a）您已获

16289

得了充分的授权提供这些个人数据，并且您提供此类数据符合所有相关法律规定；(b)［公司］及其关联方或代表［公司］执行业务的分包商，可以仅限于为履行其在本协议项下义务的目的使用此类数据；并且（c）［公司］可以为此目的向［公司］的任何实体及其分包商披露此类数据，并可将此类数据传输至其他国家或地区。［公司］及其关联方承诺将遵守所有相关的数据保护和隐私权法律规定，并且对个人数据的传输将根据［公司］的隐私权政策和信息安全声明执行，请至［公司］以下站点阅读和了解此声明的详情（http：//______________）。您同意，您将不会提供任何对其处理需要承担特定数据安全义务的，包括但不限于有关健康、支付卡的或其他类似的敏感个人信息，除非根据相关服务文档，这是相关服务所支持的特性。

6.3　安全。［公司］将保持并始终贯彻执行一项安全政策，其中包括旨在保护客户数据安全性、完整性和保密性的物理和技术防护措施。［公司］将对所有操作人员进行安全背景检查。［公司］将定期执行服务清单中指定的安全审计，以核实包括安全背景调查在内的安全保障措施得到了有效贯彻执行。［公司］年度审计报告和证明的副本将在以下［公司］支持站点（http：//______________）发布供您查阅。如［公司］确定某安全漏洞将要或可能会对您或您的某个授权用户造成损害，［公司］将在可行情况下立即向您发出安全漏洞通知，但无论如何不会超过五（5）个工作日。在初步通知后，［公司］将定期告知您最新情况，并提供一个合理详细的事件报告，其中可能包括［公司］为调查安全漏洞所采取的措施，以及您为减少潜在的损失或损害可以采取的措施。双方理解并同意，相关法律或［公司］与第三方的协议可能不允许［公司］在上述时间段内提供此类通知和/或报告。

6.4　账户凭证。如您发现有任何对您账户的越权访问和使用，您同意立即通知[公司]。您同意采用符合业界良好的信息安全标准的方法，对您账户的名称、口令和其他登录信息进行保护，避免未经授权的披露和使用。

7　您的职责

您不得：(a) 向未经授权的或非本协议所预期的任何其他第三方提供本服务；(b) 发送或存储可能对服务造成危害或损害的代码（包括但不限于恶意代码和恶意软件）；(c) 故意干扰或破坏服务的完整性或其中所含数据；(d) 试图对服务或其相关系统或网络进行未经授权的访问和使用；(e) 使用本服务向第三方提供服务，但本协议明确允许者除外；(f) 使用本服务造成危害，例如，为妨碍第三方运营的目的，超负荷使用或创设多个代理；(g) 删除或修改任何程序标识或［公司］或其许可方的任何专属权利通知；(h) 在服务上进行任何基准或性能测试或披露此类测试的结果；或（i）进行任何包括但可能不限于以下任何服务环境或关联基础设施安全测试或披露此类测试的结果：网络发现、[①]端口和服务识别、漏洞扫描、密码破解、远程访问测试、渗透测试或任何其他未在服务文档中授权的测试或其他类似程序。您违反本条款规定的义务将被视为对本协议的实质性违约。

条文注解：网络发现（network discovery）：网络发现是计算机和网络设备能够找到彼此的过程。它使网络设备通过本地网络连接和与其他设备进行通信。

8 期限和终止

8.1 期限。本协议将持续有效直至根据本条款另外的规定被终止。任何一方均可在另一方发生实质性违约时解除协议，条件是就每一个指控的违约：（a）守约方在违约行为发生后三十（30）天内将违约事实书面通知违约方；而（b）违约行为在收到通知后三十（30）天内未能得到有效纠正。

8.2 终止的效果。如果［公司］有未能及时纠正的实质性违约，您有权要求［公司］将在终止生效日前就订阅期限已经预先支付但尚未使用的剩余费用退还。某个个别订购单项下服务的终止，将不影响其他服务方案或订购单的效力。如本协议按第 8.1 款规定终止，所有尚未支付的费用均应提前到期，以便所有付款均能在终止生效日前支付完毕。本协议一旦终止，则在本协议项下所授予的所有权利均将立即终止，各方将返还、删除或销毁其所持有的另一方的所有保密信息。

8.3 继续有效。本协议中以下标题的条款将在本协议终止后延续并继续有效："定义""授予的权利和限制""所有权和保密""费用和支付""期限和终止""保证""抗辩和补偿""责任限制""一般条款"。

9 保证和不保证声明

9.1 ［公司］保证：（a）服务按业界通行标准以专业和熟练方式提供，并在订阅期间内实质性符合相关服务文档；（b）可交付物将实质性符合服务文档，且自交付日起三十（30）天内不存在材料、制造和工艺方面的错误。

9.2 如果确认［公司］违反了以上任何一项保证，［公司］将根据其选择：（a）尽其合理努力解决此不符；（b）在适用情况下，用实质上符合文档所列规格的服务或可交付物替换不符的服务或可交付物；（c）如［公司］经过商业上可行的尝试。未能达成（a）或（b）规定的补救，则［公司］可以终止您对服务的订阅，并将已经预付但尚未使用的服务费用退还给您，根据自终止生效日起算的订阅

16289

期限剩余时间按比例计算；但如被确认的不符与咨询和培训相关，则您应将［公司］可交付物返还［公司］,［公司］应将您就咨询或培训支付的费用退还给您。您如认为［公司］违反了任何上述保证，必须在此类违反保证的情形发生后三十（30）天内以书面形式通知［公司］，并提供合理详尽的描述，以获得本协议规定的违反保证的救济。

9.3　以上是［公司］所提供的唯一保证，以及就违反此类保证对您提供的唯一和排他的救济。在法律允许的范围内，［公司］未作出任何其他的保证或条件，无论是明示的还是默示的，包括但不限于，第三方保证、关于适销性或适用于特定目的的默示保证。［公司］不保证服务将完全满足您的需求，也不保证对服务的使用将是不间断的或无任何错误的。

10　抗辩和补偿

10.1　［公司］的抗辩和补偿。如服务在按文档正确使用的前提下，被任何第三方声称侵犯或滥用了该第三方任何有效的专利、版权或商标权，或非法滥用了某个第三方的商业秘密，只要您对服务的使用是在［公司］授权的司法管辖区内，那么［公司］将为您提供抗辩和补偿，或根据［公司］的选择和解解决此类索赔。［公司］可根据其选择并承担费用：（a）为您获取继续使用相关［公司］服务的权利；（b）修理、修改或更换服务使其不再侵权；或（c）经提前三十（30）天书面通知终止相关服务的订阅，［公司］将退还您就订阅期限预先支付但尚未使用部分的费用，如终止的服务是咨询和培训，［公司］将按剩余订阅期占当前订阅期的比例退还您就被指称导致侵权的咨询、培训或可交付物预先支付的费用。

10.2　客户的抗辩和补偿。除法律禁止的范围外，如因您的客户数据或您对服务的使用违反本协议的约定、在您使用本服务的司法管辖区内侵犯或滥用了任何第三方的知识产权或违反了任何法律规定，导致任何第三方针对［公司］提出索赔，您应为［公司］提供补偿和抗辩，和/或根据［公司］选择，和解解决该第三方索赔。

10.3　抗辩和补偿的条件。任何一方获得补偿的权利均要求：（a）将针对寻求补偿一方的索赔立即通知补偿方；（b）除法律禁止的范围外，补偿方对抗辩和和解拥有完全的控制，前提条件是补偿方达成的任何和解，都应免除寻求补偿一方的所有责任；并且（c）寻求补偿的一方应为对此类索赔的抗辩和补偿提供合理的协助。

10.4　以上条款阐明了各方对侵权索赔的全部义务和责任，以及就任何实际的或声称的知识产权或其他专属权利侵权或滥用对任何一方的排他救济。

11　责任限制

除您违反“授予的权利和限制”及“所有权”条款，或任何一方违反“保密”条款，或任何一方所承担的抗辩和赔偿义务外，任何一方在任何情况下均不就任何偶然的、间接的、惩罚性的、特别的、继发的或不可预见损失、损害赔偿或费用承担责任，也不对任何利润损失、机会损失、数据丢失或损坏承担责任，无论这些损失和损害是何种原因导致的，即便已被事先告知此类损失或损害发生的可能性；同时，各方在本协议项下对另一方就任何损失和损害所承担的责任，或就无论是基于合同的还是非合同的任何事由所承担的责任，最高将不超过在索赔发生前的十二（12）个月内您就服务的订阅或使用已付或应付的费用，而如果索赔与咨询和培训有关，则上述责任最高不超过您在上述期限内就导致索赔的咨询或培训已付或应付的费用。上述责任限制不会限制您以任何方式支付的义务。

12　一般条款

12.1　通知。［公司］可能会通过电子邮件、信函 / 特快专递和 / 或［公司］支持网站上的网站公告方式向您发送有关服务的通知。除非本协议、文档或订购单中另外规定了其他通知方式，否则您给我们的通知应发送至：

［公司］名称：______________________________

［公司］地址：______________________________

服务邮箱：______________________________

服务电话：______________________________

12.2　转让。未经［公司］事先书面同意，您不得转让本协议，但［公司］不得不合理地拒绝作出此类同意。

12.3　进出口要求。您知道，［公司］服务可能含有某些受所在司法管辖区、联合国及国际条约以及其他服务所含有技术或组件来源地国家或地区禁运和进出口管制法律限制进出口的技术和 / 或材料。您同意不会将服务出口、再出口或提供至任何受上述法律限制出口的国家或地区，或将［公司］服务用于任何上述法律限制使用的目的，也不会在明知或应当知道［公司］服务将会被用于或可能会被用于上述目的的情况下，仍然转让、转售或允许使用［公司］服务。

12.4　双方的关系。［公司］与您之间的关系是完全各自独立的合同当事人。双方无意因本协议的签署和执行而建立任何雇佣、合资、合作、代理或其他类似关系。

12.5　解释、弃权、全部协议。如本协议的任何条款被认定为与法律规定不符，那么本协议的其余条款将继续有效。任何一方延误或疏忽行使其在本协议项下所拥有的任何权利或权力，不得被理解为该方放弃了这些权利或权力。本协议、订购单以及经援引而成为本协议组成部分的文档及其他［公司］支持

16289

站点上的在线文件，是双方就本协议项下服务所达成的全部协议，并取代任何和所有不一致的和附加的条款。除非双方以书面签署的本协议补充协议的方式明确同意，否则在双方之间的任何确认书、采购订单、询价函、建议或其他类似沟通或文件中体现的任何附加的以及与本协议不同的条款，对各方均无约束力。客户赖以达成本协议的任何陈述和保证，全部体现在本协议中。

12.6　协议更新。[公司] 可以不时更新本协议的条款。如有此类更新，[公司] 将在服务支持站点上发布或以其他方式通知您。更新的条款如对您订阅服务时获得的权利有实质性降低，则此类更新在您已经订阅的当前服务期限内不适用于您。如您在协议条款的更新被发布后，续展服务期限或购买新的服务，视为您已经阅读并同意和接受更新后的条款，除非我们与您现有的协议明确禁止以这种方式更新本协议。

12.7　管辖法律和争议解决。[1] 本协议将按下表规定，根据您所在的不同国家和地区，确定本协议适用的管辖法律（不考虑其冲突法规则），以及对因本协议发生的或与本协议有关的任何争议、纠纷和索赔有专属管辖权的法院。此外，非本协议当事人的第三方无权强制执行本协议或享有本协议项下的任何权利。

条文注解：此条款仅为提供一种示例的法律管辖和争议解决条款而提供，实际使用时，请咨询法律顾问意见。

客户所在国家或地区	管辖法律	争议解决方式和地点
中国大陆及香港特别行政区和澳门特别行政区	中华人民共和国大陆法律，为避免疑问，不包括香港特别行政区和澳门特别行政区法律	[公司] 所在地人民法院裁决
中国台湾地区	香港特别行政区法律	凡因本协议所引起的或与之相关的任何争议、纠纷、分歧或索赔，均应提交由香港国际仲裁中心管理的机构仲裁，并按照提交仲裁通知时有效的《香港国际仲裁中心机构仲裁规则》最终解决。仲裁地应为香港
世界上其他国家和地区	英格兰法律[2]	凡因本协议所引起的或与之相关的任何争议、纠纷、分歧或索赔，均应提交由伦敦国际仲裁中心管理的机构仲裁，并按照提交仲裁通知时有效的《伦敦国际仲裁中心机构仲裁规则》最终解决。仲裁地应为新加坡

条文注解：仅为说明目的而提供的示例。

尽管有上述管辖法律和争议解决的约定，各方仍有权就任何涉嫌侵犯其知识产权及其他专属权的行为，向任何有适当管辖权的法院寻求可行的法律救济，包括但不限于禁止令或其他法律保护。

12.8　第三方产品和服务。某些情况下，您在使用本协议项下服务时，可能会使用或购买由第三方提供的产品（包括软件）或服务。您对这些第三方产品或服务的使用可能受您与该第三方单独的法律条款的约束，您确认并同意，我们对此类第三方的产品和服务不提供任何保证和承诺，不提供任何支持，也不承担任何其他义务和责任。

12.9　新闻公告。除本协议另有明确约定者外，如任何一方意欲发布与本协议有关的任何新闻或公告，均应经另一方事先书面批准。

12.10　语言。本协议用简体中文拟就，如有其他语言版本，简体中文版优先适用。

12.11　优先顺序。如本协议与服务说明、相关文档及订购单内容有任何冲突，各个文件从高到低的优先顺序应当是：(a）订购单；(b）服务说明或适用的文档；以及(c）本协议。

16289

20. 软件即服务（SaaS）协议（离线签署）

使用场景

此合同模板用于SaaS服务提供商以线下签约方式与客户就SaaS服务的使用达成协议。

法律要点

软件即服务（SaaS）通常被认为是一种软件许可和交付模式，其特殊之处在于，这种业务模式下客户通过"订阅"方式使用一个中心化管理的软件，客户可能会使用一个本地安装的瘦客户端，通过浏览器访问SaaS服务提供商的网站，"运行"并使用SaaS服务提供商部署在SaaS服务提供商服务器上的程序，客户通过网络访问和管理客户数据。因此，这意味着这种业务模式下，可能会有软件的"使用"但通常并没有真正的软件"交付"。

SaaS有多种形式，几乎所有传统的法律办公软件程序现在都可以在SaaS中使用，这包括标准的办公应用程序，如Google Docs和电子表格、时间和账单或案例管理应用程序，以及电子发现存储库和工具集。

软件即服务（SaaS）被视为是所谓云服务的一部分，与其并列的还有"基础设施即服务"（IaaS）、"平台即服务"（PaaS）、"桌面即服务"（DaaS）、"托管软件即服务"（MSaaS）、"移动设备后端即服务"（MBaas）以及"信息技术管理即服务"（ITMaaS）等。（见维基百科）

大多数IT合同起草者都知道软件许可协议和技术服务合同之间的区别。在许可合同中，客户有权复制和使用软件，而在服务合同中，客户获得服务，如技术支持或IT咨询。但对软件即服务（SaaS）业务模式的出现对人们既有的认知造成了些许影响。有很多人在此业务模式中使用软件许可协议，这是对SaaS业务模式的误解。

稍加分析后我们会发现，这个所谓的新业务模式实际上并不那么玄虚，也并不那么令人迷惑，或者说它并非如人们想象的那样是全新的，SaaS协议完全是一个十足的服务合同。这种业务模式并不需要软件许可或者软件许可并不是此业务模式的核心。

对SaaS与软件许可的混淆，来源于"软件即服务"这个说法中"软件"一词带来的误导。但我们可以通过了解客户将如何处理软件来消除这种混淆。如果客户在某个电脑上安装一个软件的拷贝——下载、从磁盘安装等——那么这个交易需要一个许可。著作权法赋予软件所有者对软件拷贝（复制）的专属权，因此客户需要一个著作权许可来复制软件并将其安装在电脑上。但在 SaaS 协议中，客户不会在电脑上安装软件，也不需要复制软件。该软件安装在由供应商运行的（可能是在第三方数据中心的）计算机或服务器上，而客户仅仅是通过互联网访问它。在没有拷贝的情况下，著作权在交易中没有任何作用，因此客户不需要著作权许可。相反，客户需要一个简单的承诺：“在这个协议的期限内，供应商将为客户提供对系统的访问。”

换句话说，SaaS 的供应商只是使用软件来提供服务，客户在 SaaS 协议中获得主要是服务，而不是软件。这一区别对 SaaS 协议中的几个条款有实质影响：

一、服务订阅而非许可

首先，客户应获得的是对服务的订阅，而不是软件许可。只要订阅持续，客户就可以获得“接受服务”或“使用系统”的权利。有很多公司可能会将供应商为客户提供的 SaaS 服务描述为“对服务的许可”。但“许可”一词往往这意味着某种知识产权许可，而这在 SaaS 服务中往往是不存在的，使用“许可”一词可能会使人误认为供应商对客户授予了软件或其他知识产权的许可。合理谨慎的供应商通常会在其起草的合同中，以明文规定方式明确排除任何默示的知识产权许可，以避免客户对其知识产权权利可能的滥用，将服务提供描述为许可是与这一原则背离的，在某些情况下可能会给供应商带来不确定性的风险，而客户也不太可能从不明确的条款中受益。因此，无论如何，除非您的 SaaS 业务中确实涉及软件许可，否则应避免使用许可或类似表述。

二、SaaS 是一种服务方案而非产品

实践中，人们会将作为解决方案提供（特别是销售的）服务（包括 SaaS 服务方案）称为产品，这是国内业界存在的一个普遍而长久的误用。但在法律上，产品与服务有实质差异，经营者对其所提供的产品和服务所承担的法律义务和责任会有很大差异，无论是从产品质量法、侵权责任法、消费者权益保护法，产品 / 商品与服务都是有严格区分的，二者性质不同，经营者就二者所承担的法律义务和责任也不相同。例如，严格产品责任不适用于服务，七天无理由退货也不适用于服务。将二者混淆可能会带来一些不确定的风险。因此，特别是在法律文件上，应严格对二者进行区分。作为起草合同的律师，在起草法律文件时应严格将产品和服务区别开来，不要将服务称为产品，反之亦然。

16290

按照业界规范的理解和定义，[①] 产品（Product）是指作为某个过程结果的有形或无形输出，但不包括在供应商和客户界面所从事的活动。产品可以是有形的，也可以是无形的。产品通常有三种类别：硬件、经过加工的原料以及软件。很多产品是上述不同类别的结合体。例如，汽车（产品）是由硬件（如轮胎）、软件（如引擎控制算法）、和经过加工的材料（如润滑油）等结合而成。除传统的工业和农业产品外，也包括软件等以电子或数字化文件形式输出的产出物。

而服务（Service）则是指作为某个过程结果的无形输出，包括至少一项在供应商和客户界面之间的活动。服务可以通过多种形式提供。服务可能用于支持某个组织自己的产品（例如，保修服务或餐饮服务），另一方面，它也可以用于针对客户提供的产品（例如，修理服务或送货服务）。它也可以是向客户提供无形的利益（例如，娱乐、氛围、运输或咨询）。

除传统类型的服务外，在互联网环境下，产生了一些新的服务类型，例如：

—供应商通过自己的服务器为客户提供存储、计算服务，例如：SaaS；

—供应商通过自己的网站为客户提供互联网接入或互联网内容服务。

有时服务很难与产品分开，例如，供应商提供SaaS服务，可能会同时为用户提供客户端软件或某些硬件设备；银行提供电子银行服务，会同时为用户提供用于加密解密的安全防护设备；提供互联网远程安全监控服务的经营者，可能会同时为用户提供摄像头、本地存储设备，等等。这种情况下，经营者为用户提供的实质利益是服务，而随同提供的设备只是用于支持服务的附属物品，这种情况下，经营者提供的是服务，而不是产品。

三、维护服务

维护服务通常针对的是软件。在软件许可业务中，供应商通过维护条款，承诺修复客户持有的软件副本中存在的问题，对客户持有的软件进行更新和升级，以便使客户的软件能够正常使用，且不会落后于其他客户。而在SaaS业务模式中，客户并不持有软件副本。软件由供应商保留并用于提供服务，供应商对其自己保留的软件的维护将体现在服务水准协议（见下面关于服务水准协议的说明）。另外，由于客户并未持有软件副本，因此也不需要软件的更新和升级。当供应商对其自己管理的计算机或服务器上用于提供SaaS服务的软件进行更新或升级时，通常所有的客户都会受益。

四、服务水准协议（SLA）

尽管SaaS业务模式中通常不需要维护服务条款，但合同双方应该考虑在SaaS中包含

① 定义参照ISO 9000　2015，ISO此前版本的标准文件把产品和服务混淆，新版本的标准文件似乎作了纠正。

一个“服务水准协议”（SLA）。服务水准协议（SLA）是涉及支持服务的合同中通常会含有的一个合同条款模块，可以作为关联合同单独签署，也可以作为其他合同的附件签署。大多数服务水准协议用于约定错误修复的时限、对不同严重级别问题的响应时间，或最低性能标准，例如，速度、等待时间等。

五、数据管理和安全

在 SaaS 业务模式下，客户可能需要在供应商的服务器上存储或处理其敏感数据，因此，数据管理和安全在 SaaS 业务模式中扮演的角色比大多数软件许可业务都要重要。这就是为什么许多 SaaS 合同往往会包括一个数据安全条款，用于明确供应商对数据管理和确保数据安全承担的义务。请注意，保密协议用于保证接受保密信息的一方不泄漏保密信息，但并不能用于保障数据的安全。因此，仅仅使用保密协议来保证数据安全可能是缘木求鱼，需要避免。

六、SaaS 业务中的软件许可

某些 SaaS 服务可能也会涉及软件。某些 SaaS 供应商可能会通过网络提供其主要服务，但也为客户提供一个软件应用程序（客户端程序），让客户在其电脑上安装，以辅助客户的计算机与在线服务进行交互。但不要因此对您所从事业务的本质产生混淆。这种情况下，您当然确实需要一个涵盖该客户端软件的软件许可，只是该软件许可条款应作为一个组成部分包含在更大的服务合同中。此类许可及其支持条款应仅针对安装的客户端程序，应避免因错误或含混不清的表述，将其适用于供应商保留在自己的计算机上并用于运营服务的软件。

关键条款（检核清单）

SaaS 作为一种软件部署的业务模式，可以为客户提供多方面的好处。首先，只要客户有互联网连接，就可以在世界任何地方访问其数据和工作。其次，SaaS 业务模式可以使客户能够以较低的费用获得强大的数据处理功能。客户可以避免在运行网络软硬件方面大量的前期投入和持续的维护成本。但是 SaaS 业务模式也有潜在的缺点——客户的数据存储在其物理控制之外的计算机上。因此，在使用 SaaS 服务之前，客户应当了解 SaaS 如何工作，并对 SaaS 提供商进行充分的尽职调查。

这份检核清单概述了与起草、审查或谈判 SaaS 协议有关的合同问题。为了使这个清单适用于所有形式的云计算，一些与特定云服务相关的问题不包含在这个清单中。因此，它不应被认为是详尽的。

16290

SaaS 协议起草问题检核表

以下检核表可用于检查通过线下签约方式达成的 SaaS 协议的完备性。

一、约首

合同名称。合同名称通常应使用规范名称，合同命名以能够指明协议的本质特征为限，不需要包含过多的具体业务信息。

签约主体。合同应明确签约各方的身份。

合同生效日。签署合同确定协议的生效日期，合同生效日期可以约定，也可以最后一方签署确认的日期为生效日。

叙述。用于说明签署协议的基本业务背景以及签署协议的目的。非必要条款，但包含这个条款，可以帮助阅读协议的人更快和更好地理解协议的内容。

二、定义和解释

对协议中使用的某些关键术语作出定义，这对于使协议更加简洁以及含义更加明确非常重要。需要作出定义的术语，通常是那些用于表述在协议中反复使用但难以用一个词汇概括的概念的术语，例如，“法律”；以及那些用于表示专业较强不为人熟知的概念，例如，“运营环境”，以及不同背景的人对其可能有不同理解的概念的术语，例如，“保修”①。

三、期限和终止

1. 合同期限。签署的协议应有明确的协议期限及协议和服务的起始日期。协议期限可以选择为“限定期限”或“无限定期限”。限定期限的合同需要考虑到期后自动终止还是可以自动续期。无限定期限合同对有长期业务关系的各方是更方便的选择，但需要考虑在哪些情况下可以终止协议。

2. 协议终止的模式。合同中通常会约定两种终止模式，一种是所谓的“便宜终止”，即任何一方均可经提前合理时间提出终止协议，而不需要提供任何理由。这种情况下，提出终止的一方，需要给另一方作出合理补偿。

另一种合同终止模式是所谓的“有因终止”，即一方以另一方违约、发生重大情势变化（如破产、不能清偿债务以及控制权发生变化）等原因要求终止协议。基于“有因终止”模式终止合同的，通常终止方不需要对另一方进行补偿，相反，如果终止是因另一方违约导致的，可要求另一方承担违约责任。“有因终止”条款，应当约定清楚，在哪些情况下

① 保修一词的英文对应术语“Warranty”在英语法律环境下通常不会产生不同理解，但由于早期对这个术语翻译不准确，在中文环境下，对保修一词的理解五花八门，在使用时需要通过定义对其含义进行限定。

可以提出终止，需要符合哪些条件，履行哪些手续等。

3. 终止的效果。需要在合同中约定清楚合同终止的善后事宜处理，对于此类服务协议，通常需要考虑以下事项：

—对服务中存储的客户数据如何处理？销毁？是否为客户提供备份？

—是否需要为客户提供系统迁移？

—对提供上述支持的相关费用如何承担？

—客户剩余订阅期的费用是否退还？按什么标准退还。通常因服务方原因导致服务终止的，需要将尚未使用的服务费退还。

四、服务提供

1. 服务描述。服务提供商需要对其提供的服务为客户提供必要的说明和描述，包括服务的范围、规格、标准等，此类服务描述的细节，通常并不在协议的条款和条件中描述，而是通过协议附件或协议援引的其他业务说明文件描述。

2. 服务质量。服务提供商需要在协议中对服务作出谨慎和合理的保证，尽可能明确的质量保证可以增强客户对其所购买服务的信心，但作出自己无力承担的过度保证，对服务提供商也会造成风险。由于服务往往基于专业知识和经验提供，很难有客观标准，因此对于服务的保证，服务提供商通常倾向于选择提供“尽合理努力，用专业的知识和技能，以合理谨慎”的保证。如果服务采用这种方式的保证，那么服务质量是否符合保证，可能并不依赖结果，只要服务提供商在提供服务过程中没有故意或严重过失，即视为服务符合保证。客户则可能更希望“按结果”来提供保证，即服务工作结果必须达到某些特定的标准。但这对于很多服务来说可能无法实现，对于服务提供方来说责任过重。

3. 服务水准协议（SLA）。服务水准协议是服务提供商与客户之间的一个承诺。通常在信息技术服务领域使用，是对系统、网络等服务的绩效进行评测的一个机制。此类协议通常使用可衡量的术语，就服务提供商为客户在特定时间期限内所提供服务的特定方面——质量、可用性、职责等作出约定，并具体说明服务提供商对客户的责任。此协议通常作为服务类协议的附件，或作为关联合同签署。

此类协议通常需要包含对某些关键术语的清晰定义，制定此类定义时可参考业界通用的标准定义（如 ITIL 术语表[①]）。

此类协议需要对服务应当达成的质量指标有清晰和可衡量的描述（KPI）。

① 参见https：//www.axelos.com/Corporate/media/Files/Glossaries/ITIL_2011_Glossary-（traditional）_CN-v1-0.pdf。

16290

对不同级别的问题或事件，按敏感度以及对客户业务的影响划分级别，并对不同级别的问题，规定不同的响应时间以及解决问题的期限。例如，在互联网服务合同中，服务商与客户可能需要考虑在他们之间的合同中包含服务水准协议，对服务水准，包括平均故障时间、故障修理或服务恢复需要的平均时间作出定义，指明哪一方负责错误报告或承担费用，对传输速率、数据助理能力。

4. 服务信用。服务信用是预先约定的当某个服务水准未能达成情况下，客户可以获得的补偿金额。服务信用额度可以有很多计算方式，例如，按比例返款等。服务信用可能会被理解为属于预估违约金。因此确定服务信用额度是应当不超过服务不符情况下客户可能受到的损失。

5. 服务使用及限制。SaaS 协议需要约定清楚，客户在使用服务时，会有哪些限制，仅限于内部只使用，还是可以用于转售或为第三方提供服务。此类协议中通常需要包含一个“可接受的使用政策”（AUP），对客户使用服务的方法及目的等作出明确的限制。

6. 服务变更。由于法律、市场、服务提供方的策略等情况可能不时发生变化，因此需要对服务的内容、范围以及可供性等作出调整，这一点对于 SaaS 来说尤其重要。

五、价格和付款

此条款明确指明服务提供商提供服务以及客户获得服务需要支付的对价、支付的金额以及支付方法。

SaaS 服务通常按两种方式计价：

（1）使用模式（Utility Model），就客户实际使用资源情况收费，或

（2）订阅模式（Subscription Model），客户一定时间订阅服务，并按期支付订阅费。订阅费也可能会以授权用户数量、存储空间及流量等为基础计算和收取。

SaaS 服务可能还会涉及到顾问咨询费、基于客户需求为客户提供定制服务的工程费等费用。

拟定费用条款时，需要说明规定的价格所包含的范围，如有需要排除的事项，例如，费率中是否包含可交付物（如有）的运输费、可交付物材料费、咨询费、相关的税费等，应当在协议中明确说明。

另外，条款中还需要明确约定，如果客户未能及时支付订阅费，可能导致服务暂停或协议终止。

六、保密和数据安全

SaaS 服务过程中，客户需要在服务提供商托管的主机或系统中存储和处理自己的数据，根据处理数据类别的不同，服务提供商需要承担不同严格程度的保密和数据安全义务。

协议中还需要对客户使用服务的规范作出明确约定，例如，客户不得将 SaaS 服务用于服务提供商在合同或其他服务文档中明确禁止的目的。客户需要对服务账户的访问和使用按业界良好安全规范进行管理等。

七、知识产权权属、许可和限制

SaaS 协议中通常需要就两方面的知识产权权属作出约定，一方面是服务提供方，如果向客户提供了任何客户端程序、工具软件、服务文档或其他信息材料（服务方材料），应明确约定这部分服务提供方的材料的知识产权权属，以及许可客户使用的范围及限制。

另一方面对于客户向 SaaS 服务提交的，通过 SaaS 服务存储或处理的数据和信息（客户数据），应根据 SaaS 服务的不同类型，明确约定属于服务方所有或客户所有，由客户保留所有权利的客户数据，服务提供方应获得为履行服务所必要的许可。

客户在服务过程中可能会对服务提出各种改进或更新的建议，而服务提供方可能会根据这些建议对服务做进一步的开发，为避免未来就这些反馈的使用发生争议，服务提供方需要考虑在合同中明确约定，对此类反馈中可能含有的任何知识产权，以及根据该反馈所获得的任何成果中含有的任何知识产权，将由服务提供方拥有。

客户使用某些 SaaS 服务，可能会获得某些产出，对这些产出的知识产权，服务方也需要根据具体情况，就其知识产权归属作出约定。

八、抗辩和补偿

除非在产品或服务提供商可以排除其对产品和服务的任何责任，否则抗辩和补偿条款对任何合同都是有意义的。这个条款不应仅仅被理解为承担补偿义务一方的负担，它实际上也是帮助补偿方避免其权利被合同另一方在没有其参与的情况下被处置的一个安排。

九、服务变更

由于业务环境及法律等可能会不时发生变化，因而导致需要对服务范围、规范、标准及服务级别以及相关的政策等进行修改。服务提供商需要在其起草的协议中明确约定此类修改的流程，例如，事先通知、客户接受以及客户不接受如何处理等。服务提供商如需要对服务做此类修改，应当确保用户的实质权利不受影响，如因任何原因无法保障的，需要考虑用户提供合理的补偿，通常是退还客户就

16290

尚未使用的服务已经预付的服务费，但不承担其他赔偿责任。

十、其他条款

SaaS 协议作为一个法律协议，与其他商业合同有相同的特点和关注，应当考虑与其他常见商业合同一样包含必要的“样板”条款。①

关联合同

订单表格

服务水准协议

隐私权政策声明

合同正文（含条文批注）

软件即服务（SaaS）协议

本软件即服务（SaaS）协议（以下称协议）由以下各方：

（1）______（[公司] 法定名称全称），其注册或主要办公地址在：______（[公司] 法定或主要办公地址）（以下称 [公司]），与

（2）______（客户法定名称全称），其注册或主要办公地址在：______（客户法定或主要办公地址）（以下称客户）

在约定的生效日签署。

公司与客户单方分别被称为“各方”或“一方”，共同被并称为“双方”。

经友好协商，双方达成如下协议，以昭信守：

1　定义

除非根据上下文另有解释，否则本协议使用的下列术语含义如下：

1.1　协议：是指本协议、本协议的任何附件及本协议援引的其他文件，包括但可能不限于，服务文档、支持政策等。

1.2　授权用户：是指使用本协议项下 [公司] 服务的客户、客户关联方及其各自的雇员和独立分包商（劳务），或在服务列表中另外列明的其他主体（单位或个人），前提是这些主体同意受严格程度不低于本协议的条款和条件的约束，且这些主体应仅限于代表客户或其关联方执行职务。

① 样板条款（Boilerplate terms），见法天使网站关于样板条款用途的介绍。

1.3　服务：是指［公司］在本协议项下根据客户订阅提供的“软件即服务”（SaaS）服务，包括使客户可以访问或使用［公司］主持运营的软件、管理服务及任何其他［公司］向客户提供的在线互联网服务，客户订阅的服务具体见本协议附件《工作说明》或［公司］确认接受的客户订单描述的服务。

1.4　许可材料定义见第 8 条。

1.5　保密信息定义见第 6 条。

1.6　客户数据：是指客户在使用［公司］服务过程中提交、录入或以其他方式提供的所有信息。

1.7　文档：是指与服务使用有关的任何公开发布的技术手册，包括其任何更新，这些文件将由［公司］通过其支持站点提供，具体的服务列表（产品列表）将在［公司］以下站点（http://www.____________）提供；如果提供的是定制服务，则根据相关服务协议确定。

1.8　服务容量：是指以授权用户数量、存储容量或流量等指标衡量的客户对服务的使用级别。

1.9　法律：是指任何法律性文件，包括法律、法规和规章，以及其他有强制效力的政府命令、法律解释及国家、地方和行业标准。这里提及的法律均指被援引当时现行有效的最新版本。

1.10　司法管辖区：是指拥有法律上或事实上单独司法终审管辖权的地区，一个司法管辖区可能是一个有统一法律体系的国家，也可能是一个国家内拥有司法终审权的地区，例如，中国大陆、香港特别行政区、澳门特别行政区和台湾地区均为中国领土不可分割的组成部分，但分别拥有各自的法律体系和司法终审权，因此构成四个司法管辖区。

2　服务和支持

2.1　根据本协议的条款和条件，［公司］将按照本协议附件《服务描述》或［公司］确认接受的客户服务订单的规定，在指定的期限内向客户提供客户订阅的服务，为此，客户将拥有一个非排他的、不可转让的、许可费清结的、仅限中国大陆范围内的有限许可和权利，客户可以仅限于为内部业务运营的目的访问和使用服务。客户可以允许客户的授权用户为上述目的使用服务，客户应负责确保授权用户遵守本协议。［公司］所提供服务的范围、容量及功能和特征，见［公司］网站上相关服务文档的描述。作为上述订阅流程的一部分，客户将为客户账户指定管理者，并设置口令。

2.2　根据本协议条款，［公司］将按［公司］的支持政策就服务向客户提供合理的技术支持和管理服务，有关这些支持的完整和详细描述，具体见［公

16290

司］网址（http：//______________）。

2.3 ［公司］在上述支持之外根据客户需求提供的支持，由双方另行签署援引了本协议的相关工作说明确定。如客户需要变更服务容量，双方可通过签署服务订单方式确认。

3 价格、账单和支付

3.1 标准服务。［公司］将按照在相关服务文档中公布的服务费率向客户收取服务费，［公司］公布的服务费率仅适用于相关服务文档描述的服务。

3.2 定制服务。客户定制服务的费率，可能包括客户定制工程变更费、顾问咨询费等，由［公司］与客户在本协议后附或双方另行签署的相关工作说明中约定。

3.3 除非［公司］根据对客户的信用评估另有明确同意，否则客户订阅服务的费用均应在每个订阅期限开始日至少十五（15）天前支付。如［公司］在通过电子邮件或传真发出通知后七（7）天内，没有在期限内收到客户的付款，［公司］的服务将不会开通，或将在当前订阅期限到期时立即终止。

3.4 如果客户对服务的使用，超出了客户在工作说明或服务订单中选择的服务容量（特定最终用户数、存储容量或流量等），或因其他原因需要支付额外费用，客户应按［公司］的通知支付相关费用，否则［公司］有权暂停服务或对服务进行限制。如果客户认为［公司］的收费通知存在错误，应在收到收费通知后六十（60）日内向［公司］客户服务部门提出。否则，［公司］对账单错误不承担责任。

4 陈述与保证

4.1 一般陈述和保证。各方陈述和保证，其有相应的权利和权力达成本协议，并且各方达成本协议，将均不会违反其作为一方的或其资产受到或可能受到任何约束的任何合同、协议、承诺、判决、裁定、抵押权或留置权的规定。

4.2 法律合规。各方陈述和保证，本协议的有效签署、交付和履行均不需要任何政府机关的同意、批准或授权，也不需要任何政府机关的指定、公告或备案。各方均应自行承担费用确保符合所有法律及其他类似要求，包括但可能不限于版权、隐私和电信等法律规范。

4.3 客户使用规范。客户应自行对其自己（包括经其允许使用服务的任何其他单位和个人）使用服务发布或传输的任何帖子、数据或其他内容以及对服务的任何其他使用负责。客户陈述和保证客户将：(a) 不会以违反任何法律禁止性规定的方式使用服务；(b) 不会使用服务为任何违法行为提供帮助；(c) 不会以任何方式妨碍或破坏任何第三方对许可材料的类似使用；且（d）不会以任何方式妨碍或损害［公司］计算机设备或程序的安全。如［公司］有合理理由认为客户正在使用服务从事任何非法活动或将服务用于任何不当目的，［公司］可以立即经通知或不发出任何通知暂停服务。如客户在事实上未能遵守前述可接受使用标准，［公司］可以按本协议第 12 条规定终止本协议。

4.4　责任限制声明。本协议第 4 条阐明的保证是［公司］就本协议项下服务所做的唯一和全部保证，［公司］就本协议项下服务及任何相关服务或软件未做任何其他类别的保证，不论是明示的还是默示的。［公司］在此明确否认任何关于适销性、适用于特定目的默示保证，以及任何因交易过程或履约过程产生的默示保证。除非在本协议中明确援引或记载，否则［公司］的广告营销材料及其员工、许可方或其他类似人员提供的任何口头或书面的信息均不构成保证。

5　责任限制

5.1　除标题为“不侵权”的条款项下的责任外，［公司］及任何参与本协议项下服务管理、分销或提供的其他第三方，在任何情况下均不对因服务的使用或无法使用而导致的任何间接的、附带的、特殊的或结果性的损害，包括但不限于，因失误、疏忽、中断、文件或电子邮件删除、错误、瑕疵、病毒、运行或传输延迟、未能履约、［公司］记录、程序或服务被盗、被破坏或被未经授权的使用所导致的收益损失、利润损失或损害负责，即便该方已经被告知有此类损害发生的可能性。如［公司］违约，［公司］对客户承担的全部责任将不超过客户在过去三个月内向［公司］所支付全部金额的总和。

5.2　不侵权。［公司］保证许可材料（定义见第 8 条）将不会侵犯任何第三方的专利、商标或其他专属权利，或构成对某商业秘密的误用或滥用。如客户收到了任何以客户使用的许可材料侵犯了第三方的专利或商标或构成对某商业秘密的误用或滥用为由针对客户的任何索赔（侵权），应立即以书面形式通知［公司］。［公司］将为客户提供抗辩和补偿，并使客户不会受到因此类行动带来的损害，相关的费用由［公司］承担，前提条件是，［公司］对针对此类索赔的抗辩及其谈判及和解应拥有完全的控制权，并且客户应对此类由［公司］主导的抗辩提供合理的协助，包括但不限于出具任何必要的法律文书等。如果因涉嫌侵权，执法机关颁发了针对客户的任何生效禁止令，禁止客户使用服务，或者客户被以其他形式禁止使用服务，则［公司］将自己承担费用并在合理和可行的范围内，在六十（60）天内采取任何以下措施之一：（a）为客户获得继续使用涉嫌侵权的服务的权利；或（b）替换或修改服务，使服务在能够履行同等功能的前提下，对其的使用不侵权。如果上述两种方法对［公司］均不可行，则客户可以根据

16290

其选择终止本协议，除就终止前已经使用的服务应当支付的费用外，客户不需要就因此导致的终止承担违约责任或支付其他额外费用。

6　保密信息

6.1　定义。为本协议的目的，“保密信息”是指包括但不限于以下各类信息：所有客户数据、计算机程序、代码及算法；员工和顾问的姓名及其专业知识；专有技术、公式、流程、创意、发明（无论是否可获得专利）及图表；其他技术、商业及财务信息；产品开发计划、预测及策略信息；以及其他被标注了“保密”“专有”或类似标记的信息，以及如为口头披露的信息，由披露方在披露时或披露后及时指定为保密的信息。除上述信息外，保密信息还应包括在本协议项下可能提供给客户的第三方软件（如有的话），包括任何相关的源代码或目标代码、技术数据、此类软件的数据输出、文档以及由相关许可方拥有的信息。但保密信息不包括：(a) 非因接收方过错而被公众知晓的信息；(b) 在没有保密或专有权利限制的情况下，由接收方从披露方之外的来源知悉的信息；(c) 由接收方在没有已经接触了保密信息的个人参与的情况下独立开发的信息；以及 (d) 披露方书面批准可以不受限制地披露的信息，该书面批准应由披露方正式授权的经理人员签署。如根据法律强制要求接收方需披露保密信息，在任何此类强制披露前，接收方应，(a) 对寻求信息披露的第三方主张保密特权及保密信息的保密性；并 (b) 与披露方充分合作依法争取免于披露、获得保护令缩小披露和/或使用保密信息的范围。如未能获得避免披露的保护，接收方将有权披露保密信息，但仅限于在法律上符合此类这种强制披露所必要限度内。

6.2　不披露；不使用。保密信息的接收方将仅限于为评估、执行和支持本协议项下活动的目的使用从保密信息披露方获悉的保密信息，将不会自行也不会促使或允许他人将获悉的保密信息用于本协议目的之外的任何其他用途。在本协议的期限及其后的两 (2) 年内，各方将保持所有保密信息的保密性，严格程度应不低于其保护自己类似保密信息的同样水平，且无论如何应不低于合理谨慎的水平。各方同意将仅按“需要知悉”的原则向其以下员工披露对方的保密信息：(a) 该员工需要知悉这些信息以促进对这些信息经允许的使用；且 (b) 被告知本第 6 条规定的不披露和不使用义务。双方应采取各自确定的适当措施，以贯彻和执行此类不披露和不使用的义务。

6.3　协议条款保密。各方同意，未经本协议另一方事先书面同意，不得向任何第三方披露包括定价在内的本协议条款，但在能够合理确保保密性的情况下，各方向其顾问、投资者及其他需要知悉的人士披露，或在法律要求范围和限度内披露本协议条款的除外。

6.4　禁令救济。如果一方实际发生违反上述保密条款或存在发生违反保密条款的可能，守约方为避免因此受到无法弥补的损害，将有权立即申请获得禁令和法律救济，不需要为此提供任何担保，也不必证明实际经济损失。

7　客户职责

7.1　客户应自行对其通过或使用服务发布或传输的内容负责，如任何第三方针对任何此类内容提出索赔，对由此发生或导致的任何责任和费用（包括合理的律师费），客户应为［公司］提供抗辩和补偿，并使［公司］不会因此受到任何损失和损害。

7.2　客户不得通过转售、出租、分时共享等方式将服务提供给第三方使用。

7.3　客户只应将服务用于合法目的。在客户认为必要的范围内，客户应采取必要的安全措施，对客户授权用户对服务访问进行必要的管控，客户并应按照良好的数据信息安全管理规程，保持一个或多个可靠服务的外部程序，对客户数据进行必要的备份，以便在需要时恢复和重建丢失或被篡改的文件、数据或程序。

7.4　客户应建立指定的接口负责与［公司］的业务联络和沟通。

8　许可和限制

8.1　［公司］在本协议期限内向客户授予一个专属的、非排他的和不可转让的许可，根据该许可，客户可以以目标代码形式使用由［公司］在本协议项下提供给客户的所有软件、工具和相关文档（许可材料）。

8.2　许可材料中含有的或与之相关的所有权利、所有权和利益，以及所有的著作权、专利、商标、服务标志或其他与之相关的知识产权或专属权利，均归［公司］拥有。任何由客户执行的对软件的修改或制作的派生作品，无论是否直接或间接扩展了当前服务能力，均属于［公司］的财产，所有的著作权和其他权利，根据本协议均转让给［公司］所有。

8.3　客户同意将尽商业上合理的努力，确保其授权用户、员工和所有许可材料的用户遵守本协议规定的条款和条件。同时，客户同意将不采取任何诸如反向工程、反汇编或反编译等措施，试图获取与许可材料相同或等效的源代码。本协议项下提供给客户的所有许可材料，仅供客户用于其内部业务用途，客户不得对其全部或部分进行复制或拷贝，不得将许可材料以任何方式传输至境外。

8.4　根据［公司］的要求，客户应向［公司］提供经有效签署的证明：（a）确认许可材料均按照本协议条款使用，并且（b）列出使用许可材料的地点的清单。

9　客户数据

9.1　所有数据均为客户所有并将严格保密。一旦本协议被终止，无论是否因违约原因导致，［公司］将删除并销毁所有数据及其副本。客户可选择按

16290

本协议标题为“数据备份”条款的规定，在删除前获得数据备份。

9.2 除法律禁止的范围外，如因客户数据或客户对服务的使用违反本协议的约定、在客户使用本服务的司法管辖区内侵犯或滥用了任何第三方的知识产权或违反了任何法律规定，导致任何第三方针对［公司］提出索赔，客户应承担费用为公司提供补偿和抗辩，或根据［公司］同意和解解决该第三方索赔。对［公司］因此发生的所有损失和费用包括合理的律师费，客户应予以补偿。

10 隐私权

10.1 如［公司］为提供服务和支持服务的必要使用客户数据，［公司］将遵守《［公司］隐私权政策》（见网址：http：//____________），《［公司］隐私权政策》经在此援引成为本协议的组成部分。［公司］可随时决定对其《隐私权政策》进行修改，但在当前订阅期限内，此类修改将不会实质性降低客户在订阅服务时已获得的保护程度。

10.2 如订阅或使用服务过程中需要收集、使用、处理、传输或披露任何个人信息，客户同意将依照相关法律规定向信息权利人提供所有必要的告知，并获得信息权利人所有必要的同意。对客户所提供数据的准确性、质量、完整性、合法性、可靠性和所有权，由客户自行负责。

11 服务性能保证

11.1 ［公司］保证所提供的服务将符合本协议附件工作说明、［公司］服务文档描述及服务水准可用性承诺。如［公司］的服务未能符合上述保证，客户可要求［公司］按服务中断持续时间占服务期限的比例退还已经支付的相应服务费，或减少应当支付的相应服务费。客户同意［公司］可将上述退款贷记入客户在［公司］的账户，贷记入客户账户的款项不计利息，但可与客户未来支付的服务费等额折抵。客户可通知［公司］将上述退款退还客户的指定账户。

11.2 服务中断的持续时间将通过汇总客户的《故障报告表》① 认定的宕机时间确定。宕机时间自［公司］客户服务部门开出《故障报告表》时开始起算，至［公司］客户服务部门通知客户服务恢复时结束。

> 条文注解：故障报告表，Trouble Ticket 或 Trouble Report，是某个组织中用于对某类问题的发现、报告和解决进行追踪记录的机制。这个机制起源于制造业，是一个基于纸质文件的报告系统。现在多以互联网为基础，并且与客户关系管理（CRM）环境，例如，呼叫中心或电子商务网站，或者某些高级技术环境，例如网络运维中心（NOC）等相关。

11.3　客户的所有索赔都应经［公司］审查和确认。

11.4　［公司］保留变更或修改上述规则的权利，［公司］也可经提前三十（30）天书面通知终止上述服务保证计划。

12　数据备份

客户应负责按本协议“客户职责”的相关规定对客户数据进行安全备份，［公司］不负责对客户数据进行备份。但在相关本协议或相关服务订单终止后六十（60）天内，如客户要求，［公司］可以仅限于为您取回服务中客户数据的目的，允许客户对服务进行必要的访问。在上述期限内，如客户同意就每份备份支付［公司］相关服务政策所列明的数据备份服务费用，［公司］也可将服务中的全部客户数据以 .BAK 格式备份在光盘中，并通过特快专递方式寄送给客户。

13　服务工具

13.1　［公司］可能会使用某些工具、脚本、软件或设施（统称为工具）对服务进行监测和管理，以及协助解决客户服务请求中的问题。除非为排查服务请求中的问题以及其他服务问题所必要，否则此类工具将不会收集、报告或存储在服务运营环境中驻留的任何客户数据。此类工具收集的数据（不包括运营数据）可以被用于辅助［公司］对产品和服务组合的管理。

13.2　如［公司］为客户提供或允许客户访问任何工具，与服务结合使用，客户对此类工具的使用受本协议许可和限制条款以及［公司］指明用于此类工具的许可条款的约束。所有此类工具均按现状提供，不附带任何保证，［公司］可以但无义务对此类工具提供任何技术支持。

13.3　客户同意，除仅限于按本协议规定为监测和管理服务的目的使用这些工具外，客户不得为任何其他目的访问或使用这些工具。客户对工具的使用权将在以下情形下终止，以较早者为准：(1) 订阅服务结束；(2)［公司］通知停止使用；或 (3)［公司］就此类工具授予客户的许可结束。客户不得在本协议终止后继续保存和使用这些工具。

14　统计信息

［公司］可以汇编与服务性能有关的统计信息并公开发布，此类统计信息将不会包含客户数据及客户保密信息，也不会提及客户的名称。［公司］保留对此类信息的所有知识产权权利。

15　第三方网站、内容、产品及服务

15.1　［公司］服务可能包含指向第三方网站的链接，并使客户可以访问

16290

第三方（包括第三方用户、广告商或运营商）的内容、产品和服务。这些链接或引用仅为用户方便而设置，并不表明［公司］对这些网站及其内容、产品或服务作了任何认可、推荐或保证，［公司］对其可用性、持续性、不间断及不存在任何错误等不做任何保证，也不承担任何责任。客户将基于自己的判断决定使用或不使用，并自行承担与使用此类第三方网站、内容、产品和服务有关的风险。

15.2　客户了解并同意，这些第三方网站、内容、产品和服务可能由第三方根据其不同于本协议的独立条款提供。第三方可能会就其网站、内容、产品或服务提供自己的保证。客户对第三方网站的使用可能受这些特定法律条款的约束并可能有许可及服务费产生。第三方网站的服务条款和隐私权政策可能与［公司］的规定有差异。客户向这些第三方网站提交的或由其收集的客户及客户授权用户的个人信息，不适用［公司］的隐私权政策。如客户选择使用该第三方网站，请仔细阅读该第三方的相关服务条款和隐私权政策（如果有的话）。在进入或使用该第三方网站时，客户应自行确定是否采取必要的防范措施，以免遭受病毒、蠕虫、木马和其他有害内容的侵害，［公司］不对这些网站的内容以及客户对该网站的使用所导致的损害承担任何责任。

16　营销材料和推广服务

16.1　客户了解并同意，［公司］可能会不时通过服务公告、电子邮件或其他方式向客户发送一些营销材料以及为客户提供附加的推广服务，而不会就此另行向客户另外收取费用（推广服务）。客户可随时通知［公司］停止发送上述材料。［公司］可能会不经另行通知随时调整提供上述推广服务的范围，某些推广服务可能仅针对新客户，某些客户可能并不能获得某些或所有上述推广服务。如果客户获得了我们提供的任何推广或特别价格或条件，这些价格或条件仅适用于客户本身，客户应对这些价格和条件保密，未经［公司］事先书面明确同意，客户不得将此类信息披露给任何第三方。

16.2　客户同意，［公司］可以在［公司］的销售或营销材料、新闻公告及［公司］网站上，将客户提及为接受［公司］服务的［公司］客户，并为此目的使用客户的字号和徽标。［公司］可以为促销目的，制作包含客户信息在内的简短客户概述在［公司］网站上使用。

17　期限和终止

17.1　本协议在客户和［公司］代表最后一方签署时（生效日）生效，直至根据本协议被任何一方终止。本协议条款和条件适用于本协议项下双方确认的所有服务、工作说明和服务订单。服务期限在附件工作说明或客户的服务订单中指明。初始服务期限和任何续展服务期限统称为“服务期限”。服务期限到期或因其他原因终止后，客户使用［公司］服务及相关许可材料的权利均立即终止。

17.2　如客户终止本协议或选择降低服务容量，那么，客户除应支付在本协议终止前已使用服务或支持的相应费用外，还应立即按照客户就被终止或被降低容量的服务在剩余期限内原本（在没有终止服务或服务容量降低情况下）应当支付的费用金额的百分之五十（50%）作为终止或变更费用。

17.3　如果任何一方未履行或遵守本协议的任何实质性条款，且未能在收到指明此类违约行为的书面通知后三十（30）天内采取有效措施予以纠正的，则守约方可以终止发生违约行为的相关工作说明和 / 或服务订单。如果［公司］按前述规定终止某个工作说明或服务订单，客户必须在三十（30）天内支付终止前已经发生的服务费，以及在本协议项下已经订阅服务尚未支付的全部费用，加上所有的相关税费和费用，无论该服务是否实际使用。守约方可以完全根据其选择，同意为违约方在上述三十（30）天纠正期限延长一定的宽限期，只要确信违约方正在继续尽合理努力纠正其违约行为。进一步地，在下列情况下，［公司］可以立即暂停客户的口令、账户以及客户对服务的访问和使用：(a) 如果客户延迟支付任何到期费用，且未能在上述三十（30）天纠正期限的前十（10）天内有效纠正的；或 (b) 如果客户违反本协议第 2 条、第 4 条、第 6 条、第 7 条、第 8 条、第 9 条、第 10 条、第 12 条规定。如果上述违约行为在三十（30）天内未能得到有效纠正，［公司］可以根据其选择，经通知或不经任何通知终止或暂停服务，且不需为此承担任何责任。

17.4　任何一方均可在另一方发生下列任何情形时经书面通知立即终止本协议：另一方无力清偿债务，清算或停业、提交了自愿破产申请、被申请强制破产［如未能在申请提交后三十（30）天内被撤销的话］、被司法裁定破产或为其债权人的利益被转让。

17.5　本协议无论因任何原因终止，客户均仍应支付在终止生效日前已经发生的应当支付的费用。

18　一般条款

18.1　本协议结合本协议援引的包括但不限于［公司］隐私权政策、服务政策、业务指南以及本协议的任何补充协议和附件，构成［公司］与客户双方之间就本协议标的所达成的全部协议，客户一旦接受即对双方具有法律约束力。除非经相关方以书面方式有效签署确认（经授权人员签字或加盖有效印章），否则对本协议任何条款的修改、终止或弃权均无效，对任何一方均不具有法律约束力。

16290

除非经［公司］书面接受，否则客户签发的订单或其他文件中任何意图对本协议条款进行修改、变更或添加的内容对［公司］均无约束力，也不会为任何目的而有效。双方进一步明确理解和同意，双方之间意思表示一致，计算机软件行业、［公司］所处行业以及双方之间的任何交易惯例以及其他常规业务做法，不得在任何方面被用于修改、解释、补充或变更本协议的明文规定或本协议的任何部分。

18.2　本协议的任何内容均不得被解释为在双方之间建立了合资、合伙或劳动关系，也不得被解释为任何一方有权代表另一方，以无论是明示或默示的方式为另一方创设任何义务或责任。

18.3　客户不得违反中国、中国所参加的国际组织或条约以及［公司］可能受约束的其他国家或地区的相关法律规定，将［公司］在本协议项下提供的服务或许可材料出口或转出口至禁止交易的国家或地区，或销售给禁止交易的客户。

18.4　未经［公司］事先书面同意，客户不得将本协议的全部或部分转让、转包、分许可或以任何其他方式移交给任何第三方。任何试图对本协议进行的转让、转包、分许可或移交均无效。

18.5　如本协议的任何一个或若干个条款被认定为无效、非法或不可执行，其余条款的有效性、合法性和可执行性不因此而受到任何影响或损害。

18.6　［公司］或客户任何一方延误或未能行使其在本协议项下的任何权利，以及部分或单独行使任何上述权利，这些行为本身均不得被视为构成该方对这些权利或任何其他权利的放弃。［公司］或客户对任何违反本协议任何条款的行为不予追究，不得被视为任何后续或其他违约行为的弃权。

18.7　任何一方如因为自然灾害、恐怖主义、火灾、爆炸、电力中断、地震、洪水、恶劣天气、罢工、禁运、劳资纠纷、民事或军事当局的行为、战争、天灾、承运商或供应商的作为或不作为、监管或政府机构的行为、政府机构的行动或命令或非因受影响一方过错导致的通信线路故障、或其他该方不能合理控制的其他原因（不可抗力事件）而无法履行其在本协议项下的任何义务，或不能享有其在本协议项下的任何利益，受影响的一方应当立即通知另一方，并应尽一切可能恢复履行。另一方收到上述通知后，本协议规定的所有义务应立即暂停。如未能履行的期间自收到不可抗力事件通知之日起超过了七（7）天，则履行能力未受影响的一方可按本协议第 17 条规定通过书面通知立即终止本协议。

18.8　本协议依据中华人民共和国大陆地区的法律制订和解释，且不考虑其冲突法规则。《联合国国际货物销售合同公约》[1]不适用于本协议。因本协议的履行和解释发生的任何争议，均应提交［公司］所在地有相应管辖权的人民法院裁决。但上述约定并不禁止［公司］向任何有管辖权的法院申请禁制令或其他保护其知识产权的强制措施。

条文注解：此类条款仅在跨境交易情况下适用。

18.9　本协议条款和章节的标题仅为阅读方便而设，任何情况下均不用于对本协议条款的理解和解释。

18.10　本协议如有多种语言版本，中文简体文本效力优于其他翻译文本。除非另有明确约定，否则本协议所提及的价款均以人民币计价。

18.11　本协议可能会签署两个或两个以上的副本，每一个副本均应被视为是原件，并且每份副本合并在一起将构成一个合同文件。

客户授权代表在下面签署或加盖客户有效印章即表明客户同意本协议的条款和条件：

客户签约主体名称：	［公司］签约主体名称：
代表人（打印或正楷）：	代表人（打印或正楷）：
部门和职务：	部门和职务：
日期：	日期：

附件：工作说明

服务描述

服务费用及支付

支持政策

服务水准可用性承诺

16290

21. 云服务转售协议

使用场景

此云服务转售协议样例文本用于云服务[①]提供商委任转售商转售和分销其云服务商品。

法律要点

一、什么是转售商或分销商?

转售是我们国家法律使用的术语,[②]而分销或经销[③]一词则至少并未在任何较高层级的立法中使用,尽管如此,根据分销或经销业务模式的典型特征,分销等同于转售。

转售和分销的典型特征是买方购买卖方的商品(包括产品和服务)用于向第三方转售,购买总是意味着获得商品的所有权,但对软件产品和服务而言,则通常意味着获得的仅仅是一种权利,而非所有权。

转售或分销业务模式下,客户与转售商或分销商就商品购买直接达成协议,但与硬件产品制造商、软件产品的版权人或服务商品的提供方直接,并不存在直接的合同关系。

这与代理业务模式完全不同。

在业界,普遍存在将代理商与分销商或转售商混淆的情况,很多人将分销商或转售商与代理商统称为代理,但这二者之间在法律上存在明显的区别。在规范的商业代理模式下,代理商通常仅负责为产品或服务提供方发现销售线索或商机,并协助商品提供商与客户签署合同。代理商与客户之间并没有法律上的关系—代理商与客户之间并不签署任何合同。商品提供方将直接与客户按照其自己的条款和条件达成协议,并对商品使用过程中出现的问题和错误直接向客户承担责任。而代理商对此并不承担任何责任。

在法律上,代理商会被认为可以以委托方的名义或者以自己的名义达成对委托方有约

---

① 关于云服务、SaaS在业界的一般理解,见《云服务订阅协议》。

② 见《中华人民共和国反垄断法》第14条。

③ 分销和经销在国内商业或法律文件中使用,多数情况下似乎不过是对同一个英文商业和法律术语即“distribution”或“distributorship”的不同翻译。有些情况下,有人则根据其习惯将这两个词,分别指代不同层级的转售商,例如,将直接签约的转售商称为分销商(或经销商),而由此类转售商再通过其下游渠道转售的,下一级转售商则被相应地称为经销商(或分销商)。这里将分销和经销统称为分销。

束力的合同，这可能会增加产品或服务提供商的风险，因此，如产品或服务提供商并无意受其渠道所签署合同或所作出承诺的约束，应严格区分代理商和分销商，避免将分销商称为代理商。产品或服务提供方固然可以通过代理商营销其商品，但应当使用规范的商业代理协议，对代理商的职权进行明确的限定。

二、为什么云服务业务中会使用转售商或分销商?

云服务提供商选择通过转售商，而不是直接向客户销售他们的云服务商品，这种情况更多地发生在跨境交易的情形下，这种情况下，云服务提供商缺少当地资源，语言不通，以及不了解当地的法律、商业和文化，通过当地转售商销售自己的云服务商品更有效率。

但在某些情况下，某些云服务提供商在境内也会基于类似考虑使用转售商，这通常是在转售商拥有更多客户资源，有更强的市场运营能力的情况下。

使用转售商或转售商的一个主要好处是，由于云服务提供商与客户之间没有直接的合同或法律关系，云服务提供商将不用直接对用户承担责任。例如，客户遇到的任何服务实施问题，都将是转售商或分销商的问题，转售商或分销商将对客户负责，并将直接对客户承担义务解决这些问题。

但使用转售商或分销商也有明显的弊端，即在这种渠道模式下，云服务提供商对销售过程特别是客户选择可能会缺少控制和管理。

三、云服务转售过程中的反垄断问题

以转售方式销售云服务，需要考虑反垄断法关于禁止经营者对交易相对人转售价格进行限制的规定。尽管目前尚未见到有影响的执法机关对服务转售价格限制行为进行处罚的案例，但由于反垄断法的规定同样适用于服务，[1] 因此理论上此类限制仍然可能违反反垄断法的规定。

如果云服务提供商对转售商向客户销售服务的价格进行限制，包括必须以特定的价格，或者不能低于特定价格进行销售，都会构成转售价格限制行为。在转售商协议中直接包含对价格进行控制的条款，可直接被认定为存在转售价格限制的违法行为。

以下非直接对转售价格进行限制的行为也可能会被认为属于转售价格限制行为：

—在转售商协议中包含限制价格折扣的条款，或

—明确规定，如果转售商以特定的价格转售服务，云服务提供商将会给转售商提供财务激励等。

云服务提供商如有对转售商转售价格进行限制的行为，可能会涉嫌违反反

① 见《中华人民共和国反垄断法》第12条。

16291

垄断法而面临高额罚款。因此，为避免直接和间接的转售价格限制行为，云服务提供商应确保避免在转售商协议中含有以下条款：

—对转售商转售云服务的价格作出任何指示；

—避免包含任何对转售商遵守价格政策进行激励的条款；

—不要采用威胁、财务激励或其他措施，如终止或延迟供应、降低优惠等，以促使转售商遵守规定或推荐的转售价格。

关键条款

云服务转售商协议中除了应当全面反映云服务提供商标准云服务条款和条件的内容外，还应包含以下一些附加条款：

—适用法律和语言；

—知识产权；

—指定转售区域。

合同正文

云服务转售协议

本云服务转售协议（本协议）经双方签署后自［公司］首次向转售商提供服务（所有术语均见下面定义）之日起开始生效。[1]

> 条文注解：此处显示的是此类条款一种可能的状态，可能仅适用于某些特定的场景，使用时需要根据具体情况确认是否适用。

本协议由以下各方签署：

(1)______（［公司］完整法定名称），其注册地址在：______省______市______区______号（［公司］）；与

(2)______（转售商完整法定名称），一家依据中华人民共和国大陆地区法律登记注册的公司，其注册或主要办公地址在：______省______市______区______号（转售商）。

背景

(a)［公司］希望委任转售商作为其非排他的转售商分销其服务（见下面定义）；

(b) 根据本协议条款和条件，转售商在此接受该委任。

为此，双方达成如下协议：

1　术语和解释

1.1　本协议使用了一些具有特别含义的术语。除非根据上下文另有解释，否则这些术语具有以下含义。

1.1.1　关联机构：是指通过一个或多个中间实体直接或间接控制一方、被一方控制，或与一方受共同控制的实体。“控制”：是指某人（包括自然人和法人）确保另一人根据其意愿处理事务的能力，包括：(a）通过持有超过百分之五十（50%）的董事选举权的股权，或如果该实体不是［公司］，有权选举相应管理机构的权利；(b）凭借任何组织章程、合伙协议、一致行动协议或其他相关文件授予的任何权力，影响一方的经营管理方向和政策。

1.1.2　协议：是指本协议及本协议附属的或经由明确援引并入本协议的所有附录、订单和文件。

1.1.3　工作日：是指除法定休息日及公共假日之外的工作日。

1.1.4　费用：是指相关订单中规定的转售商或客户就云服务支付的金额。

1.1.5　云服务信息站点：是指［公司］的发布有关云服务转售、提供或使用条款、条件、使用指南、通知和其他信息的互联网站点。

1.1.6　保密信息：是指本协议条款及在本协议商讨和履行过程中一方已经提供或可能提供的任何被指明为保密的所有其他书面或其他形式的信息，以及根据其性质明显应属于保密的信息，包括有关本协议或云服务的信息、在云服务提供过程中使用或生成的信息、或任何转售商的产品、运营流程、计划或规划、技术诀窍或［公司］的商业秘密、市场机会、客户和业务活动等。

1.1.7　生效日：是指本协议指定的生效日，或本协议最后一方最终签署本协议的日期。

1.1.8　客户：是指转售商向其转售服务的任何第三方，为避免任何疑问，这里所称的第三方也包括任何其他转售商。

1.1.9　知识产权：是指在世界各地存在的各种知识产权权利，无论是否注册登记，以及对此类权利的所有申请、更新和延展，并且无论何时产生，经注册或经申请注册的，包括，著作权、数据库权、设计权、专利、商标、服务标志、商号和其他在商誉中的权利、在技术诀窍、商业秘密中的权利，包括此类权利存续期间的所有邻接权和其他保密信息。

1.1.10　法律：是指任何法律性文件，包括法律、法规和规章，以及其他有强制效力的政府命令、法律解释及标准。

16291

1.1.11　陈述：是指本协议一方向另一方就签署所基于的一些事实所作出的声明、允诺、断言和保证。陈述的事实如果是不真实的或是误导性的，依赖这些事实签署合同的一方可以撤销合同，并可要求作出不实陈述的一方就因此导致的损失进行赔偿。

1.1.12　正常工作时间：是指从周一至周五当地时间早上 9：00 至下午 18：00 的工作时间，不包括公共假日。

1.1.13　商品：是指在市场上销售或通过其他方式提供的产品和 / 或服务。

1.1.14　订单：是指任何由转售商根据本协议向［公司］提交的订单。订单经［公司］按照本协议流程接受后生效。订单包括［公司］的任何订单标准条款和条件及其任何修订和补充，无论这些条款和条件是作为附属条款并入订单，还是通过电子或其他方式确认接受。

1.1.15　各方：是指［公司］和转售商。

1.1.16　云服务：是指［公司］不时通过互联网提供并允许转售商要约销售的任何资源，包括任何附加的支持服务，云服务及其相关支持服务的具体描述见相关文档和订单。

1.1.17　支持服务：是指附件一描述的支持服务。

1.1.18　服务条款：是指规定客户对于云服务使用的法律条款，服务条款见［公司］网站。

1.1.19　文档：是指任何有关云服务销售和使用的附加文件和 / 或需求说明，包括但不限于授权使用政策、工作说明、数据隐私权政策以及服务水准协议等。转售商必须接受并遵守并应告知客户接受和遵守所有相关文档的条款。

1.1.20　［公司］材料：是指由［公司］提供或代表［公司］旨在推广和解释服务的可用功能及利益的所有营销材料。

1.1.21　指定区域：是指［公司］指定的转售商转售和营销云服务的地理区域或市场，为表述方便，区域包括所有分销的媒介和渠道。

1.1.22　第三方提供方：是指为转售目的不时向［公司］提供以云为基础的或类似产品和 / 或服务的任何第三方。

1.1.23　第三方服务：是指任何构成本协议项下云服务的组成部分，但并非由［公司］提供或许可的任何第三方产品和 / 或服务，包括在云服务信息站点上指定或提及的，通过本协议项下服务提供的任何软件或辅助服务。

1.1.24　第三方条款：是指云服务信息站点上指定或提及的有关第三方服务的条款和

条件，包括任何使用限制、保证和补偿。

1.1.25 商标：是指［公司］经事先书面通知允许转售商使用或为转售商获得使用许可的任何商标。此类使用仅限为转售云服务相关的目的。

1.2 本协议中各个条款、附录和段落的标题仅为阅读方便而设，不得用于对本协议的解释。

1.3 本协议所提及的“人”包括任何自然人、法人和非法人组织，例如，公司或其他单位和企业，无论其是否有独立的法律人格。

1.4 本协议提及的法律规定均指其被援引时当时有效的最新状态，包括其任何修订或修改。

1.5 书面形式包括传真和电子邮件。

1.6 如本协议条款和条件与任何订单的条款和条件不一致，本协议的条款和条件将优先适用。如果两个或多个订单之间的条款存在不一致，在不违反前述规定的前提下，最新生效的订单将优先适用。

2 委任

2.1 ［公司］通过本协议委任转售商作为其非排他的分销商，根据本协议条款在授权区域内推广、营销、提供和分销本协议项下的云服务。

2.2 转售商有权介绍自己为［公司］云服务的“授权转售商”，但不得为任何目的宣称其自己为［公司］的代理，也不得用［公司］的信用做任何保证，或代表［公司］提供任何允诺或保证或作出任何陈述，不得使［公司］承担任何合同义务。此外，未经［公司］事先书面同意转售商不得就云服务的规格、特征或用途做任何与［公司］提供的推广材料（包括［公司］的服务条款和任何第三方条款）所含有的内容不一致的任何陈述、保证、担保或其他承诺。

2.3 未经［公司］事先书面同意，转售商不得通过销售代理、下游转售商、或转售商销售云服务。如［公司］同意转售商作出上述任命，转售商应确保其与这些销售代理、下游转售商或转售商签署书面合同，该合同应具有至少能够与本协议同等对［公司］提供保护的条款。特别是，转售商应确保其与销售代理、下游分销商或转售商之间所达成的任何合同，其条款所规定的各方义务应不低于本协议约定的标准。

2.4 本协议第 2 条对转售商的委任仅授予转售商一个分销本协议项下云服务的许可，而并未向转售商或客户转让云服务的任何权利、所有权或权益。本协议中使用的“销售”、“许可”、“采购”、“许可费”及“价格”均应按本条

16291

款进行理解和解释。

3 订单流程

3.1 转售商可以通过向［公司］下订单为其自己或为向客户转售而购买云服务，所有订单均受相关订单条款的约束。

3.2 转售商提交的每个订单均将构成转售商购买订单所提及相关云服务商品的要约。每个订单均需经［公司］接受方为有效，订单应是合格的并符合当时有效的订单规范，包括［公司］可能针对某个潜在客户的信誉和适合性所提出的任何要求。

3.3 ［公司］可能会不时通知转售商，［公司］有意向转售商提供某些未来的云服务商品，供转售商自用或向客户转售。如转售商有意购买任何此类云服务商品，可以向［公司］签发订单。一旦［公司］按下面第3.4款接受此类订单，则此类云服务商品应被视为包含在本协议的云服务定义范围内，并受本协议条款约束。

3.4 一旦［公司］向转售商发出一个使用［公司］标准格式的书面订单确认书，则相关订单将视为被接受，［公司］与转售商双方之间将形成一个有法律约束力的合同。［公司］对订单的确认将根据［公司］的判断，通过［公司］指定的电子邮箱、［公司］网站公告或［公司］网络订单系统等方式（［公司］电子订单系统）发送给转售商。转售商应遵循所有有关［公司］电子订单系统的规则和条款，［公司］可以拒绝任何非通过［公司］电子订单系统提交的订单。

3.5 本协议签署前或签署后，［公司］将创建一个转售商专用账户，以便处理转售商发出的订单。作为此账户的一部分，双方应诚信地联络并就转售商的资信状况达成共识。如转售商的资信状况被确定为“凭单即付”，则转售商应在云服务开始前，开通其账户的自动转账功能，以授权［公司］自动扣款方式支付相关服务费。

3.6 订单经［公司］确认，且转售商已经按第3.5款规定预先支付了费用的前提下，［公司］将提供经确认的订单中指明的云服务，云服务将按照经转售商接受的条款，包括服务条款以及任何第三方条款提供。转售商（如转售商为其自己购买云服务）及客户必须接受服务条款。这些服务条款将在提供云服务的相关网站的网络入口或网上店铺发布。服务条款也可在云服务提供前通过线下纸面方式签署，或根据本协议条款及相关服务条款的规定采用其他方式签署。第三方条款也必须在使用第三方服务前根据第3.7款接受。

3.7 云服务的任何部分如属于第三方服务，将受相关第三方条款约束，该第三方条款将根据本协议以书面方式通知转售商和/或客户，在提供相关云服务的网站入口或网上商城主页上发布此类条款将构成有效通知。在此类条款经通知后使用相关第三方服务，将视为客户和转售商（如转售商为其自己购买服务）已无条件同意接受这些第三方条款。为避免任何疑问，第三方服务并非直接许可给客户或转售商，而是作为［公司］云服务的组成部分允许客户和转售商（如转售商为自己购买服务）按服务条款及相关第三方条款使用。

3.8 为避免任何疑问，为本协议的目的（除非根据上下文另有解释），订单提及的客户均应被理解为是转售商或客户（视情况而定），并应根据本协议条款进行解释。如转售商违反订单和 / 或本协议，包括转售商确保客户履约以及接受和遵守相关服务条款和第三方条款等要求，此类违约应被理解为是转售商违约。如［公司］要求，转售商应提供客户接受服务条款的书面证明文件。转售商应负责确保客户遵守相关订单项下转售商的义务。

4 转售商承诺

转售商向［公司］承诺并同意其：

（1）将尽最大合理努力在本协议整个期限内在指定区域促进云服务的分销和销售；

（2）仅根据［公司］不时提供的届时有效的书面说明对云服务进行报价和营销；

（3）仅使用［公司］或其第三方供应商提供的信息和材料，以［公司］同意的方式对云服务进行营销，如需使用此外的其他材料和信息，应经［公司］事先审核并书面同意，转售商执行的营销活动均应由转售商自行承担相关费用；

（4）遵守服务条款以及第三方条款（如适用的话）中规定的所有义务，就如同转售商自己接受了云服务或第三方服务；

（5）确保客户在使用云服务和第三方服务前了解并接受服务条款及第三方条款；

（6）确保客户遵守服务条款及任何第三方条款；

（7）在使用云服务过程中采取合理和必要的安全防范措施，并确保客户也同样这样做；

（8）聘雇足够数量的有相应资格的人员，以确保本协议项下义务充分和适当履行；

（9）在［公司］任何时候以书面形式提出合理要求后十四（14）天内，向［公司］提供转售商持有或控制的用于证实其遵守本协议的信息；

（10）与［公司］（或［公司］指定的第三方供应商）合作，对任何云服务中断、云服务问题以及涉嫌违反本协议、服务条款以及第三方条款的行为等进行合理调查；

（11）在本协议期限内以及此后三（3）年内保留完整和准确的清楚显示与云服务有关的所有咨询、报价、交易和流程的账册及业务档案，并允许［公司］（或其指定人员，包括其会计或审计人员）为检查的目的，在经合理通知后，对这些与云服务有关的账册和业务档案进行查阅。［公司］进行此类检查的费用，将由［公司］承担，但如果检查结果显示就检查的期限内应支付的金额与转售商实

16291

际支付的金额之间差额超过百分之五（5%），转售商除应补齐差额部分外，还应承担［公司］为检查发生的所有费用（为避免疑问，此类费用包括［公司］指定人员为执行检查所发生的合理费用），上述费用应在收到［公司］支付上述差额及费用的付款通知后十四（14）天内支付。以上处理并不减免［公司］的其他救济和权利。

（12）为对客户执行服务条款及第三方条款进行管理，根据［公司］的合理要求，按第12条规定，按月向［公司］提供有关客户的信息；并且

（13）如转售商发生所有权或管理控制权变更，或可能影响转售商履行本协议项下义务的组织或业务执行方面的变更，立即告知［公司］。

5　支付服务级别和升级

5.1　［公司］将向转售商提供支持服务，转售商应（根据第5.2款的规定）就一级事件向客户提供支持服务（见附件一描述）。

5.2　如果订单中有规定,［公司］将直接向客户而非转售商提供支持服务，为避免疑问，如果订单规定此类支持服务将由［公司］向客户提供，转售商将不负责提供支持服务。

5.3　支持服务的价格将在订单中明确。

5.4　转售商确认其知悉并同意第三方服务供应商将不时提供有关云服务的升级。

6　价格和支付

6.1　如有任何云服务费用产生，［公司］将提前二十八（28）天书面通知转售商。

6.2　转售商为履行本协议项下义务所发生的所有成本、费用和款项均应由转售商支付，除非［公司］事先明确书面同意支付这些成本、费用和价款。

6.3　［公司］将按照订单中规定的时间向转售商发出付款通知。

6.4　除非在相关订单中另有明确说明，或双方另有约定，转售商应在收到［公司］付款通知后立即向［公司］支付通知中列明的费用。此类费用应支付至本协议规定的［公司］银行账户或［公司］另行通知转售商的账户。

6.5　除非经［公司］书面同意，转售商无权以任何理由对应当支付给［公司］的款项做任何抵销、抵扣、扣减或其他扣除。

6.6　转售商应负责归集、划拨和缴纳所有由政府或其他相关主管部门征收的与云服务的购买、进口、销售、租赁或其他分销等相关的所有税费。

6.7　转售商对任何到期未能支付的金额，均应按欠缴金额日万分之五（0.05%）的利率支付滞纳金，直至全额支付完毕。支付滞纳金并不减免和影响［公司］依法以及依合同

约定享有的其他救济和权利。

7　广告和促销

就云服务广告和促销，转售商应当承担以下义务：

（1）负责云服务的广告和促销，前提是转售商使用的广告和营销材料，如包含［公司］商标或其他云服务描述，均应经［公司］事先书面同意；

（2）如转售商的广告或促销材料提及了云服务或使用了［公司］的商标，应当遵守［公司］就云服务的广告和推广向其提供的所有合理的指示和指导，未经［公司］事先书面同意，不得就云服务质量做任何书面陈述；

（3）以反映［公司］良好形象和声誉的方式执行业务，不应签署任何可能对［公司］及云服务有不利影响的合同或从事此类业务活动；

（4）避免那些损害［公司］、云服务及公众利益的欺诈、误导或其他不道德的业务活动，且不得发布或使用或与他人合作发布或使用任何虚假的、误导的或欺诈性的广告材料或其他有关［公司］或云服务的陈述。

8　遵守法律

8.1　转售商应负责获得向转售商交付云服务所需要所有政府许可或批准，包括云服务进口和销售（如果需要的话），并且转售商应负责支付所有相关的认证、许可和批准的费用。

8.2　转售商向［公司］保证其已经向［公司］告知所有截止合同签署日在指定区域内现行有效的可能对云服务的提供和销售有影响的相关法律或其任何部分（当地法律）。

8.3　转售商应尽最大合理可能，将当地法律及政策预期的变化事先通知［公司］。

8.4　接到转售商按第 8.3 款发出的通知后，［公司］将努力确保云服务能够在当地法律变化开始生效时符合法律变化后的要求，或在合理可行情况下尽快在此后使云服务符合法律变化后的要求。

9　反贿赂

9.1　转售商应：

（1）遵守所有与反贿赂和反腐败有关的法律规定；

（2）不从事任何可能构成违反上述法律相关规定的活动或行为；

（3）遵守［公司］的道德、反贿赂和反腐败政策，［公司］可能会定期和不时更新这些政策，并通知或通过其他方式告知转售商；

（4）建立并在本协议期限内始终保持其有关反贿赂和反腐败的政策和流

16291

程，确保其遵守相关要求、相关政策以及本第 9.1 款的规定，并且在需要时确保这些规定的贯彻执行；

（5）立即向［公司］报告转售商收到的与本协议履行有关的任何不适当的财务或其他任何类别的利益要求和需求；

（6）如有任何现任政府官员成为转售商的管理人员或雇员，或从转售商处获得任何直接或间接的利益，立即书面通知［公司］（并且转售商保证在本协议签署之时没有任何政府官员是其管理人员或雇员，或直接或间接的股东）；

（7）在本协议签署后三（3）个月内，并且在此后每年同一时间，以转售商高级管理人员书面签署的证明文件方式向［公司］确认，转售商、与转售商有关联的或转售商应当负责的所有人（包括自然人和法人，即单位和个人，下同）均符合并遵守了本协议第 9 条的所有规定，如［公司］要求，转售商应向［公司］提供相关的证据；

9.2　在不影响第 22.9 款规定的前提下，转售商应确保所有与转售商有关联的负责履行本协议项下云服务或提供相关货物的人，均应与转售商事先签署包含与本协议第 9 条等效条款的合同（相关条款）。转售商在任何情况下均应对此类人员遵守相关条款负责，并应在任何情况下就这些人员违反相关条款的行为直接对［公司］负责，无论是这些违反行为是如何发生的。

9.3　违反本协议第 9 条将被视为实质性违约，并且根据第 17.2 款是不可纠正的。

9.4　为本协议第 9 条的目的，“适当流程”“政府官员”、以及某人是否与其他人有关联，将根据相关法律规定解释。为本协议第 9 条的目的，与转售商有关联的人包括但不限于转售商的任何分包商。

10　知识产权权利

10.1　除非经双方授权代表另外书面同意，否则云服务及［公司］材料中包含的或与之相关的所有知识产权权利均属于并将始终属于［公司］和 / 或其许可方。

10.2　在本协议期限内，根据［公司］的要求，转售商应采取合理措施协助［公司］维持其知识产权在指定区域内的有效性，包括以［公司］名义办理必要的登记、注册和备案等。

10.3　在不损害转售商权利前提下，如有任何第三方对［公司］知识产权的有效性提出质疑，转售商不得自己或同意任何第三方从事任何可能使［公司］知识产权无效或与［公司］知识产权权利不一致的行为，转售商也不得自行或同意任何第三方从事任何具有同样效果或性质的不作为。

10.4 ［公司］就其在云服务、［公司］材料及商标中的知识产权权利的有效性及其是否侵犯任何第三方的知识产权权利不做任何陈述或保证。

10.5 根据本协议条款和条件，并仅在本协议期限内且仅为转售商履行其在本协议项下义务的目的，［公司］授予转售商一个非排他的、可撤销的和个人的许可，根据该许可，转售商可以：

（1）为演示、营销和向客户销售云服务的目的（如果转售商为自用目的购买云服务，则仅限于为其内部业务使用目的），制作和使用［公司］材料合理数量的副本以及任何相关的有关云服务的文档；

（2）仅为推广、营销和销售云服务的目的，在与云服务相关的材料上使用［公司］的商标，以及仅为同样目的使用［公司］材料（如转售商为自用目的购买云服务，则仅限于为其内部业务使用目的）。

10.6 转售商不得：

（1）复制云服务或其任何部分，除非在本协议另有明确允许的范围内且为本协议另有明确允许的目的；

（2）修改、改编、开发、创作任何派生作品、反向工程、反编译、反汇编或从事任何云服务中的版权或其他知识产权权利限制的其他行为。

10.7 转售商应确保其对［公司］商标的所有提及和使用均符合［公司］提供或不时同意的规范，并附带有［公司］同意格式的权利声明，表明所使用的标识是［公司］的商标或注册商标。

10.8 转售商不得：

（1）以任何可能损害［公司］商标有效性、显著性或其中所包含商誉的方式使用［公司］商标；

（2）未经［公司］事先书面同意在云服务上使用［公司］商标之外的其他商标；或

（3）使用与［公司］商标或商号相似的很可能导致混淆或欺诈的任何其他商标或商号。

10.9 除本协议明确授予的许可外，任何一方均未就其知识产权权利授予任何许可和权利，或对其任何部分做任何转让。特别是，除非本协议中另有明确约定，转售商对［公司］使用的与云服务有关的商标、商号及与其关联的商誉没有任何权利，转售商在此确认所有这些权利和商誉均以［公司］为受益人并归属和始终归属于［公司］。

10.10 根据［公司］要求，转售商应协助或促使他人提供［公司］合理要求的协助（包括签署相关文件等），使［公司］能够充分享有本协议的权益。

16291

10.11　当转售商知道以下情况发生时，应立即书面通知［公司］：

（1）任何对与云服务有关的商标或其他知识产权权利的侵犯或涉嫌侵犯；以及

（2）指称云服务或对云服务任何部分的制造、使用、销售或其他处理侵犯了任何第三方商标或其他知识产权权利的任何索赔。

10.12　如发生任何第 10.11 款第（1）项描述的事件：

（1）［公司］将根据其判断决定采取何种行动以应对该事件；并且

（2）［公司］对上述事件的处理有完全的控制权并采取其认为必要的任何后续行动。

10.13　如发生任何第 10.11 款第（2）项描述的事件：

（1）［公司］将就任何根据本协议对云服务的营销、推广或分销侵犯了任何第三方的知识产权的索赔为转售商、转售商的官员、董事及员工提供抗辩，并将对法院因此类索赔裁决由转售商承担的或对此类索赔所达成和解协议同意由转售商承担的任何费用进行补偿，前提是：(a）转售商在收到此类索赔后立即通知［公司］；(b）转售商为［公司］对此类索赔的抗辩及和解提供合理的配合（［公司］承担相关费用）；并且（c）转售商就索赔的抗辩及和解向［公司］授予了全部和排他的权利，［公司］对此类索赔的处理有完全的控制权。

（2）在此类索赔的抗辩或和解过程中，［公司］可以为转售商获得继续按本协议预期方式分销云服务的权利，对云服务全部或部分进行替换或修改使其不侵权，或者，如果此类救济措施不具有合理可行性，［公司］可经书面通知终止本协议，而对供应商不需要承担任何责任。［公司］在任何情况下均不对以下原因导致的侵权索赔承担任何责任：(a）转售商分销的［公司］云服务之外的任何其他服务（转售商服务），无论是全部或部分；(b）非由［公司］执行的对云服务的任何修改；或（c）转售商以与［公司］向转售商提供的业务指南或本协议条款不符的方式营销、推广、分销或使用云服务；(d）转售商在［公司］或任何适当主管当局向其发出了宣称的或实际的侵权通知后，对云服务的营销、推广、分销或使用；或（e）将云服务与转售商服务结合使用，而如果没有此类结合，侵权本不会发生。

（3）前述条款阐述了在发生第 10.11 款第（2）项事件情况下，转售商唯一和排他的权利和救济，以及［公司］的全部义务和责任。

（4）各方应根据另一方的要求并由另一方承担费用，就另一方将采取的行动向另一方提供所有合理的协助（包括允许另一方以其名义或共同作为一方处理法律程序），前提是另一方应对该方受到的损害按本协议约定予以补偿。

11 保密

11.1 在本协议执行过程中，各方均可能会接触对方的保密信息。一方的保密信息将不包括以下信息：

（1）非因接收方的作为或不作为而公开知晓的信息；

（2）在披露前已经由接收方合法持有的信息；

（3）由第三方在不附带任何披露限制情况下披露给接收方的信息；

（4）由接收方合法独立开发的信息，该独立开发能够被书面证据证实；或

（5）根据法律、有合格管辖权的法院或任何执法和行政机关要求披露的信息。

11.2 各方均应保持他方所披露保密信息的保密性，并且除非法律另有要求不得将接收的他方保密信息提供给任何第三方或为执行本协议之外的目的使用这些保密信息。

11.3 各方同意将采取所有合理的措施确保其接触到的他方保密信息不会被其员工或代理以违反本协议条款的方式披露、使用或传播。

11.4 本条款在本协议无论因任何原因终止后均持续有效。

12 数据保护

12.1 本协议项下使用的所有与数据保护相关的术语和表达，均与相关数据保护立法中使用的术语和表达含义相同。

12.2 转售商确认转售商（包括其客户，如果适用的话）是本协议执行过程中收集、向［公司］提供并由［公司］处理的任何个人数据的数据管理者。转售商应（并应保证其客户）确保：

（1）其自己将并且同时将促使其员工、代理和分包商在任何时候均遵守与个人信息有关的相关数据保护法律规定；

（2）其将根据数据保护相关法律规定，获得所有同意［公司］和/或其第三方供应商为提供云服务目的处理此类个人数据的所有适当的和相关的同意；

（3）根据云服务的性质，如果数据可能被传输至境外或在境外服务器上存储，转售商和/或其客户应获得数据主体（权利人）的事先书面同意。

12.3 对因与云服务有关的违反数据保护法律行为导致的任何损失或损害赔偿，转售商应当（并应确保其客户）为［公司］及第三方供应商提供抗辩和补偿，使其不因此受到任何损失和损害。此义务在本协议因任何原因终止后仍然有效。

12.4 如果客户有意通过云服务保存或以任何方式处理任何个人数据，转售商应确保客户确认并同意自行承担使用云服务的相关风险，并且转售商应确

16291

保其自己（或客户）作为数据管理者，从数据主体（权利人）获得并保持所有与处理其个人数据相关的适当的同意和允许，对个人数据的收集、存储和处理应当与云服务的使用相关并且是必要的。

13 陈述和保证

13.1 各方陈述、保证和承诺：

（1）其有充分的资格和授权并获得了所有必要的批准签署并履行本协议，以及授予本协议项下的权利和许可；

（2）本协议是由双方各自获得了充分授权的代表签署，对各方有完全的法律约束力；并且

（3）其履行本协议项下义务时将遵守所有相关的法律规定。

13.2 除第 13.1 款另有规定者外，［公司］就云服务不做任何其他陈述或保证，在相关法律允许的限度内，［公司］否认任何和所有有关适销性、适用于特殊目的、不含有病毒或其他有害代码、准确性、可靠性、不侵权和及时性的保证。

13.3 转售商向［公司］陈述、保证并承诺在本协议期限内及此后的六（6）个月内：

（1）其将依照最高的业务标准，尽职和诚信地以谨慎和专业的方式执行本协议项下预期的业务和所有活动；

（2）在履行其在本协议项下义务或行使其本协议项下权利时，其将遵守所有可适用的法律要求、标准和业务行为守则；并且

（3）其将不会以任何可能使［公司］或云服务名声和品牌形象受损的方式执行本协议项下业务，无论是作为还是不作为。

14 补偿和保险

14.1 对因以下转售商行为直接或间接导致并由［公司］承担的任何责任、损失、损害赔偿、成本、罚款、索赔及无论任何性质的费用（包括［公司］在法律程序开始前和开始后所支付的任何法律成本和费用），转售商应为［公司］进行补偿，并使［公司］不会因此受到任何损失和损害：

（1）转售商的任何向客户或潜在客户推广云服务的作为和不作为；

（2）转售商任何对本协议的违反；或

（3）转售商、转售商员工、或其分包商任何虚假陈述、疏忽、欺诈、故意的不当行为或违反法定义务，包括由任何第三方提出的包括声称侵犯该第三方权利在内的要求、索赔或行动导致的任何损失或费用。

14.2 在本协议期限内，转售商应向有良好信誉的保险商购买并维持一个足够涵盖转售商在本协议项下义务和责任的保险，包括适当的职业责任险（或在指定区域内类似的等效险种）。如果［公司］要求，转售商应向［公司］提供其购买并维持此类保险的书面文件证据，并应在此类保险条款发生重大变化时通知［公司］。

15 责任限制

15.1 以下条款规定了［公司］（包括其员工、代理或分包商的作为或不作为）就以下违约事项对转售商所承担的全部经济责任：

（1）对本协议无论任何形式的违反；

（2）本协议项下的或与本协议相关的任何陈述、不实陈述（无论是由于非故意的还是过失）、声明或侵权性的作为或不作为（包括过失）。

15.2 除非本协议另有明确和具体的规定，所有法律规定的默示保证、陈述、条件或其他条款，在法律允许的范围内，均予以排除，不适用于本协议。

15.3 但本协议的任何内容均不排除［公司］对以下事项的责任：

（1）因［公司］疏忽导致的人身伤亡；

（2）［公司］欺诈性的不实陈述；

（3）其他法律不允许对其责任进行排除或限制的事项。

15.4 除第 15.3 款规定的事项外，［公司］在任何情况下均不对以下损失承担任何责任，不论这些损失是基于侵权（包括疏忽或违反无论何种法定义务）、合同、不实陈述（无论是非故意还是疏忽）或其他原理：

（1）利润损失；

（2）业务损失；

（3）商誉价值贬损或类似损失；

（4）预期可节省费用损失；

（5）货物灭失；

（6）使用价值丧失；

（7）数据或信息丢失或损坏；或

（8）任何其他特别的、间接的、结果性的或纯经济的损失、成本、损害赔偿或费用。

15.5 ［公司］就因本协议履行、预期履行或其他相关事宜导致的，无论是基于合同、侵权（包括但不限于因疏忽或违反法定义务导致的）、不实陈述（无

16291

论是由于无意还是疏忽）或任何其他原理的全部责任总和，在任何情况下将均不超过以下金额，以较高者为准：(a) 五万元（50，000）元人民币；或（b）转售商在索赔发生前的过去十二（12）个月内在本协议项下向［公司］支付的全部费用。

15.6　如［公司］违反了任何未能按照第 13.2 款排除的默示保证，则转售商获得的唯一救济以及［公司］为此承担的全部义务和责任是：(a) 替换存在问题的云服务；或（b）根据［公司］的选择，向转售商返还其就云服务已经支付的相关费用。

16　暂停

16.1　在下列情况下，［公司］可以立即暂停提供全部或部分云服务：

（1）转售商未能按照本协议第 6 款规定按时支付任何云服务费用；

（2）［公司］有理由根据本协议条款规定终止本协议；

（3）某个第三方供应商禁止某个客户对云服务的使用；或

（4）相关订单规定的可以终止或暂停云服务的情形。

16.2　如［公司］根据第 16.1 款规定暂停云服务，除非根据本协议条款，［公司］有权并在此后选择终止本协议，否则，在［公司］确认其暂停云服务的理由已不再存在，并且转售商已根据［公司］要求，向［公司］支付了恢复云服务的费用（具体金额以［公司］不时通知转售商的费率为准）的情况下，［公司］将尽其合理努力在合理可行的前提下尽快恢复云服务。本协议第 7 条规定适用于此类恢复费用。

16.3　［公司］行使本条款或任何订单规定的暂停云服务的权利，均不排除其此后因同样理由或其他原因停止云服务的权利，也不会阻止［公司］向转售商就其违约行为索赔的权利。

17　期限和终止

17.1　除非和直至依照本协议条款被提前终止，否则本协议自生效日期开始生效，并将在十二（12）个月的首个合同期限（初始期限）内及此后持续有效，直到一方经提前一（1）个月书面通知另一方本协议在初始期限到期日终止，或者在初始期限到期日之后，在某个账单期限到期时终止。

17.2　在不影响任何其他权利或救济的情况下，任何一方均可在以下情况下终止本协议、任何订单和 / 或任何云服务，而无须为此承担任何责任：

（1）另一方实质性违反本协议的约定，并且，如果此违约行为是可以纠正的，该方未能在收到守约方书面通知后三十（30）天内采取有效措施纠正违约行为；

（2）另一方已被命令或通过决议进行清算，或发生了其他类似情况，使有管辖权的法院可以命令对该方进行清算；

（3）另一方已被任命了管理者对其事务、业务和财产进行管理，或已向有管辖权的法院提交了任命管理人对该方资产进行管理的申请，或另一方或其董事或合格的浮动抵押权利人（见破产法相关规定）已经发出了有意委任管理人对该方资产进行管理的通知；

（4）另一方已被任命资产或业务接收人，或发生了其他类似情况，使有管辖权的法院或债权人可以任命对该方的接收人或管理人，或任何他人占有或出售了该方的资产；

（5）另一方破产，或与其债权人作出了任何重整安排，或向有管辖权的法院申请以任何方式保护其债权人；

（6）另一方停止业务或有停止业务的危险；或

（7）另一方在任何司法管辖区内因债务原因采取或被采取了相同或类似的行动。

17.3　不管订单条款如何规定，[公司] 可以：(a) 在订单规定的云服务开始日之前随时；或（b）经提前三十（30）天书面通知，终止该订单中提及的云服务而不需承担任何责任。

17.4　在不影响 [公司] 可能享有的其他权利或救济的前提下，[公司] 可以在下列情况下终止本协议和 / 或任何订单：

（1）如转售商的管理控制权发生了实质变化；

（2）转售商对 [公司] 任何知识产权的有效性提出质疑或为此与 [公司] 发生争议；或

（3）转售商意图转让其在本协议和 / 或任何订单项下的任何权利或义务。

17.5　为避免疑问，违反本协议第 4 条、第 6 条、第 7 条、第 8 条、第 9 条、第 10 条、第 11 条、第 12 条、第 13 条和第 14 条的任何规定，为本条款的目的，将无任何限制地构成实质性违反本协议的约定。

17.6　在本协议期间内，[公司] 可能会随时经告知或不经告知而终止向任何客户提供云服务。在这样的终止之后，[公司] 可以终止任何客户作为客户的状态。在某个客户作为客户的身份被终止后，转售商将不会向 [公司] 提交任何与该客户有关的订单。如 [公司] 终止了某个客户的协议，转售商将不会就因终止导致的任何损害或利润损失向 [公司] 提出任何索赔。

18　终止的影响

18.1　如本协议因任何理由终止或到期的：

（1）转售商应（自行承担相关费用）退回（或根据 [公司] 的选择销毁）

16291

所有云服务的介质；

（2）在不违反第 17.3 款的前提下，并且除非终止是因任何一方违约导致，或相关订单已经根据第 17 条被终止，否则双方将继续认真遵守所有与在终止或到期日尚未执行完毕的任何订单有关的承诺和义务，该订单将根据本协议条款和订单继续有效，为免疑义，就该订单而言，本协议条款继续适用并有效；

（3）一方在终止时的应计权益以及任何明确声明或默示应当在终止后延续其效力的条款的延续性均不受影响或损害；

（4）在本第 18.1 款前面规定的前提下，本协议项下转售商的所有权利和许可均应终止。

18.2　本协议终止本身并不导致［公司］应对转售商就利润或商誉损失承担支付任何补偿的责任，也不导致［公司］应对转售商因终止导致或与之有关的任何费用，或其他任何损失或损害承担任何赔偿责任。

19　不可抗力

如任何一方因超出其合理控制的事件、情况或事由导致延迟履行或不能履行其在本协议项下的任何义务（支付任何费用的义务除外），不构成该方违约，该方也不需对此承担任何责任。这些事件、情况或事由包括罢工、停业或其他劳资纠纷（无论是否涉及转售商或任何其他方的职工）、公用服务事业、运输或电信网络故障、天灾、战争、暴乱、内乱、恶意破坏、遵守法律或政府命令、规则、规章或指导、事故、工厂或机械故障、火灾、洪水、风暴或供应商或分包商违约。在这种情况下，受影响的一方有权合理延长履行义务的时间，但倘若延迟或不履行的期间持续六（6）个月，未受影响的一方可以经提前三十（30）天书面通知另一方终止本协议。

20　通知

20.1　本协议项下的任何通知均必须以书面形式发出，且必须通过亲交本人、邮资预付的特快专递或挂号信寄给另一方在本协议中规定的地址或另一方已经通知的其他地址。

20.2　亲交本人的通知在交付时即被视为收到（或如果交付并非在正常营业时间，则视为在交付后的第一个工作日上午 9 点收到）。一份由邮资预付的特快专递或挂号信所发出的地址正确的通知，在通过正常的邮递过程应当被送达的时间视为已经送达收到。

21　适用法律和管辖

21.1　本协议及因本协议或其标的或成立（包括非合同纠纷或索赔）导致的或与之相关的任何纠纷或索赔，均受【中华人民共和国大陆司法管辖区】法律管辖并按该法律解释。

21.2　双方不可撤销地同意，【［公司］所在地】法院对因本协议、本协议的标的及成立（包括非合同纠纷或索赔）导致的或与之相关的纠纷或索赔的解决拥有专属管辖权。

22　一般条款

22.1　本协议构成双方之间对本协议标的唯一和全部的谅解，并取代双方之间此前与本协议标的有关的所有协议、意思表示和安排（无论是口头的还是书面的）。双方确认，未明确纳入本协议的任何意思表示，均不作为订立本协议基础。各方不可撤销地、无条件地放弃就任何无论是否包含在本协议中的不实陈述或违反未包含在本协议中的保证要求损害赔偿和 / 或撤销本协议的任何权利，除非这种不实陈述或保证是欺诈性的。本协议只能以书面形式修改或补充，并以由双方授权代表签字或加盖各方有效印章方式签署。

22.2　各方均同意，各方达成本协议均并未不依赖任何合同之外的任何陈述，并且各方就不实陈述仅按本协议明确规定的违约承担任何相关责任。本协议任何条款均不限制或排除任何对欺诈行为应承担责任。

22.3　对本协议项下任何权利的放弃（弃权），只能以符合本协议补充协议签署流程的书面形式作出方为有效，并且该弃权仅适用于作出弃权的一方以及弃权作出的情形。

22.4　除非另有明确规定，否则本协议所产生的权利是累加的，不排除法律规定的权利。

22.5　如本协议的任何条款（或条款的一部分）被任何有管辖权的法院或行政机构认定为无效、不可执行或非法，其他条款将继续有效。如任何无效、不可执行或非法的条款，在删除了某些部分后，将成为有效、可执行或合法的，则该条款将做任何此类必要的修改，以使当事人原本的商业意图得以实行。

22.6　除非本协议另有明文规定，否则任何未经双方正式授权代表签字或加盖各方有效印章签署的对本协议的任何修改或变更均无效。

22.7　未经［公司］事先书面同意，转售商不得转让、分包、出售、出租或以任何其他方式处理其本协议下的任何或所有权利或义务。［公司］可随时转让、分包、出售、出租或以任何其他方式处理其在本协议项下的任何或所有权利或义务。

22.8　本协议任何内容均无意也不得被视为在各方之间建立了任何合伙或合资关系、构成任何一方对另一方的代理，除本协议第 2 条另有明文规定者外，本协议也未授权任何一方代表另一方作出或达成任何承诺。

22.9　本协议为本协议各方及各方的业务承继人和受让方（在适用的情况下）的利益达成，任何其他第三方均不是本协议的受益人，也无权要求强制执行本协议。

22.10　双方明确在签署本协议之前已经完全知道并理解本协议各条款的

16291

含义，并承诺将尽最大努力维护本协议的顺利履行。

附录一：支持服务和服务级别

以下文件可作为协议附件或由［公司］与转售商另行确认。

服务水准协议（SLA）

生效日期：2018年12月10日

文件所有者：	［公司］名称

版 本 历 史

版本	日期	描述	作者
1.0	2010年6月5日	服务水准协议	
1.1	2018年12月10日	服务水准协议修订	

审　　批

通过在下面签署，表明所有审批人均同意本文件的所有条款和条件

批准方	角色	代表签署	审批日期
［公司］名称	服务提供方		
转售商或客户	转售商或客户		

1　概述

本协议是［公司］就其云服务的支持和维护服务水准所做的承诺。本协议将持续有效直至被由相关各方正式签署的修订版所取代。

本协议概括了［公司］所提供支持服务的要素。除本协议中另有明确规定者外，本协议并不取代双方就云服务所签署的协议中的任何程序和流程。

2　目的和宗旨

本协议的宗旨是确保［公司］提供始终一致的支持服务所应具备的恰当的要素和承诺

得到明确。

本协议的目的是就支持服务的提供范围和标准，在相关各方之间达成一致。

本协议的目标是

—就服务提供方、责任和职责作出明确约定；

—就向客户提供的支持服务作出清晰、简明和可衡量的描述；

—将实际的支持服务和交付与对期待的服务的理解相匹配。

3 相关各方

［公司］和转售商是本协议的主要相关方。

4 定义和术语解释

本附录中以下术语含义如下，本附录使用的其他术语，含义与附件一相同：

4.1 呼叫：是指客户或其授权用户提出服务请求。

4.2 事件：是指服务发生任何问题或故障，使客户必须与［公司］联系以寻求援助和支持的情形。

4.3 授权用户：是指客户授权使用［公司］服务的客户、客户关联方组织内部的人员，包括其员工和进入客户场所为客户执行业务的客户供应商人员，前提是客户供应商应同意受严格程度不低于本协议的条款和条件的约束，且应仅限于代表客户或其关联方执行职务。

4.4 票单：是指当一个事件发生时，由客户提交的或由［公司］根据客户报告的事件分配的一个对事件进行记载和描述的文件，［公司］将根据其支持工作流程对票单所记载的事件进行响应和处理。

4.5 标准工作时间，是指在每周周一至周五，每天上午九点至下午五点（不包括节假日）。

4.6 增强工作时间：是指周一至周五，上午八点至下午六点（不包括节假日）。

4.7 全时：是指全年 52 周，每周的七天全天，即 24×7×365。

5 定期评审

本协议自列明的生效日起开始生效，直至另有通知，本协议将至少每财年评审一次，或根据需要随时经一方提议而进行评审。在评审期间，当时正在执行的版本仍然有效。

6 服务协议

以下详细服务参数是［公司］提供本协议项下支持所承担的职责。

6.1 服务范围

［公司］将向转售商提供以下支持服务：

16291

—人工电话支持；

—受监控的邮件支持；

—使用远程桌面或虚拟专用网络（如果可行的话）提供远程协助；

—提供计划的和紧急的现场支持（需要另外支付费用）。

—每月定期系统巡检。

6.2　转售商应符合的要求

在提供本协议项下支持服务时，转售商应承担以下职责和 / 或符合以下要求：

—支付所有支持服务的费用；

—委派合格的代表协助云服务相关事件的解决。

6.3　［公司］应符合的要求

［公司］在提供本协议项下支持服务中应承担的职责和 / 或符合的要求：

—符合规定的响应时间；

—将所有计划的维护以适当方式告知转售商。

6.4　服务假设

与本协议范围内的服务和 / 或服务构成要素相关的假设包括：

—所有对服务的变更均应与相关方沟通并以文件进行记载。

7　服务管理

对本协议范围内服务的有效支持来源于保持始终一直的服务水准。以下条款详细规定了服务可用性以及对范围内服务及相关服务构成元素的衡量标准。

7.1　服务可用性

本协议项下的特定服务的参数如下：

电话支持：标准工作时间。

标准工作时间外收到的电话呼叫将被转移到移动电话，［公司］将尽合理努力答复并采取行动。

电子邮件支持：标准工作时间。

标准工作时间之外收到的邮件将被汇集，但不能保证立即答复和行动，直至下个工作日。

现场协助将在工作周的 72 小时内响应。

7.2　服务要求

［公司］对转售商发起的呼叫，将根据事件影响程度按以下顺序划分优先级别：

优先级	事件类别
一级（高优先级）	服务中断，影响所有转售商和客户
二级（中等优先级）	服务中断，影响一个转售商
三级（中等优先级）	服务中断，影响一个客户场所的所有授权用户，或一个客户的所有相关方
四级（中等优先级）	服务中断，影响一个客户场所的一个授权用户
五级/IMAC（低优先级）	安装、迁移、增加、变更，以及使用咨询

为支持本协议项下的服务，［公司］将按以下时限对事件和 / 或要求作出响应：

—对被归类为高优先级的事件，在标准工作时间的 0~8 小时内响应；

—对归类为中等优先级的事件，将在标准工作时间的 48 小时内响应；

—对被归类为低优先级的事件，将在 5 个工作日内响应。

远程协助将考虑呼叫优先级按照以上时限以在线方式提供。

注：（1）由于某些呼叫可能需要转交给第三方解决，在这种情况下，［公司］无法保证第三方能够按承诺的响应时间解决问题。

（2）所有由非指定为“管理者”的授权用户提出的呼叫，均适用下个工作日支持，除非呼叫的事件被鉴别为一级类别。

（3）转售商在向客户作出服务水准承诺时，应考虑将客户呼叫向［公司］转交需要的时间周期。

7.3　事件升级处理

支持服务按服务提供方划分为三个层级：第一层级的支持是对客户提供的支持；第二层级的支持是［公司］对转售商提供的后备支持；第三层级的支持是第三方服务提供方对［公司］的后备支持。

前一个层级的支持不能有效解决事件的情况下，支持服务根据以下原则升级至下一个层级处理。

16291

事件升级层级	升级	触发	
一级支持	转售商或［公司］	转售商或［公司］（如果［公司］为客户提供第一层级的支持服务）执行所有初始故障排查，尝试诊断和解决问题或质询	为客户提供支持的转售商或［公司］确信其已经采取了所有初步措施但未能解决问题，或认为问题只能通过升级解决，则将问题升级至二级支持
二级支持	［公司］	［公司］对故障诊断步骤进行重新评估，并提供指导以尝试对问题进行诊断和解决问题	一旦［公司］确定已经采取了所有必要的步骤，但问题仍然没有解决，则将问题升级至三级支持
三级支持	［公司］	［公司］将安排其工程师或联系第三方提供商（在适用的情况下），对事件进行重新评估，并努力解决该事件，包括向前一个层级的支持提供事件解决状态的更新和时间表，直至事件得以解决	

如果客户购买了全时支持计划，则任何一个被指定为“管理员”的授权用户均可直接向二级支持提出呼叫。在这种情况下，二级支持将代表一级支持履行职务。

7.4　事件管理流程

［公司］将（同时转售商应当自己并确保其客户合理地配合［公司］）采用以下流程对事件进行管理，以便及时和有效地解决事件：

（1）转售商通过以下途径将事件报告［公司］服务台；

（a）电话：______________________

（b）电子邮件：__________________

（2）［公司］为事件分配“票单”，并告知转售商票单号码；

（3）［公司］对事件进行评估并将其分配个适当的工程师解决；

（4）工程师确定是否获得了解决事件所需要的足够信息；

（5）如工程师认为现有信息对解决事件不够充分，工程师将联络转售商并要求提供补充信息；

（6）工程师确定他们是否有能力在规定的时限内解决事件；

（7）如工程师经评估认为无法在规定时限内解决事件，工程师告知转售商事件将被升级至下一个支持层级，以符合响应时间要求；

（8）事件升级至下一个支持层级；

（9）如二级支持工程师经评估后，认为能够在规定的时间内解决事件，工程师将通知转售商预计的解决时间及计划采取的措施，以符合响应时间要求；

（10）工程师解决事件，并向转售商报告解决过程以及解决结果；

（11）转售商向［公司］确认事件已经被解决。如果转售商未确认事件解决，事件将被升级至下一个支持层级；

（12）转售商确认事件已得到解决后，应当签署相关书面确认，之后相关票单将被关闭。

16291

22. 云服务订阅协议

使用场景

本云服务订阅协议样例文本用于客户与云服务提供商通过在线点击确认方式就云服务订阅和提供达成协议。本协议不用于线下签约，并需要关联合同配合使用。

法律要点

云服务，是指根据用户请求，从某个云计算提供商的服务器，通过互联网向用户提供的服务，云服务是相对于通过［公司］自己的本地服务器提供的服务。云服务意图提供易用、可扩展的对应用、资源和服务的访问，且服务将完全由云服务提供商管理。

云服务一个突出的利益是，可以动态地调整其服务规模，以符合客户可能不断变化的需求，并且由于服务提供商提供用于服务的必要硬件和软件，作为客户的公司通常将不再需要自己采购或部署其自己的设备等资源，或配备自己的人员对服务进行管理。典型的云服务示例包括在线存储和备份解决方案、基于网络的电子邮件服务、数据处理、托管技术支持服务等。

根据云服务的以上特点，云服务协议中需要关注的法律要点，与单纯的软件许可以及线下服务等相比，有其独特和不同的特征，不能混淆。请参见《软件即服务（SaaS）协议》（线下版）相关说明。

关键条款（检核清单）

请参见《软件即服务（SaaS）协议》（线下版）相关说明。

关联合同

订单表格

服务水准协议

隐私权政策声明

合同正文

云服务订阅协议

请注意：本云服务订阅协议（“协议”）是具有法律约束力的合同，在访问或使用［公司］云网络服务、软件和硬件产品（统称为“服务”）前，请您（“客户”）完整和仔细地阅读，充分理解本协议各条款内容，特别是限制或免除责任的相关条款。如访问或使用［公司］服务，您应接受本协议的所有条款和条件。

本协议适用于您对［公司］服务的使用，以及您向［公司］及其关联方（“［公司］”，见下面进一步定义）提供的所有材料、信息和数据。

当您：（1）点击与本协议同时显示的“接受”或其他类似按钮或复选框；（2）当您点击确认发出任何附带了本协议的订单；或（3）开始使用［公司］服务（以前述三种情况中较早发生者为准），本协议即视为已经签署和生效（生效日），您将成为本协议的一方，受本协议的约束，这意味着您同意，本协议将如同其他经您协商讨论后由您签署的合同一样，对您具有强制执行力。

如您代表某个［公司］或其他法律实体达成本协议，您陈述并保证，您拥有代表该实体及其关联方达成使其受法律约束合同的全部合法授权，并将根据公司要求提供相关真实合法的证明，在这种情况下，本协议中所称的“客户”是指该实体及其关联方。如果您没有此类授权或权限，或者如果您不同意和接受本协议的全部条款和条件，您无权使用本协议项下的［公司］服务。

如您是［公司］的直接业务竞争者，则除非［公司］事先书面同意，否则您不得作为客户访问和使用本协议项下的［公司］服务。此外，您不得为监控其可用性、性能或功能或为其他对标或竞争性的目的访问和使用［公司］服务。

1　定义

除非根据上下文另有解释，否则本协议所使用的下列术语含义如下：

1.1　关联方：是指任何直接或间接控制某个目标实体、受某个目标实体控制或与目标实体受共同控制的人士或实体。“控制”是指直接或间接拥有影响经营方向和策略（无论是通过股权或合伙或其他权益，通过合同或其他方式）。

16292

1.2　内容：是指所有视觉、书面或声音数据、信息或材料，包括但不限于：由客户或用户上载到服务、通过服务传输、在服务中张贴的、通过服务处理的或输入到服务中的任何文件、电子数据表、短信息、表单条目、网页及类似材料等。

1.3 管理者：是指确定处理个人数据目的和方法的实体。

1.4 客户：是指订阅和启用由［公司］所提供服务，并承担对［公司］付款义务的个人或法律实体。

1.5 客户数据：是指由客户或为客户向服务提交的电子数据和信息，或由客户或为客户使用服务收集和处理的电子数据和信息，但不包括内容。

1.6 文档：是指用户文档及相关材料或与服务相关的文件，文档可以书面方式、“在线”方式或电子形式提供。

1.7 数据处理协议：是客户作为管理者与［公司］作为处理者之间就数据处理达成的协议。

1.8 数据安全法：是指任何与个人数据的收集、处理、传输和存储相关的法律。

1.9 产品：是指［公司］提供客户用于在用户场所结合服务使用的硬件产品。

1.10 生效日：是指在订单表格中指明的日期，或如适用的话，在注册过程中的任何其他表格中指明的日期。

1.11 初始期限：是指客户订阅服务的初始合同期限。

1.12 恶意代码：是指任何意图造成损害的代码、文件、脚本、代理或程序，包括但不限于各类病毒、蠕虫、时间炸弹及特洛伊木马等。

1.13 订单表格：是指列明订阅期限、初始期限、用户数量、相关费用、付款条款等内容的初始订单表格和/或订单确认书以及任何后续订单表格和/或订单确认书。每个此类订单表格将构成本协议的组成部分。订单表格如与本协议条款不一致，订单表格的条款优先适用。

1.14 处理者：是指为管理者的利益处理个人数据的实体。

1.15 更新期限：是指客户订阅服务的逐次续展期限。

1.16 服务：是指由［公司］根据本协议向客户提供的本协议项下［公司］服务的现行版本、相关软件以及与［公司］服务相关的其他服务。此外，根据客户与［公司］在某个订阅的订单表格中的约定或根据具体情况，［公司］服务还可能包括附加服务和插件，包括第三方软件。

1.17 软件：是指服务中包含的或可通过服务访问的软件程序。

1.18 使用条款：是指在［公司］以下网址（http：//www.____________）提供的条款和条件，所有用户完成注册表格（创设一个用户账号）即表明其同意接受该条款和条件。

1.19 试用服务：是指某个免费提供的或在开发或评估过程中的服务，此类服务可能会被标注为“免费”“演示”“试用”“Beta”“评估”（或其他类似标识）。

1.20 使用：是指对服务的访问或使用、下载任何产品或上载任何材料、相关软件，以及其他相关服务。

1.21 用户：是指客户授权使用服务的任何个人，客户为其购买服务，并且客户（或［公司］根据客户要求）为其提供了用户标识和口令。用户可以包括客户的员工、顾问、劳务和代理，以及客户与其办理业务的第三方。

1.22 用户数据：是指用户自己或由他人为用户向服务提交的，或者由用户自己或由他人为用户使用服务收集和处理的电子数据和信息，但不包括内容。

1.23 ［公司］网站：是指［公司］的以下互联网站点：（http：//www.____________）。

1.24 服务容量：是指以授权用户数量、存储容量或流量等指标衡量的客户对服务的使用级别。

1.25 法律：是指任何法律性文件，包括法律、法规和规章，以及其他有强制效力的政府命令、法律解释及国家、地方和行业标准。这里提及的法律均指被援引当时现行有效的最新版本，包含其所有更新和修订。

1.26 司法管辖区：是指有单独司法终审权的国家或地区，一个司法管辖区可能是有统一法律体系的一个国家，也可能是一个国家内拥有法律或事实上司法终审权的地区，例如，中国有四个司法管辖区，中国大陆、香港特别行政区、澳门特别行政区和台湾地区。

2 全部协议

本协议与您与［公司］签署的援引或附带了本协议的订单文件（“订单”），以及其他经援引而成为本协议或订单组成部分的文件，包括服务规格和描述，以及安全和隐私权政策等，构成您与［公司］之间就您购买和使用［公司］服务，以及与［公司］服务配套使用的相关产品、软件及其他服务的使用所达成的全部协议，并取代双方之间此前与本协议标的有关的所有协议、意思表示和安排（无论是口头的还是书面的）。在订单或其他订阅文件或您与［公司］任何未来的沟通中与本协议不一致的条款和条件，均不构成对本协议的修改或补充，除非［公司］事先以书面方式明确同意这些条款。您不得为任何目的通过打字的、手写的或其他任何方式修改本协议。本协议只能由双方以书面方式正式签署的明确援引本协议的补充协议进行修改和补充。

3 协议修改

3.1 ［公司］可以随时对本协议（不包括数据处理协议）进行修改，新的

16292

条款条件将在［公司］网站上发布，供客户阅读和接受，或由客户在下次登录服务时阅读和接受。此外，客户应定期检查在[公司]网站上发布的使用条款，以确保了解适用于客户对网站使用的所有条款。

3.2 如客户不接受上述修订，客户有权在修订以上述方式发布后三十(30)个日历日内立即终止本协议，前提是此类修改对客户有不利影响，且该不利影响应是实质性的，而不能被视为是非实质性的或轻微的。如果客户没有在上述期限内终止本协议，则视为客户已经接受新的条款和条件。

3.3 ［公司］保留不经通知随时对服务内容及格式进行变更或更新的权利。［公司］保留根据其合理判断因无论任何原因终止或限制服务访问的权利。

4 服务订阅和使用级别

4.1 订阅。除非在相关发票或订单表格中另有规定，否则：(a)服务将以订阅方式购买；(b) 在某个订阅期限内可以增加订阅，增加订阅的费用采用基础订阅费同样费率，按增加订阅时当前订阅期限的剩余时间占当前订阅期限总时间的比例收取；并且（c）任何增加的订阅将在基础订阅到期日同时终止。

4.2 使用级别。客户订阅的服务将受制于特定服务级别或服务容量的限制，客户所订阅服务的服务级别或服务容量在相关发票或订单表格中指明。除非另有明确，否则，如在订单表格或发票中指明了服务级别或服务容量，则客户不能超出该服务级别或服务容量的限制访问和使用服务。客户及用户不得将用户口令分享给其他个人使用，但经事先通知［公司］，用户身份识别码可被转让给新的个人，用于取代不再需要使用服务的用户。客户超出约定的用户数量或其他服务容量限额使用服务的，应按照［公司］的要求，立即就增加的服务容量按第 7 条约定就超额部分支付使用费。客户同意将不会禁用或绕开服务中任何对服务级别或服务容量进行限制的措施，或以其他方式以超出您订阅限额的服务容量使用服务。

4.3 产品使用。除非另有约定，否则提供给客户用于客户在其场所与服务结合使用的产品，所有权均属于［公司］。客户不得将产品出售、出租、抛弃或赠送，不得允许公司或其代理人以外的任何其他人为产品提供服务，也不得允许代表客户执行业务的任何其他人使用该产品。客户应直接对产品的丢失负责。在本协议期满或终止时，客户必须自行负担相关费用将产品返还给［公司］，产品应符合交付时的状态，但合理的磨损和损耗除外。如果［公司］未能在十（10）天内收到产品，客户将被视为以［公司］的标价购买了产品，并将按第 7 条的规定向［公司］相关价款。

5 试用服务

5.1 如果您在［公司］网站上注册了试用服务，［公司］将向您提供一个或多个免费使用的服务直至以下时间较早者：（a）您注册使用相关服务的试用期结束；或（b）您购买订阅的服务开始之日。注册试用服务的网页可能会显示进一步的试用条款和条件。任何此类进一步的条款和条件经援引将成为本协议的组成部分并具有法律约束力。一个人或法律实体不得保有超过一（1）个的试用账户。

5.2 试用服务将完全“按现状”提供。您可以按符合本协议条款和条件的方式使用试用服务，但［公司］可以根据其自己的判断禁用试用服务的特定功能，并对您使用试用服务的权利设置时间限制。鉴于试用服务是免费提供的，［公司］在本协议中就服务所做的任何陈述和保证以及相关责任均不适用。［公司］不对您使用试用服务所导致的损害承担任何责任。

5.3 您在免费使用期间录入服务的任何数据、通过服务提供的任何内容，以及任何您自己所做的或［公司］为您所做的任何对服务的定制，在试用期限到期时将被删除且不可恢复，您可向［公司］购买订阅与试用服务同样的服务，购买升级服务或在试用期限到期日前导出这些数据。

6 授予许可

6.1 根据本协议和 / 或订单表格的条款和条件，［公司］在此授予客户一个不可转让的、非排他的、不可分许可的、在有限期限内和全球范围的权利和许可，据此客户和用户可以为客户自己的业务目的访问和使用服务。

6.2 ［公司］保留随时不经通知实施服务的新版本或对服务进行升级的权利，包括但不限于，对服务的设计、运行方式、技术规格、系统和其他功能等有影响的变更。

6.3 ［公司］承诺，将根据其自己的判断，采用商业上合理的措施以确保服务在每周七天全时可通过互联网获得。在［公司］基于技术、维护、运行或安全等原因认为有必要时，［公司］有权采取任何可能对服务的可用性有影响的措施。客户了解并确认，客户对互联网的访问并不能始终获得保障，［公司］对客户自己网络连接或产品中的差错不负任何责任。

6.4 客户有权允许用户访问客户的内容和［公司］提供的服务，无论是否要求用户支付费用。客户了解并确认，客户对其允许访问服务的用户的行为负责。客户不得就用户对服务的使用，向用户收取任何超出此类用户所分摊的客户对［公司］直接成本的费用。

6.5 ［公司］有权使用分包商，包括第三方软件供应商，履行［公司］在

16292

本协议项下的义务。[公司] 将按照其对自己的工作和服务同样的方式，对分包商的工作和服务负责。

6.6 客户支持。[公司] 将尽合理商业努力为用户提供电子邮件和电话支持，并根据其标准做法和软件维护和支持服务协议（“维护和支持服务”），就服务提供维护支持。请至以 [公司] 网址阅读《维护和支持服务协议条款》详情。在可获得的情况下，通过注册该维护和支持服务，并支付适当的年度订阅费，客户可以扩展该维护和支持服务。

7 费用和支付、退款、升级和降级

7.1 发票和支付。[公司] 就提供的服务将按月度、季度或年度收费（“服务费”），客户可按以下方式支付：(a) 根据发票或订单表格支付；(b) 通过其授权的账户转账；或 (c) 通过 [公司] 同意的其他付款方式。

7.2 客户承诺，将以发票指明的币种，将发票规定的金额支付至发票指定的银行账户。

7.3 [公司] 将按期（年度、季度或月度）提前就提供的服务发出账单。在升级发生时或任何一个订阅期限届满时（以较早者为准），服务费将从客户的授权账户立即自动划拨。

7.4 服务费必须在发票发出后三十（30）天内支付至 [公司] 账户。在付款延误的情况下，[公司] 可能会就延期支付的金额按月百分之一点五（1.5%）的费率或相关法律允许的最高比例（以较低者为准）向客户收取滞纳金。如果客户就本协议项下服务拖欠的款项超过三十（30）天（或在客户授权 [公司] 向客户的授权账户收款情况下，超过十（10）天，[公司] 可以要求客户提前立即支付本协议项下的所有款项，并暂停对客户的服务，直至此类款项被全额支付，以上处理不影响 [公司] 的其他权利和救济。在暂停对客户的服务前，[公司] 将提前至少七（7）天告知客户其账款已经逾期。此外，如果客户逾期支付已经超过三十（30）天，[公司] 可以终止某个订阅、删除和销毁客户的内容以及立即终止本协议，且无须对此承担任何责任。

7.5 订阅、服务或本协议提前终止的，客户无权要求返还任何预先支付的费用。

7.6 在当地法律允许的前提下，[公司] 可能会就向客户签发纸面发票收取费用。[公司] 有权就催款函收费，并保留通过电子邮件根据客户提供的发票信息发送催款函的权利。客户应负责承担 [公司] 因催收逾期费用所发生的合理费用，包括合理的律师费。

7.7 尽管有上述规定，[公司] 可以经提前三十（30）天向客户发出通知（可通过电子邮件发送至客户向 [公司] 最新提供的地址），提高任何一个续展期限的收费标准。

7.8 [公司] 的服务可以赊销方式按初始订阅用户数量及选择的期限提供给客户，期限自同意的生效日起开始。如无其他约定，服务费应根据发票在三十（30）天内支付。客户可随时增加用户数量，对订阅进行升级。[公司] 可就增加的实际使用量在事后向客户收取使用费。实际用户数量的费用将按照每个三十（30）天期间或各方同意的订阅期间内实际用户的最高数量计算。

7.9 除非本协议或订单条款中另有明确，否则：(a) 服务费将根据购买而非实际使用确定；(b) 支付义务是不可撤销的，并且支付的费用将不予退还；并且 (c) 已经购买的数量在相关订阅期限内不得减少。

7.10 升级和降级。客户可以随时对订阅升级增加用户数量。任何增加的用户与已有用户享有同样的权利和服务。在服务升级或任何一个订阅期限（如有的话）届满后，以较早者为准，[公司] 可向客户按其新设定的费率收费。如果服务级别发生任何升级或降级，服务费将在客户的下一个账单周期自动按新费率从客户授权账户划转。服务级别降级可能导致客户的账户内容、特征或容量的损失。[公司] 对此类损失不承担任何责任。

8 税款

所有支付给 [公司] 的垫付、价款和费用，除了针对 [公司] 所得征收的税费外，不包括任何其他税费。客户应负责承担拒付、欺诈和退款所有费用和处理费。无论本协议是否有任何相反约定，客户应自行负责因本协议所产生或与本协议相关的所有增值税的汇缴和登记。如果有任何免税或税收优惠，客户应获得并向 [公司] 提供相关证明和文件。

9 客户的义务

9.1 客户应始终遵守随同注册、电子邮件、通过网站发布等方式通知的安全和管理规定。客户应同时负责将这些规定告知用户，并对用户履行这些规定负责。

9.2 客户应确保所提供的客户个人数据、联络信息、账户信息（以下统称“客户数据”）和用户数据均是正确、真实、准确和完整的，客户并承诺当此类信息发生变更时尽快对其进行更新。如果客户或任何用户提供的任何信息是不真实、不准确、过时的或不完整的，[公司] 有权暂停或终止客户或用户的账户，并拒绝任何和所有当前或未来对服务或其任何部分的使用。

9.3 客户或用户在注册过程中向 [公司] 提供的信息将用于提供内容、客户服务和网络管理。请至以下 [公司] 网站（http：//____________），阅读 [公司] 隐私权政策，了解 [公司] 将如何使用客户和用户信息的详情。

9.4 客户应对客户和用户（包括未成年人，至少应达到 16 岁）在服务中进行的活动负责，并将依照当地法律规定使用服务。所有由客户和 / 或用户上

16292

传、录入至服务的、通过服务传输的、公开张贴的内容，均由客户自行承担责任。

9.5 客户应负责对其内容进行监督检查，并应由客户而非［公司］负责确保客户和/或用户通过服务传输的或在服务中处理的内容不侵犯任何第三方的权利，也不以任何其他方式违反任何相关法律规定，并且客户和用户拥有为处理内容或使用服务可能需要的第三方的必要许可。

9.6 客户承诺将不以可能妨碍或干扰其他信息技术以及移动通信产品通信，或可能妨碍或干扰为提供和使用服务所配备产品使用的方式使用服务。

9.7 客户了解并确认，其并未被允许为获得任何违反相关国家法律规定的材料的目的使用服务。

9.8 客户承诺将不会以任何可能导致侵犯任何第三方版权、构成泄露商业秘密或可能鼓励第三方从事或参与犯罪活动或可能被理解为构成恐吓的方式使用服务，或以任何其他与服务的预期目的不符的方式使用服务。

9.9 客户承诺，除已经完成注册并据以同意了本协议条款的用户外，将不会向任何其他人提供服务的访问权限。用户账户不得被分享给超过一（1）个以上的个体用户使用，不允许由多人分享某个用户账户。客户应负责对用户使用服务的权利进行管理。

9.10 客户应持续对用户使用本协议项下服务负责，并确保用户履行其对［公司］的义务。如客户不能代表某个用户履行其义务，或不能促使用户履行其义务，客户应对［公司］由此导致的损失进行补偿，只要此类损失与用户未能履行其对［公司］的义务相关。

9.11 对用户和/或第三方针对［公司］提出的因用户或客户在服务内处理的内容或用户/客户需负责的其他情况所导致的或与此相关的任何索赔、诉讼或法律程序，客户应为公司提供抗辩和补偿，除非根据第16条规定［公司］需对此类索赔负责。

9.12 客户可以为其用户设置与其计划数量相同的单独的用户账户。用户账户是指客户为使用户在客户统一账户下获得服务的访问权并使用服务所设立的一个特定的账户。

9.13 客户应将涉嫌违反本协议条款的行为通知［公司］。

10 安全、口令

10.1 完成注册程序后，客户或每个用户将会收到一个口令和账户命名。客户或任何用户自行负责客户或用户账户及口令的保密，并对使用客户或用户口令或用户身份识别码从事的所有活动负完全的责任。

10.2 客户应确保用户的身份识别码、口令和客户随同注册获得的其他类似资源以安全的方式存储和使用，且不能被第三方接触和使用。客户应对任何未经授权的对服务的使用负责。[公司] 对因客户未能遵守上述要求所导致的任何损失或损害均不负责。

10.3　如果怀疑有未经授权的人员知道了用户账户的身份标识码和 / 或口令，客户应立即通知 [公司]，并对用户账户身份识别码和 / 或口令进行修改。

10.4　如果客户故意或因疏忽向第三方泄露了用户身份识别码或口令，或者如果用户身份识别码和口令因其他原因被某个未经授权的人第三方获知，客户应对 [公司] 由此发生的损失和损害承担责任，除非客户在怀疑有此类事情发生时立即通知 [公司]。

10.5　[公司] 将采取合理措施以确保服务的安全符合相关行业标准。

10.6　客户应按不低于业界良好标准的信息安全管理规范和标准，建立服务的外部程序，对客户或用户上传至服务或通过服务传输或处理的客户数据、内容、文件及其他数据和信息进行必要的备份。

11　使用限制

客户不得从事以下任何行为：(a) 允许除客户或用户之外的任何他人使用或为这些他人的利益使用服务；(b) 销售、转售、许可、分许可、分销、出租或出借服务，或将本协议项下的服务包含在任何其他服务解决方案中；(c) 使用服务存储或传输侵权的、诽谤的，或其他非法或侵权的材料，或存储或传输侵犯第三方隐私权的材料；(d) 使用服务存储或传输垃圾信息或恶意代码；(e) 妨碍或破坏服务或其中含有的第三方数据的完整性或性能；(f) 试图获得对服务或其相关系统或网络的越权访问；(g) 试图绕开服务的技术限制、重复出现费用的计算或使用限制的方式直接或间接访问或使用服务；(h) 复制服务或服务的任何部分、特征、功能或用户界面；(i) 对服务的任何部分设置嵌套或镜像，但在客户内网上或为客户内部使用的目的，或文档允许的加框链接除外；(j) 为打造竞争性产品或服务的目的访问服务；或 (k) 对服务做反向工程（除非法律禁止此类限制）。客户不得为任何非法或未经授权的目的使用服务。客户在使用服务过程中，不得违反客户所在司法管辖区的任何法律规定（包括但不限于版权法）。

12　用户许可、客户和用户内容

12.1　通过达成本协议以及下载、发送、传输或以其他方式向 [公司] 提供客户和用户的内容，客户和用户将授予 [公司] 一个免费的和非排他的权利（“许可”），据此 [公司] 可对内容进行托管、缓存、按路由定向发送、传输、展示、重排格式、摘录、分析以及基于内容创设算法，以便 (a) 对 [公司] 服务器上的内容进行托管；(b) 对内容编制索引；(c) 在任何区域内，结合 [公司] 现有的或未来开发的相关产品或服务，部分或全部展示、演示和分发内容；本协议许可授权 [公

16292

司］可通过流媒体和 / 或下载技术展示内容，以及以向最终用户以收费或不收费方式展示内容。客户在此陈述和保证：(a) 客户对内容拥有所有必要的权利、所有权和利益（包括所有专属权），有权授予上述许可；(b) 在此授予的以及用于［公司］网站、服务和产品的许可，不侵犯且将来也不会侵犯任何第三方的任何知识产权；并且 (c) 客户对许可的授予以及根据许可对内容的使用不违反任何法律（包括但不限于，隐私权、进出口管制、互联网信息管理等）；(d) 在此授予的许可不违反客户作为一方或客户资产受其约束的任何协议或订单的约定，也不需要任何人、实体或政府机关的同意；并且 (e) 客户可以将该内容用于任何业务目的。客户进一步向［公司］作出如下陈述和保证：(a) 如客户是自然人，年龄应至少在 16 岁以上；(b) 客户向［公司］提供的所有信息，均是正确和最新的（包括但不限于客户在注册表格中提供的信息）；(c) 内容不包含任何色情或淫秽信息；(d) 客户拥有并将持续拥有内容中或与内容相关的所有必要的权利，包括但不限于所有版权、商标权和人格权，以达成本协议并授予本协议中的权利；以及 (e) 客户有法定的权利和权利以达成本协议，履行本协议项下需要客户履行的行为，以及授予本协议项下的权利和许可。对客户及用户使用服务的网络发布特征公开张贴的内容，［公司］可以进行审阅，但这不作为［公司］在本协议项下对客户的义务。如果法律有相关要求，［公司］有权要求客户或者自行或委托其服务提供商立即删除任何违法和不当的内容，或断开任何指向违法和不当内容的链接。

12.2　某些情况下，［公司］可能会要求客户提供书面同意，允许［公司］为推广和 / 或营销的目的使用客户的内容、设计和定制。客户应给予合理协助。

13　知识产权

13.1　服务（包括但不限于包含在服务中或通过服务提供的软件、音视频、文本、照片、特定内容、产品、材料及其他服务或信息）中的任何版权、商标和所有其他专有权均归［公司］或其许可方。未在本协议中授予许可的服务中的所有权利均由［公司］予以保留。除非在本协议中明确授权，否则客户不得复制、发表、加框链接、下载、传输、修改、出租、出借、销售、转让、分发、许可或分许可服务或其任何部分，或对服务或其任何部分进行反向工程或创作任何派生作品。除非另有明确约定，否则通过服务发布的内容可以仅为个人非商业目的按其原样复制或分发。未经［公司］事先书面同意，对服务所提供内容的任何其他使用，包括但不限于，分发、复制、修改、展示或传输，均严格禁止。所有复制件上均应保留所有版权和其他专属权告知。

13.2　［公司］对任何第三方的商标、服务标志、商号、标识、版权、专利、域名或其他知识产权权益不享有任何权利。以上所列的所有第三方知识产权权益均是其各自所有人的财产。除［公司］自己拥有的权利和利益外，［公司］对这些知识产权不享有任何专有权。

13.3　第三方权利。［公司］网站和服务可能会与特定的第三方工具、格式、软件或产品（“第三方组件”）结合运行和使用，［公司］对有关这些第三方组件的功能不承担任何责任。任何在［公司］网站和服务中的或与其结合使用的第三方组件均是第三方的财产，其中含有的知识产权受相关知识产权法律和国际条约的保护。［公司］已经获得必要的权利、允许和同意，可以按本协议许可的方式，与［公司］网站和服务结合使用这些第三方组件。但［公司］网站和服务中的或随同其使用的所有此类第三方组件，均可能受单独的软件许可协议的约束，此类许可协议将包含单独的与本协议相区隔的条款、条件和限制，约束客户对第三方组件的使用。客户在此确认，在本协议项下，［公司］仅向客户提供了根据本协议条款和条件使用第三方组件的有限权利，客户将仅按照本协议及适用于客户和 / 或［公司］的第三方组件许可协议允许的方式，随同［公司］网站和服务使用此类第三方组件。客户同意将自行承担费用，向此类第三方组件的所有人和 / 或许可持有人取得使用和运行此类第三方组件的所有必要的许可、豁免或同意。

14　非法和禁止的使用

14.1　客户不得为任何非法的和本协议禁止的目的，或以任何干扰或试图干扰服务正常工作的方式使用服务。客户不得以任何可能导致服务故障、被禁用、过载或对服务造成其他不利影响，或可能干扰任何第三方使用或享有服务的方式使用服务。客户同意将不对服务中包含的或通过服务提供的任何文件做任何修改，或以其他方式导致此类文件被修改，也不会使用任何第三方软件拦截、挖掘或以其他方式收集服务中或通过服务传输的任何数据和信息。客户不得通过任何方法获取或试图获取任何非由［公司］有意向所有用户提供的材料或信息。客户不得发动、协助或参与对［公司］服务器的攻击，或试图以其他方式对［公司］服务器运行进行干扰。

14.2　客户任何企图损害［公司］服务器或危害［公司］合法运营的行为，均构成对刑事和民事法律的违反。如客户和用户有此类行为或对此类攻击提供协助，［公司］保留在法律允许的最大范围内寻求损害赔偿及其他救济的权利。

15　保证和免责声明

15.1　［公司］向客户保证，在正常使用和环境下，且在为服务本身的预期目的使用时，服务性能将充分和实质性地符合［公司］网站上发布的服务文

16292

档规定。但本保证不适用于试用服务。服务可能包含对特定［公司］产品和服务的提及，这些产品和服务在某些国家可能无法提供。提及此类产品和服务并不表明［公司］暗示或保证，此类产品或服务在任何特定国家或地区均可随时获得。

15.2　就服务中提供的产品，［公司］保证其在客户订阅期限内不存在材料和工艺上的缺陷。以上对产品的保证仅在产品按照［公司］指定的条件安装、使用和维护的情况下适用，如未明确这些条件，则产品的安装、使用和维护应至少符合此类产品通常可接受的条件，且产品未做任何未经授权的修改或修理，也未与任何其他不兼容的产品或系统连接或结合使用。如产品不符合上述保证，［公司］将根据客户的申请，并按照其发布的保修流程，根据［公司］的选择并由［公司］承担费用，立即对产品进行修理或更换。本条款规定的救济是客户就产品及［公司］违反保证所获得的唯一和排他的救济，以及［公司］为此所承担的唯一和排他的责任。

15.3　除本协议另有明确规定者外，所有内容、服务和软件均以“按现状”及“可供”为基础提供。［公司］在此明确否认任何类别的其他陈述和保证，无论是明示的还是默示的，包括但不限于对适销性、适用于特定目的、不侵权、使用服务的结果将是准确的和可靠的、服务将符合特定要求、服务将是不间断和绝对安全的、运行或使用中将不存在任何软件或其他错误，以及服务中的瑕疵和差错将会被全部纠正等的保证。①

条文注解：“按现状”（As Is）和“可供”（As Available），是英美法环境下的合同中就产品和服务保证常用的术语，在国内有各种不同的翻译方法，中顾法律网（news.9ask.cn）上的采用一个译法是“按既有”和“按现有”，看起来更像是一个法律术语，但可能不够直观，按字面意思理解其含义比较困难。“按现状”是指所提供的产品或服务按原样或现状提供，可能带有各种已经存在的瑕疵。“可供”通常用于对服务商品的保证，是指服务仅在可获得或可用情况下才会提供，服务可能随时会中断或无法提供。这两个术语在中国法律中无确切定义，不做任何解释和说明单独使用，对其含义的理解可能会产生争议。在使用此术语时，对其做此条款后面那样的补充说明是有必要的。尽管源于西方法律实践，但此类条款在中国现行法律环境下也是有意义的，根据《合同法》、《产品质量法》和《消费者权益保护法》的相关规定，仍然能够达成特定的法律效果。

16　责任限制

16.1　如果［公司］违约或有其他责任，客户可以在本协议约定的范围内要求［公司］承担违约责任。

16.2　［公司］或其任何关联方在任何情况下均不对包括但不限于以下任何情形导致

的或与此有关的任何间接的、结果性的、惩罚性的、特别的或偶然的损害赔偿（包括但可能不限于，有关业务损失、合同、利润、数据、信息或业务中断的损害赔偿），无论是基于何种责任原理，即使［公司］已被告知发生此类损害的可能性：(a）因使用或不能使用服务；(b）任何第三方对客户及用户数据的越权访问或篡改；(c）任何通过服务发送或收到的信息；(d）未能传输、接收或存储数据；(e）数据丢失；(f）文件丢失或损坏；(g）内容丢失或损坏；(h）服务以及通过服务提供的任何其他服务的延迟或中断。任何针对［公司］的与服务或网站有关的法律行动，必须在诉争事由发生后一（1）年内开始并书面通知［公司］。

16.3　如发生由［公司］负责的主要缺陷，严重影响客户对服务的使用，［公司］将尽合理商业努力改正该缺陷。在［公司］不存在故意或严重疏忽的情况下，［公司］对服务中的缺陷或不符不承担责任。客户应按［公司］公布的指导文件的规定，在发现缺陷后合理时间内将发现的缺陷通知［公司］。

16.4　在非因［公司］疏忽导致业务中断或发生影响数据传输的错误情况下，客户无权要求减少支付的金额，也无权要求任何损害赔偿或其他处分。

16.5　除本协议第 9 条、第 10.4 款、第 17.2 款、第 20 条、第 21 条以及客户作为数据管理者依照数据处理协议及相关法律规定应当承担的责任外，各方在本协议及数据处理协议项下的责任，在任何情况下将均仅限于直接损失，且不超过客户在违约行为发生日之前十二（12）个月内就服务所同意支付费用的总额。前述规定不限制客户在第 17 条（“补偿”）项下的付款义务。

16.6　某些司法管辖区不允许排除默示保证，或对责任进行限制，这种情况下，上述排除和限制将不适用于您。

17　补偿

17.1　客户在此同意，对因客户违反本协议，或客户及用户的内容导致了由第三方发起的任何索赔、要求、行动、诉讼、仲裁或其他法律程序，包括由政府主管机关进行的任何调查或处罚，对由此发生的，根据任何判决、裁定、法院命令或和解协议应当支付或承担的任何费用、损失、索赔、损害赔偿、罚款或责任，包括合理的律师及其他专业服务费，客户将对［公司］，［公司］的关联方、管理人员、董事、代理及员工提供抗辩和补偿，并使其不受损失和损害。

17.2　如因对［公司］在本协议项下所提供服务的授权使用，构成了对任何第三方知识产权的侵犯，并由此导致了针对客户的任何索赔、诉讼或法律程

16292

序，［公司］将为客户提供抗辩，并对最终裁决的或［公司］所达成和解协议中同意的任何损害赔偿、费用和成本（包括合理律师费）进行补偿，前提是，客户应在收到上述索赔后立即书面通知［公司］，并为［公司］提供充分的授权、信息和协助，以便使［公司］能够处理该索赔或对任何诉讼、程序或和解进行抗辩，并且客户并未在未经［公司］事先书面同意的情况下对索赔、诉讼或程序作出任何让步、弃权或达成任何和解。此外，如果索赔是因将服务与任何非由［公司］在本协议项下提供的其他软件、硬件或服务结合或一同使用，或以本协议禁止的或非本协议所预期的方式使用所导致，而如果没有此类使用，服务本身不会导致侵权的，则［公司］不承担本协议第15条项下的抗辩和补偿义务。

17.3　在任何情况下，服务在此类诉讼或程序中被认定为构成侵权，或根据［公司］合理判断，服务可能构成侵权，和/或其继续使用将被禁止，［公司］将自行承担费用，根据其选择，分别采取以下措施：(a) 为客户获得继续使用服务的权利；(b) 用不侵权且功能和性能实质上相同的服务替换原有服务；或 (c) 对服务进行修改使其不侵权，且不会实质上减损其功能或性能。如果上述措施从技术、商业或经济上对［公司］不合理，则任何一方均可终止本协议。本协议一经终止，［公司］应将客户预先已经支付但尚未使用服务的相关费用予以退还。

18　期限和终止

18.1　协议期限。客户在订阅注册期间在线签署本协议并接受本协议条款和条件，或接受援引了本协议条款和条件的订单表格、框架协议或其他表单，本协议即开始生效，直至本协议项下所有订阅到期或终止。

18.2　初始期限将在订单表格或相关的发票中指明。除非在发票中另有明确，否则初始期限及之后的任何一个续展期限到期后，本协议将按照［公司］当时的条款和条件自动更新一个连续的续展期限，除非任何一方在相关订阅期限到期日至少三十（30）天前通知另一方无意对订阅期限进行续展。尽管有上述规定，［公司］可以经事先通知客户，提升续展期限的服务费费率（该通知将通过电子邮件发送至客户向［公司］提供的最新联络地址）。续展期限的时间与初始期限相同，或由双方在订单表格中或其他书面方式另行约定。

18.3　有因终止。在发生下列事由时，任何一方均可经书面通知另一方立即终止本协议：(a) 如果另一方申请或被申请破产、资不抵债、为债权人的利益被转让，或被指定了业务接受人；(b) 另一方发生实质性违约行为，且经提前三十（30）天书面通知后，另一方未能在上述期限届满时有效纠正。“实质性违约”是指对作为合同条件存在的，一旦违反将使守约方达成本协议的目的全部或部分不能实现的实质性合同条款[①]的违反。

条文注解：中华人民共和国合同法中并未以立法形式对实质性违约作出规定，但概括规定了哪些内容可以构成合同的实质性条款。见《合同法》第三十条。

18.4　[公司] 终止。尽管有第 18.3 款的规定，如果客户违反本协议项下的支付和保密义务，[公司] 可以不经通知立即终止本协议。

18.5　客户终止。客户可以经提前三十（30）天书面通知 [公司] 终止本协议。

18.6　终止的效果。如果账户被取消，所有价款均不予返还。如果本协议由 [公司] 根据上述第 18.3 款和第 18.4 款终止，客户应立即将剩余订阅期限内尚未支付的费用支付给 [公司]。任何情况下本协议的终止均不减免客户就终止生效日前的订阅期限支付服务费的义务。

18.7　订阅或本协议一经终止，[公司] 将不再对用户或客户在相关订阅或服务范围内生成的内容负责。相应地，客户自行负责确保其拥有此类其希望在订阅终止后保留的内容的必要备份副本。

18.8　客户同意，无论因任何原因终止或撤销，[公司] 均有权销毁和删除所有订阅或服务范围内的信息和内容。在某个订阅的订阅期限届满，且客户没有续展该订阅期限的情况下，[公司] 有权在届满日后的三十（30）天内删除和销毁此类内容。

18.9　客户进一步同意，所有有因终止均以 [公司] 的判断和决定为准，且就客户账户或对服务访问的终止，[公司] 将不对客户或任何第三方承担任何责任。

18.10　继续有效。标题为“费用和支付、退款、升级和降级”“知识产权”“保密”“保证和免责声明”“补偿”“责任限制”“终止的效果”“个人数据、隐私权、披露”“管辖法律；进出口管制”的条款，在本协议终止或到期后将继续有效。

19　软件

19.1　所有从服务或通过服务下载的软件均受最终用户许可协议条款的约束。通过服务提供的软件及相关随附文件是 [公司] 拥有版权的作品。除非相关最终用户许可协议中另有规定，否则软件仅供最终用户使用，明确禁止对软件任何进一步的复制、翻录或再分发。

19.2　除按本协议或相关最终用户许可协议明确授予的许可使用外，客户不得以任何方式使用、复制、发表、仿真、克隆、下载、传输、出租、出借、销售、

16292

转让、修改、分发、许可或分许可软件，或对软件设置加框链接、制作软件的派生作品，或对软件进行反编译、反汇编或反向工程。任何此类未经授权的使用均将导致所授予许可立即和自动的终止，并可能导致刑事和 / 或民事起诉。

19.3 就此类软件如有任何保证，将在相关最终用户许可协议中明确约定。[公司] 明在此确否认所有无论任何形式的进一步的陈述和保证，无论是明示的还是默示的，包括关于软件适销性、适用于特定目的或不侵权的保证。

20 保密

20.1 “保密信息”是指所有由一方（披露方）向另一方（接收方）无论是以口头还是书面形式所披露的被指定为是保密的或根据信息的属性或披露环境理应被理解为是保密的信息。客户保密信息包括客户和用户数据；[公司] 保密信息包括服务和通过服务提供的内容；各方的保密信息包括本协议的条款和条件、所有订单表格或发票条款，以及各方披露的业务和营销计划、技术和技术资料、产品计划和设计以及业务流程。然而，保密信息不包括以下任何信息：（1）非因接收方违反任何对披露方承担的义务，信息已经是或变成了公众所知的信息；（2）在披露方披露前，非因接收方违反任何对披露方承担的义务，信息已经为接收方所知；（3）非因接收方违反任何对披露方承担的义务，从第三方获得的信息；或（4）已经由接收方独立开发的信息。

20.2 各方承诺将不会向任何第三方披露，或以其他方式提供在本协议范围内从另一方收到的保密信息。此保密义务在本协议终止后将继续有效。

20.3 [公司] 有权对通过服务的网络发布特征公开张贴的内容进行审核，但除非法律另有规定，否则这不是 [公司] 的义务。[公司] 保留对聚合形式中的使用模式进行分析的权利。

20.4 除上面提及的公开张贴的内容外，除非根据客户的指示、法律规定、政府机关的规定或法院命令，否则 [公司] 无权对客户通过服务处理的内容进行审查。

21 个人数据、隐私权、披露

21.1 [公司] 将按照其网站上发布并不时更新的信息安全政策中的描述，采取管理的、物理的和技术的防护措施，以保护客户和用户数据的安全、保密和完整。这些防护措施将包括但不限于，防止 [公司] 人员对客户数据的访问、使用、修改或披露的措施，但以下情况除外：（a）为提供购买的服务，防止或处理服务或技术问题；（b）按本协议第 22 条的规定，根据法律强制要求；或（c）根据客户明确的书面同意。

21.2　为了客户能够使用服务，客户必须向［公司］提供有关客户代表的特定信息，包括全名、电子邮件地址、电话号码、客户组织的名称及客户代表的职务等。收到此类信息后，［公司］将使用自动数据处理机制对这些信息进行处理，以便使其能够在服务范围内实施并履行其义务，并将尽最大合理商业努力确保未经授权的人士不能访问服务。

21.3　此外，为使客户能够使用服务，客户必须允许［公司］通过使用“信息记录程序”（cookies）存储和调用客户代表的终端产品上的会话信息。存储和调用此类信息的目的是开启服务中使用的必要的登入和登出程序，并确保非授权人员不能获得对服务的访问。

21.4　客户负责确定要求用户提供用户信息及内容的目的及处理方法，在被视为管理者的情况下，客户应在其使用服务过程中，按照相关法律规定处理用户的个人信息，在此情况下，客户对个人信息的准确性、质量及合法性以及客户获得个人信息的方法自行承担全部责任。

21.5　客户知道并同意，为获得访问服务的权利，用户必须提供个人信息。客户应尽全力确保此类个人信息由用户提供。如果［公司］在服务中提供第三方应用，或如果某个用户发起或同意向非［公司］的应用复制或输出任何内容或个人信息，客户确认获得第三方同意且［公司］可按请求允许此类第三方应用的提供方访问此类内容和个人信息，以便此类嵌入的、链接的或交互的应用能够互操作。

21.6　如果［公司］在任何时候访问存储在客户账户中的由客户拥有的个人数据，［公司］将相对于客户而言被视为处理者，［公司］将根据相关法律要求履行做为处理者的义务，并将根据双方签署的数据处理协议的指示、条款和条件，进一步地接受此类委任，数据处理协议应作为本协议的不可分割的组成部分。

21.7　［公司］的信息收集和传播实践在［公司］的隐私权政策中阐明，详见［公司］以下网址 http：//____________。

21.8　客户了解并同意，［公司］将无义务向客户披露与个人用户对服务的使用有关的任何信息。

21.9　客户了解并同意，［公司］可以披露客户是［公司］付费客户的事实。与此相关，客户同意［公司］可以使用客户的名称和标识，以便在网站上指明客户是［公司］的一个客户，并作为［公司］客户列表的一部分，在［公司］的推广和营销出版物中使用和提及。

22　法律强制或要求的披露

如果接收方或任何其代表被法律、相关法院或执法机关强制要求或命令披

16292

露任何保密信息，接收方应立即将情况书面通知披露方，以便披露方可以寻求保护令或其他适当的救济，除非此类通知将违反相关法律规定。如果披露方寻求此类命令，接收方应根据披露方的合理要求提供合作和/或免于遵守本协议的条款。尽管有上述规定，如果一方根据相关的证券法律、规则或规定或股票交要求，被要求披露或描述保密信息，在按照此类法律、规则和规定履行前，其将尽合理努力通知披露方。接收方同意将仅提供、披露或描述保密信息中法律要求的部分（根据其法律顾问的意见）。

23　对服务的修改

［公司］有权定期或不时地，经通知或不经通知，对［公司］网站、频道及服务（或其任何部分），临时或永久地进行修改或撤销。客户同意，［公司］就服务的任何修改、暂停与撤销，对客户或任何第三方不承担任何责任。

24　不可抗力

24.1　如因一方不能合理控制且无法合理预见的环境，导致该方不能履行特定的义务或履行该等义务会导致不合理的负担（不包括支付到期应付款及保密义务），该方不承担损害赔偿或其他责任。此类不可抗力事件包括但不限于劳动争议、罢工、自然灾害、雷击、火灾、政府或其他公共管理机关的决定、法院命令或裁定、运营商网络故障、电力供应故障、因上述事件导致的分包商服务延迟，以及普遍的运输能力、货物或能源短缺或其他类似情况。

24.2　如果一方的因上述事件发生履行障碍持续超过三（3）个月，任何一方均有权经书面通知另一方而终止本协议。

25　反馈

客户可以不时就［公司］提供的产品、材料、软件或信息向［公司］提供建议、评论或其他反馈（“反馈”）。客户同意所有反馈均是完全自愿提供的，且不得在没有单独的保密协议的情况下，使［公司］承担任何保密义务。在未征得客户同意的情况下，［公司］将不披露反馈的来源。但［公司］可以在认为适当的情况下，自行决定披露和使用此类反馈，而不需对客户就此承担任何义务。上述规定不影响任何一方在本协议项下与隐私权政策所保护的信息有关的义务。

26　转让

本协议、本协议项下的许可、权利和义务，在未经［公司］事先书面同意的情况下，均不得转让，无论是全部还是部分。任何未经此类同意的转让企图均无效，不产生任何法律效力。

27 公开宣传

双方应互相协作以公开宣传和营销推广双方的业务关系及其他双方一致同意的事项。此外，未经另一方事先书面同意，任何一方均不得公开宣传和营销推广双方的业务关系，除非根据法律要求，否则任何一方均不得向除其外部法律顾问、审计师及财务和技术顾问之外的其他任何第三方披露本协议条款，但［公司］将有权在［公司］网站和营销材料中指明客户是［公司］的商业客户。

28 管辖法律、进出口管制

28.1 本协议将受中华人民共和国大陆司法管辖区[1]的法律（为明确起见，不包括香港特别行政区、澳门特别行政区以及台湾地区的法律）管辖并根据该法律解释，而不考虑其任何冲突法律规则。客户同意，因本协议或服务导致的及与此有关的任何索赔、争议或诉由，均提交［公司］所在地具有相应管辖权的法院管辖，此排他管辖权不适用于由［公司］启动或提起的法律行动。[2]

条文注解：①中国现有四个各自有法院终审权的司法管辖区，中国大陆、香港特别行政区和澳门特别行政区，以及政府尚未对其有效行使司法管辖权，但通过一些司法互认协议承认其某些法律效力的台湾地区，各个司法管辖区的法律各不相同，基于这些不同的法律对合同条款进行解释，合同当事人的权利义务可能也会有差异，如签约主体可能分别处于这些不同的区域，某些（尽管未必是全部）情况下，可能有必要明确指明具体适用哪个司法管辖区的法律。

条文注解：②法律行动，包括向法院提起诉讼，以及涉及司法效力的任何法律活动或司法行动，例如，公证等非讼事件；诉外之仲裁等。

28.2 客户应遵守所有适用的中国、中国所参加的国际公约或国际组织的决议，以及其他本服务中第三方组件来源国家和地区的有关进出口管制法律的规定（“进出口法律”）。在不限制以上规定的前提下：（1）客户陈述其不在相关进出口法律禁止交易名单列表内；（2）客户不得允许用户以违反相关进出口法律规定的方式访问或使用服务；并且（3）客户不得自己、允许或协助他人将服务出口或转出口至相关进出口法律禁运的国家或地区，或允许上述禁运国家或地区的任何个人或实体访问或使用服务。

28.3 如果本协议项下服务、通过服务提供产品或其他服务违反了任何国家或地区的法律，无论因任何原因，［公司］对此均不承担任何责任或风险。访问服务的客户和用户是基于对本协议所阐述的风险和服务限制的了解，基

16292

于其自主判断而选择了本协议项下的服务，客户和用户将自行承担相关风险，并负责遵守他们所在国家或地区的法律。

28.4 如果本协议由客户与［公司］授权转售商达成，则本协议的条款，包括但不限于本协议中规定的有限保证和责任限制，依照其本意将明确地适用于保护［公司］及其关联方的利益，［公司］及其关联方应当是这些条款的第三方受益人。

23. 软件即服务（SaaS）转售商伙伴协议

使用场景

此软件即服务（SaaS）转售商伙伴协议样例合同可用于 SaaS 服务提供商委任转售商转售和分销其 SaaS 服务商品。

法律要点

一、“云”“云计算”“云服务”

云这个术语今天被大量使用，很多软件供应商都宣称他们提供基于云的系统。那么什么是“云”呢？“云”基本上可以被理解为互联网。

通常普遍接受的对云计算的定义，[1] 云计算是一种使遍在、便捷和按需的（On-Demand）对共享的可配置计算资源（例如，网络、服务器、存储、应用和服务）的互联网接入可以实现的模式。云计算可以被称为云或云服务。

如果您使用基于云的软件，那么就意味着您可以使用互联网随时随地访问这个软件系统。您只需要能够接入互联网，并能够通过网络浏览器登录这个软件系统即可。

在采用云计算前，您需要在您公司部署自己的服务器及计算机以便使用软件。您需要获取软件的安装程序，通过物理地安装一个 CD 在您的个人计算机上或是通过互联网获取，以便安装后使用其中的软件，此外，您仅能访问这台计算机上的或是这台计算机所在本公司的局域网上的数据。

而在引入云服务后，您使用的软件将由某个第三方在一个远程服务器上托管，托管方在该服务器上存储和处理您的数据。除非受到法律方面的限制，否则这些服务器原理上可以被放置在世界任何一个地方的数据中心。

当您需要访问您的数据，您仅需打开您的浏览器并登录您的账号，您可以使用一个台式机、智能手机或笔记本电脑。您可以是在办公室、家里或在机场。均无所谓，只要您能获得 WiFi 信号与互联网连接。

16293

① 美国国家标准与技术研究所（NIST）。载维基百科“云计算”：https：//en.wikipedia.org/wiki/Cloud_computing。

使用云计算服务，您不再需要采购服务器，并不断花费费用对其进行维护和升级，无论何时需要，您均可以实时访问您的数据。您只需要支付托管服务器的空间租用费用，或者按年度季度或月度支付的服务订阅费，这样您使用和维护信息系统的成本和费用通常可以大大降低。

二、"SaaS"与云服务的区别：功能和数据安全

SaaS 和云是用不同词语表达的近乎相同的概念，但二者也并不完全相同。简单地说，SaaS 是云计算或云服务的一种。云计算包括 SaaS，但 SaaS 并不是云计算的全部。尽管 SaaS 为用户提供与云服务相同或类似的利益。

SaaS 是一种软件使用许可和交付方式，[①] 在这种模式下，用户通过互联网及网络浏览器对软件或应用进行访问，用户不再需要安装软件并对其进行维护。应用在 SaaS 提供商的服务器上运行，SaaS 服务商负责对其服务器上的应用进行维护，并确保其安全性和性能。

SaaS 应用通常以订阅方式提供，用户按其购买的服务级别按其支付服务订阅费用。用这样的方法，SaaS 服务商将他们的软件或应用作为一种服务，通过互联网向您交付。

还有其他一些类似概念，例如 IaaS、PaaS 等，这些业务模式均与云计算有关，只是提供的服务容量和性能不同。

使用云计算，用户可以对由第三方管理的服务器上的软件和应用进行定制和管理。用户可以通过互联网对这些服务器上的用户数据进行访问。

而在 SaaS 业务模式下，用户不仅不再需要保有物理服务器，也不需要保有基于云的软件应用。用户可以通过支付订阅费，通过网络浏览器对已经开发部署完成的软件应用进行访问。用户不再需要负责对软件进行维护。也正因如此，用户对这些 SaaS 应用的管理和定制化的控制较弱。

我们可以将 SaaS 理解为是对云计算的拓展，云计算是一个较大的平台，而 SaaS 是基于云计算提供的。也就是说，除了 SaaS 外，云计算还提供其他服务，而 SaaS 则专指软件提供方通过云环境以互联网服务形式向用户提供软件使用。

在 SaaS 模式下，用户数据通常存储在服务商的服务器上，这导致了一些对 SaaS 业务模式数据安全性的担心。[②] 只是通常，用户对 SaaS 所提供利益的关注，可能超过了对数据所有权和安全的关注。例如，我们大部分人使用的免费电子邮件服务、即时消息服务，

---

① https：//en.wikipedia.org/wiki/Software_as_a_service.

② 维基百科（云计算）：https：//en.wikipedia.org/wiki/Cloud_computing#cite_note-74；维基百科（Software as a Service）：https：//en.wikipedia.org/wiki/Software_as_a_service。

所有数据均由服务商在其自己控制的空间内存储，服务提供商可以随时访问这些数据库，但大部分人仍然会继续使用此类服务。但对于那些对数据安全更敏感的用户来说，则需要关注这个问题。

而相对于 SaaS，就云计算而言，例如，云存储，尽管用户的数据也是存储在服务商的服务器上，但往往是在用户的一个专属区域，用户可以对在云上存储的数据有更多的控制权。尽管存储数据的服务器并不在本地，用户对存储空间仍有控制权，用户可以对放置在云存储空间上的数据和软件进行管理，可以对云端的数据进行备份，也可以将云端的数据迁移到本地的存储空间。

关键条款

SaaS 转售分销协议中需要考虑的问题：

（1）排他性——授予转售商的职权是排他的、独家的、选择性的还是非排他的；

（2）转售的产品或服务——指明转售商被授权转售产品或服务的范围，并保留随时变更的能力；

（3）区域或市场——指明允许转售商分销 SaaS 服务的地理区域或市场，如客户群等；考虑保留随时调整变化的能力；

（4）期限——固定期限，是否自动更新，还是无期限；

（5）终止——说明协议可以被终止的情形，明确终止的效果，包括对善后事宜的处理；

（6）转售商规范——违约行为可能导致对经销区域、排他性的变更，直至终止协议；

（7）价格和支付；

（8）商标及其他知识产权——明确授予转售商使用商标及其他知识产权的许可及限制；

（9）竞争性业务——明确是否允许转售商销售竞争厂商的类似产品或服务；

（10）责任限制；

（11）抗辩和补偿——明确转售商为服务提供商提供的抗辩和补偿，以及服务提供商为转售商提供抗辩和补偿的条件；

（12）适用法律（如属于跨境业务）及争议解决；

（13）必要的样板条款。

16293

合同正文

软件即服务（SaaS）转售商伙伴协议

本转售商伙伴协议（“协议”）由以下各方在______（填写协议生效日）（“生效日”）签署：

（1）______（填写［公司］法定名称全称），一家在______（填写［公司］注册地国家或地区）注册的公司，其注册或主要办公地址在：______（填写［公司］地址）（以下简称“［公司］”）；

（2）______（填写转售商法定名称全称），一家在____________（填写［公司］注册地国家或地区）登记或注册的公司，其注册或主要办公地址在______（填写转售商地址）（以下简称“转售商”）。

本协议描述了［公司］允许转售商转售本协议项下服务（定义见下面）的条款和条件。

1 定义

为本协议的目的，除本协议其他地方定义的术语外，下列术语具有以下定义的含义：

1.1 关联机构：一方的关联机构是指由该方直接或间接控制，或该方受其控制或与该方受共同控制的任何公司或其他实体。在这里，如果一方或其任何部分和/或其关联机构拥有一家公司或其他实体（a）董事会或（b）该［公司］或其他实体其他管理机构超过百分之五十（50%）的投票权，则该方对该公司或其他实体拥有控制权。

1.2 客户：是指转售商向其转售服务的任何单位或个人。

1.3 客户数据：是指客户向服务提交的任何电子数据或信息。

1.4 可交付物：是指任何有［公司］根据相关工作说明的规定为转售商制作的软件、设备咨询、文件和/或其他材料。

1.5 费用：是指相关订购单中指明的，为向客户转售服务应由转售商向［公司］支付的费用。

1.6 初始期限：含义见第8.1款。

1.7 恶意代码：是指病毒、蠕虫、时间炸弹、特洛伊木马以及其他有害或恶意代码、文件、脚本、代理（机器人）程序或其他类似程序。

1.8 非［公司］应用：是指与服务交互操作的明确指明由［公司］以外的其他单位或个人提供的任何网络应用或离线软件产品。

1.9 订购单：是指用于根据本协议下订单的文件，订购单包括其附件和补充，将由［公司］与转售商（或［公司］与转售商各自的关联机构）不时达成。如各方关联机构根据本协议签署了订购单，则视为该关联机构同意受本协议条款的约束，就如同其本身签署了本协议。援引本协议的订购单将被视为本协议的组成部分。

1.10 专业服务：是指［公司］向转售商提供的在某工作说明中描述的服务，可能包括但不限于，工程化、维护、安装、设计咨询、业务规划、网络规划和分析等。

1.11 更新期限：含义见第 8.1 款。

1.12 转售商代理：是指转售商委任代表转售商营销、推广或转售服务的任何个人或单位。

1.13 转售商数据：是指转售商向服务提交的任何电子数据和信息。

1.14 服务：是指转售商根据某个订购单订购服务，该服务由［公司］通过链接地址在［公司网址］的网址或［公司］指定的其他网页地址提供，包括相关的离线组件，具体见用户手册。“服务”不包括非［公司］应用。

1.15 工作说明或 SOW：是指各方签署确认的对专业服务和 / 或可交付物的工作说明文件。

1.16 期限：含义见第 8.1 款。

1.17 指定区域：是指附件 A 中标题为“区域”的条款描述的地理区域。

1.18 用户指南：是指在服务的线用户指南，可通过登录网站获取，并由［公司］不时更新。

1.19 用户：是指订阅服务的客户授权使用服务的并由转售商（或由［公司］根据转售商的要求）提供了用户识别标识（ID）和口令密码的个人。用户可能包括但并不限于客户的员工、顾问、独立承包商和代理，以及客户与其处理业务的第三方。

2 服务

2.1 服务提供。以本协议第 2 条中的规定和本协议的其他条款和条件，以及相关费用支付为前提条件，［公司］在此委任转售商并且转售商在此接受该委任，在约定期限内（除非根据本协议约定终止），作为指定区域内［公司］的非排他和不可转让的服务授权转售商。转售商应自行承担相关费用，并使用其自己的销售队伍（包括转售商的代理商）向指定区域内的客户及潜在客户营销、推广和转售服务。转售商应向［公司］支付订购单中列明的费用，该订购单将反映附件 A 中明确的折扣。［公司］将根据本协议、许可用户数量及［公司］与转售商达成的订购单中指明的订阅期

16293

限使转售商获得服务并向客户转售。

2.2 ［公司］对服务的职责。［公司］将为向客户转售服务的目的，在指定区域内向转售商提供服务。尽管如此，服务可能会因非［公司］可合理控制的情形而无法提供，这些情形包括第 10.10 款约定的不可抗力事件以及任何因非由［公司］拥有或合理控制的硬件、软件、电力或其他系统导致的计算机、通信系统、网络服务或托管设施故障或停顿以及拒绝服务攻击。服务可能因维护、修理、更改、升级或重置等原因临时受到限制、中断或缩减。［公司］将努力将那些预计可能超过四（4）小时以及可能影响服务的按计划排期的和临时安排的网络中断事先通知转售商。［公司］有权在合同期限内变更服务，前提是不得因此实质性降低服务功能。

2.3 转售商的职责。转售商应保持适当的营销和客户服务标准，以保持服务以高质量提供，并体现转售商和［公司］的良好声誉。转售商应向客户提供及时的、友善和高效的服务，应采取合理的预防措施防止泄露用户信息，除相关保护用户信息的隐私权法律允许者外，转售商不得为任何目的使用、处理获取的用户信息。转售商应诚信和公平地处理任何客户事宜。转售商应对其客户的所有活动负责，并且转售商应（a）尽合理商业努力防止对服务的越权访问和使用，并在发生此类越权访问或使用时应立即通知［公司］；并且（b）符合所有可适用的与推广和转售服务相关的地方、国家、外国和国际法律规定。

2.4 共同义务。任何一方均不得以声明、作为或不作为等方式毁损或负面影响另一方的声誉及另一方所提供产品或服务的品质。

2.5 客户合同。转售商应根据相关法律规定，按其确定的条款和条件向客户提供服务。［公司］对确定这些条款和条件不承担任何义务，并且［公司］将不负责与客户直接接洽，也不对任何客户服务活动负责。转售商不得代表［公司］作出任何陈述和保证，或以任何方式使［公司］受到或试图使［公司］受到任何与客户之间的合同或其他约束。

2.6 限制。转售商不得（也不得授权任何第三方）：（a）对服务进行修改、翻译、反向工程、反编译、反汇编或制作基于服务的派生作品，除非相关法律禁止前述限制的执行；（b）规避服务中嵌入的任何用户限制或其他时长、使用或功能限制；（c）去除服务中包含的任何专属权通知、标识或标注，除非为重新加贴品牌目的，根据本协议工作说明或［公司］另行明确书面许可，转售商被允许这样做；（d）对构成服务任何组成部分的内容进行加框或映射；（e）为制作竞争产品或服务，或仿制服务的任何创意、特征、功能或图像的目的访问服务。

2.7　所有权和专属权利。[公司] 及其供应商和 / 或许可方拥有并将保留服务和用户指南中含有的及与之有关的所有专利权、著作权、商标、商业秘密权及其他知识产权权利。转售商同意，只有 [公司] 有权对服务进行维护、升级或做其他修改。如果转售商向 [公司] 报告服务中的任何瑕疵或提议或建议对服务做任何变更或修改（以下统称“反馈”），[公司] 将有权使用或利用此类反馈，包括但不限于，将此类反馈添加到 [公司] 的包括本协议项下服务在内的软件产品和 / 或服务中，且不需因此对转售商承担任何义务。除在本协议第 2 条中明确约定者外，[公司] 保留所有未经明确许可的权利，[公司] 并未以无论是默示、禁止反言或其他方式授予转售商任何类别的许可。

2.8　竞业禁止。[①] 在本协议期限内，转售商不得：(a) 直接或间接营销、推广、订阅、供应、销售或转售任何与本协议项下服务竞争的其他产品或服务，或为其招揽客户；(b) 在营销、推广、销售或提供任何与本协议项下服务竞争的其他产品或服务的实体中拥有任何控股权益；(c) 与任何转售、转分销、分许可或以其他方式商业化与本协议项下服务相竞争的其他产品或服务的提供方签署任何协议；或 (d) 在其网站或其他地方展示与服务相竞争的其他产品或服务的提供方的广告或其他营销材料。[公司] 将拥有持续的权利向任何第三方，包括但不限于现有、未来和潜在的客户营销和销售本协议项下服务以及任何其他产品和服务。

条文注解：实际使用时，应根据服务提供商的市场地位及其他环境，评估这个条款是否符合反垄断法的规定。

2.9　转售商对代理和分包商的使用。转售商可以不经 [公司] 的事先书面同意任命转售商的代理商在指定区域内营销、推广和 / 或转售服务，前提是转售商应继续对其在本协议项下所有的义务负责，并对转售商的代理商的任何作为或不作为负责，转售商的代理商的任何作为或不作为均应被视为是转售商的行为。如因转售商的代理商的任何作为或不作为导致 [公司] 承担或发生了无论任何性质的损失、成本、损害赔偿失和费用，转售商应就此对 [公司] 承担全部责任。如因转售商的代理商的作为或不作为直接或间接导致了任何针对 [公司]、[公司] 高级管理人员、董事、雇员、代理和关联机构（包括他们的高级管理人员、董事、雇员、代理）的无论任何性质的诉讼、索赔和要求，转售商应提供抗辩和补偿。转售商有权就此享有本协议所规定的各种责任限制的利益，就如同这些作为或不作为是转售商本身所为。

16293

2.10　用户订阅。除非在相关订购单中另有明确，否则（a）对服务的访问应按用户订阅购买，且不得超过指定的用户数量；（b）在相关订阅期限内可以按照与已有订阅相同的价格添加额外的用户订阅，按照额外用户订阅添加时剩余订阅期限的比例支付；并且（c）添加的用户订阅将与已有订阅同时终止。用户订阅只能由指定用户使用，不得由多个用户共享或使用，但可以重新分配给新用户，以取代不再需要继续使用服务的前用户。

2.11　专业服务。根据各方签署的某个工作说明，转售商可以聘雇［公司］为转售商或其客户提供专业服务（包括开发可交付物），详情见该工作说明描述，双方签署的工作说明受附件二条款和条件的约束。如果转售商提交了一个专业服务的采购订单，该订单仅在经［公司］接受后方对［公司］具有约束力。［公司］将在收到转售商此类订单后五（5）个工作日内对订单作出响应。一旦订单被接受，其将受本协议条款和条件的约束，本协议条款将接替此类订单中任何和所有预先打印的条款和条件。

2.12 客户和转售商数据。［公司］拥有有限的权利使用客户数据和转售商数据根据本协议提供服务，转售商应从其客户那里为［公司］获得上述权利。除根据本协议授予［公司］的有限权利外，［公司］并未从转售商或任何客户处获得客户数据和转售商数据中包含的或与之有关的任何其他权利、所有权或利益，包括其中的任何知识产权。

3　服务设置和运营

3.1　转售商发布服务。本协议一经签署，双方合作并尽合理商业努力将服务与任何转售商的软件或基础设施集成，服务将与这些软件或设施交互，以便转售商能够在指定区域内向客户推广和销售服务。一旦服务与转售商的软件或基础设施完成了集成，并且在考虑和比对了类似的商业交付基础上，双方一致认为集成的服务具有可接受的合理质量，转售商将有权开始向指定区域内的用户转售服务。

3.2　支持。［公司］将为转售商提供基本支持，且不为此收取额外费用和 / 或如转售商单独购买的话，为转售商提供升级支持。转售商应负责为服务的客户和用户提供一线支持。就本协议的目的而言，“一线支持”是指（a）对客户或用户就服务问题或其他问询的初始诉求进行守备处理；（b）为客户或用户生成并签发一份包含参考 / 跟踪号的故障通知单（例如，向客户或用户提供转售商支持电话号码）；（c）在合理可行的范围内，确定服务中存在的问题或性能不符；（d）仅通过参考［公司］提供的故障排查指南，尝试解决问题；（e）如果此类问题未能解决的，就出现的问题或性能不符，准备一份错误通知；（f）对客户和 / 或用户沟通和期望进行管理，直至问题被提交给［公司］；并且（g）将错误通知升级提交给［公司］。在任何情况下，［公司］均无义务直接与客户或用户接洽。

3.3 贴牌服务。如本协议工作说明规定或双方另行以书面形式达成协议，［公司］将在向转售商提供服务供转售商转售之前，用转售商指定的品牌为服务进行贴牌。经双方同意，贴牌服务还将同时使用“由［公司］提供技术支持”的标志和标识。在［公司］确认适当的情况下，服务中的所有相关的专利、版权和 / 或其他知识产权标识和告知无论在任何情况下均应保留。转售商应根据［公司］的合理指示，以软拷贝 / 电子格式提供用于对服务进行贴牌的转售商指定品牌的设计元素。［公司］应为转售商提供对贴牌服务的访问权，以便转售商能够在对贴牌服务的任何运营版本进行正式销售前对贴牌服务进行审核。转售商应尽商业上合理的努力及时对贴牌服务进行审查。［公司］将转售商指定品牌应用于服务的费用将在相关的专业服务工作说明中规定。［公司］将仅为本协议第 3.3 款预期的服务贴牌的目的以及为运营贴牌服务的目的使用转售商向［公司］提供的转售商指定品牌的相关材料。除上述有限权利外，转售商保留向［公司］所提供的转售商指定品牌中的所有权利、所有权和利益。

3.4 非［公司］产品和服务的获得。［公司］或第三方可能会不时地向转售商提供第三方产品或服务，包括但不限于非［公司］应用程序及导入、定制和其他咨询服务。转售商对这些非［公司］产品或服务的任何采购，以及转售商或其客户与任何非［公司］供应商之间的任何数据交换，都仅仅是在转售商或相关客户（根据具体情况而定）与相关非［公司］供应商之间进行。无论是否被［公司］指定为“认证”或其他，［公司］对非［公司］产品或服务均不提供任何保证或支持，除非订购单中另有明确。除第 3.6 款另有约定外，否则除了支持的计算设备、操作系统、网页浏览器和互联网连接之外，使用本协议项下服务并不要求购买任何非［公司］产品或服务。

3.5 非［公司］应用及用户和转售商数据。如果转售商或其任何客户安装或启用非［公司］应用程序与服务一起使用，转售商知悉并同意［公司］可能允许那些非［公司］应用程序的提供商访问客户数据和转售商数据，以满足这些非［公司］应用程序与服务之间的交互操作。对任何由非［公司］应用程序提供商对服务的访问导致的任何客户数据和转售商数据的泄露、修改或删除，［公司］将不承担任何责任。服务将允许客户通过限制客户的用户在服务上安装或启用此类非［公司］应用程序的方式来限制此类访问。

3.6 与非［公司］服务的集成。服务可能包含用于与非［公司］应用程序互操作的特性。为使用这些特性，转售商和客户可能需要从其提供者那里获

16293

得对此类非［公司］应用程序的访问权。如任何此类非［公司］应用程序的提供者停止按合理的条件使非［公司］应用程序与相应的服务特性进行交互，［公司］可能会停止提供这样的服务特性，转售商或任何客户无权就此要求获得任何退款、信用记账或其他补偿。

3.7 ［公司］对客户数据的保护。［公司］应保持商业上合理的管理的、物理的和技术的安全防护措施，以保护客户数据的安全性、保密性和完整性。［公司］不得：(a）修改客户数据，但为提供服务所必要者除外；(b）披露客户数据，但依照第5.5款规定因法律强制要求或转售商或相关客户明确许可者除外；或（c）访问客户数据，但为提供服务以及为防止或解决服务或技术问题，或根据转售商与客户支持事项有关的要求者除外。

3.8 转售商的职责。转售商应：(a）负责确保客户和用户遵守［公司］与服务相关的政策和流程；(b）负责客户数据及其获得方式的准确性、质量和合法性。转售商不得：(a）将服务提供给除客户和用户以外的任何人；(b）在指定区域外出售、转售、出租或租赁服务；(c）使用服务储存或传送侵权、诽谤或其他非法或侵权的材料，或储存或传输侵犯第三方隐私权的材料；(d）使用服务存储或传输恶意代码；(e）干扰或破坏服务或其中所含有第三方数据的完整性或性能；或（f）试图获得对服务或其相关系统或网络的未经授权的访问。转售商应自行承担费用雇用至少一（1）名了解服务的功能和优势的经验丰富的销售人员，以及至少一（1）名对服务的功能、规格和优点有充分了解的经验丰富的技术人员。

3.9 使用的限制。如［公司］选择对所有客户施加服务限制，包括但不限于磁盘存储空间、应用程序编程接口调用等，［公司］将尽商业上合理的努力，至少提前三（3）个月向转售商提供书面通知。

4 支付条件和税款

4.1 客户价格和责任。转售商向客户收取的所有费用、费率或价款，均由转售商自行决定。［公司］无权也无职责决定这些费用或其他价款，［公司］也不负责向客户收取或催收此类费用或其他价款。转售商自行负责向［公司］支付向客户转售服务的所有费用。与此类活动有关，转售商应在所有方面自行对自己的账款负责，并对信用验证、保证金、账单、托收、坏账以及客户或代表客户对服务未经授权的使用负责。［公司］仅对具有合同法律关系的转售商（而非客户）负有义务，［公司］与客户没有合同法律关系。客户不应被视为本协议的第三方受益人。

4.2 费用。转售商应按本协议支付所有订单项下的所有费用。除非本协议或订购单另有指定，否则：(a) 购买服务的费用是基于用户许可证而非实际使用；(b) 付款义务是不可撤销且支付的费用是不可退还的；同时 (c) 在相关订购单指明的订阅期限内，购买的用户订阅数量不能减少。用户订阅费用以月度为期，自订阅开始日起算并自每个月的同一天为一个期限，因此，在每个月度期限的中期增加的用户订阅，费用将按当月期限全额支付，该月度期限在剩余订阅期限内继续执行。

4.3　付款条件。本协议项下的所有价款均应在收到相关付款通知后三十（30）天内支付。除非在订购单或工作说明中另有说明，否则所有价款均应以人民币支付。任何到期未付的款项，均应按日万分之五（0.05%）或法律允许的最高借款利率累计利息以支付滞纳金。如转售商拖延付款，［公司］可为未来的订阅续期和订购单设置提前付款或短于本第 4 条规定付款期限的条件。

4.4　服务暂停和加速。如转售商在本协议或任何其他协议项下的任何服务价款逾期达到三十（30）天或以上的，在不限制［公司］的其他权利和救济的前提下，［公司］可以要求转售商提前支付这些协议项下尚未支付的所有价款，所有尚未支付的价款均视为立即到期应付，［公司］可暂停向转售商和客户提供服务，直至这些款项全额付清。在暂停服务前，［公司］会至少提前七（7）天通知转售商其账款已经逾期。

4.5　税收。除非另有说明，本协议项下的费用不包括任何性质的税费。根据本协议，转售商负责支付与其在本协议项下采购相关的所有税费。如［公司］有法律义务代收代缴转售商在本款中应支付的税费，则［公司］可要求转售商支付上述税款，除非转售商向［公司］提供由适当的税务机关授权的有效免税证明。为明确起见，［公司］只负责根据其收入、财产和雇员对［公司］的征税。

5　保密

5.1　保密信息的定义。“保密信息”是指由任何一方向另一方披露的任何标记为“保密”“专有”或其他类似标注的信息，或接收方知道或应当知道的应当属于披露方保密信息的信息，包括口头信息。“保密信息”不包括接收方可通过书面记录证明属于以下情形的任何信息：(a) 在披露方依据本协议披露前其已经知悉的信息；(b) 接收方通过其正当行为而知悉的信息；(c) 以正当方式从被授权作出此种披露的第三方收到的信息；(d) 由接收方独立开发的信息；(e) 经披露方事先书面授权批准发布的信息；或 (f) 根据法院命令或其他法律要求已经披露的信息，但前提是要求披露信息的一方应及时提前通知另一方，以使另一方能够寻求保护令或采取其他措施避免此类披露。

16293

5.2　义务。除非为根据本协议行使其权利或履行其义务的必要，或由对方明确书面授权，否则任何一方均不得使用披露方的任何保密信息。各方均应使用与保护其自身同类性质的保密信息同等程度的谨慎来保护披露方的保密信息，并且在任何情况下均不应低于合理的谨慎程度。任何一方均不得向为实现本协议的意图而需要接触或知晓保密信息的其高级管理人员、员工、代理和顾问之外的任何个人或实体披露保密信息，并且那些被允许接触保密信息的人士应当与其达成严格程度至少不低于本协议第 5 条水平的书面保密协议。在本协议终止时，接收方将立即向披露方返还保密信息，或根据披露方的选择，销毁所有披露方的保密信息。

5.3　禁令救济。双方承认，由于对方的保密信息具有独特的性质，一旦保密信息被越权使用或披露，经济或其他的损害赔偿可能均无法使披露方获得足够的补偿。为此，除本协议及法律规定的救济外，披露方有权寻求禁令救济，以预防此类未经授权的使用或披露。

5.4　其他豁免。尽管有本协议第 5 条的上述规定，在下列情形下当事人可以披露本协议：（a）根据法律或任何证券交易所或场外交易系统的规则要求，前提是应采取合理措施保护本协议的机密性；（b）在保密情况下向法律顾问披露；（c）为申请公开发行股票或证券上市符合相关要求，前提是应采取合理措施就拟议的披露获得保密处理，只要这种保密处理是可行的；（d）为强制执行本协议或本协议项下的任何权利，前提是应采取合理措施以保护本协议的保密性；（e）在保密状态下向审计师、会计师、法律顾问以及他们各自的顾问披露；（f）在一方或一方关联机构的控制权变化或潜在的控制权变化情况下，在保密状态下披露本协议，前提是应采取合理措施以保护本协议的保密性。对于任何法律强制的披露以及依照法院、执法机关或证券交易所的要求所做的披露，各方应合理配合对披露做必要的限制。

5.5　强制披露。如接收方因法律强制需要披露由披露方提供的保密信息，应事先向披露方提供这种强制披露的通知（在法律允许限度内），如果披露方希望对此类披露提出质疑，由披露方承担相关费用，接收方应提供合理协助。

6　保证和免责声明

6.1　保证。各方向另一方保证：（a）该方是一家正式注册、有效存在的企业，并在其管辖的法律中有良好的信誉；（b）该方具有签署、交付和履行其在本协议项下义务的所有必要的法人权限、财务能力和授权；（c）本协议的签署、交付和履行构成对该方合法、有效和有约束力的协议；（d）截至生效日及之后，没有任何该方卷入其中的，一旦作出不利判决，将可能对该方履行本协议项下义务带来潜在或实际的实质不利影响的任何未决的诉讼、仲裁或其他纠纷；以及（e）该方签署本协议并不需要任何实体（包括任何政府机关）的同意、批准或不表示异议。［公司］保证：（a）服务将实质性地按照用户指南履行；（b）除第 3.4 款和第 3.6 款另有规定者外，服务功能在一个订阅期限内不会实质性地减少；并且（c）［公司］将不会向转售商或任何客户传播恶意代码，除非转售商、某个客户或某个客户的用户将包含恶意代码的文件上传到服务并在此后由下载该文件，本保证不适用于此类文件。对于任何违反上述保证的行为，转售商唯一的救济见本协议第 8.2 款和第 8.6 款规定。

6.2　免责声明。除本协议第 6 条另有明确规定者外，服务和用户指南均“按现状”提供，不附带任何形式的陈述、保证和 / 或条件。各方及其许可方专有和 / 或供应商均未就根据本协议提供的服务和 / 或用户指南作出任何无论是明示的还是默示的、法定的或是其他类型的其他陈述、也未提供任何其他保证或条件。各方明确排除任何和所有关于适销性、适销品质、不侵权、耐久性、权属和适用于特定目的的任何默示陈述、保证和 / 或条件。此外，转售商承认［公司］并未就服务和 / 或用户指南将无错误或不间断地工作作出陈述或保证或提供任何条件。

7　补偿

7.1　［公司］的知识产权补偿。如因服务在按照用户指南使用情况下被指称滥用或侵犯了任何第三方的知识产权，导致了针对转售商的任何索赔、诉讼或法律程序（“转售商索赔”），［公司］应为转售商提供抗辩和 / 或由［公司］承担费用进行和解，［公司］应当支付所有由拥有合格管辖权的法院最终裁决应由转售商向第三方支付的损害赔偿金，或任何经［公司］书面同意的和解金额，前提条件是，转售商应立即将此类转售商索赔通知［公司］，允许［公司］主导此类转售商索赔的抗辩及和解（转售商可以自行承担费用与其法律顾问参与此过程），转售商并应为［公司］就此类转售商索赔的抗辩或和解提供协助，相关费用由［公司］承担。对转售商未经［公司］事先书面批准达成的和解金额，［公司］无义务承担。如果［公司］有理由相信服务可能基于法律限制无法按现状继续提供，则［公司］有权对服务进行修改使其不侵权和 / 或删除不当使用的材料，用可以提供实质上相同功能或信息的服务或材料对服务或其任何部分进行替换。如以上处理均不具有商业上的可行性，［公司］将视情况而定要求转售商和客户停止转售、停止接受和 / 或使用服务，并将以下款项退回转售商：（a）任何一次性费用的相应比例［自付款之日起按三（3）年期直线折旧法折算］；以及（b）转售商

16293

已预付但尚未使用的任何费用。尽管有上述规定，［公司］对因以下原因导致的上述转售商索赔不承担任何责任：(a) 将服务与其他非由［公司］提供的服务、软件、数据或产品结合，而如果服务并未被这样结合使用，则索赔不会发生；(b) 使用转售商或任何客户提供的任何材料；(c) 在指定区域外使用或转售服务；或 (d) 转售商违反本协议或客户违反任何服务政策和 / 或流程。以上是［公司］的唯一和排他的责任，是转售商就服务侵犯或滥用任何第三方知识产权所获得的唯一和排他的救济。

7.2　转售商的补偿。如因：(a) 转售商或转售商应依法负责的个人或单位的任何作为或不作为导致了任何人身伤亡或有形或不动产损害；(b) 转售商所提供任何产品或服务的供应、使用或故障；(c) 转售商在本协议授权之外对本协议或其任何部分所做的任何陈述或保证；(d) 客户数据侵犯或滥用任何知识产权或其他权利；(e) 转售商或其关联方的高级管理人员、董事、员工、承包商或代理人的任何违反法律的行为；(f) 转售商或其任何关联方或其各自的任何高级管理人员、董事、员工、承包商或代理人因过失或故意的作为或不作为导致的任何与本协议有关的不动产或有形财产损失或人身伤亡，导致了任何针对［公司或其关联方及其各自的高级管理人员、董事、员工、承包商或代理人（“［公司］被补偿方”）的任何索赔、诉讼或法律程序（“［公司］索赔”），转售商应承担费用为［公司］被补偿方提供抗辩，或根据［公司］的同意和解解决上述［公司］索赔，转售商应负责支付根据法院最终判决或转售商同意的和解协议由［公司］被补偿方向第三方支付的损害赔偿金或和解金，前提条件是，［公司］应在获知此类［公司］索赔后立即通知转售商，允许转售商主导此类对［公司］索赔的抗辩或和解，并应在抗辩或和解此类［公司］索赔过程中为转售商提供协助，［公司］可以自行承担费用安排其法律顾问参与上述抗辩过程及和解谈判。对未经转售商事先书面批准由［公司］所达成的和解金额，转售商不承担责任。

8　期限和终止

8.1　期限。本协议自生效日起生效，并将在为期三（3）年的初始期限（“初始期限”）内持续有效。此后，本协议期限将每年在生效日的周年日自动更新一个额外的为期一（1）年的续约期限（“续约期限”），除非一方在初始期限或任何一个续约期限到期日至少六十（60）天前书面通知另一方不再续约。“初始期限”与后续的任何“续约期限”统称为“期限”。

8.2　终止。本协议可因以下原因终止：(a) 如转售商在收到［公司］发出的欠费书面通知后三十（30）天内未能支付任何到期应付价款，［公司］可书面通知转售商在上述期限届满日终止本协议；(b) 如任何一方违反本协议的任何实质条款或条件，且在收到另一方发出的书面违约通知后三十（30）天内未能采取有效措施纠正违约行为，守约方可以在前述三十（30）天期限届满后随时书面通知违约方终止本协议；(c）如任何一方进入破产程序、在正常的经营过程中，无法偿还任何到期债务或发生为债权人利益而进行的转让，另一方可经通知后立即终止本协议；或（d）在无任何终止事由情况下，经提前九十（90）天书面通知而终止本协议。如转售商终止本协议，将不影响转售商向客户提供转售商自己的产品和服务的权利，只要这些转售商的产品或服务未使用或并不依赖［公司］的服务或任何可交付物。

8.3　用户订阅期限。由转售商购买的用户订阅，将自相关订购单中指定的开始日期开始，并持续指定的订阅期限。除相关订购单另有规定外，所有用户订阅将在到期后自动续展一个与期满的订阅期限相同的期限或一（1）年（以较短者为准），除非一方在订阅期限届满日至少三十（30）天前书面通知另一方不再续展订阅期限。续展订阅期间适用的服务费单价将与此前期限适用的服务费率相同，除非［公司］在此前的订阅期限届满日至少六十（60）天前书面通知转售商将调高价格，在此情况下，调整后的价格将在续展订阅期限开始后生效。任何此类提价的幅度将不超过此前订阅期内服务价格的百分之七（7%），除非在相关订购单中已经指明此前订阅期限内的价格为促销价或一次性价格。

8.4　继续有效。以下条款应在本协议无论因任何原因终止或届满后继续有效：第1条、第2.7款、第2.12款［本协议到期或届满后六十（60）天内］、第5条、第6条、第7条、第8.4款至第8.7款、第9条、第10条以及任何在本协议届满或终止前已经产生的付款义务。

8.5　终止的效果。在本协议届满或终止时，转售商应停止所有服务的转售和使用，并应立即将用户指南的所有副本归还给［公司］，或者将这些副本销毁，并向［公司］提供由转售商高级管理人员签署并加盖转售商有效印章的证明文件，表明其已经销毁上述副本。

8.6　终止后权利。终止并不是排他的救济，而是其他可获得的权利或救济之外的额外附加救济。转售商因任何本协议约定的事由终止本协议的，［公司］应向转售商退还转售商在终止生效日起算当前订阅期限的所有剩余费用。［公司］因任何本协议约定的事由终止本协议的，转售商应支付在终止生效日后订购单剩余期限内尚未支付的费用。在任何情况下，任何届满或终止均不免除转售商就终止生效日前的期限内对服务的转售和使用向［公司］支付任何到期价款的义务。如本

16293

协议并非由转售商因［公司］违约而终止，且如双方都愿意接受这样的安排，那么对于任何已经向转售商订阅了该期限的服务的客户而言，［公司］将在客户当前剩余订阅期限内继续向这些客户提供服务（自本协议期满或终止生效日起），前提条件是这些客户已经支付了相关费用，并且转售商继续遵守本协议的条款和条件，这些条款和条件应继续适用于这些客户。为非常清晰地阐明这一点，双方一致同意，如本协议非因转售商违约原因而终止，并且各方均愿意服从这样的安排，那么如果转售商在协议期限内已经向客户销售了服务订阅，则就该客户剩余订阅期限（自本协议期满或终止生效日起算）内发生的持续收益（如有[①]），将继续按本协议的规定共享，双方在此订阅期限的剩余时间内应继续按本协议规定的方式向客户提供相关服务。

条文注解：例如，用户长期订阅，按月付费的情况下，可能发生此类继续共享收益的情况。

8.7 客户和转售商数据的返回。［公司］将在服务订阅期限到期或终止生效日后三十（30）天内，根据转售商要求，允许转售商下载一个包含客户数据或转售商数据的文件，文件将以______格式提供并附带其原生格式文件。在此三十（30）天期限届满后，［公司］将没有义务来维护或向客户提供任何客户数据或转售商数据，此后，除非法律禁止，［公司］可能会删除所有在［公司］系统中的或［公司］以其他方式持有或管理的客户数据或转售商数据。

9 责任限制

9.1 除一方根据本协议提供补偿的义务以及各方的保密义务外，在无论任何情况下，任何一方或其许可方或供应商均不会由于本协议，就任何利润损失、信息或数据损坏或丢失、商誉损失、业务损失、或采购替代商品或服务的成本、或对任何偶然的、惩罚性的、间接的、特殊的或间接的损害赔偿对另一方承担任何责任，无论这些责任是因何种原因导致，以及无论是基于何种责任理论（包括过失），也无论该方是否被事先告知了此类损害发生的可能性。本协议第9条所规定的限制不适用于任何一方或其承包商对另一方知识产权的任何侵权或滥用。

9.2 无论在任何情况下，［公司］、［公司］的关联方及其各自的高级管理人员、董事、员工、代理人、许可方或供应商对转售商所承担的责任将仅限于实际和直接的损害赔偿金额，且最高不超过______元人民币或转售商就与索赔相关服务所实际或应当支付的费用，以较低者为准，无论该责任因何种原因导致，也无论是基于合同、侵权（包括疏忽大意）

或其他责任理论。上述直接损害赔偿限制不适用于[公司]违反保密义务或[公司]在第 7.1 款项下的知识产权补偿义务。各方同意和认可，本协议第 9 条表明了各方之间合理的风险配置和分担。

10　一般条款

10.1　付款通知。各方使用的采购订单、其他业务表格或书面核准文件中的条款、条件或规定对各方在本协议或其任何补充协议项下的权利、义务和责任没有任何影响，无论接收方对这些条款、条件或规定是否表示了反对。

10.2　营销活动。在本协议签署后，双方可根据需要考虑联合发布新闻稿，对本协议所预期的业务关系进行宣传。尽管有上述规定，任何一方在未经另一方事先书面同意的情况下，均不得发表任何与本协议有关的新闻公告。

10.3　转让。未经另一方事先明确书面同意，任何一方均不得将其在本协议项下的任何权利转让，或将其在本协议项下的义务委托给他人，无论是否依据法律或其他任何方式，另一方不得不合理地拒绝或拖延作出上述同意。尽管有上述规定，在［公司］或其关联方发生并购或其全部或实质性资产或股票出售情况下，［公司］可以经事先通知转售商，将本协议（包括所有订购单）转让，此类通知应在转让后三十（30）天内发出。此类转让在任何情况下均不会免除转让方在转让前已经产生的本协议项下义务。根据上述规定，本协议将对双方、各方各自的承继方以及允许的受让人具有约束力并以其为受益人。任何违反本协议第 10 条规定的转让均为无效。

10.4　弃权和修改。除非由以书面方式为之并经有意受约束一方正式和充分授权代表签署或加盖其有效印章确认，否则对本协议任何条款的修改、补充或弃权均无效。除非本协议中另有明确约定，否则任何一方未能行使或延误行使本协议项下的任何权利、权力或救济，均不得被视为是对这些权利、权利或救济的放弃。

10.5　适用法律；管辖；纠纷解决地。本协议受中华人民共和国大陆（不包括香港特别行政区、澳门特别行政区和台湾地区）法律的管辖，而不考虑其法律冲突规则。双方不可撤销地承认［公司］所在地相应级别的人民法院对因本协议解释和执行以及与此相关的所有争议具有专属管辖权。双方明确排除《联合国国际货物销售合同公约》对本协议的适用。双方确认，本协议以及与本协议相关的所有其他文件，包括通知等，将均仅用中文拟就。

10.6　遵守法律。双方应遵守所有有关一般商业行为的相关法律规定，包括但不限于所有有关反腐败和反商业贿赂、消费者权益保护、广告营销规范等

16293

的法律规定。转售商同意将完全遵守任何相关国家的所有出口、转出口和进口限制和规定。

10.7 通知。本协议要求或允许的所有通知、要求或同意（以下统称“通知”），均应以书面形式发出。通知在接收方实际接收或以下情况下（以较早者为准）视为有效送达：(a)亲交本人的递交当天；(b)经电传、电报或传真发送后的次日；(c)由特快专递发送一（1）天后；或（d）通过挂号信发出五（5）天后。通知应送交本协议签字栏所列的各方地址或一方根据本协议第10.7款向对方发出的通知中指定的其他地址。

10.8 独立合同主体。双方始终是各自独立的合同主体。本协议并未在双方之间建立任何法律上的合伙（尽管双方使用了“合作伙伴”一词，使用的目的只是表达双方之间的合作精神）、合资、代理、雇佣或特许关系。任何一方均无权为另一方或代表另一方作出任何承诺、创设任何义务或职责。

10.9 可分割。如本协议的任何条款被有合格管辖权的法院认定为违反法律，该条款应在法律允许的最大范围内进行修改和解释，以便能够最大限度地实现双方达成原始条款的目的，同时本协议的其余条款将继续保持完全的效力。

10.10 不可抗力。除各方的支付义务外，如任何一方因超出其合理控制的原因，包括但不限于天灾、地震、战争、恐怖主义、通信故障、罢工或物资短缺等，导致任何未能履行或延误履行，都不应被视为违反本协议。

10.11 标题和引用。本协议所使用的标题仅为阅读方便，在对本协议进行解释和理解时不予考虑。

10.12 副本。本协议可以在相对应的副本上分别签署，此类副本放在一起时，将构成一个完整签署并对各方具有约束力的协议。以传真方式传输、以纸质文件形式通过特快专递或平信方式交寄，或以PDF格式的电子邮件附件发送经签署的协议副本，构成有效和充分的文件交付。

10.13 第三方受益者。转售商特此承认，本协议可能有第三方受益人。

10.14 [公司]关联方。[公司]可以使用一个或多个关联方履行本协议的部分或全部，前提是此类使用不会影响[公司]在本协议下的义务。

10.15 完整协议。本协议，包括所有订购单、工作说明和进度表，构成双方就本协议标的达成的最终、完整和排他的协议，并取代任何先前或同期的任何协议、谅解或沟通。

作为证明，本协议由双方各自的正式授权代表在下面签字和/或加盖双方各自有效印章确认而生效，构成双方之间有法律约束力的合同：

[公司] 确认和签署：	转售商确认和签署：
[公司] 签约主体名称：	转售商签约主体名称：
（盖章）	（盖章）
代表人签字：	代表人签字：
日期：	日期：
代表人姓名（打印或正楷），部门和职务：	代表人姓名（打印或正楷），部门和职务：
联系人姓名：	联系人姓名：
联系人部门和职务：	部门和职务：
电话：	电话：
电子邮件：	电子邮件：
传真：	传真：
[公司] 签约主体注册或主要办公地址：	转售商签约主体注册或主要办公地址：

附件一

销售政策和费用

以下条款和条件被纳入协议。

在本附件中未定义的术语，应具有本协议中此类词语的含义。

销售业绩

转售商同意，在本协议期间内，每季度至少产生 200 个新用户许可（销售目标）。

对于所有的多年客户协议，[公司] 将把下一年相关用户许可的百分之五十（50%）归功于转售商的销售目标。

许可费用

许可费将在相关客户的订购单中明确，每一份订单的费用将按每一份订单的形式指定，这些费用将从 [公司] 标准报价中扣除百分之十（10%）的折扣。折扣率可根据指定区域内的地理位置或交易规模而减少。

16293

指定区域

中国大陆地区（为明确起见，本协议项下服务不在香港特别行政区、澳门特别行政区和台湾地区提供）。

附件二

专业服务条款和条件

以下条款和条件被纳入本协议。除非根据上下文另有解释，否则未在本附件中定义的术语，应具有该协议中此类词语的含义。

［公司］有意根据本附件二所列的条款和条件，以工时加材料或固定价格为基础或以双方可能同意的其他形式提供专业服务（包括可交付物的开发）。此类专业服务可能包括：关于使用［公司］产品和服务的指导和培训；［公司］产品和服务的安装、配置、维护和测试；系统架构的评估、设计和实施；业务和网络规划；软件开发和定制等。

1　一般条款

［公司］所有根据转售商需求所进行的专业服务履行及可交付物的开发，均应当在一份工作说明中描述，工作说明的格式见本协议附件二的附表A。每个工作说明一经各方授权代表签署或价格各方有效印章，将成为本协议的一部分。本附件二的条款和条件将被视为并入并适用于每一份工作说明。如工作说明与本附件二或本协议发生冲突，则根据具体情况，本附件二或本协议将优先适用。

2 ［公司］的义务

2.1　［公司］将根据双方同意的工作说明为转售商提供专业服务及开发可交付物。［公司］将按照行业标准和惯例，以合理、专业和熟练的方式履行专业服务及开发可交付物。［公司］将有权决定执行专业服务和开发可交付物的方式和方法。

2.2　转售商承认并同意［公司］可能会不时地聘雇独立顾问（“分包商”）提供服务，或协助［公司］执行本附件二或某个工作说明项下的专业服务或开发可交付物。［公司］人员或分包商应始终在［公司］的指导和控制下。

2.3　［公司］在履行专业服务及开发可交付物的过程中，将尽合理努力遵守所有转售商已经书面告知［公司］的流程和规则。

3　转售商的义务

3.1　转售商承认并同意专业服务的性能很大程度上依赖于转售商提供的信息和响应。

因此，除了在工作说明中规定的任何具体职责外，转售商还应：(a) 提供［公司］合理要求的适当和必要的资源，以及及时和准确的信息和文档，以便使［公司］能够执行专业服务并开发可交付物；(b) 及时审查和答复批准和信息请求；(c) 确保与［公司］接洽工作的转售商人员均是熟悉转售商要求并具备专业知识的人员，以便使［公司］能够承担和完成专业服务；并且 (d) 转售商应向［公司］提供所有［公司］合理要求的设备、材料、信息、数据、网络接入和 / 或设施，以便使［公司］能够履行其义务。

3.2 转售商承认延迟其任何义务的履行，均可能影响［公司］依照本协议及任何工作说明项下的活动，［公司］对任何因转售商未能履行其在本协议、本附件二和 / 或任何工作说明项下的要求所导致的延迟不承担责任。

3.3 如专业服务在转售商场所履行，或［公司］需要在转售商场所参加可交付物开发，转售商应向［公司］提供［公司］合理要求的工作场所、电脑、设备和软件等，以便［公司］能够履行专业服务和开发可交付物。

3.4 转售商应指定一个项目管理联系人，以便与［公司］接洽工作。项目管理联系人将作为转售商与［公司］就提供专业服务和交付可交付物相关事宜的主要联络人。

4 价格和付款

4.1 转售商应向［公司］支付工作说明中约定的费用，费用或以工时加材料为基础计算，或根据双方协商按每个项目固定价格收费，计费方法在相关工作说明中约定。转售商应向［公司］支付在任何专业服务或任何可交付物的开发中发生的所有合理的费用（包括旅行、住宿及相关费用），前提是这些费用应当是由转售商预先批准的。专业服务及可交付物开发费用不包括所有税费（但针对［公司］净收入征收的税费除外）。

4.2 除非在工作说明中另有规定，［公司］将根据本协议或某个工作说明，每月通知转售商支付提供的专业服务及可交付物开发的费用。所有这些费用应在收到付款通知后三十（30）天内支付。

5 期限和终止

5.1 本附件二仅在本协议期间有效。除非在工作说明中另有规定，否则转售商可经提前三十（30）天书面通知［公司］终止某个工作说明。除非某个工作说明中另有规定，否则如转售商终止工作说明，应当向［公司］支付截至工作说明终止生效日［公司］履行专业服务及开发可交付物的全部费用（包括所有其他［公司］有权要求补偿的其他成本），前提是这些专业服务及可交付物开发是［公司］依据事先确定的工作进度完成的，对于尚在进行中的工作，转售商应按工作开始日至

16293

工作终止日占整个计划工作周期的比例向［公司］支付该计划工作周期的费用。为进一步明确，如从工作开始日至工作完成日的时间是三（3）个月，而终止生效日是在该工作期间的第二（2）个月，则转售商应当向［公司］支付该阶段工作费用的2/3。

5.2　如另一方发生下列情形（“终止事由”）的，任何一方均有权立即终止某工作说明：(a）另一方对其在本附件二或某工作说明项下的义务有重大违约，且经另一方通知后未能在三十（30）天内采取有效措施纠正的；(b）另一方提出破产申请或被申请破产、为债权人利益申请资产转让，或被指定了资产接管方或信托人；(c）另一方转让或试图将本协议转让给第三方（本协议允许的除外）。在因终止事由终止的情况下，守约方可以终止本附件二和本协议项下的任何工作说明。守约方的终止权并不影响其依照合同约定及法律享有的其他救济和权利。

6　知识产权

6.1　除非本协议或相关工作说明另有规定，否则［公司］将拥有其根据本附件二或本协议项下任何工作说明所创作的可交付物中包含的或与之相关的所有权利、所有权和权益及所有知识产权。

6.2　除明确授予的许可和权利外，［公司］将保留对［公司］专有信息及［公司］软件（包括但不限于对服务和/或用户指南的任何修改）的所有权利、权属和利益及知识产权。

6.3　在转售商已支付工作说明所规定费用的前提下，［公司］授予转售商永久的、世界范围内的、费用清结的、无许可费的、非排他的和不可转让的许可（除非本协议中另有约定），转售商可以为相关工作说明规定的目的，使用依照本附件二或任何工作说明创作的可交付物。

7　补偿

如任何一方的疏忽或故意的不当行为，导致了任何人身伤亡或有形财产或不动产的损害，应为另一方因此招致的与此有关的索赔提供抗辩，并对有相应管辖权的法院裁决另一方应当承担的费用予以补偿，前提是：(a）被补偿方在收到任何此类索赔时，应立即将索赔情况书面通知补偿方；(b）被补偿方应给予补偿方主导和指挥对此类索赔进行调查、抗辩及和解的权利；并且（c）被补偿方没有在未经补偿方同意情况下自行对此类索赔作出让步或和解。

8　不劝诱

转售商不得与在过去十二（12）个月内曾经直接或间接参与了任何专业服务或可交付

物开发的［公司］员工签订任何劳动、劳务或服务合同。以上约定并不限制转售商可以通过并非专门针对［公司］员工的招聘广告或人力资源服务机构一般性地搜寻需要的人员。

附录A：工作说明格式

以下是下列项目的工作说明及价格预估

项目名称：

项目描述：

各方职责

可交付物

进度计划

项目管理联络人

价格和支付

16293

24. 不披露、不竞争和不绕行（NNN）协议

使用场景

此《不披露、不使用和不绕行协议》（以下简称 NNN 协议）样例文本，是一种相对于保密协议（NDA/CA）而言，对信息披露方提供更强保护的协议。如果某厂商有意委托他方提供代工或制造服务，或需要向潜在合作方披露某些保密信息，以评估进一步合作的可能性，为保护其知识产权不被滥用，可以考虑使用此 NNN 协议。

法律要点

NNN 协议中除了就典型保密协议中的不披露和不使用义务作出约定外，还包含不绕行条款，"不使用"条款是指保密信息接收方同意不使用披露方的创意、概念、设计以及联络信息，而"不绕行"条款，用于禁止信息接收方抄袭披露方的创意、概念、设计及产品，绕开披露方直接与披露方的客户或潜在合作方进行业务合作。

英美法环境下，律师侧重于使用禁止令来保护其客户的知识产权，但在中国（大陆地区）法律环境下，尽管法官也可以签发禁止令，但禁止令的实施效果可能有限，因此，在起草保密协议及其他有关知识产权的协议时，应考虑约定明确的违约金。违约金应当是对实际损失的合理预估，而避免被视为是罚款。

关键条款（检核清单）

此类 NNN 协议与保密协议需要关注的事项总体上相同，通常应包含以下内容：

1. 协议是单方承担保密义务还是双方互相承担保密义务？

2. 合同双方是谁？

3. 合同生效日期？

4. 协议的目的和背景？

5. 保密信息定义？

6. 保密信息标记流程，例如，口头披露的信息如何标注？

7. 保密信息的例外有哪些？

8. 协议是否对使用限制有明确的说明？

9. 是否有“需要知悉”限制？

10. 是否定义了明确的保密期限？

11. 是否允许便宜终止保密协议？

12. 是否约定了违约救济和责任？

13. 协议终止时，是否需要返还或销毁保密信息？

14. 是否约定了保密信息中知识产权保留？

15. 是否包含责任限制条款？

16. 样板条款是什么？

合同正文（含条文批注）

不披露、不使用和不绕行协议

合同编号：____________

生效日：____________

本不披露、不使用和不绕行协议（“协议”）由签字栏载明的______（以下简称[公司]）（代表其自己及其关联机构）与______（以下简称参加方）（代表其自己及其关联机构）签署并自本协议约定的生效日起生效。参加方与[公司]单方分别被称为“一方”，共同被并称为“双方”。

为保护双方在本协议项下相互披露的保密信息及其他相关利益，双方达成如下协议以昭信守：

1. 保密信息，代表。本协议双方拟从事（本协议期限内披露方通过任何合同、协议、意向书、备忘录、报价单、询价单、订单、工作授权书、规格书、需求说明等工作文件向接收方披露的披露方预期业务活动）（“业务活动”）。为评估、执行和支持上述业务活动，本协议一方（“披露方”）可能会向另一方（“接收方”）披露特定保密、非公开或专属的涉及披露方业务、运营、客户名单或资产的信息，包括但可能不限于那些：(a)在披露方披露（或接收方知悉）时标明为保密、专有（或有类似含义标记）的；(b)在保密情况下由披露方披露（或接收方知悉）的；(c)依接收方合理的商业判断应理解为保密信息的；(d)记载于附件或由双方不时确认的保密信

16294

息传递记录或其他类似文件（“保密信息传递记录”）的；(e) 以其他书面或有形形式确认为保密信息的；或（f）从上述信息中衍生出的信息（“保密信息”）。作为披露方向接收方以及接收方的代表、顾问、股东、董事、管理人员及员工等（统称“代表”）提供保密信息的先决条件，接收方同意按本协议规定管理和使用保密信息，并将采取本协议要求的行为以及不采取本协议禁止的行为。

2. 信息例外。保密信息不包括以下信息：(a) 在披露时已经为公众所知或在披露后变成为公众所知的信息，但因接收方违反本协议条款导致的除外；(b) 在披露时接收方已掌握且对其不承担保密义务的信息；(c)由第三方在非保密情况下披露给接收方的信息；(d) 接收方未利用保密信息独立开发或创作的信息；或 (e) 根据法律规定或证券交易机构规则的要求披露的信息。法律，是指任何法律性文件，包括法律、法规和规章以及其他有强制效力的政府命令、法律解释及国家、地方和行业标准。

3. 不披露保密信息。接收方将仅为评估、执行和支持本协议项下业务活动的目的使用从披露方获悉的保密信息。接收方同意其：(a) 将保持所获悉保密信息的保密性；(b) 将采用与保护其自己的保密信息同样且至少不低于合理谨慎程度的适当保密制度来保护保密信息；(c) 将不会自行也不会促使或允许他人将保密信息披露给本协议所允许的“需要知悉”人士之外的任何其他人；(d) 将不会自行也不会促使或允许他人将保密信息用于本协议目的之外的其他用途，包括但不限于将保密信息的全部或部分进行仿造、反向工程、反汇编、逆向推导保密信息中的源代码、算法、方法或技术；(e) 将不为除存档之外的任何目的复印、复制或储存保密信息；以及（f）如披露方要求，其将就披露方根据第三方许可而披露的保密信息的任何部分签署其他保密协议。接收方可依“需要知悉”原则将保密信息披露给直接参与本协议项下活动的接收方或其关联机构的分包商、管理人员、员工或顾问，前提是接收方应拥有上述人士签署的其严格程度不低于本协议的适当的书面保密承诺或保密协议。如披露方要求，接收方应向披露方提供上述协议的副本。接收方应对上述人士违反本协议披露、滥用或误用保密信息直接负责并承担连带责任。

4. 不披露业务磋商过程。除非可适用法律另有要求，否则未经披露方事先书面同意，接收方以及代表接收方的任何人均不得向任何第三方披露接收方与披露方之间就本协议项下活动所进行的任何讨论或谈判。本条款是本协议的实质条款，如果没有接收方对此条款的接受，披露方不会披露任何保密信息。

5. 不披露身份信息。除非可适用法律另有要求，否则未经披露方事先书面同意，接收方以及代表接收方的任何人均不得向任何第三方披露任何直接参与披露方业务活动相关人员的身份信息。本条款是本协议的实质条款，如果没有接收方对此条款的接受，披露方不会披露任何保密信息。

6. 不绕行。接收方同意，在披露方披露相关预期业务活动后至少三（3）年内，未经披露方事先书面同意，接收方将不会自行、允许或通过任何第三方：（a）寻求从事或参与任何与披露方所披露的预期业务活动相同或类似的业务；（b）直接或间接与披露方预期业务活动有关的利害关系人进行联络；或（c）寻求同那些与披露方预期业务活动有利害关系一方的建立自己的业务关系。接收方同意所有与披露方预期业务活动有关的沟通交流、提供补充信息的要求以及有关流程的讨论或问题，均应直接提交给披露方，而不能提交给任何其他方。接收方承诺将仅为本协议允许的目的使用保密信息，不会将保密信息用于任何对披露方不利的目的。在所有与披露方所披露的预期业务活动相关的活动中，如需与任何与该预期业务活动利益相关的他方进行接触，均应通过披露方进行。本条款是本协议的实质条款，如果没有接收方对此条款的接受，披露方不会披露任何保密信息。以上不绕行义务不适用于以下情况：如接收方认为披露方所披露的预期业务活动是其当时正在从事或已经做好准备即将从事的业务，在收到披露方所披露信息后的三（3）个工作日内立即向披露方明确说明并同时提供足以证实其说法的有效文件，包括接收方和 / 或其关联公司已经签署的合同、意向书、报价单等。

7. 法律要求的披露。如接收方或从接收方处获悉了保密信息的任何人，收到任何有管辖权法院或政府机构发出的要求披露所有或部分保密信息的命令，接收方应：（a）在可行情况下，立即将此类披露要求通知披露方，并说明要求的期限及相关背景情况，同时就采取回绝披露要求或限制披露范围等措施的可行性征询披露方的意见；（b）如披露此类保密信息是必须的，披露方应仅提供其被要求披露范围内的保密信息；并且（c）与披露方合作，由披露方承担费用并争取获得对被要求披露保密信息采取适当保护措施的命令或其他可靠保证。

8. 保密信息返还。本协议一经终止或一经收到披露方的书面要求，接收方应立即将披露方所有以文件和其他有形财产形式体现的保密信息包括其所有复制件返还给披露方，或根据披露方的选择，销毁所有保密信息并向披露方提供由接收方总监以上高级主管人员签署并加盖接收方有效印章确认的书面证明，证实所有此类信息已被销毁。尽管有上述规定，接收方可以为遵守关于记录和档案管理相关法律规定的需要保留保密信息的副本，并且进一步地，本协议并不要求对正常业务过程中制作的备份磁带或其他备份介质做任何变更、修改、删除或销毁。

16294

9. 无保证；无承诺；无其他授权。所有的保密信息，包括与其相关的所有知识产权，均为披露方的财产。除按本协议规定访问和使用保密信息的权利外，本协议并未就保密信息或任何一方的知识产权授予或默示授予任何许可或其他权利，知识产权包括但不限于，本协议生效日之前或之后制作、构思或获得的任何商标、商号、标识、徽标、发明、发现或改进。接收方不应在任何版权登记、专利申请或类似所有权登记中包含保密信息。除非相关具体业务协议另有约定，否则所有由披露方向接收方披露的保密信息均按“现状”提供，披露方就其准确性、完整性或性能不附带和提供无论任何类型的保证，无论是明示的、法定的或是默示的。

10. 公开。未经披露方事先书面同意，接收方不得发布或允许任何媒体或公众发布或评论本协议、本协议项下活动、相关业务讨论或保密信息。

11. 具体业务协议。除非并直至双方就预期业务活动的具体业务协议已经签署并交付，否则除本协议项下明确约定的各项义务外，披露方与接收方就预期业务活动不承担任何形式的法律义务，本协议签署并不表明披露方承诺将与接收方或其他实体进行任何商业合作，如双方意欲建立任何商业合作关系，应另行签订具体业务协议。

12. 救济。各方在此同意，任何一方如违反本协议项下义务，每发现一起，将向披露方支付______万元（大写金额）______（小写金额）万元人民币的违约金。如约定的违约金不足以弥补披露方的损失，披露方有权要求接收方进一步赔偿。本协议所称损失应包括因接收方违约行为所导致的披露方实际损失以及可得利益损失，以及披露方为处理违约事件所发生的包括调查、仲裁、诉讼、律师等法律费用在内的费用和开支。本条款规定应该偿付的违约金或赔偿金应当在明确责任后十（10）日内付清，否则按逾期付款处理。披露方与接收方知道，如本协议任何条款被违反，披露方可能无法通过经济补偿获得全部救济。为此，在披露方依照法律有权获得的救济之外，披露方还有权寻求获得法院的保全、禁制令及其他强制措施的保护，以阻止违约行为的发生或延续。接收方同意，披露方不需要为寻求此类强制措施提供任何保证或担保。

13. 抗辩和补偿。接收方在此同意，如因接收方违反本协议的义务，包括但不限于违反本协议约定越权使用或披露保密信息，以及在履行本协议过程中接收方及知悉保密信息的接收方代表或人员的任何疏忽或故意的作为或不作为，导致了任何针对披露方的调查、处罚、诉讼、法律行动、责任、索赔、损失、损害赔偿，以及由此导致或于此相关的任何种类的费用（包括合理的律师费），接收方应为披露方提供抗辩和补偿，并使披露方不因此受到任何损失和损害。

14. 律师费。如因本协议标的发生任何争议，在其他损害赔偿和救济外，胜诉一方还有权要求败诉方对其在处理此类争议的诉讼或其他和解和调解过程中发生的律师费和法庭费用进行补偿。

15. 期限。本协议经双方有效签署后自首页载明的生效日生效，如首页未填写生效日，则以最后一方签署日为生效日。本协议自约定的生效日起生效直至任何一方经提前三十（30）天书面通知另一方终止。如本协议指明了适用的具体活动，则本协议期限至本协议项下适用的活动结束时到期终止。无论本协议是否到期或终止，接收方应在保密信息披露后三（3）年或保密信息传递记录针对特定保密信息另行规定的期限（“保密期限”）内对保密信息持续地承担本协议项下的义务。本协议因任何原因终止的，本协议中的保密要求、承诺、协议以及抗辩和补偿义务，根据其性质应延续其效力的条款，在保护双方权利所必要的限度内继续有效。

16. 关联机构。本协议经援引或采用将适用于本协议一方或其关联机构向另一方或其关联机构披露的保密信息。关联机构是指被一方控制、或控制该方、或与该方受共同控制的机构。这里“机构”指任何公司、企业或其他法律实体。在本协议中，“控制”是指直接或间接地拥有影响所提及机构管理的能力，无论是通过所有权、有投票权的股份、合同或其他方式。

17. 一般条款。双方在此陈述、保证和确认，其充分的权利签署本协议。本协议对各方的继承人和合法受让人均具有约束力。除非经双方事先书面同意，否则任何一方均不得以任何形式将本协议的全部或部分转让。如任何第三方获得对接收方的控制，接收方应立即将此类控制变更通知披露方，并应根据披露方指示返还或销毁自披露方所接收的全部保密信息。一方对另一方不履行本协议的义务和责任的某些事件没有追究并不表示对以后发生的事件也放弃追究。本协议是双方就本协议标的达成的全部协议并取代所有此前就此达成的任何协议、陈述或交流。对本协议的任何补充和修改，均应以双方正式签署的书面补充协议为准，其他与此不符的补充和修改均无效。如本协议任何条款被有管辖权的司法机构裁定在任何方面不可强制执行，只要这种不可强制执行对本协议项下双方权利不构成重大影响，本协议其余条款将继续有效。本协议依中华人民共和国大陆司法管辖区（为避免疑问，不包括香港特别行政区、澳门特别行政区和台湾地区）法律制定和解释，但不适用其法律冲突规则。因本协议解释和履行导致的或与之相关的任何争议，经协商解决未果的均应交由［公司］所在地法院裁决。本协议使用的标题仅为阅读方便的目的提供，不影响本协议任何条款的理解和解释。本协议可以

16294

签署多个副本，每个副本均应被视为原件，所有这些副本一起将构成一个完整且相同的协议。各方签署的副本均可通过传真、电子邮件或其他可靠方式送达，每个按此送达的副本将被视为已经充分和有效送达，并具有完全的法律效力和约束力。

作为证明，本协议由以下有充分权利和权力分别代表各方的代表签署：

［公司］确认和签署：	参加方确认和签署：
［公司］签约主体名称：	参加方签约主体名称：
（盖章）	（盖章）
代表人签字：	代表人签字：
日期：	日期：
代表人姓名（打印或正楷），部门和职务：	代表人姓名（打印或正楷），部门和职务：
联系人姓名：	联系人姓名：
联系人部门和职务：	部门和职务：
电话：	电话：
电子邮件：	电子邮件：
传真：	传真：
注册或主要办公地址：	注册或主要办公地址：

25. SaaS 支持政策和条款

使用场景

此《SaaS 支持政策和条款》用于配合《软件即服务（SaaS）协议》及《软件即服务（SaaS）转售商转售商伙伴协议》使用，用于对服务提供商所提供服务的范围、级别、标准、规范及限制作出明确约定。

关联合同

软件即服务转售商伙伴协议

软件即服务协议

合同正文

软件及服务（SaaS）支持政策和条款

导言

______［公司］按照本支持政策和条款（政策）规定，就其软件即服务（SaaS）解决方案为客户提供维护和支持。

［公司］所提供的 SaaS 维护和支持，由基础支持和应用支持两部分构成，［公司］将根据其判断提供，以便使：(a) 根据 SaaS 订购单及订购条款和条件（“协议”）提供的服务能够令人满意地运行；并且 (b) 如适用的话，为提供上述服务的必要，由客户安装的［公司］客户端软件的运行能够符合其文档描述。

仅在客户满足下述全部条件的前提下，客户方有资格获得［公司］的 SaaS 维护支持：(a) 客户与［公司］之间存在生效协议；(b) 客户保持所有相关最新 SaaS 订购；(c) 客户已经支付了所有到期应付的维护费；以及 (d) 客户遵守了对［公司］的所有其他合同义务。［公司］可根据其自己的判断，设计有偿订购的 SaaS 维护和支持方案，用于为客户提供特定的、定制化的和 / 或其他综合形态的增强维护支持。

［公司］可能会根据其判断不时对本政策进行更新，但无论如何，只要客

16295

户已经支付了相关的维护费用，此类更新均不会导致［公司］就相关 SaaS 订购或特定维护费额度向客户所提供的 SaaS 维护级别的实质性降低。

本政策中所使用术语的含义见第 7 条。

1　支持的类别

本政策指明了［公司］为客户每个 SaaS 订购所提供维护和支持的类别。此类维护和支持的持续时间及相关费用将在［公司］与客户签署的协议中确认。

［公司］提供的支持包括：

—直接获得［公司］的支持，并能够通过［公司］的在线支持或电话方式提出对事件的支持需求，并对处理过程进行管理。

—运营环境支持：一级严重事件：24×7×365；二级至四级严重事件，正常工作时间支持。一级严重事件必须通过电话进行报告和提出需求。

—非运营环境支持：在正常工作时间提供。

—接入［公司］在线支持网站（http：//____________）获得全天候（24×7×365）在线支持，并获得［公司］制作并提供的 SaaS 文档，［公司］社区，FAQ、样本、网络广播记录和回放、使用提示、技术更新。

—交互式远程诊断支持，允许［公司］的支持工程师通过实时的基于浏览器的远程管理功能进行可靠的故障诊断。

［公司］将委派合格的支持工程师以及时和专业的方式提供本政策规定的支持。

2　服务水准目标：响应时间

［公司］将尽合理努力达成下表所列的服务水准目标，并将提供持续的努力解决一级严重事件。对一级严重事件，［公司］将全天候（24×7×365）工作直至事件被降级至较低严重程度。对一级严重事件，客户的支持接口必须保持电话和网络联络全时通畅，以便为［公司］提供解决事件所需要的相关信息，负责数据收集和检测。

［公司］将全天候对客户提出的二级至四级严重事件的支持申请进行记录，并将按照下面服务水准目标表格中规定的时间提供响应。

服务水准目标				
事件严重程度	1	2	3	4
初始响应时间	1个工作小时	2个工作小时	4个工作小时	8个工作小时
备注	以上时间均指通常工作时间。以上响应时间仅限于通过电话提出的服务请求			

服务水准描述		
严重程度	业务影响	描述
1	严重	系统宕机，无法获得服务，严重影响运营环境，包括： —服务中断或失效严重影响客户的业务运营； —服务的业务关键特征或功能广泛地不能使用，导致客户持续进行的业务运营大规模停止； —发生严重的性能不良，对客户的众多最终用户造成明显影响； —因需要对系统做紧急的变更，导致计划外服务检修； —对上述问题没有立即可用的权变替代解决方案
2	较高	以下情形对业务将有较高影响： —可获得服务但其功能明显受限因此导致对客户正常业务运作中断； —服务的可用功能不工作，因此导致对客户业务能力产生不利影响； —对上述问题没有可用的权变替代解决方案
3	低	服务及可用功能一般可用，但服务存在问题导致微小的运营障碍。问题可以隔离到特定的最终用户，并可能对服务的可用性或功能有较小影响
4	微小或无	服务存在微小的瑕疵，但对服务没有影响，或就服务功能，包括使用技巧、信息查询等提出的一般性问询

为获得上述支持，客户可能需要根据［公司］在文档中的要求对由第三方支持的应用或操作系统进行升级，以便持续获得［公司］根据本政策提供的维护支持。

如客户决定使用客户技术，客户将自行确保这些第三方技术在［公司］文档规定的指定环境中的成功安装和实施。

客户应通过电话、［公司］支持网站或［公司］不时指定的其他站点或通知机制，向［公司］通报系统可用性问题，或申请其他本政策范围内的维护和支持协助。

3　服务信息

［公司］为客户的 SaaS 解决方案提供的与服务相关的信息以及服务目录，在相关的 SaaS 客户手册中提供。

4　客户的职责

4.1　客户为获得支持所提出的申请必须包含所有相关的信息，包括但不限于客户代码或地点识别码、事件严重级别、服务名称、服务范围（通过 URL 识别的运营环境或非运营环境）、事件描述以及对客户的应用环境或待解决问题熟悉了解的技术接口。客户应尽合理努力与［公司］沟通，以便对问题

16295

的存在进行确认，并应提供关于问题复现条件的信息。

4.2 如上所述，对一级严重事件，客户的支持接口必须能够全天候通过电话和网络与［公司］保持联络，为［公司］提供解决事件所必要的和要求的信息、数据收集和检测。

4.3 指定的呼叫员：客户应当指定一（1）名主要的以及至少四（4）名作为备岗的指定人员（“支持接口”），就每个正在由［公司］实施的服务，负责与［公司］支持部门进行联络。客户支持接口应接受有关可用功能使用的充分培训，并应负责对［公司］客户端软件进行维护，或能够与负责客户端软件维护的人员直接联系。［公司］可根据其判断，同意客户增加支持接口，以便帮助客户满足特定的业务需求。无论何时客户的支持接口名单发生变化，客户应立即通知［公司］支持部门，并在［公司］支持网站上进行备案登记。

5 版本和升级

5.1 ［公司］将会按照以下周期或根据其自己的判断，不时发布 SaaS 商品的版本，旨在为快速解决问题、交付新的功能及改进服务提供稳定、高品质、可预测且具有充分灵活性的支持。

［公司］通常按以下周期发布以下三种类型的 SaaS 商品版本：

发布类别	范围	频率	通知	客户义务
主要版本	新的应用功能，对基础架构的修改	通常每年两次	通常提前三个月	功能检测和定制。 升级至现行通用版本
次要版本	较小的功能升级和更新，以及应用补丁、操作系统更新以及基础结构修改	通常每季度一次	通常提前一个月	升级至现行通用版本
热修复	为系统稳定和安全需要的热修复	根据要求	通常提前几个小时	保留现行通用版本

5.2 版本类别定义：

主要版本：主要版本是对 SaaS 方案的应用版本的升级。这些版本是［公司］SaaS 商品主要组成部分，并通常带有对应用或基础架构的主要修改。

次要版本：次要版本包括但不限于，小的功能升级、错误修复、安全更新一集应用补丁安装，通常不涉及基础结构的修改。

热修复：热修复版本涉及处理诸如安全漏洞、系统应用稳定性或其他功能问题的紧急需求。

5.3　客户通知政策：

如发布的任何版本将对管理员或用户的体验带来实质影响，［公司］将会在其投入运营环境前，尽合理努力为客户提供一个非运营站点，以使客户有机会考察和/或测试新版本。

［公司］通常在三十（30）天期限内为客户提供此非运营站点，客户可访问该站点，确定新版本对其用户群可能带来的影响。

另外，如根据变更的性质决定，需要客户与［公司］服务部门配合，对新引入的元素做客户化定制，双方将确定一个合理的工期，客户访问非运营站点的时间也将会在该时间内相应延长。

在即将发布主要和次要版本时，［公司］将预先通知客户，通知中将包含相关版本的说明以及上面提到的非运营站点的位置。

根据主要和次要版本的性质，［公司］可以提前发布一个此类维护活动的预计时间表，不仅包括日期，还包括预期持续时间。这些时间表可在以下［公司］网址 http：//____________或在 SaaS 清单中指定的 URL 中找到。

如发布热修复版本，［公司］将尽可能提前七十二（72）小时通知客户，并将对这些版本进行管理，以减少热修复对终端用户的影响。

5.4　软件版本要求：

［公司］在当前通用版本的［公司］底层软件上运营所有 SaaS 服务。仅在相关的 SaaS 列表阐明某个 SaaS 服务方案可以在一个以上的［公司］底层软件上运行的情况下，［公司］才会对当前通用版本的［公司］底层软件之外的其他实例① 提供支持，并且在此情况下，［公司］将仅运行当前通用版本，以及此前的上一个版本。除非相关 SaaS 清单中另有明确，否则任何情况下［公司］均没有义务保持当前通用版本的底层［公司］软件之外的实例，并且［公司］可以对任何不符的实例进行升级，或暂停服务直至客户采取措施迁移至受支持的版本，对此类服务暂停期间，［公司］不予返款和补偿。

条文注解：实例（Instance）操作系统中一系列的进程以及为这些进程所分配的内存块（百度百科）。

5.5　客户化：

如客户希望由［公司］提供服务，对新发布的主要版本中新的元素进行客户化，应在非运营环境预览测评站点中对此类要求进行识别，并与［公司］服

16295

务配合，采取必要措施确保［公司］服务工程师执行的客户化（个性化、报告变更等）能够应用于该版本的最新组件。

5.6　废弃的功能：

废弃功能是 SaaS 方案在此前版本或现有版本中包含，但不建议继续使用、被停用和 / 或被取代的功能。如决定废弃某项功能，［公司］将尽合理商业努力在一个季度前发布通知对客户进行告知。［公司］保留不经通知在新发布版本中将某些功能废弃、修改或移除的权利，但将避免废弃或移除某些客户正在使用的功能。

5.7　版本发布管理：

［公司］技术团队将配备互相协调和职责流程明晰的团队，对开发和运营工作提供支持。在将任何版本部署在运营环境前，我们会制定协调一致的进度表，对版本发布进行合理规划、测试和整合。［公司］对变更的审核、批准、测试和上线发布制定了稳固的和有清晰文件记录的变更管理政策,［公司］运营部门将遵循这些政策,以便在保持［公司］符合所有相关政策和流程，包括信息安全政策的同时，最大限度减少因变更导致的服务中断。

6　维护限制

6.1　客户的 SaaS 订购或 SaaS 维护方案不包含咨询服务、系统设计协助、产品培训、终止和迁移协助。

6.2　客户技术的安装或升级服务不属于维护的组成部分。

6.3　在客户 SaaS 订购项下的对可用功能版本的客户定制，将根据另外签署的单独的有偿服务协议执行。

6.4　对客户技术、未按文档规定使用的［公司］软件、对可用功能配置的修改、培训、客户生成的脚本、客制化报告及其他内容、客户或第三方提供的以及其他非属于可用功能的组成部分的客制化代码、非支持范围的硬件或操作系统上运行的软件产品的问题以及第三方软件等，［公司］均无义务提供支持。［公司］可根据其决定，依据另外的服务协议有偿提供此类服务。客户可能需要根据［公司］发布的规格文件的要求，对服务使用的第三方软件或版本、硬件平台、架构、数据库或操作系统配置等进行升级，以确保持续获得［公司］的技术支持服务。

6.5　［公司］可根据其判断，接受标准服务目录内的请求，并在特定 SaaS 解决方案的服务目录中规定的前置期内协调此类请求的执行。如需获得有关服务目录的更多信息，请参见特定 SaaS 解决方案的客户手册。

7　定义和术语解释

本政策中包含的术语定义如下：

7.1　可用功能：是指通常可用并由［公司］作为服务的组成部分提供的功能，这些功能将在服务的相关文档描述。

7.2　客户技术：是指安装在客户工作站或其他客户环境的任何非［公司］软件。

7.3　客户手册：是指提供给客户的任何参考文件，这些文件为客户订购的每个具体的 SaaS 解决方案提供了有关服务设置、服务支持和服务目录等信息。

7.4　文档：是指由［公司］提供的有关服务和可用功能的规格书、用户文件，包括但不限于用户指南、用户手册、SaaS 列表以及技术文件等。

7.5　事件：是指服务所发生的妨碍可用功能以符合文档规范的方式运行的可再现的错误或问题。

7.6　非运行环境：是指服务的某个测试、沙盘、临时或预演或开发环境，用于在运行环境之外对某些未经检验的变更进行验证。

7.7　运行环境：是指服务的现场环境，在该环境中服务的可获得功能将实时地对数据进行处理。

7.8　应用列表：是指［公司］就特定的 SaaS 应用方案发布或提供的文件，该文件将提供应用的信息、标准、特征和具体条款，例如，服务费率、安全检查标准、服务可用性、服务特征和托管条款等运营参数。

7.9　SaaS 维护：是指根据 SaaS 服务订购协议规定以及本服务政策提供的对 SaaS 服务的维护。

7.10　服务：是指由［公司］提供的供客户在指定的运营环境和非运营环境中接入和使用的任何线上的、网络版本的可用功能，以及相关的线下组件和桌面实用工具，具体见相关用户指南中的描述。

7.11　服务支持：是指客户要求的备份或刷新，以及在下面第 3 条中提及的其他服务。

7.12　用户指南：是指服务及可用功能的在线用户手册。

8　参考文件

本支持政策中援引提及的文档请至［公司］以下网址阅读：http：//www.____________。放置这些文件的网址可能会随时变化。

16295

26. 软件许可和服务条款

使用场景

本软件许可和服务条款样例文本，可用于支持附带有互联网服务功能特征的应用软件程序，由最终用户在下载并安装时阅读并点击同意。

法律要点

应用软件程序，有时也被简称为应用，是指一个被设计用来为用户利益执行一组协同的功能、任务或活动的计算机程序，例如，文字处理程序、电子表格、会计应用程序、网页浏览器、媒体播放器、航空飞行模拟器、单机（控制台）游戏或照片编辑器等。应用软件是所有的应用程序的统称。应用软件是相对于系统软件而言的，通常不包括系统软件，系统软件主要涉及运行计算机。应用程序可以与计算机及其系统软件捆绑在一起或单独发布，并且可以被编码为私有的或开源的项目。为移动平台开发的应用程序被称为移动（手机）应用。

应用软件程序的开发者或发行方通常用最终用户许可协议（EULA）来支持和保护其传统功能性软件。此类传统功能性软件通常通过自身的运行即可实现其全部功能，因此传统功能性软件仅仅是一个产品。

而随着互联网的发展，很多软件的功能和特征需要互联网的支持才能全部实现，例如大部分聚合应用平台软件，因此，软件产品中就被集成了互联网服务，这种情况下，仅仅使用传统的最终用户许可协议，将不足以支持此类集成了互联网服务的软件程序，为此有些厂商将用于支持传统功能应用软件的最终用户许可协议与支持互联网服务的服务条款结合，设计了一种同时涵盖软件许可和服务条款的最终用户协议，被称为“软件许可协议和服务条款”，有些厂商则将此类最终用户协议直接称为“服务条款”或“使用条款”，但包含软件许可的内容。

设计此类集成有互联网服务功能特征的应用软件程序的最终用户协议，需要同时兼顾软件许可及互联网服务两方面的需求。

由于所集成互联网服务的可获得性往往受制于网络等外部环境，有些可能是源于第三方，因此软件中那些基于互联网的功能和特征可能存在不稳定性，因此在描述此类功能和特征时，需要避免将此类功能特征描述为软件本身固有的功能特征，需要在此类用户协议中明确说明，某些互联网功能特征受制于第三方环境，可能随时中断或调整。否则一旦此类功能特征无法获得或被改变，都有可能被视为软件无法发挥保证的功能，而被用户投诉，导致用户退货，甚至可能会被视为属于欺诈行为。

此类应用由于集成有互联网服务，通常需要用户注册方可使用，这个过程中可能会涉及收集用户个人信息，有些应用开发方，可能还会收集用户对应用使用的使用信息，因此，此类应用在还需要附带隐私权政策依照法律规定，对个人信息的收集、使用、存储和传输等事宜进行说明。

如果此类应用集成有第三方互联网服务，那么用户通过这个软件平台进入第三方网站或使用第三方服务，其使用行为通常受第三方网站许可和服务条款及隐私权政策的约束，除了在支持此类应用的协议中，需要对此作出说明外，有时可能还需要通过特别提示的方式告知用户，以免用户将第三方服务与应用开发方自己的服务混淆，此类混淆可能导致应用开发方对第三方服务承担责任。

某些应用提供方可能会通过应用向用户推送营销等商业信息，此类行为受《消费者权益保护法》及相关法律关于营销信息合规相关规定的约束，需要事先告知并经用户同意[①]。如应用程序有这个特征，需要考虑在用户协议中包含相关的告知说明。某些情况下，在最终用户协议中的告知可以被视为是充分的告知，用户确认接受最终用户协议，即视为同意接受推送的商业信息，但由于法律尚未对此提供明确的判断标准，仅仅通过用户接受用户协议来表明用户同意接收经营者发送的商业信息，是否会被认为构成一个明确的同意，可能存在一定的不确定性。

此类应用可能需要不时进行更新或升级，如果此类应用是装载在用户设备上而非是应用开发方自己的网站上，这此类更新和升级，必然需要对用户的设备进行物理读写，这实际上是对用户所拥有财产状态的改变，那么应用开发方进行此类更新或升级，均应事先告知用户并征得用户的同意，否则将构成对用户所有权的侵犯。为此，还需要考虑此类应用的用户协议中包含关于应用更新和升级的告知。

如果应用集成的网络服务是收费的，此用户协议中，需要包含关于费用计算和支付的相关规定。

此类带有互联网服务特征的应用程序，所使用的最终用户协议，通常与传统功能软件的最终用户许可协议一样，采用由用户点击确认方式接受和达成。点击许可协议需要注意的法律问题，请参见《最终用户许可协议》样例文本的

16296

① 参见《消费者权益保护法》第29条第3款。

相关说明。

关注法天使

关键条款

参见最终用户许可协议。除此之外，此类带有互联网服务功能或特征的最终用户协议，还需要考虑包含以下条款：

—用户注册、账号和密码安全；

—互联网服务的可获得性；

—第三方软件和服务；

—用户对软件和服务的使用规范；

—营销信息；

—服务或使用费计算和支付；

—软件应用程序的更新和升级；

—服务的变更和终止。

关联合同

隐私权政策声明

合同正文

软件许可和服务条款

重要提醒：在下载、安装和使用______[公司] 设备、软件和服务前，请务必仔细阅读本协议。

您使用本文件落款处载明的[公司]（以下称“我们”）提供【______】设备（“设备”）、软件程序（“软件”）及相关服务（“服务”，与“设备”及“软件”统称为“服务”）将受本使用条款及其援引的其他法律条款（以下统称“协议”）的约束，本协议是您与我们就本服务使用达成的有约束力法律协议。在接受并遵守本协议条款的前提下，我们非排他地授予您使用本服务的有限许可。“您”或“用户”可以是个人，也可以是某个单一法律实体。

1　接受本协议

1.1　您可通过以下方式接受本协议：（a）点击“同意”或类似按钮确认接受本协议；（b）勾选本协议尾端的选择框；或（c）实际使用本服务。

1.2　您必须首先接受和同意本协议方可使用本服务。如您不同意本协议条款，请不要下载、安装、注册或使用本服务。如您为购买本服务支付了费用，您可联系您的供货商以获得退款，但必须符合［公司］的退款政策。

1.3　您应确保您已年满 18 岁、是以自己的劳动收入独立生活的 16 岁以上未成年人或已获得了父母或监护人的同意，具有达成有法律约束力协议的能力。如果您未达到可以达成有法律约束力合同的法定成人年龄，您应确保本协议是由您的父母或监护人代表您签署确认的。如您代表他人（如某个公司或您的客户）确认接受本协议，您声明并保证您已经获得了充分的授权并有资格这样做。

2　许可和限制

2.1　本服务使用的软件程序，其所有权始终由我们或我们的供应商拥有，软件并非销售，只是授予您使用许可。在遵守本协议条款的前提下，您将被授予一个在单台设备上使用软件的有限的和非独家的许可。您仅限于在本协议明示允许的范围内使用软件。您不得：（1）绕开软件中的任何技术限制；（2）对软件进行反向工程、反编译或反汇编；（3）复制、转让、出租、出售、分发或以其他方式提供软件。您可将获得的许可与设备一并一次性永久转让给第三方。某些软件或其组件可能基于随软件附带的开源许可证提供。仅就开源软件程序而言，开源许可证的条款优先适用并取代本协议的某些条款。未明确授予的所有其他权利均由我们或其供应商保留。您不得删除或更改软件的任何版权和所有权信息。

2.2　您应意识到，我们通过本服务展示给您的内容，包括但可能不限于视频、音频、文字、图片等，均由我们或我们的许可方拥有全部和所有的权利和权益。您仅限于按原样随同本服务使用这些内容。未经我们事先书面许可，您不得修改、租赁、出租、出售、发布或分发上述内容（无论是全部还是部分），也不得对内容进行编译、改变或创作内容的任何派生作品。

2.3　您理解，某些内容由第三方提供，我们可能无法完全控制展示的内容，我们将不为其无法控制的内容负责，您应自行决定是否以及如何使用这些内容，并承担相关的风险。我们可根据自己的判断，为符合法律或其他目的，随时删除、更换或修改某些内容。如您注意到有任何侵权或违法的内容，可按照我们版权政策描述详细情况并通知我们，我们将协调内容提供方解决或依法处理。

3　我们提供的服务

3.1　您同意本服务可能由我们或我们委托的服务提供商提供。

3.2　完全使用本服务需要兼容的设备、网络接入及使用特定的软件系统，而且可能需要定期更新，并可能受到上述设备、网络及软件性能的影响。您需

16296

要核对本服务的使用说明，核实并确认您的设备符合本服务要求的软硬件应用环境。使用本服务可能会发生网络费用，此类费用由您自行承担，费率视您的网络服务商的标准而定。

3.3 我们会尽力确保服务的准确性和持续性，但由于用户个体差异及本服务外部软硬件及网络环境的差异，服务的准确性、不间断性及可用性可能偶尔会受到限制。您可根据我们提供的服务说明（如有）改善服务的准确性。

3.4 本服务仅在中国大陆司法管辖区境内提供，我们对本服务在境外的使用不提供任何保证、支持和维护，也不承担任何责任。

4 服务的变更

4.1 为提升客户体验及不断创新的目的，我们可能会不时对本服务或其任何部分进行修改。我们也可能在法律或商业环境发生变化，继续提供服务不具有商业合理性的情况下，随时更改或临时中断、永久取消本服务的任何功能或组件。此外，为最大限度使用资源，我们可能会对超过六十（60）天未发生任何活动的单个账户予以注销。除非另外提供补充条款，否则本协议条款适用于服务的所有修改或更新。

4.2 缺省情况下，本服务将会自动下载并安装软件的更新。您可随时更改软件“设置”，选择禁用自动更新（不推荐）。在某些情况下（例如，为符合法律的强制性规定或为改善本服务的可靠性和安全性），您必须按照要求对本服务进行更新。更新失败可能会导致服务不可用、数据损坏或丢失、系统失效或硬件故障。

4.3 如果我们取消全部服务，您可在服务终止后我们通知的合理期限内下载您存储在本服务中的用户数据，过了该通知的合理期限后，您的用户数据将被删除。如您为获得本服务支付了费用，在我们取消服务后三十（30）天内，您可以书面形式请求退款，我们将按您实际使用服务的情况按比例为您退款。以上是您基于本协议就我们取消服务所获得的全部救济。

5 密码和账号安全

5.1 您可能需要注册账号方可使用本服务。如本服务允许您使用您已经注册的其他账号，您通过该账号使用本服务，受本协议条款的约束。

5.2 在您的账号注册过程中以及在此后我们要求时，您同意按我们的要求提供相关注册信息，如法律要求实名注册的，您应向我们提供真实、准确、最新和完整的账号管理信息和数据（如您的姓名、电子邮件地址及电话号码等，统称为“注册信息”）。您应始终维护并及时更新您的注册信息。如果您的注册信息虚假、不正确、不完整或已经过时，可能会影响您对本服务的使用。

5.3 您应对使用您的账号进行的所有活动负完全的责任。您同意：(a) 将采取一切合理可行的措施妥善保管本人的账号及密码（包括但不限于，为账号设置符合安全标准的密码，使用完毕后及时退出账号）；且（b）本人账号遭到未获授权的使用，或者发生其他任何安全问题时，将立即通知我们。对于他人未经授权使用您账号而产生的任何损失或损害，我们无法也不承担任何责任。如我们发现任何账户存在安全问题，有权根据自己的判断处理，包括但不限于限制或禁止该账号使用，直至注销该账号。

6 您需要遵守的规范

6.1 您不得为任何非法、欺诈、不当或滥用的目的或以任何可能妨碍其他用户使用本服务，或损害我们或其他用户任何财产，以及侵犯或妨害第三方任何权利的方式使用本服务，并应遵循所有可适用法律规定。

6.2 如根据我们自己的判断，确定您对本服务的使用：(a) 违反本协议的任何规定；(b) 不符合用户内容规范；(c) 冒犯其他用户；(d) 侵犯我们或任何第三方的知识产权或其他权利；或（e）已经或可能导致我们承担任何责任，我们有权在不经事先通知情况下：(i) 暂停或终止您对本服务部分或全部的使用，或（ii）删除您存储在本服务的信息。此外，一旦您的账户或您访问本服务的权利被终止，我们将会删除所有您生成的内容以及其他相关信息。

6.3 您在使用本服务时，应当尽合理的注意，包括了解互联和移动网络及相关设备使用的信息安全常识，例如如何设置和保护安全密码等。

6.4 对因您违反本协议导致的任何损失、损害及其他后果，由您自行负责。您同意为我们及其供应商提供补偿、抗辩并确保其不因您的数据、您对本服务的使用或您违反本协议条款所导致的任何损失、成本、责任及其他费用而受到损害。

7 用户数据及存储

7.1 本服务可能允许您上传、存储或接受某些您的数据，其中可能包括您生成的内容以及您的个人数据（“用户数据”）。您对这些用户数据所拥有的权利均由您保留，除本协议另有约定者外，未经您事先同意，我们不会自己或允许他人使用您的用户数据。

7.2 您在此授予我们一个全球范围的、不可撤销的、非排他的和免费的许可，根据该许可我们可以仅为提供和改进服务的目的，自己并可分许可我们的服务提供商复制并以加密方式存储您的用户数据。您应确保您拥有所有必要的权利和权力授予上述许可。

16296

7.3 为您的用户数据提供存储不是我们的义务，我们仅为用户方便的目的提供此项服务，为此，您知道并同意，我们将不对数据无论因任何原因被删除或存储失败承担责任。您应自行负责及时对您的用户数据做妥善的备份。您知道并同意，我们可能会对您上传或存储的用户数据的数量和期限设置限制。

7.4 您生成的内容包括但可能不限于您创设的昵称或用户名，以及您存储的语音资料及其他内容。您应确保您生成的内容不得直接或间接含有任何：(1) 淫秽、造谣、诽谤、诋毁、中伤、亵渎、有伤风化以及其他违反公序良俗及当地法律和政策的内容；(2) 侵犯或滥用第三方知识产权、名誉权、声誉权、隐私权及其他合法权利的内容；(3) 宣扬暴力、国家和民族分裂、民族仇恨和妨碍民族团结的内容；(4) 宣扬针对某些个人或团体歧视、仇恨言论的内容，无论是基于种族、性别、国籍、宗教信仰、性取向或此类个人或团体的语言；(5) 任何广告宣传以及招揽或推介商业机会的内容；(6) 任何煽动、组织、教唆或宣传非法活动的内容；以及 (7) 任何法律或政策禁止的，或根据有管辖权的司法或执法机关的判决、裁定、命令、通知或指示禁止提供的内容。

8 隐私权

我们对您的用户数据的收集、使用、存储和处理，将符合我们公布的“隐私权政策”的规定。您同意我们可以按照我们的隐私权政策为提供和改善本服务的目的，以及其他我们事先告知的用途，收集、使用、存储和处理您的用户数据。您可在设备或软件的激活点或“设置”中查找并阅读我们的“隐私权政策”，了解我们收集、使用、存储和处理您的个人数据的相关政策详情。您也可登录我们的网站联机阅读在线版本的《隐私权政策》。

9 服务费用

使用某些服务可能需要您另外支付费用，具体按相关服务条款执行。我们保留对服务收取费用及改变收费标准和收费方式的权利。除以信用卡、借记卡或电子支付方式进行的交易外，费用应在收到付款通知时到期应付，您同意支付付款通知上指明的费用，包括任何可适用的税款和滞纳金。您自行负责支付与服务相关的税款。

10 不保证声明

您理解并同意，除非另有我们明确，否则本服务均以“按现状”且“可用”为基础提供，在法律允许的最大限度内，我们将不就软件或服务作出任何保证，无论是明示的还是默示的，包括但不限于有关适销性、适用于特定目的、不侵权的默示保证。我们不保证本服务将无中断、及时、安全或没有任何错误地运行，以及本服务中的所有错误均将被纠正。除非另有书面说明，否则，我们不保证将就本服务提供技术支持。以上排除也适用于本服务的开发者、供应商及销售商。

11 责任限制

无论在任何情况下，我们均不就任何特别的、间接的、偶然的、结果性的或惩罚性的损害赔偿对您或第三方承担任何责任，无论这些责任是因合同、保证、侵权（包括疏忽或严格责任）或任何其他责任原理产生，即使我们事先已经被告知此类损害发生的可能性或此类损害的发生可以被我们合理预见。我们就任何和所有损害赔偿所承担全部责任，将以引发相关诉讼或索赔的事件首次发生日之前一（1）个月我们就服务向您所收取服务费总额或一百（100）元为限，以较高者为准。本条款的责任限制反映了本协议当事人明确同意的风险分摊。本条款规定的限制将适用于任何和所有情况，包括服务的开发商、供应商和销售商，并在本协议终止后继续有效。有些司法管辖区的法律不允许某些责任限制，这种情况下上述某些限制将不适用于您。

12 消费者权利

本协议的任何规定均不影响不能通过合同予以放弃或限制的消费者的任何法定权利。根据相关法律规定，您可能还拥有不能通过本协议改变的其他权利。

13 第三方软件和服务

您了解，本服务的某些功能或组件可能由第三方提供。服务用户界面上可能提供对第三方网站的链接，您点击这些链接会进入非由我们运营、管理和支持的第三方网站。第三方软件或服务将基于其独立的许可协议、服务条款和隐私权政策提供，这些条款可能与我们的规定有差异。您通过第三方软件或服务提交的或由其收集的您的个人信息，不适用我们的隐私权政策。如您选择使用第三方软件或服务，请您仔细阅读该第三方的相关法律条款。除非另有明确说明，否则，我们不对第三方软件或服务及其内容做任何陈述和保证，包括但不限于其可获得性和持续性。第三方可能会就其软件或服务提供自己的保证。您理解并同意，您将基于自己的判断并自行承担风险来决定使用这些第三方软件或服务及其内容。

14 营销材料和推广服务[①]

> 条文注解：根据《消费者权益保护法》，向消费者推送营销信息必须事先经过消费者明确同意。

我们可能会不时向您发送一些营销材料以及为您提供附加的推广服务，而不会就此另行向您收取费用（“推广服务”）。您知道并同意，我们可以通过电子传输、电子邮件、信函或其他方式向您发送上述营销和推广材料。您可随时

16296

通知我们停止发送上述材料。您了解并同意我们可能会不经另行通知随时调整我们提供上述推广服务的范围，某些推广服务可能仅针对新客户，您可能并不能获得某些或所有上述推广服务。如果您获得了我们提供的任何推广或特别价格或条件，这些价格或条件仅适用于您，您应对这些价格和条件保密，未经我们事先书面明确同意，您不得将此类信息披露给任何第三方。

15　本协议的变更和终止

15.1　我们可以随时更改本协议条款。[①] 我们可能会通过我们的网站、客户端公告或其他方式告知这些修改。您同意，发布此类更改后，如您继续使用本服务即表明您接受修改后的协议。

> 条文注解：此类条款不适用于用户付费订阅的服务。

15.2　您可以通过根据相关指示删除软件、关闭账号及停止使用服务等方式随时终止本协议。我们根据本协议约定取消全部服务时本协议终止。双方均不需为此承担任何责任。

15.3　如发现您正在为任何未经允许的或本协议禁止的用途使用本服务，或如您的行为或状态使我们有理由认为继续向您提供服务可能给我们带来较大风险的，我们可根据自己的判断终止本协议，并就服务使用费及因您不当使用导致的损失向您索赔。

15.4　您同意，本协议终止后，您应销毁软件并永久性地删除其所有备份，并且您使用服务的权利也将立即终止。

15.5　本协议标题为“许可和限制”“无保证声明”“责任限制”“一般条款”及其他依据其性质始终有效的条款在本协议终止后继续有效。

16　一般条款

16.1　本协议依中华人民共和国大陆司法管辖区（为明确起见，不包括香港特别行政区、澳门特别行政区和台湾地区）的可适用法律制定和解释。由本协议引起的或与之相关的任何争议，应首先通过友好协商解决，协商不成的，由我们所在地的法院专属管辖。

16.2　本协议结合隐私权政策及援引的其他特别条款构成您与我们之间就本服务所达成的全部协议，并取代所有其他的沟通或交流，无论是口头的还是书面的。除非本协议另有约定，对本协议的任何修改均应以书面补充协议形式进行方为有效。我们未行使或强制执行包含在本协议中的任何权利或条款，不视为对相关权利和条款的放弃。如本协议的任何规定或部分被有管辖权的裁判机构判定为不可强制执行，不影响本协议的其他部分的效力，本协议其他部分仍继续有效。

16.3　您同意我们为履行本协议的目的，可通过电子邮件、手机短信、消息弹窗或其他信件传送等方式向您发送通知；同时，本协议项下我们对于用户所有的通知也可通过网页公告方式进行；该等通知于发送之日视为已送达收件人。您向我们发送的通知应当通过我们对外正式公布的通信地址、电子邮件地址等送达。

如就本协议内容，您有任何问题、意见或建议，您可通过以下方式与我们联系：

发送电子邮件至：______@______.com

或致函：

［公司］客户服务

______（［公司］名称）

______（［公司］地址）

27. 服务器托管协议

使用场景

本服务器托管协议样例合同文本可用于服务器托管服务商为客户提供服务器托管服务。

服务器托管是某个组织将其服务器部署和平台外包给某个第三方托管管理供应商（MSP）负责管理并为其提供存储和计算服务。托管服务商通常会在其管理的众多数量的托管服务器上，为两个或多个客户运行和管理大数据中心。用户通过互联网远程接入和使用托管服务器上的数据和应用，或其他资源，例如，CPU、内存、硬盘等，由此可以在不需要由其自己购买、配置和维护服务器硬件的情况下，增强其存储和计算能力。客户为此向托管服务商支付经常性费用。

服务器托管业务有多种类型。这里提供的范本，主要适用于以下两种情况：

（1）专用服务器托管（Dedicated Server Hosting）

这可以被理解为是一种租用式服务器托管服务，① 其典型特征是，客户无须自己购买服务器，只需根据自己业务的需要，提出对硬件配置的要求。服务器由托管服务商配置并拥有。用户采取租用的方式，安装相应的系统软件及应用软件以实现用户独享专用高性能服务器。

顾名思义，专用服务器托管为用户提供对单个专用服务器上的所有资源的完全访问。服务器上没有其他客户。选择专用服务器托管有很多好处，比如对资源的完全控制、增强的安全性和根访问。

（2）并址服务器托管（Collocated Server Hosting）

这可以被理解为是一种寄存式服务器托管服务。② 如果客户自己已经拥有服务器，但需要空间、能源和散热，以保证其正常运营，则可以选择这种托管模式。这种模式下，服务器由客户自行采购并安装相应的系统软件及应用软件，软件的安装与调试都应由用户自行完成。在大多数情况下，并置服务器托管的服务商将不提供或很少为其客户的机器提供

① 某些公司将此类专用服务器托管业务称为“服务器租用”，而将“并址服务器托管”称为“服务器托管”，这种命名方法未能体现出两种业务模式，均存在服务器托管（hosting）这样一种特征。

② 某些公司将此类服务器托管业务称为“服务器托管”。

直接的支持，而只是提供电力、网络接入以及服务器的存放设施。并址服务器托管模式通常被认为会为客户提供更好的安全性，但客户也将为此承担更高的成本和费用。

根据托管服务方所承担职责的范围，服务器托管还可以区分为：

全托管——托管服务商提供监控、软件升级、重启、安全补丁及操作系统升级等服务，客户不负责服务器的任何管理；

半托管——托管服务商提供中等水平的管理、巡检、更新和有限数量的支持，客户负责部分维护工作；

自行管理——托管服务商仅提供常规巡检和维护，客户自行负责服务器的大部分运营管理；

非托管——托管服务商仅提供服务器，但不参与对服务器运营的管理，客户负责所有的维护、升级、错误修正和安全等运营工作。

法律要点

服务器托管业务，涉及众多法律关系，可能包括场地租赁和使用、技术服务、委托、硬件采购及软件许可等。签署服务器托管协议的双方，需要根据服务器托管服务的范围，有针对性地拟订合同条款。

一、互联网信息服务管理

服务器托管业务，需要遵循国家有关电信和互联网管理的相关规定，服务提供方需要具备相关的资质，同时，使用该服务的客户，如用于运营自己的网站，也需要符合国家有关互联网管理的相关规定，包括但不限于，根据《互联网信息服务管理办法》《互联网电子公告服务管理规定》等规定，互联网用户或网络服务提供者有一系列不得制作、复制、存储或散发的信息类型，且互联网用户和网络提供者应依法保存网站的访问日志记录，以备国家有关机关依法查询等。为此，服务商需要考虑要求客户在合同中就法律合规作出保证，并对违反保证导致服务方的任何损失和损害承担赔偿责任。

二、场地使用、服务器及其他设备的保管

专用服务器托管，涉及客户对服务商所拥有服务器的租用，而并址服务器托管业务下，则涉及客户将其自己拥有的服务器在服务商场所的寄存，在两种情况下，可能都会涉及客户对服务商场所的访问，不同的情况下，服务商与客户所承担的职责会各有不同。需要根据服务的不同类别，在合同中对各方的职责以及权利、义务和责任作出明确约定。

16297

三、物理安全和信息安全

在服务器托管业务中，服务商通常负责对场所、服务器及附属设备的运营提供支持和维护，并负责场所和设备物理安全的管理，在某些情况下，可能还会负责对服务其中所运行系统的支持和维护，而客户可能会物理拜访服务商场所以及托管的服务器，或远程通过互联网接入服务器，使用服务器执行存储和计算任务，这些可能都会带来物理和信息安全方面的问题，需要双方在起草此类合同时，对各方的职责及责任作出明确的规定。

四、责任限制

参见计算机系统维护协议。

关键条款

在起草和准备服务器托管协议时，客户及服务方通常需要关注以下条款：

1. 服务范围

明确服务器托管服务的类别、服务商的职责等。

2. 服务期限

需要明确服务器托管的期限。

3. 客户的职责

协议中需要明确约定客户在协议执行过程中负责哪些工作。

4. 场所和数据安全

参见计算机系统维护协议。

5. 保存记录

客户是网络服务的直接使用者，服务商应注意规定合同期内的记录保存义务是否由客户直接承担，且应由客户对未尽义务的不利后果独立、直接承担责任。

6. 维护与监控

服务商应注意审查合同约定的维护、监控服务是否包括对数据的维护，从服务商立场出发，数据备份义务应由客户自行承担，数据丢失的风险也应由客户承担。

7. 费用和支付

协议中应约定服务费的计算和支付条款。

在客户逾期付款的情况下，服务商除有权收取滞纳金外，还应有权根据客户延期时间的长短决定是否中止或终止提供服务。

8. 服务暂停和终止

鉴于信息技术领域的众多不确定性，各方均应考虑在合同中明确约定哪些情况下合同或服务可以或者需要暂停或终止。

需要确保业务具有适当的稳定性，但同时各方也需要保留在情势发生任何变化情况下，对业务做灵活处理的权利，包括保留随时无因终止合同的权利，但需要对因此给另一方造成的损失做合理补偿。

由于此类业务中可能会涉及，一方的财产包括数据在另一方场所和设备上存储的情况，在合同中需要考虑包含合理的善后条款，特别是，合同中需要明确约定，在合同终止后，如果拥有设备或数据的一方，未能在合理时间内取回或移除其设备或数据，另一方有权对这些设备或数据做任何处理。

9. 责任限制

参见计算机系统维护协议。

关联合同

采购协议

保密协议

合同正文

服务器托管协议

本协议由以下各方在______年______月______日由以下各方达成：

客户：____

地址：____

电话：____________；传真：____________；电子邮件：____________

（以下简称客户），与____________，一家依据中华人民共和国大陆司法管辖区法律设立和存续的公司，其注册或主要办公地址在：____________________

（以下简称［公司］）。

考虑到本协议中所载的相互承诺，就本协议项下服务器托管事宜，双方经友好协商，达成如下协议：

16297

1 协议

1.1 本协议的目的是确定［公司］向客户提供托管服务的条款。客户可通过向［公司］下服务订单、在线服务订单或电话服务订单等方式向［公司］订购专用或并址服务器托管服务。［公司］接受客户服务订单后，将按照本协议条款和条件向客户提供服务订单中约定的服务器托管服务。本协议条款和条件将适用于援引本协议的每一个服务订单。除非有双方有效确认和接受的服务订单，否则本协议本身并不表明［公司］有义务向客户提供服务，抑或客户有义务向［公司］购买任何服务。

1.2 如果构成本协议条款和条件的文件之间存在不确定、冲突或不一致的情况，各个文件的优先顺序应按以下降序排列：(a) 服务订单；(b) 本协议条款和条件，包括本协议的附件和附表，但本托管条款和条件除外；(c) 服务政策；以及 (d) 本协议的条款和条件。

2 目的

2.1 ［公司］在本协议项下为客户提供以下类别的服务器托管服务：

(1) 专用服务器托管服务：(a)［公司］提供客户使用本协议规定的由［公司］拥有的计算机系统及其他此类设备，以下称"客户服务器"，这些服务器和设备在［公司］网络运营中心的物理空间内存放；(b) 客户人员对客户服务器的有限物理访问；以及 (c) 通过［公司］的公共网络连接，将客户服务器的连接到互联网。

(2) 并址服务器托管服务：(a)［公司］提供客户使用本协议规定的由客户拥有的计算机系统及其他此类设备及软件，以下称"客户服务器"，这些服务器、其他设备和软件在［公司］网络运营中心内锁闭的机柜、机架或机房的专用空间内存放；(b) 客户人员在正常工作时间对客户服务器的物理访问；以及 (c) 通过［公司］的公共网络连接，将客户服务器的连接到互联网。

2.2 本协议可包括规定监视、托管服务、备份服务、托管防火墙服务和操作系统维护等服务的附加的附件。这些附件一经签署，将纳入本协议并成为本协议的一部分。

2.3 经与［公司］达成无监督网络中心访问协议，客户可申请对［公司］网络运营中心的全时访问。

3 生效、期限及更新

本协议由经正式授权的［公司］代表签署后生效。本协议将持续有效，除非依据本协议被终止。服务订单的期限在服务订单中约定，某个个别服务订单到期或终止并不导致本协议的到期或终止，也不导致本协议项下其他服务订单的到期或终止。本协议终止的，所有服务订单均应终止。

4 客户服务器和使用规范

4.1 客户可为任何合法的目的使用客户服务器，为客户自己和 / 或其用户或一般公众提供服务，但前提是应符合以下各项条件：

（1）客户服务器只能用于提供本协议中明确规定和同意的网络服务。客户服务器不得被用作邮件中继，客户应确保此类服务处于关闭状态。

（2）客户服务器的使用不得超过本协议规定的带宽限制，客户也不得向任何从事可能导致超出规定带宽限额行为的他人提供服务，无论此类使用是在正常业务过程中，还是由于对服务器的黑客攻击或未经授权使用造成的。如客户无论因何种原因超出了其被分配的带宽，应按当前［公司］价格表规定的费率和条款就此类额外带宽使用支付费用。

（3）客户不得利用服务器发送未经请求的电子邮件（垃圾邮件）或传播病毒。

（4）严禁客户使用服务器或［公司］网络从事任何侵犯计算机或网络安全、破解密码或安全加密代码或传输或提供任何非法材料的行为。客户不得利用服务器为他人传输或发布任何不符合国家规定和 / 或本协议约定的信息或材料提供任何便利。

4.2 ［公司］在本协议项下所提供的所有服务仅适用于客户，而不适用于任何其他个人、公司或实体，无论他们与客户是何种关系，并且在任何情况下，［公司］都没有义务对第三方提供支持。

4.3 客户可以向第三方转售客户服务器上的空间及其获得的带宽，但前提是客户不得：（a）允许第三方访问管理或根账户；（b）使用这些服务提供拨号或一般网络 TCP/IP 访问；（c）向任何第三方提供或泄露由［公司］提供给客户的登录名或密码；以及（d）允许任何违反本协议的使用。

4.4 客户及所有访问或使用客户服务器的第三方，均应遵守［公司］以及其他通过客户服务器接入的其他网络或计算机系统的所有规则、规定和政策，无论这些网络和计算机系统是由［公司］、其供应商还是其他人运营的。如客户不确定这些政策，应负责了解和查明这些政策。客户同意，如因客户使用服务而导致了任何损害，客户应对［公司］进行补偿，使［公司］不会因此类索赔受到任何损害。

4.5 客户应向［公司］提交客户执行本协议的联系人、信息安全负责人和所有管理客户网络、设备和服务器的人员名单和联系方式，并在上述信息发生变化时及时书面通知［公司］。

4.6 对于服务器托管，客户的服务器设备应符合公用通信网络的各项技术接口指标和终端通信的技术标准，电气特性和通信方式等，不得影响公网的

16297

安全。客户同意，如果政府对本协议所涉及的服务或业务颁布新的监管规定、要求或标准，则客户应当按照其规定执行，客户拒绝或不能执行的，［公司］有权选择解除本协议。

5　客户对设备、应用和数据的责任

5.1　客户对其自己运营和管理的应用程序及服务器的持续稳定性和运行自行负责。如需［公司］就此提供任何协助，客户需要支付额外的费用。

5.2　客户应自行负责确保账户和密码的完整性和保密性。除非另行签订书面协议，否则［公司］在任何情况下均不对客户服务器上信息的丢失承担责任。客户负责对客户服务器上的所有数据进行安全备份，并负责在因服务器故障或任何一方的任何行为（无论是意外还是有意）导致信息丢失的情况下，重建其环境。客户可以选择委托［公司］提供恢复服务，但需要为此支付额外费用。客户应为［公司］提供可靠的二十四（24）小时联系方式，以便在出现故障或维修停机时及时通知客户。

5.3　客户应向［公司］提供已经或将要安装在位于［公司］网络运营中心的客户服务器上的所有附加设备和软件的清单及其重置价值。

5.4　如［公司］为客户提供的是专用服务器托管服务，客户应为安装在客户服务器上的附加软件和硬件投保一切损失险，涵盖包括但不限于盗窃、火灾、水浸和地震导致的损害。建议客户购买业务中断险，以防止因服务长期中断或灾难而影响来源于客户服务器的收入。

5.5　如［公司］为客户提供的是并址服务器托管服务，客户应为客户服务器投保一切损失险，涵盖包括但不限于盗窃、火灾、水浸和地震导致的损害。建议客户购买业务中断险，以防止因服务长期中断或灾难而影响来源于客户服务器的收入。

6　费用和支付

6.1　客户应按［公司］当时的价目表所界定的费率为其账户缴付所有固定的和累积的费用。

6.2　客户应在本协议签署后立即支付开户费和首月服务费。首月服务费自客户服务器安装并可运行之日开始按三十（30）天计算。此后，托管费用按自然月收取，每月的服务费应在上个月结束日前支付，第一个月的费用按当月剩余实际天数支付，每天的费用根据月度服务费按比例摊销。客户就［公司］所提供的临时的或附加的服务，应另外支付附加的或额外的服务费用。

6.3　托管服务费在托管服务期限内在每月开始前根据付款通知支付。如有任何账款在到期三十（30）天或更长时间后仍未支付的，托管服务将被暂停，如客户需要恢复服务，应支付重新激活费用。[公司] 可以对三十（30）天内未结算的到期账款征收滞纳金，按到期未付金额的月千分之十五（1.5%）计算，直到余额全部付清为止。

6.4 [公司] 如提升服务费价格，可能影响本协议项下向客户所提供的任何服务的，[公司] 将至少提前九十（90）天通知客户。

7 保证和有限责任

7.1 [公司] 对通过其网络所传输信息的内容将不会进行任何控制，但法律另有要求的，按法律要求执行。[公司] 陈述、保证并同意其将以专业的方式提供本协议项下的托管服务。除此之外，[公司] 对其所提供的服务不作出任何形式的保证，无论是明示的还是默示的。[公司] 也不就适销性或适合特定目的做任何保证。[公司] 将不对客户所受到的任何损害负责。这包括由于[公司]自身的过失或疏忽或客户的错误或疏忽所导致的延迟、未能交付、错误交付或服务中断而导致的数据丢失。使用通过 [公司] 网络所获得任何信息的风险由客户自行承担。[公司]对通过其服务所获得信息的准确性或质量不负任何责任。

7.2 对客户及其用户所遭受的与本协议项下服务或任何其他事项相关的损失或损害，无论是直接的或间接的，也无论是因任何原因导致，[公司] 所承担的责任应当以客户在一个计费周期内就服务订购向 [公司] 所支付费用的总额为限。[公司] 不对任何利润损失负责，也不对由任何其他方基于未在本协议中未明确规定的 [公司] 的任何明示、默示或声称的保证，而针对客户提出的任何索赔或要求承担责任。

7.3 在任何情况下，[公司] 均不对任何间接损失承担损害赔偿责任，即使 [公司] 已被告知有可能造成相应的损害。

7.4 因本协议或本协议项下的预期交易引发的诉讼或无论任何形式的法律行动，客户同意将仅在诉因发生后一（1）年内提出。

7.5 如有任何第三方针对[公司]提出任何与本协议有关的任何法律行动或任何索赔，客户将为 [公司]、[公司] 的董事、员工及代理提供抗辩和补偿，并使之不受任何损害。对因客户使用或滥用本协议中所授予的任何权利而导致的损害赔偿及合理的律师费，应由客户承担。

8 遵守法律

8.1 客户应始终遵守中华人民共和国及所有其他政府机构与数据、产品、服务和 / 或技术数据的使用、分发、出口或进口的管理、限制及其他监管有关的可适用法律规定。

8.2 [公司] 网络只能用于合法目的。禁止通过 [公司] 网络传输任何违

16297

反法律及其他政府规定的材料。这包括但不限于受版权保护的材料、在法律上被认定为具有威胁性或淫秽的材料，或受商业秘密保护的材料。

8.3　客户必须依照相关法律规定保留自己网站的访问日志记录，包括发布的信息内容及其发布时间、互联网地址（IP）、域名等，该记录在国家有关机关依法查询时必须提供。客户自行承担由于其未按规定保留相关记录而引起的法律责任。

8.4　客户应向［公司］提供处于经营期间的营业执照的复印件。如客户利用本协议服务进行的经营活动需要获得政府的备案、批准或许可的，则客户应获得该有关的备案、批准或许可后方可开展相应经营活动，并应当向［公司］提供相应的备案、批准或许可证书复印件。即使［公司］对客户作出上述提示和要求，但［公司］没有义务审查客户是否具有上述备案、批准或许可。因客户不具备政府备案、批准或许可而导致的法律责任由客户依法承担，且［公司］有权根据国家法律法规和政府部门的规定和通知中止或终止为客户提供本协议项下的全部或部分服务。

9　终止

9.1　在对违反本协议或可接受使用政策、对客户服务器所提供服务的虚假陈述、不当使用、过度使用系统或网络资源对［公司］网络的性能、安全性和可靠性造成不利影响、或拒付任何服务费等行为进行调查期间，［公司］有权立即暂停或终止本协议。如［公司］暂停或取消服务，［公司］将尽合理努力在实际事件发生前通知客户提供的紧急联系人。

9.2　［公司］有权经提前向客户发出书面通知以任何理由暂停或终止本协议。

9.3　客户如取消本协议，必须提前四十五（45）天以书面形式通知［公司］。客户同意，如客户或［公司］无论因任何原因终止本协议或取消其客户账户的，客户应在终止或到期日后十（10）天内取走由客户拥有的服务器或其他设备，否则视为客户抛弃，［公司］将有权采取任何以下措施处理，风险和费用由客户承担：(a) 移除客户服务器及其他设备，将其存储在［公司］场所内或场所外的任何地点；(b) 将其移除并运送给客户；和 / 或 (c) 经提前三十（30）天书面通知客户，对客户的服务器及其他设备作价处理，收益由［公司］保留。本协议无论因任何原因到期或终止后，［公司］有权在终止或到期日的十（10）天后，删除存储在由［公司］拥有的服务器上的所有数据、文件或其他信息。

9.4　因客户违约而导致［公司］解除或提前终止本协议，或客户无故解除或提前终止本协议的，［公司］将从尚未履行期间的服务费中扣除三（3）个月服务费作为补偿款后，将剩余余款退还客户。尚未履行期间的服务费不足以抵扣补偿款的，客户应当在收到［公司］的书面通知后十（10）日内向［公司］补齐补偿款。

10　保密信息

10.1　“保密信息”是指一方向另一方披露的下列信息：(a) 披露方在披露时以书面形式标识为保密或专有的信息；(b) 包含披露方客户群的信息、客户信息、技术信息、商业秘密、客户沟通或建议、标杆信息或与其业务运营有关的信息；(c) 数据中心设计、基础设施、托管空间、提供的服务、数据中心所使用的设备、电缆、网络及服务的配置。但以下情形的信息不被视为保密信息：(a) 在接收方从披露方接收信息之前，接收方已经从对披露方并不负有保密义务的来源获知该信息，则该信息不视为保密信息；(b) 接收方从对披露方负有保密义务的来源以外的其他来源获知；(c) 信息成为公众所知的信息或以其他方式不再保密，但因接收方违反本协议条款和条件导致的除外。

10.2　任何一方未经另一方事先书面同意，均不得使用或披露从另一方获知的保密信息，但以下情形除外：(a) 如果根据法律顾问的意见，披露是相关法律或法规所要求的或是根据管辖权的法院或其他政府机构的命令进行的，并且已经采取了可行的措施维持其保密性；(b) 在合理必要限度内向该方或其雇员、高级管理人员、高管、律师、会计师和助理进行披露的；或 (c) 是一方行使其在本协议项下的权利和履行其义务所必要的。

10.3　任何一方均未授权另一方在未经事先书面同意情况下在任何推广、出版或新闻发布中使用其商标、服务标志、商号、著作权、其他知识产权或其他品牌元素的权利。

11　杂项

11.1　本协议由客户在本协议规定的地址签署，并由［公司］在［公司］所在地签署，本协议受中华人民共和国大陆地区法律管辖，并根据该法律制定和解释。因理解或履行本协议而发生任何争议的，如经双方协商解决未果的，应提交［公司］所在地有管辖权人民法院裁决。

11.2　如果本协议中的任何语句、段落、条款或其组合被有相应管辖权的法院或其他政府机构认定为无强制执行效力、无效或非法，这样的语句、段落、条款或其组合应被视为从本协议中删除，本协议其余部分对双方应继续具有约束力，视同这些无强制执行效力、无效或非法的语句、段落、条款或其组合从来并未被包含在本协议中。

11.3　如需通过诉讼来强制遵守本协议或处理对本协议的任何违反，双方同意，胜诉方有权要求另一方支付其因此实际发生的律师费及包括调查、公证、程序等其他法律费用。

11.4　双方的关系。本协议中的任何内容，以及根据本协议条款和条件所做的任何事情，均无意也将不会在［公司］与客户之间创设任何合伙或合资关系，

16297

无论是为税务目的抑或是其他任何目的。客户自行对其所有员工均负完全的责任，并自行对因任何原因而导致的与该等员工终止劳动关系有关的全部成本和责任负责。未经另一方事先书面同意，任何一方代表另一方作出使另一方受任何约束的承诺或为另一方招致任何义务。本协议无任何第三方受益人。

11.5　本协议构成客户与［公司］之间就客户服务器托管事宜的全部协议。除非经客户与［公司］充分授权的经理主管人员通过正式签署的书面文件确认，否则对本协议的任何修改、补充或变更均无效。

11.6　本协议所指“不可抗力”包括地震、火灾、水灾、台风、罢工、暴动、瘟疫、战争、政府行为、意外事件或其他非双方所能预见并且控制或避免的事件。受不可抗力影响的一方应当在不可抗力发生后三（3）日内书面通知对方，并采取合理的努力降低不可抗力的影响。受不可抗力影响的义务在不可抗力造成的延误期间自动中止，并且其履行期限应自动延长，延长期间为中止的期间，受不可抗力影响的一方无须为此承担责任。但客户支付本协议项下应付款项的义务除外。任何一方遇有不可抗力而全部或部分不能履行本协议或迟延履行本协议，应于事件发生之日起二十（20）日内，向另一方提交导致其全部或部分不能履行或迟延履行的证明。

11.7　任何一方未行使其于本协议项下的任何权利均不得构成或被视为该方对这些权利或其他权利的放弃或丧失。

11.8　除非本协议另有明确规定，本协议要求的所有通知、同意或批准，只有以书面形式并通过以下方式发送至双方书面指定的地址方为有效：(a) 通过［公司］账户管理系统发出；(b) 以传真或电子邮件；(c) 通过邮资预付的挂号信或特快专递；或 (d) 亲自交付本人方式。除非通过［公司］的账户管理系统发送，否则本协议项下的通知、同意和批准均应以书面形式进行，并由各方正式授权代表签字和 / 或加盖各方有效印章，并在收到日视为有效送达。如通过常规邮政信函寄送，则在邮政信函交寄后第五（5）天视为送达。无论本协议是否有任何相反的规定，［公司］发出的与服务政策有关的通知，在通过电子邮件或作为［公司］账户管理系统的消息发出日视为有效送达。

11.9　“联络信息”是指在［公司］账户管理系统中保存的业务联系数据，以及在［公司］的访客登记表中包含为履行本协议的目的由一方向另一方提供的或由另一方获得的任何一方及其员工、助理、顾问、分包商、合作伙伴或分被许可方的个人信息或私人信息，对此类数据的使用、处理或传输根据法律规定属于“个人信息”。客户确认，［公司］通过提供托管空间和服务将拥有此类联络信息。客户承认并同意，［公司］及其员工或分包商可以使用、

处理和 / 或传输这些联络信息以便 ：(a) 提供托管空间和服务 ；(b) 将联络信息纳入由［公司］控制的数据库，以便进行账户管理、签发账单、提供维护和支持服务、鉴别和预防欺诈 ；以及（c）通过电话、传真、电子邮件或邮件就［公司］产品和服务与客户进行沟通。客户有权经事先书面通知后读取这些联络信息，并对联络信息中发现并确认的错误进行纠正。

11.10 除非本协议中另有明确约定，并在不影响本协议第 7 条（保证和有限责任）所规定责任的前提下，本协议项下的权利和救济均是累积的，且不排除任何一方可能另外拥有的其他权利或救济。

11.11 双方同意其已经审阅本协议的条款和条件，本协议条款和条件将不按不利于起草方的方式进行解释。本协议的标题和段落仅为阅读方便的目的而设，将不被用于对本协议条款的解释。

11.12 本协议第______条、第______条……以及第______条，在本协议终止后将继续有效。本协议第 10 条（保密信息）在本协议终止后两（2）年内继续有效。

作为证明，本协议由以下有充分权利和权力分别代表各方的代表签署和 / 或加盖双方各自有效印章确认 ：

［公司］确认和签署：	客户确认和签署：
［公司］签约主体名称：	客户签约主体名称：
（盖章）	（盖章）
代表人签字：	代表人签字：
日期：	日期：
代表人姓名（打印或正楷），部门和职务：	代表人姓名（打印或正楷），部门和职务：
联系人姓名：	联系人姓名：
联系人部门和职务：	部门和职务：
电话：	电话：
电子邮件：	电子邮件：
传真：	传真：
［公司］签约主体注册或主要办公地址：	客户签约主体注册或主要办公地址：

16297

附件1 《服务订单》

一、服务范围

1.［公司］为客户提供放置客户服务器的标准机房环境，包括空调、照明、湿度、不间断电源、防静电地板、完善的消防监控系统和设备等。

2.［公司］为客户提供______个标准机架（______/ 个标准机架），用以放置客户服务器及其附属设备。

3.［公司］负责妥善保管客户服务器及其他设备，并负责日常维护工作和设备的安全，实行二十四（24）小时专人职守制度，以保证客户服务器及附属设备的正常运行。

4.［公司］为客户提供壹个带宽为______的独享网段，用以接入［公司］网络；并为该网段配备______个 IP 地址。

5.［公司］协助客户进行设备安装、联网调测，域名设定。

域名：www.____________.com.cn

IP 地址：

6.［公司］为客户提供端口速率为______的 DDN 线路壹条，作为客户专用维护线路，不做上网使用。

7.［公司］向客户提供端口速率为______的 ISDN 线路两条，作为客户上网使用，不得作其他用途。

二、费用和支付

本订单签署后三十（30）个工作日内，客户向［公司］支付服务费______元，作为机房的一次性设置费和客户 DDN 专线迁移的代办费。

本订单服务期限内，客户每月向［公司］支付______月 / 元作为服务费。

28. 互联网广告服务协议

使用场景

本《互联网广告服务协议》样例文本可用于需要宣传推广自己产品或服务的广告主（客户）委托互联网网站平台的运营方在其网站上发布投放广告营销信息。

在合同期限内，客户负责提供广告内容，服务商受客户的委托，在其网站上进行投放发布，并监测广告投放数据和效果。

此模板用于客户直接与互联网运营平台达成广告投放协议，适当调整后，也可用于客户与互联网运营平台的广告代理商之间达成的协议。

法律要点

广告业务及互联网运营均受到法律较为严格的管制，在互联网上投放广告，需要从两个方面考虑法律合规性。

根据《广告法》《互联网广告管理暂行办法》《反不正当竞争法》等法律法规，互联网广告投放在广告内容、投放形式等方面有一系列限制性规定，若违反相关规定，客户、广告服务商、媒体平台可能都要承担相应责任，因此有必要在合同中明确约定，客户自行设计制作的广告不得有哪些违法违规行为，且服务商有权对广告进行合规性审查。

同时，客户也需要考虑对互联网运营平台的资质及信誉做必要的考察，确保其有拥有从事互联网内容服务的相关资质。

关键条款（检核表）

在签署互联网广告服务合同时，客户与服务方双方需要考虑在合同中包含以下条款：

1. 签约主体

应明确签署合同的双方主体完整名称，确定双方的地位。例如，委托方是广告主，还是广告主的代理，服务方是互联网运营平台，还是平台方的代理。

2. 服务范围

合同中应明确服务方所提供服务的范围，包括在哪个平台，什么位置以及

16298

在多长时间内，投放什么广告。根据目前这个模板的设计，此类信息将在合同后附的广告合作计划中具体描述。

3. 费用和支付

互联网广告服务费用的计算和支付方式多种多样，业界实际使用的方式包括但不限于，按浏览次数收费、按点入量收费、按实际成交量收费、按实际收益提成等等，双方需要根据实际特务需要（以及双方各自的市场地位和议价能力），明确约定广告服务费的计算方法。

4. 广告发布及效果评估

合同中应规定明确的广告投放标准，并约定合理和可行的衡量标准。

互联网广告的发布是一个动态的过程，一旦时过境迁，将很难确认履约状况，因此客户及广告主一方，需要考虑在合同中明确约定广告发布的监测方式，并需要考虑在合同中包含必要的记录和审计条款，以避免未来对广告发布情况及其效果产生争议。

5. 内容保证及审查

按照广告法的规定，互联网平台运营方需要对其发布的广告法律合规性承担责任，因此互联网平台方通常需要负责对广告主或客户提供的广告内容进行审查，但同时也需要广告内容提供方对所提供的内容作出保证，保证其不存在任何虚假、不准确或误导性的内容，以及不包含任何违法的内容。

合同中应当约定服务商有权审查客户提供的广告资料是否合规且有权对其中不合规之处要求客户修改调整，由于客户自身原因导致的投放迟延等服务商不承担责任。另外，广告投放还受到媒体平台自身规则的调整，由于第三方媒体平台原因导致的投放服务迟延等亦不属于服务商的责任范围。

6. 知识产权许可和限制

广告内容提供方将内容提供给互联网平台，自然就隐含着授予了互联网平台按照预期目的使用这些内容的许可，但如果一方需要在此范围之外使用另一方的任何字号、商标或其他材料，需要就此作出明确约定。没有此类许可的，在合同中包含一个明确否认其他许可的条款，可以最大限度地避免误解。

7. 抗辩和补偿

由于广告内容是客户自行设计制作后提供给服务商，平台方可考虑在合同中包含抗辩和补偿条款，一旦因广告内容导致平台方被调查、处罚或索赔，应由客户为平台方提供抗辩，并补偿平台方因此所受到的损失。

8. 不可抗力

互联网服务因其服务方式的特殊性，除了常见的不可抗力情形外，还应注意特别规定网络或电信运营等原因亦应作为不可抗力免责情形。

9. 期限和终止

合同中除了约定合同本身的期限外，还需要约定某一具体广告活动的发布期限。同时合同应规定在哪些情况下可以终止。

10. 转让和分包

原则上任何一方未经另一方事先同意，均不得将合同项下的权利义务转让或分包给第三方。但为了业务方便和灵活性，服务商可能需要保留将服务分包给其关联方或分包商的权利。

关联合同

保密协议

合同正文

互联网广告服务协议

合同编号：____________

生效日：____________

本互联网广告服务协议（协议）由以下双方：

（1）____________（客户），其注册或主要办公地址在：____________（客户注册或主要办公地址）；与

（2）____________（[公司]），其注册或主要办公地址在：____________（[公司] 注册或主要办公地址），在约定的______（生效日）签署。

鉴于：（1）[公司] 或其关联方拥有并运营 [公司] 网站；（2）客户希望向 [公司] 购买某些广告位置，用于推广自己的产品和 / 或服务。

为此，考虑到本协议下面所规定的允诺和条件，[公司] 与客户双方就 [公司] 为客户提供广告平台投放服务事宜，经协商一致，达成如下协议。

1. 服务。[公司] 将按本协议后附的或经 [公司] 与客户作为增补协议另

16298

行确认的广告计划为客户提供互联网广告发布服务。除本协议后附的初始附件外，每个作为增补协议的附件将仅在双方有效签署后生效。

2. 支付。（1）服务费。客户应在［公司］发出付款通知后三十（30）天内支付每个附件中所规定的服务费。任何到期未付的金额均应按月百分之一点五（1.5%）的利率支付滞纳金。如果［公司］未能按时支付任何到期款项的，除其他可享有的权利和救济外，［公司］保留撤销和移除任何广告的权利。所有应当支付给［公司］的款项均应支付至以下［公司］账户或［公司］另外书面指定的账户：

户名：______________________________

开户银行：______________________________

账号：______________________________

（2）税费。所有依据本协议应当支付给［公司］的服务费、预付款或其他款项均不包括任何税款或其他政府费用。与本协议项下所执行的业务产生的或与之有关的任何税款和其他政府费用，均应由客户支付，但针对［公司］的收入或利润征收的税款除外，此类税款将由［公司］承担，如果［公司］要求，客户应向［公司］提供相关的支付证明。

3. 内容许可。客户为履行其在每个附件项下的义务，将提供广告、商标、产品图片和/或其他内容（以下统称“内容”）。客户在此授予［公司］一个全球范围的、非排他的、免许可费的许可，根据该许可，［公司］可以为履行其在本协议以及相关附件项下的义务，按合理预期的方式分发、展示、传输及以其他方式使用这些内容。

4. 内容限制。（1）禁止的内容。客户提供的内容不得包含、宣传、链接至（无论是直接链接或是在［公司］知晓的情况下间接链接至）或以任何其他方式涉及以下内容：(a）淫秽、造谣、诽谤、诋毁、中伤、亵渎、有伤风化或不符合当地法律、法规和政策的内容；(b）侵犯或滥用第三方合法权利（包括但不限于，著作权、商标权、服务标志或任何其他专有权、名誉权、声誉权、隐私权）的内容；(c）宣扬暴力、民族和国家分裂、民族仇恨和妨碍民族团结的内容；(d）宣扬针对某些个人或团体歧视、仇恨言论的内容，不论是基于种族、性别、国籍、宗教信仰、性取向或此类个人或团体的语言；(e）法律限制进行广告宣传的内容，例如但可能不限于，宣传和促销烟草制品、药品、医疗服务等；(f）促进或促销非法药物、枪支弹药、爆炸物及其他非法或管制物品销售或使用的内容；或（g）招揽或推介商业机会，以及促进、促销或推动博彩或赌博、非法有奖销售活动、传销或连锁信的内容。

（2）［公司］可以（但并不作为义务）审查客户提供的内容，并且如果［公司］认为客户提供的内容违反了上述限制，或［公司］可能不时引入或采用的其他类似的合理限制，［公司］可以部分或全部拒绝发布此类内容。进一步地，客户保证客户将不会故意提供促销或含有病毒、蠕虫、木马、错误文件、密码破解程序或其他意图或可能损害［公司］、用户或任何第三方软件、硬件或安全措施的材料。因客户提供的内容不符合［公司］要求的规格，包括不符合上述限制和 / 或违反客户的保证，导致内容未能被发布和展示的，不构成［公司］违约，或使客户有权获得任何法律救济。

5. 链接至互联网站。客户向［公司］陈述和保证，在其广告内容中包含的任何通过网址链接识别的互联网站均符合客户在第 8 条中所做的保证。［公司］可拒绝客户提供的任何内容，或拒绝从［公司］拥有、运营或控制的网站上提供指向客户网站上的任何以下材料：（a）违反客户保证的；（b）不准确的、误导的或欺诈性的；（c）包含根据［公司］合理判断可能损害［公司］网站用户体验的任何程序、应用、界面、插件或其他子程序的材料；或（d）根据有管辖权的司法或执法机关的判决、裁定、命令、通知或指示，禁止链接的材料。［公司］将按照其一致的规范和标准，确认客户网站上的材料或［公司］的任何内容是否会导致对［公司］网站的用户体验造成不利影响。［公司］可以检验客户的网址链接定位符（URLs），并且［公司］可根据其自己的判断，随时移除那些未能遵守上述要求的客户网址链接，除非客户在收到［公司］通知后四十八（48）小时内能够纠正上述不符。尽管有上述规定，客户可以向［公司］提供用于替换的网址链接。

6. 内容移除。如果［公司］收到有关内容侵权的索赔，或指称违反第 5 条或第 8 条的索赔，双方同意，除本协议约定的其他救济和权利外，［公司］可以立即将相关内容从［公司］的所有网站移除，等待客户提供替换的不侵权链接或妥善解决此类索赔。任何此类移除均不构成对本协议的违约。客户必须在收到［公司］通知后二十四（24）小时内提供用于替换的不侵权内容或以［公司］满意的方式解决该索赔。

7. 期限及终止。本协议期限自生效日起开始，本协议一方实质性违反本协议或保密协议，且在收到守约方就违约情形发出书面通知后十五（15）天期限届满，仍然未能有效纠正的，守约方可立即终止协议。双方同意每个附件可以根据该附件的相关规定终止。

8. 陈述和保证。（1）客户的陈述和保证：客户向［公司］陈述和保证：（a）其拥有充分的权利、权利和授权达成本协议，并履行本协议项下要求其履行的行为；（b）其签署本协议并未而且也不会违反其作为一方的或其受任何约束的合同，也不会违反任何相关法律（包括那些管理互联网内容使用和分发以

16298

及保护个人隐私权的法律）的规定；（c）通过其网站发布、销售或以其他方式提供的内容及所有产品和 / 或服务并未而且也不会侵犯任何第三方的知识产权权利（包括但不限于，著作权、商标、服务标志或任何其他专有权、声誉权或隐私权），或可能导致［公司］或［公司］的业务承继方有义务向任何第三方支付任何款项；（d）客户的内容并未而且也不会违反前面第 4 条所列条款的规定；并且（e）其拥有一个有效的符合法律规定和业界良好标准的隐私权政策，隐私权政策可通过互联网在线阅读，并按照法律规定为用户提供确认机制，客户将严格按照该隐私权政策的规定收集、传输、存储和处理个人信息。

（2）［公司］的陈述和保证。［公司］向客户陈述和保证，其拥有充分的权利、权力和授权达成本协议并履行本协议要求其履行的各项行为。

（3）否认其他保证。除在本协议中明确规定者外，本条款是［公司］及客户就本协议所做所有和唯一的保证，无论是明示的还是默示的。除非本协议另有明确约定，［公司］根据本协议提供或代表［公司］提供的任何网络服务、材料及其他服务均“按现状”提供，可能包含各种瑕疵。［公司］在此否认所有有关适用于特定目的、适销性、权属、不侵权、兼容性、安全性的任何陈述、保证和条件，也不对何网络服务、材料及其他服务的条件或运行和 / 或基于以上各项所开发的技术作出任何陈述和保证，无论是明示的还是默示的。

9. 抗辩和补偿。如果因任何一方违反其在本协议项下的陈述、保证或义务，导致了任何第三方的索赔，双方同意将就因索赔产生的以及与索赔相关的所有法律行动、诉由、索赔、要求、成本、费用（包括合理的律师费）、责任及损害赔偿等，为另一方提供补偿、抗辩并使另一方不因此受到任何损失或损害。如有某第三方针对本协议任何一方（“请求方”）发起了此类行动，而请求方根据本条款有权向另一方（“补偿方”）寻求抗辩和补偿，则请求方应立即将此类行动以书面形式通知补偿方，说明此类行动的性质、第三方所要求经济赔偿的总额或所寻求的其他救济。未经补偿方书面同意，请求方不得自行与第三方就此类行动达成任何和解或作出任何让步，但补偿方不得不合理地延误或拒绝作出此类同意。请求方应为补偿方对此类行动的抗辩提供所有合理协助，包括出具必要的授权文件及提供必要信息等，费用由补偿方承担。补偿方可经书面通知请求方，负责主导所有相关法律程序或谈判的实施，并负责对相关索赔的抗辩，如补偿方主导对此类行动的抗辩处理，补偿方应负责采取所有其他必要的措施或执行任何必要的程序，包括聘雇请求方满意的法律顾问，解决此类行动或进行抗辩并支付所有的相关费用。请求方有权聘雇其自己的法律顾问并自行承担费用参与抗辩。补偿方应按请求方的要求，对请求方在将抗辩权移交后所支付的任何费用以及所承担的任何损失进行补偿，补偿金额应以有管辖权法院就前述事宜的损害赔偿所作出的判决，或按本协议约定，对上述索赔、要求或行动所作出的善意让步或和解为准。

10. 责任限制。（1）救济限制。除本协议第 9 条项下的责任、违反本协议第 12 条的责任以及因故意的不当行为导致的责任外，任何一方在任何情况下均不对另一方就无论任何形式的任何间接的、偶然的、结果性的、特别的或惩罚性的损害赔偿承担责任，包括但不限于，另一方因本协议产生的任何利润损失、业务中断、数据丢失或信息被越权访问导致的损失，即使该方已经被告知发生此类损害的可能性。但以上责任限制将不适用于任何一方就第三方索赔中所包含的上述损害赔偿为另一方提供补偿的义务。

（2）损害赔偿的限制。除本协议第 9 条项下的责任、违反本协议第 12 条的责任以及因故意的不当行为导致的责任外，任何一方或其任何关联方在对另一方所承担的责任，任何情况下均不超过本协议项下客户向［公司］所实际支付和 / 或应当支付金额的总额。

11. 通知。符合以下条件的本协议项下的所有通知及要求将被视为已经送达：（a）当亲交本人；（b）当通过传真、电传或电子邮件交付时；（c）通过邮政快递等正规特快专递服务机构交付后的下一个工作日；或（d）通过邮资预付的挂号信交付中国邮政服务机构后的第五（5）个工作日（需要回执）。上述通知或要求应交付至本协议指定的地址，或接收通知的一方提前十（10）天另行书面通知的地址：

给客户的通知应发送至：________________________________

给［公司］的通知应发送至：______________________________

12. 保密。双方确认并同意，双方和 / 或双方各自的关联方或业务被承继方于______年______月______日达成的第______号《保密协议》适用于本协议，就如同该协议条款完全是本协议本身规定的条款，并且本协议的所有条款（包括但不限于其存在）以及所有与本协议相关的讨论和协商，均应被视为该保密协议项下［公司］的保密信息（定义见该保密协议）。对双方关联方或业务被承继方现有保密协议的援引，仅为业务方便，并且仅表明本协议双方同意适用该协议条款，并不表明双方关联方或业务被承继方对本协议承担任何义务或责任。

13. 知识产权。本协议任何一方均不因本协议的签署和执行获得另一方知识产权的任何所有权和权益。除本协议另有明确者外，本协议并未授予任何其他权利和许可，无论是明示的还是默示的。

16298

14. 新闻发布。未经另一方事先书面同意，任何一方均不得就有关本协议的任何内容或双方依据本协议建立的业务关系发布任何新闻公报或做任何公开宣布，但除非法律另有规定，否则另一方不得不合理地延误或拒绝作出上述同意。［公司］可以为提供信息目的，在某些公告和新闻发布中提及每个附件中的广告计划，以及客户参加该计划的情形，不需要征得客户事先同意。

15. 不可抗力。“不可抗力”是指本协议双方不能合理控制、不可预见或即使预见亦无法避免的事件，该事件使任何一方根据本协议履行其全部或部分义务已不可能。该事件包括但不限于政府行为、政策变化、地震、台风、洪水、火灾或其他天灾、战争或任何其他类似事件。鉴于互联网之特殊性质，不可抗力亦包括下列影响互联网正常运行之情形：

（1）黑客攻击；

（2）电信运营商技术调整导致之重大影响；

（3）因政府管制而造成之暂时关闭；或

（4）计算机病毒侵袭。

一旦本协议各方确认发生不可抗力致使本协议无法履行或延期履行，任何一方都将可以暂停履行本协议，但应在二（2）个工作日内通知对方并在十五（15）日内提交不可抗力事件的详细情况及有效证据。如上述不可抗力的影响未能在不可抗力发生之日起六十（60）天内消除，且双方未能就本协议协商一致达成变更意见，任何一方有权解除本协议，本协议自一方向另一方发出终止通知之日起解除，双方按广告实际发布时间进行结算。

16. 争议解决。本协议的签订、生效、履行及争议解决均适用中国法律。有关本协议解释和执行的争议均应通过友好协商解决。在合理期限内协商解决未果的，客户在此不可撤销地同意，所有争议均将提交［公司］所在地有管辖权的人民法院裁决。

17. 其他。客户与［公司］是各自独立的合同主体，本协议任何内容均不得被解释为将在双方之间创设任何雇佣、合伙或合资联营关系。未经另一方事先书面同意，任何一方均不得转让、分许可或以其他方式处理本协议的全部或部分，但向各方的关联方转让本协议的除外。［公司］可根据其业务模式将本协议项下的全部或部分工作分包给其关联方或服务提供商完成，不需要征得客户事先同意，前提是［公司］仍须对分包商履行此项义务向客户负责。任何违反上述规定，试图转让、转移、分许可或对本协议做其他处置的行为均无效，并将构成对本协议的实质违约。“关联方”是指由一方控制、控制一方或与一方受共同控制的法律实体。“控制”是指一方通过股权或合同方式对另一方的业务、决策和管理等有实质影响能力。在强制执行本协议项下任何权利和救济，或要求对本协议条款进行解释的任何法律行动或诉讼中，胜诉方有权要求败诉方赔偿其所有由此发生的费用，包括合理的律师费。除非另有明确约定，否则本协议双方各自的业务承继方和法律受让人将享有本协议项下各自的利益并受本协议约束。本协议是双方就本协议标的所达成的全部约定，并且取代此前的或同时的所有书面或口头的磋商、沟通或协议。本协议不构成［公司］对客户的要约，除非经双方有效签署，本协议不具有约束力。除非以经双方充分授权代表签署或加盖各方有效印章的书面补充协议确认，否则对本协议的任何修改和补充均无效。双方同意任何情况下均不依赖表见代理原理来确认对方代表的权限。包含在客户建议、确认书及其他文件中与此不同的或附加的条款均不具有约束力。任何一方未行使其于本协议项下的任何权利均不得构成或被视为该方对这些权利或其他权利的放弃或丧失。如果本协议中的任何条款或规定被有管辖权的法院或仲裁机构判定为非法、无效或不可执行，其余条款仍应有效。本协议第 2 条、第 8 条、第 9 条、第 10 条、第 12 条、第 13 条、第 17 条以及其他依其性质根据合理判断应当延续其效力的条款，在本协议终止后仍然继续有效。本协议一式四份，客户和［公司］各执两份，具有同等法律效力。（以下无正文，下接签字页）

客户签署和确认：	［公司］签署和确认：
客户名称：	［公司］名称：
代表人姓名（打印或正楷）：	代表人姓名（打印或正楷）：
部门和职务：	部门和职务：
代表人签字：	代表人签字：
日期：	日期：

16298

附件：

[公司] 互联网广告服务计划

合同编号：________
[公司] 销售代表：________
生效日：________
信用审批：________

	客户：	广告代理：
联络人：		
单位名称：		
地址：		
电话：		
传真：		
电子邮件：		

银行信息		
发票指定寄送给：	客户：	广告代理：
客户或代理账单联络人：		
单位名称：		
发票/付款通知发送地址：		
电话：		
传真：		
电子邮件：		
邮政编码：		
收款人：		
纳税人识别码：		
开户银行：		
账号：		

本附件依据______年______月______日［公司］与客户达成的第______号《互联网广告服务协议》签署。

1　广告植入

1.1　［公司］将按照本附件附表 1-A 规定的数量，每月在［公司］网站上植入客户广告（“每月承诺量”），除非双方就广告植入及费用另行达成书面约定。尽管有上述约定，［公司］保留根据其自己的判断更改广告植入的权利。

1.2　双方在本协议期限内将就每季度的广告请求确认一个广告订单（包含［公司］的标准条款和条件）（统称“广告订单”）。“广告请求”是指由广告服务器软件记录的，作为用户行为直接结果的对广告元素的请求。

每个广告订单均将包括广告请求和广告类别的日期、数量和位置。双方将在本协议签署后立即完成一个下个月的广告订单，并将在接下来的每个日历季度开始的至少三十（30）天前，完成该季度的广告订单。如广告订单的条款与本附件有任何不一致，双方同意以本附件内容为准。

1.3　客户同意将在本附件期限内根据双方同意更新其创意，频次不低于每七（7）天一次。

1.4　［公司］可根据其自己的判断，交付超出每月承诺量的广告请求，客户没有义务就此类超出的交付支付任何费用，除非双方在本附件的补充协议中就支付条款另行达成一致。

1.5　如［公司］未能在本附件期限内按同意的数量交付广告请求，［公司］就此所获得的唯一救济将是，将本附件期限延长九十（90）天直至双方同意的广告请求数量（或其他广告请求）达成。

2　转换

2.1　在期限内，［公司］将根据本附件附表 1-B 规定的季度日历，为客户提供规定数量的转换。“转换”是指：(a）从［公司］网站服务点击进入客户网站的用户为客户服务注册付费账户；(b）以前已经注册客户互联网服务的客户，通过［公司］网络服务点击进入客户网站并再次注册和续展其账户的；和/或（c）由［公司］网络服务转介的用户注册客户服务的收费账户。

2.2　附表 1-B 列出了每个季度建议的转换基准（“季度转换目标”）。

2.3　除非在第 4.1 款第（4）项另有概述，否则如［公司］未能在本附件期限内提供约定数量的转换，客户可获得的唯一救济是对本附件期限延长最高

16298

九十（90）天直至达成同意的转换数量。如在上述延长的期限内仍然未能达成转换的数量目标，［公司］对客户的唯一义务是对未能完成的转换进行补偿。

3　报告

3.1　客户将开发、实施和维护一个技术对从［公司］网站链接至客户站点的用户的转换数量进行追踪记录，并按照第 3.3 款规定，每周就转换实现数量向［公司］提供报告，该报告应实质性符合后附表格 1-C 规定的格式（“报告”）。根据双方一致同意，此类报告应使用［公司］指定的模板，并应包含通过［公司］网站服务网页组的点击进入、点击率、通过广告元素和网页组实现的转换以及［公司］指定的任何其他字段。如果在本附件期限内的任何一天客户的报告、网址和 / 或注册工具不能发挥功能或无法访问超过一（1）小时，则当天的转换数量将按照最近三十（30）天内所获得的最高转换数量计算。

3.2　双方同意，如报告与季度转换目标之间存在的差异不超过百分之五（5%）的，当季的季度转换目标将被视为已达成，客户将有义务按规定的付款进度向［公司］支付当季的费用。如上述差异超过百分之五（5%），［公司］将尽合理努力通过在此后季度的额外的广告请求对转换差额进行补救。

3.3　客户将按以下频次提供报告：（a）每天访问其在线报告工具；并且（b）在本附件期限内每周一下午五点前打印报告，除非双方另外同意了其他的报告交付进度。

3.4　客户同意保留与客户的报告承诺相关的所有财务和业务账册。［公司］将有权为验证客户是否遵守本协议条款的目的，对客户的账册进行审计和检查。任何审计和 / 或检查均应经事先书面通知在正常工作时间进行。

3.5　双方同意每周或按双方另外同意的时间，通过现场或电话会议方式（根据［公司］决定）对报告审阅。

4　费用

4.1　根据第 6 条规定，客户在附表 1-B 规定的期限内，将向［公司］支付总金额为¥______（大写：人民币______万元整）的广告费，此类广告费将按以下进度支付：

（1）在本协议签署并返还给［公司］后支付______元（“预付款”）；

（2）客户在______年______月______日前，按附表 1-B 规定的进度向［公司］支付分期付款。作为对价，［公司］将在上述日期前向客户提供______个转换，为此每个转换的单价应为______元；

（3）基于下面第 4.1 款第（4）项的规定，客户应按附表 1-B 的规定，在每个最晚日历日前或［公司］达成当季的季度转换目标后五（5）个工作日内，向［公司］支付后续的分期付款；

（4）尽管有上述规定，如［公司］在本附件期限内的任何季度未能达成季度转换目标，客户可免于支付下一个阶段的付款，直至此类季度转换目标达成；

（5）客户同意转换的单价将按以下费率计算：（a）转化数量在 0~25，000 的，每个转换单价为______元；（b）转换数量在 25，001~50，000 的，每个转换单价为______元；并且（c）转换数量达到 50，001 以上的，每个转换的单价为______元。

4.2　分发调整。［公司］将按季度（包括在每个期限结束时）对转换数量与客户在这一季度（或这个期限）所支付的费用进行比较。如果根据第 4 条计算的当季度（或当期限）转换数量所产生的费用，大于为该季度（或该期限）所支付的费用，［公司］将通知客户按第 4.1 款第（5）项规定的费率，就差额部分补充支付费用。如果在期限（或根据第 2.3 款延长的期限）结束时，［公司］收到的费用（包括预付款））超过客户根据转换数量计算所产生的费用，［公司］将向客户退还差额部分，除此之外，［公司］在任何情况下，均不得被要求退款或被要求以其他方式退还在本协议项下自生效日至截止日已经交付的转换所产生费用的任何部分。

5　期限

本附件自签署后生效，“期限”将自______年______月______日起至______年______月______日止。

6　终止

6.1　便宜终止。（a）［公司］有权经提前三十（30）天书面通知终止本附件，不需要说明理由；（b）期限开始九十（90）天后，客户可以经提前三十（30）天书面通知终止本附件，不需要说明理由；（c）如果任何一方终止本附件，双方将免除其各自的义务，但客户仍应按第 4.1 款第（5）项规定的费率，就在终止日前就［公司］已经提供的转换，向［公司］支付所产生的费用。［公司］将返还客户支付的所有款项（包括预付款），但减去客户就此类转换应当支付［公司］的费用，除非就转换应当支付的费用超过了已经支付的费用。

6.2　有因终止。任何一方均可在另一方在任何实质方面违反本附件，并且违约方在收到守约方书面通知后的十五（15）天内，仍未能有效解决违约行为的情况下，经书面通知另一方立即终止本附件。如本附件根据本第 6.2 款终止，各方均不再对另一方承担任何进一步的义务，但客户仍应按第 4.1 款第（5）项规定向［公司］就终止日前已经提供的转换支付相关服务费。此外：（a）如［公司］因客户违约而终止本附件，客户应向［公司］支付按附表 1-B 所示的客户应将在此后

16298

三十（30）天期限内所支付费用作为违约金；或者（b）如客户因［公司］违约而终止本附件，［公司］将为客户免费提供终止日后三十（30）天内的广告请求。

本附件将随附本协议提供并将并入本协议，本协议的条款和条件适用于本附件。双方在下面日期（以较晚者为准）达成本附件。

客户签署和确认：	［公司］签署和确认：
客户名称：	［公司］名称：
代表人姓名（打印或正楷）：	代表人姓名（打印或正楷）：
部门和职务：	部门和职务：
代表人签字：	代表人签字：
日期：	日期：

附表1-A

广告植入每月承诺额

附表1-B

付款进度及季度转换目标

附表1-C

报告

29. 保 密 协 议

使用场景

此《保密协议》样例合同模板可用于缔约双方均有保密信息披露给对方，双方均需要承担保密义务的情况。

法律要点

一、保密协议是必要的，但不是全部

保密协议（Confidentility Agreement）又称为不披露协议（Non-Disclosure Agreement），是企业或其他组织保护信息安全的一个必备的重要文件。

根据法律规定和最高院相关司法解释，能够构成商业秘密的信息需要具备下面全部条件：(1) 不为公众所知悉；(2) 能为权利人带来经济利益；(3) 具有实用性；(4) 权利人采取了保密措施进行保护。因此，仅仅签署了《保密协议》不能意味着涵盖在本协议中全部信息在诉讼中都能够被认定为商业秘密，权利人在实践中仍应注意采取必要措施，以保护其商业秘密。

二、预定违约金的必要性

在中国大陆地区，由于保护商业秘密的法律实践尚不发达，很多问题在实践中并没有成熟的解决方案，包括侵犯商业秘密的损害赔偿额，在发生纠纷后计算具体金额很困难，因此在保密协议中约定一个违约金是较为方便的做法。但很多公司可能未必愿意接受这样的条款。

三、保密协议适用于关联方及合作方

国内流行的保密协议往往仅适用于单一主体，约定保密信息仅限于接收方使用，而较少考虑到很多企业是集团化经营的，对接收到的保密信息，这些集团化经营的企业可能需要根据自己的业务模式，将保密信息传递给自己的关联公司甚至协作厂商使用。或者协议起草者虽然考虑到这种场景，但将集团内多个企业主体视为同一个主体，但这在法律上通常是不成立的。

如果保密协议对关联公司之间因业务协作而有必要跨主体传输使用保密

16299

信息这种场景没有约定，那么一旦接收方将保密信息这样跨主体传输就可能会构成事实上的违约。尽管每次做这样的跨主体传输时都可以通知另一方并经另一方的书面同意，但这无疑会严重影响业务进程，为解决这个问题，可以考虑在保密协议中包含允许向关联公司甚至协作厂商之间传输保密信息的条款，但应同时确保包含接受保密协议的一方承担同等保密义务，并且接收方对泄密承担连带责任的条款。

四、框架协议

传统上，各家企业之间通常会在每一次执行某个业务合作时，就合作项目签署一个保密协议。但随着社会经济的发展，企业之间的相互协作越来越频繁，这种做法会导致企业之间大量重复签署同样的保密协议，因而严重影响效率，导致资源浪费，已经显得越来越合时宜了。可以考虑采用框架协议的签约模式，由各家企业委派牵头公司代表企业的各家法律实体签署统一的框架式保密协议，由企业的不同主体及其在执行不同的业务时援引使用。

五、多方协作项目中保密协议的签署

随着社会协作的越来越复杂，有时企业执行某个新产品或新技术的开发项目时，需要多个厂家相互协作，因此需要在这些厂商之间分享某些保密信息，以前的做法是协作厂商之间签署多方保密协议。但这种做法会导致保密协议的法律关系过于复杂混乱，因此并不是一种可取的做法。

可以考虑继续使用各个协作厂商之间分别签署的双方保密协议，就多方合作的项目签署一个保密协议确认书，由各方确认各方相互之间存在保密协议，并且这些保密协议适用于当前合作的项目。

六、信息技术环境下的保密

在互联网环境下，某些以传统纸质介质记载和传递保密信息的规则可能已经不再适用，例如，在传统纸质介质场景下，在保密协议终止或披露方要求时，可以要求接收方将记载保密信息的介质退还或销毁，但在使用电磁介质的环境下，很多传递的信息是记录在接收方的服务器或个人计算机上的，在这种情况下，要求销毁记载记录保密信息的介质是不合理和不可操作的，而仅仅做一般性的删除，甚至即便做较高安全级别的删除，都可能并没有特别大的实际意义。因此，需要各方面对现实，采用更加有针对性的措施，来应对这个变化。

关键条款（检核表）

保密协议中通常应当包含以下必要条款：

1. 保密信息的定义

本协议定义范围较为宽泛，除了标明为保密的信息外，根据合理商业判断应为保密的信息也包含在内，使用时可根据具体情况决定是否采用。

2. 目的

保密协议中的“不使用”义务的本意是指接收方只能为规定的目的使用接收的保密信息，不得将保密信息用于任何其他目的和用途，为此，通常需要在保密协议中明确约定披露保密信息的目的。有些保密协议中也会用对“活动”的定义等同于“目的”条款使用，两种方式的效果是一样的。

传统上保密协议的目的条款被设计为仅适用于某个特定的业务活动，例如某个新产品开发项目，某个营销活动等，但如果我们有意设计一个框架式保密协议，则应当确保目的条款更加概括，具有更广泛的适用性，此类用于框架式保密协议的目的条款通常表述为：（1）为评估执行某些业务活动的可行性；以及（2）为执行就业务活动的执行所达成业务合同。

3. 保密义务

保密义务通常包括不披露和不使用义务。通常会约定仅为合同规定的目的使用保密信息，不向任何第三方披露保密信息。但对于大部分保密协议而言，仅有这样的规定可能是无法满足业务实际需要的，各方应当更多地考虑在保密协议中约定清楚，保密信息可以在什么范围内披露，以及披露需要符合什么条件。例如，披露给因执行业务需要知悉的员工、关联公司以及合同厂商等，以及此类披露需要符合什么条件。例如，要求与必须知情人员签署保密协议，如知情人员泄密，接收方承担连带责任。

4. 不保证

披露方无须为提供的保密信息承担准确或真实无误的担保，不对信息接收方依赖该信息产生的不良后果承担任何责任。

5. 无承诺

即明确声明签署保密协议并不表明双方自己实际上或者承诺将要进行任何具体业务合作，用于避免任何一方误认为双方必将进行某种合作，而产生先合同义务。

6. 违约责任

鉴于证明保密信息被泄露时造成的损害赔偿额较为困难，在合同中约定一个恰当的违约金有利于双方可能发生的争议的解决。

16299

7. 期限

保密协议中会涉及两个期限，一个是合同期限，另一个是保密期限。这二者并不完全是一回事，但很多人都会将二者混淆。

保密协议可以是固定期限的，也可以是无期限的。为了提高运营效率，很多公司会选择使用无期限的保密协议，从而避免与同一家公司重复签署同样的保密协议，这并不意味着合同双方会受到无法摆脱的合同束缚。如果任何一方认为需要对现有协议进行任何修改，或者认为这个协议不需要继续存在，可通过提前合理时间书面通知而终止这个协议。

保密协议中涉及的另一个期限是保密期限。保密期限通常是自披露时起算的一个特定的时间，3 年、5 年、10 年或永久，即便保密协议终止，保密期限的约定仍然有效，并不会因保密协议的终止而终止。

保密期限通常是根据所传递保密协议的性质来确定的。例如，营销信息，通常并不需要较长的保密期限，而对于源代码，则需要在较长时间内保密，甚至可能应该是永久保密。

针对具体活动的保密协议，设定保密信息比较容易，只要根据活动的具体特点，考虑在活动执行过程中可能会披露哪些信息基本就可以判断，但如果签署的是框架式保密协议，由于保密协议期限内，可能会交流各种信息，保密期限的设定可能就会有困难。实践中大部分厂商通常会选择设置一个固定期限，但同时约定在一些特殊情况保密义务将持续到直至该保密信息进入公知领域为止。另外，在框架协议模式下，协议双方也可以选择通过签署保密信息确认书的方式，针对特定项目下所披露保密信息的保密期限做特别约定。

关联合同

保密信息传递记录单

保密协议确认书

合同正文

保 密 协 议

本保密协议（协议）由以下签字栏载明的____________（[公司]），代表其自己及其关联方____________（“公司”）与____________（参加者），代表其自己及其关联方（参加者）签署并同意本协议自______年______月______日（生效日）起生效。

本协议各方单方分别被称为“一方”，共同被合称为“双方”。

鉴于：各方希望为以下目的交流保密信息（定义见第2条）：(a）评估是否达成拟议的商业交易；以及（b）如各方就此类商业交易达成了某个具体业务协议，在本协议下列条款经援引被并入该具体业务协议的情况下，为执行该业务协议履行各方的保密义务（“目的”），为此，双方达成本协议，以按照以下条款保护各自的保密信息。

1 **协议结构**。本协议适用于双方在本协议期限内为本协议目的所交流的所有保密信息，无论是否在具体业务协议中明确援引，本协议另有明确规定仅适用特定项目的除外。除非各方另有明确声明，否则本协议适用于并约束各方所有关联方。在本协议中，“关联方”是指任何直接或间接被一方控制、与该方受共同控制或者控制该方的公司或组织。这里“控制”是指直接或间接地拥有影响所提及公司或组织管理的能力，无论是通过所有权、有投票权的股份、合同或其他方式。

2 **保密信息**。为本协议的目的，本协议一方（“披露方”）可能向另一方（“接收方”）通过书面（包括纸面文件和电子数据）、口述、接触、视觉展示或检验等方式披露其认为属于保密和/或专有的特定信息（“保密信息”），这些信息可能属于披露方、披露方的关联方或其承担保密义务的第三方，这些信息可能是任何有形、无形、视觉、电磁、现在或未来的任何非公开的、保密的或专有的信息，包括但不限于：(a）商业秘密；(b）财务信息，包括定价；(c）技术信息，包括研究、开发、流程、算法、数据、设计和技术诀窍；(d）业务信息，包括运营、规划、营销重点及产品；(e）各方所达成协议的条款以及相关的讨论、谈判和建议；以及（f）在对他方做现场拜访过程中获知的信息。

3 **保密信息识别**。接收方仅对披露方披露的以下保密信息承担保密义务：(a）清楚和明显标注为“保密”或其他有类似含义标识的信息；(b）由披露方在披露前、披露时或在披露后立即指明为保密和/或专有的信息；或（c）披露方的披露方式本身即可合理表明，或接收方基于当时的情形理应合理地理解，所披露的信息应被视为是保密的信息，无论其是否被明确指明为“保密”“专有”或使用了任何其他具有类似含义的标志或标识。

4 **不披露和不使用**。接收方将仅限于为本协议约定的目的使用保密信息。接受方应使用不低于其保护自己类似信息相同程度（但无论如何不低于合理程度）的谨慎来保护保密信息，并防止：(a）对保密信息的任何违反本协议的使用；和/或（b）向任何未经授权的第三方披露保密信息。保密信息只能披露给接

16299

收方及其关联方那些“需要知晓”的员工、董事、代理、顾问（包括但不限于律师、会计师及其他专业顾问）及第三方分包商，并且这些人士应当已经书面同意按不低于本协议严格程度的条款对保密信息承担保密义务。接收方应对其员工或代表违反本协议的行为承担责任。但前项规定并不要求已经与接收方达成与本协议约定规定基本相符书面保密协议的员工及代理另行签署书面协议，也并不要求接收方与法律顾问、注册会计师或其他承担保护客户秘密职业义务的专业顾问另行签订书面协议。各方同意，除非经披露方事先明确允许，否则各方将不会对包含在另一方保密信息中的软件程序进行修改、反向工程、反编译、创作任何派生作品或对其进行反汇编。

5　**非公开**。各方同意，除非经另一方事先的审核和同意，否则其将不会：(a) 为除存档之外的任何目的复印、复制或储存包含保密信息的文件；(b) 发布任何文章、广告或通过其他方式公开有关本协议的任何事项（包括各方之间举行会议或商谈的事实），或提及或暗示他方的名称。

6　**例外**。本协议项下保密义务不适用于接收方能够证明属于以下情形的信息：(a) 非因接收方过错，在披露时已经或在披露后进入公共领域的信息，但因接收方违反保密义务导致的除外；(b) 在披露时接收方已掌握且对其不承担保密义务的信息；(c) 接收方从披露方之外的来源获得的且对其不承担保密义务的信息；(d) 接收方未利用披露方披露的信息独立开发的信息；或 (e) 由接收方在经披露方事先书面同意情况下披露的信息。

7　**残留信息**。“残留信息”是指接收方人员可能会以无形方式在记忆中保留的披露方保密信息，该等人员曾经正当接触到此类保密信息，但并非为绕行本协议条款和条件的目的有意记忆此类信息。无论本协议是否有其他约定，接收方可以为无论任何目的不受限制地使用残留信息，包括但不限于，开发其自己的产品或拓展其自己的业务，前提条件是接收方不得将此类残留信息用于与披露方直接竞争的产品或服务。

8　**强制披露**。接收方可根据法律规定、法院命令、政府要求或证券交易所规则（“强制披露要求”）披露保密信息，但前提是接收方应立即将收到的上述强制披露要求通知披露方，以便披露方寻求保护措施阻止或限制上述披露，接收方应为此提供合理的协助。如披露方在强制披露要求规定的期限内未能成功采取有效保护措施，接收方将按强制披露要求披露保密信息。接收方对披露方保密信息的披露应仅限于强制披露要求规定的范围。任何一方在寻求保护或提供协助时应自行承担有关费用。

9 **无保证**。披露方保证其有充分的权利披露其保密信息。此外本协议任何一方均未就其披露的信息做任何其他保证，无论是明示的还是默示的。所有本协议项下披露的保密信息均按“现状”提供，披露方不保证其提供的保密信息无任何错误。如果一方全部或部分依赖另一方的保密信息而采取或不采取任何行动（包括产品开发），这种行动的风险和费用均由其自行承担。在本协议项下，任何一方均不对另一方使用或依据披露方保密信息开发或创作的任何产品、程序或设计方案的缺陷或不足承担责任，无论其是否因保密信息的缺陷或不足而引起。

10 **无承诺**。本协议的签署和执行并不表明任何一方有义务披露保密信息、与另一方进行任何业务合作或购买、销售、许可、转让或以其他方式使用任何技术、服务或产品。如双方意欲建立任何业务合作关系，应另行签订具体业务协议。

11 **权利保留**。无其他许可。本协议任何一方均未根据本协议获得另一方的任何知识产权。保密信息中包含的所有权利、产权和利益仍归披露方或其许可方所有。除按本协议规定的方式和范围使用外，接收方未被明示或默示地向接收方授予有关披露方保密信息的任何其他权利和许可。

12 **期限**。本协议经双方有效签署后自约首指明的生效日起生效，如没有指明生效日，则本协议自最后一方签署日起生效。本协议自生效日起生效并持续有效直至经任何一方提前三十（30）天以书面通知另一方终止。除非各方在保密信息传递确认书中或其他类似文件中另有书面约定或者所传递保密信息的介质上明确标明了另外的保密期限，否则接收方将在自保密信息最终披露之日起三（3）年内对保密信息承担保密义务，无论本协议是否终止。本协议终止后，对于在本协议终止生效日前披露的保密信息，本协议仍然继续适用和有效，直至保密期限届满。

13 **保密信息返还**。无论在任何时候，经披露方书面要求，接收方应立即返还所有从披露方接收的保密信息（包括其所有复制件）或提供书面证明表明所有保密信息及其复制件均已被销毁。尽管有上述规定，接收方可为解决争议、灾难恢复或业务持续的目的保留披露方保密信息的存档副本，无论如何，只要接收方保留保密信息，本协议项下保持保密信息机密性，以及仅按本协议允许使用保密信息的所有义务，将继续具有完全和充分的效力。

14 **救济、禁令**。双方承认，对保密信息的不当披露和使用势必将导致披露方的严重损失，但有时计算具体损失金额可能比较困难，为此双方认为预先约定违约金是合理和必要的，为此，双方同意，如果接收方违反保密义务，

16299

应当就每个违约行为向披露方支付不低于三十（30）万元的违约金，双方同意上述违约金是对违约可能导致损失的合理预估。如上述违约金不足以弥补披露方损失，接收方还应当进一步赔偿披露方因违约所导致的所有损失，包括（但不限于）：调查费用、法院诉讼的费用、律师费用及其他所有损失或损害赔偿。各方承认，对保密信息不正当披露或使用所导致的损失和损害可能是不可弥补的，为此，受损害方有权申请禁止令和临时禁令或其他类似保护。本条约定不排除接收方依法及依本协议寻求任何其他救济的权利。

15　**管辖法律、争议解决**。本协议依中华人民共和国大陆司法管辖区（为避免疑问，不包括香港、澳门和台湾地区）法律制定和解释，但不适用其法律冲突规则。双方同意因本协议的履行和解释引起的任何争议，经协商解决未果的，均应提交［公司］所在地有相应管辖权的法院裁决。但此约定不影响各方依法向有管辖权法院寻求禁令、保全及其他临时保护的权利。

16　**通知**。无论何时一方被要求或允许或需要给另一方就本协议的执行发出通知的，此类通知应通过亲交本人、正规邮政服务（需要回执）、特快专递或指定电子邮件方式按照所列地址，发送给另一方主管官员（并同时抄送另一方的法务部）。所有此类通知将在收到时生效。任何一方均可经提前五（5）天书面通知另一方，不时指定不同的通知接收地址。

17　**其他**。本协议对各方的继承人和合法受让人均具有约束力。除非经双方事先书面同意，否则任何一方均不得以任何形式将本协议的全部或部分转让。如任何第三方与接收方签订控制权变更协议，将获得接收方控制权的，接收方应在控制权实际变更前立即将此等控制权变更通知披露方，并应根据披露方指示返还或销毁自披露方所接受的全部保密信息。一方对另一方不履行本协议的义务和责任的某些事件没有追究并不表示对以后发生的事件也放弃追究。本协议是双方就本协议标的达成的全部协议并取代双方此前所有就该标的所进行的口头或书面的沟通和交流。对本协议的任何修改和补充均应以书面形式进行并由各方充分授权代表签署或加盖各方有效印章确认方为有效。本协议可制作两份或多份相同的副本，每份副本均视为原件，由各方分别签署的副本合起来将被视为构成同一个完整的合同文件。本协议有效签署后，任何通过可靠方式制作的本协议的复制件（例如，影印件或传真件）均被视为原件。

本协议由公司与参加方双方各自充分授权代表签字和/或加盖各方有效印章确认，表明双方了解并同意本协议的全部条款①：

条文注解：签字栏应保持在同一页，不适宜在中间分页。如签字页与正文部分分属不同页面，应做必要的说明。

	[公司] 确认和签署	参加方确认和签署
名称		
（盖章）		
代表人签字		
日期		
代表人姓名（正楷）		
部门和职务		
地址		

16299

附录一：合同模板说明

本书包含的合同文本，是根据国内外业界一些公司实际使用的合同文本编译整理的，但本书包含的任何一个合同，都不是某个具体公司所实际使用的合同。这些合同不代表或表明任何一家公司或组织的立场。

虽然在起草这些合同样例文本时，我们尽可能考虑使其具有更广泛的适用性，但每份合同仍然只能适用于某些特定的业务场景，在其他场景下可能并不适用。读者在使用这些模板时，需要对业务场景及合同条款进行分析，如有必要，应对条款做必要的调整。

本书写作的目的，只是为了向读者分享一些实际和有用的信息，我们无意借此提供任何法律服务。在使用这些文本时，您可能仍有必要联系您的专业律师或法律顾问，获得专业支持。

本书虽经仔细校勘，但可能仍不免存在各种错误，欢迎批评指正。

附录二：合同范本设计的策略和创新

合同范本在某些企业可能会被称为标准合同，通常是指企业为了提高签署合同的效率，降低谈判成本，针对自身经常发生的业务预先设计的合同文本。标准合同的全部或大部分条款是预先设定的，留下一些空格用于填写一些针对具体业务活动的个性化信息，例如，签约主体、日期、签字以及具体业务安排等。

对于一个业务非常活跃的企业，每天将会发生大量交易，如果就每个具体交易都分别起草合同文件，这样的工作效率将会非常低下。

在签署合同时固然可以使用先例文本，① 即将此前已经签署过的文本作为基础，起草新的合同，这在一定程度上也可以提高工作效率，但这个做法也有很大问题，就是，先例文本通常仅适用于特定的业务场景，在新的业务场景下使用，势必需要对先例合同的条款做大量修改，而且一旦疏忽，可能就会使新签署的合同中，包含一些在先例文本所针对的业务场景下适用，但却不适用于目前所拟从事的新业务的条款，这可能会给企业带来风险。此类错误在使用先例文本作为新合同基础文本的情况下屡见不鲜。

因此，设计尽可能具有广泛适用性的合同范本，用于企业一些日常重复发生的常规业务，将会是一个更好的选择。

只是制作合同范本需要遵循一些原则，否则不仅可能无法实现预期目的，反而可能导致混乱和风险。

一、作为标准合同使用的合同范本，条款应当适当抽象

即合同条款的语言应当尽可能减少其内涵，因而最大限度地扩大其外延，使其具有更广泛的适用性。如果设计的合同范本条款过于具体，那么势必就需要为多种多样的业务，分别设计不同的标准合同条款，这将会导致企业合同范本数量过多，使合同范本的使用者在选择模板时发生困难。

而且，此类过于具体的合同范本，还会导致合同范本适用上的问题，因为现代经济活动越来越复杂，很多业务活动是互相杂交和融合的，一个过于具体的合同范本，在业务模式即便稍微发生变化的情况下，也将使事先拟订的合同范本不再适用，因而就需要为此重

① 先例文本，是指在此前的实践中实际签署的合同先例。

新设计合同条款，这样就会使合同范本使用的效率大打折扣。

因此，企业设计的合同范本应当适当抽象，使其能够尽可能适用更广泛的同类业务。

这样设计的合同范本，在应用于某个具体业务时，可能不免会存在一些冗余和不适用的条款，这些条款在不适用的情况下，将保持沉默，并不会对签约双方的权利义务造成不利影响。但一旦合同履行过程中业务发生变化，这些条款所适用的情况发生，这些条款将会被激活，就这个角度而言，合同范本中在某些具体情况下存在冗余条款，也是合理和必要的，并不需要在每次签署具体合同时，都要将这些冗余条款删除。

二、反映业务需求与法务的独立性

由于合同范本设计的目的是用于在未来一段时间内，在某一个类别的业务活动中重复使用，在设计合同范本时，就需要对同类业务在未来可能的状态事先有一个宏观的关照，合同范本的设计者，需要对企业所从事业务的各种可能性（包括现有的和潜在可能的），以及对业界的一些良好实践有充分的了解和分析，否则制作出来的合同范本，在未来使用时，往往会捉襟见肘，我们可能会发现，它今天这里不适用，明天那里又不对了，于是就不得不需要对它不断地修改，这样，制作合同范本同样也会失去意义。合同范本必须保证一定的稳定性，才能实现其提高工作效率的目的。

制作合同范本需要响应业务需求，但同时也需要保持法务的相对独立性和专业性，不能无原则和无取舍地迁就业务的所有要求，法务人员在设计合同时，不仅需要全面了解业务实际上是怎样做的，更应该考虑这个业务本来应该如何做。

三、“开价条款”还是合理平衡的条款

某些企业在设计合同时，可能会选择采用“开价条款”，即在合同范本的条款中最大限度地扩大自己的权利范围，减少甚至排除自己一方的义务和责任，而加大另一方的义务和责任。

首先需要说明的是，这种开价条款式的合同，即便看起来显得不那么公平，但只要条款清晰明确，另一方也以明确和有效的方式表示同意和接受，也并不必然会因所谓不公平导致合同无效，在商业领域，各方均被假定为具有或应当具有相当专业知识和经验的经营者，有能力为自己的利益作出合理和谨慎的判断，因此任何一个合同是否最终能够被各方接受并最终达成，完全是一种商业利益的考量，任何一个看起来“不公平”的合同，可能实际上也是公平和合理的，商业领域的合同，并不同于消费者合同，并不存在什么“霸王条款”。

但这种“漫天要价”的条款，势必会引来更多的合作方的“坐地还钱”。由此导致这种以开价条款方式设计的合同范本，往往会导致长时间的谈判磋商，讨价还价，从而降低签约效率。

因此，此类开价条款式的合同范本，通常适用于起草合同一方具有较强势的市场地位，或者所从事的业务并非时间敏感型业务的情况，例如，大型成套设备采购、大型工程项目等。对于需要短平快地处理合同事务，尽可能快地达成交易的业务，则可以考虑选择采用尽可能各方利益合理平衡的条款，以便各方能够尽快达成协议。

四、合同条款的结构

时至今日，很多人起草合同时，仍然会简单粗暴地将合同双方各自需要负责的工作，规定在“甲方的权利义务”和“乙方的权利义务”这样的条款中。这不免会令人感到疑惑，我们所签署的合同，难道不是每一个条款约定的都是双方的权利义务吗？如果合同采用这样的结构，岂不是只要两个条款就足够了。

这种简单粗暴的方式，会导致合同的结构和条理非常不清晰，同样的或相关的内容在不同地方反复出现，不仔细审核，即可能导致在同一个合同中，不同地方就同一件事的约定互相矛盾和冲突。仔细阅读很多采用这种结构的合同，都会发现其中存在就同一件事重复约定，而且在不同地方的约定并不一致这样的问题。

我们需要按照一种逻辑更为清晰合理结构来设计合同范本，避免出现上述情况，同一个话题尽可能在同一个条款中表述，除非合同起草方有什么策略方面的考量。合同所涉及的业务，尽管每次具体内容不同，但都可以按照一个项目来管理，为此，在设计合同时，如果对各方需要做的工作，享有的权利及承担的义务，按照项目的进程来描述各方在各个进程中需要承担的义务和责任，例如，对于一个采购和销售合同来说，可以考虑按照生产制造、价格、订购、运输、交付、验收、测试、保修、支持服务、支付这样的结构来安排合同条款。分别在各个环节中约定各方应该做什么和不应该做什么。这样可能会更有助于使合同逻辑和结构更加清晰，避免前面所提到的自相矛盾和不必要的重复。

五、框架协议签约模式

很多情况下，合同双方之间的某一类业务可能是在一个较长时间内持续重复发生的，例如，长期采购和大客户销售，对于此类业务，所适用的一般条款和条件可能是完全相同的，或绝大多数情况下都是相同的，如果每次发生新的交易，都重新签署一套完整协议，将是极其没有效率的，这种情况下可以考虑采用一种所谓的“框架协议”模式签约，即交易双方之间就同类协议，签署一个一般性的条款，对双方的业务关系做总体的约定，这样签署的一般性条款，将可以重复使用，而不必每次重新谈判，或者每次双方都将同样的条款签署一遍。

每次发生具体业务时，双方则可以通过援引这个框架协议，签署订单、工作说明、增补协议等执行文件，仅对当前这个交易的一些个性化条款作出约定。这将会极大提高合同签署和业务执行的效率。

六、关联公司参加和援引

这是一种对框架协议签约模式效益的一种进一步横向扩展利用。

在很多情况下交易一方或双方，可能分别属于由多个独立实体组成的集团或组织，例如，由不同经营实体组成的企业集团。

这种情况下，如果由各方每个参加交易的实体分别签署各自的合同，同样会导致存在大量重复的协议，这种情况下可以考虑由各方分别安排各自的牵头公司，签署一个框架协议，由各方集团或组织内部的单位通过参加或援引这个框架协议，分别签署，如订单、工作说明等具体业务执行层级的合同文件，这样也可以提高签约效率，是提高业务快速响应能力的卓有成效的方法。采用这样的签约模式，需要企业对自己的合同有统一的协调和管理。

有人可能对此会有疑虑，一个独立法律实体援引另外一个法律实体所签署的而非自己签署的框架协议是否有效？这种疑虑更大程度上只是一个习惯问题，而并非是这样做真的存在什么法律上的障碍，援引一个客观存在可证实的框架协议，与援引适用外国法律或者国际贸易术语解释通则并无实质不同，如果后者可以是有效的，前者当然也可以是有效的，只要援引这个框架协议的双方明确同意，愿意受这个框架协议条款的约束，那么这个框架协议对双方就可以产生完全的法律约束力。

采用这种签约模式时，需要注意在协议中明确各方的关系，避免将这些关联公司或关联方之间各自独立的交易，变成互相承担连带责任。

有些企业为解决集团内公司大量重复签署同样合同的问题，会安排多个关联方签署多方协议，这样的做法，固然也可以提高效率，但多个法律实体同时作为同一个合同的签约主体情况下，一旦一家实体发生纠纷，势必会导致其他实体作为共同当事人而同时被卷入，导致集团内各实体之间法律责任的混同，对这样签约的一方可能会有较大的风险。因此，不建议这样处理。

七、合同条款的模块化管理

框架协议签约模式带来的另外一个益处是，由于框架协议主要约定的是交易双方业务关系中的一些一般和通用的原则，主要体现为法律条款，而将针对具体项目或业务活动的个性化条款，通过工作说明、增补附件、订单等业务层级的合同文件约定，这样就将法律条款与业务条款作为不同的模块做了拆分。

这是国内外业界越来越多的公司开始采用的一种做法。

采用这种将业务条款与法律条款按不同模块处理的做法，可以更好地发挥企业内部专业分工协作的优势，避免职责交叉重叠导致的资源浪费。由于工作层级的合同文件通常不涉及或较少涉及法律条款，负责签署合同的采购、销售等合同经办人员，不需要对超出其专业领域的法律问题做过多的关注，只要将其预期的业务安排准确填写在工作说明、订单等主要体现业务条款的工作文件中就可以了。

采用这样的合同结构，也可以大大减少法务在审阅合同时对业务背景调查的时间，提高法务合同审核的工作效率。

但尽管采用这样的做法可以提高工作效率，使法务和业务能够各司其职避免互相干扰，但采用这样的合同结构，对公司采购人员的素质将有较高要求，需要采取措施避免合同经办人员在业务条款中添加非预期的法律条款。

八、选择直观易识别的代称，避免使用甲方、乙方

很多人似乎认为，起草合同一定使用“甲方”“乙方”，否则，就很不专业。甚至，有人会习惯性地认为，在合同双方主体中，花钱的一方是甲方，通常占有较强的谈判地位，乙方则是提供商品或服务的一方，处于弱势地位。

但其实这并非是必然的，这只是一种源于古老传统的习俗，在今天或许已经稍显落后了。使用甲方和乙方来指代合同各方，相当于对合同双方的名称做了一次编码，在起草和阅读合同时，在提及合同双方时，每次都要做一个代码解译的过程，在过去的时代，我们所签署的合同往往篇幅短小，所有内容通常都在一页纸上，使用“甲方”“乙方”，可以非常容易地与各方的完整名称核对，因此这并不会导致太大的不便，但现代社会中，很多合同动辄十几页，合同起草者和审阅者，需要不断地与合同首页的签约主体进行核对确认，以确保没有将甲方乙方搞混。如果需要反复不断地做这样的代码编译和解译，将是非常烦琐的事情，而且即便花费很多精力核对，也非常容易出错。笔者对采用这种指代方法的合同进行审阅，注意到几乎高达百分之七八十的合同，都存在将甲方、乙方混淆写颠倒的错误。

不仅是甲方、乙方，起草合同时，使用诸如买方、卖方、许可方、被许可方、出租方、承租方这样极易混淆的词语来指代合同签约主体，虽然与甲方、乙方这个用法相比会更加直观一些，但仍然很容易导致混淆，会毫无意义地加大审核工作量，稍不留神，就可能导

致严重的错误，例如，将收款方写成付款方，或者将自己一方的权利写成义务。

起草合同时最好避免使用这样非常不直观又非常容易混淆的词语来指代合同双方，使用合同签约主体双方各自的字号来指代双方是一个更好的选择，这将会使对合同双方的指代非常直观，而免去代码编译和解译的过程。这样起草和审阅合同时，合同条款的指向会更加一目了然，而不必反复核对，会更有助于提高工作效率。

在起草合同范本时，由于并不存在一个具体的合同对方，在这种情况下，可以考虑选择一个不会与合同内容中任何一个术语混淆的词语来指代合同对方，例如，“贵方”“公司”“参加者”等，在正式签署合同时，可以根据双方的意愿，或者用对方的字号全文替换这个临时指代，也可以继续原样使用，这也是一个提高合同起草、审阅和签署工作效率的有效方法。无论使用什么样的代称来指代各方，只是为了合同起草和审阅的方便，并不会构成对任何一方地位的贬低，签约各方应当将注意力更多地放在合同所规定的各方权利义务上，确保高效地达成一个从各个方面而言都是清楚、明确、准确、合理和可接受的合同条款。

2019 年 12 月

图书在版编目（CIP）数据

中国合同库. ICT 互联网软件 / 张天文，付晓明，谢阳编著. -- 北京 : 法律出版社，2019
ISBN 978 - 7 - 5197 - 4129 - 7

Ⅰ. ①中… Ⅱ. ①张… ②付… ③谢… Ⅲ. ①合同法－中国②互联网络－科学技术管理法规－合同法－中国 Ⅳ. ①D923.6

中国版本图书馆 CIP 数据核字（2019）第 270821 号

中国合同库：ICT 互联网软件
ZHONGGUO HETONGKU:
ICT HULIANWANG RUANJIAN

张天文　付晓明　谢　阳　编著

策划编辑 朱海波　蒋　橙
责任编辑 朱海波
营销编辑 徐　印
装帧设计 宇宙尘埃工作室　鲍龙卉

出版 法律出版社
总发行 中国法律图书有限公司
经销 新华书店
印刷 三河市兴达印务有限公司
责任校对 马　丽
责任印制 吕亚莉

编辑统筹 法律应用出版分社
开本 787 毫米 × 1092 毫米　1/16
印张 35
字数 630 千
版本 2020 年 1 月第 1 版
印次 2020 年 1 月第 1 次印刷

法律出版社／北京市丰台区莲花池西里 7 号（100073）
网址／www. lawpress. com. cn
投稿邮箱／info@ lawpress. com. cn
举报维权邮箱／jbwq@ lawpress. com. cn
销售热线／400 - 660 - 8393
咨询电话／010 - 63939796

中国法律图书有限公司／北京市丰台区莲花池西里 7 号（100073）
全国各地中法图分、子公司销售电话：
统一销售客服／400 - 660 - 8393/6393
第一法律书店／010 - 83938432/8433　西安分公司／029 - 85330678　重庆分公司／023 - 67453036
上海分公司／021 - 62071639/1636　深圳分公司／0755 - 83072995

书号：ISBN 978 - 7 - 5197 - 4129 - 7
定价：108.00 元

图书在版编目（CIP）数据

ISBN 978-7-5197-4129-7

中国版本图书馆CIP数据核字（2019）第